2014
安徽文化年鉴

《安徽文化年鉴》编委会编

全国百佳图书出版单位
时代出版传媒股份有限公司
安徽人民出版社

图书在版编目（CIP）数据

安徽文化年鉴．2014 ／《安徽文化年鉴》编委会编．
—合肥：安徽人民出版社，2014.12

ISBN 978-7-212-07680-1

Ⅰ．①安… Ⅱ．①安… Ⅲ．①文化事业—安徽省—2014—年鉴
Ⅳ．①G127.54-54

中国版本图书馆 CIP 数据核字（2014）第 285954 号

安徽文化年鉴（2014）
《安徽文化年鉴》编委会编

出 版 人：胡正义
责任编辑：胡小薇
装帧设计：孙 平

出版发行：时代出版传媒股份有限公司 http://www.press-mart.com
安徽人民出版社 http://www.ahpeople.com
合肥市政务文化新区翡翠路 1118 号出版传媒广场 8 楼
邮　　编：230071
营销部电话：0551-63533258 0551-63533292（传真）
印　　制：安徽省新世纪印务有限责任公司

（如发现印装质量问题，影响阅读，请与印刷厂商联系调换）

开本：889×1194 1/16　正文印张：26　彩插：4 页　字数：800 千
版次：2015 年 1 月第 1 版　2015 年 1 月第 1 次印刷

标准书号：ISBN 978-7-212-07680-1　　定价：260.00 元

天柱山雄姿　　张忞宽/摄

2013 年 12 月 2 日，中共安徽省委九届九次全体（扩大）会议在合肥市举行

12 月 4 日，全省领导干部学习习近平总书记系列讲话贯彻党的十八届三中全会精神第一期轮训班在省委党校举行，省委书记张宝顺出席开班式并作重要讲话

10月2—4日，中共中央政治局委员、中央书记处书记、中宣部部长刘奇葆到安徽省合肥、安庆两市社区、乡村和宣传文化单位考察调研

9月29日，省委书记张宝顺在合肥稻香楼宾馆会见第四届全国道德模范及提名奖获得者、第三届全省道德模范代表

10月24日，省长王学军一行到省地方志办公室视察

8 月 22 日，省委书记张宝顺与中国国民党荣誉主席吴伯雄在合肥共同出席皖台文化旅游交流周暨台湾电影周开幕式

10 月 11 日,安徽新华发行集团和美国中华书局签署战略合作协议

7月7日，以安徽省优秀基层共产党员柯增华为原型创作的大型话剧《石乡党魂——柯增华》在安徽大剧院上演

9月10日，安徽女子手球队夺得全运会冠军

编 辑 说 明

一、《安徽文化年鉴》是系统记述全省宣传文化事业发展的资料性工具书。2012 年创刊，本卷是第三部。

二、《安徽文化年鉴》(2014)以中国特色社会主义理论为指导，全面贯彻落实党的十八大和十八届三中全会精神，准确及时地记载 2013 年全省文化发展改革情况，大力弘扬安徽先进文化，展示徽风皖韵特色，为文化强省建设提供翔实丰富的资料支撑。

三、本书在省委宣传部领导下，由安徽省年鉴研究会和安徽省文化产业发展研究会组织编纂，省各宣传文化单位、各市县(区)委宣传部参加编写。同时，采取约请专家学者撰稿、采集媒体志鉴资料、挖掘历史人文知识等方法，以拓宽资料渠道，丰富年鉴内容。

四、本书采取分类编辑法，主体内容按类目、分目、条目三个层次编排，条目是基本单元。类目排在内扉页，由省内书法家题写篇名；分目名称双栏排，地级市通栏排；条目标题加【】，为黑体字。部分类目内容为文章体或资料体，未按三个层次编排。

五、全书 24 个类目，依次为：特载、安徽文化概况、精神文明建设、哲学社会科学、出版发行印刷、新闻报业、广播电视电影、网络文化、文化产业、文学、舞台艺术、美术书法摄影、图书馆博物馆文化馆、文物考古、教育、体育、档案党史地方志、民族宗教、旅游、专题文化概览、市县(区)文化概览、大事记、调研报告、附录。为方便读者查阅，书前有详细的目录和英文要目，书后有主题词索引、人名索引和图片索引，并在内扉页上刊登分目名称。

六、本卷主体资料时限为 2013 年 1 月 1 日至 12 月 31 日，部分类目资料时间适当上溯。“特载”登载了“学习贯彻习近平总书记系列重要讲话和党的十八届三中全会精神”和“中共安徽省委关于贯彻落实党的十八届三中全会精神全面深化改革的意见”，新增“体育”“旅游”两个类目。由于文化事业、文化产业指标统计范围、口径的变化，部分数据不具有可比性。计量单位采用国家公布的法定计量单位，少数非统计意义的计量单位仍用市制。

七、本书力求图文并茂，用文字和图片客观记载文化事业和文化产业发展，展示时代风貌。全书 80 万字，选登 321 幅图片、35 张图表和附属资料。

八、本书在编写过程中，得到省委宣传部的高度重视和各相关部门、单位的大力支持，省及各市县(区)地方志办公室给予热情帮助，在此一并表示感谢。由于时间紧迫、编辑水平有限，差错在所难免，恳请读者批评指正。

《安徽文化年鉴》编辑部

目 录

哲学　社会科学

出版　发行　印刷

新闻报业

广播 电视 电影

网络文化

文化产业

文 学

舞台艺术

美术 书法 摄影

图书馆 博物馆 文化馆

文物 考古

教 育

体 育

档案 党史 地方志

民族　宗教

旅　游

专题文化概览

市县(区)文化概览

大事记

调研报告

附录

索引

Main Contents

SPECIAL

INTRODUCTION OF ANHUI CULTURE

CONSTRUCTION OF SPIRITUAL CIVILIZATION

PHILOSOPHY AND SOCIAL SCIENCES

PUBLICATION, PUBLISHING, PRINTING

NEWSPAPERS

RADIO, TELEVISION, FILM

INTENET CULTURE

CULTURE INDUSTRY

LITERATURE

STAGE ARTS

PAINTING, CALLIGRAPHY, PHOTOGRAPHY

LIBRARY, MUSEUM, CULTURAL CENTER

CULTURAL RELIC, ARCHAEOLOGY

EDUCATION

SPORTS

ARCHIVES, CPC HISTORY, CHOROGRAPHY

NATIONAL MINORITY AND RELIGION

TOURISM

SPECIFIC CULTURE

CULTURE OF CITIES AND COUNTIES (DISTRICTS)

CHRONOLOGICAL EVENTS

INVESTIGATION REPORT

APPENDIX

INDEX

特载

□学习贯彻习近平总书记系列重要讲话和党的十八届三中全会精神

□中共安徽省委关于贯彻落实党的十八届三中全会精神全面深化改革的意见

学习贯彻习近平总书记系列重要讲话和党的十八届三中全会精神

一、学习贯彻习近平总书记系列重要讲话精神

党的十八大以来，习近平总书记发表了一系列重要讲话，涉及党的建设、经济建设、军队建设、法制建设、外交方略、改革开放和反腐倡廉建设等方方面面，提出了许多新思想、新观点、新论断。当前与今后一段时期，要深入学习贯彻习近平总书记一系列重要讲话精神，切实把各项要求落到实处，不断开创推进科学发展、建设美好安徽的新局面。

*一是党委中心组带头学、经常学。*2013年，各级党委中心组均开展了6次以上的讲话精神专题学习，特别结合我省情况和群众路线教育实践活动，加强了总书记关于“三严三实”要求、作风建设要求的讲话精神学习，示范带动了各级各部门的学习贯彻工作。

*二是宣讲活动多层次、多形式。*广泛开展专题分众宣讲、艺术化宣讲、送理论进基层宣讲、“社科名家大巡讲”活动，深入系列重要讲话精神的重大意义、科学内涵、精神实质、实践要求，把学习延伸拓展到基层方方面面，全省各级宣讲逾9000场、受众120万人次。

*三是宣传阐释落实处、求实效。*围绕习近平总书记系列重要讲话的若干重大论述，拟定30多个专题，组织社科理论界专家学者开展深入研究，结合安徽改革发展实践进行深入阐释，力求在中央和省有关报刊发表。在《安徽日报》开辟“中国特色社会主义的安徽实践”专栏，每两周刊发1期系列理论文章，结合安徽实际宣传阐释讲话的深刻内涵，印证讲话的正确性重要性，在社会上产生较大影响。

二、学习贯彻党的十八届三中全会精神

党的十八届三中全会是在党的十一届三中全会召开35周年之际，全面建成小康社会和全面深化改革开放的重要阶段，召开的一次十分重要的会议。全会全面分析当前形势和任务，审议通过了《中共中央关于全面深化改革若干重大问题的决定》。深入学习领会全会精神，全面贯彻落实全会作出的各项决策部署，是全党全国的一项重要政治任务。

(一)中央宣讲团在安徽

2013年11月29日上午，中央宣讲团党的十八届三中全会精神报告会在安徽大剧院举行。中央宣讲团成员，科技部党组书记、副部长王志刚作宣讲报告。省委书记张宝顺主持报告会并讲话。省长王学军、省政协主席王明方、省委副书记李锦斌、现职省级领导同志、担任过省级领导职务的老同志及省直有关方面负责同志出席报告会。来自安徽省党政机关、企事业单位、高等院校、科研院所的1600多名干部群众参加了报告会。

在宣讲报告中，王志刚按照习近平总书记讲全讲透讲实的要求，结合自己的理解和体会，对全会和《中共中央关于全面深化改革若干重大问题的决定》的基本情况作了详细介绍，并从全面深化改革的重大意义、指导思想和总体思路，全面深化改革的主要任务和重大举措，加强和改善党对全面深化改革的领导等三个方面，进行了系统阐述，作了权威解读。

王志刚的宣讲报告论述深刻、重点突出、深入浅出，引起了全场听众的热烈反响。报告会结束后，不少参会人员表示，报告既系统阐述了全面深化改革的重大问题，又回应了干部群众关注的热点问题，澄清了思想上的一些模糊认识，加深了对全会精神的理解和把握，使大家进一步明确了方向、提振了精神，下一步，要全面准确地贯彻落实好全会精神，结合实际做好本职工作。走出会场的干部群众纷纷表示，改革蓝图凝聚信心，展望前景振奋精神，把思想统一到三中全会精神上来，把力量汇聚到全面深化改革的各项任务上来，为建设美好安徽贡献力量。

(二)安徽省宣讲团

在中央、省委和各市委的高度重视下，在省委宣传部的统一安排部署下，从2013年12月2日开始，截至2014年1月29日，全省范围内共宣讲2600余场，受众达47万人次。安徽省学习贯彻党的十八届三中全会精神宣讲工作，广泛运用传统的面对面集中宣讲形式，创造性地搭建多种载体和平台，有效地增强宣讲的针对性、实效性和感染力。透彻深入的宣讲、贴近实际的解读，凝聚起奋进的力量，鼓舞着各地干部群众认真学习贯彻落实十八届三中全会精神，投身江淮崛起大业，实现美好安徽梦想。

1. 快速组建各级党委宣讲团进行集中宣讲

省委宣传部周密部署，于2013年12月4日组建了省委宣讲团，召开动员会，并要求省委宣讲团成员在随后的一周内完成宣讲任务。省委宣讲团成员接到任务后，以强烈的责任感使命感和饱满的政治热情不停蹄分赴各地市投身宣讲，迅速带动和掀起我省学习贯彻党的十八届三中全会精神热潮；紧接着，各市委(县区委)及有关部门或系统，开始组织百人或千人宣讲团，召开备课会和动员会，全省范围内学习贯彻党的十八届三中全会精神宣讲工作，扎实有序全面铺

开。

2．利用科技手段使宣讲进报纸电台电视和网络

省委讲师团门户网站开辟十八届三中全会专栏，上传大量十八届三中全会宣讲资料，为地市宣讲工作下载资料提供较大方便。《安徽日报》、中安在线等开辟十八届三中全会专栏，各市(县区)也利用报纸、电台、广播、电视、互联网、手机报等主要新闻媒体进行了全方位、多层次、广角度的集中宣传，充分报道各类宣讲活动，报道各地对宣讲活动的热烈反响，报道宣讲活动取得的突出成效，报道基层宣讲的鲜活经验，宣讲活动与宣传报道相互促进、相得益彰，形成了强大声势和浓厚氛围，为学习贯彻全会精神营造了良好舆论环境。

3．开辟新阵地，宣讲进讲坛、课堂和培训班

近年来，各市(县区)讲师团(组)会同有关部门和单位，成立了各种讲堂、讲坛等，不断开辟理论宣讲新天地。合肥的庐州论坛、安徽人文讲坛和包河区的“百家讲堂”，利用基层党组织中的“微党课”等活动，进行十八届三中全会精神宣讲，获得了合肥群众的好评。宣城市推动大讲坛、大讲堂向基层延伸，各县市区也开设自己的讲坛或讲堂，宣州大讲坛、郎溪人文大讲坛、宁国科学发展讲坛、泾川大讲坛、旌德大讲坛等在宣讲党的十八届三中全会精神中发挥重要作用。铜陵市“铜都讲坛”自创办以来，已成为知名品牌，全年开展不少于300场的21个子讲座。阜阳市利用“颍淮大讲堂”平台，以机关、企业、学校、社区、农村、医院、军营等“九类讲堂”为主体，继续深入宣讲十八届三中全会精神。

4．协同各系统，组建特色宣讲团

协同组织部门和其他系统，组建了选(下)派干部宣讲团、大学生村官宣讲团、百姓宣讲团和企业党建宣讲团等。这些义务讲解员，文化程度高、有丰富的基层工作经验，熟悉基层情况，也更容易与基层人民群众沟通，把他们吸纳进宣讲队伍，组织安排就地宣讲，对特定干部群众解读十八届三中全会精神，更容易被群众接受。这也为新形势下建设一支特别能战斗的宣讲队伍提供宝贵经验。省委讲师团还组织了30余名基层宣讲员，以淮河琴书、安徽大鼓、淮北大鼓、罗城民歌、黄梅戏等艺术形式宣传三中全会精神。

各级宣讲团把握精髓、讲好重点，把十八届三中全会精神讲得准确透彻；联系实际、讲出特色，把十八届三中全会精神与安徽的结合点讲得明白到位；正确引导、讲准基调，坚持团结稳定鼓劲、正面宣传为主，把发展的时代主旋律讲得响亮充分，既讲“普通话”，又讲“地方话”，用鲜活事例和翔实数据，增强了宣讲的吸引力感染力，进一步动员广大干部群众把思想和行动统一到十八届三中全会精神上来，朝着打造“三个强省”、建设美好安徽的目标前进。

中共安徽省委关于贯彻落实党的十八届三中全会精神全面深化改革的意见

为认真贯彻落实党的十八大和十八届三中全会精神，根据《中共中央关于全面深化改革若干重大问题的决定》部署，紧密结合安徽实际，提出如下意见。

一、全面深化改革的总体要求

(1)全面贯彻落实党的十八届三中全会精神。党的十八届三中全会是在我国改革开放新的重要关头召开的一次重要会议，全会审议通过的《决定》是我们党在新的历史起点上全面深化改革的行动纲领，充分彰显了以习近平同志为总书记的党中央高举改革开放旗帜的坚定决心和责任担当。全省各级党组织和广大党员干部要把学习宣传贯彻中央全会精神作为重要政治任务，坚决把思想和行动统一到中央决策部署上来。

35年来的实践证明，安徽经济社会发展之所以取得巨大成就，根本在于坚定不移推进改革开放。随着宏观环境的变化，我省经济社会发展进入新阶段，迫切需要通过全面深化改革，破除思想观念束缚，突破利益固化藩篱，创造体制机制新优势。必须充分认识全面深化改革的极端重要性和现实紧迫性，进一步增强进取意识、机遇意识、责任意识，以坚定的信心、坚决的态度、坚韧的干劲，奋力把安徽改革开放推向深入。

(2)不断总结和发展安徽改革创新的实践经验。安徽改革发展的成功实践为全面深化改革提供了宝贵经验。最重要的是，始终与党中央保持高度一致，自觉在大局下想问题、做工作，确保改革正确方向；坚持市场化改革取向，注重市场配置资源和政府积极有为有机结合，充分激发市场主体活力；大力弘扬敢为人先的创新精神，把中央精神与安徽实际紧密结合起来，创造性开展工作；尊重群众主体地位，尊重基层首创精神，善于总结提炼行之有效的实践经验并转化为制度设计；正确处理改革发展稳定关系，实现改革的力度、发展的速度和社会可承受的程度有机统一，以改革促发展、促转型、促和谐。这些重要经验必须在实践中认真坚持、不断完善。

(3) 全面深化改革的指导思想。坚持以邓小平理论、“三个代表”重要思想、科学发展观为指导，认真贯彻落实“六个紧紧围绕”的要求，坚持社会主义市场经济改革方向，以促进社会公平正义、增进人民福祉为出发点和落脚点，进一步解放思想、解放和发展社会生产力、解放和增强社会活力，为打造“三个强省”、建设美好安徽、全面建成小康社会提供持久动力和坚强保障。

(4) 全面深化改革的总体目标。加快发展社会主义市场经济、民主政治、先进文化、和谐社会、生态文明，着力增强市场活力，着力保障改善民生，着力提高发展质量和效益，努力走出一条体现中央精神、富有安徽特色的改革开放之路。

经济体制改革是全面深化改革的重点。必须立足安徽是发展中省份这一基本省情，始终把发展作为解决一切问题的关键，以经济体制改革为牵引，使市场在资源配置中发挥决定性作用和更好发挥政府作用。以全面深化改革为根本动力，以转方式调结构为主攻方向，以推进自主创新和发展民营经济为重要驱动，促进经济持续健康较快发展。

到2020年，在重要领域和关键环节改革上取得决定性成果，各方面体制机制更加健全、更加完善，一些重点领域改革走在全国前列，形成创新驱动、充满活力、富有效率、科学发展的生动局面。

二、促进多种所有制经济共同发展

(5) 积极发展混合所有制经济。完善产权保护制度，健全归属清晰、权责明确、保护严格、流转顺畅的现代产权制度。大力发展国有资本、集体资本、非公有资本等交叉持股、相互融合的混合所有制经济。鼓励非公有资本参与国有资本投资项目，鼓励非公有制企业参与国有企业改革，鼓励发展非公有资本控股的混合所有制企业。允许混合所有制经济实行企业员工持股，形成资本所有者和劳动者利益共同体。

(6)把发展民营经济摆上更加重要的战略位置。坚持权利平等、机会平等、规则平等，破除各种思想障碍，废除各种不合理规定，消除各种隐形壁垒，全面落实支持民营经济发展的政策措施，引入社会力量对政策绩效开展第三方评估。制定民营企业进入特许经营领域具体办法。支持民营企业以独资、合作、联营、参股、特许经营等方式，参与经营性基础设施和公益事业项目建设。优化金融环境，拓宽融资渠道，降低融资成本，切实解决中小微企业融资难问题。加强中小企业公共服务体系和市场化服务平台建设。支持引导民营企业做大做强，鼓励有条件的民营企业建立现代企业制度，支持民营企业上市融资，加快培育一批具有影响力、竞争力的民营企业集团。

(7)完善国有资产管理体制。以管资本为主加强国有资产监管，改革国有资本授权经营体制，加强国有资本运营公司建设，支持有条件的国有企业改组为国有资本投资公司。支持国有资本从一般竞争性领域依法有序退出，国有资本投资运营更多投向前瞻性战略性产业、公共服务、生态环保、科技进步等领域。全面梳理经营性、非经营性国有资产，盘活存量，实现国有资产监管全覆盖，分类推进经营性国有资产集中统一监管。划转部分国有资本充实社会保障基金。完善国有资本经营预算制度，提高国有资本收益上缴公共财政比例，2020年提高到30%，更多用于保障和改善民生。

(8)切实增强国有企业活力和竞争力。准确界定不同国有企业功能，分类推进改革，完善法人治理结构，建立符合企业功能定位的考核评价指标体系。对竞争性领域国有企业，鼓励引进民间资本、央企和外资等战略投资者参股或控股，鼓励引入优先股等模式推进改革，加大国有企业改革重组力度，培育具有国际竞争力的千亿元企业、万亿元产业。积极推进国有企业整体上市或主业资产整体上市，提高省属企业资产证券化水平。对提供公益性产品或服务的国有企业，加大国有资本投入，支持其在提供公共服务方面做出更大贡献。加快推进规范的董事会建设，建立职业经理人制度，合理增加市场化选聘比例，合理确定并严格规范管理人员薪酬水平、职务待遇、职务消费、业务消费。积极探索国有企业财务预算等重大信息公开。

三、加快完善现代市场体系

(9)建立公平开放透明的市场规则。实行统一的市场准入制度，加快实施负面清单管理，各类市场主体可依法平等进入清单之外领域。清理各行业准入规则中不适当的资金、技术、资质等限制性条件。加快推进工商注册制度便利化，削减资质认定项目，由先证后照改为先照后证，把注册资本登记制逐步改为认缴登记制，将企业年检制改为企业年度报告制。放宽市场主体住所(经营场所)登记条件，减少营业执照种类，推进工商注册全程电子化和电子营业执照。深化贸易流通体制改革，着力清除市场壁垒，建设法治化营商环境。

实行统一的市场监管体制机制，推进市场监管重心下移、属地管理。清理和废除妨碍统一市场和公平竞争的各种规定和做法，反对地方保护，反对垄断和不正当竞争。加快建设统一的市场主体信用信息公开平台。

落实国家推进水、石油、天然气、电力、交通、电信等领域价格改革的政策措施。全面实施居民生活用水、用电、用气的阶梯价格制度。逐步放开取消专营和市场准入限制的商品和服务价格管理，由经营者自主定价。修订省级政府定价或政府指导价目录。

（10）建立城乡统一的建设用地市场。在符合规划和用途管制前提下，建立完善农村集体经营性建设用地流转制度，允许农村集体经营性建设用地出让、租赁、入股。积极探索征地制度改革，缩小征地范围，规范征地程序，完善对被征地农民合理、规范、多元保障机制。建立兼顾国家、集体、个人的土地增值收益分配机制，合理提高个人收益。坚持试点先行，探索建立城乡统一的国有土地、集体经营性建设用地交易市场。探索建立建设用地总量控制新机制，优化用地结构，改进城乡建设用地增减挂指标使用方式。

（11）深化金融综合改革。大力发展普惠金融，推动金融创新，丰富金融市场层次和产品。支持民间资本依法发起设立中小型银行等金融机构。全面深化农村合作金融机构改革，鼓励民间资本参与农村合作金融机构改制重组和增资扩股，发展民间资本控股的农村商业银行，将全省农村合作金融机构全部改制为农村商业银行。推动具备条件的小额贷款公司改制为村镇银行，逐步实现村镇银行县域全覆盖。建立健全担保和再担保体系，支持融资性担保机构增资扩股。设立综合性保险公司，积极发展科技金融、互联网金融等新型金融业态，积极发展汽车金融公司、金融租赁公司、金融消费公司等非银行金融机构。支持合肥等有条件的市建设国际金融后台服务基地。

加快发展多层次资本市场，积极跟进股票发行注册制改革和“新三板”扩容，支持更多企业进入主板、中小企业板和创业板及中小企业股权转让系统融资，显著扩大股权、债权融资规模。鼓励民间资本发起或参与设立创投基金、私募股权基金、产业基金等。探索开展巨灾保险，完善保险经济补偿机制。

落实地方金融监管职责和风险处置责任，完善金融监管协调机制，加强地方金融监管能力建设，强化金融监管，防范金融风险。

（12）推进科技创新与经济社会发展紧密结合。把创新驱动发展贯穿于经济社会发展各领域各环节，全面推进创新型省份建设，加快建设创新安徽。建立产学研协同创新机制，强化企业技术创新主体地位，鼓励大企业建立研发实体、加大研发投入，激发中小企业创新活力，形成大中小微企业良性互动、竞相发展的创新型企业集群。提升合芜蚌自主创新综合试验区建设水平，建设一批创新型城市、创新型园区、创新载体。坚持开放式创新，鼓励支持高校、科研院所建立开放的研发机构和成果转化平台，整合集聚省外境外各类创新资源。建立激励企业自主创新机制。

加强公共创新服务平台建设，加大事关全省发展关键共性技术研究创新的支持力度，建立主要由市场决定技术创新项目和经费分配、评价成果的机制。支持创新投资基金发展，完善风险投资机制，创新商业模式，促进科技成果资本化、产业化。开展科技成果处置权和收益权改革试点。加强知识产权创造、运用和保护。

四、加快转变政府职能

（13）全面正确履行政府职能。进一步厘清政府权责，加强发展战略、规划、政策、标准等制定和实施，全面履行公共服务、市场监管、社会管理、环境保护等职责。深化行政审批制度改革，加大行政审批事项精简力度，建立行政审批事项目录清单公开制度，在清单之外，一律不得设置行政审批事项。加强部门联动配合，接住并管好国务院及有关部门下放的审批事项。全面推行行政审批相对集中改革，建立健全一门受理、并联审批和多证联办的服务模式，不断深化为民服务全程代理制。加快事业单位分类改革步伐，推动公办事业单位与主管部门理顺关系和去行政化，深化事业单位人事管理制度、收入分配制度、社会保障制度等改革，推进有条件的事业单位转为企业或社会组织，建立事业单位统一登记管理制度和法人治理结构。构建政府基础性数据信息化平台，推进部门信息共享。探索建立行政服务效能综合评价考核机制。完善发展成果考核评价体系，修订省对市县政府目标管理考核办法，纠正单纯以经济增长速度评定政绩的倾向。

（14）深化财税体制改革。深入推进政府和部门预算决算公开，逐步实施全面规范的预算公开制度。改进年度预算控制方式，审核预算的重点由平衡状态向支出预算和政策拓展，促进收入预算从约束性向预期性转变。建立跨年度预算平衡机制，继续扩大权责发生制政府综合财务报告试点范围。清理规范重点支出与财政收支增幅或生产总值挂钩事项。完善财政转移支付制度，提高一般性转移支付比例，重点增加对革命老区、贫困地区的转移支付，清理、整合、规范专项转移支付项目，提高财政资金绩效。研究建立省市县事权与支出责任相适应的制度。

建立健全政府性债务管理体制机制，把政府性债务分门别类纳入全口径财政预算管理。建立以政府债券为主体的政府举债融资机制，规范政府举债程序，严格控制债务率和举债成本，强化政府性债务考核和责任追究，建立规范合理的政府债务管理及风险预警机制。

认真落实执行国家各项税制

改革政策法规,继续推进营业税改征增值税改革。规范税收征管,建立健全税收征管保障体系,严格依法征税。健全政府非税收入征收管理制度。

(15)深化投资体制改革。转变政府投资管理职能,确立企业投资主体地位。企业投资项目由企业依法依规自主决策,除国家另有规定之外,各级政府不再审批。修订省级政府核准的企业投资项目目录,企业投资项目备案严格执行属地管理原则。完善企业投资项目核准和备案管理办法,减少前置条件,强化服务和后续监管。强化节能节地节水、环境、技术、安全等市场准入标准,建立健全防范和化解产能过剩长效机制。制定政府投资管理办法,规范政府投资行为,建立和完善政府投资项目公示制和绩效评价制度。

(16)优化政府组织结构。按照精简统一效能原则,加大机构和职责整合力度,优化政府机构设置、职能配置和工作流程,积极稳妥实施大部门制。加快市县政府机构改革,加强食品药品、安全生产、环境保护、劳动保障、城乡规划建设管理等领域基层执法力量。统筹党政群机构改革,理顺部门职责关系。积极在基层实行多种形式的大部门制,鼓励基层党政机构整合试点或合署办公、领导交叉任职。继续深化乡镇行政体制改革。

严格控制机构编制,减少机构数量和领导职数,盘活存量、优化结构,推动机构编制释放潜力,促进机构编制管理科学化、规范化、法制化。严格控制财政供养人员总量,确保事业编制总额不突破2012年底全省统计数,确保不突破中央核定的行政编制总额和专项编制员额。

五、健全城乡发展一体化体制机制

(17)加快构建新型农业经营体系。坚持和完善农村基本经营制度,大力发展家庭农场、专业大户、农民合作社、农业企业、现代农业产业联合体等新型农业经营主体,加快构建以农户家庭经营为基础、合作与联合为纽带、社会化服务为支撑的立体式复合型现代农业经营体系。

鼓励农村发展合作经济,推进财政支持农民合作社创新试点,实施财政项目资金直接投向符合条件的合作社。支持合作社发展农产品加工流通、开展资金和保险互助,引导发展农民合作社联合社,鼓励发展混合所有制农业产业化龙头企业。鼓励和引导工商资本到农村发展适合企业化经营的现代种养业,向农业输入现代生产要素和经营模式。开展农民以承包经营权入股发展农业产业化经营试点。推进农村土地承包经营权确权登记颁证,可以确权确地,也可以确权确股不确地。规范引导土地承包经营权流转,健全县乡村三级土地流转服务和管理网络,积极探索土地信托、股份合作等创新模式,建立土地流转风险防范和保障制度。健全农业社会化服务体系,稳定农、林、水等基层农业公共服务机构,健全经费保障和激励机制,大力培育农业经营性服务组织,推进农业服务专业化、全程化。

(18)赋予农民更多财产权利。推进农村集体经济组织产权制度改革,赋予农民对集体资产股份相关权益,积极发展农民股份合作,支持有条件的地方建立产权为全体村民集体所有、股份量化、统一经营、民主管理、收益共享的经济实体,发展壮大集体经济。保障农户宅基地用益物权,改革完善农村宅基地制度,慎重稳妥推进农民住房财产权抵押、担保、转让试点。建立农村产权流转交易市场,引导承包经营权、集体经济股权、农民住房财产权等规范有序流转。

(19)加强农村要素投入保障机制建设。维护农民生产要素权益,保障农民工同工同酬,保障农民公平分享土地增值收益,保障金融机构农村存款主要用于农业农村。健全"三农"投入稳定增长机制,改革涉农资金项目审批,完善农业补贴政策,新增补贴向粮食等重要农产品、新型农业经营主体、粮食主产县倾斜。完善农业保险制度,扩大农业保险覆盖范围,健全针对各类新型农业经营主体的保险政策。加大农业职业教育和技术培训力度,培育新型职业农民。以美好乡村建设为载体,统筹城乡基础设施建设和社区建设,推进城乡基本公共服务均等化。鼓励社会资本投向农村建设,建立促进企业和社会组织在农村兴办各类事业的机制。探索建立与现代农业经营体系相适应的小型农村水利工程投入建设管理新机制。

(20)完善城镇化健康发展体制机制。坚持推进以人为核心的新型城镇化,推动大中小城市和小城镇协调发展、产城融合发展,促进城镇化和美好乡村建设协调推进。优化城市空间结构和管理格局,引导城市功能合理分布。培育中心城市,提高承载能力,促进合肥经济圈、皖江城市带、皖北城市群更好发展。加快推进皖北地区"四化"协调先行区建设。按照城市标准提升县城规划建设管理水平,加快县城发展。推进城市建设管理创新,建立规划衔接协调机制。建立透明规范的城市建设投融资机制,支持具备条件的市县通过多种方式拓宽城市建设融资渠道,探索建立城市基础设施、住宅政策性金融机构。从严合理供给城市建设用地。优化行政层级和区划设置,有序推进县改市、县改区、乡改镇,适当扩大市区和县城关镇及重点建制镇管辖范围,着力完善生产力空间布局。赋予经济发展快、人口吸纳能力强的镇相应的经济社会管理权限。

深化户籍制度改革，全面推行居住证制度，有序推进农业转移人口市民化。稳步推进城镇基本公共服务向常住人口全覆盖，深化住房保障制度改革，把进城落户农民完全纳入城镇住房和社会保障体系。建立财政转移支付同农业转移人口市民化挂钩机制。探索建立城乡公共服务和社会保障制度衔接并轨机制。争取开展国家新型城镇化发展试点。

六、完善开放型经济体制

(21)创新对外开放体制机制。推进对内对外开放相互促进，引进来和走出去更好结合，更好利用两种资源、两个市场，大力培育开放型经济竞争新优势。加快建设海关特殊监管区，完善口岸设施建设多元投资体制，提升长江干支流、淮河航道等级和重要港口基础条件，加快推进长三角大通关建设和关检联合通关试点，与中国上海自由贸易试验区全方位对接。积极争取在有条件地方发展自由贸易园(港)区。加快推进长三角区域发展一体化进程。

(22)提高招商引资水平。加快承接国际国内产业转移，坚持引资、引技、引智相结合，强化产业链招商和园区共建招商，积极引导外资投向主导产业和战略性新兴产业，加快引进一批工业设计、现代物流、科技研发、信息服务等生产性服务业项目，吸引外资进入金融、教育、文化、医疗，以及健康养老、商贸物流、电子商务等领域。推动经济开发区、工业园区转型升级和功能拓展，打造一批主营业务超千亿元的开发园区和产业集群。

(23)加快转变外经贸发展方式。培育壮大外贸主体，积极发展跨境电子商务、保税贸易等新型贸易方式，创新加工贸易模式，加快形成以技术、品牌、质量、服务为核心的出口竞争新优势。推进落实"走出去"便利化措施，鼓励有条件的企业到境外购并技术、品牌和企业，建设海外资源基地、生产基地、营销网络、研发机构和经贸合作区，承揽对外承包工程和劳务合作项目，培育一批具有国际竞争力的跨国公司。

七、加强社会主义民主政治制度建设

(24)完善人民代表大会制度。坚持人民主体地位，发挥人民代表大会制度的根本政治制度作用。坚持立法决策与改革决策相结合，保证各项重大改革决策于法有据。健全立法起草、论证、协调、审议机制，防止部门利益法制化。通过座谈、听证、评估、公布法规草案等扩大公民有序参与立法途径，深入开展立法协商，不断提高立法质量。健全"一府两院"由人大产生、对人大负责、受人大监督制度。建立政府重大决策出台前向本级人大报告制度，创新人大讨论、决定重大事项的办法。加强人大预算决算审查监督、国有资产监督职能。完善人大执法检查、专题询问、工作评议等机制，通过询问、质询、特定问题调查、备案审查等积极回应社会关切。支持和保证人大代表依法执行职务、充分发挥作用。加强人大常委会同代表的联系，通过建立健全代表联络机构、网络平台等形式，拓宽代表同人民群众联系渠道。健全代表议案建议督办机制。

(25)推进协商民主广泛多层制度化发展。以经济社会发展重大问题和涉及群众切身利益的实际问题为内容，在全社会开展广泛协商，坚持协商于决策之前和决策实施之中。拓宽国家政权机关、政协组织、党派团体、基层组织、社会组织的协商渠道。完善协商工作机制，深入开展立法协商、行政协商、民主协商、参政协商、社会协商，形成多层次协商格局。培育并发挥各类智库作用。

发挥统一战线在协商民主中的重要作用。完善中国共产党同各民主党派的政治协商，认真听取各民主党派和无党派人士意见。中共安徽省委根据年度工作重点提出计划，采取协商会、谈心会、座谈会等进行协商，不断完善和规范政治协商的内容、形式、程序。完善民主党派省委直接向中共安徽省委提出建议制度。贯彻党的民族宗教政策，深化少数民族和民族聚居地"共同发展"提升行动，依法加强宗教事务管理。促进和引导新的社会阶层人士有序政治参与，拓展港澳台海外统战工作。

发挥人民政协作为协商民主重要渠道作用，重点推进政治协商、民主监督、参政议政制度化规范化程序化。各级党委和政府、政协制定并组织实施协商年度工作计划，建立工作衔接机制，就一些重要决策听取政协意见。规范协商内容、协商程序，拓展协商形式，建立界别协商座谈会制度，完善政协资政会、常委专题协商会工作机制，改进委员座谈会方式，更加活跃有序地组织专题协商、对口协商、界别协商、提案办理协商，增加协商密度，提高协商成效。在政协健全委员联络机构，完善委员联络制度。

(26)积极发展基层民主。完善基层党组织领导的充满活力的基层群众自治机制，健全基层选举、议事、公开、述职、问责等机制。加强自治组织规范化建设，不断完善和拓展自治功能。开展形式多样的基层民主协商，推进基层协商制度化，构建程序合理、环节完整、法制健全的基层协商民主体系。建立健全居民、村民监督机制，提升群众在城乡社区治理、基层公共事务和公益事业中依法自我管理、自我服务、自我教育、自我监督能力。健全以职工代表大会为基本形式的企事业单位民主管理制度，加强社会组织民主机制建设，保障职工参与管理和监督的民主权利。

八、大力推进法治安徽建设

(27)提高依法治省水平。坚持依法治省、依法执政、依法行政共同推进，坚持法治安徽、法治政府、法治社会一体建设。坚持法律面前人人平等，维护宪法法律权威。普遍建立法律顾问制度，大力发展法律服务业。完善规范性文件、重大决策合法性审查机制。建立科学的法治建设指标体系和考核标准。健全规章、规范性文件备案审查制度。健全社会普法教育机制，培育法治文化，增强全民法治观念。支持具备条件的省辖市申报为有地方立法权的较大的市。

(28)推进行政执法体制改革。厘清执法机关职责权限，整合执法主体，推进综合执法，着力解决权责交叉、多头执法问题，建立权责统一、权威高效的行政执法体制。进一步开展相对集中执法权工作试点。各地可根据实际情况，通过委托执法、派驻执法等方式，在乡镇开展相对集中行政处罚权工作。理顺城管执法体制。

完善行政执法程序，规范执法自由裁量权，强化对行政执法的监督。全面落实行政执法责任制和执法经费由财政保障制度，改善执法条件，做到严格规范公正文明执法。完善行政执法与刑事司法衔接机制，推动线索移送、情况通报、联席会议等相关制度建设。

(29)落实国家司法体制改革各项措施。推动全省地方法院、检察院人财物统一管理。建立符合职业特点的司法人员管理制度，健全法官、检察官、人民警察统一招录、有序交流、逐级遴选机制，推进司法人员分类管理。健全法官、检察官、人民警察职业保障制度。

优化司法职权配置，健全司法权力分工负责、互相配合、互相制约机制，加强和规范对司法活动的法律监督和社会监督。改革审判委员会制度，健全审判委员会讨论事项先行过滤机制，完善主审法官、合议庭办案责任制，让审理者裁判、由裁判者负责。明确省、市、县三级法院职能定位，规范上下级法院审级监督关系，确保依法独立公正行使审判权。

推进审判公开、检务公开，录制并保留全程庭审资料。增强法律文书说理性，推动公开法院生效裁判文书。严格规范减刑、假释、保外就医程序，强化监督制度。广泛实行人民陪审员、人民监督员制度，拓宽人民群众有序参与司法渠道。

进一步规范查封、扣押、冻结、处理涉案财物的司法程序。健全错案防止、纠正、责任追究机制，统一错案责任认定标准，明确纠错主体和启动程序，落实责任追究。严禁刑讯逼供、体罚虐待，严格实行非法证据排除规则。落实中央废止劳动教养制度的决定，认真执行对违法犯罪行为惩治和矫正法律制度，健全社区矫正制度，加强矫正执法衔接配合。健全司法救助和法律援助制度。完善律师执业权利保障机制和违法违规执业惩戒制度，加强职业道德建设，发挥律师在依法维护公民和法人合法权益方面的重要作用。

九、强化权力运行制度制约和监督体系

(30)健全权力制约和协调机制。坚持民主集中制，充分发挥党委领导核心作用。完善省委常委会科学民主依法决策制度。规范各级党政主要领导干部职责权限，科学配置党政部门及内设机构权力和职能，明确职责定位和工作任务。加强和改进对主要领导干部行使权力的制约和监督，建立省直部门和各省辖市党委、政府主要负责同志向省委述职述廉报告制度，加强行政监察和审计监督。在总结县委权力公开透明运行试点经验的基础上，在全省各县(市、区)逐步推开，并在省辖市开展试点。健全重点领域和关键环节权力行使监督制度，建立决策的考核评价、失误纠错和终身追究制。推进公共资源交易体制改革，加快建立全省统一规范的公共资源交易平台，加强对公共资源交易的全过程监督。推行各级政府及工作部门权力清单制度，依法公开权力运行流程，强化电子监察，完善党务、政务和各领域办事公开制度，推进决策公开、管理公开、服务公开、结果公开。

(31)创新反腐败体制机制。加强党委对党风廉政建设和反腐败工作统一领导，改革和完善各级反腐败协调小组职能。全面落实党风廉政建设责任制，建立“一案双查”制度，加大责任追究力度。纪委要履行协助党委加强党风建设和组织协调反腐败工作职责，加强对同级党委及其成员的监督。落实纪律检查工作双重领导体制，强化上级纪委对下级纪委领导，查办腐败案件以上级纪委领导为主，各级纪委书记、副书记的提名和考察以上级纪委会同组织部门为主。全面落实省纪委向同级党政机关派驻纪检机构。加强和创新巡视工作，加大巡视频率，实现巡视监督全覆盖，抓好巡视成果的转化运用。

全面落实《建立健全惩治和预防腐败体系2013—2017年工作规划》，强化权力运行制约和监督体系建设，完善有腐必反的惩戒机制、廉政风险防控机制、党员干部清正廉洁教育和预警机制、群众参与监督制约机制。完善和认真落实惩治和预防腐败、防止利益冲突、领导干部报告个人有关事项、任职回避等方面法律法规，加强领导干部电子廉政档案建设。健全民主监督、法律监督、舆论监督机制，运用和规范互联网监督。加大查办违纪违法案件工作力度，保持惩治腐败高压态势。

(32)完善改进作风常态化制度。总结党的群众路线教育实践活动的有效经验,坚决反对“四风”,健全并严格执行领导干部公开承诺、深入基层联系群众、崇尚勤俭厉行节约、考核评价监督问责、深化改革防范风险等五类重点制度。完善选人用人专项检查和责任追究制度,着力纠正跑官要官等不正之风。强化作风建设激励约束机制,完善作风建设考核办法,坚持把作风考核结果作为干部奖惩与使用的重要依据,完善作风建设监督惩戒制度。

规范并严格执行领导干部工作生活保障制度。完善并严格执行领导干部亲属经商、担任公职和社会组织职务、出国定居等相关制度规定。

十、加快文化强省体制机制建设

(33)深化社会主义核心价值体系建设。深入开展中国梦和中国特色社会主义宣传教育,积极培育和践行社会主义核心价值观。大力推进公民道德建设工程,积极搭建道德实践载体,培育修身律己、崇德向善、礼让宽容的道德风尚。加强省情教育,营造热爱安徽、发展安徽的浓厚氛围。把诚信建设摆在突出位置,健全覆盖全社会的征信系统,完善褒扬激励机制和失范矫正机制,加快建设信用安徽。

(34)完善文化管理体制。按照政企分开、政事分开原则,推动政府部门由办文化向管文化、管微观向管宏观转变,推动党政部门与其所属的文化企事业单位进一步理顺关系。健全国有文化资产管理体制,组建党委和政府监管国有文化资产的管理机构,实行管人管事管资产管导向相统一。

健全坚持正确舆论导向的体制机制。加快完善互联网管理领导体制和规章制度,健全基础管理、内容管理、行业管理以及网络违法犯罪防范和打击等工作联动机制,健全网络舆情监测会商和突发事件处置机制,构建正面引导和依法管理相结合的网络舆论工作格局。落实和完善党管媒体、主管主办负责、法人运营的现代治理结构,严格新闻工作者职业资格制度,强化新闻媒体及从业人员社会责任。加快传统媒体和新兴媒体融合发展,抢占传播制高点。推动党委、政府新闻发布制度化。健全与民生直接相关部门互联网信息发布机制。

(35)健全现代文化市场体系。拓展出版、发行、报业、广电、演艺等领域改革成果,有序引入社会资本,加快公司制、股份制改造。对按规定转制的重要国有传媒企业探索实行特殊管理股制度,在新成立文化企业探索试行管理层持股、员工持股。组建国有文化资本运营公司,鼓励省属文化集团相互之间、与其他所有制企业加强资本合作、交叉持股、跨界发展。推动省属文化企事业单位经营性资源整合重组,支持省属传媒集团向新媒体新业态进军。大力推动文化与科技、旅游、体育等融合发展。制定非公有制文化企业参与对外出版和网络出版、以控股形式参与国有影视制作机构、文艺院团改制经营的具体办法。支持各种形式小微文化企业发展。

建立多层次文化产品和要素市场。支持文化企业非上市股权融资和上市融资,建设省级文化产权交易平台。完善文化经济政策,扩大政府文化资助和文化采购,加强版权保护。健全文化产品评价体系,改革评奖制度和扶持办法,打造更多体现徽风皖韵的文化精品。

(36)构建现代公共文化服务体系。建立公共文化服务体系建设协调机制,统筹服务设施网络建设,促进基本公共文化服务标准化、均等化。整合基层宣传文化、党员教育、科学普及、体育健身等设施,在乡镇建设综合性文化服务中心,探索在有条件的中心村建设农民文化乐园,建立健全建管并重的有效机制。争创国家级公共文化服务体系示范区和示范项目。积极推进群众文化辅导员队伍创新建设。建立群众评价和反馈机制,推动文化惠民项目与群众文化需求有效对接。

明确不同文化事业单位的功能定位,建立法人治理结构,完善绩效考核机制。推动公共图书馆、博物馆、文化馆、科技馆等组建理事会。完善文化遗产保护和传承工作机制。引入竞争机制,推动公共文化服务社会化发展。鼓励社会力量、社会资本参与公共文化服务体系建设,培育文化非营利组织。

(37)提高文化开放水平。理顺内宣外宣体制,扩大对外文化交流,支持重点媒体面向国内国际发展。培育外向型骨干文化企业,加强进出口平台和渠道建设,支持重点文化企业到海外开拓市场、投资实体、建设文化中心。实施皖版图书、优秀影视作品、特色演艺精品、徽派工艺品海外推广计划,提升安徽美誉度和徽文化影响力。

十一、推进社会事业改革创新

(38)深化教育领域综合改革。深入推进省级政府教育统筹综合改革试点省建设,促进城乡、区域教育和各级各类教育协调发展。坚持立德树人,全面推进素质教育。大力促进教育公平,健全家庭经济困难学生资助体系,积极利用信息化手段扩大优质教育资源供给,加大对皖北地区、大别山革命老区、皖南山区、少数民族聚居区等地区薄弱学校扶持力度。统筹城乡义务教育资源均衡配置,实行公办学校标准化建设和校长教师交流轮岗,不设重点学校重点班,破解择校热、大班额等难题。规范中小学办学行为,改革教育教学模式,标本兼治减轻学生课业负担。加快建设现代职业教育体系，推进职业教育与行业企业深度融合合作，加强职教资源市级统筹，完善职业院校集团和联盟建设。大力发展地方性应用型高等教育，创新高校人才培养模式，推动高等教育内涵式发展。加快构建有质量保障的普惠性全覆盖学前教育体系。积极推进特殊学校建设工程。推动继续教育改革发展，构建终身教育体系。

改革考试招生制度。完善义务教育免试就近入学制度、初高中学业水平考试和综合评价制度。积极推进职业院校自主招生，扩大职业教育本专科对口招生规模。探索减少中考考试科目、高中不分文理科、外语等科目社会化考试一年多考。试行普通高校、高职院校、成人院校之间学分转换。

探索建立政府管理、学校办学、社会评价制度，扩大办学自主权。加快大学章程建设，积极探索学校教职工代表大会、学术委员会、学代会等制度，完善学校内部治理结构。强化教育督导，委托社会组织开展教育评估监测。健全政府补贴、政府购买服务、助学贷款、基金奖励、捐资激励等制度，鼓励社会力量兴办教育。

(39)完善促进就业创业体制机制。建立经济发展和扩大就业的联动机制，健全政府促进就业责任制度。深化皖江示范区与皖北地区对接合作机制，畅通劳动力省内转移就业渠道。规范招人用人制度，消除一切影响平等就业的制度障碍和就业歧视。完善扶持创业的优惠政策，形成各类主体竞相创业的良好环境。完善城乡均等的公共就业创业服务体系，构建劳动者终身职业培训体系。增强失业保险制度预防失业、促进就业功能，完善就业失业监测统计制度，创新劳动关系协调机制，畅通职工表达合理诉求渠道。

促进以高校毕业生为重点的青年就业和农村转移劳动力、城镇困难人员、退役军人就业。开发更多适合高校毕业生就业岗位，政府购买基层公共管理和社会服务岗位更多用于吸纳高校毕业生就业。健全鼓励高校毕业生到基层工作的服务保障机制，逐步提高公务员定向招录和事业单位优先招聘比例。完善激励高校毕业生自主创业政策，实施离校未就业高校毕业生就业促进计划，对有特殊困难的实行全程跟踪服务。健全重点群体就业援助制度，确保零就业家庭至少一名成员实现就业。

(40)深化收入分配制度改革。着重保护劳动所得，努力实现劳动报酬增长和劳动生产率提高同步，提高劳动报酬在初次分配中的比重。健全工资决定和正常增长机制，完善最低工资和工资支付保障机制，完善企业工资集体协商制度。根据经济发展和物价水平等因素变化，适时调整最低工资标准，改革机关事业单位工资和津贴补贴制度。健全资本、知识、技术、管理等由要素市场决定的报酬机制。扩展投资和租赁服务等途径，保护投资者合法权益，多渠道增加居民财产性收入。

完善以税收、社会保障、转移支付为主要手段的再分配调节机制。建立公共资源出让收益合理共享机制。支持慈善事业发挥扶贫济困积极作用。建立高收入群体个人收入和财产信息系统，规范收入分配秩序。落实国家完善收入分配的政策措施，努力缩小城乡、区域、行业收入分配差距。

(41)建立更加公平可持续的社会保障制度。坚持社会统筹和个人账户相结合的基本养老保险制度，巩固和完善职工养老保险省级统筹，完善个人账户制度。健全待遇与缴费挂钩的激励约束机制，完善社保补贴办法。稳步推进机关事业单位养老保险制度改革。整合城乡居民基本养老保险制度、基本医疗保险制度，加快推进城乡居民大病保险制度建设，完善公务员医疗补助政策，鼓励企事业单位和个人建立补充医疗保险或参加商业健康保险，构建基本医保、医疗救助、商业保险多层次医疗保障体系。建立健全合理兼顾各类人员的社会保障待遇确定和正常调整机制，推进城乡最低生活保障制度统筹发展。完善社会保险关系转移接续办法，扩大参保缴费覆盖面。加快健全社会保障管理体制和经办服务体系。健全符合省情的住房保障和供应体系，改进住房公积金提取、使用、监管机制。

健全社会保障财政投入制度，完善社会保障预算制度。加快发展企业年金、职业年金和商业保险，构建多层次社会保障体系。加快建立社会养老服务体系和发展老年服务产业。通过民办公助、公建民营、贷款贴息、以奖代补等方式，引导民间资本参与社会化养老服务。进一步降低社会力量举办养老机构的门槛。健全农村留守儿童、妇女、老年人关爱服务体系，健全残疾人权益保障、困境儿童分类保障制度。

(42)深化医药卫生体制改革。统筹推进医疗保障、医疗服务、公共卫生、药品供应、监管体制综合改革。深化基层医疗卫生体制综合改革，完善绩效考核、人事、分配、补偿机制、能力建设，落实乡村医生保障政策，巩固基层医改成果。巩固和完善县级公立医院综合改革，健全网络化城乡基层医疗卫生服务运行机制。适时启动城市公立医院改革，建立科学的医疗绩效评价机制和适应行业特点的人才培养、人事薪酬制度，构建现代医院管理制度。完善合理分级诊疗模式，建立社区医生和居民契约服务关系。充分利用信息化手段，促进优质医疗资源纵向流动。加强区域公共卫生服务资源整合。取消以药补医，理顺医药价格，建立科学补偿机制。加快建立以省为单位，覆盖城市公立医院、县级公立医院和基层医疗卫生机构药品、耗材和医疗器械集中招标采购机制。完善医保支付方式，健全全民医保体系。完善中医药事业发展政策和机制。

鼓励社会办医，放宽社会资本举办医疗机构条件，社会资金可直接投向资源稀缺及满足多元需求服务领域，允许社会力量多种形式参与公立医院改制重组。允许医师多点执业，允许民办医疗机构纳入医保定点范围。鼓励发展高水平、规模化大型医疗集团。

坚持计划生育基本国策，落实一方是独生子女的夫妇可生育两个孩子的政策。

十二、创新社会治理体制

(43)改进社会治理方式。坚持系统治理、依法治理、综合治理、源头治理，运用法治思维和法治方式化解社会矛盾，提高社会治理水平，深化平安安徽建设。健全基层社会服务管理机制，在县以下普遍建立健全基层为民服务和综治维稳信访工作平台。总结推广社区管理体制改革经验，推行扁平化、网格化、信息化治理。

正确处理政府和社会关系，加快实施政社分开，适合由社会组织提供的公共服务和解决的事项，交由社会组织承担。支持和发展志愿服务组织。限期实现行业协会商会与行政机关真正脱钩，重点培育和优先发展行业协会商会类、科技类、公益慈善类、城乡社区服务类社会组织，建立直接依法申请登记制度。加大政府购买服务力度，建立严格的监督评价淘汰机制，引导社会组织加强自身建设，提高社会组织承接政府转移职能、开展公益服务和中介服务的能力。坚持积极引导和依法管理并重，促进社会组织明确权责、依法自治、发挥作用。

(44)创新有效预防和化解社会矛盾体制。健全重大决策社会稳定风险评估机制。建立畅通有序的诉求表达、心理干预、矛盾调处、权益保障机制。改革行政复议体制，健全行政复议案件审理机制，纠正违法或不当行政行为。完善人民调解、行政调解、司法调解联动工作体系，大力推进行业性专业性人民调解组织建设，健全调处化解矛盾纠纷综合机制和基层维稳应急处置机制，切实维护群众合法权益。

改革信访工作制度，实行网上受理信访制度，落实领导干部接访、下访、回访和联系信访群众制度，在省、市、县三级普遍实行联合接访，切实加强基层信访工作，及时就地解决群众合理诉求。把涉法涉诉信访纳入法治轨道解决，完善诉访分离机制，建立涉法涉诉信访依法终结制度。

(45)健全公共安全体系。完善统一权威的食品药品安全监管机构，建立最严格的覆盖全过程监管制度，切实加强农产品质量安全监管。加强技术支撑能力建设，建立覆盖全省的电子追溯系统，完善生产经营企业准入和退出机制，保障食品药品安全。健全安全生产监管体制，完善安全生产责任体系、保障体系、应急救援体系，深化安全隐患排查治理，严肃事故查处和责任追究。健全防灾减灾救灾体制。加强社会治安综合治理，健全立体化数字化社会治安防控体系，严密防范和依法打击各种违法犯罪活动。

(46)推动军民融合深度发展。健全军民融合发展领导体制，支持国防和驻皖部队现代化建设。建立军民科技资源共享合作机制，支持各类企业参与军品科研生产和服务。深化全民国防教育，增强全民国防观念，提高国防动员和后备力量建设质量，加强人民防空建设，推进人民防空全面融入经济社会发展，完善退役军人安置制度改革和重点优抚对象服务保障配套政策，扎实开展双拥共建工作。

十三、完善生态强省建设体制机制

(47)建立生态环境源头保护制度。根据自然资源多样化特征，构建归属清晰、权责明确、监管有效的自然资源资产产权制度，完善产权交易主体、产权交易成本核算、产权交易规则等制度。加快农村地籍调查，积极做好农村集体建设用地、宅基地和城镇国有建设用地确权登记发证工作。加快推进国有林场改革试点和集体林权制度配套改革，建立林地征占用保护制度。

全面实施省主体功能区规划，推动实现主体功能区规划与经济社会发展规划、城乡规划、土地利用规划、生态环境保护规划、产业布局规划、基础设施规划“多规合一”。落实用途管制，划定生产、生活、生态空间开发管制界限，合理确定城市建设扩展边界，划定并严守森林、湿地、水资源开发利用等生态红线，大力实施千万亩森林增长工程。稳定和扩大退耕还林范围，调整严重污染和地下水严重超采区耕地用途，建立资源环境承载能力监测预警机制，对水土资源、环境容量等资源超载区域实行限制性措施。

探索编制自然资源资产负债表，对领导干部实行自然资源资产离任审计，建立领导干部任期生态环境质量考核制度和生态环境损害责任终身追究制。

(48)实行资源有偿使用制度和生态补偿制度。对市、县政府开展节约集约用地、耕地、林地保护责任目标考核及领导干部离任审计。严格控制用水总量，实行用水计划和定额管理。实施能源消费总量和能源消耗强度双控制。

完善新安江跨省流域生态补

偿机制，依法适时开展大别山等区域水环境生态补偿试点。发展环保市场，推行节能量、碳排放权、排污权、水权交易制度，建立吸引社会资本投入生态环境保护的市场化机制，探索开展各类试点，培育交易中介机构，推行环境污染第三方治理。

(49)健全生态环境保护管理制度。完善生态环境保护地方法规和政策体系。以“三线三边”为突破口，创新农村环境保护机制，加强环境综合治理，着力改善城乡人居环境。制定农业面源管控措施，建立农村污水、垃圾处理设施建设和运行保障长效机制，建设生态友好型农业。建立和完善严格监管所有污染物排放的环境保护管理制度。推行污染物排放许可制，建立主要污染物排放总量年度预算制度。完善环境信息公开制度，推行有奖举报，强化社会监督。健全突发环境事件应急管理机制。制定并实施综合防治方案，建立健全大气、水、土壤等污染防治区域联防联治新机制。健全环境监管执法机制，严厉查处各类环境违法行为，加大对违法排污企业的处罚力度。对造成生态环境损害的责任者严格实行赔偿制度，依法追究刑事责任。

十四、加强和改善党对全面深化改革的领导

(50)切实履行领导责任。充分发挥党委总揽全局、协调各方的领导核心作用，确保政令畅通，坚定不移实现中央全面深化改革的决策部署。省委成立全面深化改革工作领导小组，负责全省改革的系统谋划、统筹协调、整体推进、督促落实。以重大问题为导向，加强调查研究，提高改革决策水平。健全责任机制，坚持在强化党委负总责的前提下明确责任分工，在加强总体谋划的前提下细化目标任务。

(51)强化组织保证和人才支撑。坚持党管干部原则，深化干部人事制度改革，构建有效管用、简便易行的选人用人机制。加强各级领导班子建设，研究制定领导班子和干部队伍建设综合研判措施，坚持以需求为导向完善干部教育培训制度，加大干部实践锻炼力度，增强领导班子和干部队伍推动改革的能力。发挥党组织领导和把关作用，强化党委(党组)、分管领导和组织部门在干部选拔任用中的权重和干部考察识别的责任。落实《党政领导干部选拔任用工作条例》，探索制定重要干部全委会、常委会集体研究提名办法，修订干部选拔任用操作规程，正确分析和运用民主推荐、民主测评结果，合理确定竞争性选拔干部的范围、规模，改进选拔程序和方法，区分实施选任制和委任制干部选拔方式，防止唯票、唯分、唯 GDP、唯年龄取人等现象。坚持和完善基层一线锻炼和选拔年轻干部制度，用好各年龄段干部，真正把信念坚定、为民服务、勤政务实、敢于担当、清正廉洁的好干部选拔出来。完善干部考核评价制度，健全促进科学发展的党政领导班子和领导干部考核评价机制。

推进干部跨条块跨领域交流。继续抓好调整不适宜担任现职领导干部办法的落实，完善从严管理干部制度体系，落实和完善干部问责制。深化公务员分类改革，推行公务员职务与职级并行、职级和待遇挂钩制度，加快建立专业技术类、行政执法类公务员和聘任人员管理制度。完善基层公务员录用制度，在艰苦边远地区适当降低进入门槛。加强基层服务型党组织建设，充分发挥各领域基层党组织在全面深化改革中的战斗堡垒作用和广大党员的先锋模范作用。

完善集聚人才的体制机制，以合芜蚌人才特区建设为牵引大力推动人才政策创新。建立人才需求定期调研制度，定期发布全省急需紧缺人才需求目录，完善人才顺畅流动制度体系，完善人才评价机制。健全人才向基层和艰苦地区流动激励机制。广泛吸引境外优秀人才来皖创业发展。

(52)充分发挥人民群众主体作用。坚持党的群众路线，建立社会参与机制，充分激发广大人民群众的积极性、主动性、创造性，充分发挥工会、共青团、妇联等人民团体作用，齐心协力推进改革。继续弘扬“大包干”精神，鼓励基层和群众大胆探索，及时总结可复制、可推广的经验。加强宣传和舆论引导，进一步营造大胆试、大胆闯，鼓励改革、宽容失误的社会环境。

各地各部门要在吃透中央和省委精神的基础上，紧密结合实际，准确、有序、协调推进改革。围绕我省全面深化改革的重要领域和关键环节，深入开展专项研究，细化改革具体措施。大力发扬“钉钉子”精神，踏石留印、抓铁有痕，确保各项决策部署落到实处。

全省广大党员干部和人民群众要紧密团结在以习近平同志为总书记的党中央周围，解放思想，锐意改革，勇于创新，攻坚克难，不断开创改革发展新局面，为建设美好安徽、全面建成小康社会而奋斗！

安徽文化概况

桂庭题

安徽简况

【历史】安徽于清康熙六年(1667)建省,取安庆、徽州两府的首字为名。因境内有皖山、皖水与皖国,简称皖。1952年,安徽省人民政府在合肥市成立。

史前时期。安徽历史悠久,繁昌县人字洞发现人类活动遗迹距今已有240万年左右,是中国乃至欧亚大陆目前所知最早的旧石器时代人类活动居住点。到了新石器时代,安徽淮河、长江两流域出现众多人群聚落。安徽新石器时代出土文物丰富,其中有大量的重复表达某种意义的刻画符号,有怀宁孙家城、固镇濠城集大汶口文化古城两个面积较大的城池,在含山凌家滩发现有许多精美绝伦的玉石器等。夏商时期,安徽地区主要是淮夷居住的区域,分布有很多夷族的部落,是中原王朝通往江南地区的主要通道。

先秦时期。随着楚国不断向淮河流域扩展,吴国以及后来越国向北方开拓,以致安徽成为"吴头楚尾"之地,众多小国被兼并。吴越灭亡后,安徽绝大部分地区成为楚国疆域,楚国最后两个都城钜阳(今太和境内)、寿春(今寿县)均设在安徽的淮河流域。宋国的都城也自商丘迁到相(今淮北市相山区),成为皖北地区的政治中心之一,后灭于齐。在先秦时期,安徽诞生了管子(今颍上人)、老子(今涡阳人)、庄子(今蒙城人)、墨子(今淮北市人)等思想家,对中国文化发展产生重要影响。

秦至北宋时期。此一时期是安徽历史发展辉煌壮丽的时期。陈胜、吴广在宿州大泽乡揭竿而起,掀开秦末农民大起义序幕。汉初安徽经济逐渐得到恢复,东汉王景做庐江太守,修复了由春秋时楚相孙叔敖创建的芍陂(后改名安丰塘,位于今寿县境内),教民牛耕,促进江淮地区经济发展。魏晋时期中原人口大批南迁,他们带来的新技术使皖南地区逐渐得到开发。隋唐时期大运河流经皖北之地,沿岸出现许多新的城镇,安徽经济有了较大发展,出现了"天下以江淮为国命"的局面。从西汉到北宋时期,安徽政治军事文化大家辈出:曹操、周瑜、鲁肃等叱咤三国,曹丕建立了三国魏王朝;八公山淝水之战奠定南北朝对峙的基础;砀山人朱温灭唐建后梁,开启了五代十国时期;庐州杨行密在江淮地区建立吴国。汉初淮南王刘安等人创立的"淮南学术"名闻天下;汉末曹操父子为核心的"建安文学"登上舞台,开创文学新局面;汉代相县经学独树一帜,汉魏至南北朝庐江何氏礼学名闻遐迩;玄学名士音乐家嵇康,医学家华佗,教育家文翁,画家戴逵、曹霸、李公麟,名臣吕氏父子(吕夷简、吕公著)、包拯,诗人梅尧臣,经学家程大昌等,皆一时之选,无出其右。李白、杜牧、白居易、欧阳修、苏轼、王安石等文坛巨匠也在江淮大地留下众多名篇佳句。

南宋至鸦片战争。从南宋开始,安徽长江以北地区成为宋金及宋元争夺的重要战场,城乡残败,人口流失;同时黄河开始不停南泛,夺淮入海,淹没良田城乡,经济严重破坏;再加上元朝统治残暴,社会矛盾激化,导致刘福通、朱元璋等人领导农民大起义。后朱元璋推翻蒙元政权,建立明王朝,跟随朱元璋起事的江淮群雄成为明王朝重臣与贵族。清朝时期,政治舞台上的风云人物有合肥人李天馥,桐城人张英、张廷玉父子;歙县人曹振镛官至宰辅,三朝宰臣、一度监国。从南宋到清代,徽商崛起,促进我国东南地区经济社会发展。这一时期,安徽南部文房四宝(宣纸、徽墨、宣笔、歙砚)、新安画派、新安医学、桐城文派等的兴起并繁盛,深刻影响了中国文化的进程。算学家程大位、梅文鼎,医学家朱楠,音乐家朱载堉,经学家方以智、钱澄之、毕沅,考据学家戴震、程瑶田,农学家王桢,文学家吴敬梓、施闰章、方苞、姚鼐、刘大櫆,书法家邓石如等在中国文化学术史上皆占有重要地位。

近现代时期。1840年以后,安

巢湖风光

徽也和全国一样，逐渐沦为半殖民地半封建社会。由于外国列强的侵略，清朝政府的腐败，引起民怨沸腾。安徽南部成为太平天国的势力范围，北部则是捻军活动的主要地区。晚清的政治舞台上，合肥人李鸿章建立淮军，倡导“洋务运动”，影响晚清政坛40年，促进了中国近代化进程。淮军将领刘铭传出任台湾首任巡抚，为台湾的发展奠定了基础。随着西方新文化的输入、马克思主义的传播，怀宁人陈独秀成为新文化运动的主将、“五四”运动的总司令与中国共产党的主要创始人，绩溪人胡适成为中国新文化运动的骨干。北洋政坛上，以合肥人段祺瑞为首的皖系称雄一时。到了新民主主义革命时期，泾县曾为新四军军部所在地，发生过震惊中外的“皖南事变”；皖北是淮海战役的主战场；渡江战役首先在皖江（长江安徽段）打响。近现代江淮大地名人辈出，产生了表演艺术家程长庚、杨月楼，教育家孙家鼐、吴汝纶、陶行知，军事家冯玉祥、张治中，革命家王稼祥，书画家黄宾虹、林散之，诺贝尔奖获得者杨振宁，“两弹”元勋邓稼先，哲学家方东美，美学家朱光潜、宗白华，作家张恨水、阿英、蒋光慈，实业家周学熙，历史学家徐中舒、周一良等。安徽民俗文化绚烂夺目，出现徽州四雕（砖、石、木、竹）、芜湖铁画、阜阳剪纸、泗州戏、黄梅戏、沿淮花鼓戏、推子戏、庐剧等，展现了安徽劳动人民的文化创造力。

新安江渔火

【地理】安徽省沿江近海，为泛长三角地区，与山东、江苏、浙江、江西、湖北、河南六省接壤，介于北纬29°41′~ 34°38′和东经114°54′~119°27′之间。。面积14万平方公里，其中平原、山区、丘陵、圩区、湖沼洼地分别占25.5%、31.20%、29.5%、5.8%、8.0%。长江、淮河横贯东西，形成平原、丘陵、山地相间排列的格局。全省大致可分为5个自然区域：①淮北平原。黄淮海平原的一部分，地面由西北向东南略有倾斜，海拔20~40米，为全省重要的粮油棉生产基地；②江淮丘陵。地面主要由丘陵、台地和镶嵌其间的河谷平原组成，主要山岭呈东北一西南走向。东部为江、淮水系的分水岭，海拔100~300米；西北部略低，河谷平原宽阔。③大别山区。位于本省与鄂、豫两省交界处，为大别山的主体部分，地势险要，有海拔1700米以上山峰多座。④沿江平原。长江中下游平原的一部分，包括巢湖流域的湖积平原和长江沿岸的冲积平原，海拔多在20米左右，河网密集，土地肥沃。⑤皖南山区。大部分海拔200~400米，山形网浑、秀气。黄山屹立在该区中部，主峰海拔1873米，为本省最高点。

河流基本属于长江、淮河两大水系，南部和浙江接壤的小部分地区属新安江（钱塘江）水系。长江在省境内呈西南一东北流向，长416公里，两侧重要支流有皖河、秋浦河、运漕河、青弋江、滁河等。长江沿岸湖泊众多，面积较大的有巢湖、大官湖、泊湖、菜子湖等。其中巢湖为全省第一大湖、全国第五大淡水湖，面积约800平方公里。淮河横贯本省北部，省内全长430公里，流域面积6.7万平方公里，两岸支流众多，成不对称的羽毛状水系，重要的有颍河、西淝河、涡河、浍河、淠河等。新安江发源于休宁县境内的怀玉山，为钱塘江的正源，省内干流长约240公里，流域面积6500平方公里。

【资源】*动植物资源*。全省植物种类丰富，共有木本植物300余种、草本植物2100余种，其中包括不少珍稀树种和特有树种，如古老孑遗植物银杏、金钱松、鹅掌楸、大别山五针松、琅琊榆、永瓣藤等。野生动物500余种，主要分布在大别山区和皖南山区。其中兽类90多种，鸟类320种，爬行类和两柄类90多种。全省有国家重点保护动物54种，以扬子鳄、白鳍豚最为珍贵。

矿产资源。发现有用矿种138种（含亚矿种），已探明储量的90种。其中煤、铁、铜、硫、明矾石在华东地区甚至全国均占有重要地位。矿产资源分布集中，已探明储量的几种矿产主要是淮南、淮北的煤炭和沿江地区的铁、铜、硫、明矾石及其伴生矿产。优势矿产种类多，储量大，开发利用前景好。伴生矿床多，综合利用价值高。能源矿产主要有煤炭、石煤、泥炭、温泉等，以煤炭最具优势，已探明储量居全国第7位，为华东地区之首。金属矿

产中的铁矿和铜矿储量较大，铁矿探明储量15亿吨，分布遍及全省，以马鞍山、当涂、繁昌、庐江等地最为集中。铜矿储量占华东地区的20%，主要集中在铜陵、贵池、怀宁、庐江等地。非金属矿产以硫铁矿、明矾石、石灰石最为突出。

水资源。全省水资源总量580.5亿立方米，其中淮河流域、长江流域和东南诸河分别占44.1%、48.3%和7.6%。天然年径流量533亿立方米，地下水天然补给资源量213亿立方米。由于人口密度大，耕地利用率高，平均每人和每亩耕地占有的径流量低于全国平均水平。水资源分布不平衡，与人口和耕地的分布很不相称，主要表现在山区水资源多，人口、耕地少；平原水资源少，人口、耕地多，尤以淮北平原区矛盾最为突出。河流众多，部分河流水流湍急，落差较大，水力资源的蕴藏量相当丰富。为开发利用水资源，安徽在历史上兴建了许多水利工程设施，以寿县境内的安丰塘(古称芍陂)最为有名。新中国成立以后，除治理淮河外，还建设了淠史杭水利灌溉、驷马山引江灌溉等多项水利工程设施，对全省工农业生产起到重要的保障作用。

旅游资源。安徽旅游资源遍及全省，南部以自然山水风光为主，景区相连成片；北部以历史文物古迹为多，点小而分散。最负盛名的旅游景点为黄山。“五岳归来不看山，黄山归来不看岳”，黄山被称为“天下第一名山”，于1990年被联合国教科文组织列入世界文化与自然遗产名录。佛教名山九华山以鳞次栉比、独具特色的寺庙建筑引人入胜，又以秀丽的山水风光使人流连。道教名山齐云山则以其独特的丹霞地貌和摩崖石刻为世人瞩目。滁州琅琊山以宋朝欧阳修《醉翁亭记》一文而名扬天下。天柱山古称“皖山”，汉武帝曾登临此山，称之为南岳，“中天一柱”，凌霄矗立，令人叹为观止。人文旅游资源除国家、省级历史文化名城外，还有世界文化遗产西递、宏村，屯溪的“宋街”，合肥、安庆等地的古建筑，凤阳的中都城和皇陵等。

【气候】安徽的气候属暖温带向亚热带过渡地区。淮河以北属暖温带半温润季风气候，淮河以南属亚热带温润季风气候，四季分明，春暖多变，夏雨集中，秋高气爽，冬季寒冷。全省各地年平均气温在14℃~17℃之间，淮北和大别山区在15℃以下，沿江和皖南南部在16℃以上。冬季淮北和江淮北部极端气温低于-10℃~-14℃，夏季全省最高气温可达38℃以上。各地年平均降水量在773~1670毫米之间，南多北少，山区多平原、丘陵地区少，淮北和沿淮地区在773~905毫米，沿江江南在1170~1670毫米。

【人口】根据第六次全国人口普查主要数据公报，2010年11月1日零时，安徽省常住人口为5950万人，同第五次全国人口普查2000年11月1日零时的5986万人相比，10年共减少35.9万人，下降0.6%，年平均下降0.06%。全省净流出到省外半年以上人口为911.9万人。全省普查登记的户籍人口为6862万人，同第五次全国人口普查时的6245万人相比，10年共增加616.7万人，增长9.9%，年平均增长0.95%。

2013年年底，全省户籍人口6928.5万人，常住人口6029.8万人，人口自然增长率6.82‰，城镇化率47.9%。

三大板块文化研究

【徽州文化研究】早在20世纪初，就有学者对徽州的历史人物和文化进行研究，其中黄宾虹、许承尧等人提出“徽学”“歙学”概念，是徽学的萌芽和起步。此后，徽学研究逐渐发展，其研究范围主要包括：徽州历史人物，县乡镇志、乡土地理志及乡邦文献，徽州方言，徽州建筑，新安画派，徽州教育，徽州版画，徽班进京及徽剧，徽州庄仆(佃仆)，徽州奴变，徽州宗族与族谱，徽商及徽州社会经济等。

1978年之后，徽学研究迅速兴起，截至2009年，已出版徽学研究著作达100余部，发表论文2000余篇，徽学已逐渐发展成为一个独立学科，徽学研究队伍不断扩大，学术机构纷纷建立。①徽学资料整理与开发。改革开放后，省内各有关单位对徽州文书档案资料的整理与利用逐步重视，省博物馆和中国社科院历史研究所编辑出版《明清徽州社会经济资料丛编》(1983)两集，中国社科院历史研究所编辑出版《徽州千年契约文书》40卷本，对推动徽学研究的发展发挥重要作用。以张海鹏、王廷元为主的安徽师范大学徽商研究群体编辑出版《明清徽商资料选编》。进入21世纪，安徽大学徽学研究中心伯山书屋所藏徽州文书出版面世，该中心还组织编辑“徽学研究资料丛刊”，整理出版一批典籍文献资料。②研究队伍发展壮大。从1983年起，徽学研究团体纷纷成立，主要有：中国社会科学院徽学研究中心、安徽师范大学徽商研究中心、安徽省徽学会、杭州市徽州学研究会、安徽大学徽学研究中心。1990年以后，得到国家社科基金资助立项的徽学研究课题有10余项，表明徽学研究受到国家的重视和支持。③“徽学”学科的建立。20世纪80年代，叶显恩、张海鹏提出“徽州学”概念。20世纪90年代之后，对“徽学”这一学科名称形成共识，徽学学科理论建设逐渐展开，其中重要著作有赵华富《论徽州学的研究对象》、周绍泉《徽州文书与徽学》、张海鹏《徽学漫议》、张立文《徽学的界定及其研究方法》、姚邦藻《徽州学概论》、安徽大学徽学研究中心《论徽学》文集、栾成显《徽学的界定与构建》。④丰硕的成果。改革开放后，徽州佃仆、徽商、徽州土地制度、徽州宗族等领域的研究推出水平较高的新论著。20世纪90年代之后，新安理学、徽派朴学、徽州教育、新安画派、徽派篆刻、徽州建筑、徽州科技等涉及到徽州历史文化各个层面和领域的研究得以全面展开，新的有关徽学社会史、法制史、文化史、文化地理学等研究正在进行，徽学研究呈现多样化的发展态势。这一时期的代表成果有：叶显恩《明清徽州农村社会与佃仆制》、陈学文《徽商与徽学》、日本学者臼井佐知子《徽州商人研究》、赵华富《徽州宗族研究》、刘道胜《明清徽州宗族文书研究》、章有义《明清徽州土地关系研究》、栾成显《明代黄册研究》、徐道彬《戴震考据学研究》、唐力行《明清以来徽州区域社会经济研究》、王振忠《明清徽商与淮扬社会变迁》、卞利《明清徽州社会研究》、韩秀桃《明清徽州的民间纠纷及其解决》、日本学者中岛乐章《明代乡村的纷争与秩序——以徽州文书为史料》、阿风《明清时代妇女的地位与权利——以明清契约文书、诉讼档案为中心》、王振忠《徽州社会文化史探微——新发现的16—20世纪民间档案文书研究》、周晓光《徽州传统学术文化地理研究》等。

进入21世纪，省委宣传部牵头组织省内外徽学专家30余人，规划和实施国家社科基金重大项目，即出版20卷本600余万字的“徽州文化全书”，对20世纪以来徽州文化的研究成果进行总结，并作出新的探索与研究。省社会科学界联合会和黄山市社会科学界联合会组织编撰系列丛书《徽州五千村》，共12卷200余万字，对徽州550多个代表村落自唐宋到明清以来的人物、历史、建筑、民俗风情、村落文化等进行记录。

【皖江文化研究】皖江文化范围广泛、内容丰富、底蕴深厚，在文学、戏剧、书法、绘画、科技、宗教等方面都有突出的成就，具有独特的地域文化特征。改革开放以来，围绕皖江文化研究建立起来的学术机构有：北京市党史学会陈独秀研究会、安徽省陈独秀研究会、安徽省赵朴初研究会、安徽省桐城派研究会、安庆师范学院皖江文化研究中心。

1979—2008年，皖江文化研究取得丰硕的成果。据不完全统计，全国发表有关研究桐城派的论文968篇、研究方以智的论文89篇、研究黄梅戏的论文3356篇、研究陈独秀的论文8273篇、研究赵朴初的文章1497篇、研究朱光潜的论文1572篇、研究朱湘的论文148篇、研究张恨水的论文300篇、研究海子的论文452篇等。出版的相关著作：桐城派研究专著《戴名世年谱》《血祭桐城派——戴名世传》等39部，研究方以智的著作《方以智哲学思想研究》等12部，黄梅戏研究专著25部，陈独秀研究专著《陈独秀风雨人生》（获得2004年度全国优秀畅销书奖）等58部，张恨水研究专著24部，赵朴初研究专著《赵朴初传》等8部，朱光潜研究专著22部，朱湘研究专著9部，海子研究专著9部等。从1985年起，全国及本省学术团体相继召开多次学术研讨会，内容涉及到桐城派、黄梅戏、陈独秀、张恨水等。2004年，中央电视台等媒体播出关于赵朴初的纪念片。2004年，省社会科学界联合会和安庆师范学院联合在安庆主办第一届安徽省皖江地区历史文化研讨会。此后，省社会科学界联合会又分别于2006年和2008年举办第二届、第三届研讨会。全国其他学术团体也分别召开相关的研讨会。

【淮河文化研究】20世纪初以来，学界一直重视淮河文化的多学科研究。1949年以前的代表性人物和成果有武同举《淮系年表全编》（1928年）、宗受于的《淮河流域地理与导淮问题》（1933年）、《淮河运

安徽省社会科学界第六届学术年会

河等之治理》(1934 年)等。中华人民共和国成立初期代表性人物和成果主要有胡焕庸《淮河流域》(1952 年)、《淮河》(1952 年)、《淮河的改造》(1954 年)等。多集中于淮河的治理与灾害的防治。

"淮河文化"概念 20 世纪 80 年代提出,近 30 年来,对淮河文化的研究,涵盖环境变迁、历史文化与经济社会发展等领域,呈现出以下特点:①研究成果丰硕。出版淮河文化研究专著 82 部,其中涉及淮河文明类书籍 26 部、通俗文化 2 部、社会经济 5 部、生态环境 12 部、水利建设 21 部、文学作品 16 部。②研究领域不断拓展。由原先偏重灾害与治淮研究,开始向经济开发、生态环境变迁、政治发展与社会生态、民间文化等领域延伸,代表性成果有《黄淮平原农业自然条件和区域环境研究》(1987 年)、《淮河水利简史》(1990 年)、《黄淮海平原历史地理》(1993 年)、《淮河环境与治理》(1996 年)、《淮河流域历史文化研究》(2001 年)、《淮北的盛衰:成因的历史考察》(2005 年)、《淮河中下游地区环境变动与社会控制(1912—1949)》(2008 年)等。③国家及省部级以上研究项目日渐增多。涉及淮河文化研究的国家社科基金项目有"淮河流域经济开发史(远古—1840)""淮河流域经济开发史(1840—1949)""南宋以来淮河流域水生态环境变迁与水事纠纷及其解决机制研究"。省部级项目有"从沃土到瘠壤:淮北地区社会生态变迁研究""徽州文化与淮河流域文化比较研究"等 9 项。④创建多个淮河文化研究基地。主要有水利部淮委淮河研究会(1990 年)、阜阳师范学院皖北文化研究中心(2003 年)、蚌埠学院淮河文化研究中心(2006 年)、信阳师范学院淮河文明研究中心(2007 年)。⑤举办多次淮河文化学术讨论会。水利部淮河委员会淮河研究会和省社会科学界联合会已分别举办 4 届淮河研究学术研讨会,就淮河文化概念、淮河流域的考古与民俗、淮河流域社会经济、淮河流域历史文化等问题进行深入讨论。

文化遗产

【物质文化遗产】安徽历史文化底蕴深厚,文物古迹众多。据统计,安徽现有各类文物遗存 2.5 万多处,其中位于皖南黄山地区的西递和宏村古村落被列入世界文化遗产,亳州、寿县、歙县、安庆、绩溪为全国历史文化名城。蒙城尉迟寺遗址被史学界称作"中国原始第一村",凤阳明皇陵有现存帝陵皇碑之最,青瓦白墙的古民居是徽派建筑的典型代表。截至 2013 年底,全省共有世界文化遗产 2 处,全国历史文化名城 5 座、省级历史文化名城 9 座,中国历史文化名镇、名村 27 个,省级历史文化名镇、村、街区 42 个,全国重点文物保护单位 130 处、全省重点文物保护单位 708 处、市县级文物保护单位 2500 多处。含山县凌家滩考古遗址公园、凤阳县明中都皇故城考古遗址公园入选第二批国家考古遗址公园立项名单,取得零的突破。凌家滩、尉迟寺、大运河、六安汉代王陵、寿春城、明中都 6 个大遗址名列 150 处重要大遗址名单,入选数量居全国第七位。徽州区呈坎村、泾县黄田村入选全国文物保护样板工程(全国共 3 处)。

安徽不可移动文物具有如下 5 个特点:①古遗址遍布大江南北,源远流长。这些遗址包括古文化遗址、古城址、古窑址、古矿冶遗址等,其中重要的古遗址有繁昌人字洞早期人类活动遗址、和县猿人遗址、潜山薛家岗遗址、含山凌家滩遗址、蚌埠禹墟遗址、蒙城尉迟寺遗址、寿县寿春城、凤阳明中都皇故城遗址、濉溪临涣古城、宋代"宣州官窑"、唐代五大名窑的寿州窑、绩溪霞间窑、皖南大工山—凤凰山铜矿遗址,等等。②古墓葬星罗棋布,数量众多。上至新石器时代,下历明清,墓葬制式多样。重要的墓葬有亳州曹氏宗族墓群,繁昌万牛墩土墩墓群,六安双墩汉墓群,合肥包拯家族墓群,凤阳明皇陵,六安皋陶墓,灵璧虞姬墓,寿县刘安墓,庐江周瑜墓,当涂李白墓,休宁戴震墓,枞阳方以智墓、姚鼐墓,桐城姚莹墓、张廷玉墓,怀宁邓石如墓,歙县渐江墓等。③古建筑种类繁多,特色各异。其中以皖南明清建筑为最,其民居、牌坊、祠堂号称徽派建筑三绝,仅黄山市就有现存明清民居四五千幢。④古代石刻浩如烟海,遍布各地。其中尤以黄山、九华山、齐云山、天柱山、浮山、齐山等地摩崖石刻最为著名,所留下的历代名家题刻,颇具史料价值和艺术价值。⑤革命旧址和纪念建筑物,集中反映了近现代安徽革命斗争的史迹。

全省共有各类博物馆、纪念馆 154 座,总数居全国第五位,拥有历代文物藏品 55 万多件,其中省博物馆收藏 23 万件。安徽文物藏品以商周青铜器、文房四宝、古代书画、徽州雕刻、明清徽州契约文书等最具特色。其中一级文物 1674 件(套)、二级文物 2701 件(套)、三级文物 4.09 万件(套)。这些文物有以下 4 个特点:①历史悠久,绵延不断。从 240 万年前繁昌人字洞遗址出土的旧石器到含山凌家滩的新时器,从夏商周、秦汉时期的上古文物到明清、近现代文物,尚无

黟县宏村承志堂

缺环,具有延续性。②各种文物品类齐全,内涵丰富。有金属器(青铜、金银、铁器等)、陶瓷器、玉石器、书画、善本文书、杂项(漆器、竹木、牙雕等),各类文物琳琅满目,洋洋大观。③文物品位高,价值大。和县猿人头盖骨,龙虎尊,楚金币,楚大鼎,鄂君启金节,凌家滩玉鹰、玉人、玉龙等特别珍贵,全国罕见。④文物独具一格,自成流派。新安画派书画、徽州版画等风格独特,影响深远;江淮方国铜器和楚系铜器、寿州窑和繁昌窑瓷器、潘玉良画作等在全国占有重要地位。

【非物质文化遗产】安徽襟江带淮,吴头楚尾,承东启西,地形地貌南北迥异,复杂多样。由于地形地貌的多样,安徽各地生产、生活习俗亦各有差异,又由于不同地方迁徙来的移民带入的外来文化和土生土长原生态文化的融合、变异,使安徽文化呈现出中华文化特有的丰富性与多元性:皖江地区有吴楚文化的瑰丽多姿,徽州是儒家文化的典型缩本,皖北则是儒释道合流的思想源地,故吴越文化、三楚文化、儒家文化和佛道文化均为安徽的非物质文化遗产烙下了深深的印记,构成了安徽非物质文化遗产独特的韵味。

安徽非物质文化遗产保护工作呈现以下5个特点:①全省在非物质文化遗产资源普查中首次搜集非遗线索10016条,已建立国家、省、市、县四级非遗名录保护体系。截至2013年年底,全省共有联合国教科文组织人类非物质文化遗产代表作2项、国家级非遗项目60项、省级非遗项目273项,市级非遗项目641项,县级非遗项目1728项。②公布非物质文化遗产代表性项目代表性传承人。截至2013年年底,全省共有国家级非遗项目传承人75人、省级非遗项目传承人409人。③建立非物质文化遗产传习基地,首批公布33个单位为省级非遗传习基地。④在非物质文化遗产内容丰富、较为集中区域,建立文化生态保护区,对传统文化及其赖以生存环境实行整体性保护,2008年文化部在本省黄山市、绩溪县和江西省婺源县批准设立徽州文化生态保护区。⑤鼓励、支持建立民俗博物馆,开展民俗文化活动,截至2013年年底,全省共有民俗博物馆15个,非遗专题博物馆26个。

2013年,《安徽省非物质文化遗产保护条例》立法工作列入省人大常委会预备审议类立法规划,形成较为完善的文本。徽州文化生态保护区创新工程项目通过国家验收。评审第四批安徽省级非遗名录,有70项非遗项目入选。入选全国10个省(区、市)非遗数据库建设试点省之一。实施濒危项目抢救工程,已采录国家级非遗项目53项,编辑整理采录成果30项。

新闻报道

【概况】2013年,全省新闻宣传围绕党的十八大精神主题主线,开展学习贯彻党的十八大、习近平总书记系列重要讲话、十八届三中全会等精神以及中国梦、“三个强省”等多项主题宣传,推出转变经济发展方式、大力发展民营经济、美好乡村建设、打造最优投资环境、走进中小微企业、推动皖北振兴等10多项专题宣传,营造积极健康和谐主流舆论。

*完善新闻舆论管理体系。*梳理近10年来出台的新闻舆论管理文件,对部分已不再适用文件宣布失效,部分已被新文件所涵盖的文件宣布废止;出台《关于我省新闻媒体对外合作办报办刊办台管理工作有关事项的通知》《关于在全省新闻战线深入开展马克思主义新闻观培训的通知》等5个规范性文件,进一步健全完善本省新闻舆论管理制度架构。积极落实新闻舆论宏观管理规章制度,在全省新闻单位开展为期1个月的规范新闻采编行为自查自纠活动。

*推动媒体融合发展。*全省支持传统媒体做大做强,推动新兴媒体提速提质,制定《关于进一步支持

主流媒体加强新媒体建设的意见》,在方向指导、政策倾斜、资金扶持等方面,支持传统媒体运营新兴媒体。打破以往省内培训惯例,第一次组织省、市新闻媒体主要负责人,赴上海复旦大学举办“安徽省加强新媒体建设专题培训班”,借助发达地区新闻理念提高本省新闻单位发展新媒体意识和能力。第一次以新兴媒体为主体开展集中宣传,组织省直和有关市22个主流媒体、20余名法人微博记者,开展“崛起安徽·投资热土微行动”微博报道,受到省委领导肯定。

*加强新闻从业人员队伍建设。*重视实战练兵,在全国、全省“两会”,学习贯彻习近平总书记系列重要讲话精神、党的十八大和十八届三中全会精神等重大宣传任务中锻炼新闻队伍。组织全省新闻工作者开展马克思主义新闻观培训,将“走转改”活动常态化、长效化,开展“走转改进行时之走进中小微企业”等专项活动,培养新闻工作者在基层、一线、现场采访习惯,并将全省五批“走转改”大型联合采访活动作品集结出版,较好地展示安徽省“走转改”活动成果。

【宣传工作会议】2013年1月17日,全省宣传工作会议在合肥召开。省委常委、宣传部部长曹征海出席会议并讲话,副省长谢广祥主持会议。会议学习传达了全国宣传部长会议和省委书记张宝顺有关重要指示精神,表彰了全省文化体制改革工作先进地区、单位和个人以及省第十二届精神文明建设“五个一工程”组织工作先进单位和获奖作品。各市委宣传部部长、省直有关单位负责人、各大学和省属有关企业党委负责人或宣传部部长、省直宣口单位和中央驻皖新闻单位主要负责人及获奖代表参加会议。会议前后,套开了全省文广新局局长、外宣办主任、文明办主任、网宣办主任、讲师团团长、文化体制改革工作专题会议。

文化市场管理

【规范文化市场行政审批】2013年,全省部署开展文化市场行政审批规范化建设和行政审批大检查,出台《文化市场行政审批规范化建设示范标准》,编写《文化市场行政许可培训资料》,开展行政许可案卷评查。取消和下放行政审批项目,其中审批事项由原来44项(含转报)保留为11项,下放管理层级行政审批项目11项,合并审批项目8项,冻结项目7项,转变管理方式3项。减少事项达63.3%,保留事项办理时限压缩60%,均高于全省54.7%和51.2%平均数。做好审批取消和下放衔接工作,对所有下放项目逐个制定办理规范。

【推动文化市场繁荣】*启动民营艺术院团发展“四个十”工程。*拟用3年时间,通过艺术创作扶持推出民营艺术院团“十佳名剧”,通过人才培养扶持评选“十大名角”,通过市场培育扶持“十大经纪”,通过重点院团扶持建设“十大名团”。2013年,全省确定芜湖县黄梅戏剧团、马鞍山四季剧院有限公司、望江县长江黄梅戏剧团和安徽未来文化传播有限公司为第一批民营艺术院团“十大名团”,芜湖县黄梅戏剧团创演黄梅戏《江姐》、宣城市华艺黄梅戏剧团创演花鼓戏《天下第一墨》、黄山香茗大剧院演出有限公司创演情景歌舞剧《徽韵》、宿州市拂晓泗州戏艺术团创演泗州戏《清水湾》为全省第一批民营院团“十大名剧”。

*培育活跃演出市场。*2013年,全省引进境内外优秀艺术团组近300余批(次),增强演出市场活力,繁荣群众文化生活。当年省文化厅召开全省演出市场经营单位座谈会,先后到马鞍山、宿州、黄山、六安和合肥等地,走访调研演出院团、剧场、演出经纪机构、县乡文化馆(站)和村文化活动室,形成《关于加快培育繁荣我省演出市场的调研报告》。合肥市出台《支持文化产业发展若干政策》,马鞍山四季剧院黄梅戏《千字缘》走上保利院线。

*规范娱乐艺术品市场管理。*贯彻落实《娱乐场所管理办法》,并结合全省实际出台《娱乐场所行政审批指引》,梳理行政审批流程,制定文书填写规范,指导各地依法开展审批。

*引导互联网上网行业转型升级。*2013年,全省下调互联网上网服务营业场所计算机台数最低标准,引导网吧市场转型发展。省文化厅会同省公安厅、省通信管理局、省工商局联合开展无照经营网吧整治工作,打击违法无证经营行为,阜阳市、淮南市、灵璧县、凤阳县、六安市叶集试验区等地取缔一批无照经营网吧。

【文化市场监管】2013年,全省文化市场监管共出动执法人员50万人次,检查文化经营单位18万家次,责令整改1500余家,受理举报557件,立案调查1.21万件,移交案件87件,办结案件1132件,停业整顿85家,吊销许可证10家,罚款350万元。省文化厅查处文化部督办的第十八批、十九批违法违规互联网文化活动,对涉及在本省

ICP 备案的 20 家涉嫌违规网站进行立案调查。当年全省各级执法机构共查处各类违法违规文化网站 32 个，关闭 26 个，限期改正 4 个，移送司法机关 2 个，全省网吧服务器平均在线率和客户端平均在线率均始终保持在 80%以上，位居全国前列。全省全年通过监控平台屏蔽非法有害信息 372 万次，其中屏蔽非法音乐网站 137 万次，非法游戏网站 157 万次，淫秽色情网站 73 万次。

当年，全省开展文化市场综合执法人员大练兵、大比武活动，共组织综合执法人员学习培训 300 多次，培训队员 3000 多人次，编写典型案例教材近百件，撰写理论文章 80 多篇，整体提升本省文化市场综合执法队伍的依法行政能力和水平。

“扫黄打非”

【概况】 2013 年，省“扫黄打非”办公室认真贯彻落实省委、省政府两办转发的《省委宣传部、省委政法委、省“扫黄打非”领导小组办公室关于 2013 年 “扫黄打非” 行动方案》和全国“扫黄打非”工作电视电话会议精神，积极组织专项行动，不断强化日常监管，严办大要案件，有力保障意识形态安全和文化安全。一是根据全国、全省《2013 年“扫黄打非”行动方案》部署，修订完善“扫黄打非”成员单位的工作职责与任务分工，建立健全联防协作制度，并抓好目标任务的落实。二是加大网上“扫黄打非”巡查力度，省“扫黄打非”办公室牵头组织，省通信管理局、省公安厅等省“扫黄打非” 成员单位抽派专人参与，成立网上“扫黄打非”联合查办小组，同时指导基础电信企业、接入服务单位和信息服务单位开展网络淫秽色情自查，对网上信息进行监测、审视、研判，并通过技术手段对网上政治性、淫秽色情等有害信息进行屏蔽和删除。三是完善《安徽省“扫黄打非”案件备案及督办办法(修订稿)》，对报送单位、报送时间、案件名称、案件查处部门等事项进行了明确要求，规范了案件报送、备案、督办制度，做到发现及时、通报快捷、查处有力、打击有效。四是建立“扫黄打非”联席会议制度。每季度召开一次，由省“扫黄打非”办公室牵头，文化、新闻出版、公安、工商等省“扫黄打非”成员单位参加，交流情况，互通信息，研究工作，部署任务。五是建立“扫黄打非”案件联办督查机制。依据《安徽省“扫黄打非”案件办理和司法衔接规定(试行)》，省“扫黄打非”办公室和省公安厅、省高院、省检察院等部门密切配合，抽派专人，组成案件联办督查小组，促进“扫黄打非”案件依法得到快捕、快审、快判。六是及时调整充实省“扫黄打非” 领导小组及其成员单位。根据工作需要，将安徽广播电视台、安徽出版集团、安徽发行集团纳入省“扫黄打非”领导小组成员单位，“扫黄打非”工作得到有力拓展。省“扫黄打非”办公室获 2013 年全国先进集体称号。

【“扫黄打非” 监管】 为确保重点时段不出问题，省“扫黄打非”办公室先后制发《“扫黄打非”台账管理制度》《报送出版物市场监管备选重点点位》《安徽省出版物运输传递管理办法》等，加强对文化出版物市场、交通枢纽、繁华街区报刊亭(摊) 等重要区域和重点部位的日常监管。省“扫黄打非”办公室与省网络宣传管理办公室、省公安厅网安总队、省通信管理局等部门密切协作，发现问题，及时指出，促其整改，长效管理。根据省“扫黄打非”办公室要求，各地“扫黄打非”领导小组和省直“扫黄打非”成员单位，按照各自“扫黄打非”职责任务分工，坚持节假日期间 24 小时电话值班，保持手机顺畅，遇到重大情况，及时掌握，及时上报，及时处理。全年各地交通枢纽、繁华街区、校园周边、出版物批零场所，没有发现公开和隐藏销售的政治性非法出版物、淫秽色情出版物等违禁

群众参观 2012 年度查缴非法出版物成果

出版物。全年省“扫黄打非”办公室组织开展了“净网”“清源”和“秋风”三大专项行动。从宣传引导、集中治理、查办案件、治理源头、强化防范、严格问责等方面，推动专项行动向纵深开展。在“秋风”行动期间，省“扫黄打非”办公室牵头，省委宣传部、省新闻出版局、省文化厅、省工商局、省公安厅、省通信管理局的厅级干部带队，合肥、亳州、宿州、安庆、芜湖、滁州等市“扫黄打非”办公室及文化市场综合执法大队负责人参加，采取明察暗访相结合，督查各地校园及周边的书店、音像专卖店、报刊亭、印刷复制企业、火车站、汽车站、网吧等文化出版物市场，效果明显。省“扫黄打非”办公室全年共6次组织检查组，对全省16个市和2个省直管县、43个县区的“扫黄打非”工作进行明察暗访，社会文化环境得到进一步净化。当年从严惩处一批违法犯罪分子，当年省“扫黄打非”办公室牵头查办案件53起（含网络案件），其中刑事案件11起。全国“扫黄打非”办公室挂牌督办安徽省案件3起，即：阜阳“4·25”制售盗版光盘案；马鞍山市网上组织淫秽表演案；滁州“10·19”游戏私服侵犯著作权案，均已经宣判。向全国“扫黄打非”办备报案件3起，即：湖北马前卒文化发展有限公司盗用安徽省文联主管《传奇·传记文学选刊》编辑部名义出版《公民读本》杂志一案、合肥市孙新等侵犯著作权案、蚌埠市“10·12”中国特色美食创业网涉嫌非法销售案。

【“扫黄打非”大调研】针对“扫黄打非”工作的源头治理、流通渠道整治、重点时节市场监管、日常市场巡查、部门联动形成工作合力等各个方面，组织开展调研，并召开全省“扫黄打非”调研工作交流会，制印《“扫黄打非”调研成果汇编》，加大对调研成果的宣传推介力度，进一步扩大“扫黄打非”工作的影响力，促进调研成果转化。组织参加全国“扫黄打非”办公室开展的理论创新研究征文活动，全省有7篇文章获奖，获奖总数占全国第一位。

【建立“扫黄打非”工作联系点】通过层层推荐，认真筛选，确定全省18个“扫黄打非”工作联系点，给予配送电脑、打印复印传真一体机、文件柜等“扫黄打非”工作装备。建立“扫黄打非”教育基地，省暨滁州市联动，建立“扫黄打非”宣传教育基地，在此基础上，通过开展“五老”义务监督员和“扫黄打非”小天使志愿者队伍活动，有效强化了社会监督，净化了出版物市场，营造了青少年健康成长的文化环境。

【“扫黄打非”宣传】为进一步扩大“扫黄打非”社会影响，省“扫黄打非”办公室对年初“两节”“两会”期间的“扫黄打非”工作成果进行集中报道；在“4·26”世界知识产权日期间，组织全省公开销毁侵权盗版及非法出版物和“拒绝盗版，拥抱梦想”绿书签宣传活动；在省会城市25条公交线路100台公交车车厢上，张贴“扫黄打非”公益广告、宣传漫画；在省城合肥交通醒目处30个电子屏上播放“扫黄打非”公益宣传广告片，营造保护知识产权、打击侵权盗版的浓厚氛围。

文化体制改革

2013年10月3日，中共中央政治局委员、书记处书记、中宣部部长刘奇葆在省委常委、宣传部部长曹征海陪同下调研安庆院团改革发展情况

【概况】2013年，全省宣传文化领域紧紧围绕打造充满活力的文化强省目标，组织开展改革“回头看”，积极推动解决改革遗留困难和问题，进一步巩固拓展改革成果。当年全省文化产业增加844.95亿元，比上年增长18.3%，占GDP比重4.44%。省委宣传部制发《关于进一步深化文化体制改革的意见》。扎实推动文化体制机制创新，文化行政管理部门逐步转变，非时政类报刊转企改制基本完成，文化事业单位分类改革全面启动。

【公共文化服务体系建设】按照基层公共文化服务均等化和标准化要求，创新公共文化载体和运行模式，选择20个中心村开展“农民文化乐园”建设试点。实施公共文化场馆免费开放、农村文化建设专项补助两项新增民生工程，提前完成国家下达安徽省广播电视村村通建设任务，全省102个公共图书馆、121个文化馆、7个美术馆、121个博物馆、1286个乡镇综合文化站全部免费开放，农家书屋实现全覆盖。省广播电视台新中心建成并全面启用，省美术馆、百戏城正式开工建设。马鞍山和淮南、铜陵等国家首批公共文化服务体系示范区和示范项目通过验收，安庆市成功入选第二批国家级示范区。合肥、芜湖等5个市数字图书馆建成，一批新建县级图书馆、文化馆投入使用，城乡公共文化服务网络初步形成。

【骨干文化企业发展】鼓励支持省属文化企业跨地区、跨行业、跨所有制兼并重组，实施一批“三跨”重大项目。安徽出版集团在上海成立自贸区第一家出版文化企业——时代国际出版传媒公司。新华发行集团以卖场转型、现代物流等重大项目带动传统产业升级。安徽演艺集团在精品打造、市场开拓、多元发展，安徽广电集团在网络整合、电视购物、广告经营等方面均取得可喜成绩。出版集团、发行集团实现“双超百亿”战略目标，均再次入选全国文化企业30强。培育民营骨干文化企业，出台促进民营文化企业发展实施意见，评选全省民营文化企业100强，召开全省民营文化企业发展大会，成立安徽省民营文化企业协会，引导各类社会资本投资文化产业，全省规模以上民营文化企业达到991家，科大讯飞、儒林、经纶等一批企业逐步成长为行业龙头。

【文化市场体系建设】积极推动文化产品和要素市场建设，新华发行集团文化物流规模不断扩大，文艺演出院线、电影院线建设加速推进。大力推动文化投融资体系建设，组织301个重点文化项目赴深圳文博会招商，投资总额达2160.91亿元。举办“新三板”挂牌培训班，健全完善文化企业上市后备资源库。大力推进文化走出去，出台加快文化贸易发展的意见，全省文化产品和服务输出到168个国家和地区，国家文化出口重点企业、重点项目入选数分别位居全国第六和第五。出版集团在北京国际书博会上输出版权285项，连续6年居全国第一。

【打造文化品牌】建立健全精品生产促进机制，出台文化品牌建设扶持奖励办法。重点支持创排黄梅戏《小乔初嫁》等10部原创舞台剧、打造电视剧《安徽好人》等10部原创影视剧，规范提升芜湖方特非遗文化游乐园等10个文化产业示范园区(基地)。全省138部作品获得全国性重要文艺奖项。电视剧《永远的忠诚》获第29届中国电视剧飞天奖一等奖，黄梅戏《半个月亮》、徽剧《惊魂记》获第13届中国戏剧节优秀剧目奖，黄梅戏《风雨丽人行》入选国家舞台艺术精品工程重点剧目，黄梅戏《雷雨》《徽州往事》分获第14届文华奖优秀剧目奖、剧目奖。

【非时政类报刊转企改制】按照中央和省委、省政府部署要求，扎实推进66家非时政类报刊出版单位转企改制，64家报刊社基本完成改革任务，新注销事业法人21家，核销事业编制335人。推进改革过程中，明确要求转制报刊出版单位必须核销事业编制，注销事业单位法人，进行企业工商登记注册，与在职职工全部签订劳动合同，按照企业办法参加社会保险，严格按照规定的工作标准和程序进行。以建立现代企业制度为目标，完善法人治理结构，强化具有文化企业特点的管理机制，形成面向市场的运行机制，培育合格市场主体。鼓励省、市国有文化企业集团，对省内报刊出版资源进行整合，引导和推动非时政类报刊加入大型文化企业集团。鼓励报刊出版企业利用高新技术，

2013年12月30日，安徽省美术馆、安徽省科技馆、安徽百戏城奠基

发展新的业态，走内涵式发展道路，加强和完善主管主办制度，探索建立主管主办管理体制与出资人管理体制有机衔接的工作机制。严格审核报刊的主管主办单位资质，严把市场准入，不符合资质要求的非时政类报刊不能进入市场。

【文化体制改革重大政策】2013年，省委、省政府和文化强省建设领导小组、文化体制改革领导小组制定出台4项重要政策文件:《文化强省建设领导小组印发〈关于促进民营文化企业发展的实施意见〉的通知》《安徽省文化体制改革领导小组〈关于进一步深化文化体制改革的意见〉》《中共安徽省委办公厅 安徽省人民政府办公厅印发〈关于加快文化贸易发展的意见〉的通知》《安徽省美好乡村建设工作领导小组办公室、安徽省文化体制改革领导小组办公室关于印发〈安徽省农民文化乐园建设试点工作方案〉的通知》。

《关于促进民营文化企业发展的实施意见》共45条，从鼓励引导民间资本投资、加大资金扶持力度、落实税收优惠政策、改善融资贷款服务、优先安排项目用地、着力建设服务平台、加强人才队伍建设、支持文化品牌建设、优化企业发展环境等9个方面，提出翔实具体的扶持政策条款，许多内容是第一次面向全社会发布。

《关于进一步深化文化体制改革的意见》，进一步明确深化文化体制改革的总体要求，确定深化经营性文化单位改革、创新公共文化服务管理和运行机制、推进文化产业结构战略性调整、打造一流文化品牌、健全现代文化市场体系、完善文化宏观管理体制等六项重点任务，并从强化组织领导、落实和完善文化配套政策、加强人才队伍建设等方面给予政策措施保障。

《关于加快文化贸易发展的意见》提出，从企业、项目、园区和平台4个层面，加快文化贸易发展。

《安徽省农民文化乐园建设试点工作方案》提出，从2013年起，选择20个中心村开展农民文化乐园建设试点，并确定“一场(综合文体广场)两堂(讲堂、礼堂)三室(文化活动室、图书阅览室、文化信息资源共享工程室)四墙(村史村情、乡风民俗、崇德尚贤、美好家园)”的建设要求。

公共文化服务体系建设

【文化基础设施建设】投资概况。2013年，全省实施文化基础设施建设项目22项，总建筑面积14.53万平方米，总投资6.27亿元，当年完成投资2.92亿元。

重大项目进展。省“861”项目中省民生工程的559个公共电子阅览室项目完成投资2795万元，全部建成并投入使用。继续实施文化部“十二五全国地市级公共文化设施建设项目”，累计完成投资3.06亿元，当年完成投资1.96亿元，中央补助建设资金2610万元；列入“十二五”重点扶持项目的亳州、宿州、黄山市图书馆，芜湖、池州市博物馆及铜陵市文化馆6个市级三馆新建和改扩建工程进展顺利；黄山市图书馆、池州市博物馆竣工开馆，亳州市图书馆、宿州市图书馆、芜湖市博物馆主体均已完工，铜陵市文化馆处于基础工程施工阶段。2013年，全省新增图书馆5个，分别是亳州市图书馆、宿州市图书馆、黟县少儿图书馆、铜陵市铜官山区图书馆、滁州市琅琊区图书馆。全年新增13座博物馆，分别为六安市玉石奇石博物馆、安徽福光艺术博物馆、来安县博物馆、歙县新安国医博物馆、黟县茶博馆、万安罗经文化博物馆、黄山市屯溪老街古玩艺术珍宝博物馆、黄山市徽墨文房博物馆、马鞍山市德化堂古床博物馆、铜陵市国盛民俗博物馆、芜湖县博物馆、泾县博物馆、临泉毛笔博物馆。12月30日，安徽省美术馆项目开工建设，工程建设规模49961平方米，工程总概算为50626万元，预计2016年建成。

截至2013年年底，全省共有公共图书馆107个，文化馆120个，乡镇(街道)综合文化站1437个，各级各类博物馆154个。经文化部、国家文物局综合评估，全省有85个图书馆为等级馆，其中一级馆34个，二级馆22个，三级馆29个；全省有66个文化馆为等级馆，其中一级馆14个，二级馆21个，三级馆31个；全省有30个博物馆为等级馆，其中一级博物馆1个(安徽博物院)，二级馆7个，三级馆22个。

农民文化乐园建设。2013年，全省结合美好乡村建设，按照“一场(综合文体广场)两堂(讲堂、礼堂)、三室(文化活动室、图书阅览室、文化信息资源共享工程室)、四墙(村史村情、乡风民俗、崇德尚贤、美好家园)”要求，试点建设20个标准化村级综合文化活动中心——农民文化乐园。

【文化民生工程】2013年，全省实施33项民生工程，其中包括广播电视“村村通”、公共文化服务信息化建设、公共文化场馆开放、农村文化建设专项补助4项文化民生工程。列入省民生工程的公共文化服务信息化559个电子阅览室全部建成。公共文化场馆开放、农村文化建设专项补助项目规范实施，中央及省级补助资金合计3.06亿元。图书馆、文化馆(站)、美术馆、博物馆全部纳入省民生工程公共文化场馆免费开放保障范围，从机制上实现全覆盖，覆盖范围、建设标准和运作方式处于全国领先位置。

当年，全省101个公共图书馆、120个文化馆、7个美术馆、115个博物馆、1286个乡镇综合文化站全部免费开放；全省500个乡镇、20个街道、39个社区公共电子阅览室全部建成；全省15539个行政村文化建设实行专项补助，每村每年1万元，其中文化信息资源共享工程运行维护每村每年2000元，农村文艺演出活动每村每年2400元，共完成文艺演出51635场。

池州市博物馆对外开放

【农民文化乐园建设】 2013年7月，全省选择20个中心村启动农民文化乐园建设试点，积极探索公共文化服务标准化。一是抓好硬件设施，推进功能定位标准化。把农民文化乐园定位为农村基层公共文化服务体系的基本平台、思想道德科学文化建设的主要阵地、新时期广大农民群众的精神家园。二是坚持资源整合，推进建设形式标准化。注重规划引领，按照基本型、扩展型、复合型三种类型，因地制宜分类推进建设。三是紧贴群众需求，推进服务内容标准化。重点抓好演出、书报、电视、广播、电影、上网、活动和培训8个方面的服务内容，明确服务数量和质量，确保服务供给与群众需求有效对接。四是加强经费保障，推进资金投入标准化。整合扶贫开发、乡村建设、文化体育、科技教育等有关资金，集中投入乐园建设。把农村文化建设专项补贴从1万元提高到1.2万元。五是构建长效机制，推进运行管理标准化。编制《农民文化乐园操作手册》，对设施建设、展陈设置、活动开展、每月工作建议等提出明确统一和指导性要求和具体化的标准，对文化礼仪活动设计了较为规范的流程；征集“农民文化乐园”形象标识。截至2013年年底，14个农民文化乐园全面建成，6个基本建成。

对外文化交流

【文化交流概况】 2013年，全省组织对外文化交流项目42批次、604人次。其中：出访26批次、319人次，出访目的地涵盖亚、欧、美、非17个国家和地区；来访12批次、227人次，出访、来访人次和出访地较往年大幅增加。本省与32个国家的78个城市建立友城关系，当年有22个国家和港澳地区的410多人次境外记者来皖采访。全省入境旅游人数达385.5万人次。全年文化贸易涉及全球168个国家和地区，核心文化产品出口6.1亿美元，居全国第11位。

【皖台文化交流】 “同乡音·两岸情”青少年民族音乐会。4月4—6日，应滁州市文化馆邀请，台湾宜兰县中国传统艺术推广协会率青少年民族乐团到滁州参加“同乡音·两岸情”青少年民族音乐会交流演出活动。海峡两岸青少年共同奉献《喜洋洋》《草原牧歌》《阿里山的姑娘》《对花》等精彩节目，烘托“两岸一家亲，同奏和平发展之曲”主题。

皖台文化(旅游)交流暨台湾电影周。8月22—28日，“皖台文化(旅游)交流周”在合肥举行，同时举办“台湾当代名家书画展”“台湾电影周”展映活动。皖台文化界、影视界、旅游界近300位嘉宾参加活动开幕式。8月22日，中国国民党荣誉主席吴伯雄，中共安徽省委常委、宣传部部长曹征海，副省长谢广祥等到省博物馆老馆参观“台湾当代名家书画展”。此次展览作为“皖台文化旅游交流周”重要内容之一，邀请台湾书画家欧豪年等27人，展出精品力作80余幅，展示几十年来台湾老中青三代画家在探索"中国画现代化"过程中所呈现出的不同风格与面貌。"台湾电影周"期间共在合肥展映《宝米恰恰》《南方小羊牧场》《亲爱的奶奶》《华丽缘》《椰仔》5部台湾影片25场次,观众达2600多人次,加深了本省观众对台湾影视文化的了解。安徽"台湾电影周"是对"2012台湾·安徽电影周"活动成果的一次延伸和巩固。"皖台文化(旅游)交流周"期间,皖台两地文化、影视、旅游界代表分别签署长期合作战略框架协议,为皖台在资源、产业、生态、科技等方面充分发挥各自优势和合作打下坚实基础。

【皖港澳文化交流】 安庆市杂技团赴港演出。9月12日至10月2日,安庆市杂技团一行9人赴香港参加中秋灯会及香港各界庆祝中华人民共和国成立64周年活动,表演《单手顶》《剑技》《双人技巧》等十多个杂技节目,共演出十余场,收到良好效果。

第五届中国·葡语国家文化周。10月27日至11月4日,应澳门特区政府民政总署邀请,省歌舞剧院赴澳门参加"中国·葡语国家经贸合作论坛(澳门)成立十周年暨第五届中国·葡语国家文化周"活动,与10个葡语国家艺术家交流展示,以安徽花鼓灯"玉龙荷花舞"为代表的一系列精彩表演赢得澳门各界和参演国家艺术团队广泛好评。

澳门特区文化遗产保护和管理高级研修班。10月29日至11月3日,第四届澳门特区文化管理高级研修班在黄山举办。19位来自澳门文化遗产管理单位、社团代表及特区政府文化局文化官员,围绕"古建筑的保护与管理"主题,采取理论讲座、实地考察与互动交流等方式进行研讨,取得良好效果。

【皖风徽韵在海外】 "演艺皖军"参加马斯喀特国际艺术节。1月30日至2月13日,安徽省杂技团、省歌舞剧院、安徽乐团受邀分批赴阿曼、苏丹等国参加马斯喀特国际艺术节,连续演出22场杂技、花鼓灯和民乐,展示安徽文化厚重与精彩,受到阿拉伯国家观众热烈欢迎。

"皖风徽韵美洲行"。2月10—18日,由安徽演艺集团和省侨联组织,省黄梅戏剧院和省徽京剧院联合组团"皖风徽韵美洲行"赴美国纽约、费城、休斯敦、佛罗里达、圣安东尼奥、迈阿密等城市进行6场新春慰问演出活动。黄梅戏表演艺术家吴琼和中国戏剧"梅花奖"得主蒋建国、黄新德、吴亚玲、李文、赵媛媛等众多知名演员表演原汁原味的《天仙配》《女驸马》《戏牡丹》《断桥》《水淹七军》等黄梅戏和徽剧名段,给旅美华人送去春节文化盛宴,在当地引起巨大反响,休斯敦市长专门批准2013年2月15日为休斯敦市黄梅戏和徽剧日。

皖风徽韵美洲行

大型杂技剧《美丽的梦》。7月,安徽省杂技团赴德国、奥地利等国家的多个城市巡演独立制作且拥有全部版权的大型杂技剧《美丽的梦》200场。《美丽的梦》讲述一位热爱杂技艺术女孩梦想成真的故事,省杂技团通过该故事将跳板凳、顶板凳、女子排椅、车技、球技、单手顶造型等优秀节目串联起来,获得欧洲观众欢迎和认可。

第十五届华盛顿中国文化节暨安徽文化周。9月,应美国华盛顿华人社区联盟及华盛顿中国文化节组委会邀请,省文化厅组织以凤台县花鼓灯艺术团为主体的38人访演团组,赴美国参加华盛顿第十五届中国文化节暨安徽文化周活动,表演花鼓灯舞蹈《欢腾的鼓乡》《荷花湖》《游春》及《板凳龙》等精品节目,赢得一致好评。

凤台推剧团赴韩国进行艺术交流。9月24—30日,应韩国艺总江原道联合会邀请,凤台县推剧团赴韩国进行民间艺术交流。演出内容囊括京剧、黄梅戏、推剧及花鼓灯舞蹈,其中《抢板凳》《双回门》《送香茶》《贵妃醉酒》《夫妻双双把家还》等经典剧目赢得韩国观众喜爱。

安徽广播电视台国际频道。利用丰富节目资源为海外观众传递最新时事、经济、文化、旅游、娱乐资讯和精彩电视剧节目。4月7日,安徽广播电视台国际频道全新改版,安徽广播电视台《中国安徽之声》在澳大利亚墨尔本、美国洛杉矶、纽约、马里兰州、华盛顿、欧洲摩纳哥和东南亚落地,总覆盖人口约两亿。该节目用两种语言、5个版本宣传安徽省经济社会进步、工业经济转型、承接产业转移、文化产业发展、非物质文化遗产保护、对外友好交流、加强环保生态保护、关注民生等重大主题,获得海外听众好评。自制栏目《精彩抢鲜看》结束国际频道无自制栏目历史。9月,通过中国电视长城平台面向全部非洲地区落地播出,取得频道覆盖新突破。

墨西哥中国安徽电视周。7月1日,第十八届“中国安徽电视周”开幕式在中国驻墨西哥大使馆举行。活动期间,墨西哥TVC电视台晚间黄金时段播出了七集纪录片和专题片,生动、直观、全面展示了安徽的经济社会发展成就、自然风光和风土人情以及墨西哥人在安徽学习生活、墨西哥在华学者访谈等有关中国与墨西哥的人文经贸交往。安徽广播电视台精心制作7集西班牙语节目,特邀墨西哥籍主持人来皖现场出镜,以全景方式向墨西哥观众展示快速崛起的安徽形象。该节目随后在墨西哥TVC电视台播出。截至2013年年底,中国安徽电视周活动已经在美洲、欧洲、澳洲和非洲等地共10多个国家举办18届,在世界范围内广泛传播安徽文化,打开一扇向世界宣传安徽的窗口。

【重大文化交流活动】美国·中国图书展示月暨皖版图书推介会。10月11日,由安徽新华发行集团主办的“阅读中国、品味安徽”图书展启动仪式在美国纽约市开幕。中共安徽省委常委、宣传部部长曹征海参加开幕式,向法拉盛图书馆、艾姆赫斯特图书馆及驻纽约总领馆阳光学校捐赠图书。本次活动分为安徽文化旅游、皖籍名人、安徽地方戏剧、安徽新华发行集团辉煌成就等4个板块,集中展示安徽自然风光、风土文化以及皖版精品图书和畅销图书等。

第六届巴黎中国戏剧节。10月23—24日,应法国中国文化中心邀请,安徽省黄梅戏剧院携传统黄梅戏《天仙配》《女驸马》,参加在巴黎举行的第六届巴黎中国戏剧节。黄梅戏艺术家及新秀孙娟、吴亚玲、姚恩田、蒋建国、余顺、刘华、袁媛、梅院军、王霞等用精湛技艺赢得法国观众广泛赞誉。

【对外文化交流协会】安徽省对外文化交流协会是安徽省组织开展对外文化交流的社会团体,旨在组织和推动安徽省同国外和港澳台地区文化团体、文化界人士之间交流和合作,增进安徽人民与世界各国人民及港澳台同胞之间了解与友谊。

2013年,省对外文化交流协会以“美好安徽,迎客天下”为主题,开展多种推介展示活动,共接待“外交官看中国”考察团、香港媒体高层参访团、澳门中文媒体高层参访团、“美好安徽 投资热土——CRI中外媒体参访团”、《连接中国——有请伊恩·莱特》摄制组等海内外重要团组来皖考察采访200余人,并成功组织2013年皖港经贸交流活动、第八届中博会、2013安徽(合肥)台湾名品博览会、第九届深圳文博会、皖台文化旅游交流周暨台湾电影周等重大经贸文化活动宣传推介工作。

群众文化活动

【全省“六一”少儿文艺调演】5月31日,由省政府妇儿工委、省文化厅主办,省文化馆承办,主题为“放飞梦想”全省“六一”少儿文艺调演在安徽大剧院精彩上演。来自全省少年儿童共演出歌舞、快板、音乐情景剧等20个表演节目,展示本省少年儿童健康向上的精神风采。调演共评出一等奖12个、二等奖20个、三等奖29个、优秀组织奖16个。

自1985年始,全省于每年“六一”儿童节举办少儿文艺调演,推动城乡少儿文艺活动普遍开展,丰富少年儿童文化生活。每年全省共有1000多个节目参加选拔,最后约70个节目到合肥参加全省少儿文艺调演。调演节目涵盖合唱、舞蹈、声乐、器乐、戏曲、曲艺等多种艺术表现形式,主题鲜明,构思新颖活泼,具有较强的时代感和艺术感染力,体现出当代少年儿童健康成长的良好精神面貌。全省“六一”少儿文艺调演已成为受社会欢迎,有影响、有特色的文化品牌,并形成一支较为稳定的少儿文艺事业骨干队伍,涌现出一批优秀少儿文艺精品佳作。

【安徽省“金色晚霞”合唱节】10月13日,由省文化厅主办、省文化馆承办的第六届安徽省“金色晚霞”合唱节在合肥市府广场举办。来自全省16支合唱队伍近千人参加,为现场观众带来精神享受。合唱节根据老年人心理特点,淡化比赛色彩,重在交流歌唱艺术,鼓励老年合唱团积极性,合唱节只设节目奖和组织奖。

安徽省“金色晚霞”合唱节是全省大型群众性文化活动品牌之一,每两年一届。在安徽省“金色晚霞”合唱节影响下,本省合唱艺术水平近年来有明显提升,全省16个市共有各类合唱团(队)50余个。2013年,安徽省“金色晚霞”合唱

第二届安徽省社区文艺调演

节获第十六届文化部群星奖。

【第二届安徽省社区文艺调演】为丰富省城百姓文化生活，展示全省社区文化活动风采，由安徽省文化厅主办、安徽省文化馆承办的第二届安徽省社区文艺调演于10月1—4日在合肥市人民广场举行。来自全省16市76个社区、近千名业余文艺爱好者参加演出。全省各地积极开展社区文化活动，涌现出一大批具有当地特色的合唱队、戏曲票团队、书画社、民乐队、锣鼓队、晨练舞蹈队等业余文化队伍，为丰富城市基层居民精神文化生活起到积极作用。省文化馆通过举办全省社区文艺调演、安徽省合唱节、金色晚霞合唱节、全省十大特色文化社区评选等品牌活动，挖掘社区文化资源，提升群众文化创作水平。社区文化活动得到人民群众大力支持和响应，深受社区群众喜爱。

【2013文化强省系列艺术活动】7—9月，全省以"美好安徽"为主题，举办2013安徽省民乐、声乐、舞蹈比赛，优秀剧目展演、新剧目汇演、安徽戏曲名家名段演唱会和安徽舞台美术作品展等七大艺术活动。全省共有67名演奏员、108名歌手和48个舞蹈节目在合肥市参加5场民乐、6场声乐和4场舞蹈比赛。优秀剧目展演共邀请国家舞台艺术精品工程剧目秦腔《西京故事》和黄梅戏《红楼梦》展示演出3场。新剧目汇演组织各地申报汇演新剧目28台，调演22台，涵盖黄梅戏、徽剧、庐剧、泗州戏、梆剧、坠子戏、二夹弦、文南词等多个地方戏剧种，其中11台大戏集中到合肥市演出19场，另外11台大戏在各地演出11场，有2家民营院团剧目首次参演。安徽戏曲名家名段演唱会邀请本省10位梅花奖演员登台献艺，安徽舞台美术作品展组织127件作品参展。艺术活动丰富了群众生活，取得圆满成功。

【安庆"十一"黄梅戏展演周活动】9月30日至10月7日在安庆举行。活动以"黄金周·黄梅戏"为主题，举办了启动仪式暨黄梅戏经典唱段演唱会、黄梅戏剧目展演、全国黄梅戏校园演唱决赛、广场黄梅戏汇演等4项活动。展演周不请明星大腕，市民演员同台，6个国有院团共展演9台16场优秀剧目，其中5场演出专为环卫工人、工程建设者、公共服务部门、残疾人和残疾人工作者举办。本省著名黄梅戏演员梅花奖得主黄新德、韩再芬、蒋建国、吴亚玲、李文、赵媛媛、孙娟等演唱了传统或新创经典名段。41个民营院团、民间班社、戏迷协会进行8场广场汇演，4万名观众观看了100场电影展映。活动共评选出全国黄梅戏校园演唱大赛少年组演唱一等奖2名、青年组演唱一等奖5名，广场汇演一等奖4个，剧目展演一等奖2个。

【首届全国校园黄梅戏演唱大赛】4月，本省在全国大学校园启动"青春黄梅——首届全国校园黄梅戏演唱大赛"，共在北京大学、中国科学技术大学、西安交通大学、华东师范大学、安徽大学等省内外高校举办青年组初赛8场，在合肥、安庆举办少年组初赛2场，在安庆举行复赛和决赛。在历时半年的时间里，全国有近千名青年学子登上黄梅戏舞台参加比赛，在校园掀起一股"黄梅风"，北京大学、西安交通大学将活动海选纳入每年一届的校园文化节中。来自美洲、非洲等海外留学生也在本届大赛舞台上展示黄梅戏表演才艺和对中华传统戏曲艺术的热爱。

【徽风皖韵进高校】2013年，省文化厅通过政府购买服务方式，组织省黄梅戏剧院、省歌舞剧院、省徽京剧院等省直院团开展"校园大舞台——徽风皖韵进高校"活动，到中国科学技术大学、安徽大学等10所高校演出黄梅戏《天仙配》《六尺巷》《戏牡丹》、徽剧折子戏、京剧《二进宫》以及歌舞综艺类节目，皖风徽韵独特艺术魅力受到高校师生热烈欢迎。

文化普及

【民间文化之乡评审】为繁荣和发展全省民间文化艺术，省文化厅于2011年5月在全省组织开展2011—2013年度“安徽民间文化艺术之乡”评审命名工作。经专家评审和公示，确定2011—2013年度安徽民间文化艺术之乡32个（名单见附录）。经过层层推荐，省文化厅上报18个到文化部参评2011—2013年度“中国民间文化艺术之乡”，最终评定15个“中国民间文化艺术之乡”。

附一：　2011—2013年度安徽民间文化艺术之乡名单

序　号	地　区	申报地区	类　别	
1	合肥市	包河区大圩镇	龙　舟	民俗活动
2	淮北市	濉溪县临涣镇	唢　呐	表演艺术
3	亳州市	利辛县胡集镇	猴　戏	表演艺术
4	宿州市	灵璧县	钟馗画	造型艺术
5		萧县	书　画	造型艺术
6		砀山县	唢　呐	表演艺术
7		泗县	泗州戏	表演艺术
8	蚌埠市	禹会区秦集镇	花鼓灯	表演艺术
9		怀远县	花鼓灯	表演艺术
10	阜阳市	临泉县	杂技、马戏	表演艺术
11		颍州区	剪　纸	民间技艺
12		界首市	彩　陶	民间技艺
13		太和县	书　画	造型艺术
14	淮南市	凤台县	花鼓灯	表演艺术
15	滁州市	全椒县	走太平	民俗活动
16		凤阳县	凤阳花鼓	表演艺术
17	六安市	霍山县上土市镇	连响舞	民俗活动
18	马鞍山市	当涂县	民　歌	表演艺术
19	巢湖市	无为县无城镇	鱼　灯	民俗活动
20		居巢区	民　歌	表演艺术
21	芜湖市	镜湖区	铁　画	民间技艺
22	宣城市	郎溪县梅渚镇	跳五猖	民俗活动
23		绩溪县伏岭镇	徽　剧	表演艺术
24	铜陵市	铜陵市钟鸣镇	灯　彩	民间技艺
25	池州市	青阳县杜村乡	青阳腔	表演艺术
26		石台县大演乡	目连戏	表演艺术
27	安庆市	宿松县	文南词	表演艺术
28		桐城市	桐城歌	表演艺术
29		怀宁县	黄梅戏	表演艺术
30		望江县	挑　花	民间技艺
31	黄山市	歙县三阳乡	叠罗汉	表演艺术
32		祁门县芦溪乡	傩　舞	表演艺术

附二：　2011—2013年度安徽省入选“中国民间文化艺术之乡”名单

序　号	地　区	申报地区	类　别	
1	宿州市	萧县	书画	造型艺术
2		砀山县	唢呐	表演艺术
3	蚌埠市	禹会区秦集镇	花鼓灯	表演艺术
4	阜阳市	临泉县	杂技、马戏	表演艺术
5		界首市	彩陶	民间技艺
6		太和县	书画	造型艺术
7	淮南市	凤台县	花鼓灯	表演艺术
8	滁州市	凤阳县	凤阳花鼓	表演艺术
9	马鞍山市	当涂县	民歌	表演艺术
10	巢湖市	居巢区	民歌	表演艺术
11	芜湖市	镜湖区	铁画	民间技艺
12	安庆市	宿松县	文南词	表演艺术
13		怀宁县	黄梅戏	表演艺术
14	黄山市	歙县三阳乡	叠罗汉	表演艺术
15	安庆市	望江县	挑花	民间技艺

中央媒体看安徽

【概况】 宣传力度不断加大。2013年，《人民日报》、新华社、《光明日报》《经济日报》、中央人民广播电台、中央电视台等中央6家主要新闻单位刊播涉皖稿件1.5万篇(条)，其中《人民日报》、新华社(新华每日电讯)《光明日报》《经济日报》共刊播头版头条近20篇，中央人民广播电台《新闻和报纸摘要》与《全国新闻联播》、中央电视台《新闻联播》共播发重头稿件10余条。这些报道紧扣安徽省美好乡村建设、自主创新、深化改革和党的群众路线教育实践活动等大事要事，全方位展现安徽一年中的新举措和新成就。

宣传重点更加突出。中央新闻媒体多方位宣传报道本省在推进美好安徽建设、深化医药卫生体制改革、合芜蚌自主创新综合试验区、皖江城市带承接产业转移示范区、实施民生工程、打造“三个强省”等领域所取得的成就。如人民日报《安徽勇当医改“先锋官”》《合肥塑造“大湖名城”》、新华社《安徽全过程“民意至上”建设“美好乡村”》《自主创新成为安徽吸引投资的“强力引擎”》等重点稿件，在头版头条位置对安徽省重点工作进行准确解读、全面报道，在全国引起热烈反响。中央各媒体共推出安徽省开展党的群众路线教育实践活动相关报道80余篇(条)，如8月1日，人民日报《安徽九项承诺转作风》、中央人民广播电台《安徽群众路线教育实践活动重视解决群众反映突出问题》，全面介绍安徽省在开展党的群众路线教育实践活动中的有效方法和创新举措，为活动顺利开展提供有力舆论支持。当年中央各媒体还广泛关注安徽省不同类型、不同领域先进典型，如《人民日报》报道合肥“红头车”免费送客义举，《光明日报》报道淮南新四军老战士10余年坚持植树造林典型事迹，中央电视台《新闻联播》报道蚌埠老兵欧兴田兑现承诺守墓30多年的感人事迹，为提升安徽形象，推进美好安徽建设注入精神动力。

宣传效果显著增强。中央新闻媒体推出一大批优秀“三贴近”新闻作品，如光明日报《大山深处“圆梦人”》、经济日报《皖江奔涌承接潮》、中央人民广播电台《安徽推进“美好乡村”建设着力解决农村发展难题》、中央电视台《改革正前方·从农村再突破》等，收到了较好的宣传效果。

热点引导及时有效。中央新闻媒体实事求是地开展舆论监督，为安徽改革发展稳定营造积极正面、客观友善的舆论环境。如对安徽省有关人感染H7N9禽流感疫情以及应对疫情的相关报道，起到稳定人心的作用；对合肥黑车宰客、亳州中药材市场管理乱象和个别地方干部作风问题的监督，促进相关问题的解决。

精神文明建设

石梅松题

- □综　　述
- □重要活动
- □2013 年中国好人名单
- □“精神”集萃
- □社会主义核心价值观

综　　述

【"中国好人榜"入选数居全国第一位】2013年，全省广泛开展"践行核心价值、打造好人安徽"主题实践活动，大力选树群众身边的道德典型，评选表彰22名安徽省道德模范，许张氏、周传金、马虎获评全国道德模范，155名江淮儿女荣登"中国好人榜"，全国道德模范当选人数并列全国第一，"中国好人榜"入选数实现六连冠。开展"我推荐、我评议身边好人"活动，推广铜陵市楼道好人、广德县乡村好人、安庆市行业好人等评选做法，赴基层巡演40余场。情景剧《好人安徽大舞台》被中宣部作为话剧院团案例全国推广。联合省农村信用社实施道德信贷工程，为500多名身边好人和道德模范发放创业信贷资金近3000万元。成立安徽道德建设基金会，帮扶解决困难道德模范生产生活难题。安徽好人馆建成并免费开放，中共中央政治局常委、中央书记处书记刘云山到馆指导，指出"这是安徽道德教育的创新创造"。

【全国城市文明程度指数测评再现满堂红】通过模拟测评、明察暗访、交流观摩，指导各地持续提升创建水平，在127个全国文明城市和提名城市文明指数排名中，马鞍山市居地级全国文明城市第2位，合肥市名列省会、副省级提名城市第5位，芜湖市、铜陵市、淮北市分列地级提名城市第11位、第12位、第20位，在三年一轮的评选届期内连续两年实现满堂红。修订完善文明创建测评细则，组织开展省级文明城市、文明县城、文明城区、文明村镇、文明单位暗访测评，推动各地着眼民生民计、提升文明程度。推进文明餐桌、文明旅游、文明交通、文明传播行动，开展道德领域突出问题专项教育和治理活动，营造安全文明有序的社会环境。

【"三线三边"环境治理初显成效】省文明办牵头推动"三线三边"城乡环境治理，与省直相关单位建立会商协商机制，确定"线长""边长"和"重点长"单位，从省级层面出台专项整治细则，结合正在开展的省级文明城市、文明县城评选活动，推进环境治理工作。出台城乡环境治理工作宣传报道方案，组织省主流媒体集中报道淮南市挂图作战、建账销账和宿州市迎难克难不畏难、四级联动勇攻坚的有效做法。新华社、《人民日报》等中央媒体先后报道安徽省做法，《安徽日报》、安徽广播电视台等省属媒体开设宣传专栏，地方媒体跟踪监督动态进展，全省上下形成了紧张快干、比学赶超的舆论氛围。

【"讲文明树新风"公益广告导向鲜明】围绕中国梦这一主题，指导媒体刊播践行社会主义核心价值观、建设生态文明，以及群众关切的交通安全、食品安全等宣传广告，全省36家主要报纸刊发公益广告1580多个整版，55家广播电视台播出总时长约3900多个小时。督促指导各地在围墙围挡、交通工具、公路沿线等公共空间因地制宜张贴公益广告，推动从城市到乡村、从主要路口到社区门口全覆盖，让公益广告成为扮靓城乡环境的一道亮丽风景线。开展公益广告创作征集活动，突出安徽元素、放大好人效应，推出一批以徐辉、李玉兰、彭伟平等全国道德模范为原型的公益广告作品。推广合肥市公益广告微点评创新做法，报纸、电视、电台刊播网友精彩点评，用百姓语言解读公益广告，中央文明办高度肯定并向全国推介。

【学雷锋志愿服务活动】大力弘扬志愿服务文化，举行全省学雷锋志愿服务活动启动仪式，邀请"当代雷锋"郭明义到安徽省举办事迹报告会，纪念毛泽东等老一辈革命家为雷锋题词50周年。创新推出社区星级志愿服务广场创建活动，启动保护黄山、长江、淮河、巢湖等山

3月27日，全国首家省级好人馆安徽好人馆正式开馆

全国道德模范郭明义与安徽工业大学志愿者服务队在一起

川河流志愿服务项目，兴起关爱他人、关爱社会、关爱自然志愿服务活动。坚持典型引路，每月评选“我最感动的江淮志愿服务典型”，148个优秀项目、先进集体和先进个人在奉献他人中脱颖而出。

【未成年人道德建设】全年争取中央项目资金8960万元，建设乡村少年宫224所，指导地方配套自建乡村学校少年宫达498所，合肥、淮北、马鞍山、芜湖、铜陵市实现乡镇乡村学校少年宫全覆盖。推进未成年人心理健康教育，16个市全部建成有专门场所、专业师资、专注孩子的心理辅导中心，免费咨询达18万人次。合肥、铜陵、淮北、马鞍山、芜湖市在全国未成年人思想道德建设指数测评中均获优异成绩。

重要活动

【“践行核心价值，打造好人安徽”活动】推选好人。发动基层群众推好人。铜陵市楼道好人、宣城市乡村好人、安庆市行业好人等评选活动在全省推广。邀请道德模范、人大代表、政协委员等公众代表参与评选评议，提高评选的公信力、影响力。设立好人伯乐专项资金，对当选好人的第一推荐人给予精神和物质奖励。

宣传好人。省直各类媒体、市县党报党刊、重要网络媒体统一开设道德建设专题专栏，以通讯、言论等形式报道身边好人。以身边好人为原型，推出黄梅戏纪实情景剧《安徽好人颂》，影视作品《第一书记》《永远的忠诚》等接连推出。在好人档案馆、好人广场、好人大道、好人一条街悬挂好人展板，让人在耳濡目染中见贤思齐。

引领好人。抓住志愿服务这个实践载体，推动好人数量转化为好人能量。鼓励好人加入各地志愿者组织，2700多名市级以上道德模范、安徽好人、中国好人加入江淮志愿者队伍。培育志愿服务领军人物，重点打造徐辉假日小分队、胡文传爱心服务总队、瑞青班组等志愿服务组织，带动更多的人学好人、做好人。

关爱好人。成立安徽道德建设基金会，帮扶解决困难道德模范生产生活难题。联合省农村信用社实施道德信贷工程，为500多名身边好人和道德模范发放创业信贷资金近3000万元。争取希望工程基金、人口计生基金、妇女儿童发展基金资助相应类别的道德模范。对那些既有社会影响又有能力担当的身边好人，给予政治礼遇，刘丽等3人当选全国人大代表，徐辉、王现伟等9人当选省党代会代表，刘琼、兆水等7人当选省人大代表。

【合肥市开展公益广告微点评活动】“讲文明树新风”公益广告开展以来，合肥市组织报纸、电视、电台等传统媒体开辟专栏，刊播网友精彩点评，用百姓语言解读公益广告。截至2013年年底，各大报纸刊登公益广告微点评共103期，电台电视台各大频率在各个黄金时段播出224次，构筑出全媒体互动式传播态势，把社会主义核心价值观传播到人民群众身边，让群众广泛参与互动，形成传播正能量的浓厚氛围。

微点评征集有4个渠道：主办公益广告微点评大赛，媒体记者下基层采访普通市民对公益广告的看法，精选中国文明网及其他地市文明网网友的点评内容，发动合肥市网络文明传播志愿者撰写。

合肥市各大媒体从养眼角度创新安排，将精彩点评交差呈现，《合肥日报》突出二次创作打造微点评栏目，《江淮晨报》分主题类别设计版面，合肥电视台用游动字幕宣传常态宣传，合肥电台将公益广告与微点评相结合。同时分别以各自形式刊播公益广告微点评。

【阜阳公交车厢成流动道德讲堂】阜阳市把公交车厢变成文化宣传阵地、道德教育讲堂，推行“一车一景观,一车一主题”的车厢文化,形成一套较为成熟的工作机制。成立车厢文化工作室,专职人员、办公场所、办公设施“三到位”;保障资金投入累计投入资金200余万元,实现所有公交线路全覆盖,启用LED灯箱展板等节能环保材料。在全市政风行风民主评议中,阜阳公交评议结果由原来的第10名跃居到第2名。

突出公益性。把公益广告的制作发布作为车厢文化建设的核心,对车厢内部的商业广告进行全面调整转化,舍弃广告收入,自筹资金在阜城683台公交车上制作发布“讲文明、树新风”“我们的节日”等100余项内容的公益广告作品。

突出主题性。车厢文化建设按照“一车一景观,一车一主题”的思路,先后在不同线路打造“明星线路”“道德礼仪安全教育”“时事政治廉政教育”等几十个不同的主题车厢文化。

突出时代性。车厢文化宣传内容三个月一更新,始终坚持正确的舆论导向,保持与党的路线方针政策相统一,服务各级党委政府中心工作,贴近百姓生活,全面彰显时代新特征、新内涵、新成就。

突出服务性。在车厢内部陆续添置棉坐垫、小盆景、晕车药、针线包、书报袋等便民利民小物品,供乘客免费使用,延伸了车厢文化的便民服务内涵。

【宁国市开展“小手牵大手,文明路上一起走”活动】宁国市围绕“乡风文明、村容整洁”目标,在城乡环境治理活动中开展“小手牵大手,文明路上一起走”活动。

小手写,大手评。由学生小手写对身边环保小事的感受和身边涌现出的关爱环境的典型或家庭与社会不良文明卫生做法挑刺的文章,由家长批阅、签名,教师评价。印发致学生家长的倡议书,号召家长在小手拉大手活动中起模范带头作用。以班级为单位召开一次“我向家长捎句话”文明行动主题班会,引导组织中小学生与家长一起学习文明公约,养成文明习惯。

小手拉,大手迎。每天拉一次家长的手,为学校和家庭清洁做一件事,全面净化生活学习环境。每月拉一次众人的手,由家长带领学生到村旁屋边开展清理卫生死角,全面美化家乡环境。

手拉手,互相评。成立“小手拉大手,清洁环境一起走”行动队,设立文明监督岗,开展文明劝诫、监督和评比活动。在乡镇、村干部的带领下由学生组织成的考评组对照考评细则打分,确定“文教星、卫生星、新风星”示范户。

2013年中国好人名单

合肥市:魏　巍　刘尚涛　许玉奇　范成江　刘正霞　王光成　戴　清　杨　忠　金书家　蔡德琴　吴雄飞　许传芬　赵　媛　朱同柏　方庆珍　汪左荣　周　松　马存模　王邦贤　吴保文　张立海　杨　华　刘益荣　王建龙　郑爱军

淮北市:张　艳　张　涛　葛　超　荐雪梅　杜长举

亳州市:李　燕　李小栓　陆家乐　李秀华夫妇　郭　阳　邵亚萍　姬长朋　李　涛　舒玉贞　吴芳华　蒋兴保　魏振海　刘亚光　张存芝

宿州市:吕本荣　欧长永　王　宏　李成恩

蚌埠市:张化群　许忠保　高　磊　李　鹏　刘　红　吴晓武

阜阳市:李慧军　王文忠　张保国　薄玉侠　化学红　王　智　齐　岗　吴　威　徐治合　赵　五　杨传武　张爱民

淮南市:钮　维　王宗义　张玉奎　张志敏　陈惠娟　马友军

滁州市:张冠周　郑开军　虞秀芝　金恒林　付长明　李玉龙　赵　强　武长永　郑孝伟　徐明峰　李宏祥　张子林　许朝垠　韩明道　高　敏

六安市:黄先宏　张克福　吕仰正　李少军　朱　苹　余家军　沈　海　钱伟杰　梁本凤　陈德华

马鞍山市:裴春梅　黄其顺　刘明荣　周圣清　郜圣水　秦德根　熊月文　钱玉联　周燕兵　高翠玲　张作萍　李　鸿　张　军　李恒梅　喻　安　李广英

芜湖市:黄本刚　陶贤林　杨丽丽　王二玲　徐慧娴　余翠华　万　莹　谢书芳　贾　鸣　胡太平　徐孝旺　陶家兰　吴　威(与阜阳同)

宣城市:郁华强　73845部队一分库　柏绪红　张世清　桂春根　丁义贵　俞　斌　孙金霞　伍凤琴　冯福州

铜陵市:代勇智　张来香　张金来　查志兵　叶显道　孙　鸣　王昌平　刘东盟　俞茂亚　叶国平等四人　杨维林　蔡胜普　王庆海　徐小玉　汪佑付　雷　鸣

池州市:丁常青

安庆市:江林生　陆　春　徐智明　王金婵　杨文求　陈　忠　汪淑芳

黄山市:罗雪琴　雍桂芳　鲍月明　胡长有　吴笑梅　洪秋芬

广德县:谈贤贵

“精神”集萃

井冈山精神：

坚定不移的革命信念，

坚持党的绝对领导，

密切联系人民群众的思想作风，

一切从实际出发的思想路线，

艰苦奋斗的作风。

长征精神：

不怕牺牲、前赴后继的精神，

勇往直前、坚韧不拔的精神，

众志成城、团结互助的精神，

百折不挠、克服困难的精神。

延安精神：

坚定正确的政治方向，

解放思想、实事求是的思想路线，

全心全意为人民服务的根本宗旨，

自力更生、艰苦奋斗的创业精神。

西柏坡精神：

敢于斗争、敢于胜利的开拓进取精神，

坚持依靠群众、坚持团结统一的民主精神，

戒骄戒躁的谦虚精神，

艰苦奋斗的创业精神。

铁人精神：

“为国分忧、为民族争气”的爱国主义精神；

“宁可少活 20 年，拼命也要拿下大油田”的忘我拼搏精神；

“有条件要上，没有条件创造条件也要上”的艰苦奋斗精神；

“硬功夫、真本事”的科学求实精神；

“甘愿为党和人民当一辈子老黄牛”埋头苦干的奉献精神。

雷锋精神：

爱憎分明的阶级立场，

言行一致的革命精神，

公而忘私的共产主义风格，

奋不顾身的无产阶级斗志。

焦裕禄精神：

亲民爱民，艰苦奋斗，科学求实，迎难而上，无私奉献。

“两弹一星”精神：

热爱祖国，无私奉献，自力更生，艰苦奋斗，大力协同，勇于攀登。

载人航天精神：

特别能吃苦，特别能战斗，特别能攻关，特别能奉献。

中国精神：

用以爱国主义为核心的民族精神和以改革创新为核心的时代精神振奋起全民族的“精气神”。

富强民主文明和谐
自由平等公正法治
爱国敬业诚信友善
録社會主義核心價值觀
乙未歲新春 文圖
中华人民共和国万岁

哲學社會科学

史培刚题

□综　　述

□社科规划

□社科研究

□社科普及

□社科活动

□社科院所学术研究

综　述

【社科发展概况】2013年，全省哲学社会科学战线高举中国特色社会主义伟大旗帜，牢牢把握正确政治方向，紧紧围绕全省工作大局，密切关注安徽经济社会发展中的重大理论和现实问题，积极开展理论研究和实践探索，推出一批高水平的研究成果，为安徽经济社会发展提供重要的理论支撑和智力支持。全省哲学社会科学研究事业呈现出积极向上、繁荣发展的良好态势。

综合研究实力进一步增强。充分发挥国家社科基金项目的引领作用、省中国特色社会主义理论体系研究中心的示范作用和省社科项目的带动作用，不断推进全省哲学社会科学研究上规模、上台阶、上水平。2013年全省共承担国家社科基金项目128项，资助总额近2600万元，立项数和资助额居全国31个省区市第11位。其中年度项目104项，比上年增长16.9%，资助经费达1944万元；重大招标项目数保持稳定，3项课题中标，资助经费共240万元；后期资助项目12项，增长5倍，资助经费216万元。《学术界》入选首批国家社科基金资助百家学术期刊，《古汉字发展论》入选《国家哲学社会科学成果文库》。国家社科基金项目结项率大幅提高。充分发挥“安徽省中国特色社会主义理论体系研究中心”及研究基地的作用，围绕安徽经济社会发展进程中的一些重大问题开展研究，在中央主要报刊发表文章3篇。组织实施省领导圈定课题、省社科规划项目以及有关部门社科研究项目，推出了一批学术价值厚重、社会影响广泛的研究成果。

服务党和政府决策的能力不断提升。省哲学社会科学研究覆盖面和影响力不断扩大，服务党和政府决策的能力明显提升，服务安徽科学发展的价值得到进一步彰显。《咨政》《学界兴皖咨议》《决策》和《安徽发展报告》《安徽发展蓝皮书》等成为应用对策研究展示的重要平台，一批重大现实问题调研报告、专家建言和政策建议，得到中央、省领导多次批示，被有关部门采纳，促进了社科研究成果的应用转化。以省领导圈定课题、省社科规划重点委托研究项目为抓手，积极搭建社科研究部门和实际工作部门紧密配合的桥梁，形成社科研究和实际应用相互融通机制。以“安徽学术年会”和“安徽人文讲坛”等高水平学术交流报告会为平台，主动顺应省委省政府战略部署，提升哲学社会科学研究工作服务安徽科学发展的能力。“经济大讲堂”“宣传文化系统读书报告会”等高端讲堂深受欢迎，理论下基层、形势政策教育、社科普及活动月等品牌活动广泛开展。重大主题宣讲及时深入，理论宣讲工作居全国前列。

基础理论研究和学科建设不断加强。全省哲学社会科学战线紧紧围绕哲学社会科学创新体系建设，进一步加强基础理论研究，积极扶持新兴学科、交叉学科和边缘学科的发展，大力推进哲学社会科学学科体系建设，初步形成了门类较为齐全、布局较为合理的学科体系。截至2013年年底，全省哲学社会科学重点学科52个，其中国家级重点学科3个；重点研究机构45个，其中教育部重点研究基地3个。在文史哲等传统优势学科基础上，古文字学、徽学、中国古代诗学、桐城派文学、淮河文化、老庄文化、安徽出土文献整理与研究等领域逐渐形成特色。社科研究队伍不断壮大。全年扎实开展高校社科系统和社科研究系统“三项学习教育”活动，认真做好高校哲学社会科学骨干研修工作，积极实施“六个一批”双百人才工程，进一步加大对哲学社会科学研究人才的培训、选拔和使用力度。全省具有副高级以上职称的哲学社会科学教学科研人员8000多人，当年有2200多人参加了省哲学社会科学

安徽省社会科学界第八届学术年会“转型升级与创新发展”专场研讨会

教学科研骨干研修培训,涌现出一批学术领军人物、学科带头人和中青年科研骨干。

社科管理工作富有成效。围绕社科研究出精品、出人才,抓制度建设,创新管理方法和手段,进一步提高管理的科学化水平。加强社科阵地建设,实行学术期刊备案制度;加强对全省社科类团体和民办社科研究机构的规范化管理;加强对省社科规划项目的规范化管理;加强对社科研究成果的宣传推介,通过"安徽社会科学网"这一平台提高社科研究的社会影响力;加大对课题研究经费投入力度,经费总额由原来的每两年400万元达到2013年的500万元。

在取得显著成绩的同时,全省哲学社会科学研究和发展还存在不能很好地适应形势发展新要求的问题。突出表现在:①理论创新能力还有待增强,具有重大学术价值和应用价值的成果还不多;②研究成果应用转化有待提高,服务社会的能力和水平需要进一步提升;③队伍建设亟待加强,学术领军人物、学科带头人和中青年学术骨干的数量相对不足;④学术浮躁现象还比较突出,学术失范、学术不端行为时有发生,学风建设亟待加强;⑤哲学社会科学研究管理体制机制还不完善,资助强度有待进一步提高。

安徽省马克思主义哲学应用学会2013年会员大会暨"马克思主义哲学与全面深化改革"理论研讨会

【教学科研骨干研修工作】哲学社会科学教学科研骨干研修工作扎实推进。研修工作趋于制度化、规范化,2013年举办4期研修班,培训学员200人。一是坚持政治性主题,进一步深化研修内容。把提高学员的思想政治素养作为贯穿始终的目标要求,重点学习党的重大理论、党的方针政策和重大决策部署以及世情、国情、省情等内容,设置五个板块,较好地体现了政治性、思想性、理论性的统一,体现了中央要求、时代精神和地方特色的统一。二是坚持高水平授课,提升研修层次。把打造精品课程作为办好研修班的核心环节,根据往期教学效果和学员反馈意见,综合考量专家的权威性和讲解的感染力,精心遴选课题和授课人,确保研修的指导性、权威性。三是坚持多形式培训,进一步增强研修效果。坚持个人自学与研讨交流相结合、观看录像与听取报告相结合、课堂教学与社会考察相结合、规定课程与安徽特色相结合,采取灵活多样的学习形式,激发学习兴趣,增强研修实效。四是坚持制度化推进,进一步提高办班水平。完善学员遴选制度、系统调学制度、教学管理制度,制定详细的研修工作流程,完善研修工作评价反馈机制,推进研修工作科学化、规范化、流程化。

社科规划

【概况】2013年,全省共有42家单位的744个项目参加国家社科基金年度项目申报,26家单位的104个项目获得立项资助,资助经费1944万元。安徽大学王天根教授主持的"中华民国新闻史专题研究"等6个项目被批准为国家社科基金重点项目,资助经费180万元。国家社科基金年度项目立项数再创新高,共有104个项目获得立项,比上年增长15.6%,项目资助经费在全国各省区市的位次继续保持领先,较好地展示本省哲学社会科学研究的实力和水平,呈现出强劲增长的后发态势。国家社科基金重大项目立项数保持稳定。由安徽财经大学周加来教授主持的"以人为本的中国新型城镇化道路研究"、安徽大学蒋寅教授主持的"清代文人事迹编年汇考"、安徽师范大学王世华教授主持的"六百年徽商资料整理与研究"3个项目获得立项,资助经费达240万元,安徽省在社科重大项目研究方面稳居全国各省区市的先进行列。国家社科基金项目优秀成果不断涌现。淮北师范大学臧志攀主持的"中国古代祈雨史"等12个项目被批准为后期资助项目,资助经费共216万元。2013年度全省共获得国家社科基金项目经费资助达2400万元。2013年全省共有41个国家社科基金项目顺利结项,优秀成果不断推出。

应用对策研究

【概况】“学界兴皖”应用对策研究。组织开展省属社科类社会组织2013年度“学界兴皖”调查研究活动。省社科联要求省属社科类社会组织把调查研究作为主要工作，紧紧围绕省委省政府中心工作，结合学科实际设计调研选题，组织精干力量深入调研，推出有分量的应用对策研究成果，服务科学决策，助推科学发展，全年共形成40多篇调研报告。其中，有的调研报告得到了省委主要领导的批示，有的对策建议被决策部门采用并实施。经过专家评审，评出一等奖3篇，二等奖6篇，三等奖9篇。部分优秀调研成果被《安徽日报》以专版进行推介，《学界兴皖》选编3篇报省领导参阅。

设计年度课题。以研究阐释十八大精神、全面建成小康社会为主题，紧紧围绕省委省政府中心工作，针对全省“十二五”期间经济建设、政治建设、文化建设、社会建设、生态文明建设和党的建设等方面的重大理论和现实问题，设计年度课题，共收到申报202项，其中有效申报173项。对65个课题予以立项资助、30个课题予以非资助立项。

合作开展对策研究。与省人口计生委、省计生协联合下文，开展第一届安徽省人口发展研究优秀成果奖评选活动。共收到来自省直机关单位，高校、科研院所和医疗机构以及市、县人口计生部门的学术论文(专著)60余篇。最终评出特别奖4名，一等奖3名，二等奖5名，三等奖10名和组织奖2名。

与省民政厅联合征集2013年度“安徽社会组织发展”理论研究课题。征集活动受到省内外106所高等院校、研究机构和有关机关、单位、组织的专家、学者的响应，其中有340名专家、学者提交课题申请。经评审论证，确定课题申请立项30个。有26个单位在规定时间内报送研究成果，经组织专家评议评出一等奖2份，二等奖4份，三等奖8份，优秀奖5份。

开展学界建言献策。2013年，省城乡劳动力资源开发研究会的《关于农村集体土地产权改革政策建议》调研报告得到国务院副总理汪洋的批示，光明网理论频道10月21日和10月30日2次刊发、中国共产党新闻网、人民网、国务院发展研究中心等42家网站和媒体刊发和转载此文。省社科联研究员翁飞博在国家部级领导干部历史文化讲座上讲授《中国近代史上的李鸿章》。省委书记张宝顺、副书记李锦斌对省新四军历史研究会的成果予以批示，张宝顺对学界专家的政策建议——《打造“四化同步”发展的安徽经济升级版的若干建议》作出批示，《皖江组团式滨江城市群突破口在马鞍山》等针对性强的政策建议通过《学界兴皖》陆续报送省领导。

社科普及

【概况】2013年，印发《全省社科知识普及动态》12期，报纸、电视等大众媒体宣传近100次，其中新安晚报整版刊登12次，发放社科普及读物及宣传资料1万多册，举办社科普及讲座、报告会1000场，社科普及工作受众达500多万人次。在7月份召开的全国第十五次社会科学普及工作经验交流会上，安徽省吴怀东、汪兴福、刘伯山被评为全国优秀社会科学普及名家，省社科联编写的《画说中国梦》、合肥市社科联编写的《巢湖保护、开发与利用研究》被评为全国优秀社会科学

9月7日，以“美好安徽·圆梦中国”为主题的第九届全省社科知识普及活动月开幕式在淮南市举行

普及作品，吴清健、徐凤林、袁青垂被评为全国优秀社会科学普及工作者。

【开展社科普及活动】 组织编撰出版社科知识普及读物《画说中国梦》。该书由省委常委、宣传部部长曹征海作序，省委宣传部副部长徐东平总撰稿。全书共分为中国梦想的高昂旋律、中华民族的寻梦历程、中国精神的追梦情怀、中国力量的筑梦要素和美好安徽的圆梦担当等五个部分，全面解读中国梦的丰富内涵、精神实质和实现路径。

坚持举办安徽人文讲坛。在省社科联、合肥市社科联、新安晚报社、省图书馆4家主办单位的共同努力下，《宏伟蓝图：从全面建设到全面建成小康社会》等12场安徽人文讲坛在省图书馆主场举办，并编辑出版《安徽人文讲坛演讲集》（第6辑），将2012年第67~78讲坛文稿汇编成册，在讲坛现场免费发放给听众，扩大讲坛影响。

举办全省社科知识普及活动月。由省社科联、淮南市政府共同主办，以"美好安徽·圆梦中国"为主题的第九届全省社科知识普及活动月开幕式9月7日在淮南市举办，社会各界代表500多人参加活动。开幕式上，省政协副主席赵韩向社科知识普及志愿者服务团授旗；省委宣传部、省社科联有关领导向合肥、淮南两家"安徽省社会科学知识普及基地"授牌，向社区居民代表赠送社科普及读物；开幕式现场，组织开展社科知识咨询服务，法律、金融、保险、税务、工商、心理咨询等10多个学科、60多名专家学者现场为公众解疑释惑；在淮南市体育场广场，举办社科知识普及大型展览；在安徽工贸学院举办安徽人文讲坛淮南专场，由省委宣传部副部长徐东平向听众宣讲"我所理解的中国梦"。活动期间全省各地开展的社科知识普及活动近100项。安徽电视台、《安徽日报》及时报道，《安徽日报》开辟专栏，刊登省社科联《推动社科普及创新与发展的几点思考》、淮南市社科联《注重规划协调，推进社科普及》、省博物馆学会《利用行业学会优势，普及社会科学知识》等文章，从不同侧面展示社科普及工作及成果。

开展"社科名家大巡讲"活动。活动利用安徽人文讲坛的资源和品牌优势，以安徽人文讲坛已开讲的全部选题为主要内容，进机关、进社区、进企业、进高校、进村镇，面向大众作宣讲，深入基层去普及。社科名家走进安庆市委宣传部、桐城市"文都讲坛"、全椒县直机关及襄河镇、淮南市安徽工贸学院等地，与公众面对面交流互动。合肥市社科联举办社科知识下基层讲座多场；黄山市社科联等共同主办的"美丽黄山·灿烂文化"社会科学知识竞赛活动，福建、泉州电视台组织102人参加答题。

【推进社科普及基地建设】 制订《安徽省社科知识普及基地管理暂行办法》，规范了建立社科普及基地的条件、社科普及基地的基本职责、社科普及基地的申报、社科普及基地的审批、社科普及的投入等，明确省社科联每年要对省级社科普及基地进行考察、评估，各市社科联负责对属地内省级社科普及基地进行业务指导，定点单位负责社科普及基地日常管理工作，初步构建起安徽省社科普及基地建设管理和考核评价机制。

新建合肥市大圩镇农民文化乐园、淮南市杨公镇汤王村、黄山市档案馆、中国徽州文化博物馆等4个省级社科普及基地，发挥基地示范、带动、辐射作用，开展群众性、经常性社科普及活动，对整合社会资源，调动全社会力量参与和开展社科普及工作有较大的促进。

社科活动

【第14次全国社科联学会工作会议在皖举办】 2013年6月，全国31个省（市、区）社科联负责人、学会工作部门负责人、省级社会组织或市级社科联代表180多人参加此次会议。省委常委、宣传部部长

第14次全国社科联学会工作会议

12 月 11 日，安徽财经大学召开社科联成立暨第一次代表大会

曹征海出席会议并讲话。围绕此次会议的主题“发挥社科类社会组织在创新社会管理中的积极作用”，各省市区社科联负责人在会议上分别作交流发言，就新形势下如何强化学会功能建设、激发学会活力，发挥学会作用、促进社会管理创新等方面进行研讨与交流。

省社科界第八届学术年会

第七届淮河文化研讨会

【基层组织建设】2013 年 12 月 12 日，来安县社会科学界联合会成立暨第一次代表大会举行，这是滁州市首家县级社科联。2013 年 12 月 11 日安徽财经大学社科联成立暨第一次代表大会召开，这是安徽高校成立的第一家社科联。

【省社科界第八届学术年会】开展省社科界第八届学术年会征文活动。以“美好安徽 圆梦中国：自信·自觉·自强”为主题，设理论自信与文化发展、转型升级与创新发展、政治建设与社会发展 3 个专场，并增加“省属社会组织学界兴皖调研成果交流”专场，在全省范围内开展研讨活动，征集论文近 600 篇，评选出 60 篇大会入选论文，并以“兴皖学术文库”的形式公开出版。在 12 月 1 日召开的学术年会大会上，省委常委、宣传部部长曹征海发表书面讲话，省政协副主席赵韩出席大会开幕式并致辞。年会安排两个主题报告：省人大常委会原副主任郭万清作题为《关于全面深化改革历史新起点宏观经济的几个问题》的报告，安徽大学经济学院荣兆梓教授作题为《深化经济体制改革 处理好政府和市场的关系》的报告。48 位专家学者紧扣年会主题作学术讲演，10 位专家进行点评。

【第七届淮河文化研讨会】11 月 2 日至 3 日在淮北市举行，由省社科联与淮北师范大学联合主办，以“文化传承与创新发展”为主题，征集论文近 200 篇，共有来自沪、苏、豫、皖等地的 100 余位专家、学者参会。围绕“淮河文化形成、发展及其特征”“资源型城市发展研究”“中原经济区与皖北发展研究”等专题进行深入研讨，服务加快皖北振兴。

【安徽文化论坛（2013）·徽商与徽

安徽文化论坛（2013）徽商与徽州文化学术研讨会

州文化学术研讨会】省社科联联合省社科院、安徽大学等于10月25—27日在合肥召开全国“安徽文化论坛（2013）徽商与徽州文化学术研讨会”，省委常委、宣传部部长曹征海发表书面致辞，来自全国各地的徽商与徽州文化方面的著名专家学者围绕徽商与徽州文化这一主题，进行交流与研讨。

社科院所学术研究

【安徽省社会科学院】重点课题研究。2013年，安徽省社会科学院共获得各级各类立项课题40余项，其中有4项课题入围“2013年度国家社科基金年度项目和青年项目立项名单”，实现立项数目历史性突破。国家社科基金项目“博客舆情分析研判机制研究”通过鉴定，获得优秀等级。另外获得省软科学项目3项、省领导圈定课题8项、省社科联项目4项、省政府重大课题1项，承接各级各类横向课题20余项。

基础理论研究。2013年，安徽省社会科学院出版著作20余部，主要有《安徽妇女社会地位探析(2000—2010年)》《明清徽州宗族与乡村社会控制》《中国百村调查——发现钱庙》《近百年名家旧体诗词及其流变研究》《中国特色社会主义理论体系论要》《朱子心论——“心与理一”与“超凡入圣”之学》《安徽文化产品和服务概览》《安徽社会建设分析报告(2012—2013年)》《安徽城市发展报告》《2013安徽文化产业发展蓝皮书》《中国中部地区发展报告(2013—2014)》《安徽文化精要丛书》(第三辑)、《哲语解悟丛书》(10册)等。发表学术论文和理论文章共400多篇，其中在A类和B类刊物上发表论文50余篇，有40余篇理论文章或专家观点先后被《求是》《光明日报》《新华文摘》《学习时报》等国家权威报刊刊发或转载。以“省中特中心”名义在《求是》发表论文1篇。《毛泽东群众路线思想及其现实意义》一文，入选中央文献研究会等单位联合主办的“纪念毛泽东诞辰120周年学术研讨会”，是本省唯一入选的文章。

应用对策研究。省社科院应省政府办公厅和省直有关部门要求，组织多位专家参加政府有关文件起草和修改工作，如《〈安徽建设文化强省实施纲要〉的实施方案》《省政府工作报告》、“明年及今后五年发展目标预测”。接受省政府研究室委托，承担2013年度省政府重大课题《安徽新型城镇化推进路径和机制研究》。接受中共中央组织部委托，开展“在建设基层服务型党组织中发挥大学生村官的作用”课题研究。省社科院文化产业研究中心完成《安庆市创建国家公共文化服务体系示范区创建规划》及《示范区制度创新设计方案》，使该市顺利成为第二批创建国家公共文化服务体系建设示范区。省社科院精神文明建设研究中心完成创作的“文明上网四字歌”，得到省委书记张宝顺和省委常委、宣传部部长曹征海肯定性批示，并在全国宣传部长会议和全国网络宣传工作会议上通报表扬。此外，哲学与文化研究所还相继完成中宣部重大调研课题《贫困地区公共文化服务体系建设研究》的子课题《公共文化服务体系人才队伍建设研究》、省委宣传部重大委托项目《农村基本公共文化服务体系建设乡村两级总体布局研究》等。省社科院相关研究机构还先后应合肥市蜀山区、岳西县、霍邱县、灵璧县等县区请求，帮助编制县区级文化建设和文化改革发展规划。组织策划由全院专家撰写的《安徽日报》理论专版4期，集中反映专家对当前经济社会热点、难点问题的深度思考与理性分析，在社会上获得较高赞誉和反响。2013年《咨政》共编发39期，其中有11篇稿件内容获省领导批示，并转相关部门作为政策制定参考，要求有关部门领导参阅。

对外学术交流。省社科院与光明日报社在亳州市联合主办“老庄思想与生态文明建设”学术研讨会，主办“2013安徽文化论坛·徽商与徽州文化”学术研讨会，与中国社科院信息情报院联合举办“人

2013 年 10 月 26 日，省委宣传部副部长、安徽省社科院院长陆勤毅教授在中国·合肥科学家企业家论坛作“关于企业管理方法和艺术的思考”学术演讲

文社科期刊发展与理论创新论坛”，与安徽日报报业集团联合举办“学习习近平总书记系列重要讲话座谈会”，参与举办第七届“淮河文化研讨会”“中国·合肥科学家企业家讲坛”“依托长江建设中国经济新支撑带调研座谈会”“学术期刊与学术发展高层研讨会”“第八届安徽省社会科学界学术年会”“新型城镇化与中部崛起”理论研讨会等重要学术活动。《江淮论坛》《安徽史学》两个刊物进入三大期刊评价体系。《小康生活·文明风》连续出刊 94 期，期刊发行量突破 2 万份，成为本省乃至全国精神文明建设领域有良好声誉的专业权威刊物。

【省社科院研究所简介】马克思主义研究所。简称马研所，由安徽省社会科学研究所马列主义毛泽东思想研究室演变而来，2010 年 11 月更为现名。共有研究员 2 人、助理研究员 4 人，在读博士 1 人、硕士 2 人，享受国务院政府特殊津贴专家 1 人，省级有突出贡献中青年专家 1 人，省学术和技术带头人及后备人选各 1 人，省优秀理论工作者 1 人，省宣传文化系统“六个一批”拔尖人才 2 人。主要研究方向是当代中国马克思主义即中国特色社会主义理论体系。主要学术成果有：《高举伟大旗帜，推进伟大事业》等 8 部著作；参与《中国国情丛书：百县市经济社会调查·亳州卷》等 22 部著作撰写工作；2000 年以来在《人民日报》《光明日报》《中国社会科学报》《马克思主义研究》等 100 多家报刊发表论文类成果 1000 多篇。获省社会科学优秀成果一等奖 1 项、荣誉奖 1 项、二等奖 5 项，三等奖多项，并有独撰成果获省“五个一工程”奖 2 项、中组部重点课题成果二等奖 1 项，合作成果获中宣部和省“五个一工程”奖各 1 项以及其他类型的优秀成果奖几十项。

哲学与文化研究所。简称哲学所，由安徽省哲学社会科学研究所哲学研究室演变而来，2010 年更为现名。全所共有科研人员 8 人，其中研究员 3 人、副研究员 3 人、助理研究员 2 人、博士 2 人。主要研究方向是马克思主义哲学和中国哲学，并积极开展为安徽改革开放和经济、社会、文化发展服务的应用研究和对策研究。先后承担“清代哲学研究”“戴震哲学思想研究”“方以智哲学思想研究”“中国百县市经济社会调查”“方东美思想研究”“马克思主义国家哲学论”“现代新儒家的文化价值论”“皖江农村文化考察”“真理观研究”“胡适哲学思想研究”“九华山佛教文化研究”“知识创新系统中地方社会科学创新问题研究”“宗教的平等思想及其社会功能研究”等国家社会科学基金项目、安徽省社会科学项目和本院科研项目。在《哲学研究》《中国哲学》《马克思主义研究》《学术月刊》《哲学动态》《中国哲学史》《光明日报》《中国软科学》等多

省社科院法学所承办的“安徽省法学会环境与资源法学研究会 2013 年年会”

家刊物发表论文百余篇，出版学术著作40余部，其中重要著作有《戴震哲学思想研究》《方以智哲学思想研究》《清代哲学》《现代新儒家学案·方东美学案》《孟子外传·孟子百问》《明遗民九大家哲学思想研究》《中国哲学史上的真理观》《国家哲学论》《性学研究》《晚清哲学》《中国哲学》《方东美思想研究》《朱子心论——“心与理一”与“超凡入圣”之学》等。其中《清代哲学》获安徽省第三届社会科学优秀成果论著类一等奖，《国家哲学论》获安徽省第五届哲学社会科学优秀成果荣誉奖，另获二等奖一项，三等奖多项。

法学研究所。简称法学所，前身是安徽省社科院政法社所。1993年，政法社所一分为三，成立法学所、马列所和社会学所。现有工作人员8人，其中副高职称3人、中级职称5人、博士3人。主要研究方向是法学基础理论及应用，先后完成科研项目数十项，其中国家级和省部项目十余项。近年先后在《法学研究》《法学》《中外法学》《政法论坛》《现代法学》共发表专业学术论文上百篇，著作近十部，科研成果获安徽省哲学社会科学优秀成果三等奖2项。

社会学研究所。简称社会学所，成立于1993年，前身为安徽省社科院政法社所。共有专业人员8人，其中研究员1人、副研究员3人，助理研究员4人。主要研究方向是应用社会学，先后主持、参与和承担国家级课题10多项、省部级课题40多项，出版著作20多部。获得5个省“五个一”工程奖，安徽省优秀成果一、二、三等奖多次，中国新闻奖三等奖和中国广播电视奖三等奖项各一次，首届安徽省社会科学优秀成果著作二等奖政府奖一次，安徽省社会科学文学艺术奖（社科类）三等奖、荣誉奖各一次。

经济研究所。简称经济所，前身为安徽省社会科学研究所经济研究室，1983年4月更为现名。共有科研人员10人，其中正高职称2人、副高职称4人、中级职称3人、博士1人、硕士5人。主要研究方向是经济基础理论和学术性研究，先后承担国家级、省部级科研任务多项，取得丰硕研究成果；成功举办多次全国性、地方性学术会议和活动，在省内外产生积极影响；在各类刊物上发表大量学术文章，出版多部专著；多次承担省、市和县级政府发展战略和各类专项规划，以及国有企业改制和发展战略研究，积极服务于地方经济社会建设与发展。

城乡经济研究所。成立于1983年，原名经济研究一所，2012年改为现名。现有研究人员10人，其中研究员3人、副研究员3人、助理研究员4人。主要研究方向为城乡统筹发展与城镇化、农业和农村发展、资源与环境经济、区域经济与发展经济学、劳动力资源开发及扶贫开发等问题。先后承担并完成国家社科基金课题7项、省部级课题20余项、中加合作课题2项、中德合作课题1项。出版学术著作20余部，其中“联产承包制及其发展趋势”获光明杯哲学社会科学优秀著作一等奖，“中国农村改革轨迹与趋势——安徽农业发展与农民增收实证分析”获安徽省社会科学二等奖。在《求是》《人民日报》《光明日报》《经济日报》等各类期刊发表论文、调研报告500余篇，其中在国家级学术期刊及全国人文核心期刊发表学术论文80多篇。近年来为地方党委、政府撰写有影响的研究报告200多篇。

新闻与传播研究所。简称新闻所，前身是1983年5月成立的情报研究所，2010年更为现名。共有科研人员9人，其中正高职称3人（含退休）、副高职称2人、中级职称2人。主要研究领域是新闻学与传播学，先后完成国家社科基金课题2项、省部级课题30余项，完成学术著作多部，其中《江泽民新闻宣传思想研究》获安徽省社科成果三等奖，《凤阳小岗村的理论调查》获得中宣部“五个一工程”奖；目前全所研究人员正在参与完成文化基金项目《安徽新闻史》的编撰。

文学研究所，简称文学所，前身为安徽省社会科学研究所文学研究室，1983年4月更为现名。共有研究人员10人，其中研究员2人、副研究员3名、助理研究员5

2013年6月9日，由省社科院文学所、省文学院、省文艺评论家协会联合主办的“许春樵作品研讨会”在省社科院会议厅举行

人。其中钱念孙获国家中青年突出贡献专家称号，并享受国务院特殊津贴。主要研究方向为文学研究和20世纪中国美学研究，先后完成国家级课题4项、海外课题2项、省部级课题18项，出版学术著作30多部，在省级以上学术期刊发表论文250多篇，共获省部级以上各类奖项20余项，其中有5个省“五个一”工程奖，另有中国图书奖、冰心文学奖、田汉戏剧奖（评论类）、省社会科学奖等奖项。

历史研究所。简称历史所，成立于1983年，前身是1956年设立的省科学研究所历史研究室。共有科研人员10人，其中研究员5人、副研究员1人、助理研究员4人、博士4人、硕士5人。主要研究方向为安徽地方史、中国史，先后出版学术著作60余部，在《历史研究》《近代史研究》《中共党史研究》《史学理论研究》《史学史研究》等期刊上发表学术论文600多篇。共获得安徽省社会科学优秀成果一等奖1项、二等奖7项、三等奖若干项。

当代安徽研究所。简称当代所，主要研究方向为当代安徽乃至当代中国社会发展、社会问题。共有科研人员7人，其中研究员1人、副研究员1人、助理研究员5人。先后主持国家社会科学基金项目、安徽省哲学社会科学重大规划项目、安徽省哲学社会科学规划项目等各类项目10余项，出版《当代安徽纪年》《中国发展全书·安徽》《当代安徽简史》《中国历史精粹》《中国五千年故事》等著作20余部，发表论文300余篇。有多项研究成果获省级以上奖，《企业软管理》获省社会科学三等奖，《当代安徽简史》获省社会科学二等奖。

【省社科院重大社科活动】人文社科期刊发展与理论创新论坛。由省社科院与中国社科院信息情报院于6月16—18日联合举办。北京大学、南京大学、中国社科院的期刊评价中心负责人及《新华文摘》《国外社会科学》《江淮论坛》《安徽史学》《学术界》等杂志和对外经贸大学、中国科技大学、安徽大学专家参会，围绕会议主题，进行广泛深入研讨。

7月28—29日，“千年徽州：人才与经济社会发展”学术研讨会在黄山市举行

“老庄思想与生态文明建设”学术研讨会。由省社科院与光明日报社于7月12日在亳州市联合主办。会议以生态文明建设为主题解析老庄思想内涵，为生态文明建设提供智力支持。省委常委、宣传部部长曹征海出席研讨会并致辞。中国社会科学院、国家社会科学规划办、首都师范大学及安徽省内各科研院所多位专家学者出席，多个国家和省级媒体予以报道。7月17日出版的《光明日报》在13版论苑版以《传承老庄文化精髓，丰富美丽中国内涵》为题，整版摘登“老庄思想与生态文明建设”研讨会部分专家发言内容。

2013安徽文化论坛·徽商与徽州文化学术研讨会。由省社科院、省社科联、安徽大学、安徽师范大学于10月25—27日联合主办。来自全国各地的徽商与徽州文化方面著名专家学者60余人参会，共收到正式论文47篇。与会代表围绕徽商与徽州文化这一主题，就徽商与徽州文化关系，徽商与侨居地文化关系，徽商经营文化，徽商文化与其他商帮文化比较，徽商精神当代价值，徽商与艺术、学术发展繁荣关系，徽商与宗族文化关系，徽商与徽州本土社会变迁关系，徽商与宗族建设关系，徽商与慈善关系，徽商中的文化商人、徽州海商，徽州儒贾观，徽州文化形成与发展演变历程，徽州礼文化，徽州孝文化，徽州文化中的拜金思想，徽州文学，徽州教育等进行充分交流与研讨。省委常委、宣传部部长曹征海高度重视，要求以本次研讨会为起点，把安徽文化论坛打造成有全国影响的学术品牌、学术高地，让独具魅力的安徽文化更响亮地走向全国、走向世界。

□出　　版

□报纸期刊

□数字出版

□发　　行

□印　　刷

□版权管理

出版發行印刷

盧紅星

出　版

8月28日至9月1日，第二十届北京国际图书博览会在北京举办，“出版皖军”输出“中国魅力”，加快安徽出版“走出去”进程

【概况】2013年，经原新闻出版总署批准，时代出版传媒股份有限公司在北京独资设立的北京时代华文书局有限公司获出版资质。全省14家出版单位申报选题7000余种(9000余册)。完善图书选题论证机制，出台《安徽省新闻出版局关于加强出版物选题管理工作的意见》，进一步规范出版流程，确保出版物质量，保障读者权益。加强出版物质量管理，组织实施中小学教辅、文化科普、少儿类图书编校质量专项检查和2012年度新版图书质量检查，结合检查审读结果，督促出版单位遵守出版法律法规和相关管理制度。

【重大主题出版】组织出版单位策划、申报“深入学习贯彻习近平总书记系列重要讲话精神”主题重点图书、音像、电子出版物42种。制定安徽省“中国梦”主题重点文艺类图书实施方案，组织出版单位申报“我们的中国梦——讲述中国故事”文艺作品。《脊梁——女儿眼中的罗阳》等3种选题入选学习贯彻党的十八大精神重点选题，《中国志愿者》等3种出版物被国家新闻出版广电总局推荐为第十届向全国青少年推荐百种优秀图书，《飘扬的红领巾》入选首届向全国青少年推荐50种优秀音像电子出版物。

【重点项目出版】组织实施国家和省“十二五”重点出版物出版规划，并及时增补，形成滚动开放式选题库。在2013年开展的“十二五”国家重点图书、音像、电子出版物出版规划增补工作中，共有10个项目入选。截至2013年年底，全省共承担国家重点项目69个，其中全部完成项目18个，部分完成项目21个。在第四届中华优秀出版物奖评选中，《历代曲话汇编:新编中国古典戏曲论著集成》获图书奖，《陆侃如冯沅君合集》等5种出版物获图书奖提名奖，《中国当代优秀绘画作品巡礼》获音像电子出版物提名奖，《我的第一本早教塑料书》获装帧设计提名奖。《中国道路》等8种出版物入选国家新闻出版广电总局第四届“三个一百”原创出版工程项目。

【国家新闻出版行业专项资金资助项目】积极争取国家新闻出版行业专项资金。《中国经济转型丛书》(第2批，2册)等10个项目获国家出版基金533.46万元资助，《中国天机》等6个项目获得“经典中国国际出版工程”174.7万元的资助，《龙眠风雅全编》等4个项目获得“国家古籍整理出版”专项资助资金83万元。组织入选国家新闻出版广电总局“深入学习贯彻党的十八大精神”重点出版物选题申报国家专项出版基金，黄山书社《我的中国梦——青春励志故事》获专项资金资助17.75万元。组织出版单位积极申报2013年省级文化强省建设专项资金，共有18个图书音像项目获640余万元资助。

年内，对近些年全省获新闻出版行业专项资金资助的部分项目开展年度检查工作，对获资助项目实施情况和资金运行情况以及廉政保障机制进行全面检查，确保项目安全、资金安全和人员安全，发现问题要求立即整改。出版基金管理工作受到国家出版基金规划管理办公室表彰，被评为优秀单位。

【版权输出实现“六连冠”】通过版权输出、实物出口、与海外出版机构合作等多种方式推动安徽出版“走出去”，扩大徽风皖韵的国际影响力和核心竞争力。第二十届北京国际图书博览会期间，安徽展团输出版权285项，比上届增长10.1%，占全国各省(市、区)版贸输出总量的13.6%，实现“六连冠”。全国政协副主席罗富和，国家新闻出版广电总局党组书记、副局长蒋建国，国家新闻出版广电总局副局长邬书林，安徽省副省长谢广祥等领导视察了安徽展区。

【推进全民阅读工程】制定2013年全民阅读工作方案，探索建立全民阅读活动的长效机制，推进全民阅读活动深入开展。配合民进安徽省委开展“构建全民阅读公共服务体系建设”调研工作。根据国家新闻出版广电总局的统一部署，组织首届全国“书香之家”申报评选工作，41个家庭入选首届全国“书香之家”。通过基层读书先进人物和模范事迹引领阅读，扩大全省全民阅读活动的影响力。

报纸期刊

【概况】全省共有报纸98家，期刊180家，报刊社记者站214家，内部资料性出版物613家。2013年国家新闻出版广电总局批复同意《少儿科技》《少儿画王》《美术教育研究》《科教文汇》等4种杂志的出版单位分别由少儿科技杂志社、少儿画王杂志社、美术教育研究杂志社、科教文汇杂志社变更为安徽科教文汇期刊中心有限公司；批复同意《少儿科技》的主办单位由安徽省老科技工作者协会变更为安徽省老科技工作者协会、安徽省科学教育研究会，《少儿画王》的主办单位由安徽省关心下一代工作委员会变更为安徽省关心下一代工作委员会、安徽省科学教育研究会，《科教文汇》的主办单位由安徽省老科技工作者协会、科教文汇杂志社变更为安徽省老科技工作者协会、安徽省科学教育研究会；批复同意《雷达科学与技术》主管单位由工业与信息化部变更为中国电子科技集团公司；批复同意《低温与超导》主管单位由工业与信息化部变更为中国电子科技集团公司；批复同意《作家天地》出版单位作家天地杂志社变更为马鞍山作家天地杂志社有限责任公司；批复同意《文摘周刊》出版单位由原文摘周刊报社（事业法人）更为安徽文摘报刊社，《新闻世界》出版单位由原新闻世界杂志社（事业法人）更为安徽文摘报刊社；批复同意《双语学习报》出版单位由原双语学习报变更为安徽双语学习报社；批复同意《工程与建设》主管单位由原安徽省建设厅变更为安徽出版集团有限责任公司，主办单位由安徽省工程勘察设计协会、安徽省城建档案学会变更为时代出版传媒股份有限公司、安徽省住房和城乡建设信息中心，出版单位由工程与建设杂志社变更为安徽科学技术出版社；批复同意《保健与生活》《海外英语》《课外生活》《娃娃乐园》《哈博士》《红蜻蜓》《青苹果》《书画世界》《至品生活》等9种期刊的主管单位由安徽省新闻出版局变更为安徽出版集团有限责任公司；批复同意《东方周报》主办单位由合肥报业传媒集团、中国新闻出版传媒集团有限公司变更为合肥报业传媒集团；批复同意《安徽中医学院学报》主办单位由原安徽中医学院变更为安徽中医药大学，出版单位由《安徽中医学院学报》编辑部变更为《安徽中医药大学学报》编辑部。

【参加首届中国期刊博览会】2013年，组织安徽21家期刊出版单位参加在武汉举办的中国首届期刊博览会，获中国刊博会组委会评选颁发的优秀组织奖和优秀创意设计奖等全部奖项。

【专题调研】年内完成《我省报刊异地合办情况》的专项调研报告和《加强服务，改进管理，进一步促进安徽期刊出版繁荣发展》专题调研报告，分析情况，找出问题，为全省报刊业发展提供智力支持。

【查处违规行为】对社会大众所反映的霍邱县政府强行征订报刊，《少儿画王》《少儿科技》涉嫌违规摊派，《市场星报》六安市记者站站长李世宏涉嫌违法违纪问题，《安

9月14日，安徽期刊精彩亮相首届中国（武汉）期刊交易博览会

徽法制报》涉嫌虚假报道,《家教世界》《电脑知识与技术》违规出版论文版等问题进行调查核实,并一一给予回复。对安徽省文联主管主办的《传奇·传记文学选刊》在龙源期刊网出版《公民读本》,内容存在违规违禁问题,进行核查处理。调查处理《小康生活》涉嫌一号多刊,查处违规出版《小康生活·江淮旅游》。

【报刊获奖情况】在国家新闻出版总局组织的全国报刊百强评选中,安徽省3家期刊、2家报纸入选2013年全国百强期刊、百强报纸名单,分别是:《中国药理学通报》《金属矿山》《保健与生活》《安徽日报》《合肥晚报》。

数字出版

5月17日,第九届深圳文博会在深圳会展中心开幕。中宣部副部长、国家新闻出版广电总局局长蔡赴朝,国家新闻出版广电总局副局长阎晓宏、孙寿山,省委常委、宣传部部长曹征海参观安徽国家数字出版基地展区

【概况】2013年,全省已批准数字出版企业14家,其中传统出版企业11家,民营企业3家,形成传统出版企业逐步向数字出版转型,民营科技企业进军数字出版业的态势,全省已经开发电子图书、数字报纸、数字期刊、网络原创文学、网络教育出版物、网络动漫、网络游戏、数据库出版物、手机出版物等多种形态的数字出版产品。

在政府引领和市场趋势主导下,"时代e博""新媒体创意产业基地服务平台"等数字出版投送平台形成。在数字阅读方面,有"时代e博"品牌及两大云平台即时代书香网、云出版运营管理系统;在数字教育方面,有时代教育在线、智慧校园平台、"豚宝宝"幼儿教育全媒体产品,乐智岛儿童社区、时代智能学习机等;在文化交流平台方面,有基于SNS的时光流影TIMEFACE的出版内容聚合平台等,初步形成了内容提供、技术加工、网络运营、渠道运营、硬件制造的数字出版产业链。

审核上报5款手机游戏作品。按照总局数字司《国产游戏备案材料》目录及相关要求,对合肥完美世界网络技术有限公司上报的《帝国崛起》《猎魂者》等5款国产手机游戏的申报材料进行初审,并将相关申报材料报至总局审批;完美世界公司的《楚汉传奇》《天降美食》《冰火破坏神》3款国产网络游戏获得出版许可。

引导和帮助相关数字出版企业申报数字出版资质,经总局批准,安徽经纶文化传媒集团有限公司、合肥华恒电子科技有限公司获互联网出版许可。合肥报业传媒有限公司、黄山书社、安徽时代漫游文化传媒股份有限公司和安徽皖新金智教育科技有限公司、安徽卓诚文化传媒(集团)有限公司的互联网出版资质获总局批准。

组织开展第三届中国出版政府奖网络出版物评奖推荐上报工作,安徽省网络出版物首次获奖,安徽少年儿童出版社出版的《开满兔儿伞花的地方》获提名奖。

【安徽国家数字出版基地建设】2013年2月,省政府下发《安徽省人民政府关于建立安徽国家数字出版基地的通知》,全面启动安徽国家数字出版基地的建设工作,并建立安徽国家数字出版基地联席会议制度和基地建设工作机制。安徽国家数字出版基地联席会议办公室印发《安徽国家数字出版基地建设发展实施方案》《关于建立安徽国家数字出版基地联席会议制度的通知》和《数字出版政策文件汇编》。合肥市和芜湖市被授予"安徽国家数字出版基地"牌匾。2013年8月召开安徽国家数字出版基地建设发展推进会。

组织全省19家数字出版相关企业参加第九届中国(深圳)文博会数字出版展示交易会。展会期间,签约交易额1.45亿元,获第九届中国(深圳)文博会组委会"优秀展示奖”。组织安徽省基地园区和相关数字出版企业参加第五届中国数字出版博览会，省新闻出版局被组委会评为“2012—2013 数字出版优秀组织单位”。

推进安徽国家数字出版基地的建设，对安徽国家数字出版基地建设推进情况进行督查。11 月 27—28 日，省基地联席会议成员单位对基地(合肥园区、芜湖园区)进行督查，了解两园区 5 家入驻企业经营发展情况和两市扶持数字出版产业发展优惠政策落实情况，肯定成效，对存在的问题提出整改意见。

【数字出版调研】成立数字出版调研课题组，围绕数字出版重点工作，进行国家数字出版基地建设发展情况调研。先后到湖北、天津等国家数字出版基地进行实地调研，有针对性地提出安徽省基地建设发展意见与建议，形成《安徽国家数字出版基地建设发展实施方案》。对全省数字出版产业发展状况进行调研，重点对基地(合肥园区、芜湖园区)以及省内 10 家图书出版社、2 家报业集团、5 家报社、6 家期刊社、12 家动漫(网游)公司、1 家技术研发企业和 3 家设备生产企业进行调研，形成调研报告。掌握全省数字出版现状、面临的问题，提出数字出版产业未来发展的对策和措施。开展数字出版企业情况再调研，对基地园区(合肥、芜湖)以及马鞍山、铜陵和蚌埠等地的相关数字出版企业进行调研、指导，形成《全省数字出版行业情况的报告》。

【遴选传统出版转型示范单位】按照总局《关于开展传统出版单位转型示范工作的通知》要求，及时遴选出 17 家传统出版单位作为安徽省转型示范单位，促进传统出版转型升级工作。安徽省 2 家传统出版单位(时代出版传媒股份有限公司、合肥报业传媒集团)列入全国首批 70 家数字出版转型示范单位。

【数字出版产业资金投入加大】首次从文化强省建设专项资金中拿出 450 万元(项目建设 250 万元、基地两园区各 100 万元)，资助数字出版项目建设和基地园区建设。组织合肥、芜湖两个园区以及相关企业申报安徽省数字出版、数字发行重点扶持项目，完成 14 家企业申报材料的初审工作，其中“农家书屋”的数字出版内容开发、“时光流影”——移动互联的文化创意内容聚合平台、“E 窗工程”全民数字阅读、移动终端的数字阅读发行平台、浏览器网页及社交游戏软件系统研发运营和第九届深圳文博会数字出版展示交易等 6 个数字出版项目共获 250 万元资助。

【数字出版业务培训】首次邀请国家新闻出版总局专家为数字出版行业人员授课，加强业内人员对数字出版发展的现状和趋势的了解，普及数字出版相关知识，理清数字出版产业发展的思路，为业内交流提供和搭建合作平台，加快全省数字出版产业发展。

【网络监管】年内网络监管力度加大，及时删除屏蔽非法网络出版物，净化网络出版环境。“净网”行动中，共收到上级通知 26 批次，线索转送单 43 件，线索指令 170 个，涉嫌违规网站 61 家(次)。按照上级“件件有反馈、事事有结果”的工作要求，开展网上巡查，共处置违规网站 53 家(次)，转给相关省局(单位)处理的 8 家(次)，删除链接 141 条；约谈“共享盘”网站负责人并责令网站关闭；对“千军万马”网站负责人进行警示性谈话；会同相关部门依法关闭登载淫秽色情内容的“比奇中文网”“邪恶 H 漫画”“望洋军事网”“很爱玩小游戏”网站。

网络出版日常管理中，全年查看相关网站 3000 余家(次)，浏览网页近 10 万页，及时发现并处置涉嫌违规出版物 30 余次。探索网络出版监管长效机制，开展属地网络出版类网站的摸底清查工作，通过网上查找的方法，梳理出在安徽省备案的相关网络出版类网站 100 余家；建立网络出版监管 QQ 群，形成方便、通畅、快捷的管理渠道。

8 月 16 日，省政府召开安徽国家数字出版基地建设发展推进会

探索建立网站自律机制，先后对时代E博、风起中文网、得书网、千军万马网4家网站进行调研和指导，结合实际情况指导开展网站的自律工作。初步形成加强法制知识宣传、增强审核人员队伍、建立词语过滤机制、及时删除有害信息、设置举报按钮、建立黑名单等良好的自律机制。全年共删除违规用户85人，清理违规链接3000多条。

发　　行

4月19日，第23届全国图书交易博览会在海南省拉开帷幕，安徽展团22家出版单位携7000余种精品图书精彩亮相

【概况】 截至2013年年底，全省共有4659个出版物发行单位，其中出版物批发单位322个，出版物零售单位4337个，出版物销售总额114亿元(实洋)，营业收入220亿元，发行网点总计9886个。

2013年，继续强化出版物发行管理职能，规范市场经营行为，全年安徽发行企业总营业收入首次超过200亿元。对实体书店的扶持力度加大，组织省内发行企业申请财政部的资金扶持项目，合肥育才书店等5家发行企业共获得国家财政扶持资金550万元。国有主渠道安徽发行集团营业收入、资产总额均超过100亿元。根据新闻出版广电总局公布的《新闻出版产业分析报告》，集团总体经济规模继续保持全国第二的位次，第四次入围全国文化企业30强，连续第九年入选中国服务业企业500强。安徽经纶文化传媒集团在数字出版领域、对外出版领域取得新进展，出版物销售到欧美等国家。继续组织开展全民阅读活动、“三下乡”送书下乡等公益活动。

【规范发行单位管理】 以把好“准入关”和完善“退出机制”作为保证出版物发行市场健康发展的双重保障机制，通过年检登记工作，对省内出版物经营单位进行清查和梳理，受理出版物批发单位的设立和变更申请，为企业做好服务工作。

【组团参加图书订货会和书博会】 分别组织省内出版、发行企业参加了第23届全国图书交易博览会、2013北京图书订货会、上海书展等重要的行业展会。其中第23届全国图书交易博览会2013年4月在海口举行，由安徽省图书、期刊、音像、发行等单位组成的安徽展团参加本届书博会，并获书博会优秀组织奖、优秀设计奖和优秀活动奖等全部3项奖项。省委常委、宣传部部长曹征海带领省直有关部门负责人观摩博览会并指导安徽展团的参展工作。全国政协副主席罗富和，全国人大教科文卫委员会主任、第23届书博会组委会主任、中国出版协会理事长柳斌杰，国家新闻出版广电总局党组书记、副局长蒋建国等分别参观和视察安徽展区，并给予充分肯定。

印　　刷

【概况】 截至2013年年底，全省印刷企业总数3043家，其中，出版物印刷企业245家、包装装潢印刷企业1420家、其他印刷品印刷企业1332家、专项印刷企业37家，数字印刷9家。全省复制企业4家。印刷行业从业人员9万多人。全年印刷工业总产值313.53亿元，占全国印刷工业总产值的2.8%。与上年相比，全省印刷工业总产值增加48.86亿元，增长18.5%，高于全国印刷总产值平均增长率约9个百分点，占全省新闻出版产业总产值53%以上。全省印刷业资产总额359.31亿元，利税总额21.75亿元。在企业数量、从业人员数量相对稳定的情况下，总产值和利润总额仍然快速增长，全省印刷业集约化程度不断提升，印刷业发展态势良好。

【规模以上企业效益大幅提升】全省年工业总产值超过5000万元的重点印刷企业122家，印刷企业总产值195.69亿元，占全省印刷行业的62.4%。全省印刷工业总产值比上年增加48.8亿元，其中规模以上印刷企业贡献35.26亿元。

【绿色印刷】组织省内印刷单位集中收看2013年绿色印刷推进会互联网直播会议实况，学习并推进安徽省绿色印刷。2013年安徽有6家印刷企业获得全国绿色印刷认证。2013年秋季义务印刷教材合计5365万册，其中绿色印刷教材4976.93万册，实现绿色印刷92.8%。

【组团参加“上海国际印刷周”】组织省内11家印刷企业赴“2013上海国际印刷周”参展。首次特邀安徽新闻出版职业技术学院参加展会，通过展示学院的教育教学成果，向印刷界宣传作为全国印刷包装高技能人才培养基地的实力。各市局和印刷协会、各出版单位组织相关人员去展会学习观摩，开阔视野，通过展会积累安徽省印刷行业参展经验。

【特色印刷企业综合实力提升】国家新闻出版广电总局评审，安徽新华印刷股份有限公司和安徽安泰新型包装材料有限公司双双入选“国家印刷复制示范企业”，纳入全国59家国家印刷复制示范企业之列；安徽旭日光盘有限公司复制加工的《中国当代优秀绘画作品巡礼·国画篇》(DVD-ROM)入选第三届中国出版政府奖的印刷复制提名奖。安徽新华印刷股份有限公司获得“全国印刷标准化研发试验基地”授牌，成为2013年全国新建

7月10日，以“服务创新、科技引领、绿色发展”为主题的2013上海国际印刷周在沪开幕，安徽展团精彩亮相

5个标准化研发试验基地之一，为安徽印刷技术研究领域零的突破。当年黄山永新股份有限公司工业总产值达12.88亿元，持续8年高居安徽印刷工业总产值榜首。淮北市南方彩色印刷有限公司、安徽金辉印务有限公司、龙利得包装印刷股份有限公司、安徽侨丰包装印刷有限公司、安徽成路文化发展有限公司、安徽美佳印务有限公司、皖南海峰印刷包装有限公司、池州现在彩色印务有限公司、桐城市金润包装有限公司、黄山永新股份有限公司、黄山精工凹印制版有限公司等11家印刷企业入选“2013年安徽民营文化企业100强”。

版权管理

【出版物市场和网络巡查监管】2013年，全省新闻出版、版权执法部门，分批次开展对图书、音像制品市场的监督检查，严肃查处违法违规经营行为。淮南市借力“数字城管”系统平台，实现对书刊、音像等出版物无证游动摊点的有效实时监管。省版权局会同省通信管理局确定全省各地主要门户类网站名单，分配至各地版权部门进行主动监管，通过宣传教育、自查自纠、限期整改等方式，从源头上防范侵权盗版行为的发生。2013年，全省共确定主动监管网站60个，其中重点监管网站20家，关停违规网站33家。

【查处侵权大案要案】2013年，全省共立案13起，查处的重点案件有“999宝藏网侵权案”“蚌埠‘10·12网络销售侵权软件案’”“黄山‘音扑网’侵犯著作权案”“DJ疯吧音乐网”等，2起案件获国家5部委挂牌督办，4起案件获国家版权局挂牌及案件经费拨付，1起案件入列“剑网行动”10大案件。全省11家单位(专案组)和18位个人获国家版权局2013年度查处侵权盗版案件先进表彰。

【提升版权公共服务水平】省版权局会同省版权交易中心，在太湖县“五千年文博园”指导其制定版权

4月24日，全国集中销毁侵权盗版及各类非法出版物活动安徽省暨合肥市分会场销毁仪式在合肥市政务中心升旗广场举行

管理制度，梳理汇总园区内版权资源，对园区200多部版权作品进行全方位登记和保护。赴北京国际版权交易中心调研，了解版权评估、融资质押和第三方担保有关业务活动，推动全省版权实质性交易。指导合肥著作权登记保护中心开展版权作品登记、版权纠纷调解、版权诉讼受理等系列业务，对全省旅游品牌设计大赛的参赛作品提供版权服务。

【**宣传舆论工作**】全省各地利用"政风行风热线"节目，介绍打击网络侵权盗版专项治理行动的要求，宣讲网络版权保护和网络传播权的相关知识，向社会公布举报电话和举报奖励办法；结合打击侵犯知识产权和制售假冒伪劣商品工作，通过广场咨询、展板宣传、滚动广告等形式宣传网络版权知识；在案件查处过程中，邀请媒体跟踪采访，对一些有影响力的案件进行主动曝光，在震慑网络侵权盗版违法行为的基础上，辅以相关法律法规知识宣传，扩大版权管理和保护工作影响力。

【**省市县三级政府机关软件正版化完成**】落实国务院推进政府机关使用正版软件工作的战略部署，全省版权、商务、财政、经信、工商等软件正版化工作联席会议成员单位软件正版化工作取得明显成效。2011年9月，安徽省全面完成省级政府机关软件正版化工作，比国务院规定时间提前9个月。2012年9月底前，全省16个市级政府机关全面完成软件正版化工作，比国务院要求的时限提前15个月。全省105个县（市、区）政府继省、市政府全面完成整改工作的基础上，在2013年7月完成整改工作，共采购各类正版软件11万套，采购资金5900多万元。全省三级政府共采购各类正版软件23万多套，采购资金1.52亿元，其中国产软件12万套，占52%以上，采购资金4000万元。至此，全省于2013年7月底提前全面完成省市县三级政府机关软件正版化整改工作。

【**"中国特色美食创业网"销售盗版音像制品案结案**】此案系涉案当事人将从互联网收集的资料、视频加工制作成光盘，利用网络销售侵权盗版音像制品，谋取不正当利益。蚌埠市版权局于2012年10月12日正式立案。版权部门和公安部门成立联合专案组，查扣各类侵权光盘1.6万余张，查明此案涉案金额达180余万元。专案组人员分赴广州、东莞、杭州等地取证，完成对查缴的涉案音像制品的鉴定。2013年12月19日，蚌埠市禹会区人民法院对"中国特色美食创业网"销售盗版音像制品案做出判决：判处主犯尤某有期徒刑5年，并处罚金100万元；判处从犯宋某、马某2年和3年的有期徒刑，并处6000元和16万元不等的罚金。

安徽省新闻出版局（省版权局）举办正版软件赠送仪式

新聞報業

方茂鴻題

□安徽日报报业集团

□宣传报道

安徽日报报业集团

【综述】2013年，安徽日报报业集团贯彻落实党的十八大精神，紧紧围绕省委省政府工作中心和重要决策部署，全面报道安徽贯彻落实十八大精神、共筑“中国梦”、全面推进深化改革、建设“三个强省”和美好安徽、开展群众路线教育活动、加强精神文明建设的生动实践和取得的显著成绩，深入报道各地各行业涌现出的典型人物和先进集体的优秀事迹，大力报道各地在经济、政治和社会各项事业发展等方面进行的积极探索和生动实践，有效进行建设性舆论监督，不断开拓新的报道领域。加快传统媒体与新兴媒体融合发展，打造党报新一轮“升级版”，取得显著成效。2013年10月2日，中共中央政治局委员、中央书记处书记、中宣部部长刘奇葆视察安徽日报报业集团时，称赞“安徽日报报业集团发展势头很好，《安徽日报》办得也很好”。

【十八大和十八届三中全会精神宣传报道】为做好贯彻落实十八大精神和学习贯彻习近平总书记一系列重要讲话精神的宣传报道，《安徽日报》开设《学习贯彻十八大精神、加快建设美好安徽》《推动科学发展、奔向小康安徽》《记者走江淮·十八大精神在基层》等栏目，进行动态报道、深度报道和体验式报道，推出对十八大精神的理论解读和系列评论。在“中国梦”的宣传报道上，通过消息和典型对话报道，有评论分析，有理论阐述。在群众路线教育活动宣传报道中，《安徽日报》除了动态报道外，还有典型报道、来信反映、一线调查报道，推出近20篇系列评论。在《深入开展党的群众路线教育实践活动》栏目，推出本省教育实践活动典型报道，配发系列评论员文章；在《江淮时评》栏目，推出《切实反对四风践行群众路线系列谈》，组织专家学者及时刊发一批解读文章；在《江淮观察》栏目，推出《群众工作新探索》系列深度报道；在《记者走江淮》栏目中推出《一线调查——转变作风听民声》《体验基层工作的一天》《与基层干部聊酸甜苦辣》等系列报道，把镜头对准基层干部，让群众说心声、话期待，反映全省党员干部践行群众路线、改进工作作风的精神风貌。

大力做好贯彻落实中央“八项规定”和省委省政府“三十条”的宣传报道。及时报道各地贯彻落实情况的动态，策划推出深度报道、重点评论，开设《密切联系群众、转变工作作风》《厉行节约、反对浪费》《基层来信》等专栏，围绕主题进行策划，推出系列报道和《记者走江淮》专栏，连续策划《记者直击》《一线聚焦》《一线调研》等20多个系列策划。围绕中央八项规定精神，谋划选题，推出一批有特色的新闻报道，例如“厉行节约，反对浪费”为主题的系列“热点透视”深度报道。做到主题宣传报道与微博、网络互推互动，强化传播效果。

在十八届三中全会精神的宣传报道上，《安徽日报》开设《学习贯彻十八届三中全会精神 全面深化改革 建设美好安徽》重点宣传专栏。及时报道全省各地各部门各行业学习贯彻三中全会精神的新举措和实际行动，充分报道全省各地各部门各行业贯彻落实三中全会精神、全面深化改革的新亮点、新成效。推出了系列评论员文章。组织权威专家、学者撰写系列专题理论文章，深入解读三中全会的主要精神，组织刊发各市市委书记学习三中全会的精神体会文章，帮助广大干部群众准确理解党的十八届三中全会提出的新观点、新思想、新举措，宣传各地把学习成果转化为谋划改革的正确思路，制定贯彻措施。开设《记者走江淮·三中全会精神在基层》重点报道专栏，以“走转改”的形式，推出现场或者体验式报道，及时反映全省广大群众对三中全会精神的期盼和积极反响、谋划下一步打算和实际行

徽商考察团的车队驶出安徽日报报业大厦，奔赴芜湖进行首站考察

动。

中安在线、《新安晚报》《安徽商报》等媒体为全面解读全会精神，反映本省学习贯彻全会精神热潮的动态，设置近40个特色栏目，转载中央媒体各类稿件220多条，转载视频访谈9场次。手机报、客户端及时推送全会消息，手机报刊发稿件220余条，制作专题9个。中安论坛组织撰写帖文，积极引导舆论，论坛发布相关主题帖文40余篇。

宣传报道

【重大宣传报道】2013年，安徽日报在重点做好本省重大发展战略、重要改革部署宣传报道上精心策划，认真组织，效果显著。主要表现在：一是做好“三个强省”建设和全面深化改革的宣传。围绕贯彻十八大和十八届三中全会精神，建设美好安徽的新思路、新举措、新经验、新成效、新探索，做好解读、分析、动态报道，在此基础上，推出《瞄准发展高标杆 三个强省争上游》重点专栏，采用最新的数据与最新的发展成果，用综述和深度报道的形式，连续在头版重要位置刊发，全面反映安徽在“三个强省”建设方面取得的新进展、新成绩。二是做好美好乡村建设宣传。《建设美好乡村 打造幸福家园》栏目采取以先文字报道后图片聚焦报道的形式，对建设美好安徽、生态安徽取得的成绩进行多角度的连续报道，增强服务性和新闻性，有效达到宣传效果。三是做好重点领域改革的宣传。开辟《重点领域改革进行时》专栏，突出报道本省重点领域改革取得的成绩。设置专栏与《释放改革红利 增强发展动力》系列《江淮时评》，强化宣传效果。四是做好“发展民营经济”的报道。进行“发展民营经济”一线调研，组织人员下基层采访，充分挖掘生动事例、灵活运用鲜活素材，推出系列调研报道。五是做好贯彻中央“1号文件”精神和本省实施意见的报道，以及推进经济持续健康较快发展“30条”的报道。开辟《服务实体经济，稳定经济增长》《提升质量效益 坚持稳中求进》《转方式 调结构 稳增长》《转型升级新跨越》等相关专题专栏，报道地方、部门、行业及企业落实“1号文件”和“30条意见”的情况。六是做好中原经济区规划、大别山片区区域发展与扶贫攻坚规划、皖江示范区、合芜蚌自主创新试验区、县级公立医院改革等重要战略规划和重大改革的报道。围绕重要节点和重要工作进展，以消息、综述、专版解读等形式全面进行报道。七是报道省委、省政府促进经济持续健康较快发展的决策部署。推出《一季度经济形势分析》《提升质量效益 坚持稳中求进》《从平稳开局看转型升级》(《江淮时评》)等栏目，报道各地各部门加快转变经济发展方式，加大项目推进和谋划力度，确保起好步开好局的有关情况，充分反映本省经济保持稳增长的态势以及最新成就、最新成果。做好加强改革、房地产调控、城镇化健康发展、农产品质量安全、民生工程、大学生创业就业等的报道和引导。

【全国、省两会精神宣传报道】在2013年全国和省“两会”期间，《安徽日报》推出专版、专题(《全国两会连线》等)、专栏，抓住热点，现场报道。法人微博与党报互推互动，对开幕式、闭幕式进行“微直播”，增强宣传效果。以学习贯彻党的十八大精神为主线，深化“中国梦”的学习教育活动，动态报道各地各部门的新举措与新经验。推出“美好安徽·圆梦中国”系列主题报道，开设《中国梦我的梦·焦点对话》专栏报道，“中国梦 我的梦·焦点对话”以对话的形式，把实现“中国梦”的伟大构想融入建设美好安徽的生动实践。开辟“寻找最美追梦人”系列报道，采取图片和文字报道并进的方式，报道在建设美好安徽、实现中国梦的实践中涌现出的先进人物。推出《安徽好人》和《寻找安徽好人》《最美基层干部》专栏，通

“美好安徽·圆梦中国”全省第九届社会科学知识普及活动月开幕式

过报道在精神文明和道德建设中涌现的众多好人和典型人物，突出厚德安徽、好人安徽品牌。安徽日报法人微博对“安徽好人”、普通群众的好人好事进行大力报道，在网上营造积极向上的舆论氛围。

中安在线两会报道小组推出《本网记者现场报道》和《中安在线全国两会北京访谈室》两个原创新闻栏目。对安徽代表团每天的会议议程进行图文呈现，把关注的视角集中在会场内外的代表委员们身上。会议期间本网现场报道人大稿件50多篇，报道政协稿件20多篇。《全国两会北京访谈室》邀请安徽代表团人大代表20多人走进演播室进行访谈。省两会期间，中安在线、新安晚报、安徽商报等媒体采写拍摄大量展现基层委员代表风采的稿件和图片，两会期间共发文字稿件250余篇。视频专访基层代表委员，就他们涉及民生方面的提案议案进行报道，共推出近50位代表委员的视频专访。制作人大各代表团和政协各界别的图片专题，通过现场图片展示所有人大代表和政协委员的风采。

【典型宣传】2013年，《安徽日报》坚持把做好典型报道作为宣传安徽精神、推动社会形成良好社会风尚的重要手段，重视发掘典型、报道典型，《江淮之子》《安徽好人》《百姓故事》等多个典型宣传报道专栏，推出何允芝等优秀典型人物和创建全国文明城市芜湖市等先进集体，弘扬社会正气，推动形成积极向上、想干事能成事的良好社会风尚。《“铁面柔情”何允芝》《“能带乡亲们追梦，我很幸福”》《上了这舞台，我就要演得精彩》等，或用通讯体裁直接报道，或采用面对面对话的形式，多角度挖掘多视角报道，产生积极效果。《在雷锋精神鼓舞下》栏目报道，反映各地各行业和志愿者深入推进学雷锋活动的新举措、新亮点、新成效，推出一批学雷锋的典型事迹和百姓故事。通过“走转改”活动，结合改文风，推出一批学雷锋活动的现场报道、基层报道。《萧县兄弟连芦山当义工》《一碗面，能温暖一座城》等报道，通过评论、图片报道、综合报道等多种报道手段、方法，扩大了典型的社会影响。教师节期间，推出《江心洲上的“四代园丁”》《为了山里娃的明天》等报道，报道一批扎根艰苦地区、一心执教的基层教师典型。《大山“红烛”》《一个人的教学点，37年的守望》讲述“全国最美乡村教师”潘立华的故事。开设《百姓故事》《寻找安徽好人》等重点专栏，报道好人典型、创业典型、爱岗敬业典型等，使社会形成积极向上的时代风尚。

“全国最美乡村教师”潘立华

【改版扩版】从2013年11月1日起，《安徽日报》全面扩版改版。每周版面由60个版增至68个版。报纸面貌从形式到内容，都有较大创新，对一些涉及全局性、方向性的重大战略举措做到快速跟进，对一些重大主题和重大典型突出宣传。改扩版主要体现在：

做实报道内容。一是贯彻落实中央八项规定和省委30条的要求，缩减领导人活动和一般性时政报道，增加来自一线的报道，加大政策性、服务性的报道，增设《江淮视点》《基层来信》等栏目。二是发布党委政府的大政方针、重要工作、重要举措的同时，做好背景报道、延伸报道、效果报道，推出新闻“1+1”报道模式。三是把主题宣传与群众生产生活实际结合起来，视角放在基层，把硬新闻做软，让主题宣传“接地气”，加大《百姓故事》《一线调查》等栏目发稿力度和数量，增大报道分量。四是遵循传播规律，改进文风，让报道更易读、更可读。改扩版后，报道体现了短、实、新、深的特点，一般性时政报道和典型报道篇幅得到压缩和控制，政策性新闻、民生性新闻、服务性新闻等信息量扩大，来自基层鲜活新闻明显增多。

做优新闻策划。改扩版后，报道的针对性、引导性更强。《餐饮业生存状况调查》系列，采访深入、引人思考，反映中央八项规定出台给餐饮业带来的深刻影响和变化。“从‘一季报’看经济走势”“寻找破解‘谷贱伤农’的钥匙”等系列策划，引领舆论，《外贸形势怎么看》等稿件，在肯定经济发展良好势头的同时，注重分析经济发展中存在的不利因素，强化对提质增效升级的认识。在9版、10版、11版，围绕夏收时令性主题，推出三个版的策划报道，从丰收、增产再到收割效率与秸秆利用，抓住关注点，时效强，视角新，有深度。

做透热点引导。在热点问题的报道和引导上做一些有益的探索。增设“基层来信”专栏，报道群众关心关注的问题，为他们排忧解难。《“油补”“其他”“汇总压”——唉，看不懂的惠农“一卡通”》和《深山茶农：手机何时能打通》，以及《三成省级以上开发区未建工会 更多的农民工期盼加入工会》等，及时反映群众呼声。抓住热点，及时反映社会和基层产生的问题，《有水不抗旱究竟是为啥》《“扎堆挂牌”，社区不能承受之重》《沃尔玛频频关店：是水土不服还是战略调整》等，提出问题，探讨下一步解决办法。对网络和媒体的一些不实、片面的报道，进行深入调查，以“记者求真”的方式，及时发布正确信息。

做靓版面编排。改扩版后，每个版发稿量基本维持在10条以上，每个版都被要求有一篇值得深阅读和广传播的重头稿，都要打造一个品牌栏目。改扩版后，报纸信息量大了，可读性强了。除此之外，注意创新版面编排，实行图文并重、图文互动，突出庄重、大气、时尚、统一的风格特点。还重视创新版式设计，注意图片、提要、图表、新闻链接等版面元素的设计和运用，使读者阅读清晰、简便。经过几个月的摸索和尝试，现在基本形成了相对稳定的版面和报纸风格。

2013年，《安徽日报》“进高铁”。图为1月1日，合肥开往北京的G264次高速列车上，旅客正在阅读《安徽日报》

【政策解读】2013年，《安徽日报》对中央及省内大政方针、重大政策、战略部署，做进一步深度解读，探索出“1+X”式的报道新思路。“1”代表重大政策、战略部署出台新闻报道的规定动作；“X”是深度解读的自选动作，是记者从国计民生角度，对重大政策、战略部署的深度挖掘与延伸报道。在改进领导活动和会议报道时，注意调整视角，不把镜头只对着领导本人和会议程序，把新闻视角、新闻落点放在国计民生要点上。对涉及国计民生的重大内容，做深做透。开辟《深度解读》专版。11月改版后，《安徽日报》开辟《深度解读》专版，每周一个整版，对中央和省委提出的重大政策、战略部署组织专家进行准确和深入解读。中央一号文件和安徽省委省政府实施意见出台后，《安徽日报》及时开辟“落实一号文件建设美好乡村”专版，报道各地各部门贯彻落实一号文件和实施意见的新举措、新成效，探讨进一步增强农村经济发展活力的新思路、新经验；结合安徽实际解读。对中央的重大方针政策，用安徽的事例和视角进行分析，用中央思想指导安徽实践。针对中央一号文件的贯彻落实，在头版推出《种粮如何更赚钱——与种粮大户谈农业效益》《如何舞好增收“龙头”——与龙头企业谈助农增收》《如何激发农村发展活力——与基层干部谈乡村建设》《如何抱团闯市场——在农民合作社说社会化服务》等系列解读，用基层视角解读和阐发文件精神，贴近、贴身，入眼、入脑，受到中宣部《新闻阅评》好评。在解读省“两会”的《政府工作报告》上，创新手法和思路，用两个整版的篇幅对报告作“解读”内容涵盖报告全篇，版面处理易于阅读，对报告回顾2013年和展望2014年的大块内容进行提炼，然后以简短文字分别在《年度词汇》《关键词》栏目中呈现，再以“解读”和“亮点点击”使读者一目了然。

【经济社会报道】2013年，《安徽日报》创新经济宣传，推出经济专版、专题策划等40多个栏目。围绕群众生产生活中的问题，做到宣传报道与民生热点相统一，及时报道与群众生产生活密切相关的热点问题，正面宣传加上热点引导。反映群众合理诉求，为群众说话，替党和政府代言。为群众和读者提供时新、有用的政策、服务信息，指导群众生产生活。在头版连续推出《记者出击》《小事探民生》专栏，加强舆论监督，及时反映群众呼声。结合改扩版，新设《民生新闻》《百姓问政》等版面，服务群众、提供有用信息。《刹刹“人情消费”不良之风》《国有粮站服务三农能否更到位》《“聚焦‘难进难出的合肥站前路'"》等报道，引发群众强烈共鸣；开展富有建设性、有效性的舆论监督报道。陆续刊发《安庆汽车站问询电话打不通》《难进难出的合肥站前路》等有较大影响的舆论监督报道。这些报道聚焦百姓关注和期待解决的民生事，以记者亲身体验和一线采访等形式报道，引起有关单位和部门重视，促使他们采取切实措施，解决问题和矛盾。10月16日头版推出《"合肥通"能否变通一下》反映"合肥通"公交优惠卡办卡难、退卡难、不挂失等问题。10月22日头版刊发《增开网点，到底"卡"在哪？》，对"合肥通"存在的种种不便民问题一追到底，体现了党报舆论监督的权威性与有效性。《"土坯房中办公"考量出什么》《改革岂能被部门利益绑架》等时评，具有时效性和针对性，受到群众的肯定和好评。安徽日报法人微博与报纸互动，对舆论监督报道及时扩散，适时进行滚动报道，促使有关部门迅速解决问题，达到预期效果。结合中央的要求，推出反对"人情消费泛滥"的报道。以读者来信的方式提出问题，在头版头条刊出社会上存在的人情消费泛滥现象，紧跟着推出系列"徽风"评论，对一些地方存在的不良作风和现象进行批评，引导人们形成良好的社会风气。2013年上半年，四川雅安芦山地震，《安徽日报》全方位报道抗震救灾的工作部署，报道各级党委政府、解放军和武警官兵以及救援人员的救援工作，充分报道现场救援的感人事迹，报道各地踊跃向灾区捐款捐物、支援灾区的行动。及时报道本省及时组织救援的行动和举措。《安徽日报》密切关注省内H7N9禽流感的发病情况，及时报道本省加强防控工作的动态和成效，引导群众正确认识和应对疫情，加大健康教育知识普及力度。对网络和媒体的一些不实、片面的负面报道，及时派出记者深入调查，及时发布正确信息。开设《记者求真》重要求证栏目，针对当时的社会和舆论热点，进行追踪采访、细心求证，推出《洽洽，到底过没过质量关》《低保发放，真那么不靠谱吗？》《"老房子"走出国门，怎么看》等影响较大的深度调查报道，对一些不实报道进行及时披露、纠正，报道出来后被多家媒体、网站转发，收到良好效果。对人们生产生活中的热点和疑虑及时回应。《皖南洪灾，天气预报惹的祸？》《空调"一晚一度电"，怎么看？》《"零择校"，有实现的可能吗？》等报道就群众疑虑，追根究源，挖掘新闻事实背后的新闻，报道做得深、有看点。

【科技文化报道】2013年农民文化乐园是本省在构建现代公共文化服务体系上的新探索，《安徽日报》根据金寨县的探索试点，于7月初在头版头条推出《我省启动农民文化乐园试点》的报道。该篇报道与十八届三中全会提出的"建设综合性文化服务中心"要求相吻合。7月11日推出的《打通"两个舆论场"唱响"安徽好声音"》，稿件融新闻性、学术性、思想性于一体，立意高远、脉络清晰，得到了省委宣传部主要负责同志的好评。2013年是合芜蚌试验区创立5周年，也是国家技术创新工程试点省建设向纵深推进的一年，新技术、新成果不断涌现。《安徽日报》相继推出《好政策助推合芜蚌腾飞》《合芜蚌"磁石效应"引八方创新资源》等一系列综述稿件。记者抢抓新闻，及时采写《星地量子通信首次实现地面验证》《中科大实现最高分辨率单分子拉曼成像》等多篇消息，深入校园采访挖掘创新典型，写出《"最牛物理学院"是怎么炼成的》等深度报道。嫦娥登月是2013年中国科技界的头等大事，安徽智造在助力嫦娥登月中发挥了重要作用，记者在第一时间采访中科院合肥研究院固体所、中电16所、解放军电子工程学院的相关科研人员，连夜成稿《安徽"智造"助力嫦娥登月》，独家全面报道安徽科研成果在嫦娥登月中所做出的不可或缺的贡献。2013年本省《生态强省示范基地建设指导意见》《安徽省节能环保产业发展规划》《安徽省"十二五"主要污染物总量减排考核办法》出台，《安徽日报》都及时予以报道。安徽日报记者参加淮环保世纪行到阜阳、宿州、六安、黄山、铜陵多地，刊出正面报道和监督报道。其中《整治污

金寨县南溪镇门前村的农民文化乐园

染求实效 群众权益得保护》是群众路线教育中一个典型，受到省委书记张宝顺、副书记李锦斌关注并批示。面对雾霾频频袭来，安徽日报记者采访专家，深入剖析原因，刊于绿色视野专版中的“六问雾霾”获得读者广泛好评。

2013 年，《安徽日报》围绕招生、就业、考试、教育教学等热点领域，开设招生平台栏目，及时发布招考资讯。深度解读百姓关注的教育热点等话题．在新闻的判断、策划、采访、写作上，针对性更强，视角也更贴近基层。独家发布《进城务工随迁子女入学零门槛》《我省高考改革分两步走》《高教改革：合肥学院建成“体育俱乐部”制度》等一批时效性强的消息，进行权威发布。在重点栏目“热点透视”中发表《如何应对“史上最难就业季”》等稿件，挖掘消息背后的新闻，进行深度报道。中心记者和合肥工业大学学生一起策划为边疆儿童募集冬衣的“暖冬行动”，写出特别报道《千里送暖情寄边疆》，在网络上被广为转载。2013 年，是县级公立医院改革启动后的第一年，是全社会高度专注的热点。安徽日报及时跟踪医改动态，先后刊发消息《县级公立医院改革呈“双升双降”》《县级公立医院改革递交半年“答卷”》《财政资金“护航”基层医卫运行新机制》等。对百姓关注的医改问题进行深度研读，完成探访县级公立医院综合改革系列报道《“深水区”如何平稳运行？》《“零差率”背后的新机制》《院长的压力转向了哪里》等，受到省领导的关注和好评。

【党报评论】评论是党报的灵魂和旗帜，安徽日报报业集团党委高度重视评论工作。2013 年 10 月，中宣部刘奇葆在报业集团考察时指出：“评论工作要加强。”一年来，《安徽日报》更加注重新闻热点，增强时效性。针对社会热点、舆论焦点，党报新闻评论及时出手、评论有力，影响舆论走向，让受众切实感到党报关注社会民情、新闻热点，进一步增强党报新闻评论的公信力、影响力。头版评论特别是政论，都紧扣党委政府关心、群众百姓关注的热点新闻。中央八项规定、习近平总书记在十八届中央纪委二次全会上的重要讲话，都强调厉行勤俭节约、反对铺张浪费，评论部及时推出《向“舌尖上的浪费”亮剑》等系列《江淮时评》，营造了反对浪费的舆论氛围。在“焦点时评”版设置上，注重围绕新闻热点，做到及时发声、有效发声。2013 年 7 月初，媒体频频曝出公职人员打人事件，在网上闹得沸沸扬扬。针对这一舆论热点问题，《焦点时评》及时刊发时评《官方须正经回应，媒体要理性追踪》，有效引导社会舆论尤其是网络舆论走向。注重选题策划，增强贴近性。策划推出遏制“人情消费”的系列“徽风”，这些文章从传统陋习、人情扭曲、腐败温床等角度，将人情泛滥的不正之风展露得淋漓尽致，批驳得深刻到位。“贯彻落实党的十八届三中全会精神系列谈”——《“站得高”才能“望得远”》《“跳起来”才能“够得着”》《“自身硬”才能“打好铁”》等 7 篇《江淮时评》，分别从总盘全局、改革传统、干部作风等方面将全会精神与安徽实际、全年任务结合起来，说理透彻、阐释深刻，贴近性强，广受欢迎。对热点敏感问题和突发事件的舆论引导，注重以理服人、以情感人，抢占道义制高点；对于群众关心的民生问题，要贴近群众、注重实效，抢占表达制高点。《焦点时评版》头条从 3 月 20 日至 4 月 24 日，推出阐释、评论中国梦的系列文章，《共识—合力—中国梦》《中国梦，每人都有一份试卷》《公平正义，同心共筑中国梦》《明理躬行，共筑中国梦》，分别从社会、个人、公平正义、明理躬行等方面阐释中国梦。注重改进文风，增强可读性。党报评论在一定程度上改变版面过于严肃的现状。在主题宣传上，注重以新闻事件为由头生发议论，亮明党报观点、阐明主流价值，让党的主张走进群众的内心世界。“江淮时评·切实反对‘四风’践行群众路线”系列评论，或从新闻事件入手、或从群众身边的小事出发，娓娓道来、深入挖掘，语言犀利、语言活泼，避免了就事论事的枯燥烦闷，传播效果水到渠成。在新闻时评写作上，通过摆事实、讲道理、重分析、联系实际，剖解问题的实质和形成的原因，引导读者正确地认识问题。

【报网互动】传统媒体与新媒体融合是大势所趋。2013 年《安徽日报》对此进行了初步探索，先后注册了法人微博、微信，截至 2013 年年底，安徽日报法人微博粉丝量达 55 万多。微博开通之初，《安徽日报》就在重要版面开辟《一周微博热点回顾》专栏，把一周关注度比较高、讨论比较热烈的微博搬上报纸。随着微博影响力的不断扩大，在焦点新闻版开通《微博话吧》专栏，不定期选取微博上的热点话题和粉丝的精彩评论进行刊登。《安徽日报》改扩版后，开设《网事在线》专版，每周一期，对网络媒体热点内容进行深度解读报道，对引起热烈争论的网络话题进行梳理和点评。法人微博对《安徽日报》上的精彩内容进行重点推介。对读者关心的重大政策、重要新闻以及感兴趣的有趣话题，法人微博用微博语言重新整理编辑，在法人微博上发布出来，对报纸品牌做二次拓展。在主题策划和重大主题报道上，传统媒体与新兴媒体加强联动互动，进行集中式全面深入报道，为促进媒体融合互动探索出一些积极的经验。

【新媒体宣传】 建设“安徽群众网”。全省党的群众路线教育实践活动启动后，安徽日报就推出活动官方网站——安徽群众网，设有新闻、互动、辅导3个频道及17个栏目。下半年，中安在线和安徽群众网组织20多期厅局领导嘉宾视频访谈，受到活动办和省委宣传部的重视和肯定。

利用移动互联网平台。2013年，中安在线自主研发的移动新闻客户端成功上线运行，实现客户端与网站PC端内容的打通，并通过91市场、360市场、豌豆荚等市场加以推广，中安在线移动新闻客户端达到过万的装机量，收到良好的传播效果。中安在线微信公共账号（侃大皖）年中上线，为提升可读性，贴近读者，做有观点的新闻，5月份开始编辑制作“侃大皖”专题，并在新闻客户端和微信同时发布，其内容辣评安徽，呈现网友最新鲜最热辣评论，浏览和关注用户持续增长，影响力逐步增强。下半年，先后在微信公众平台、搜狐媒体公众平台、网易云阅读平台、百度轻应用、360轻应用等领域展开对外合作，推送中安在线移动内容，达到自身宣传推广的目的。2013年以来，中安在线加大微博建设力度，在重大主题报道方面，创新使用微博、二维码等手段，加强与网民的互动。

开展文明办网活动。开展集中清理网上不良信息活动，大力净化网络环境。同时，与其他兄弟网站一起，开展了“中国梦 我的梦”“网络关爱青少年”活动，传播正能量，为广大网民提供绿色健康、积极向上的网络空间。

安徽日报微博发布大白菜滞销信息引关注

【走转改活动】 2013年，安徽日报深入推进“走转改”活动，使走基层成为最基本的采访路径，最主要的素材来源，成为广大采编人员一种工作常态。在“走转改”活动中，安徽日报社领导同记者编辑一道下基层。结合每个阶段宣传报道重点，分主题、分层次推出“新春走基层”“看发展说变化”“一线调查”等策划，推着记者走进田间地头、厂矿社区。“走转改”报道有力改变了说教式、灌输式报道方式，让平等式、互动式、交流式、口语式、体验式的个性化报道方式越来越多地出现在版面上。在《一线调查》栏目推出“与基层干部聊酸甜苦辣”系列报道，在基层干部中引起共鸣。上年底，安徽日报记者获悉五河县万亩大白菜滞销，第一时间在安徽日报微博上以图文并茂形式进行现场报道。紧接着，安徽日报拿出版面，对这一微博话题进行追踪报道和深度分析。报博互动使农民“卖菜难”这一新闻得到了更为迅速、广泛的传播，而传播中引来的商机，最终帮助当地农民解决了“卖菜难”问题。此举受到中宣部《新闻阅评》的表扬。2013年年底，安徽日报把改进文风贯穿到策划、采访、审稿、编排等采编工作全流程，要求报道须有群众身影、有群众对话、有新鲜事例、有翔实数据，报道不见人不见事，文风僵化生硬的，退回作者，责其重写。将采编人员和驻站记者下基层采访调研，作为评先评优、职称评聘、职务晋升的重要条件。在原有月度、年度好稿评选基础上，单列出“走转改”好新闻评选，以体现对创新的支持和鼓励。

廣播電視電影

唐红星

□广播影视业

□安徽广播电视台

□电　影

□广电行业管理

□广电教育

广播影视业

【概况】截至2013年年底，安徽省共有广播电视播出机构78座，其中省级广播电视台1座、市级广播电视台16座、县级广播电视台61座。共开办公共广播节目105套，全年制作各类广播节目17.27万小时，总播出时间50.85万小时；共开办公共电视节目112套，全年制作各类电视节目76886小时，总播出时间60.26万小时。全省共有中波广播发射台和转播台23座、电视发射台和转播台142座、调频广播发射台和转播台325座、微波站100座。全省微波线路总长3754公里，省级干线网总长6809公里，市级干线网5662公里，县级及县级以下干线网37641公里。全省有线电视用户708.26万户，入户率33.12%。广播电视从业人员22517人，其中省级广播影视机构从业人员8481人。

【新闻宣传】紧紧围绕宣传贯彻党的十八大、十八届三中全会和习近平总书记系列讲话精神，组织全省各级广电媒体在重要时段开设专题专栏。“美好安徽·圆梦中国”“三个强省”建设等重大主题、重大典型、重大活动宣传，形成主流舆论强势，全省全年广电媒体在中央台发稿3560条、比上年增长7.21%，其中广播发稿量全国第一。“安徽广电网”被工信部评为中国优秀政府网站，这是全国广电系统唯一获此称号的4家省级政府网站之一。

【精品创作】发挥文化强省专项资金和全省广播影视精品专项资金引导作用，推动10部重点影视剧创作生产，并对重大题材影视剧创作进行扶持。全年创作生产电影7部、电视剧26部1076集、广播剧3部8集、动画片29部1.5万分钟。《永远的忠诚》《杨善洲》和《感动生命》获第29届电视剧“飞天奖”，《相约花戏楼》获全国电视戏曲类栏目“兰花奖”最高奖项“承传奖”。在国家新闻出版广电总局组织的少儿精品及国产动画专资评审中，本省有7个项目获奖，居中部第一。

皖台文化旅游交流周暨台湾电影周活动

【重点工程】提前两个月在全国率先完成国家下达的9500个20户以下广播电视村村通建设任务。农村公益电影放映提前一个月完成年度任务，全年共放映19.48万场，超额完成4.5%。15座高山无线发射台站基础设施建设工程提前一个月完成。全省30个县建成40家城市数字影院，覆盖率达48.4%。

【重大活动】成功举办“皖台文化旅游交流周暨台湾电影周活动”，展映多部台湾优秀电影，推动一批广电项目签约，进一步深化皖台影视交流与合作。首次面向市县广播电视台组织的“全省市县播音主持大赛”，吸引1000多名播音员、主持人报名参加。重点打造的“安徽电影网”2013年11月8日成功上线。

【产业发展】全省广播电视经营收入76.05亿元、比上年增长16.23%。新建城市影院42家，新增银幕217块、座位数2.8万个，当年票房收入5.12亿元、增长37.6%，增幅居全国前列。规范和促进广播影视产业园区(基地)发展，特别是有效推动包河区“国家广播影视科技创新实验基地”建设，中信国安、华仑国际等一批重点广电企业已经签约，同洲电子、TCL电力电子等一批大型广电企业即将入驻。

【监管工作】重点开展了防范和查处非法电视台(点)、整治虚假违法医药广告、非法卫星地面接收设施等专项行动，全年共出动2.36万多人次、车辆4600多台次，拆除收缴非法卫星地面接收设施15453套(件)，收缴非法电视棒65件，查处违规网站90家、违规频率频道34个，尤其是对多年来没有解决的17个违规频率频道进行停播，查处违法违规广告226条。在总局表彰的广播电视公益广告管理和制作示范单位中，省广电局、省广播电视台和淮南市广播电视台榜上有名。开展的全省广播电视安全播出标准年活动取得明显成效，总停播时长下降29.61%。全省数字广播电视监测系统进一步完善，监测范围由市扩展至65个县（区），初步形成省、市、县三级贯通的监管体系。

安徽广播电视台

【概况】安徽广播电视台成立于2010年12月，由原安徽人民广播电台、安徽电视台、安徽广播电视传输发射总台、安徽广播电视报社合并重组而成，是集广播、电视、报纸、网络、新媒体等多种业务为一体的省级广播电视综合传媒机构。现拥有10套电视频道、9套广播频率、20座传输发射台站、1家报社以及网络电台、网络电视台、移动电视、手机电视等新媒体。2013年播出广播电视节目240套（次），总播出时长194万小时。

【新媒体业态日趋丰富】新媒体阵地影响力日益凸显，全台开办法人微博、媒体微博、栏目微博共70多个，粉丝总量超过2000万。安徽卫视官方微博综合影响力排名省级卫视前三，交通广播微博被腾讯微博评为全国电台影响力TOP10榜单第2名。全年全省IPTV用户突破100万，移动多媒体广播（CMMB）用户突破80万，互联网平台浏览量全年达2.03亿人次，短信平台参与120多个直播项目。与优酷、土豆、迅雷、凤凰等视频网站开展自办栏目版权分销合作，并借此引进电视剧1100多部、电影120多部。

【频率、频道开播时间】

（见表一、表二）

1.安徽广播电视台广播频率 （表一）

台名	频率名称	开播时间
安徽广播电视台	安徽新闻综合广播频率	1952年6月1日开播，2003年9月由原安徽人民广播电台改版为新闻综合广播
	安徽经济广播频率	1994年1月
	安徽音乐广播频率	1999年3月
	安徽生活广播频率	2002年5月
	安徽交通广播频率	2004年1月
	安徽农村广播频率	2005年7月
	安徽小说评书广播频率	2007年9月
	安徽戏曲广播频率	2008年7月
	安徽旅游广播频率	2009年3月

2.安徽广播电视台电视频道 （表二）

台名	频道名称	开播时间
安徽广播电视台	新闻综合频道（安徽卫视）	1960年9月30日开播 1997年10月6日上星
	影视频道	1993年12月
	经济生活频道	2001年7月
	综艺频道	2001年7月文体频道开播，2010年1月1日改版为综艺频道
	公共频道	2002年7月
	科教频道	2003年12月
	家家购物数字付费频道	2004年11月
	安徽移动电视频道	2005年5月
	人物数字付费频道	2006年12月
	国际频道	2009年3月

【主要频率、频道简介】

卫视频道。源于1960年开播的原安徽电视台第一套节目，1997年10月上星播出。该频道深化电视剧发展战略，秉持“剧行天下、爱传万家”的理念，逐步实现电视剧的独播化、自制化和大片化，已形成全国性品牌影响；是全国省级卫视中最具综合影响力的卫视频道之一，多年位居省级卫视收视第一方阵，成为真正意义上的全国性传播平台；是全国第一家全面覆盖内地和港澳台地区的省级卫视，具有全国省级卫视最佳客户满意度和广告营销能力，单频道广告收入居全国省级卫视前列。2013年11月18日，安徽卫视实现高标清同播，这标志着安徽卫视跨入了一个新的阶段。

生活频道。2001年正式开播，

10多年来，已经成为安徽地面频道领导品牌，频道品牌影响力和美誉度持续提升，并连续多年位居省级地面频道收视冠军。频道以《第一时间》《帮女郎 帮你忙》等民生新闻栏目为支柱，以《健康行天下》《哪壶不开提哪壶》《经济大讲堂》《新闻延长线》《经视说法》为辅助，以“民生剧场”“年度经济人物评选”等民生活动为亮点，构筑民生性、贴近性、本土化的频道定位，树立“民生、公益、服务”的频道形象，成为“安徽第一民生频道”。

公共频道。2007年3月1日正式播出，全力打造新闻品质和专业特色，发展成为“安徽第一电视直播平台快频道”的新闻专业频道。注重打造品牌活动，打造“安徽年度新闻人物评选”“新安读书月”等多个名牌公益活动。2011年被省人民政府定为“安徽省应急电视频道”。

综艺频道。2010年1月1日正式开播，是实行制播分离、推动体制机制创新的具体体现，也是完善全台频道整体架构、满足群众多元化文化需求的现实举措。现有《快乐无敌大PK》《全民大精彩》《周末赛宝会》《娱乐直通车》《美食来了》等多档自办栏目，全年收视持续保持高速增长，省、市网排名均位居前列。举办的“江淮情”“春节联欢晚会”等已成为系列品牌活动。

新闻综合广播。源于1952年6月开播的原安徽人民广播电台，2003年9月改版为新闻综合广播，是一套以新闻为主的综合性广播节目，全天播音时间21小时。节目除采用地面传输外，同时以卫星传输覆盖，有“安徽广播第一台”之誉。目前省内的听众近3000万人。拥有一批在全国知名的新闻、专题、文艺品牌栏目，多次获中国新闻奖、中国广播新闻奖、中国彩虹奖、中国广播文艺奖等政府奖，广播剧创作连续7年获全国“五个一工程奖”；多名采编人员获“全国优秀新闻工作者”“六个一批”拔尖人才等称号。从2004年起，特别节目《中国安徽之声》先后在澳大利亚墨尔本、美国洛杉矶、华盛顿、马里兰和欧洲摩那哥有关电台用英语、汉语播出，受到海外关注和好评。大型越洋直播节目《大洋两岸》于2011年5月开播，实现安徽广播节目首次以直播形式在美国落地。

交通广播。2004年1月1日正式开播，是以“为出行人服务”为核心、以“突发公共事件交通信息应急宣传报道”为重点的交通专业类广播媒体。以路况信息和突发事件报道为龙头，以服务和伴随类节目为两翼，节目收听率一直名列前茅。该频率举办的“爱心送考”“听众服务日”“汽车音乐节”“新徽商、新旅程、新梦想”跨境文化推广等品牌活动影响广泛。2011年被安徽省人民政府定为“安徽省应急广播频率”，是全国第一家省级政府应急广播。2012年度获人社部、国家广电总局先进集体称号。

音乐广播。1999年3月12日正式开播，在省内听众中享有较高的知名度和美誉度。音乐广播在省内居家人群收听率稳居第一，移动人群收听率居第二，平均收听率和市场占有率均稳居第一，在省会合肥近20家电台中稳居前4位。音乐广播的听众以25~45岁中青年为主，以成熟人群、成功人士、都市白领为目标受众，以耳熟能详的经典流行老歌为主体内容，以丰富的文化、时尚资讯为辅助，用公益、商业和娱乐活动为带动，成为一个极具可听性和迷恋度的优势频率。

农村广播。2005年7月18日正式开播，是安徽省唯一一家宣传服务“三农”的省级电台。全天播音20小时。作为全国较早成立的专业对农电台，安徽农村广播在发展过程中积累丰富的经验，开办一系列对农服务节目如《农民服务台》《阳光热线》《空中医院》《法制时空》等，在安徽省产生了较大的影响力。曾获得中国新闻奖一等奖、中国播音员主持人“金话筒”奖等国家级政府奖。

【重点栏目】《安徽新闻联播》。安徽卫视每天18:30播出，报道题材以时政、经济、主题、民生、监督和国内外资讯为主，具有内容权威、报道鲜活、时效性快、覆盖面广等特点。该节目先后多次被评为优秀栏目、十佳栏目、名栏目等，播音岗被全国妇联授予“巾帼文明岗”称号，并涌现出一批十佳新闻工作者、优秀新闻工作者、百优节目主持人、“四个一批”拔尖人才、“六个一批”拔尖人才等先进个人。

《超级新闻场》。安徽卫视早间新闻栏目，共设置“新闻直通车”“社会透明度”和“天天故事会”3个板块，是一档突破地域界限，用特色表达方式整合全天资讯、新闻热点，为大众提供前卫新锐资讯服务的大型新闻版块栏目，在国内卫视中率先使用多点触摸屏技术。栏目先后获“中国广播影视大奖栏目类大奖”“《综艺》年度上星频道30佳”“博雅奖”，以及“安徽省直机关青年文明号”等称号。

《新闻第一线》。是公共频道一档以本土新闻为主的日播新闻栏目，以突发现场、最新资讯、深度调查构成基本新闻构架，以SNG直播为特色，通过记者直播连线的方式，同步报道正在发生的新闻，以及对当天重要事件的追踪。

《外国人在安徽》。是安徽广播电视台首个以外国人为主体的纪实性电视栏目，在国际频道播出。栏目选取定居安徽的具有鲜明个性的外国人，通过记录他们在安徽的生活经历和人生故事，折射出安徽的改革开放与发展变化，传播安徽丰厚的历史文化。其中《金美净的幸福生活》获2013年度安徽新闻奖(国际传播奖)一等奖;《德国小伙的安徽情缘》获2013年度安徽电视新闻奖。

《男生女生向前冲》。是安徽卫视自2010年起推出的大型户外竞技类真人秀节目。4年间节目累计生产400多期,平均收视连续4年领先于省级卫视同时段节目,被誉为中国电视的“全民健身榜样节目”。

《超级演说家》。是安徽卫视原创的一档语言竞技类真人秀节目,以“寻找中国最会说话的人”为目标,以高水准的演说为节目核心,成为“限娱令”大潮下节目创新的榜样与典范。

《我为歌狂》。是安徽卫视一档引进国外版权打造的综艺节目,其全新的理念和新颖的赛制,使得《我为歌狂》在同类音乐节目中独树一帜,第一季的13期节目均稳居省级卫视同时段收视前列。

《超级笑星》。是安徽卫视推动节目创新、打造原创精品节目迈出的重要一步。节目以“说的比唱的好听”为口号,在全国进行海选,集结各地80、90后为主的优秀选手。节目持续引发网友话题热议,受到社会各界高度关注。

《全星全益》。是安徽卫视首档全明星公益益智节目,每期节目邀请3位(组)明星嘉宾,将明星益智真人秀的娱乐性与感人至深的草根英雄故事讲述完美融合,通过益智答题赢得公益基金,帮助草根英雄完成梦想。节目自开播以来,多次受到安徽省委宣传部领导的肯定,包括《人民日报》《光明日报》在内的多家媒体给予积极评论,收视稳居综艺类节目前列。

《全省新闻联播》。是全省广播频率中历史最长、影响最大的名牌节目。安徽新闻综合广播每天早晨7点播出,时长30分钟,日均播发新闻23条左右。该节目承担宣传党委政府中心工作、引导社会舆论等重要宣传任务,多次被评为“十佳栏目”。

《超级笑星》

《新闻瞭望》。是具有全国影响力的传统名牌专栏,1999年曾获首届中国新闻奖名专栏奖。2013年7月1日,《新闻瞭望》改版推出,板块时间延长为半小时,自采新闻话题增加至每天3个,且引入观察员评论的模式,思想深度和广度进一步增强。

《政风行风热线》。是新闻综合广播与省纪委、省监察厅、省文行办、省纠风办联合举办的一档热线理政类专题节目,2004年1月4日开播。2010年元旦起,由周播改为每周一至周六8:00至8:50播出、保留原每周三上午11:00到12:00厅局长上线。2013年全年在313期节目中共播出320多篇记者出击、政策咨询类稿件,共接到听众的咨询投诉电话和来信约5810件,接进直播间的投诉电话约有1950个,转交各厅局2764件,厅局反馈2661件,反馈率达96%。该栏目多次获全省十佳栏目,还曾受到国家广电总局和人事部的联合表彰。

《嘻哈二人行》。是安徽音乐广播一档下班路上的脱口秀节目,由阿木、黑米搭档主持,2010年1月1日开播。播出时间为周一到周五17:00—19:00。节目内容以本地、国内、国际的趣闻为主,加上主持人的默契演绎、幽默点评,成为下班路上的一档颇具特色的黄金节目,收听率、占有率高居榜首,主持人也多次在全国广播娱乐节目大赛中斩获金奖。节目以及主持人均常年获得品牌冠名。开播4年多,吸引众多商家举办大小活动五十多场。2013年,《嘻哈二人行》推出线性小单元《嘻哈宝典》,随即推出该栏目精选CD,并成功举办3场签送会。

《特别关注》。于2009年2月16日在安徽生活广播正式播出,是一档大型民生类新闻节目,搭建党和政府与人民群众之间沟通的桥梁。2012年10月,被中国广播电视协会评为“全国广播栏目民生影响力十强”,这是广播电视领域最高专业奖。

《农民服务台》。节目分为午间版和晚间版,午间版邀请农业科技专家作客直播室,根据农时农事为农民听众解决种植、养殖过程中遇到的难题,介绍最新的农业科学技术。晚间版主要针对种粮大户、养殖大户、农业合作社和农业龙头企业,着力解决他们在日常生产中遇到的政策、科技和市场难题,聚焦现代农业、规模农业、高效农业、生态农业。节目得到安徽省农民听众

安徽年度新闻人物评选

的热烈欢迎，也得到了相关专家学者的高度肯定。该栏目被评为安徽省“十佳栏目”。

【品牌活动】 *国剧盛典*。是安徽卫视打造的跨年品牌节目，成为电视剧领域具有重要影响的活动之一，是省级卫视最有影响、最有收视竞争力的大型品牌活动之一。至2013年，《国剧盛典》已成功举办5届，旨在打造国内最全面、最专业、最具权威的电视剧评选活动。从2010年起，《国剧盛典》连续4年在同时段全国省级卫视多台晚会中脱颖而出，收视排名均挺进前三甲。

春节联欢晚会。是安徽卫视每年向观众奉献的一场综艺性文艺晚会。从2009年开始，安徽卫视春晚已连续5年在中国电视艺术家协会、电视文艺委员会举办的全国春节文艺晚会及春节特别节目评选中获奖，其中2010年、2011年、2012、2013年连续四年获得“最佳作品奖”(最高奖)。

安徽年度新闻人物评选活动。是安徽广播电视台打造的一项具有广泛影响力的新闻品牌活动，通过回首新闻事件和新闻事件中的安徽人，推举安徽的年度人物。评选候选人为皖籍人士和本土新闻事件的非皖籍当事人，评选过程注重候选人在当年具有标志性的事件和突出的作为。自2007年创办以来，已经成为省内最专业、最具影响力的评选活动。

安徽年度经济人物评选活动。是大型公益性媒体评选活动，是对安徽经济年度成就的辉煌展示，也是一次主流媒体对安徽重大经济决策、重大经济活动的深度解读，已成为安徽经济界和媒体互动的深度年度盛事。活动以“创新、责任、坚韧、自信”为评选标准，聚焦本年度各领域为安徽经济发展做出突出贡献的领军人物和杰出代表。自2007年开始，已连续举办6届，推出60位安徽年度经济人物。

“新安读书月”活动。是安徽广播电视台公共频道大型文化公益活动，自2009年开始举办。活动秉承“阅读·分享·进步”的宗旨，营造“多读书、读好书”的文化氛围。到2013年已经连续举办5届，该活动2009年被中宣部、中央文明办、新闻出版总署评为“全民阅读活动”优秀项目。新安读书论坛丛书《文字是我的亲人》也在每年8月结集出版。

“安徽汽车音乐节”活动。是安徽广播电视台交通广播举办的大型文化产业惠民项目，集文艺演出、音乐会、车展、旅游展、美食展、非遗展、书展等各类文化展览为一体，是全国首家省级新闻媒体主办的汽车音乐节。截至2013年年底，已成功举办2届。

电　　影

【农村公益电影】 2013年，农村公益电影放映工程首次列入省民生工程。省广电局先后拨付232.5万元专项资金对部分县市农村数字电影放映设备进行更新添置，利用节假日和一些重大活动，组织农村电影放映队深入乡村，学校、社区进行放映，全年全省共组织放映农村公益电影19.48万场，观众达3665.3万人次，占全年放映任务的104.5%。各地还开展中小学校爱国主义教育影片的放映，放映一批计生、消防、安全、科技等方面的宣教片。

【城市数字影院建设】 2013年，全省新建影院数、影院票房快速增长，新批新建城市多厅数字影院42家、新增银幕217块、座位数2.8万个，全省正常运营影院129家、银幕总数787块、座位数11.56万个；城市影院放映电影场次达到87.1万场、总人次达1667.65万人次、总票房收入5.12亿元，分别比上年增长47.7%、41.6%、37.6%，其中城市影院电影票房收入增幅连续4年翻倍递增，位居全国前列，比 2010 年排名前进 8 位，在全国排名第 14 位。

【电影事业专项资金管理】严格执行国家电影专项资金管理相关政策法规，2013 年共征缴国家电影专项资金约 2560 万元，向 34 家城市影院兑现国家电影专项资金先征后返 1146 万元，为 69 家城市数字影院申请数字放映设备补贴 1044 万元，为 7 家城市数字影院申请放映国产片返还电影专资 136 万元，再次获“国家电影专项资管理工作一等奖”。

【电影精品创作生产】2013 年，全省备案影片 23 部，办理拍摄许可证 15 部，创作生产完成片 7 部。其中，电影《徽班进京》、黄梅戏电影《天仙配》和电影《淝水之战》3 部电影作品列入省 2013 年重点打造的 10 部影视品牌项目。当年组织全省电影制片单位和电影创作人员参加中国广播影视大奖电影“华表奖”（十五届）评选，共有 5 部作品申报参评。

合肥大剧院

广电行业管理

【播出机构管理】圆满完成 78 家广播电视台和 2 家市级教育台换证审核工作，并及时清理处理了擅自开办频道频率、擅自变更名称呼号等违规问题。支持安徽广播电视台向总局申报安徽卫视高标清同播，推动该同播高清频道于 2013 年 11 月正式开播。及时向国家新闻出版广电总局报告本省广播体制改革情况，申报 13 个地级市合并市广播电台、市电视台，设立市广播电视台。

【节目传送秩序管理】持续加强网络传送机构管理，查处多家擅自开办电视频道、擅自传送境外电视节目、违规传送外省市电视节目等行为的网络传送机构，及时纠正违规行为。

【广告播出秩序管理】集中开展“送礼”广告专项清理行动、整治虚假违法医药广告专项行动，先后清理 44 条“送礼”广告、查处一批医药专题广告、无批文医疗广告、处方药广告以及夸大疗效、以专家或患者名义作疗效证明的广告，处理 86 件广告举报投诉。

【非法设施治理】推动打击非法台（点）和卫地设施治理工作列入“扫黄打非”工作平台，与省扫黄办联合部署打击非法台（点）和非法地面接收设施专项行动，并进行三轮暗访，会同省通信管理局等部门加大对擅自开展互联网视听节目服务以及传播淫秽色情和政治有害视听节目网站的查处力度，全年查处违规网站 90 家（次），关闭网站 23 个，删除政治有害视听节目链接 28 个。

【节目制作经营机构管理】重点做好机构业绩审核和机构审批工作，开展对全省各广播电视节目制作经营机构和《电视剧制作许可证（甲种）》持证机构的年度业绩审核工作，确定 91 家广播电视节目制作经营机构评价等级。严格按照《广播电视节目制作经营管理规定》，为 19 家机构颁发《广播电视节目制作经营许可证》，为 3 部电视剧颁发《电视剧制作许可证（乙种）》。

【行政审批和政务服务】做好国家新闻出版广电总局取消和下放审批项目的衔接落实工作，取消审批项目 6 项、承接 4 项、合并 2 项。开展审批流程再造工作，对申报材料、审批环节和办理时限分别压缩 33%、25%、20%。推进行政审批“两集中、两到位”，严格实行一门受理、统一分办、限时办结，行政审批改革力度进一步加大，政务服务水平进一步提高。

广电教育

【概况】安徽广播影视职业技术学院原隶属于安徽省广播电影电视局，于2013年划归安徽省教育厅主管，是全国最早举办广播影视类高等职业教育的院校之一，在安徽省高等职业院校人才培养工作评估中获“优秀”等级。

2013年，该校共有全日制在校生6117人，省级优秀教学团队2个，省级教学名师1人，省级专业带头人9名，省级教坛新秀2人，中青年骨干教师87人，双师素质教师110人。学院共有省级精品课程4门、省级特色（示范）专业6个、省级优秀教学团队3个、省级实验实训示范中心及校企合作实践基地5个；有中央财政支持的实训基地项目1个、中央财政支持的提升专业服务能力建设项目2个。

【教学工作】2013年，学院组织教师参加首届全国高校“微课”教学比赛，获安徽赛区二等奖2个、三等奖2个、全国赛“优秀奖”2个，成绩名列安徽省高职院校首位。学院获安徽省教学成果二等级2项，获评省级精品课程1门，获评全省宣传文化领域拔尖人才1人，获评全省宣传文化领域青年英才1人。组织开展“第二届学生职业技能大赛”、辅导员技能大赛和思想政治理论课教学比赛，推进中央财政支持的编导、影视广告2个专业服务产业发展能力项目的建设。

【科研工作】2013年，共组织申报省教育厅自然科学研究项目、全国“十二五”规划课题等60余项，其中省教育厅自然科学研究项目立项1项、院级教科研项目立项12项、院级优秀青年人才基金项目立项21项。组织参与省广播影视科技创新奖、安徽广播电视奖、安徽省多媒体教育软件大赛的评选，获安徽广播影视科技创新奖一等奖1项、三等奖1项。学院完成申报重大教学改革研究项目6项、教学成果奖2项、教学成果推广项目1项。省级专业带头人培养资助项目3项，省级优秀青年人才基金重点项目3项。完成院级质量工程项目45项、院级优秀青年人才基金项目的立项工作21项、省级教研项目10项。

【招生和就业工作】2013年，学院面向全国招生，实际录取山西、内蒙古等9个省份2406名新生，录取率为98.2%，新生报到率84.6%，位居省内同类院校前列，毕业生初次就业率为79.64%。成人教育全年招收学生416人，举办律师培训班2期、全省播音员主持人培训1期。

【国家广播影视科技创新实验基地】2012年10月31日，原国家广电总局与安徽省人民政府签订《关于加快推进安徽广播影视发展繁荣战略合作框架协议》，批准在合肥市包河区设立“国家广播影视科技创新实验基地”，这是目前为止全国唯一一家国家级广播影视科技创新实验基地。该基地总规划面积201平方公里。重点建设广播影视有线、无线和卫星传输网络融合发展研发和设备生产平台，广播影视节目生产制作和媒资存储管理云平台，广播电视内容分发推送平台，新媒体技术研发应用平台，人才实训平台等五大平台，包括“核心区”“拓展区”“辐射区”三大片区，核心区占地面积2.9平方公里。“国家广播影视科技创新实验基地”于2013年1月全面启动项目招商和建设工作，2013年5月被列入安徽省“861”项目和省级调度重点项目。

国家广播影视科技创新实验基地规划图

网絡文化

方茂鸿题

□综　述

□文明上网

综 述

【概况】2006年8月，安徽省成立互联网宣传管理办公室。2011年进一步完善机构，设立省互联网信息办公室，设有网络综合协调处、网络宣传处、网络监测和管理处、网络阅评处、网络信息应急处。16个省辖市及105个县(市、区)成立了网宣办。截至2013年年底，全省有各类网站近10万个，网民超过3000万人，微博注册用户近4000万个，网页更新率在全国居前列，属于互联网较活跃地区。

【网络文化建设】中央和省委省政府高度重视网络文化建设和管理工作。省第九次党代会提出扎实推进社会主义核心价值体系建设，要“牢牢把握正确舆论导向，壮大主流舆论，整合宣传资源，加强网上思想文化建设，规范网上信息传播秩序，形成健康向上的舆论环境”。2007年省网宣办成立不久，即成立了由省委常委、宣传部部长为组长，省政府副省长为副组长，省公安、国安、经信、通信管理、文化、教育、广电、出版等近30个部门参加的省网络文化建设和管理工作领导小组，有力地推进全省网络文化建设。

加强网上正面宣传和正确舆论引导。以做好党的十八大等重大主题宣传为重点，大力唱响网上主旋律。一是提高网上宣传策划组织能力。组织开展十八大、十八届三中全会、坚守“七条底线”、打击网络谣言、全国和省“两会”、优化投资环境等主题的网上系列宣传活动。特别是“网聚美好安徽”大型采访活动，邀请省外40多家知名网站，全方位、大视角宣传我省加快改革发展的重要举措和重大成果，策划严谨、组织周密、推进有序，取得良好效果，受到广泛关注和好评。二是拓展新媒体传播影响力。安徽发布、安徽发布厅在新浪、腾讯、人民、新华4家网站上线一年来，坚持高标准、高要求，出台《安徽省机构微博建设和管理暂行办法》，精心做好微栏目、微话题，规范管理，加强互动，贴近群众，影响力快速上升。安徽发布新浪粉丝、腾讯粉丝双双突破100万个，安徽发布厅成员单位扩充至110个。2013年7月30日人民网舆情监测室发布的《2013年上半年新浪政务微博报告》显示，安徽发布入选“全国党政机构微博影响力飞跃奖”第3名；在12月4日人民网舆情监测室发布的腾讯微博《十大政务微博榜单》上，安徽发布入选“全国十大宣传系统机构微博”第6名；《2013人民微博政务影响力报告》，安徽发布排在“十大省市级政务微博排行”第9名。在新华网“筑梦中国——2013年度评选”中，安徽发布入选十大省市级政务微博第8名。这标志着安徽省政务微博进入了全国政务微博第一方阵。三是积极推进网络评论工作。围绕学习宣传贯彻十八大精神及涉皖热点敏感舆情，积极组织网评员撰写文章在省内外主要网站上刊发，并通过微博等形式积极引导网络社会舆论，壮大网上正面宣传，高扬了主流舆论，产生了热烈反响。

全省网宣工作会议表彰一批文明上网先进社区

【网络监督管理】省互联网宣传管理办公室、省互联网信息办公室负责互联网信息内容管理，省经济和信息化委员会及省通信管理局负责互联网行业发展管理，省公安厅负责打击网络违法犯罪活动，省国家安全厅负责打击利用互联网从事危害国家安全的违法犯罪活动，省国家保密局负责加强互联网涉密信息检查监管，文化、广电、新闻出版、教育、卫生等相关部门负责本部门的互联网信息内容前置审批事项。各部门提出相应的管理办法，落实按登记和备案机构所在地进行属地管理、分级管理的责任，加大对接入服务企业的日常监管力度，落实信息安全管理责任。形成统一协调、各司其职、相互配合、上下联动的综合管理体系。以构建规范有序、安全诚信、健康文明的

“坚守七条底线·共建网络文明”推进会

网络环境为目标，集中开展整治互联网新闻信息服务违规行为。

认真贯彻全国人大常委会《关于加强网络信息保护的决定》，坚持日常监管和专项整治相结合、规范新闻来源与加强互动管理相结合，建立了分级监管和属地监管责任制，加强了网站地方频道、论坛、博客、新闻跟帖管理和微博客、微信、新闻客户端等新业态管理，出台了《安徽省商业网站信息内容工作制度》。

针对网上“九大”乱象，会同有关部门开展了清理整治政治类有害信息、淫秽色情及低俗信息、网络谣言和虚假信息、违规登载新闻、违法虚假广告、违规微博客账号等 10 个专项行动，全年共关闭非法网站 140 个，处罚违规网站 556 个，约谈整改问题网站 30 个，清理各类有害信息 1.8 万条，清理违规微博账号 823 个。

组织开展社会网站涉密信息大检查。通过舆情监测系统、搜索引擎等对属地新闻网站和重点商业网站，组织人员进行全面清理排查，清理删除涉密和不宜公开的信息。

文明上网

【创建“文明上网先进社区”】以创建“文明上网先进社区”活动为带动，着力推动网络文明建设，拓展网络文明建设内涵。组织开展“坚守七条底线 共建网络文明”主题实践活动，推动文明办网向文明上网延伸，网络文明建设由各类网站向广大网民拓展，促进了网络从业人员、网络名人和广大网民共建共享网络文明。推出的《安徽省文明上网四字歌》在全国产生了很大影响。各市网宣办、文明办密切协作，加强指导，34 个试点街道社区积极落实，通过开展“五个一”“四进”活动，进行文明上网宣传教育，创建工作有声有色、丰富多彩，受到社区群众、新闻媒体和社会各界的广泛好评。

开展“深化文明办网 共建美好安徽”主题实践活动。注重以优秀的网络文化产品占领网络文化阵地，认真组织各网站深入宣传报道各条战线在加速崛起、兴皖富民进程中涌现出来的先进典型、成功经验和有益探索。大力宣传雷锋精神和安徽好人，弘扬社会文明新风。积极推动各新闻网站深化“走转改”活动，中安在线、合肥在线等网站不仅积极组织版主、编辑以及网络文明志愿者深入城市社区、农村乡镇，通过散发宣传资料、座谈、走访、采风等形式，向群众宣传创建文明上网先进社区的重要意义，引导群众提升文明上网自觉性，还联手公安、共青团、妇联、文化、工商、学校等部门和单位，围绕救灾、扶贫、帮困、助学、城市创建等开展丰富多彩、形式多样的文明实践活动。据不完全统计，全省网站共开展各类社会公益活动 2600 多场次，帮扶对象 5000 多人，组织志愿服务队 60 多支，参加人数多达 15 万。

开展争创文明频道、文明版主、文明博主活动。通过举办全省网站骨干编辑培训班，积极推动各

合肥市首届网友服务日走进社区活动

网站建立编辑、部门主任和总编辑“三级审稿制度”,对网站、手机报、论坛等内容出口进行24小时监控,从内容发布、页面设计、配发声音图像等各个环节层层把关,并通过关键字过滤等手段,从源头上保证网站内容健康。网站内部积极争创文明频道、人人争当文明版主和文明博主。

开展首批安徽省“文明上网先进社区”评选活动,16个市和2个直管县均有社区上榜。

坚守七条底线 共建网络文明

“网上您建议 网下我来办”网友会客厅

附:首批安徽省“文明上网”先进社区名单

合肥市瑶海区明光路街道
合肥市包河区滨湖世纪社区
合肥市蜀山区五里墩街道青阳路社区
合肥市庐江县庐城镇鲍井社区
淮北市相山区东街道办事处供电社区
亳州市谯城区薛阁街道马元社区
宿州市埇桥区环宇社区
宿州市砀山县古城社区
蚌埠市高新区文锦路社区
蚌埠市经开区文化广场社区
阜阳市颍东区河东办事处訾营社区
阜阳市颍泉区中市办事处新建社区
淮南田家庵区洞山街道中兴社区
淮南市凤台县城关镇古城社区
滁州市南谯区银西社区
滁州市琅琊区凤凰社区
六安市裕安区和顺社区
六安市金安区东苑社区
马鞍山市花山区东苑社区
马鞍山市雨山区一村社区
芜湖市繁昌县横山社区
芜湖市弋江区禹王宫社区
宣城市宣州区西林办事处昭亭社区
宣城市宁国市南山办事处白云社区
铜陵市铜官山区官塘社区
池州市贵池区池阳街道南馨园社区
安庆市迎江区人民路街道先锋社区
安庆市大观区菱湖街道菱湖新村社区
黄山市屯溪区老街街道珠塘社区
黄山市徽州区徽州人家社区
广德县桃州镇万桂山社区
宿松县孚玉镇龙井社区

文化產業

综　述

【文化产业发展概况】2013年，安徽文化产业持续快速健康发展，全省文化产业增加值844.95亿元，占GDP比重4.4%，比上年提高0.29个百分点。2013年3月，首次发布全省文化及相关产业法人单位19714家。

骨干文化企业。省属出版、发行、演艺、广电等集团2013年实现营业收入288.53亿元、利润总额14.34亿元。安徽出版集团、安徽新华发行集团销售收入和资产总额双双突破100亿元，再次入选全国文化企业30强。安徽出版集团在上海成立自贸区第一家出版文化企业——时代国际出版传媒公司。安徽新华发行集团以卖场转型等重大项目带动传统产业加快升级。安徽演艺集团创排杂技剧《美丽的梦》，在德国巡演200场。

民营文化企业。5月6日，全省民营文化企业发展大会召开，省委常委、宣传部部长曹征海出席会议并讲话。6月9日，文化强省建设领导小组出台《关于促进民营文化企业发展的实施意见》，在鼓励投资、资金扶持、税收优惠等9个方面明确46项具体扶持措施。首次组织评选并发布了全省民营文化企业100强，科大讯飞等一批民营文化企业龙头入选。12月3日，安徽省民营文化企业协会成立。2013年末，全省民营文化及相关产业企业法人单位达25006家，其中规模以上法人单位1318家，经纶集团、影星银幕等一批本土企业成长为全国行业龙头。

文化产业园区（基地）。2013年，重点支持芜湖方特非遗文化游乐园、九华山大愿文化园、黄山徽文化艺术长廊、宣城中国宣纸文化产业园、亳州老子文化生态园、安徽出版集团数字印刷文化产业园、蚌埠星宇文化创意产业园、滁州中国文具产业示范园、合肥国家级文化和科技融合示范基地（含国家级动漫、数字出版基地）、芜湖国家级动漫产业基地（含国家级数字出版基地）等10家园区（基地）加快建设，文化强省资金专门给予扶持。

5月6日，全省民营文化企业发展大会召开

文化产业重大项目。2013年，229个文化产业项目列入省“861”项目投资计划，总投资1895.19亿元，续建项目和计划开工项目分别比上年增加19.61%和52.86%。全年累计完成投资338.59亿元，完成年度计划的126.7%。2013年全省文化产业合同类重大项目签约137个，总投资881.87亿元，协议引进资金834.16亿元，履约项目132个，合同履约率96.35%，到位资金83.05亿元。研发出首个安徽省文化产业重点项目信息管理系统软件，对全省“861”文化产业项目、重大签约项目及文化产业重点招商项目进行网络化管理。

文化市场体系建设。全省文艺演出院线、电影院线建设加速推进，以安徽新华发行集团为龙头的文化物流企业初具规模。组织301个文化产业重点招商项目赴深圳文博会招商，投资总额达2160.91亿元。举办“新三板”挂牌培训班，健全完善文化企业上市后备资源库，积极推进华文国际、宣纸集团等上市融资。

国际文化贸易。2013年5月10日，省委办公厅、省政府办公厅出台《关于加快文化贸易发展的意见》，是国内第一家以“两办”名义出台的加快文化贸易发展的文件。本省文化产品和服务输出到168个国家和地区，2013年核心文化产品出口6.1亿美元，居全国第十一位。安徽出版集团在北京国际图书博览会上输出版权连续7年居全国第一，在上海自贸区成立全国第一家出版文化企业。全省24家企业入围“2013—2014年度国家文化出口重点企业”，居全国第五；7个项目入围“2013—2014年度国家文化出口重点项目”，居全国第四；重点企业和重点项目数均居中部第一。

安徽出版集团

【概况】2013年，集团总体经济规模在全国出版集团中排名第五，获第五届中国“文化企业30强”称号，为连续5届入选，是全国唯一一家不含新华发行系统的出版集团。时代出版传媒股份公司被评为第三届中国出版政府奖先进单位。集团7个项目入选第四届中华优秀出版物奖，入选数列全国出版集团第四名；2013年度国家出版基金资助数和总额位居全国出版集团第四名；集团古籍整理重点出版规划项目入选数和资助额全国第三名；集团获批“国家认定企业技术中心”，是全国出版集团唯一一家；获新闻出版广电总局“数字出版转型示范单位”称号，全国仅5家；连续6届在北京国际图书博览会上版权贸易第一名。集团出版主业实力和行业影响力进一步增强。

【精品生产】全年有100种图书获得国家奖项或入选国家工程，始终保持全国前列。《故宫博物院藏品大系》等7个项目获得第四届中华优秀出版物奖（国家“三大奖”之一）。《徽州刻书史长编》等5个项目获国家出版基金资助。《话说安徽》等13个项目入选安徽省文化强省专项资金资助项目。《李鸿章全集》等14种图书在全国各大图书馆借阅率排行榜名列前茅。12卷本《中国散文通史》、500卷《明别集丛刊》等重大学术工程受到好评。张炜、贾平凹、海岩、韩少功、余秋雨、阎崇年、于丹和国际安徒生奖大奖书系等一批大家名家著作相继出版。

【图书出版强省建设】投入、资源、项目等基础性前瞻性工作加强，产业发展后劲和潜力持续迸发。时代出版传媒股份公司总市值和流通市值双双位列沪深上市书报刊公司第九名，剔除报业集团，双双位列第五名。4家出版单位的综合实力位列全国单类出版社前10强，黄山书社、少儿社、美术社、教育社分列同类社第二、第四、第四、第十。黄山书社在古籍类社中仅次于百年老社中华书局。北京时代华文书局全年出版700余种图书，销售收入2600万元，7个项目获得国家资助或奖励。

图书市场占有率进一步提高。市场占有率稳步攀升，整体竞争力位居全国33家出版集团第十二位，地方出版集团前十位。《哈佛凌晨四点半》等200多种畅销书登上各类图书销售排行榜。《非名言微思考》入选“十大职场必读书”、向青少年推荐百种优秀图书、中国原创动漫出版扶持计划项目等精品目录。电子商务全年完成线上线下交易额超过5000万元。

【期刊出版概况】全年出版期刊1405万册。《保健与生活》获全国“百强科技期刊”“全国年度最受读者欢迎的50种期刊”，《时代发现》获中国邮政集团公司报刊发行局重点推荐；《娃娃乐园》等4种期刊获华东地区优秀期刊奖。

【教育培训】时代教育职业培训学校挂牌运营，1400平方米的教育培训基地投入使用。党政干部、PMP认证、SAT培训业务迅速铺开，全年累计培训9期、3000多人次；策划承办电子商务、徽菜大赛2次，高技能人才基地、公务员省考定点单位等4个项目资质获批，省职业技能鉴定站等5个项目待批。

【影视作品和剧本生产】《甲午大海战》在央视电影频道5次播出，《决战前》在山东卫视及江苏、浙江地面台播出，当年组织专题论证8部安徽本土题材电视剧，近200个影视剧本和影视故事进入集团剧本库。与安徽大学合作成立影视文学创作中心进入实施阶段。电视剧《我的老婆八零后》未播先火，入选腾讯视频2014年十大热点热播剧之首。

8月28日，法国阿歌特出版集团与时代出版黄山书社就《中法建交始末》版权合作达成协议

【数字出版】教育网络公司成为"电子课本与电子书包"标准专题组成员单位。时代漫游公司开发完成国内领先的幼儿园全媒体电子教材产品。在京举行"时光流影TIMEFACE"专家论证会，打造以社交功能为切入点的出版内容聚合平台"时光流影"中英文网站取得重大突破。承载省暨合肥市数字出版和高新技术产业孵化功能的"时代数码港"对外招商大力推进，50多家企业入驻或达成入驻协议。

【印刷复制业】安徽新华印刷股份公司连续6年进入全国印刷100强，2013年居第31位，比上年提升4个位次；被国家新闻出版广电总局授予"国家印刷示范企业"。2013年，印刷复制板块利润4000万元。

【两个市场和两种资源统筹】设在上海自贸区的上海时代国际出版传媒股份公司正式运营，成为安徽省唯一一家在上海自贸区注册的企业，也是全国唯一一家在上海自贸区设立的出版传媒企业。时代国际公司中标国家海洋局沿海海洋线和岛屿勘探工程出版项目，与日本东京画廊合作项目启动。上海投资研发中心累计孵化企业超过60家，包括2家上市公司、2家拟上市公司在内的15家企业毕业。

融入多边合作机制和平台。集团成为中印(度)企业首席执行官论坛机制中方唯一文化企业成员，年内2次与印方企业交流，并应邀中印(度)企业领袖高峰论坛。参与刚果(布)"感知中国"文化活动，走进古巴、美国夏威夷大学捐赠图书，与塞舌尔文化部就合作出版旅游文化主题图书达成协议。组团参加北京、法兰克福、中阿、伊斯坦布尔、意大利博洛尼亚等国际书展，达成一系列版权交易、合作出版协议。作为全国唯一的地方出版集团，出席并参展第八届全球孔子学院大会。

版权贸易继续全国领先。全年版权输出887种。13家企业、6个项目获批"文化出口重点企业和项目"。《中国的城镇化》等3个项目入选国新办2013年外宣招投标选题项目，《中国天机》等6个项目入选总局"中国国际经典出版工程"项目。在国务院新闻办项目招投标、翻译工程、CBI资助、图书采购、"中国之窗"全面丰收，收益总额占全国的50%。460个总局青少年"简转繁"项目已完成。北京国际图书博览会签约版权输出400余项，连续6届保持全国第一。

对外文化贸易和海外实体投资有新进展。时代·马尔沙维克集团开始全面运营，成为中国出版企业在东欧国家投资建立的第一个"走出去"文化实体。华文国际公司年贸易总额超过12亿美元，销售收入70亿元人民币，利润9000万元人民币，稳居全省进出口企业首位；文化传媒和电子产品打入朝鲜市场，出口额1400多万美元。俄罗斯新时代印务公司负责人获"2012年度中俄友谊杰出贡献奖"。

安徽新华发行集团

2013年1月25日，安徽新华发行集团——皖新传媒"走向复兴，创造辉煌"年度颁奖盛典在安徽艺术剧场举行

【概况】2013年，集团营业收入、资产总额双双突破100亿大关，营业收入、资产总额、出口额比上年分别增长55.7%、33.7 %、40.4%，连续第9年入选中国服务业企业500强，列第225名。集团总体经济规模继续保持全国第二的位次；核心企业——皖新传媒总市值位居26家在沪深上市的出版发行和印刷公司总市值的第四位，并位居4家发行上市公司第一。皖新传媒被评为"中国(行业)十大最具投资价值品牌"，获得"中国上市公司最具社会责任感企业"称号，先后入选沪深300指数样本股、上证380指数样本股、上交所融资融券标的股票，获第三届"中国出版政府奖"；进入"世界媒体500强"，在入选的42家中国公司中名列第七位。集团所属的安徽省新龙图贸易进出口有限公司入选"国家文化出口重点企业"。

【绩效管理与改革】实施绩效管理

变革，优化绩效考核体系，关键业绩指标考核全面覆盖。新的考核体系实现了主业经营逆势上扬。2013年，教材教辅总体业务创历史新高，教育装备等新业务取得重大进展；“十八大”文件和辅导读物发行数量居全国前列，获“十八大文件发行工作一等奖”；以总分第一的成绩获得2013年度农薄项目45%的市场份额；图书出口居全国前五位。

实施内部组织变革，提高对子分公司的支持服务能力。一是内部组织再造。2013年先后启动了两轮内部改革，对集团总部组织构架、部门职能、工作流程进行梳理调整。通过改革，延伸了产业链，优化了业务流程，实现了组织的扁平化、无边界管理。二是ERP全面上线。集团以企业资源规划系统(ERP)为管理平台，促进企业提升管理水平，优化业务流程和管理流程，提高管理效率，为集团业务的转型提升提供有力支撑。新系统2013年6月全面上线运行，实现了主营业务全覆盖、财务业务一体化和全局数据完整性的一期建设目标，增强了公司的经营分析和管控能力。

【卖场转型向前推进】探索变实体书店由“文化的消费”到“消费的文化”，引起业内和社会各界广泛关注。卖场业态创新试点店“新华书店三孝口店”重装开业，突出文化主题，以书为媒，将传统和时尚元素进行整合，打造创意生活第三空间。自主品牌的新概念店中店“前言后记”先后落户合肥新地、银泰商业MALL，充分展示文化分享、时尚休闲的阅读理念，成为年轻人群和时尚白领聚会交友的理想场所。

【现代物流形成规模】全面引入现代物流仓储管理、配送运输管理和物联网技术，提升出版物物流业务运营效率和水平，发展第三方、第四方物流业务，全年实现出版物发货码洋50亿元、第三方物流发货货值660亿元。集团综合物流公司于2012年成立，当年通过“三标一体”认证，并成功中标联想在中国最大生产基地——合肥联宝的物流仓储配送业务，2013年又中标海尔园区对缝物流项目，成为全国第一家传统出版物流单位承接世界500强第三方物流业务的企业，年新增销售收入约3800万元。并通过经开区联宝、海尔项目的供应链，开拓出三星塑胶粒和海尔VMI仓的延伸增量业务。

【文化走出去战略】2013年，安徽省新龙图贸易进出口公司的简体中文图书出口销售比上年增长90.7%，成功入选国家文化出口重点企业。图书出口遍及新加坡、马来西亚、香港、台湾、欧美等地。新龙图公司与新加坡友联书局合作在新加坡注册成立合资公司，打造实体与网络相结合的综合性海外文化电子商务平台——来买网。2013年11月，来买网在新加坡成功上线，标志着集团“文化走出去”战略在海外的落地生根和本土化运行。来买网是安徽唯一一家在海外拥有图书仓储设施的文化电子商务销售平台，在线销售图书已达80万多种。

【文化与相关产业融合】发起成立皖新金智科教创业投资基金。2013年1月，由皖新传媒发起成立的皖新金智科教创业投资基金成立，注册资金1亿元。投资重点是教育与科技融合的新方向、新业务。认购中文传媒非公开发行股份。2013年3月，以现金方式认购中文传媒非公开发行股份916万股，认购金额人民币1.3亿元，约占中文传媒增发后总股本的1.39%。参股厚朴商业保理有限公司。2013年8月，投资2000万元参股厚朴商业保理有限公司，占该公司20%股份。

【城乡发行体系建设】加大投入，对现有中心卖场进行升级改造。累计投入2.5亿元对卖场进行新建、改建和扩建，面积达12.2万平方米；投资5500万元对财务业务信息系统进行全面升级。发展农村便民店、校园书店、社区书店、剧场书店、监狱书店等各类书店352家，覆盖16个市、53个县。全省已形成了以大中型书城为骨干、多形式终端网点为补充的多层次实体书店网络布局。

建立全省统一的会员管理体系，截至2013年年底，全省新发展会员累计8万多人，开展会员活动100余场。

7月17—23日，新龙图公司代表集团参加在香港会议展览中心举办的第24届香港书展

安徽演艺集团

大型话剧《徽商传奇》剧照

【概况】2013年,集团继续按照“立足演艺、做强主业,创新观念、多元发展”的经营理念,化解全国演艺市场演出数量锐减的不利形势,在剧目生产、演出经营、产业发展、人才培养等方面均取得突出成绩。全年集团共演出2170场次,演出收入3439万元,经营收入4626万元;获国家舞台艺术精品工程奖、文化优秀剧目奖、舞蹈荷花奖、中国戏剧梅花奖等国家级重要奖项,取得了社会效益和经济效益的双丰收。

【艺术生产】2013年,集团继续树立市场意识、精品意识、品牌意识,倾力打造大型话剧《徽商传奇》、大型徽剧《惊魂记》、杂技剧《美丽的梦》、大型组合式话剧《好人安徽大舞台》等一批精品力作。全年共创排新剧(节)目58台,复排和修改打磨剧(节)目55台。黄梅戏《风雨丽人行》入选2011—2012年度国家舞台艺术精品工程资助剧目。这是集团继2011年话剧《万世根本》、2012年舞剧《徽班》入选年度国家舞台艺术精品工程以来,连续第三年入选该项目。安徽乐团“徽之韵”组合获第十届中国艺术节“中国民族器乐民间乐种组合展演演奏奖(二等奖)”。黄梅戏《雷雨》获“第十四届文华优秀剧目奖”,演员吴亚玲获2013年中国文化艺术政府奖——文华表演奖,黄梅戏《雷雨》编剧隆学义、导演王向明、作曲时白林、剧中四凤的扮演者何云分获文华编剧奖、导演奖、作曲奖、优秀演员奖。黄梅戏《女驸马》获第六届巴黎中国戏曲节最高大奖“特别奖”,演员孙娟获“最佳女主角奖”;独舞《花鼓佬》获第九届中国舞蹈“荷花奖”民族民间舞蹈大赛表演银奖,这是安徽省舞蹈作品参加中国“荷花奖”民族民间舞蹈大赛有史以来所取得的最好成绩。徽剧《惊魂记》获第十三届中国戏剧节“优秀剧目奖”,青年演员汪育殊获优秀表演奖,这也是继16年前徽剧《刘铭传》在广州获此奖项后,徽剧再获此荣。

【演出市场开拓】2013年,全国演艺产业发展放缓,出现下滑趋势,集团领导的所属各单位面向市场,找准定位,危中寻机,主动出击,取得较好的成效。一是坚持探索定点演出。省杂技团在四川省都江堰市已演出270余场,收入328万元,该剧驻点演出已成为四川都江堰市旅游重点推介项目;省黄梅戏剧院以“天仙配”茶戏楼为依托,坚持天天演出;省话剧院“双休日儿童剧场”坚持演出;省徽京剧院开辟星期天京剧戏迷大观园;省歌舞剧院积极盘活“安徽艺术剧场”资源,内引外联,全年举办100余场演出。二是精心策划全国巡回演出。以省黄梅戏剧院建院60周年为契机,精心策划黄梅戏精品经典剧目赴全国各地巡演;省徽京剧院推出“重走徽班进京路·再圆徽剧徽商进京梦”大型巡演活动;省话剧院、

省话剧院“双休日儿童剧场”

省徽京剧院也积极携儿童剧赴上海、河南等地巡回演出。三是大力推动全省基层巡回演出。为配合党的群众路线教育实践活动，省话剧院推动大型组合式话剧《好人安徽大舞台》走进全省各市县开展基层巡演活动。四是积极开展百场演艺惠民演出。集团推出“中国梦·幸福城”省暨合肥市文艺团体“送欢乐下基层”文艺演出活动，面向合肥市88个基层演出点，免费提供101场文艺惠民演出。五是实施高雅艺术进校园工程。携古老徽剧、国粹京剧、现代话剧走进合肥师范附小等周边学校开办兴趣班，培养小观众、小戏迷。

【海外演出再创佳绩】2013年，安徽演艺集团坚持实施演艺“走出去”工程，大力开拓海外演出市场。一是杂技剧《美丽的梦》欧洲巡演创品牌。探索变“劳务输出”为“剧目输出”的新模式。在德国、奥地利等国的多个城市演出127场次，收入约380万元。二是“演艺皖军”奔赴阿曼喜迎春。省杂技团、省歌舞剧院、安徽乐团受邀分批赴阿曼苏丹国参加马斯喀特国际艺术节，连续演出22场。三是“皖风徽韵”在美国唱响开年戏。省黄梅戏剧院和省徽京剧院组织“徽风皖韵美洲行”演出团出访美国，10天时间在纽约、费城、华盛顿等6个城市演出6场。四是黄梅戏《天仙配》《女驸马》亮相第六届巴黎中国传统戏剧节并荣获两项大奖。五是花鼓灯舞动澳门第五届中国·葡语国家文化周。花鼓灯成为代表中国参演的主要艺术样式精彩亮相，与葡语10个国家艺术家交流展示，10天时间成功进行7场庆祝演出。六是加大国际合作与交流力度，联袂开展一系列文艺演出。安徽乐团、省黄梅戏剧院与格鲁吉亚第比利斯交响乐团合作演出“黄梅迎春”——安徽2013新年音乐会；省演出总公司引进波兰奥利瓦童声合唱团来肥演出，安徽大剧院引进冰岛艺术家举办音乐会。安徽乐团、安徽艺术剧场坚持引进高水平的外国室内乐交响乐在皖定点演出，全年共引进瑞士、加拿大、意大利、德国、英国、奥地利、以色列、台湾等国家和地区的艺术家来肥演出12场。

【多元化产业发展】2013年，安徽演艺集团继续“立足演艺谋发展，跳出演艺求突破”，大力推动演艺产业多元化发展。一是加快构建安徽院线市场推广体系。全年院线已完成剧场加盟40家，其中省内33家、省外7家，初步覆盖安徽、联网周边的局面。二是开通安演电子票务系统，已有37家单位签约。三是打造演艺培训基地。开设50多个专业，200多班级，已招生培训6000多名学生。四是加快拓展新兴业态。拍摄完成数字戏曲电影《逆火》。五是安徽黄梅3D影剧院运营收益稳步提升。六是基础性产业项目稳步推进。安徽“百戏城”项目落地滨湖新区并开工兴建。“天仙配大舞台”落户合肥1912文化休闲主题街区，并开始正常运营。

【人才队伍建设】一是继续实施的“名家名角”领衔工程。演员孙娟摘取第26届中国戏剧梅花奖，成为集团第10位“梅花奖”获得者。吴亚玲获2013年中国文化艺术政府奖—文华表演奖；演员何云获文华优秀演员奖。徽剧演员汪育殊获第13届中国戏剧节“优秀表演奖”。二是继续推进“明日之星”计划。先后举办多场青年人才专场展演活动。同时，省黄梅戏剧院、省歌舞剧院、安徽乐团等院团的一批青年人才在全国和省内各类赛场上摘金夺银。集团所属各单位通过考试方式，补充引进了一批新生力量。

“黄梅迎春”——安徽2013新年音乐会

安徽广电传媒产业集团

【概况】集团2013年实现营业收入26.41亿元，比上年增长27.15%，利润总额1.95亿元，增长30.11%。网络运营实力提升。全力以赴扩大网络覆盖，实现发展有线新用户100.39万户的目标，增长2.13倍；完成安庆、六安等16个市县网络整合工作，安广网络公司注册资本由4.51亿元增加到6.03亿元，基本建成全省“一张网”。全年

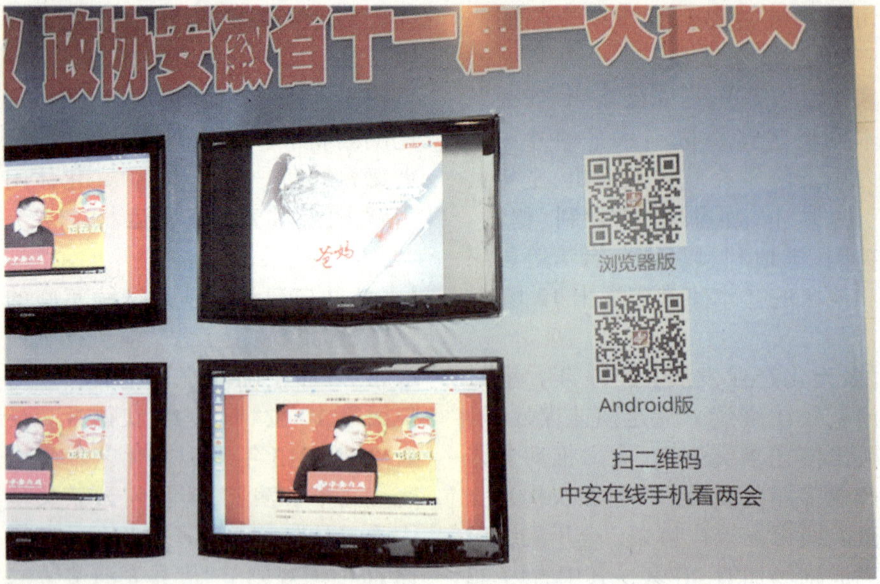

扫描二维码，手机看两会

新建基础网络光节点4651个，累计建设光节点27200个，启动淮北、铜陵、六安等6个市的市县环网建设，完成40个县县级城域网建设；实施“广电综合信息服务进农村、进农户”工程，完成12个市、县22个无线发射站点建设，网络覆盖全省392个中心村。推动文化科技创新，完成OTT和APP应用商店平台开发工作；拟订视频通信、OTT业务上线方案，智能家居、电视生活综合体产品基本定型，全省高清视频会议电视系统投入使用；电视生活综合体项目、电视互联网视频播放业务、物联网业务等科技创新项目有序推进；与科大讯飞、北京歌华有线合作开发建设语音系统项目；安徽广电网络融合科技产业园项目获批并完成选址工作。安广网络公司《美好乡村广电综合信息服务系统》《数字电视智能语音交互系统研发》项目获财政部、工信部1125万元专项资金支持。

【电视购物】新增山东、青海、吉林、河北、四川等区域有效覆盖户数2577.7万户，家家购物频道已覆盖全省及北京、天津、湖南、湖北、江苏、内蒙古等15个省的115个市、县，覆盖总用户数由2009年底的991万户增加到5237.7万户；实现电视、网络、广播、手机、型录购物互动；2013年实现收入6.85亿元，比上年增长81%，利润3950万元、增长2.23倍。

【精品工程】坚持抓重点、带整体精品战略，瞄准走进央视、进入院线，聘请一批名编剧、名导演、名演员及剧本研发、制作、宣传推广和发行等方面专家，并与有市场潜力的影视制作团队合作，投资7200多万元，重点创作生产6部电影、7部电视剧、8部动漫剧、2部纪录片。电视剧《枪炮侯》《猎杀》在央视一套、八套和省级卫视播出，受到广泛好评；电影《刺夜》在全国公映，入围第37届加拿大蒙特利尔国际电影节影展；电视剧《杀熟》即将与观众见面；《永远的忠诚》《十二生肖之龙行天下》获“飞天奖”和“金喜鹊优秀动画片奖”；电视剧《儒林外史》《底线》《苍生大医》、电影《徽班进京》、黄梅戏电影《天仙配》等5部影视剧入选省委宣传部十大重点影视品牌项目，其中，《底线》剧本为国家新闻出版广电总局2013年度优秀电视剧剧本，《儒林外史》开机拍摄；电影《许海峰的枪》入选第30批向全国中小学生推荐优秀影片片目，电影《珠城之恋》入选国家广电总局2013年第一批推荐影片片目。加强徽风皖韵影视项目库建设，重点储备谋划电视剧《的哥的姐》《缘分天注定》《金钱帝国》《新留学时代》《青春》《血色女兵》《远亲不如近邻》，电影《天仙配之天地回旋》《新女驸马》，电视纪录片《大美安徽》等26部徽题材影视剧目。

【广告经营】2013年地面频道预计实现广告收入7.17亿元，比上年增

金鹏国际广告有限公司

长8.4%，高于上半年全国4.5%增幅；其中，经视创收3.41亿元，增长16.8%，居省级地面频道第5位。构建网络、平面、户外、院线广告和公关等全媒体广告运营体系，整合城市台广告资源，建立安徽省内16个市城市台“品牌联投”开发模式，中标滁州电视台2014—2018年广告代理业务；成功总代理江西卫视、江苏城市频道等媒体安徽区域或行业广告。开展微电影市场化运作全面转型。金鹏广告公司获“中国创意传播国际大奖”“第二十届中国广告节优秀奖”。

【院线与品牌建设】组建安徽省首家国有城市电影院线——安徽星空电影院线有限公司。以新安农村数字院线为主体，开展全省农村院线整合工作，拟定全省农村电影市场整合方案；完成新安农村数字院线股权收购工作，股权增至69%。推动影院项目建设，宿州大戏院影城项目开工建设。狠抓影院经营管理，票房业绩连年提升，2013年6家影城预计实现票房收入3800万元，比上年增长45%。

品牌建设再上台阶。金鹏广告公司获评“安徽省著名商标”“中国广告年度最佳整合传播机构”“金牌综合策略公司”。安广网络公司获批省人社厅第四批省级博士后科研工作站，获评省级企业技术中心、合肥市级工程技术研究中心。安徽广行通信科技股份有限公司6项国家发明专利申请已经国家知识产权局受理，其中，“一种互联网电视播出的方法及系统”等2项进入实质审查阶段；“一种机顶盒外部散热结构”等9项实用新型专利获国家知识产权局授权；“机顶盒DVB解码软件V1.0”等2项获国家知识产权局软件著作权。开展电影院线标准化体系建设，制订院线行业标准，立足打造“星空”院线品牌实现“统一品牌、统一供应、统一经营、统一管理”的有效经营模式。

【对外合作】承办2013皖台文化旅游交流周，展示近年来皖台文化、旅游交流的成果，进一步促进两地文化、旅游交流合作实现互惠共赢发展。与韩国乐天集团合作项目被认定为2013—2014年度国家文化出口重点项目。持续向东南亚其他国家输出《十二生肖》系列动漫剧。与广东省广电网络公司、浙江华数集团建立长期合作平台和机制。与台湾东森集团开展电视节目制作和人员培训等交流合作。

文化园区

【芜湖方特非遗文化游乐园】规划占地面积53.34万平方米，其中建筑物占地面积11.74万平方米，停车场6万平方米，道路及广场6万平方米，绿化面积18.67万平方米，水体面积10.93万平方米，园区容积率0.247，绿化率35%，园区“一次性规划、一次性建设”，全部项目预计在2014年10月完成主体结构施工，建成后年接待游客量300万人次。项目预期建设目标是建设成为辐射长三角地区的大型文化博览园，将促进芜湖市城市经济发展、产业空间布局调整以及产业结构提升。项目还将吸引下游配套性中小企业，延长和拉伸文化科技产业链，成为安徽文化人才资源和动漫创意制作资源，加速产业集群，形成新兴文化创作基地、人才培训基地。

【九华山大愿文化园】九华山风景区实施“二次开发、二次创业”战略，打造世界一流旅游胜地和国际重要佛教道场的标志性工程。园区规划面积118公顷，建筑总面积5.62万平方米，总投资22亿元，分为地藏菩萨铜像、内外明堂广场、佛文化展示中心、佛学院、普济院、小西天景区等项目，拥有世界第一高地藏王菩萨露天铜像。2013年园区营业收入3200万元。

【黄山徽文化艺术长廊】占地面积约20公顷，与雨润高尔夫、香茗茶博园、黎阳印象三大项目共同构筑黄山市城市西部文化旅游休闲度假板块，项目计划总投资100亿元

黄山徽文化艺术长廊

以上，总体目标是打造全国一流、华东特有、徽文化古今发展脉络清晰、经济文化社会效益叠加凸显的产业融合示范区。建成面积18.9万平方米，黄山市图书馆、徽州糕饼博物馆、智慧黄山旅游调度中心、徽州文化广场、隆凤安置区等项目先后建成投入使用，黄山城市展示馆土建、百师宫样板街、黄山文化生态公园等项目基本建成，依云红郡、百师宫、游客服务中心、视觉艺术创意园等项目工程建设快速推进，中国徽菜博物馆及徽州美食文化中心项目成功挂牌出让，2013年园区内文化企业营业收入5.7亿元。

【宣城中国宣纸文化产业园】占地约3平方公里，是以中国宣纸集团公司"红星牌"宣纸为龙头、以中国宣纸传习基地和宣纸大市场等重点项目为载体，围绕宣纸生产技艺和宣纸文化核心形成的宣纸文化产业集群。2013年，园区企业生产宣纸及加工产品700多吨，接待游客近10万人。实现销售收入约8亿元，比上年增长20%；利税近2亿元，增长15%。园区从业人员近4000人，宣纸产量、销量均占全国90%以上，形成了在全国独具优势与特色的文化产业园区。

【蚌埠星宇文化创意产业园】园区规划面积66公顷，建筑面积104万平方米，一期建设项目已建成面积约45万平方米，主要包括约12万平方米的"展示体验中心"、28万平方米4层框架结构的"研发制造中心"，沿东海大道的2栋18层"商务办公大楼"以及位于园区中心的2栋综合配套楼。园区一期于2013年12月全面建成并对外营业，入驻动漫游戏生产经营企业142家，总投资额40亿元。

【滁州中国文具产业示范园】由中国文具龙头企业贝发集团股份有限公司牵头，与中国文教体育用品协会、中国制笔协会、来安县人民政府联合共建。示范园一期占地72公顷，2013年完成招商项目12个，已全部开工建设，投资总额28.68亿元，其中7家企业已投产，全年主营业务收入14.55亿元。

文化产业重大项目投资

【概况】2013年，全省229个文化产业项目列入省"861"项目投资计划，总投资1895.19亿元，续建项目和计划开工项目分别比上年增长19.6%和52.9%。截至2013年年底，全年累计完成投资338.59亿元，为年度计划的126.7%。全省文化产业合同类重大项目签约137个，总投资881.87亿元，协议引进资金834.16亿元，履约项目132个，合同履约率96.4%，到位资金83.05亿元。研发出首个安徽省文化产业重点项目信息管理系统软件，对全省"861"文化产业项目、重大签约项目及文化产业重点招商项目进行网络化管理。

文化贸易

【概况】2013年5月10日，省委办公厅、省政府办公厅出台《关于加快文化贸易发展的意见》，是目前国内第一家以"两办"名义出台的加快文化贸易发展的文件。安徽省文化产品和服务输出到168个国家和地区，2013年核心文化产品出口6.1亿美元，居全国第11位。安徽出版集团在北京国际图书博览会上输出版权连续7年居全国第一，在上海自贸区成立全国第一家出版文化企业。全省24家企业入围"2013—2014年度国家文化出口重点企业"，居全国第六；7个项目入围"2013—2014年度国家文化出口重点项目"，居全国第五；重点企业和重点项目数均居中部第一。

安徽出版集团参加北京国际图书博览会

文学

英雪题

□文学创作

□文学理论

□文学活动

文学创作

【小说创作】2013年，本省在小说创作上一改往年少数作家单兵作战状况，一批中青年作家频频在全国重点文学期刊上集束式亮相，许春樵、何世华、杨小凡、钱玉贵、伍美珍、苗秀侠、余同友、陈家桥、王国刚、曹多勇、孙志保、李秀英、王蜀等一批作家中短篇作品刊发于《小说月报原创版》《收获》《中国作家》《钟山》等中文核心期刊或由出版社公开出版。郭明辉、张子雨、洪放、陈斌先、李国彬、程迎兵、邱晓鸣、朱斌峰、王建平、韩旭东、李为民、许侃、何世平、胡大平等在省级以上期刊发表大量中短篇小说。

长篇小说创作。当年本省作家出版各类长篇小说约20部，这些作品取材丰富多样，既有历史小说，也有现实题材，表现手法既有老一辈作家传统的现实主义手法，也有年轻一代有着较强探索性的手法。总体来看，作品中特别有力度、在全国有着重大影响的不多。安徽省文联、作协当年启动长篇小说精品工程。本年度较有代表性的长篇小说有以下6部：

长篇小说《楼市》，杨小凡著，首发于《当代》杂志，后由人民文学出版社出版，入围《中国作家》2013年度文学排行榜。"楼市"牵动中国亿万人神经，小说《楼市》描写了"活的中国"真实面影，被评论界誉为中国当下房地产界的"清明上河图"和浮世绘。当年杨小凡另外一部长篇小说《天命》被《长篇小说选刊》转载。

长篇小说《一边奋斗一边爱》，石楠著，由长江文艺出版社出版，引起读者广泛关注。本书是石楠继《生为女人》《漂亮妹妹》之后又一部描写女人命运的情感小说。

长篇小说《洋票》，郭明辉著，由安徽文艺出版社出版。作品采用人物"接力"叙述方式，讲述一个营救"洋票"的曲折故事，再现1928年北伐失败后社会现实，

长篇小说《朱熹别传》，刘湘如著。本书是刘湘如继《国魂》《红年鉴》《美人坡》《风尘误》之后第5部长篇小说，也是安徽文艺出版社精心策划的"历史大人物"重点书目之一。

另外两部长篇小说分别是历史小说《父子皇帝》(吴永生著)、《恍惚公园》(余怒著)。

中短篇小说创作。2013年全省中短篇小说创作成绩比往年突出，许春樵、何世华、钱玉贵、陈家桥、杨小凡、曹多勇、孙志保、余同友等一批作家中短篇作品较有影响。其中重要中篇小说有许春樵《知识分子》(入选《中国当代文学经典必读》，2013年5月文化艺术出版社出版)、朱斌峰《去云南》(发表于《钟山》杂志头篇)、曹多勇《春风最暖》(发表于《中国作家》)、陈家桥《朋友》(《花城》2013年第5期)、刘鹏艳《红星粮店》、沙玉蓉《成熟季》。重要短篇小说有杨小凡《梅花引》(《小说月报》选载)、《寻找花木兰》(《收获》2013年6期，入选《2013年中国短篇小说经典》)，余同友《白雪乌鸦》等。郭明辉、苗秀侠、张子雨、陈斌先、程迎兵、李国彬、邱晓鸣、朱斌峰、王建平、韩旭东、李为民、许侃、何世平、胡大平等在省级以上期刊发表大量中短篇小说。《文艺报》在盘点2013年全国短篇小说创作中，特意对安徽省作家杨小凡《梅花引》、余同友《白雪乌鸦》两个短篇小说进行评价。

【散文创作】2013年，安徽散文创作收获颇丰。许辉、潘小平、严歌平、苏北出版了散文集，高正文、李平易、赵焰、沈天鸿、许若齐、刘政屏、江泓、童地轴、莫幼群、胡进等散文作家不时有新作面世，许俊文、老鱼、江飞、闫红、江少宾、李俊平、钱红丽、苍耳、查一路、许冬林等的散文在《散文》《天涯》《随笔》《读书》等杂志重点推出，安徽散文创作已经形成一支较有实力的作家群体，在全国具有一定影响力。

散文集出版。许辉出版"单独"系列散文一套5种，其中《和地球上的小麦单独在一起》《和自己的淮河单独在一起》承袭作者散文短小精粹、意境高远的特有文风，受到各方好评；其《又见炊烟》散文集再现乡村生活细节之美，保留许多鲜活有趣的旧时风俗。潘小平读史札记《前朝旧事——晚清风云人物》有很强的学术价值和可读性。严歌平随笔集《究竟是谁侵犯了谁？》收录作者已发表文艺随笔26篇。苏北《植点青绿在心田：苏北海外散文71篇》均是作者在港澳台地区发表的散文。

散文创作。许俊文长篇散文《请不要打扰夜晚》、苍耳系列散文分别被《散文》《随笔》《读书》等杂

志重点推出。

【诗歌创作】安徽是诗歌大省，诗人群体庞大，民间诗社活跃，省文联杂志《诗歌月刊》积极推动安徽诗歌创作，成为重要诗歌刊物。2013年本省诗人严阵、陈先发出版力作。时红军、祝凤鸣、沈天鸿、王明韵、余怒、许敏、黄玲君、赵宏兴、何冰凌、田斌、方文竹、木叶、吴少东、江耶、夭夭、徐红、陈忠村、罗亮、王妃、阿成、杨立、八零等一批诗人作品及诗歌评论作品频频刊载于《诗刊》《星星诗刊》《山花》《人民日报》《安徽文学》等报刊。

诗集《中国梦》，严阵著，由大众文艺出版社出版，共收录诗人《中国梦》《春回大地》《绽放的中国》《微笑的中国》《和谐的中国》等13首长诗。诗集用质朴语言反映了一位老人站在历史新起点上，对建设精神世界的渴望。

诗集《写碑之心》，陈先发著，获2013年首届"袁可嘉诗歌奖"之"诗集奖"。为2013年本省诗歌的一大收获。陈先发多首诗歌作品还入选长江出版社《中国百年诗典》、欧美多家权威文学杂志及牛津世界诗学年鉴。

【其他文学作品创作】本省作家伍美珍在全国儿童文学界拥有很大影响力，她在2013年推出多部新作，其中《同桌冤家走天下》贴近孩子心灵，介绍了世界各国的优秀文化。苗秀侠报告文学《迷惘的庄稼》关注农民工留守子女，获得第六届北京文学奖。

文学理论

【古代文学研究】《唐诗选注评鉴》，刘学楷著，中州古籍出版社出版。该书集选诗、注释、集评、鉴赏为一体，共选唐诗650首，校注吸取新的考订成果，对诗的解读品鉴有自己的体悟和看法。

《姚鼐研究》，周中明著，安徽大学出版社出版。该书对姚鼐时代背景、家族传统、姚鼐年谱、姚鼐人生之路、姚鼐作品进行研究，全书资料翔实，观点新颖。

《近百年名家旧体诗词及其流变研究》，刘梦芙著，学苑出版社出版。该书综论晚清(近代)至"五四"后现当代诗词发展历程与多位名家旧体诗词艺术特色。

《曹氏家族与汉晋社会文化变迁》，吴怀东等著，安徽大学出版社出版。该书首次梳理曹氏家族谱系，深入分析曹氏家族在政治、军事、经济制度、经学、礼制、教育、文学、艺术、风俗诸方面的继承与创新，集中考察地域文化对曹氏家族政治、文化活动的导向作用。

《宋金文学的交融与演进》，胡传志著，北京大学出版社出版。该书将宋辽金文学联系起来，重在加强南宋文学与金代文学中间薄弱环节的研究。

《安徽文学通史》，唐先田、陈友冰主编，安徽文艺出版社出版。该书首次从先秦至当代系统地评述了皖籍作家、诗人以及在皖作家、诗人的创作成就与文学思想，探究安徽文学发生、发展及创新规律，分析安徽文学在中国文学中的地位、作用及对中国文学的贡献。

【近现代文学研究】《苏雪林与中国现代文学》，丁增武著，安徽大学出版社出版。该书主要从人学理层面，紧扣苏雪林和中国现代文坛之间的渊源，从"人"与"文"的关系、"五四"时期的新文学创作等8个方面，较为全面地论述苏雪林对中国现代文学的多方面贡献，力求为现代文学界"重新评价"苏雪林提供较为可靠的基础和支撑。

《凡圣之维：中国当代红色经典的跨媒介研究》，王宗峰著，安徽大学出版社出版。该书对《铜墙铁壁》《风云初记》《保卫延安》《铁道游击队》《小城春秋》《青春之歌》等16部文学作品等进行多角度多层面分析。

【民间文学研究】《中国民间故事全书·安徽滁州·凤阳卷》，孙文海、孙祥宽主编，黄山书社出版。该书是《中国民间故事全书·安徽滁州》最后一卷，共收入流传在凤阳地域神话、传说、故事、笑话100余则，其中关于朱元璋的传奇故事尤为丰富。内容广泛、门类齐全，思想大都积极向上，教育色彩浓厚。对研究明史和当地文化具有一定参考意义。

【儿童文学研究】《儿童文学》，韩进著，安徽大学出版社出版。该书是高等师范院校系列教材·学前教育专业核心课教材，力求观点鲜明、表述准确、行文简洁，给学生最基本最紧要的儿童文学常识。

【美学与文艺理论】《文学思潮二十五年(1976—2000年)》，吴家荣著，安徽文艺出版社出版。该书从文学思潮的角度透视和分析20世纪最后25年中国文学现象。

《当代少数民族文学批评：理论与实践》，李长中著，民族出版社出版。该书对当代少数民族文学若干重要现象进行系统性探讨，展示当代少数民族文学发生发展的基本轮廓和审美风貌。此外，赵凯关于马列文论研究，王泽庆"传媒时代的语图关系"研究也取得可观成果。

文学活动

【安徽省作协第五次作家代表大会】2013 年 12 月 31 日在合肥召开,来自全省 120 余名作家代表参加大会。省作协四届主席团主席季宇代表安徽省作协四届主席团作工作报告,常务副主席兼秘书长许辉作《安徽省作家协会章程(修改草案)》说明。与会代表讨论审议并通过工作报告和《安徽省作家协会章程》《安徽省作家协会第五次代表大会决议》。大会选举产生省作协第五届理事会、主席团,许辉当选为安徽省作家协会主席,王明韵等 15 人当选为副主席。

【全省长篇小说精品创作工程启动】2013 年,《安徽省文联、安徽省作协长篇小说精品创作工程实施方案》出台后,省文联、省作协先后召开两次重点作家摸底交流会,约请 9 位专家成立评审组,共评选出 58 部入围作品和 30 部提名作品,9 月,20 位作家向组委会提交原创长篇,由专家审读并提出修改意见,随后将择优集中推介出版。

【第二届全省小说对抗大奖赛】5 月,安徽省第二届小说对抗大奖赛拉开序幕。这次大赛是继第一届小说对抗赛之后又一次全省重大文学赛事,引起全省小说作家热切关注。大奖赛时间为 2013 年 5 月至 2014 年 2 月。全省不少市区借此开展系列小说创作研讨活动,是本省中短篇小说创作一次大检阅、大展示。

【首届散文大奖赛】5 月,省作协开展安徽省首届散文对抗大奖赛,时间为 2013 年 5 月至 2014 年 2 月。大奖赛按照区域共分为皖北、皖南、皖中 3 个区,分 3 个层级进行,共设市级奖、区域大奖和大奖赛大奖。通过大赛发现一批新人和一批精品力作。

【第三届省文学内刊主编联席会议】10 月,全省内刊主编、编辑、重点作者 150 余人参加第三届省文学内刊主编联席会议,会上颁发金穗文学奖,并进行"相约杏花村"大型文学采风笔会。省作协组织的"安徽省文学内刊主编联席会议"制度为全国首创,受到中国作协肯定,已成为安徽文学一个品牌活动。

【4 位青年作家代表赴京参加全国青创会】9 月 24—25 日,省作协李成恩、闫红、安意如、刘鹏艳组成安徽代表团,赴京参加中国作协和共青团中央主办的全国青年作家创作会议。此次会议主要任务是总结近年来我国青年作家创作成果,交流研究当前青年作家队伍建设和文学创作情况,探讨青年作家在实现中国梦中担负的历史责任,促进青年文学人才队伍健康成长。

【举办鲁迅文学院安徽中青年作家班】10 月 16 日—27 日,鲁迅文学院安徽中青年作家班在肥西县举办,北京作协主席、著名作家刘庆邦,中国作协原创研部主任、评论家胡平等著名作家、评论家为学员授课。鲁迅文学院安徽中青年作家班是中国作协 2013 年年度重点工作之一,是本省唯一年度省级文学专项培训。

【文学研讨采风活动】2013 年,省作协举办系列文学研讨、采风活动:主要有《许辉研究》首发式暨研讨会、许春樵作品研讨会、灵璧四杰作品研讨会、省女文艺家赴牯牛降采风助学、省作家赴桐庐采风等。当年贵池区、霍山县、宣州区获得"安徽省文学创作先进县(区、市)"称号。

鲁迅文学院安徽中青年作家班开班仪式

舞臺藝術

杨兴玲书

□综　　述

□戏　　剧

□音　　乐

□舞　　蹈

□杂　　技

□艺术研究与教育

综　　述

【概况】2013年，全省各级国有文艺院团通过深化改革，主动到现实生活中寻找创作灵感，从市场变化中寻找演出商机，相继推出黄梅戏《雷雨》《风雨丽人行》《徽州往事》《半个月亮》《寸草心》《榴花不开盼哥回》《孝行天下》《惊天一兰》《凤栖巷》《县官陈廉》、3D黄梅戏《牛郎织女》、舞剧《徽班》、徽剧《惊魂记》、庐剧《荠菜花》《信义人家》《人活一张脸》、坠子戏《八张村的笑声》、梆剧《颍春妹》、豫剧《石榴花儿红》、推剧《凤桥明月》等一批紧跟时代步伐、表现百姓喜乐、讴歌幸福生活的舞台艺术作品；传统剧目经过再加工，实现老戏新演。当年省黄梅戏剧院《风雨丽人行》入选2011—2012年度国家舞台艺术精品工程重点资助剧目；黄梅戏《雷雨》《徽州往事》参加第10届中国艺术节，《雷雨》获优秀剧目奖和编剧、导演、作曲等单项奖；演员吴亚玲获文华表演奖，何云获艺术节优秀表演奖；省黄梅戏剧院入选文化部确定的首批全国地方戏创作演出重点院团。安徽乐团“徽之韵”组合获第10届中国艺术节民族器乐民间乐种展演演奏奖，独舞《花鼓佬》(安徽省歌舞剧院演员张小春)、群舞《淮畔春雨》(安徽省歌舞剧院）获第10届中国艺术节舞蹈比赛优秀表演奖。阜南县文化广电(新闻出版）体育局报送的安徽琴书《中国好人刘振帮》、蚌埠市禹会区文化馆报送的皮影戏《金兜山》入选文化部全国曲艺、木偶剧及皮影戏优秀剧(节)目。

【省黄梅剧院深化改革】2013年12月，省黄梅戏剧院在原有演出团和小梅花团基础上，重新组建成立“省黄梅戏剧院一团”“省黄梅戏剧院二团”和“省黄梅戏剧院小梅花实验剧团”。此次改革，着眼黄梅戏艺术事业未来发展布局，对剧院原有人才队伍进行重新整合优化，形成相互竞争、相互促进、共同发展良性循环。

【曹征海到省黄梅戏剧院调研】3月3—4日，省委常委、宣传部部长曹征海到省黄梅戏剧院专题调研黄梅戏艺术传承发展情况，曹征海指出，当前黄梅戏艺术发展进入一个新的历史时期，面临着难得的发展机遇，包括省黄梅戏剧院在内的全省黄梅戏战线，要继续打好徽字牌，经久唱响黄梅戏，为文化强省建设作出新贡献。

【“文艺皖军”赴海外迎新春】1月30日至2月13日，省杂技团、省歌舞剧院、安徽乐团受邀赴阿曼苏丹国参加马斯喀特国际艺术节。省杂技团和省歌舞剧院在马斯喀特公园艺术节主舞台演出，安徽乐团组织的“徽之韵”演奏家小组做专场演出。22场极具安徽地域特色的杂技、花鼓灯和民乐演出，展示了安徽文化的厚重与精彩，受到阿拉伯人民的热烈欢迎。此次赴阿曼演出正值中国农历春节，演出团还积极参加中国驻阿曼大使馆的“迎新春”晚会和华人华侨互动联谊活动，为远离祖国的亲人送上精彩的文艺节目。

由黄新德、吴亚玲、蒋建国、李文等多位国家一级演员随安徽演艺集团“徽风皖韵美洲行”演出团出访美国，共进行6场演出，休斯敦市市长专门批准2013年2月15日为休斯敦市黄梅戏和徽剧日。

戏　　剧

【戏剧演出】安徽省黄梅戏剧院演出。黄梅戏《风雨丽人行》共演出143场，演出收入200余万元，观众愈10万人次。黄梅戏《雷雨》在第10届中国艺术节中获第十四届“文华优秀剧目奖”，其中黄梅戏演员吴亚玲、编剧隆学义、导演王向明、作曲时白林分别获得第14届文华奖表演、编剧、导演、音乐奖，演员何云获得“第10届中国艺术节优秀表演奖”，到2013年该剧共演出100多场。黄梅戏《女驸马》获得第6届巴黎中国戏曲节最高大奖“特别奖”，演员孙娟获得“最佳女主角奖”。全年省黄梅戏剧院演出多种黄梅戏剧目，其中全息黄梅戏舞台剧《牛郎织女》作为国家大剧院2013年首届“黄梅戏艺术周”展演剧目之一，在北京国家大剧院上演。黄梅戏《雷雨》《风尘女画家》和《戏曲交响音乐会》参加第4届兰州艺术节，并连演5场。《天仙配》走进湖北、河南、广东、上海等地，共演出近30场。在安徽省第6届小戏小品调演暨中国戏剧奖小戏小品奖安徽赛区大赛上，黄梅戏《安徽好人颂》中的“磨店好人”等三个片段分获“优秀剧目奖”。3D全息黄梅戏舞台剧《牛郎织女》在“2013文化强省系列艺术活动——安徽省新剧目汇演”中获得“荣誉剧目奖”。黄梅戏《雷雨》参加“中国戏剧梅花奖创办30周年系列活动”。5—9月省黄梅戏剧院分别走进安徽师范大学、合肥工业大学、安徽财经大学、安徽医科大学、中国科技大学和安徽大学。7—9月,在由中央电视台与安徽卫视联手打造的“2013寻找七仙女”活动中,省黄梅戏剧院7位优秀青年演员获得“七仙女”金奖。省黄梅戏剧院开展基层慰问演出,共计演出10场。12月3D全息黄梅戏舞台剧《牛郎织女》赴澳门演出。

安庆再芬黄梅艺术剧院演出。2013年共开展演出活动19次。其中韩再芬携《女驸马·谁料皇榜中状元》等黄梅戏选段参加浙江嘉兴市安徽商会新春联谊会,《女驸马》分别在北京长安大戏院、江苏盐城演出。余淑华、刘国平主演的《莫愁女》在安庆黄梅戏艺术中心连演3场。韩再芬参加在人民大会堂举办的2013年元宵节联欢晚会,演唱黄梅戏经典唱段《对花》。第14届文华优秀剧目奖获奖作品黄梅戏《徽州往事》参加“中国第十届艺术节”演出,年内分别在安庆、深圳、广州、南京、苏州演出30多场,同时获得“2013安徽省新剧目汇演”荣誉剧目奖。韩再芬参加海南省“椰风徽韵”大型文艺晚会。韩再芬、刘国平等携《徽州往事》《渔网会母》《春江月·娘的恩情比海深》《大辞店》等剧目参加安庆“十一”黄梅戏展演周,安庆黄梅戏艺术中心获安庆最佳旅游名景称号。“再芬黄梅”经典折子戏分别在中国药科大学、南京大学、苏州大学、苏州科技学院、武汉大学、湖北大学、中南财经政法大学、中南民族大学等高校上演专场。《五女拜寿》在安庆黄梅戏艺术中心演出。余淑华主演的《春江月》在安庆黄梅戏艺术中心上演。韩再芬、刘国平应邀参加国家大剧院“2014年新年戏曲晚会”,表演《天仙配》选段。

好人安徽大舞台

安徽省徽京剧院演出。2013年,大型新创徽剧《惊魂记》在合肥公演,获得安徽省第10届艺术节新剧目演出一等奖,在第13届中国戏剧节中获优秀剧目奖,主演汪育殊获得优秀表演奖。《贵妃醉酒》《水淹七军》《临江会》《一文钱掌柜》《虹霓关》在北京国家大剧院徽剧经典剧目专场中先后上演。当年《小红帽梦幻奇遇记》在合肥演出50余场,《水淹七军》《断桥》在美国纽约、费城、芝加哥、华盛顿、圣安东尼奥、迈阿密和休斯敦等地演出。在合肥部分小学分别开设徽剧和京剧兴趣班,参加培训小学生超过200人。先后在安徽科技学院、黄山学院和安徽新华学院举办戏曲专场,并深入肥东、肥西、长丰、巢湖、庐江等地乡镇为农民演出。

安徽省话剧院演出。2013年,分别上演新创大型话剧《徽商传奇》《好人安徽大舞台》,小剧场话剧《疯狂减压房》《记忆底牌》《不作你,作谁?》《小话西游》《晚安,妈妈》、儿童剧《拇指姑娘》《木偶奇遇记》《白雪公主和七个小矮人》《青蛙王子》《丑小鸭》《睡美人》《灰姑娘与水晶鞋》等。《永远的牵挂》获得第6届安徽省小戏小品大赛优秀剧目奖、组织奖,演员周建设、李青临获得优秀表演奖。《共有一片蓝天》参加第8届安徽省残疾人艺术比赛,导演朱海燕获一等奖,演员段晓波获表演一等奖,余冠男获表演二等奖,杨刚获创作二等奖。当年创作组合式话剧《好人安徽大舞台》,参加文化惠民活动,到乡

3D大型神话黄梅戏《牛郎织女》剧照

镇、工矿等基层单位演出。

安庆黄梅戏艺术剧院演出。2013年,新编黄梅戏《半个月亮》在杭州参加“梅花奖”评选并演出,主演王琴获“梅花奖”;在张家港参加中国戏剧节展演活动并获得优秀剧目奖、优秀导演奖、优秀表演奖;在上海参加“白玉兰奖”评比,主演王琴获得主角入围奖;在安庆黄梅戏艺术中心连演4场。

合肥市戏剧家协会演出。2013年,组织《人鬼情》《赵氏收赋》《得失之间》《西湖遗恨》4出小戏参加安徽省小戏小品大赛,其中合肥市剧协获优秀组织奖,会员阚俊松获编剧奖,会员李楼、孙绳骥、陈胜超获优秀表演奖。组织会员和大型现代庐剧《荠菜花》参加全省新剧目汇演,演员段婷婷获表演一等奖,孙绳骥获表演二等奖。

马鞍山艺术剧院演出。2013年,原创黄梅戏《凤栖巷》演出35场,并获得2013年安徽省新剧目汇演优秀剧目奖。大型原创儿童剧《小雨贝梦幻奇遇记》连演53场。

铜陵艺术剧院演出。2013年,分别参加铜陵市纪念延安双拥运动70周年暨庆“八一”文艺演出,“共建美好乡村”演出,铜陵市十八大精神百姓创作说唱团国庆演出,赴泾县红星广场综艺、黄梅戏小戏专场演出、黄梅戏精品小戏汇报展演等。

滁州市演艺集团公司戏剧院演出。2013年,原创黄梅戏《孝行天下》演出10场,并获“第六届中国黄梅戏艺术节优秀剧目展演”剧目奖、组织工作奖、表演奖、音乐奖等多个奖项;在“安徽省新剧目汇演”中获得优秀剧目一等奖,作曲二等奖,演员宋学东等分获表演一、二、三等奖。传统黄梅戏《天仙配》《女驸马》演出2场。

安徽省戏曲名家名段演唱会。8月15日在安徽大剧院上演。演唱会荟萃徽剧、黄梅戏、庐剧、泗州戏、淮北梆子、皖南花鼓戏等安徽地方剧种的经典名段,汇集省内中国戏剧“梅花奖”得主、文化部“文华表演奖”获得者等多位安徽戏曲艺术界表演艺术家和新秀演员。

【戏剧活动】8月6日,举办安徽省新剧目展演活动,共上演黄梅戏、徽剧、庐剧、泗州戏、梆剧、坠子戏、二夹弦、文南词、豫剧、花鼓灯歌舞剧等多个剧种共22台精彩剧目。9月9日中央电视台、安徽卫视联合举办“第二届寻找七仙女”活动落下帷幕。经过投票,演员袁媛、郑玉兰、夏圆圆、魏瑜瑶、熊东旭、潘柠静、邬云等7人获得“七仙女”称号。2月省黄梅戏剧院赴美国进行访问演出。3月安庆再芬黄梅艺术剧院应邀参加国家大剧院“黄梅戏艺术周”活动,5月20—26日参加“高雅艺术进校园”活动。安徽省徽京剧院和安徽报业集团《徽商》传媒合作,推出“重走徽班路”巡回演出活动,在合肥、上海、安庆、北京人民大会堂演出大型新创徽剧《惊魂记》。11月17—23日省戏剧家协会组织20名戏剧家及部分省辖市戏剧观摩团赴苏州开展“感悟当下戏剧 开拓创新思维”观摩学习活动。

【戏剧创作】2013年,安徽省黄梅戏剧院创作大型古装戏《小乔初嫁》,安徽省徽京剧院创作《惊魂记》,安徽省话剧院创作大型话剧《徽商传奇》,马鞍山艺术剧院创作黄梅戏《凤栖巷》、儿童剧《小雨贝梦幻奇遇记》等。

【省戏剧家协会第六次代表大会】12月31日在合肥召开。黄新德代表省剧协第五届主席团作《坚持稳中有进 为文化强省建设增光添彩》工作报告,王长安作《关于〈安徽省戏剧家协会章程〉修改草案的说明》,大会审议《安徽省戏剧家协会章程(修改草案)》,王礼福等76人当选省剧协第六届理事会理事,王长安当选主席团主席,刘传师等11人当选副主席,大会聘请黄新德为省剧协第六届名誉主席,杨刚、侯露为顾问。

音　乐

【概况】安徽省音乐家协会(简称省音协)创建于1960年2月,是全省音乐工作者专业学术性团体,在音乐创作、理论研究、音乐表演、民族民间音乐整理挖掘以及社会音乐普及等诸多领域作出较大成绩。20世纪80年代,省音协与中国音乐家协会联合举办《在希望的田野上》征歌活动,产生广泛影响。省音协是中国音乐家协会团体会员。

【音乐活动】2013年,省音协先后举办“安徽省第四届古筝大赛”“安徽省第六届西洋管乐大赛”“第九届中国音乐金钟奖安徽赛区选拔赛”。在“美丽中国——第五届安徽省合唱节”中,全省共有24支合唱团近2000名合唱队员参加。当年省音协积极参加全国性音乐活动,其中重要活动有:①安徽省歌手陈燕妮在“第九届中国音乐金钟奖声乐比赛”中获得民族组铜奖,是本省歌手12年来获此大奖。中国音乐金钟奖是中国音乐界综合性专家大奖,每三年一届,是与戏剧梅花奖、电影金鸡奖并列的国家级艺术大奖。②安徽乐团“徽之韵”组合在第10届中国艺术节“中国民族器乐民间乐种组合展演”中获得

省音乐家协会第六次代表大会

"演奏奖"。③在中国音乐"小金钟奖"第二届全国少儿二胡比赛中，本省段萧芮、胡艳、董航分别获得金奖、银奖、优秀奖，郑磊、王先锋、刘艺获优秀指导教师奖，省音协获最佳组织奖。④在中国音乐"小金钟奖"第三届全国少儿小提琴比赛中，本省恰恰获金奖，张婧获、张乐天获银奖，赵若瞳、曹雨辰获铜奖，田丰、孙家鸣、邵光禄、陈立煌获优秀教师奖，省音协获优秀组织奖。"小金钟奖"是中国音协专门为全国少年儿童设立的全国性音乐奖，本省少儿音乐教育，尤其小提琴基础教育率先进入全国先进行列。⑤在"纪念中国合唱100年暨第十二届中国合唱节"中，本省金安徽合唱团获得银奖。金安徽合唱团成立于1997年，曾多次在全国性合唱比赛中获大奖。⑥在"第三届中国职工艺术节"中，本省青年歌手张研获得美声组一等奖，刘松、徐美芳获得民族组三等奖，刘理、张结等人获得器乐类组二等奖，省文联、省音协获优秀组织奖。"中国职工艺术节"是全国性职工文艺盛会，具有广泛影响。

【音乐创作与评论】歌曲《红红的太阳升起来》，汪永年作词，盘龙作曲。歌曲分别在"2013年中央电视台春节电视联欢晚会"节目、中央电视台"第十五届全国青年歌手电视大奖赛"决赛中被歌手选用，并获得"中国广播影视大奖2011—2012中国原创歌曲"大奖最佳人气奖。

歌曲《江南女花中花》，李幼容作词，谢林义作曲。歌曲在中国音乐家协会与中国唱片总公司联合举办"美丽中国"大型征歌活动中获优秀创作奖，并在中央电视台综艺频道、音乐频道多次播出。

"第四届安徽省音乐论文征集评选"活动。由省音乐家协会与省文艺评论家协会联合举办，共收到论文58篇。其中王安潮《唐代大曲结构名词考》获一等奖；施咏《梅庵琴派传承现状调查与思考》、王善虎《论声乐演唱中的感觉与认知》获二等奖；罗可曼《基于文化自觉理论下的音乐教育》，程炳杰《徽风皖韵·黄山黄梅——姚盛昌的交响曲〈黄山·黄梅〉评析》，叶键、黄敏学《18世纪西方传教士的中国音乐研究及其学术史影响》获三等奖。本届音乐论文数量、质量比往届有较大提升。

【演出活动】2013年，省音协在合肥举办《经典名曲——管乐交响专场音乐会》，邀请荷兰皇家交响管乐团、俄罗斯国立爱乐交响乐团参加"和谐旋律唱响江淮——大型公益音乐活动"交流演出。7月13日至8月17日，安徽乐团民族管弦乐团"徽之韵"音乐家小组参加加拿大"枫华国际艺术节"，演奏创编音乐节目《皖风徽韵映红枫》。10月27日至11月4日，应澳门特区政府民政总署邀请，省歌舞剧院携带花鼓灯歌舞作品参加"中国·葡语国家经贸合作论坛(澳门)成立十周年暨第五届中国·葡语国家文化周"，10天时间共演出7场，赢得广泛好评。当年安徽乐团、安徽省歌舞剧院在安徽艺术剧场演出"忆之声——纪念毛泽东同志诞辰120周年音乐会"。

【安徽省成立首个"歌剧沙龙"】2013年2月，安徽省歌舞剧院、安徽乐团共同成立"歌剧沙龙"。沙龙不仅给真正喜爱歌剧、热爱歌剧的演员们提供展示自己的舞台，也为全省观众提供一个欣赏歌剧的机会。"歌剧沙龙"将不定期举行歌剧演出，让高雅歌剧艺术真正走进省城市民生活。

【省音乐家协会第六次代表大会】12月2—3日在合肥举行。省委宣传部常务副部长郎涛出席开幕式。谢林义代表省音协第五届主席团作题为《凝心聚力、开拓创新、谱写音乐事业繁荣发展的新篇章》工作报告，盘龙作《关于〈安徽省音乐家协会章程〉修改草案的说明》，肖燕等73人当选为省音协第六届理事会理事，盘龙当选为安徽省音乐家协会第六届主席团主席，丁叮等9人当选为副主席。

舞　　蹈

省舞协选送作品参加中国舞协“荷花·少年”全国(中学)校园舞蹈展演

【概况】安徽省舞蹈家协会（简称省舞协)成立于1983年1月，是全省舞蹈艺术家和舞蹈工作者协会。省舞协在全省吸收舞蹈表演、编导、理论、教育、编辑、管理及在群众舞蹈组织活动中卓有成就的舞蹈家为会员，举办多种专业舞蹈、企业舞蹈、中青年舞蹈、少儿舞蹈赛事，开展舞蹈学术研究活动，进行舞蹈考级和社会少儿舞蹈教师培训，舞蹈作品曾获第3届、第6届、第9届中国舞蹈“荷花奖”银奖和“小荷风采”金奖。2013年省舞协共有个人会员1031人，其中中国舞协会员253人；当年省舞协新增会员51人，推荐加入中国舞协会员13人。

【舞蹈活动】*舞蹈比赛与交流*。5月25日，省舞协在合肥举办“第7届安徽省少儿舞蹈汇演”，该活动每两年举办一次，本届汇演共收到全省报送创作作品54个。5月25日，由中国舞协社会教育委员会主办、省舞协承办的“第238届中国舞协少儿舞蹈展演”在合肥举行，本届展演共收到全省报送参赛作品79个。7月2日，在合肥举办“第3届安徽省‘小葵花奖’新农村少儿舞蹈汇演”，该活动每两年举办一届，经评审，有18个节目入围决赛演出。7月26—31日，省舞协选送8个作品参加“第7届‘小荷风采’全国少儿舞蹈展”，其中《海阔凭鱼跃》《十一点半》《俺们会跳花鼓灯》《逛超市》《大河湾的孩子们》等5个作品获得“小荷之星”称号(金奖)，《圈圈乐》《小蝌蚪的烦恼》《棋趣》3个作品获得“小荷之秀”荣誉称号(银奖)，省舞协获得优秀组织奖。7月20—23日，在“中国舞协‘荷花·少年’全国(中学)校园舞蹈展演”中，本省选送的舞蹈《怪物史瑞克》《舞之梦》获得“小荷尖尖”称号。8月3日，安徽省选送《海阔任鱼跃》《俺们会跳花鼓灯》参加中央电视台《舞蹈世界》“五彩缤纷夏令营”电视展演。11月11—14日，省舞协选送作品《水欢鱼跃》《花鼓佬》参加“第九届中国舞蹈‘荷花奖’民族民间舞蹈大赛”，合肥市演艺公司歌舞团群舞《水欢鱼跃》获得作品银奖，省歌舞剧院独舞《花鼓佬》获得表演银奖，省舞协获得优秀组织奖。12月，在中央电视台《舞蹈世界》栏目展播活动中，本省

第三届安徽省新农村少儿舞蹈汇演

省舞协第五次代表大会

2013年4月23日，河南省文联副主席苗树群率队到安徽调研

选送作品《花儿为什么这样红》获得优秀表演奖，省舞协获得优秀组织奖。

观摩学习。3月5—7日，在合肥举办安徽省少儿舞蹈创作研习班，中国舞蹈家协会等5位著名少儿舞蹈编导应邀授课，介绍创作经验。4月10—11日，在合肥举办第2届安徽省舞蹈编导高级研修班，中国舞蹈家协会冯双白、罗斌等4位全国舞蹈专家来皖授课。4月23日，河南省舞协、河南省歌舞剧院考察安徽文化惠民工程“新农村舞蹈教室”试点项目。7月26—31日，安徽省部分少儿舞蹈编导赴北京观摩第7届“小荷风采”全国少儿舞蹈展演。10月21—24日，省部分专业舞蹈编导赴山东观摩第10届中国艺术节舞剧比赛。11月11—14日，省部分专业舞蹈编导赴贵阳观摩第9届中国舞蹈“荷花奖”民族民间舞蹈大赛。

舞蹈惠民活动。8月11—16日，省舞协2名舞蹈教师到金寨县为当地中心小学和幼儿园专兼职舞蹈教师70人进行为期一周舞蹈培训，为金寨县“新农村舞蹈教室”进行专业指导。10月16日，省舞协组织专家研讨会，对《水欢鱼跃》《花鼓佬》进行加工指导，使2个舞蹈作品在全国“荷花奖”民族民间舞蹈大赛中获得银奖。

【舞蹈人才建设】9月10日，淮南八公山小天鹅艺术培训中心被省舞协批准为“中国舞蹈家协会《中国舞蹈考级》考级点”“安徽省舞蹈家协会少儿舞蹈培训基地”。当年，省舞协共举办各类舞蹈培训班、研讨班近20期，参训学员1000余人次。

【省舞协第五次代表大会】2013年10月11日在合肥召开，来自全省92名代表参加会议，省委宣传部常务副部长叶文成出席大会并讲话。大会选举产生省舞蹈家协会第五届理事会、主席团，张居淮当选为主席团主席，王成等8人当选为副主席，崔玲玲等50人当选为理事。

杂　　技

【杂技活动】2013年，省杂技家协会（简称省杂协）与安庆安徽省黄梅戏职业学院达成设立杂技专业班协议。当年省杂技团创作杂技剧《美丽的梦》，先后在德国6个城市演出3个月、166场，票房收入60余万欧元。省杂协组织开展本省中国杂技老艺术家推荐和传略撰写工作，《中国杂技老艺术家传略》于12月正式出版。9月，“安徽省首届魔术比赛”落下帷幕，全省共有60个魔术节目参加比赛，其中有

省杂技团创作的大型杂技剧《美丽的梦》

17个节目进入决赛，共产生舞台组和近景组金、银、铜奖各6名；近景组王右右获一等奖，刘洋、张桥获二等奖，吴阳、罗靖、何垚获三等奖；舞台组杨春泽获一等奖，俞月祥、倪俊获二等奖，张森森、朱广源、王右右获三等奖。刘铭源获少儿魔术节目优秀表演奖。11月，安徽省杨春泽获"第四届长三角地区'金手杖'魔术大会"舞台组特别奖，刘铭源获少儿组铜奖。12月，"安徽省第三届民间杂技艺术节"在临泉县举办。

【省杂技家协会第五次代表大会】 12月31日在合肥召开。焦长响代表省杂协第四届主席团作《服务大局 开拓进取 开创安徽杂技事业的美好未来》工作报告，张志翔作《关于〈安徽省杂技家协会章程〉修改草案的说明》，大会选举邓大伟等32人为省杂协第五届理事会理事，选举陈坚为省杂协第五届主席团主席，许梅花等6人为副主席。聘请焦长响、程圣清、杨志远为省杂协第五届主席团顾问。

艺术研究与教育

【安徽省艺术研究院】 安徽省艺术研究院成立于1979年，时名"安徽省文学艺术研究所",2008年更名为"安徽省艺术研究院"，主要从事艺术学科理论研究、戏剧创作与管理，是全省重要的艺术科研中心及重要的戏曲创作中心之一。2013年，省文化厅成立安徽省艺术科学规划领导小组，下设艺术科学规划领导小组办公室，其日常工作由安徽省艺术研究院承担。2013年安徽省艺术研究院共有在职人员29人，其中正高职称3人，副高职称6人。

2013年，安徽省艺术研究院省公益项目《安徽民间祭祀艺术》结项出版，省级课题《安徽话剧观念史》、国家青年基金项目《新时期中国电影叙事研究》、国家社科基金重大项目《农民工与城市公共文化服务体系》、省级项目《黄梅戏班社研究》、省级项目《安徽文化产业现状及发展前景对策研究》等项目进展顺利。成功申报省级项目《安徽传统剧种音乐艺术档案数字化建设与研究》，启动省委宣传部项目《安徽省黄梅戏人才现状调研》。自筹经费编印的内刊《安徽省艺术通讯》创刊出版，完成安徽省艺术科学专家库专家补充更新及全国艺术科学专家库本省人选的推荐上报。完成2013年度安徽省艺术科学规划课题的管理、申报、评审等工作，编辑《2011—2012安徽省文化创新成果报告蓝皮书》。在当年"第27届田汉戏剧奖评奖会"中，由省艺术研究院《新戏剧》编辑部提交的《创新：黄梅戏传统剧目改编的必由之路》(李春荣)《试论预言者阿尔托及其残酷戏剧》(刘明厚)2篇论文获二等奖，《现代置换：走进当下的传统戏剧——评黄梅戏遗产抢救剧目〈鸳鸯剑〉兼谈传统剧目改编》(赵蓉)获三等奖，剧本《老警理发》(汤力帆)获三等奖。徐志远作曲的秦腔《花儿声声》、五音戏《云翠仙》、黄梅戏《妹娃要过河》分获第十四届"文华奖"地方戏曲类文华大奖、地方戏曲类文华优秀剧目奖、文华音乐创作奖，作曲家时白林先生作曲的《雷雨》获第十四届"文华奖"地方戏曲类文华优秀剧目奖、文华剧作奖、文华导演奖、文华音乐创作奖、文华表演奖等多个单项奖，主创的黄梅戏经典剧目《女驸马》获第六届巴黎中国戏曲节特别奖，郭因先生获得中国美术家协会授予的"卓有成就的美术史论家"称号，一级编剧、院长李春荣当选为全省宣传文化领域拔尖人才，助理研究员赵蓉当选为全省宣传文化领域青年英才。

美術書法攝影

楊興玲書

□美　　术
□书　　法
□摄　　影

美 术

【美术展览】童乃寿中国画展。2013年3月17日,由省委宣传部、中国美术家协会艺委会、省文化厅、省文联、省文史馆、合肥市委宣传部在中国美术馆共同主办,展出童乃寿40年来不同时期、不同风格和不同形式作品200多幅,其中有不少早期山水画写生小品、书法作品以及大幅山水画黄山景色为首次与观众见面。

论古证今——首届中国地域美术发展战略论坛暨当代中国画名家邀请展。3月26日,由中国画学会、省文化厅、省文联、合肥市委宣传部、省文史馆在安徽省博物馆(老馆)主办,展出明清各画派代表性画家原作,同时举办"中国地域美术发展的进程与趋势"专题研讨会,同期出版理论文集和精装画集。

中国徽文化艺术展示中心揭牌仪式暨首届皖籍书法美术民间工艺名家精品邀请展。5月26—31日,由省委宣传部、省文联在北京举行开幕式。全国政协原副主席、中国文联主席孙家正等领导以及著名艺术家出席开幕式并参观展览。安徽省委常委、宣传部部长曹征海在开幕式上讲话。中国徽文化艺术展示中心由安徽省文联、北京正东艺术馆联合创办,旨在提升安徽地域文化影响力、推进文化与市场融合、培育安徽文艺名家大家、丰富北京市民和中外游客文化生活。首届皖籍书法美术民间工艺名家精品邀请展共展出本省艺术家赖少其、亚明等先辈大师、民间工艺大师传世珍品,其中书画作品149件、民间工艺作品近100件。

宰贤文中国画。6月26日宰贤文中国画展在安徽省博物馆举行,同时由安徽美术出版社出版《宰贤文中国画》。

"新安墨韵"安徽画家6人岭南行画展。7月26日,由省美术家协会、岭南画院等在岭南美术馆主办,共展出杨国新、王仁华、刘有成、廖新、吴蒙、袁健等6人的中国画作品62件。这些作品反映出安徽绘画当代"徽风",展示安徽当代绘画艺术实力与创作风貌。

胸中情愫 笔底莲华——刘根才九华山中国画作品展。9月24日在九华山风景区(文化馆)开幕,共展出刘根才精品画作48件,作品形式多样、内涵丰富,表达作者对九华山眷眷深情。

迎国庆"徽风颂"美术作品展。9月28日在黄山市城市展览馆开展。共展出作品130件,其中优秀作品30件。

新娄东画派作品展。9月28日在合肥市亚明艺术馆举办,共展出以朱屺瞻、宋文治等为首的"新娄东画派"山水画家作品80余件,展览期间还邀请省内知名书画家、艺术评论家进行座谈研讨。

徐华翔作品展。10月18日在亚明艺术馆展出。

溢色·林加冰作品展。11月2日在安徽博物院开幕,展出林加冰2010—2013年富有东方情调表现主义油画作品,同时展出其21世纪期间创作的《溢色》《山水间》等系列作品。林加冰曾任安徽师范大学美术学院教授、安徽油画研究会会长、上海理工大学艺术设计学院教授。

亚明中国画作品展。11月12日在江苏省常熟市常熟美术馆开幕。

肖煦诗书画印作品展。11月13日在合肥市久留米艺术馆开幕。

高鸣油画展。11月16日在合肥中环艺术馆开幕,共展出高鸣近年创作油画作品30余幅。

安徽新徽派美术赴英国作品展。12月3日在英国剑桥大学艺术中心开幕。本省60位安徽美术家前往英国参加开幕式并开展文化交流,共展出油画、国画、版画作品100余件。本次展览是继走进韩国、俄罗斯、美国之后,本省新徽派美术又一次走出国门,与西方艺术开展对话交流活动。

首届安徽省粉画作品展。12月14日在合肥政务区中国徽文化艺术馆展出,著名水粉画家杭鸣时、丁薇,水彩画家柳新生等出席开幕式。

杜仲旅欧油画写生作品展。12月28日在合肥中国徽文化艺术馆开幕,共展出杜仲旅欧油画写生作品118幅。

【中国徽文化艺术馆开馆】11月18日举办开馆仪式,中国徽文化艺术馆位于合肥政务文化新区。同时举办"2013安徽青年美术大展",展出本省国画、油画、版画、雕塑、水彩画最新学术成果。中国徽文化艺术馆旨在弘扬徽文化、推广安徽艺术家创作成就、为艺术家发挥艺术才华营造良好环境。艺术馆面积2000多平方米,将被打造成为一个集创作展览、交易交流等多种功能于一体的艺术集聚区。中国徽文化艺术馆将与中国徽文化艺术展示中心通过资源共享、优势互补、同步发展,努力构建事业与产业共发展、社会经济效益同提高的文联和文艺工作大格局。

【省重大历史题材美术创作工程】省重大历史题材美术创作工程,旨在用美术形式表现近现代安徽重大历史事件和历史人物。工程历经3年的精心组织和推进,有50个题材的 53 幅(件)作品于 2013 年进入收官阶段，其中 19 件国画、9 件版画已由省书画院装裱，20 件油画、5 件雕塑正在装框制作，拟于 2014 年国庆之际与观众见面。

【美术活动】3 月 29—30 日，安徽省美术家协会在黄山市召开安徽省美术创作座谈会，同时为安徽省油画学会黄山写生创作基地举行揭牌仪式，本省美术精英和学术带头人参加会议。

4 月 26—28 日，省文联组织艺术家开展书画作品赈灾慈善义卖活动，向四川省雅安地震灾区奉献爱心、支援重建，全省各地书法家、美术家精心创作书法、美术作品 100 幅，共筹得爱心善款 206 万元，经省爱心助学协会统一捐赠给雅安地震灾区学校和学生。

5 月 19 日，安徽省美协水彩画艺术委员会在合肥召开换届大会，丁寺钟被聘为本届水彩画艺术委员会主任。

6 月 4 日，安徽省工笔画学会在合肥召开换届大会，全省工笔画学会代表 60 余人参加会议，中国工笔画学会常务副会长、秘书长萧玉田等出席会议，朱秀坤、王仁华当选为名誉会长，谢宗君当选为会长。

8 月 30 日，安徽省美协中国画艺术委员会在合肥举行成立大会，张松当选为主任。省美协中国画艺委会成立后，将举办各种规模的中国画学术专题展览和研讨会，编辑出版有关著作和画册，提升本省中国画创作整体水平，推动安徽中国画走向全国。此前全国中国画学会在北京成立，安徽画家王涛、张松、黄少华、王仁华、谢宗君当选为理事。

11 月 25 日，中国美协换届大会在北京召开，本省画家张松、杨国新、王佛生、班苓当选为理事。

12 月 30 日，安徽省美术理论研究会会长刘继潮“‘游观’智慧——中国古典绘画空间理论与实践学术研讨会”在合肥举行，同时举办“‘游观’智慧——中国画学术专题展”。

【省美协各专委会活动】巾帼书画会。3 月 8 日由巾帼书画会主办“十二巾帼丹青书画作品展”，共展出巾帼书画会 12 名会员 60 多幅作品。3 月 7 日举办田虹个人画展。

少儿艺委会。6 月，省美协与中国人寿保险公司安徽分公司合作举办“第三届牵手国寿·梦想家园少年儿童书画作品展”，共收到作品 1456 件，从中评出金奖 8 件、银奖 18 件、铜奖 61 件报送全国参加总评选。当年，省美协少儿美术艺委会还主办“首届安徽省小画家美术作品展”，共收到来自全省作品 1000 余件，从中评出金奖 15 件、银奖 30 件、铜奖 60 件、优秀奖 240 件。

漫画艺委会。2013 年分别举办“首届安徽(芜湖)安全生产漫画作品展”“韩一民绿色合肥漫画展”，陈定远为芜湖市绘制讲文明、树新风漫画，韩一民出版漫画类图书 1 部。

陶瓷艺委会。1 月 12 日举行安徽省陶瓷艺术委员会一届三次委员年会，决定增设艺术陶瓷、日用陶瓷、建筑陶瓷、艺术理论等艺委会。4 月 26—28 日，丁南洋、许怀喜参加“艺脉相承”鄂湘赣皖 4 省当代漆艺、陶艺作品展研讨会及新闻发布会。

雕塑艺委会。当年组织全省雕塑家参加 2013 年中央电视台雕塑大赛，这是中国首次在央视举办的影响海内外的雕塑大赛；安徽省有百件作品参赛，其中有 3 件作品获奖。省城市雕塑院与雕塑艺委会联合出版画刊《城市·雕塑·艺术》，是本省首本以雕塑命名的大型刊物。当年雕塑艺委会分别为淮南京福高铁广场设计 16 米主雕塑《世纪玄鸟》，为合肥桐城路设计大型百米浮雕《桐城派历史人文之光》。

安徽省直机关书画协会。当年举办“春和景明——安徽省直机关书画家协会成立 20 周年作品展”，共收到省直和中央驻皖单位书画作品 500 多件，展出 300 多件，入编书画集 200 余件。展览还邀请省领导和省级老干部题写贺词，35 位厅局负责人奉上佳作，30 多位知名书画家拿出精品力作。

安徽省油画作品晋京邀请展开幕式上，省美协主席张松致辞

【省辖市美术活动】1月18日，马鞍山市举行“迎新春全国名家书画邀请展”。

2月5日，滁州市举办“‘大美琅琊’全国书画名家邀请展”。

3月24日，由中国美术院、安徽省美术家协会在黄山市共同主办“张此潜画展”，全国政协常委、中国书法家协会副主席苏士澍，中国文联副主席、中国美术家协会主席刘大为，中国国家博物馆馆长吕章申，安徽省美术家协会副主席王佛生、赵规划等出席开幕式。

4月6日，由中国美术院、淮北市政府、淮北市委宣传部、安徽省美术家协会主办“精致淮北·寒香冷艳——李俊香花鸟画展”在中国美术院开幕。

4月，池州市美协与石台县委、县政府共同主办“中国书画名家邀请展”。

5月11日，“中国合肥市——韩国大田市美术书法作品展览”在合肥举办，合肥市美协组织画家创作46幅中国画、油画、版画、水彩画、水粉画作品参加展览。

6月26日，由合肥市委宣传部、上海市恒源祥集团等单位主办，合肥市美术家协会承办的2013第二届“江海交融”上海、南京、合肥美术作品交流展在合肥开幕，共展出作品106幅。

12月15日，由省美协主办、铜陵市美协承办的“绘梦铜都·铜陵市首届公共书画展”在铜陵市开幕，展出作品170余幅，评出二等奖4幅、三等奖6幅、优秀奖10幅，并出版《绘梦铜都·铜陵市首届公共书画作品展展览集》。

当年，淮南王光明、耿广春作品《孙家鼐与京师大学堂》，芜湖李方明作品《无产阶级革命家——王稼祥》、吴同彦作品《芜湖开埠》、欧阳小林作品《渡江战役第一船》、倪建明作品《梦回故里》、刘玉龙作品《工业巨子周学熙》，安庆市范竟达、郑贤红、宫义、贾刚作品《太平天国安庆保卫战》，纪念、秦文作品《安庆内军械所》，凌晓星作品《兄弟碧血映红旗》，分别通过“安徽省重大历史题材美术创作工程”审定。合肥市林存安、张国琳、隋鸿君、刘泽荣、李国庆作品《湖与胜境》入选省政府“三江一湖·美丽安徽”大型美术创作工程。

【美术作品入展与获奖概况】2013年中国画情况：阜阳陈双侠作品分获“相聚宜兴”全国工笔画展优秀奖、“墨韵岭南”全国中国画展优秀奖、当代第九届工笔画展优秀奖，并分别入展2013年全国中国画展、纪念恽南田诞辰380周年全国花鸟画作品展、首届八大山人全国花鸟画展；段云峰作品《渴望》入展“泰山之尊”全国中国画展；赵紫藤作品《寒塘晓雾》入展“吉祥草原、丹青鹿城”全国中国画展，作品《晨韵》入展安徽省青年美展；殷晓溪作品入展纪念恽南田诞辰380周年全国花鸟画作品展；王铁汉入展中国画学会主办的第四届全国中国画展。

淮南耿广春作品《三秋桂子》入展2013全国名家国画作品邀请展；杨国彪作品《香远益清》、周庆安作品《天山情》获第四届“冀中杯”全国煤矿职工美术展优秀奖；

亳州任明作品参加全国中国画名家邀请展。

池州许建中国画《山居九华亦清凉》获安徽省第十届艺术节美术作品一等奖。

淮北孙君华、王根玲、秦胜水等作品入选首届八大山人全国花鸟画展。

黄山汪畋作品入选中国画学会主办的绿色和谐——第四届中国画作品展。

滁州童鹏作品《和平之师》入选“五年来全国性美展优秀中国画作品”；娄建国作品《蕉林清韵》入选“相聚宜兴”全国中国画展，《瑞雪满北疆》入展中国美术家协会“吉祥草原”中国画展；朱多全作品入展第四届全国回族书画展。

芜湖丁华作品《不倒翁》获2013年全国中国画作品展览优秀作品奖；丁爱平作品《岭南烟雨暗蛮溪》入选“墨韵岭南”全国中国画展览；郎华作品《九秋图》获第三届安徽省群文系统美术书法大展一等奖；班苓作品《老妇》入选在时代的“现场”——全国写生美术作品展。

马鞍山毛明珠作品《向天——中国未来天宫畅想》入选中国美协展览；屠也作品《围城花季》入选“泰山之尊”中国画展，《围城早春》入选“相聚宜兴”全国工笔画展并获优秀奖。

六安孙玉石作品《秋花盛开似春色》入选全国第四届中国画展，作品《盛夏》入选中国第六届花鸟画展；张君发作品《皖山瑞雪》入选安徽省文化厅美术作品展并获二等奖；杨杰作品《山高水长》入选北京春风颂——改革开放35周年美展并获金奖。

刘辉作品《玉堂秋》入选“相聚宜兴”全国工笔画展，作品《未来的歌谣》入选庆花博——纪念恽南田诞辰380周年暨全国花鸟画作品展，作品《思春》获“墨韵岭南”全国中国画作品展优秀奖；王涌作品《玉簪抛落做凡妆》入选“相聚宜兴”全国工笔画展，作品《不与寻常俗争艳》入选“吉祥草原”全国中国画展；陶小平作品《高鸣彻九洲》获“相聚宜兴”全国工笔画展优秀奖；孙跃宏作品《建设者的风采》，周建祥作品《繁花》，金杰作品《龟兹印象》，陈伟、童晓飞作品《灰色剧情》分别入选“功在当代2013第九届中国工笔画大展”。

陈伟作品《落花如诗》入选“相聚宜兴”全国工笔画展，作品《白色记忆》入选“泰山之尊”——中国画作品展；陈伟、童晓飞作品《树上的十二只鸟》入选庆花博——纪念恽南田诞辰380周年暨全国花鸟画作品展，作品《洗凝脂》入选“泰山之尊”——中国画作品展；曹丽梅作品《花间絮语》入选“金陵文脉”全国中国画作品展；赵松岩、安维奎作品《泰山松花迎絮飞之二》入选“泰山之尊”——中国画作品展并获优秀奖；查平作品入选中国名家邀请展、传世丹青——首届全国中国画名家学术邀请展。

2013年油画情况。芜湖鲁世萍作品《乘风破浪》、滁州曹培芹作品《家园》、蚌埠高鸣作品《初秋的池塘》、陈忠强作品《存在·生肖系列——龙》、张强作品《雪山祈福》、丁勇作品分别入选“2013年全国油画作品展”，其中张强作品获优秀奖。朱小平作品《小城故事》获第五届东北亚国际书画展铜奖。

2013年版画情况。班苓作品《野香流韵》《黄山魂(三)》入选中国现代水印版画文献展，作品《十二生肖牛·兔·狗》入选杭州(中国)第二届国际居室版画展，作品《甘南日记》《荷·青莲》应邀参加中国当代版画展；童兆源作品《腾飞·东方之子——奇瑞汽车组画》入选文化部第十届中国艺术节全国优秀美术作品展；白启忠作品《和谐·自然·家园》入选第二十届全国版画展，作品《故园之六》《水墨家园之徽州印象》入选中国现代水印版画文献展；徐寒杰作品《决胜千里》入选纪念邓小平诞辰110周年全国版画展，作品《闽苑遗迹》入选中国现代水印版画文献展；张国琳作品《1978年冬凤阳小岗村》、秦文作品《有阳光的日子》、黄健作品《新安江系列》入选时代印记2013中国金陵百家版画展；姚谷平作品《物是景非》、李培华作品《新春的里程》入选第二十届全国版画作品展；朱崧涛作品《残梦》入选以画说话——中国美术新青年艺术展；张国琳作品《汉代太学·独尊儒术》，班苓、陈伟忠作品《算盘与算法统宗》签约“中华文明”历史题材美术创作工程。

2013年水彩画情况。芜湖王彪水作品《炸鬼子去》入选第十届中国艺术节全国优秀美术作品展，作品《收工》入选深圳国际水彩画展；马鞍山刘鹏水作品《古韵》入选2013全国美术教师专业组二等奖；淮北李松雷作品《夏韵》入选深圳水彩画双年展；高清泉作品《初春的农贸市场》获安徽省第十届艺术节银奖。

2013年陶艺情况。丁南洋、宰贤文、许怀喜、郑云一、王庆春参加第七届中国国际文化博览会暨2013中国工艺美术品博览会，宰贤文作品《浅绛彩·山水箱器》、许怀喜作品《千里·迁离》获得博览会作品金奖。郑云一在北京国家大剧院举办“戏曲人生”个人陶瓷作品展。

2013年雕塑情况。在2013年中央电视台雕塑大赛中，徐晓虹作品《乡村童话》获学术奖，何文宏作品《建设新农村》、纪红作品《黄河之魂》获佳作奖。雕塑家徐晓虹获得省委宣传部授予的安徽省专业技术（文艺类）拔尖人才称号。

2013年漫画情况。韩一民获得安徽新闻漫画一等奖、全国法制漫画大赛三等奖；张以成作品获《讽刺与幽默》“水墨千秋”漫画大赛优秀奖；张以成、张学理作品入选“子恺杯”全国反腐倡廉漫画展；王瑞生作品获得2013年嘉兴“漫画端午”最佳主题奖、第二届“格丽特”杯全国水墨漫画大赛金奖、泗阳全国水墨漫画展优秀奖。刘道伟作品在温州日报新闻漫画大赛中分别获得三等奖、优秀奖，在“长祥杯”全国反腐倡廉漫画大赛中获得三等奖。

书　法

【“牵手雅安·爱心助学”慈善义卖活动】安徽省文联、安徽演艺集团、安徽省美术家协会、安徽省书法家协会、安徽商报、合肥广播电视台和安徽省爱心助学协会共同举办的“牵手雅安·爱心助学”安徽书画名家大型赈灾慈善义卖活动，2013年4月28日在安徽大剧院举

“牵手雅安·爱心助学”安徽书画名家大型赈灾慈善义卖活动

"中国书法进万家——走进精致淮北"启动仪式

行。安徽省文联书记处书记、省书法家协会副主席吴雪先生致辞。此次活动得到全省广大书画界的积极响应,短短4天收到爱心书画作品200多件,表达了安徽文艺界以及社会各界人士对四川雅安地震灾区的深切关爱,涌现出很多感人事例:90多岁的书画家捐出自己的作品,省书协主席张学群从云南专程寄来作品,合肥定远商会会长潘保春捐助5万元,中科大EMBA全体同学贡献10万元物品现场参与义卖,活动共募捐200.6万元。

【"帝度风采·书写中国" 安徽书法华夏行活动】11月23日,翰墨颂盛世,徽风再飘香,"安徽书法华夏行——北京站合肥汇报展"在合肥久留米中日友好美术馆开展。参展的百余幅书法作品,以安徽省当代书法名家力作为主,爱好书法艺术的广大朋友将有机会重温上一年度登陆首都北京时所引发的空前反响,领略欣赏古老而又充满魅力的"江淮书风"。

【开展"十进"活动 打造惠民品牌】安徽省书协2013年,突出的亮点是把开展书法"十进"活动作为工作重点和切入点,通过开展系列活动,着力打造书法惠民的新品牌。书法"十进"的具体内容为:进社区、进乡村、进学校、进军营、进企业、进机关、进园区、进景区、进少年宫、进养老院等。

近年来,安徽省书协把书法惠民摆上重要日程,始终坚持面向基层、面向群众,创造各种条件,积极开展"书法进万家"、书法下基层、书法江淮行等活动,让人民群众共享书法发展的成果;积极参与公共文化服务体系建设,大力实施书法服务的品牌化、制度化、规范化。"书法培训下基层""书法培训进企业"活动已坚持数年,所到之处,深受基层书法爱好者和人民群众的欢迎和拥护;积极开展城乡共建、区域共建、军民共建等多种形式的共建活动,鼓励支持书法家和书法工作者深入农村、厂矿、部队、学校、社区,满腔热情送书法给群众、种文化到基层,充分彰显了书法发展的公益性和民本性。

【吴雪书法展在深圳举行】6月25日,由安徽省文联、安徽省书协、安徽省书画研究院和深圳市文联、深圳市书协共同举办的《春天的故事——吴雪书法展览》在深圳关山月美术馆举行。吴雪先生用他的书法作品讲述了一个从凤阳小岗到深圳鹏城的改革、创新的故事。让人们从流动的书法线条中感受时代的变迁、感悟传统艺术与当代观念的内在联系,品味深圳30多年改革的成果。来自广东、安徽各界人士参观了展览。

【"中国书法进万家" 走进精致淮北】8月18日,纪念淮海战役胜利65周年"中国书法进万家——走进精致淮北"启动仪式举行。中国书协分党组书记、驻会副主席赵长青和淮北市委书记、市人大常委会主任肖超英等共同按下活动启动球。"中国书法进万家" 活动是中国书协组织开展的公益性文化惠民品牌活动,旨在为广大人民群众送上最好的精神食粮,丰富和活跃基层人民群众文化生活。在淮海战役胜利65周年之际,中国书协带领全国近百名艺术家,走进昔日的淮海战役主战场,缅怀先辈丰功伟绩,对淮北市书法意识的普及提高、文化建设,促进全市文化大发展大繁荣必将产生积极的影响。

【安徽省百千万书法人才培养工程启动】7月28日,由省书协主办的安徽省百千万书法人才培养工程暨首期百名富有发展潜能的中青年书法人才培训仪式在安徽电气职业技术学院举行,中国书协副主席陈振濂,四川省书协副主席洪厚甜,安徽省书协副主席吴雪、王亚洲、桂雍、张兆玉、傅爱国,安徽电气职业技术学院院长陈祥明等出席仪式。桂雍宣读了省书协主席张学群的书面讲话。安徽书坛富有朝气,发展很快,被中国书协党组书记赵长青誉为中国书法发展进程中的"安徽现象"。根据形势的发展,省书协近年来提出"转型、深入、提高"的发展战略,工作重心转移到实施人才培养上,着力打造书法"新皖军"。陈振濂、洪厚甜分别作"书法创作的认识论、价值观和方法论"和"楷书的学习和创作"专题讲座,他们深厚的学术素养和高超的教学艺术,深受学员好评。

【第二届安徽省中小学书法骨干教师高级研修班开班】由省教育厅主办、省书法家协会教育委员会协办、肥西师范学校承办的第二届安徽省中小学书法骨干教师高级研修班8月16日在肥西师范学校开班。举办全省中小学书法骨干教师高研班，是省教育厅和省书协贯彻教育部关于进一步加强中小学书法教育指示精神，促进全省书法师资建设的重要举措，参加学员大部分是省级书协会员，培训用全部由省财政列支。2012年暑期举办了首期培训班。

【省书协"百人工程"培训班第一组书法作品在肥展出】安徽省"百名富有培养潜力中青年书法人才"培训班第一组成员20人书法展于11月18日在合肥市艺元堂画廊开幕，省文联书记处书记、省书协副主席吴雪，省书协副秘书长史培刚，省书协内务部主任石海松及安徽书画网何泽厚，省书法家协会网网络总监张迅及第一组成员参加开幕座谈。史培刚对此次展览的作品和此次展览的意义做出高度评价，吴雪书记在给予高度评价的同时对第一组成员提出了更高的要求和方向。

【"帝度风采 书写中国" 皖军书法华夏行羊城启幕】皖军书法华夏行走进广东活动于11月23日在广东省博物馆拉开序幕.此次"走进广东"，是安徽书法界深入学习党的十八大精神，传承中华优秀文化传统，推动区域文化交流，促进皖粤经济文化创作发展的一次文化之旅、艺术之旅、交流之旅、友谊之旅、合作之旅，目的是向领改革风气之先、走转型升级可持续发展之路的广东学习，学习他们敢为人先的改革精神，学习他们的海纳百川的开放精神，学习他们创新发展的先进理念，学习他们博学众长、兼容并蓄的艺术态度。此次"皖军书法华夏行——走进广东"展览是一次向广东名家、大家学习，与同行交流的好机会，所以它也是一次学习展、交流展。

中国书法大厦奠基仪式

【省书协第五次代表大会召开】12月2—3日，安徽省书法家协会第五次代表大会在合肥开幕，来自全省各地的省书协代表出席大会。王亚洲代表第四届主席团作题为《高举旗帜 继往开来 再创安徽书坛新辉煌》的工作报告，傅爱国作《关于〈安徽省书法家协会章程〉修改草案的说明》。陈智等76人当选省书协第五届理事会理事。李士杰当选第五届主席团主席，方斌、王亚洲、韦斯琴、任智、刘廷龙、吴雪、吴礼奇、张兆玉、陈辉、陈建国、桂雍、傅爱国当选副主席。聘请张学群为省书协第五届名誉主席，方茂鸿、许云瑞、余国松、张宇为顾问。

【中国书法大厦在合肥奠基】12月28日，中国书法大厦奠基仪式暨安徽省书法艺术研究院揭牌仪式在合肥举行，来自全国数百名书法家参加。中国书法大厦是经过中国文联同意，中国书法家协会批准冠名，在合肥建设全国首座综合性高层次书法创研基地。中国书法大厦位于合肥市高新区科学大道与望江路交口，地面层高将达23层。据了解，这是中国第一座以"中国书法大厦"命名的大厦，大厦将集书法创作、研究、展览、销售和文房四宝供应于一体，对于推动中国书法艺术和书法产业都将起到巨大作用。

"帝度风采 书写中国"皖军书法华夏行羊城启幕

摄　　影

安徽省摄影家协会第五次代表大会

【摄影展览】 第二届“创意无限”——数码后期处理与创意学习班学员作品展。2013年6月，由省摄影家协会与合肥工业大学建筑与艺术学院图形图像工作室举办，展出“数码后期处理与创意学习班”学员代表作品，以提高摄影后期制作与创意水平。

“凡眼看世界”——鲍克境外摄影作品展。11月17—20日，由省文联、省摄影家协会、省旅游协会主办。

“在美丽的田野上·安徽美好乡村”摄影大展。11月28日，由省文联、省摄协在合肥举办，旨在纪念改革开放35周年，展现全省美好乡村建设成就。

沈醒狮——独龙江十年民俗摄影展暨研讨会。11月23—30日，由安徽师范大学传媒学院、省摄影家协会主办。

第二届“中国中铁四局杯”农民工·我的兄弟姐妹全国摄影大赛在合肥启动

【省摄影家协会活动】“美丽中国·安徽之旅”2013安徽摄影拉力赛。4—10月，省摄影家协会与中国摄影家协会《中国摄影报》合作，联合全省14个市县摄影家协会举行安徽摄影史上规模最大、历时最久、参与者最多的“美丽中国·安徽之旅”2013安徽摄影拉力赛，省摄影家协会开通“安徽省摄影家协会”官方微博，拥有摄影“粉丝”5200多人。此次活动达到宣传安徽地域文化、展现江淮大地无限魅力，加快促进摄影艺术普及和提高的目的。

摄影采风活动。当年，省摄影家协会分别举办“皖北风情”“新安源之春”“走进中国原生态山乡——石台”“走进养生福地 净土岳西”摄影采风创作活动，与省内外摄影家协会等多家单位合作，分别举办“‘上谷居杯’第三届黄山脚下最美油菜花摄影大赛”（3月15日至6月10日）、“2013雪花纯生中国古建筑摄影大赛安徽分赛区大赛”（3月16日至5月3日）、“中国京杭大运河沿岸城市摄影作品邀请展”（3月20日至6月30日）、“首届‘中国好风光’全国摄影大擂台·霍山站比赛”（3月22日至7月20日）、“第三届‘国色牡丹·美丽铜陵’摄影比赛”（4月2日至6月20日）、“‘无梦徽州 醉美绩溪’风情摄影大赛”（4月2日至10月31日）、“第四届‘休闲养生在徽州’全国摄影大赛”（4月2日）、“‘大美绩溪 锦绣龙川’全国摄影大展”（4月11日至7月10日）、“第二届燕子河大峡谷‘寻找最美七仙女’古装泳装模特摄影大赛”（4月23日至10月1日）、“九华山大愿文化园摄影大赛”（6月10日）、“我为‘候鸟’拍张照”大型摄影公益行动（7—8月）、“‘顺达集团杯’铜陵市

摄影工作者赴霍山开展“送温暖、下基层”活动

首届‘人与车’摄影大赛”(7月19日至8月28日)、“飞思·阿尔帕(合肥站)摄影体验活动”(8月9日)、“安徽省摄影艺术与PS创意研讨会”(9月21日)、“2013中国安徽第十届国际汽车展‘奇瑞汽车杯’摄影大赛”(9月30日至10月4日)、“2013卡西欧杯‘魅力中国’全国摄影大奖赛”(9月至11月30日)、“‘莲峰云海’摄影大赛”(10月1日)、“‘东尼数码杯’2013秋色拾影摄影比赛”(10月11日至11月25日)、“‘情系江淮 普惠金融’摄影大赛”(10月25日至12月5日)、“‘保荣杯’首届安徽广告摄影作品大赛暨年度优秀广告摄影师评选”(11月15日)、“2013‘狮林杯’黄山冬季风光摄影大赛”(12月1日)。

协会工作。12月,省摄影家协会召开第五次代表大会,选举产生新一届理事会和主席团,陈志勇当选为省摄影家协会第五届主席团主席,新增加的6名副主席均来自全省各市摄协。当年,中国摄影家协会主席、分党组书记王瑶分别赴黄山市和舒城县乡村调研考察基层摄影工作,对安徽摄影近年来取得的成绩给予充分肯定。

【摄影作品及理论成果】2013年,安徽摄影家在《中国摄影》《大众摄影》《中国摄影家》《摄影世界》《摄影之友》《摄影与摄像》《影像视觉》《照相机》《人民摄影》等国内知名摄影刊物上发表多幅摄影佳作。在第24届全国摄影艺术展览、中国第15届国际摄影艺术展览、美好中国·全国群众文化摄影作品大展、阿根廷国际摄影大赛、中国铁路2013摄影大展、2013上海国际“郎静山摄影艺术奖”慈善摄影大赛、“雪花纯生”2013中国古建筑摄影大赛、2013“伯奇杯”中国创意摄影大展、2013首届“天翼手机杯”全国摄影大展、第6届“美丽中国”全国风光摄影艺术大展、美国(中国)PSAChina国际摄影大赛等多项国内外比赛、展览中获得诸多奖项,并获得“2013年度佳能十佳专业摄影师”“柴达木杯”第4届寻找中国数码摄影师摄影大赛“中国十佳数码摄影师”等称号。出版和发表《戈公振国外新闻图片研究——以〈良友〉画报为考察中心》《读图时代摄影与绘画的关系》《从恒河到印度洋——行摄印度》《徽州:捡拾历史的碎片》《皇藏峪·古老的传说》《天真的摄影家》等具有较高摄影理论水平和研究价值的著作和文章。

组织摄影家赴休宁县采风

省摄影家协会举办摄影创作班

董华创作的《新潮一族》获“在美丽的田野上·安徽省美好乡村”摄影大赛一等奖

张红涛创作的《雾色山峦》获“在美丽的田野上·安徽省美好乡村”摄影大赛 一等奖

汪顺陵创作的《秋阳晨炊》获安徽山水风光摄影大赛一等奖

陆士德创作的《雾浴淮南生态湿地》获安徽山水风光摄影大赛二等奖

赵陶春创作的《映霞飞流瀑》获安徽山水风光摄影大赛二等奖

吴强创作的《晨雾弥漫》获安徽山水风光摄影大赛二等奖

□图书馆

□博物馆·纪念馆

□文化馆

圖書館博物館文化館

童樹根題

图 书 馆

【全省公共图书馆概况】截至2013年年底，全省共有公共图书馆（含少儿图书馆）107个，其中省级馆1个、市级馆15个（六安市暂无市级图书馆）、县级馆87个、少儿馆4个。在当年全国第五次公共图书馆评估中，本省共有85个公共图书馆（含少儿馆）上等级，其中一级馆34个，二级馆22个，三级馆29个。

【安徽省图书馆概况】安徽省图书馆创建于1913年2月，前身是安徽省立图书馆，1953年4月在原皖北区合肥图书馆基础上正式建立安徽省图书馆。2003年，在原址扩建并正式对外开放，面积达3.69万平方米。省图书馆是安徽最大的文献信息中心，中国数字图书馆安徽分馆、全国公共文化发展中心安徽省级分中心、安徽省古籍保护中心以及全国图书馆联合编目中心安徽省分中心均设在该馆。2013年，省图书馆共接待读者118.87万人次，书刊外借179.5万册次；网站访问总量269.4万页人次；办理读者借阅证3.4万张，有效持证读者16.24万人。省图书馆服务品牌主要有“新安百姓讲堂”“助困爱心一日捐”“优秀书刊漂流行”“读者英语沙龙”“残障人士读书文化日”和“少儿假期主题阅读”等。

2013年是省图书馆建馆100周年。11月12日，省图书馆举行了简约而热烈的建馆100周年纪念仪式，省委常委、宣传部部长曹征海，文化部原副部长、国家图书馆馆长周和平出席并讲话，全国各省（区、市）图书馆、省内各市县图书馆和部分高校图书馆馆长及相关单位负责人应邀参加。纪念活动在“节俭办活动”的原则下取得圆满成功。

【资源建设】2013年，省图书馆入藏纸质文献资源5.55万种，14.14万册；数字资源采购经费增长至119.51万元，购置了《中国博、硕士论文全文数据库》《维普全文期刊数据》《新东方多媒体学习库》《博看期刊数据库》等一批读者需求量大的数字资源。截至2013年年底，省图书馆藏资源总量365万多册（件），数字资源总量66.58TB。

省图书馆在开展基本阵地服务的基础上，为党政机关决策、科研、经济建设和社会读者提供信息服务。通过现场与虚拟参考咨询、编制专题信息、舆情信息报送等方式满足社会各界的信息需求。全年，编制《文化剪报》《文化聚焦》《信息参考》等各类专题文献共62期，搜集原始文献3389篇，编辑文字111.67万字。

安徽省图书馆建馆100周年纪念活动

【读者活动】2013年，省图书馆读者服务的品牌意识进一步加强，各项服务品牌的内容和形式明显深化和拓展。“新安百姓讲堂”全年共开展讲座51场。为了更广泛地传播讲座资源，使公益性讲座向下延伸、向外辐射，积极与国家图书馆及各兄弟馆交流经验、展示成果。如送讲座到泾县、白湖监狱管理分局、太湖县；5月省图正式加入“中三角”四省公共图书馆联盟，与湖北省、江西省、湖南省图书馆联合开展“湘鄂赣皖历史文化名人解读”活动；与国家图书馆、全国妇联中国妇女活动中心合作举办“爱家讲堂”。助困“爱心一日捐”活动是省图书馆与安徽商报、安徽省希望工程办公室联合开展的大型公益活动。2013年在省图书馆举行募捐活动5次，参与活动2586人次，共收到社会各界捐赠的图书7501册、文具2792件、现金791元；向社会开展捐赠活动10次，在全省各地捐建“爱心快乐图书室”8个。“优秀书刊漂流行”活动在安徽高等医学专科学校和合肥工业大学两所高校开展图书漂流活动，受到师生们的广泛欢迎和积极参与，共放漂图书1040册，每校520册，回收率58%。举办“读者英语沙龙”活动74期，1860人参加活动，活动形式包括外教公开课、话题讨论，原版电影欣赏、圣诞派对、演讲比赛等。关注残障人士，开展5期“残障人士读书文化日”活动，参加人数约1400人。“少儿假期主题阅读”

助困“爱心一日捐”活动

活动全年共举办活动16期，包括“亲子阅读活动”5期、“亲子经典读书会”5期、“少儿英语沙龙”6期。

【文化信息资源共享工程】2013年，省图书馆共享工程数字资源建设成绩卓著，完成《安徽非物质文化遗产》《安徽历史文化名人》《安徽古建筑》《光辉烈士县——中国岳西英雄谱》等65集电视专题片的外景拍摄和51集的后期剪辑工作；拍摄完成文化共享工程《安徽大讲堂》16场，制作成片5场。向国家中心申报《安徽省公共文化数字支撑平台建设方案》，并获准成为国家第二批实施单位。组织2场全省范围内的集中技术培训，对全省320名各基层支中心技术人员进行集中技术培训。依托共享工程资源和网络，组织开展馆内馆外读者活动。为务工人员开展网上购票、视频团圆活动；为广大市民播放电影；向社区、学校赠送共享工程数字资源。

2013年5月10日，共享工程安徽省级分中心正式更名为全国公共文化发展中心安徽省级分中心，成为全国首家挂牌的公共文化省级分中心。功能向更广领域、更大范围、更深层次进一步拓展。

【数字图书馆推广工程】2013年，根据全省各级图书馆的技术和网络现状，进一步完善省、市级公共图书馆数字图书馆推广工程技术方案。完成中国政府公开信息整合服务平台安徽分站、唯一标识符系统和统一认证系统3个必配软件的部署工作。承办由国家图书馆、中国图书馆学会、安徽省文化厅主办的“网络书香·数字图书馆建设与服务”宣传推广项目（安徽站）系列活动，利用数字体验区为500多人次的读者提供数字文化体验服务。

【公共电子阅览室建设计划】2013年，根据文化部、财政部下发的《“公共电子阅览室建设计划”实施方案》，组织编写《安徽省乡镇街道社区公共电子阅览室配置标准》。组织专家对《全省公共电子阅览室总体建设》和《公共电子阅览室技术方案》进行论证。全年举办技术培训班2期，全省各支中心负责人和技术人员300多人参加培训。依托公共电子阅览室，开展各种读者活动9场，“春节电影免费大放送”“少儿读者暑期节目放映”“一路书香影展”“英语沙龙原版电影播放”等活动广受读者欢迎。

【中华古籍保护计划】坚持古籍再生性保护与原生性保护并重的方针，稳步推进全省古籍普查、古籍数字化、修复保护等工作，构建古籍文献长久传承体系，推动全省的省级珍贵古籍名录评选及古籍保护单位挂牌机制。全年提交古籍普查平台登记数据1414条，平台数字审核609条。完成与国家古籍保护中心签订的《中华珍贵典籍资源库共建任务书》古籍选目的数字化任务，向国家古籍保护中心提交36部珍贵古籍数据36528条。当年，省图书馆在古籍文献入藏方面，促成章伯钧家人向省图书馆续赠古籍善本，这批古籍在3月顺利运抵省图书馆，至此，章伯钧珍藏的存世古籍善本全部回归故里，由省图书馆永久珍藏。本次续赠古籍善本共39部702册，多为明本。

“网络书香·数字图书馆建设与服务”宣传推广项目（安徽站）系列活动启动仪式

博物馆　纪念馆

【全省博物馆概况】 截至2013年年底,全省有各级各类博物馆、纪念馆154座,其中隶属行业性国有博物馆25座,隶属文化文物行政管理部门的博物馆、纪念馆97座,民办博物馆32座;国家一级博物馆1座(安徽博物院)、二级馆7座(安徽中国徽州文化博物馆、安庆市博物馆、寿县博物馆、新四军军部旧址纪念馆、淮北市博物馆、淮南市博物馆、皖西博物馆)、三级馆22座(阜阳市博物馆、宣城市博物馆、巢湖市博物馆、亳州市博物馆、天长市博物馆、桐城市博物馆、金寨县革命博物馆、歙县博物馆、潜山县博物馆、祁门县博物馆、合肥市李鸿章故居陈列馆、朱然家族墓地博物馆、渡江战役总前委旧址纪念馆、中共淮海战役总前委旧址纪念馆、马鞍山市博物馆、宿州市博物馆、铜陵市博物馆、池州市秀山门博物馆、广德县博物馆、萧县博物馆、黄山市黄山区博物馆、淮北市刘开渠纪念馆);红色革命纪念馆13个,烈士陵园5个。

【安徽博物院】 安徽省博物馆成立于1956年11月14日,2010年12月28日更名为安徽博物院,2011年9月29日新馆建成开放。安徽博物院是党的三代领导集体核心视察过的博物馆,是国家一级博物馆、全国古籍重点保护单位。现馆藏文物22万余件套。建筑面积6.4万平方米,分新、老两馆。新馆常设展览《皖风徽韵——安徽历史文化陈列》,包括《安徽文明史陈列》《徽州古建筑》《新安画派》《安徽文房四宝》和《江淮撷珍》,老馆常设展览《安徽古生物陈列》和《潘玉良美术作品陈列》。截至2013年年底,在编职工170人,硕士学历以上41人,高级职称32人,享受国务院特殊津贴1人,享受安徽省政府津贴1人,省宣传文化系统"六个一批"人才3人,1人获"文化部优秀专家"称号。

当年,安徽博物院共征集藏品150件(套)。为省内外博物馆修复青铜器、陶瓷器125件(套),修复装裱字画66件(套)。举办各类临时展览26个,包括《镜里乾坤——铜镜背后的故事》《黄宾虹作品展》《潘学固书法篆刻作品展》等原创型展览;《匈奴与中原——文明的碰撞与交融》《意大利本体艺术展》《熠熠生辉——故宫博物院藏金银器特展》等文化差异性较大的引进展览。接待观众86.72万人次,开展系列教育服务活动105场次。

安徽博物院内景

成功举办全国油画修复基本技能初级培训班,承办2013年全省博物馆、纪念馆讲解员培训班和全省博物馆、纪念馆讲解大赛。举办8期安徽文博讲堂。组织第五批国家文物局重点科研基地申报及安徽省非物质文化遗产项目(青铜器修复)申报工作,打造国家级文物科技保护基地。组织召开由全国文物保护专家参加的安徽博物院文物保护工作汇报会、纪念毛泽东视察安徽省博物馆55周年座谈会等学术会议。启动馆藏可移动文物普查工作。第三批古籍善本缩微制作通过专家验收。完成《安徽博物院观众服务情况调查报告》。发挥省级馆示范带头作用,开展对基层馆的业务指导、方案评审、讲解培训等辅导工作。

《皖风徽韵——安徽历史文化陈列》被评为第十届全国博物馆十大陈列展览精品奖。经国务院核定,老馆陈列展览大楼被纳入第七批全国重点文物保护单位名列。

【博物馆免费开放】 全省113家博物馆、纪念馆纳入省民生工程,实施博物馆免费开放绩效考评,博物馆公共服务设施、环境、展陈内容、讲解水平、服务能力等全面提升。开展"百万青少年走进博物馆"系列活动,全年免费开放参观人数1780万人次,其中青少年816万人次。渡江战役纪念馆超过100万人次。

2013年中央给予免费开放补助资金7800万元,省级财政补助资金100万元，博物馆陈列展览提升改造经费1300万元，总计9200万元。为加强本省博物馆、纪念馆免费开放专项资金管理，提高资金使用效益，按照《安徽省博物馆、纪念馆免费开放绩效考评暂行办法》要求，首次开展全省博物馆、纪念馆免费开放绩效考评工作。

两膺上将 国之勋臣——洪学智生平事迹陈列

【陈列展览】组织开展全省公共博物馆、纪念馆陈列展览提升方案申报工作，经专家审核，评审出18家博物馆陈展优秀方案。安徽博物院、金寨县革命博物馆参加第十届（2011—2012年度）全国博物馆十大陈列展览精品评选工作，安徽博物院《皖风徽韵——安徽历史文化陈列》获2011年度全国博物馆十大陈列展览精品奖，金寨县革命博物馆《两膺上将 国之勋臣——洪学智生平事迹陈列》获2012年度全国博物馆陈列展览优秀奖。召开全省博物馆展陈提升座谈会，就提升博物馆展陈水平进行专题研讨。全年全省博物馆、纪念馆基本陈列保持270个，临时展览数量增至500个，原创性展览数量增加，输出、引进展览的质量提高，省内外博物馆陈列展览交流加强，有效提升全省博物馆陈列展览整体水平。

当年开启主要的展览有：安徽博物院的《熠熠生辉——故宫博物院珍藏清代宫廷金银器特展》《闳约深美——刘海粟美术作品展》《生命之相——梅内盖蒂本体艺术绘画展》《匈奴与中原——文明的碰撞与交融》《潘学固书法篆刻作品展》《大发展、新发现——十一五以来安徽省建设工程考古成果展》《神秘的契丹——辽代文物精品展》《黄宾虹山水画特展》以及原创展览《镜里乾坤——铜镜背后的故事》等。皖西博物馆的专题展览《文脉延绵——非物质文化遗产展》及《岸芷汀兰——台北故宫经典书画复本展》《潘立刚先生捐赠书画作品展》《安徽中山画院六安分院首届书画展》《水墨六安——全国名家国画展》《鲁迅的读书生活》《画道之梦——孙玉石画展》、马鞍山市博物馆的《人生如水、禅意如歌——杭法基2013法像人物画展》《翰墨迎春——马鞍山市博物馆2013捐赠书画作品选展》《纪念罗积叶逝世十周年画展》等。

5月20—22日举办全省博物馆讲解员培训，160余人参加培训。6月5—8日举办全省博物馆纪念馆讲解员大赛，全省近100名讲解员参加比赛。

【学术研究与对外交流】以馆藏资源为依托，开展文物保护科学研究工作。2013年向国家文物局申报《安徽博物院可移动文物保存环境监控和囊匣配置解决方案》《安徽中国徽州文化博物馆可移动文物保存环境监控和囊匣配置解决方案》《淮北市博物馆可移动文物保存环境监控和囊匣配置解决方案》《皖西博物馆可移动文物保存环境监控和囊匣配置解决方案》《马鞍山市博物馆可移动文物保存环境监控和囊匣配置解决方案》《马鞍山市博物馆馆藏青铜器文物保护修复方案》《安徽博物院馆藏文物数据化保护方案》《安徽博物院馆藏文物预防性保护方案》《芜湖市文物管理委员会办公室馆藏文物保护修复方案》等17个预防性保护和修复项目，已审批通过9个，共获批经费约2000万元。

8月6日至10月13日，由安徽博物院、意大利本体艺术美术馆等共同主办《生命之相——梅内盖蒂本体艺术绘画展》在安徽博物院举行。这是安徽博物院建新馆以后首次引进西方现代艺术展，展览展出“本体心理学之父”安东尼奥·梅内盖蒂创作的80幅本体艺术绘画作品。8月21日，中国国民党荣誉主席吴伯雄一行参观安徽博物院，先后参观《安徽文明史陈列》以及《徽州古建筑》《安徽文房四宝》《新安画派》《黄宾虹山水画特展》等专题展览。

【民办博物馆】转发国家文物局《关于开展促进民办博物馆发展的专题调研的通知》，下发《关于请支持开展民办博物馆规范化建设评估工作的通知》，将民办博物馆发展专题调研课题列入2013年工作重点。贯彻落实《国务院关于取消和下放一批行政审批项目的决定》《安徽省人民政府关于公布省级行政审批项目清理结果的决定》文件精神，下放民办博物馆审批权限（馆名以“安徽”开头的除外）至市级文物行政管理部门。根据《财政部关于下达2013年中央补助地方博物馆纪念馆免费开放专项资金的通知》，2013年争取国家财政资金764万元，补助全省27家自行免费开放的民办博物馆。

文 化 馆

【**全省文化馆概况**】全省共有120个文化馆。在全国第三次文化馆评估定级活动中，全省共有66个文化馆上等级，其中一级馆14个，二级馆21个，三级馆31个。芜湖市文化馆、宿州市文化艺术中心和池州市“四馆一中心”、砀山县“三馆一场”等项目陆续竣工。桐城市、黄山市黄山区、祁门县、芜湖县、黟县、颍上县、枞阳县、铜陵市郊区、黄山市徽州区等一批县级文化馆达标建成。这些重点文化设施均成为全省及各地的文化新地标。

【**乡镇综合文化站建设**】全省乡镇（街道）综合文化站全面建成、全部达标。截至2013年年底，全省共有乡镇（街道）综合文化站1437个，城乡一体化的公共文化服务设施网络初步形成。乡镇综合文化站坚持共享共用，把文化娱乐、体育健身、农家书屋、服务留守儿童等工作内容和部门资源相整合，成为相对集中的综合文化活动中心。

【**公共文化服务**】安徽画廊2013年共举办30期展览，接待书画、摄影爱好者9万余人次；通过问卷调查，群众满意度达98%以上。安徽文化之窗于2013年10月1日正式免费开放。安徽文化之窗分东、西两个展厅，总面积约500平方米。陈列展品以本省入选国家级和省级的非物质文化遗产项目、民俗文化、新安书画和特色工艺美术作品为主。安徽文化之窗是继安徽画廊免费开放后，省文化馆面向公众免费开放的又一公共文化服务设施。

【**文化品牌活动**】元旦、春节期间，全省各地共组织“百团千场万人”“情暖农民工”文化下乡演出1560余场，惠及群众745万人次。全年以省文化馆为龙头的全省各级文化馆（站）开展广场、社区演出6130场次，观众904万人次；举办展览1754场次，观众97万人次；各类培训班1524个，人数67350人；指导群众业余文艺团队3566个。

【**群众文化辅导员队伍建设**】全年举办群众文化辅导员业务培训班4期。4月8—14日，全省各市、县（区）基层群众文化辅导员共121人参加舞蹈培训，内容为舞蹈创编的构思、舞蹈创作理论与实践和作品解析等。4月21—27日，全省群众文化辅导员美术培训班在宿松县文化馆开班。全省16个市的28名群众文化辅导员参加培训。6月2—7日在省文化馆多功能厅举办音乐创作培训班。全省16个市的44名群众文化辅导员参加培训，培训内容为当代中国音乐现状与反思及其展望、新时期歌曲创作谈、音乐作品创作经验赏析以及学员歌曲作品交流与点评等。6月13—17日在合肥举办国标舞培训班。全省各地约200余名群众文化辅导员参加培训。邀请北京国标舞大师级教师梁思源、张卓妮，全国摩登舞冠军张浩、宋晓蓉等授课。

【**文化馆活动**】截至2013年年底，全省各文化馆开展广场、社区演出6130场次，观众904万人次；各类展览1754场次，观众97万人次；各类培训班1524个，人数67350人。

太和县民生工程送文化下乡、五星镇河身付美好乡村建设暨五星镇第16届物资交流大会文艺演出

文物考古

□不可移动文物

□考古发掘

不可移动文物

黄山市徽州区呈坎村

【概况】2013年3月，国务院公布第七批全国重点文物保护单位，安徽省新增74处。全省现有全国重点文物保护单位130处，省级重点文物保护单位708处。

当年启动巢湖冯玉祥故居、蒙城万佛塔、六安独山革命旧址群、金寨革命旧址、繁昌人字洞遗址、铜陵、南陵大工山—凤凰山铜矿遗址、黄山市屯溪区程氏三宅、休宁三槐堂、黟县西递和宏村古建筑群等10处国保单位的文物保护规划编制工作。完成泾县黄田村古建筑群、水西双塔、马鞍山朱然家族墓地、霍邱李氏庄园、旌德江村古建筑群，繁昌、南陵皖南土墩墓群、繁昌窑遗址、马鞍山林散之墓，黄山市徽州区呈坎村古建筑群、寿县古城墙10处文物保护单位保护规划的编制工作，并通过省级专家评审。其中，肥西刘铭传旧居，淮南寿州窑遗址，濉溪、萧县淮海战役总前委和华东野战军指挥部旧址，泾县黄田村古建筑群、水西双塔5处文物保护规划通过国家文物局的批复。

全年完成濉溪柳孜遗址考古工作棚建设、泗县大运河清淤、霍邱李氏庄园一期保护维修、祁门古戏台馀庆堂、新安古戏台、砀山天主教堂等一批重要文物保护工程。

【大遗址保护】2013年，安徽省有凌家滩遗址等6个大遗址被国家文物局、财政部列为全国“十二五”重要大遗址。安徽省文物局组织含山凌家滩遗址、凤阳明中都城遗址和潜山薛家岗遗址申报国家考古遗址公园立项，凌家滩考古遗址公园和明中都皇故城考古遗址公园列入立项名单。组织含山县编制凌家滩遗址环境整治、防洪工程、安全技术防范等方案，争取国家大遗址保护经费7856万元，组织凤阳县编制明中都皇故城南城墙西段、西城墙修缮工程方案，争取国家经费1000万元。

2013年，省文物局与含山县进行多次研究并召开座谈会，形成《安徽省凌家滩遗址保护条例（草案）》，作为2014年地方性法规立法项目报送省政府法制办。

【文物保护样板工程】6月6日，国家文物局和安徽省政府在呈坎村举行文物保护样板工程启动仪式。副省长谢广祥和国家文物局副局长童明康出席。安徽省文物局组织编制呈坎村和黄田村17处文物维修设计方案，完成呈坎环秀桥抢险加固工程维修施工。10月，国家文物局在全国范围内选取6处具有代表性的古村落，开展古村落保护利用综合试点工作，其中安徽为呈坎村。11月，国家文物局组织专家到呈坎村和黄田村古建筑群进行实地检查。12月中旬，安徽省文物局组织召开文物保护样板工程推进协调会，专题研究黄山市徽州区呈坎村和泾县黄田村古建筑群样板工程推进工作。

【国保单位保护管理】第七批国保单位公布后，安徽省文物局要求各

含山凌家滩遗址

地加强管理，积极做好四有和维修保护工作，统一树立保护标志碑。在文物维修中，安徽省文物局严把维修前的方案审批关、维修中的检查督促关和竣工后的验收关，通过严格审批程序，加强方案设计跟踪、工地检查及竣工验收，争创优秀的文物保护工程。2013年，向国家文物局上报了歙县许社林宅、泾县查济二甲祠等60多处国保修缮工程设计方案，旌德文庙保护规划立项和泾县新四军军部旧址维修保护工程立项报告共58个。组织专家对维修工地进行检查指导，提出整改意见。开展第三次文物保护工程资质评审，公布一批文物保护工程资质单位。

寿县古城墙

【世界文化遗产保护】安徽省大运河保护和申遗工作取得重要进展。5月2—3日，副省长谢广祥到濉溪县柳孜运河遗址和泗县运河故道十里长街段两处申遗点进行调研，并于5月3日在泗县召开省大运河保护和申遗市厅际会商小组第五次会议，会后成立大运河保护和申遗省级专家组，加强申遗技术指导、咨询和督查。省文化厅、省文物局多次督查指导，要求做好本体保护、环境整治、展示及迎检各项准备工作，编印简报12期。柳孜运河遗址完成占压遗址的民房搬迁、考古工作棚建设与现场清理展示和环境整治，完善遗产区围栏、绿化、展示，树立界桩和标识。泗县段完成运河北岸18户民房拆迁、沿岸民房立面整治、清淤、绿化、水质保持、卫生保洁、道路修整、建立运河观景亭、树立界桩及标识等各项申遗准备工作。9月20—21日，圆满完成国际专家在安徽省2处申遗点的现场考察评估任务。省文物局继续督促、支持寿县、凤阳做好寿县古城墙、凤阳明中都皇故城申报世界文化遗产项目。

组织黄山编制申报黄山摩崖石刻群和黄山登山古道及古建筑的文物保护规划立项报告，组织黟县编制西递、宏村古建筑群文物保护规划立项报告和西递锄金堂保护维修设计方案。参加中国文化遗产保护无锡论坛，交流皖南古村落古民居的保护与利用的经验。

安徽省第七批全国重点文物保护单位

（2013年3月公布　共74处，其中合并项目2处）

（一）古遗址（14处）

序号	名　称	年　代	地　址
1	银山智人遗址	旧石器时代	巢湖市
2	古井贡酒酿造遗址	宋至清	亳州市谯城区
3	石山孜遗址	新石器时代	淮北市烈山区
4	古台寺遗址	新石器时代	宿州市埇桥区
5	小山口遗址	新石器时代	宿州市埇桥区
6	双墩遗址	新石器时代	蚌埠市淮上区
7	禹会村遗址	新石器时代	蚌埠市禹会区
8	垓下遗址	新石器时代、汉	固镇县
9	张四墩遗址	新石器时代至周	安庆市宜秀区
10	孙家城遗址	新石器时代至商	怀宁县
11	牯牛山城址	西周至春秋	南陵县
12	榉根关古徽道	唐至清	石台县
13	毛竹山、官山遗址	旧石器时代	宁国市
14	徽杭古道绩溪段和古徽道东线郎溪段	宋至民国	绩溪县、郎溪县

（二）古墓葬（9处）

序号	名　称	年　代	地　址
1	古城汉墓	东汉	濉溪县
2	双墩春秋墓	春秋	蚌埠市淮上区
3	汤和墓	明	蚌埠市龙子湖区
4	化明塘严氏墓	明	五河县
5	六安汉代王陵墓地	西汉	六安市金安区
6	淮南王刘安家族墓地	汉	寿县
7	程端忠墓	宋	金寨县
8	张廷玉墓	清	桐城市
9	建平镇土墩墓群	西周至战国	郎溪县

（三）古建筑（32处）

序号	名　称	年　代	地　址
1	南京巷钱庄	清	亳州市谯城区
2	寿县孔庙	明至清	寿县
3	寿县清真寺	明至清	寿县
4	安庆南关清真寺	清	安庆市迎江区
5	桐城文庙	明至清	桐城市
6	法云寺塔	明	岳西县
7	太平塔	宋	潜山县
8	太白楼	清	马鞍山市雨山区
9	黄金塔	宋	无为县
10	太平山房	明至清	青阳县
11	九华山化城寺	清	青阳县
12	九华山月身殿	清	青阳县
13	济阳曹氏宗祠	清	青阳县
14	上章李氏宗祠	清	青阳县
15	九华山百岁宫	清	青阳县
16	九华山祇园寺	明至民国	青阳县
17	仙人塔	宋	宁国市
18	天寿寺塔	宋	广德县
19	旌德文庙	清	旌德县
20	上庄古建筑群	明至民国	绩溪县
21	奕世尚书坊和胡炳衡宅	明至清	绩溪县
22	程大位故居	明	黄山市屯溪区
23	黄山登山古道及古建筑	唐至民国	黄山市黄山区
24	兴村程氏宗祠	清	黄山市黄山区
25	北岸吴氏宗祠	清	歙县
26	员公支祠	清	歙县
27	昌溪周氏宗祠	清	歙县
28	北岸廊桥	清	歙县
29	长庆寺塔	宋	歙县
30	棠樾古民居	明至民国	歙县
31	洪氏宗祠	明至清	歙县
32	黄村进士第	明	休宁县

(四)石窟寺及石刻(4处)

序号	名 称	年 代	地 址
1	琅琊山摩崖石刻及碑刻	唐至民国	滁州市南谯区
2	浮山摩崖石刻	唐至民国	枞阳县
3	齐山摩崖石刻	唐至民国	池州市贵池区
4	黄山摩崖石刻群	唐至中华人民共和国	黄山市黄山区

(五)近现代重要史迹及代表性建筑(13处)

序号	名 称	年 代	地 址
1	安徽省博物馆陈列展览大楼	1956年	合肥市庐阳区
2	李氏家族旧宅	清	合肥市庐阳区
3	侵华日军淮南罪证遗址	1938—1943年	淮南市大通区
4	怀远教会建筑旧址	1903年、1909年	怀远县
5	安庆天主堂	1893年	安庆市迎江区
6	安徽大学红楼及敬敷书院旧址	清至民国	安庆市大观区
7	陈独秀墓	1947年	安庆市大观区
8	芜湖天主堂	清至民国	芜湖市镜湖区
9	英驻芜领事署旧址	清至民国	芜湖市镜湖区
10	圣雅各中学旧址	1910—1936年	芜湖市镜湖区
11	王稼祥故居	1906年	泾县
12	岩寺新四军军部旧址	1938年	黄山市徽州区
13	洪家大屋	清	祁门县

与此前全国重点文物保护单位合并的项目(2处)

序号	名 称	年 代	
1	大运河(合并项目)	春秋至中华人民共和国	淮北市、宿州市
	与第六批全国重点文物保护单位京杭大运河合并 名称:大运河		
2	呈坎村古建筑群[注1](扩展项目)	明至民国	黄山市徽州区
	归入第五批全国重点文物保护单位呈坎村古建筑群		

注1. 第二批公布项目“明中都皇故城及皇陵石刻”与第六批“明中都城附属建筑”算作1处;第五批“呈坎村古建筑群”与第七批“呈坎村古建筑群(扩展项目)”算作1处。

2. 第六批公布项目“独山和金寨革命旧址群”并入第三批“鄂豫皖革命根据地旧址”,国家文物局为便于统计,跨区域的单位只记录在公布地点中的第一个地点——河南省新县,未计入安徽国保数量,故将安徽总数记为129处。本省统计总数时将此算作1处。

考古发掘

第三届黄淮七省考古论坛在合肥市举办

【概况】2013年，安徽省文物考古研究所相继开展了宁西铁路复线、滁淮高速、天扬高速、京台高速(合肥至庐江段)等项目的考古调查工作,累计徒步调查1000多公里,发现文物点数十处，配合济祁高速(砀山段)、滁马高速、望东大桥连接线等建设工程的文物抢救和保护工作任务,勘探文物点50余处,勘探面积近40万平方米，发掘古遗址、古墓葬30余处，发掘面积5000多平方米，出土文物上千件。出版《钟离君柏墓》《天长三角圩墓地》《庐江汉墓》《潜山林新战国秦汉墓》《文物研究》(第20辑）等考古发掘报告和专刊。10月11—13日,安徽省文物局、省文物考古研究所举办第三届黄淮七省考古论坛，为展示黄淮地区考古工作成果、深化学术交流与合作提供平台。淮北柳孜隋唐运河遗址和凤阳乔涧子明代琉璃窑址入选2013年度全国十大考古新发现候选名单。

【淮北柳孜隋唐运河遗址二次考古发掘】2013年1—7月，省文物考古研究所继续发掘柳孜运河遗址，野外发掘工作自2012年3月开始，前后共经历1年零5个月，发掘面积约2000平方米。自上而下解剖了运河河道和河堤的堆积,通过堆积现象可以大致了解运河的形成、使用、变迁、淤塞、废弃的整个历史变化过程。重要遗迹有:运河河道、两岸的河堤、两岸的石筑桥墩、河道中间的石板路、道路、建筑址和木船等。此次发掘出土大量遗物主要是生活用具、娱乐用具、武器、漕运遗物等。器物的质地有瓷、陶、石、铜、骨、木、铁等。器形有瓷碗、瓷碟、瓷壶、瓷盏、瓷球、人俑、动物俑、陶盆、陶球、陶铃、骰子、瓷围棋子、象棋子、骨簪、铁矛、铜钱、铜簪、木梳、石球、石锭等。瓷器残片数以万计,可复原的遗物数量7000余件。

【凤阳乔涧子明代琉璃窑址和战国、汉代墓葬】2013年7—10月，省文物考古研究所对凤阳县乔涧子明代琉璃窑遗址与战国、汉代墓葬进行抢救性考古发掘,共发掘明代早中期琉璃窑12座,汉墓3座、战国墓1座、明清墓2座。路基范围外经钻探还发现19座同类性质的陶窑。

琉璃窑有两种类型,一类为半倒焰式馒头窑,第二类为半倒焰式马蹄窑。陶窑大部分均保存较好,结构基本完整。馒头窑4座,平面近长勺形,全长约10~15米,宽4~5米,深约1.2~1.8米,形制基本相同,由操作坑、窑道、火门、火膛、窑室和烟道五部分组成。窑壁为灰褐色烧结面,窑床为青灰色烧结面或砖铺底。马蹄窑8座,组成部分同

淮北柳孜隋唐运河遗址二次考古发掘现场

馒头窑，砖坯砌筑窑室，窑床为青灰色烧结面，有的残留有吸火孔痕迹。窑内堆积多为红烧土块、黄褐土和碎砖瓦组成的混合土，出土有较多龙纹和花卉纹瓦当、龙纹、云纹和牡丹纹滴水、花卉纹雕砖、青瓷碗、盘、香炉和动物骨骼。瓦当质地有琉璃素坯和琉璃成品两种，装饰有四爪或五爪团龙纹、花卉纹、模印狮形首面纹；滴水上则有龙纹、云纹和牡丹纹；花卉纹雕砖主要为模印缠枝梅花纹；青瓷碗多为青黄釉，内底刮釉；动物骨骼经初步鉴定，可能为牛的下颌骨。M2 为凸字形墓，长 6.6、宽 6.4、深 3.2 米，斜坡墓道。随葬器物 14 件，青铜器有簋、簠各两件，陶器有鬲、罐、鼎、豆、壶，部分陶器上有红色彩绘痕迹。时代初步推测为战国早期，亦可能早至春秋晚期。

【含山凌家滩遗址和韦岗新石器时代遗址发掘】2013 年 5—7 月，省文物考古研究所在含山县凌家滩遗址东部的石头圩区域，共布 10×10 米探方 4 个，计 400 平方米，当年实际发掘面积 300 平方米。该次发掘发现一处大面积红烧土遗迹，已暴露长 19 米以上、宽 15 米以上，面积超过 220 平方米。其南侧边缘经解剖呈基槽状，宽有 1.5~2 米，深 40 厘米左右，剖面为倒梯形。出土的遗物数量较少，仅有少量石器、陶片，以及石块、碎骨等，基本上都是叠压在红烧土之上的第 5 层所出，个别出自灰坑。从红烧土中发现的印痕观察，可见明显应属稻壳的印痕，这一时期存在水稻当问题不大。陶片反映的地层年代大体与贵族墓葬所出时代相同，但包含了一定量相当于崧泽文化早期的陶片，说明该遗址应有早于墓地的文化堆积。至于红烧土层的年代当不晚于贵族墓葬的年代。

2013 年 10—12 月，省文物考古研究所对凌家滩遗址附近的韦岗新石器时代遗址进行抢救性发掘，共布探沟 3 条，实际发掘面积 226 平方米。文化层厚 0.5~2.4 米。清理灰坑 15 个、沟 3 条、陶片堆 2 处以及一批柱洞。出土的新石器时代遗物以陶器为主，夹细砂红褐陶数量最多，另有夹粗砂红陶、泥质灰陶、红衣陶、黑陶和少量夹砂白陶等。质地疏松的夹植物陶最有特点，其上偶有简单的彩绘图案。器类有鼎、缸、豆、纺轮、饼、丸等，厚胎陶缸的数量很多。出土石器数量较少，仅有少量锛、斧、凿，且均有残损，但砺石较多。此外，动物骨骼发现较多，包括牙齿、颌骨、鹿角等。

韦岗新石器时代遗址发掘现场

韦岗遗址出土陶器明显不同于以往在凌家滩墓葬中所出，但与凌家滩可能的居住区发掘的遗物一致，应当属于凌家滩文化的一部分，数量较多的动物骨骼也反映了当时人们对食物选择的倾向性，填补了凌家滩时期居民生活材料的空白，进一步明确了凌家滩文化的内涵。

【固镇县王庄镇双李墓群考古发掘】2013 年 7—9 月，省文物考古研究所对固镇县双李墓群进行抢救性考古发掘，共清理墓葬 22 座、窑址 2 座、灶址 1 座、灰坑 6 个，出土遗物计 100 余件(套)。墓葬主要

固镇县王庄镇双李墓群考古发掘现场

蒙城县乐土镇双龙村墓群发掘现场

为战国和两汉墓,宋墓1座。2座窑址为连体窑，共用同一操作间,灶址可能为窑工临时炊煮使用。灰坑均分布于窑址周边,填埋的多是烧窑形成的垃圾。出土遗物中陶器占绝大多数,铜器、铁器较少,还有少量的琉璃器和滑石器。陶器主要分有生活用器和模型明器两类,生活用器主要有鼎、罐、壶、盒、钫、钵、釜等,模型明器有磨、井、仓、灶、圈等。铜器以铜钱为多,另有铜镜、铜洗、铜带钩、铜盖弓帽等。铁器有铁削、铁釜、铁剑。出土的一组滑石质覆面,由11块长方形滑石板组成,制作精细,排列整齐,可能是缝于织物上使用。另出土一件天蓝色的琉璃器耳珰,非常精美。

【蒙城县乐土镇双龙村墓群发掘】2013年1—4月，省文物考古研究所对蒙城县双龙村墓群进行抢救性发掘,共清理墓葬46座、窑址2座,出土铜、铁、陶器等遗物200余件,铜钱400余枚。汉墓散布在六七个孤堆内,共40座。竖穴土坑墓6座,砖室墓33座,另有1座瓦筑墓。土坑墓有4座位于同一孤堆内,保存稍好。其中3座带有超长的缓坡墓道,1座墓口呈不规则形,与一座带墓道的土坑墓形成合葬。砖室墓分为单人墓、双人墓和多人合葬墓。均带有斜坡墓道,墓型有中字形、刀形、长方形等,其中有两座墓存在续建现象。汉墓多数被盗,随葬陶器有陶罐、陶壶、陶鼎、陶瓿等生活用器和陶磨、陶灶、陶圈、陶井等模型明器,其中相当数量为釉陶。铜器有铜镜、铜洗、铜带钩、鎏金铜泡钉、铜铺首、大量的车马器构件和400余枚铜钱。6座明清墓规模都较小，均为单棺葬,有的在墓的一端贴棺外置一方形墓志砖。2座窑址分别建于汉代和唐代,汉窑保存稍好,唐窑破坏严重,均为北方地区常见的马蹄形窑。

该次发掘所见的汉墓形制丰富多样,时代特征明确,具有明显的区域特点,是一批不可多得的考古学资料。土坑墓二次合葬的方式较为特殊,两座经过续建的砖室墓也极为罕见,为该区域汉墓建造工艺演变、墓砖形制变化等研究提供直接依据。发掘还对一处保存较好的孤堆进行解剖,揭示孤堆这一皖北常见的古代遗存的堆积过程,其先建孤堆再挖墓的建造方式应是土墩墓的一种延续形式。

【芜湖市计村大城子新石器时代至周代遗址】2013年1—6月,省文物考古研究所对计村大城子遗址进行发掘,本次发掘共布10米×10米探方8个,实际发掘面积500平方米。新石器时代遗存有墓葬1座、红烧土堆积1处和少量柱洞。文化层中出土文物包括玉器、石器、陶器等。玉器有玉锥形器,石器有石锛、石斧、石铲、石刀、石犁等。陶器有鼎、甗、圈足盘、壶、豆、杯、器盖等。周代遗存有房址1座、灰坑6个、灰沟2条、红烧土坑1个及少量柱洞。出土文物包括石器、陶器、印纹硬陶、原始瓷器和小件青铜器。计村大城子遗址是在皖江中下游北岸地区发掘的首个先秦遗址,对深入了解这一地区的先秦文化面貌提供了难得的第一手材料,对研究良渚文化向西北的扩张过程和西周王朝对东南地区的经略均具有重要意义。

芜湖市计村大城子新石器时代至周代遗址

教育

李修峰题

- □教育综述
- □艺术教育
- □语言文字工作
- □校园文化

教育综述

【概况】 2013年，全省共有小学、普通初中、职业初中义务教育阶段学校14409所，普通高中、职业高中、普通中专、成人中专等高中教育阶段学校1161所，普通高等学校106所(另有11所独立学院)。义务教育阶段、高中教育阶段、普通本专科在校生分别为608.9万人、222.3万人、105.2万人。幼儿园6075所，在园幼儿168.0万人。特殊教育学校65所，在校生1万人。成人高等学校6所，在校生22.1万人。研究生培养单位21个，在学研究生4.7万人。各级各类学校专任教师61.4万人。学前教育毛入园率、小学学龄儿童入学率、初中适龄人口入学率、高中阶段毛入学率、高等教育毛入学率分别为75.3%、99.7%、99.2%、90.0%、35.0%。

【基础教育】 全省继续推进县域义务教育均衡发展，完善农民工子女教育体制机制，规范办学行为减轻学生课业负担三项改革；大力促进教育公平,全面推进素质教育。

全省义务教育阶段学校生均公用经费补助标准：小学585元、初中785元，均比上年提高60元。截至2013年年底，全省累计投入学前教育建设资金45.5亿元，共新建、改扩建幼儿园3128所，占总目标任务的153.7%；已竣工2965所，占总目标任务的145.7%，超额完成学前教育三年行动计划；完成义务教育学校的标准化建设任务2365所，覆盖率由2010年的不足10%提高到60%。累计投入农村义务教育薄弱学校校舍改造类项目资金41.5亿元，共新建或改扩建项目5895个，建设面积324.3万平方米。组织实施普通高中改造计划，规划总投资35970.3万元，支持集中连片特困地区12个县45所普通高中改善办学条件。

全省进一步完善进城务工人员随迁子女就学办法，坚持"三个一样"(一样就读、一样入学、一样免费)，使其在流入地全部就近入学，此项做法获得国家教育改革创新奖。出台异地高考政策，当年符合条件的261名外省籍考生在安徽报名参加高考。探索实施"教育券"制度，实现义务教育保障经费随学生流动而拨付。按照"有场所设施、有图书器材、有亲情电话、有管理制度、有档案资料、有结对帮扶、有固定标牌"的"七有"要求，加强对留守儿童之家项目的日常管理和养护。

新建的含山县含城第二幼儿园

全省基础教育信息化建设项目列入省"861"行动计划。在线课堂常态化教学试验工作受到中央媒体高度关注。基于云平台的安徽教育管理公共平台和安徽基础教育资源公共平台建设。"校校通""班班通"建设加快，截至2013年年底，共有12443所中小学实现宽带接入互联网，宽带接入率达82.4%；义务教育阶段学校有66360间班级配备了多媒体教学设备，班级覆盖率达40.3%。合肥市包河区等6个申报区成为首批通过国家认定的义务教育发展基本均衡区。省委、省政府召开全省教师工作会议，印发《安徽省人民政府关于加强教师队伍建设的意见》。全省实施国家中小学教师资格考试和定期注册改革试点，打破教师资格"终身制"，出台全省公办中小学新任教师统一公开招聘政策，逐步建立"省考、县管、校用"教师管理制度，共招聘特岗教师3673人，全部安排到贫困地区农村初中和小学任教。全省中小学教育职称制度改革试点取得阶段性成效。

【职业教育】 2013年，全省中职招生36.9万人，职普教育实现大体相当。中职毕业生有32.5万人，就业率97.68%，对口就业率达82.08%。

当年全省加强对市级统筹职业教育工作的指导，全省共整合各类中职学校24所；制定重点专业和重点实训基地评选条件，共评选出重点专业点51个、重点实训基地50个。全省引导职业学校建立适应产业发展需求的专业建设动态调整机制，新增中等职业学校专业点109个，取消专业点21个。开展2014年度立项精品课程评审工作，共立项建设51门省级精品课程。

省教育厅依托省经信委等有关行业主管部门，成立安徽省加工制造等9个行业职业教育教学指导委员会和安徽省中等职业学校学前教育专业教学指导委员会，支持指导六安、滁州、芜湖、安庆、宣城等市组建区域性、专业性职教集团或职教联盟；截至2013年年底，全省已有26个职教集团(含市级8个)，涉及436所职业院校、588家企业、78个行业协会和科研机构。全省大力推进校企一体办学，共有382所中等职业学校开展校企合作，涉及合作企业1753个，涉及合作专业点687个。全省在全国职业院校技能大赛中，中职组共获得一等奖4个、二等奖14个、三等奖46个；高职组共获得10枚金牌、33枚银牌和37枚铜牌。

省教育厅组织指导国家级社区教育实验区和示范区创建工作，合肥市庐阳区等4个区被确定为全国第五批实验区，合肥市蜀山区、马鞍山市雨山区成功创建国家示范区。马鞍山市被列为全国推进学习型城市建设30个试点城市之一。

安徽中医学院更名为安徽中医药大学揭牌仪式

【高等教育】2013年，全省按照“科学定位、分类指导、多元发展、特色办学”的总体思路，坚定“地方性、应用型、合作式、一体化”应用性地方高等教育发展道路，推进高等教育强省建设。

经教育部批准，安徽中医学院更名为安徽中医药大学，安徽建筑工业学院更名为安徽建筑大学。经省政府批准和教育部备案，芜湖职业技术学院与芜湖信息技术职业学院合并成立新的芜湖职业技术学院。经省政府批准，组建独立设置的安徽大学艺术与传媒学院，纳入省属普通本科高校序列管理。省部共建省属高校取得重要突破，省政府分别与教育部、农业部、国家林业局共建安徽大学、安徽师范大学、安徽农业大学。

当年全省精简8项直接涉及高校的省级教育行政审批项目，落实和扩大高校办学自主权；出台《高等学校教职工代表大会工作规程》，加快省属高校章程建设；创新高校人事管理机制，2所高校进行分类改革试点和法人治理结构试点；启动职业院校升学考试改革试点，对高职院校自主招生改革试点、对口升学考试、专升本考试和初中起点五年制招生考试等进行统筹和改革，自主招生改革试点高职院校由上年的24所增加到42所，申报招生专业(类)由145个增加到310个，招生计划增加近1倍，实际录取新生16157名。

全省投入30多亿元，实施支持本科高校发展能力提升计划和高等教育振兴计划。启动实施高校与法律实务部门人员互聘“双千计划”和“卓越新闻传播人才教育培养计划”。推进质量工程项目建设，省级本科教学质量与教学改革工程新立项7093项。新增119个本科专业、165个专科专业，取消或停招专业点278个。全年举办省级招聘会16场、高校招聘会6829场，累计提供就业岗位67万个，普通高校毕业生初次就业率达到88.71%，高于全国平均水平11个百分点。

精心实施高校人才工程，全省高校有3人当选两院院士，19人入选国家“青年千人计划”，15人入选国家“万人计划”，4人入选教育部“新世纪优秀人才支持计划”，9人入选省第三批“百人计划”，占全省的45%。引进“皖江学者”15人，引进省“博士后工程”人选和博士1017人，引进高水平人才团队4个。省属高校1人入选“百千万工程”国家级领军人才，2人入选国家“青年拔尖人才”，位居全国地方高校首位。2个团队入选省第6批“115”产业创新团队。

加强高校预算资金和科研经费管理，落实“花钱要有效，用钱必问责”。高校办学条件持续改善，普通高校校舍建筑面积、教学仪器设备值、图书数分别比上年增长3.5%、12.2%、4.9%。启动安徽教育科研网升级改造工程，深化成人高等函授教育教学模式信息化改革，构建面向全社会的继续教育平台和远程教育网络体系，推进优质数字化资源共建共享，立项建设省级精品资源公开课55门、精品资源共享课202门，基本建成共享共用的高校数字图书馆。

艺术教育

校园大舞台——徽风皖韵进高校活动

【概况】举办“青春·理想”安徽省第二届大学生自创话剧展演活动，各高校创作一大批深受学生喜爱的话剧作品。2013年11月27日，由省教育厅、省委宣传部、省文化厅共同举办的“青春·理想”安徽省第二届大学生自创话剧展演活动在合肥工业大学举行，参演剧目为合肥工业大学、安徽医科大学和滁州学院的优秀自创话剧节目。

举办“校园大舞台——徽风皖韵进高校活动”。省教育厅会同省委宣传部、省文化厅共同举办“校园大舞台——徽风皖韵进高校活动”，组织省属有关文艺院团分别到10所高校举办10场演出，学生观众达9800余人，把安徽优秀文化的精髓奉献给大学生，丰富大学生精神文化生活。

继续开展“走近大师，感受经典，陶冶情操，提高修养”高雅艺术进校园活动。当年中国东方演艺集团和中央歌剧院在安徽省高校演出8场，国家艺术教育专家讲学团在本省讲学9场，安徽师范大学民族管弦乐团、滁州学院花鼓艺术团和安庆师范学院黄梅戏艺术团在有关学校分别演出了10场。

开展“同铸复兴路·共圆中国梦”校园文艺活动。全省学校推出一批思想性、艺术性、观赏性相统一的“中国梦”主题文艺作品。组织参加教育部在厦门举办的全国第四届中小学生艺术展演活动，其中合肥特教中心舞蹈节目《舞动精彩》、安庆市特教学校朗诵节目《假如给我三天光明》、安徽师范大学附属中学合唱节目《飞来的花瓣》参加现场展演，安徽省报送的艺术表演节目中获得2个一等奖、8个二等奖和12个三等奖；艺术作品中获得10个一等奖、23个二等奖和16个三等奖；艺术论文中获得2个二等奖和6个三等奖；省教育厅获得全国优秀组织奖一等奖，合肥市教育局等25个市、县（区）教育局获得全国优秀组织奖。

语言文字工作

【概况】制定《〈国家中长期语言文字事业改革和发展规划纲要(2012—2020年)〉安徽省实施方案》。积极开展城市语言文字工作评估，完成对安庆市、黄山市、宿州市、亳州市4个市的检查评估。在全省广泛开展市级语言文字规范化示范校创建工作，对合肥市、宿州市、六安市、池州市等市申报的37所省级示范学校进行评估。进一

合肥五十中学生参加首届汉字听写大会

步加强对中小城镇、农村地区推普宣传活动的指导和支持,加快普通话在广大农村地区的推广和使用。

围绕“规范使用国家语言文字,弘扬中华优秀文化传统”主题,开展第16届全国推广普通话宣传周活动,组织全省大中小学师生广泛开展全国语文规范化知识大赛以及诵读演讲、普通话比赛、文艺演出、模拟普通话测试、街头宣传等丰富多彩活动。举办全省教师“理想伴我行,共筑中国梦”读书演讲比赛活动。开展规范汉字书写能力测试试点工作,全省有8.8万名中小学生参加测评。组织合肥市第五十中学参加首届汉字听写大会,选手们表现优异,进入半决赛,展示安徽省语言文字规范化示范校的风采。积极推进国家语委“十二五”立项课题的研究,参与国家重点科研项目《中华经典资源库》编制工作。

校园文化

【校园文化活动】“我的中国梦”主题教育活动。在全省中小学开展“我的梦·中国梦”“爱学习、爱劳动、爱祖国”、节约教育等主题教育及宣传活动。其中“我的梦·中国梦”青少年书信文化活动共征集书信作品3290篇,绘画作品1188篇,推荐其中的200件作品参加全国评比。中央电视台一套新闻联播节目以《校园节粮节水节电 成效显著》为题报道了安徽省中小学建设节约型校园工作。

中小学生实践旅行活动。组织开展2013年未成年人暑期活动,包括“天地传鸿·放飞梦想——给神舟十号航天员的一封信”征文活动、“节约粮食,从我做起”为活动主题的青少年科学调查体验活动、第十三届“明天小小科学家”奖励活动以及多种社会实践活动、力所能及的家务劳动、各类夏令营活动等。省教育厅与团省委、省少工委、省妇联、省文明办、省禁毒办等部门合作,广泛开展爱国主义教育、传统文化教育、小公民思想道德建设、法制教育、毒品预防教育等。

中小学教育基地建设。芜湖市、六安市两地社会实践基地已获教育部、财政部批准立项。省教育厅与省档案局共同组织安徽省档案馆、滁州市档案馆、宁国市档案馆等申报国家级中小学档案教育社会实践基地,与省粮食局成功申报五处国家级节粮爱粮教育基地,会同质监局命名安徽质量认证培训中心等9个单位为2013年“全省中小学质量教育社会实践基地”,与司法厅、团省委、省禁毒办、省法制办共同建立安徽青少年禁毒戒毒法制宣传教育基地,继续会同省禁毒办开展预防毒品教育示范校评选,配合省文明办开展乡村少年宫项目建设和管理工作组织。

优秀中小学生评选活动。全省组织“第十一届宋庆龄奖学金”评选工作,推荐上报学生候选人68名作。开展省级优秀学生评选活动,共评选出49名省级优秀学生。省教育厅会同团省委开展省级“优秀少先队员”“优秀少先队辅导员”“优秀少先队集体”的评选。

中等职业学校“文明风采”竞赛活动。省、市、校三级竞赛机制基本形成,共有180件作品参加全国比赛,获得全国竞赛一等奖4件、二等奖10件、三等奖11件,优秀奖147件。与共青团安徽省委员会联合开展中等职业学校“德能双优”学生评选活动,共评选出“德能双优”学生2781名。

高校校园文化活动。当年共在全省高校组织开展“我的中国梦”征文大赛、“我的中国梦”主题宣讲、“我的中国梦”主题校园文化建设、“我的中国梦”主题社会实践活动、“最美中国”主题摄影及微电影创作大赛、“我的梦·中国梦”为主题的网络文化和书信文化活动、培育选树学生先进典型等7项专项活动。当年还相继开展高校文化精神研究,挖掘和固化高校文化积淀;开展高校廉政文化、校园文化成果评选,一批文化成果获得教育部表彰;开展第十届省级文明单位创建工作,启动第一届教育系统文明单位建设。

安徽省第二届大学生自创话剧展演

中国梦·师大梦·青春梦——安徽师范大学举行第八届“青春飞扬”舞蹈大赛

【高校社科研究】2013年，全省高校按照主题更加集中、企业更加急需、成效更加突出原则，开展高校服务文化强省建设地方行活动，为安徽省行业、企业服务。8月，省教育厅会同省旅游局，在蚌埠市举办全省高校服务旅游产业发展成果推介暨校企合作项目推进工作研讨会，参会高校与旅游产业部门围绕旅游产业人才培养、旅游规划和产品设计等方面开展交流。共有21所高校共发布推介服务旅游产业成果130多项，省教育厅推进18所高校与80多个旅游管理部门和旅游企业前期对接的合作项目120多个。

加强重点研究基地建设和管理。全省评审认定第二批16个省级人文社会科学重点研究基地，进一步完善重点研究基地的布局结构；组织47个省级人文社科重点研究基地制订建设目标任务书，明确分年度建设目标任务，实施目标管理。2013年，全省高校共获得国家人文社会科学基金项目116项，获得资助经费2393万元。其中省属高校共获得国家人文社会科学基金项目106项，资助经费2204万元，项目立项数量和资助经费比上年分别增加16项和729万元。

【大学生思想政治教育】把握社会主义办学方向。全省29所本科和17所高职院校建立独立的思想政治理论课二级教学科研管理机构，有3名教师入选2013年全国择优资助计划。在第二届长三角高校思想政治理论课教学比赛中，获得3个一等奖。开展全省高校辅导员业务培训和职业技能竞赛，在第二届全国高校优秀辅导员博客评选中，本省获奖数位居全国首位。加强新媒体建设和管理，2所高校网站入选“全国高校百佳网站”，近30所高校开通实名认证微博。首次对高校学报学刊进行质量评测。启动首届全省教育系统文明单位建设。先后开展“我的中国梦”主题教育、“青春·理想”第二届大学生自创话剧展演、校园大舞台——徽风皖韵进高校等活动。全省高校连续多年保持稳定，为高等教育改革发展提供了有力保证，也为整个社会和谐稳定作出了突出贡献。

第二届长三角高校思想政治理论课教学比赛

体育

李士傑题

综　述

【概况】1953年9月18日,安徽省体育运动委员会成立。1969年9月更改为安徽省体育运动革命委员会，1972年5月恢复原名，2000年6月改组为安徽省体育局。主要职责是：贯彻执行国家体育工作方针政策和法律法规，拟订地方性法规规章草案并监督实施；统筹规划群众体育发展，负责推行全民健身计划，监督实施国家体育锻炼标准，负责对公共体育设施的监督管理；统筹规划竞技体育发展，指导协调体育训练、体育竞赛、竞技运动项目设置,组织重大体育竞赛,指导省优秀运动队建设。

2013年，省体育局贯彻实施全民健身计划，建设3940个农民体育健身工程,培训认证公益性社会体育指导员11877人。安徽省体育代表团参加第十二届全国运动会，获得“体育道德风尚奖”。举办第15届亚洲赛艇锦标赛、第7届中国体育旅游博览会和第2届中国体育文化博览会。全省有133个单位、108名个人获2009—2012年度全国群众体育先进单位和先进个人称号,有2个单位、2名个人获2009—2012年度全国体育系统先进集体和先进工作者称号,有10名代表出席全国体育双先表彰大会。

群众体育

【贯彻落实《安徽省全民健身实施计划(2011—2015年)》】省政府首次将全民健身工作纳入对市政府年度目标绩效管理考核,全民健身纳入省第三届文明城市创建测评体系。合肥、亳州、阜阳、滁州、芜湖、宣城、铜陵等市人大、政协开展体育执法检查和视察调研工作。省、市召开全民健身工作委员会全体会议,汇报、交流、部署年度全民健身工作。全民健身工作由“三纳入”增加到“五纳入”(纳入国民经济和社会发展总体规划、财政预算、政府工作报告、精神文明创建指标体系、改善民生的目标任务)。已确定国家级全民健身示范市铜陵市以及17个省级全民健身示范县,探索地方政府和职能部门履行全民健身公共服务职能的有效途径,在全省起到示范引领作用。

1500余人在中国(亳州)国际健身气功博览会的开幕式上进行气功展演

【全民健身品牌活动】开展以“全民健身 健康安徽”为主题的全民健身系列活动,全省各地在重大节日开展丰富多彩的全民健身活动。全年全省组织100人以上群众体育活动1722次，参加人数236万人次。全省各级体育社团开展活动2048次,参加会员80多万人次、非会员170万人次。当年评选出的全省全民健身活动品牌有:合肥市庐阳区第二届社区体育运动会,淮北市第二届环华家湖山地车赛,临泉县LBA第十三届篮球联赛，淮南市八公山区第六届健身秧歌节,来安县第二届山地自行车骑游邀请赛，霍山县第六届千人登山活动，马鞍山市第三届长三角自行车越野邀请赛,宁国市第二届全民健身运动会,安庆市第三届老年人体育健身演示大会,广德县第二届笄山竹海登山节。截至2013年年底,全省已连续5年共评选出58个省级全民健身品牌活动。

【首届中国(亳州)国际健身气功博览会】2013年9月5日,首届中国(亳州)国际健身气功博览会暨第五届华佗五禽戏养生健身节在亳州市举行。国际国内36个代表队参加比赛,期间举办气功论文报告会等活动。亳州市为全国唯一的“中国五禽戏之乡”,现有五禽戏辅导员5600多名，教学活动点2000多个，习练人员达100万人。

【第三届全国绿色运动健身大会】10月18日，第三届全国绿色运动健身大会在池州市开幕。此次绿运会以"绿色运动、健康人生"为主题，共设9个比赛、体验及展示项目，全国31个省区市，香港、台湾地区共3000名运动员参加了比赛。同时还开展"四个一万"（万人骑行、万人描绘、万人行走、万人讨论）和"三项互动"（绿运项目进社区、家庭健身录像秀、网络绿运会）等全民健身活动。

【第五届"美好乡村"农民篮球大赛】"美好乡村"农民篮球大赛是结合省民生工程、省美好乡村建设、省农民体育健身工程、省农民文化乐园建设等，自下而上广泛开展的村、乡镇、县、市农民体育健身活动。本届篮球赛总决赛在利辛县王人镇曹店行政村曹店中心村举行，全省共有16个市、2个省直管县及东道主利辛县等19支代表队参赛。

【全民健身场地设施建设】2013年新建3940个农民体育健身工程，首批586个美好乡村建设"一场两台"（1个标准室外篮球场，2张室外乒乓球台）完成，并配置了健身路径。400个全民健身苑、100个街道（社区）体育俱乐部、1000个晨晚练点建成。建成10个县级健身广场、124个乡镇健身广场。争取6个国家级"雪炭工程"（萧县、利辛县、阜南县、庐江县、休宁县、砀山县），省体育局配套建设2个"雪炭工程"（灵璧县、枞阳县）。

【社会体育指导员认证】新认证公益性社会体育指导员11877人，其中一级2372人、二级2933人、三级6572人。截至2013年年底，全省有64985名公益性社会体育指导员，占全省总人口的万分之九。开展群众最喜爱的"千百十"社会体育指导员评选活动，在8月8日省暨合肥市全民健身日活动上对"十佳"社会体育指导员进行表彰。

【体育社团】出台《安徽省体育类民办非企业单位直接登记管理暂行办法》，促进社会体育组织健康有序发展。2013年全省新成立128个体育法人社团，发展会员63946人。截至年底，全省共有1306个体育法人社团、132万名会员。其中：省级体育社团70个，省行业协会28个，市、县（市、区）体育法人社团1208个。

竞技体育

【竞技体育成绩】当年安徽省运动员在国际国内重大比赛中共获得21.5枚金牌、31枚银牌、28枚铜牌。其中，在国际重大比赛中获得5枚金牌、4枚银牌、2枚铜牌。年内承办亚洲赛艇锦标赛、全国游泳锦标赛和第十二届全国运动会女子自由摔跤预赛等国家级以上重要赛事26项次。全年审批一级裁判员218人、一级运动员380人。

【参加第十二届全运会】第十二届全国运动会于8月31日至9月12日在沈阳市举行。安徽省体育代表团228人（获得决赛资格230人）参加了19个大项、132个小项的决赛。参赛人数和小项数创安徽省参加全运会的历史新高。安徽省代表团获得8.5枚金牌、9枚银牌、12枚铜牌，奖牌总数29.5枚，总分636.5分，获得"体育道德风尚奖"。安徽手球项目自1983年全运会男子手球摘金后，30年后女子手球首次夺冠。

基础项目进步明显，潜优势项目有新的突破。第十二届全运会上，本省田径项目获得1枚金牌、1枚银牌、2枚铜牌；水上项目整体实力明显提升；潜优势项目取得突破，山地自行车形成团队优势，男子重剑跻身全国一流；新组建的女

第十二届全运会开幕式安徽代表团入场

子橄榄球队、女子拳击队在短时间内均取得全运会第三名的佳绩。

【亚洲赛艇锦标赛】9月25—29日，第15届亚洲赛艇锦标赛在六安市月亮岛举办。来自亚洲20个国家和地区的运动员参加比赛。赛事设置大项8个、小项16个，参赛运动员、技术官员和体育官员达到300余人。赛事是在淠河河流上建堤蓄水形成的天然人工湖上进行的，其水源优质，适合开展水上项目运动竞赛。

【省优秀运动队训练管理体制和运行机制改革】当年成立省优秀运动队训练管理体制和运行机制改革研究小组，着手开展调研，制订方案。尚泽网球俱乐部成立后运行良好，迈出安徽省运动项目市场化、社会化改革的第一步；淮北市人民政府与省体育局签订联办协议，由淮北市组建省羽毛球队，开创"省队市办"先河；2013年底成立的"文一"职业篮球俱乐部，填补了安徽省"三大球"项目职业化空白。

【安徽文一篮球俱乐部】经国家体育总局篮管中心、中国篮球协会批复同意，安徽文一篮球俱乐部通过注册，并获得NBL（全国男子篮球联赛）联赛2014赛季的参赛资格。2013年12月9日，安徽文一篮球俱乐部在合肥成立。安徽省体育局、安徽文一投资控股集团签署合作共建安徽文一篮球俱乐部框架协议。

俱乐部聘请前国手，曾担任过国家队U18主教练、CBA浙江万马队主教练的郑武挂帅，并从全国各地引进16名高水平篮球运动员，其中绝大多数球员参加过CBA联赛。球队平均年龄22岁，平均身高2米。安徽文一篮球俱乐部将代表安徽省参加全国篮球赛事。

青少年体育

【青少年体育建设】继续加强实施"青少年体质强健工程"和"青少年体育塔基工程"，不断增强全省青少年体质，加快优秀体育后备人才培养。全省已建成156个国家级、155个省级青少年体育俱乐部，4个国家级、2个省级青少年体育户外活动营地，12个国家级、165个省级体育传统项目学校，41个省体育专项特色学校。

【青少年阳光体育活动】组队参加全国"未来之星"阳光体育大会；在舒城县举办全省青少年体育俱乐部展示大会。新增6个省级校园足球布点城市，在全省219个中小学推广青少年校园足球。依托安徽省研制生产的"三合一"球类运动器材，推广三项球类全能活动。全省各地学校体育场馆设施向社会开放工作取得新进展，开放学校已达1716个。

【青少年常规赛】当年举办41项青少年常规赛，注册17105名运动员，14353名运动员参赛。各市均举办多项青少年体育比赛。开展"赛风赛纪净化年"活动，出台省十三运会规程总则和运动员资格审查规定。

【青少年运动员文化教育】全省16个市均出台贯彻落实国家《关于进一步加强运动员文化教育和保障工作的指导意见》实施办法。一些地方创新体校办学模式，改善体校办学条件，取得成效。阜阳市建立起相对完善的政策保障机制，把市体校基础设施建设、文化教学经费、运动员训练伙食补助纳入财政预算，核批93名全额拨款事业编制，解决了长期以来制约和困扰体校发展的瓶颈问题。国家体育总局高度肯定阜阳市体校的做法。全省有8个体校被命名为"国家高水平体育后备人才基地"。

体育产业

【2013中国体育旅游·体育文化博览会】2013中国体育文化·体育旅游博览会于11月1—3日在芜湖市举办。全国体育产业工作会议暨大型公共体育场馆运营管理现场会同期召开，国家发改委等7部委和29个省、市、自治区派代表参加会议并观摩"两博会"。博览会集"赛、展、论、游、进、签、销"于一体，首次发行安徽主题即开型彩票。许海峰等11位奥运冠军走进展会、走进社区和学校。本届"两博会"共有29个省、市、自治区以及韩国、越南、泰国、缅甸、老挝、香港、台湾等国家和地区的450多个企业参展，有20个单位签订11个投资项目，投资总额204.22亿元。本届博览会上，安徽有14个项目获奖，其中4个项目获"中国体育旅游十佳精品项目奖"。40多万人次参观会展和比赛，带来6000多万元的直接消费，带动相关产业收入2亿多元。

【体育与旅游融合发展】当年《加快发展体育旅游的实施意见》出台。全省有24个体育项目被纳入省"861"行动计划，总投资额146

亿元。全省有13个市和1个县出台了体育产业配套政策，体育产业扶持资金计划每年达3000多万元。以皖南体育旅游和体育品牌赛事、皖江城市带健身器材研发生产、合肥经济圈健身培训及赛事活动、皖北健身气功为标志的四大功能区主体项目初步形成。已建成开业的六安南山等5个体育健康休闲产业园，年接待游客60多万人次，直接经济收入5300多万元；马鞍山濮塘等9个体育健康休闲产业园开工建设。绩溪徽杭古道、宣城金梅岭、黟县徒步露营线路、芜湖红杨山汽车越野赛获得“中国体育旅游十大精品项目”称号；安庆市、宣城市跻身中国体育旅游十大城市之列。中国黄山（黟县）国际山地车节、芜湖红杨山汽车越野赛影响不断扩大。芜湖东方阳锐公司研发的“三合一”球类综合训练器材获得国家质量认证，合肥寰景科技信息公司的体育健康服务平台、和县三才公司的“迪马斯”三段式羽毛球等自主品牌产品已投放市场。

【创新公共体育场馆运营管理模式】全省贯彻国家体育总局等8部委出台的《关于加强大型体育场馆运营管理改革创新 提高公共服务水平的意见》，探索创新公共体育场馆运营管理。其中省体育中心和芜湖市的自主运营管理、合肥奥体中心的委托运营管理、淮南市的合作运营管理等模式极具特色。中国体育报深入合肥、芜湖、淮南等地进行采访，连续报道本省体育产业及场馆运营经验。国家体育总局组织10多家中央媒体到芜湖采访报道，向全国推介芜湖市体育产业工作经验；“两博会”期间，国家体育总局在芜湖市召开大型公共体育场馆运营管理工作现场会。在当年召开的全国体育局长会议上，芜湖体育局就芜湖体育场馆运营管理模式作了专题发言。

【体育彩票销售】全年共销售36.41亿元，筹集公益金9.38亿元，销量居全国第15位。新建专营店1722个，累计达到3317个，占体彩销售网点的60%。“十二五”前3年累计销售83.02亿元，筹集公益金21.7亿元，完成“十二五”120亿元销售任务的69.18%，为体育事业发展提供了保障。

体育设施

【体育设施建设】全省新建14个主要公共体育场馆，总建筑面积达13.2万平方米，截至2013年年底，全省共有公共体育场馆419个(不包括学校场馆和场地、农民健身工程篮球场)。当年新建的14个主要公共体育场馆是：和县体育场、巢湖市体育馆、阜阳市体育馆、芜湖县体育馆、蚌埠市全民健身中心、芜湖市镜湖区全民健身活动中心、淮南市八公山区全民健身活动中心、阜南县体育场、潜山县游泳馆、萧县体育馆、临泉体育馆、太和县旧县镇全民健身活动中心、黟县体育馆、石台县全民健身活动中心。当年开展了第六次全国体育场地普查前期工作。

【公共体育场馆开放】全省体育系统常年对外开放的主要公共体育场馆168个。其中，体育场(田径场)47个，体育馆45个，游泳馆(池)45个，室内全民健身活动中心28个。2013年1—11月，全省体育系统公共体育场馆共举办大中型活动(500人以上)599次，接待群众健身373万人次。

【石关训练基地】石关体育训练基地位于岳西县城以北20公里的消水湾。占地13公顷，海拔834米。石关基地的前身是安徽省教师疗养院，始建于1958年，2001年安徽省体育局接收后，投资改建了综合训练馆、手球训练馆、举重训练馆、游泳馆等体育场馆，基地可供举重、摔跤、柔道、拳击、跆拳道、武术、手球、击剑等项目进行训练，是省队及国家队备战全运会、奥运会等赛事进行封闭训练的首选之地。

石关训练基地

2008年石关训练基地被国家体育总局命名为国家体育训练基地。基地命名后，共走出11位奥运冠军，20多位世界冠军，被称为“冠军的摇篮”。其中，张国政、刘春红、陈艳青、雷声、吕小军、林清峰等一批运动员，在参赛的最后阶段从这里走向奥运会，并站上了最高领奖台。2012年10月，国家举重队、击剑队专程赴岳西参加“情系大别山·奥运冠军回岳西”活动，表达对岳西人民的感谢之情。2013年，训练基地为运动队提供训练106天，接待运动员、教练员等2.09万人次。

体育文化

【体育文化建设】在已有的安徽省体育记者协会、安徽安体传媒有限公司、安徽省体育局宣传信息中心等基础上，2013年成立了安徽省体育书画摄影协会(省级体育社团)。成立省武术协会、省龙舟运动协会、省围棋协会、省桥牌协会、省象棋运动协会、省健身气功协会、省永京拳武学研究会等一批体育文化社团。在2013年中国体育文化·体育旅游博览会上，安徽省永京拳、晰扬掌、东乡武术、叶村叠罗汉、三阳打秋千、轩辕车会、婺溪河灯、永丰五福会、六洲棋等入选参加2013年中国体育文化博览会“中国体育非物质文化遗产展示”。自2006年开始，全省公布的四批省级非物质文化遗产项目中，与体育直接相关的项目15项。其中，2006年有华佗五禽戏、民间杂技马戏等2项，2008年有晰扬掌、六洲棋、叶村叠罗汉等3项，2010年有东乡武术、永京拳、游龙舟抬五帝跳旗、三阳打秋千、湖阳打水浒、铜城火叉火鞭等6项，2014年有陈抟老祖心意六合八法拳、五音八卦拳、吴翼翚华岳心意六合八法拳、徽州武术等4项。

【对外交流】全年出访总人数为165人次。其中，派出15批86人次出访韩国、德国、乌兹别克斯坦、新加坡、新西兰、俄罗斯、立陶宛、澳大利亚、美国、哈萨克斯坦、印度11个国家，涉及运动项目有武术、橄榄球、田径、手球、网球、游泳、摔跤7个；派出31批54人次随国家体育总局出访；派出4批25人次访问港澳台地区。全年接待来访63人次。其中，接待韩国、德国、哈萨克斯坦、保加利亚、斐济5个国家7个团组60人次来访；接待台湾代表团1个3人来访。

【体育宣传】对安徽省运动员备战参赛第十二届全国运动会展开宣传，安徽记者团14家媒体共发稿500余篇（条）；全民健身、政策法规、品牌赛事、重要活动、典型人物等方面的宣传加强，全年共组织新闻媒体集中采访报道重要体育赛事(活动)50多场(次)，召开新闻发布会(新闻通气会)11场，开展“全民健身江淮行”专题宣传活动5场；组织开展安徽体育好新闻、安徽十大体育新闻评选活动；推荐全民健身好新闻28篇、体育标识作品9件、体育微视频4条参加全国范围的展示、评选，参评作品数量和获奖数量均居全国各省份前列。与人民网安徽频道、《市场星报》等媒体合作，打造安徽体育宣传“升级版”。安徽省体育局连续2年被国家体育总局评为“全国体育宣传工作先进单位”。

体育科研

【体育课题研究】省体育科学技术研究所完成国家体育总局科教司课题结题1项，承担省科技厅课题3项，申报省科技厅2014年课题3项。参加全国竞技体育科学论文大会，报送专题报告和论文4篇。分别与复旦大学生命学院和安徽师范大学签订合作协议，就体育科研合作、人才培养等建立平台，提升科研人员的研究水平。

【训科医一体化建设】年内定期开展省级各项目队运动员机能测试。坚持日常训练和比赛中的跟踪测试，增强训练的针对性、实战性，促进训练质量提高。全年共进行生化类测试2760人次，生物力学测定52人次、脑电图测试298人次，撰写动作解析分析报告47篇。

【国民体质监测】2013年，省国民体质监测中心开展国民体质测定进学校、进农村、进社区、进企业、进广场、进基层等“六进”活动，共测单项体质3523人次。到省直15个单位进行国民体质测定，并出具运动处方1321人。该活动自2009年实施，到2013年年底，已有72个省直厅局单位参与，6268人参加测试。开设“全民健身大讲堂”，宣传普及科学健身知识。2013年新建成第2批16个县级国民体质监测站，全省免费开展体质测试34923人。截至2013年年底，全省共建成16个市级国民体质监测中心、33个县级国民体质监测站，累计完成省“十二五”计划规定的市级任务的100%、县级任务的39%。

档案党史地方志

任海国题

□档 案

□党史研究

□地 方 志

档 案

【概况】1959年，国务院批准成立安徽省档案管理局。1980年，成立省档案局，与省档案馆一套机构、两块牌子。2003年，被确定为省委、省政府直属单位。主要职能是：制定全省档案工作的规章制度、业务标准和技术规范；依法开展档案行政执法监督；制定全省档案事业发展的中长期规划和专项计划；接收、收集和保管省直各单位和其他组织按规定移交进馆的档案资料；征集散存在社会上的珍贵档案资料；审定综合档案馆、专门档案馆、部门档案馆档案资料接收和收集范围；指导、协调省直和市、县及专项档案业务工作。2013年，全省共有档案行政管理机构126个，各级各类档案馆128个。全省各级各类档案馆、室共藏有纸质档案2193.4万卷(件)，共接待利用者29.6万人次，提供利用档案624799卷(件)。

【服务经济社会建设】2013年，全省8个重大建设项目通过档案工作验收，其中有3个项目被确定为“全国建设项目档案管理示范工程”，受到国家档案局通报表彰。长丰、太和、怀宁、屯溪4个县(区)通过全国新农村建设档案工作示范县验收。联合省教育厅制发《安徽省中小学档案教育实践基地建设实施办法》，开展中小学档案教育实践基地建设，滁州市档案馆成为安徽第一家全国中小学档案教育实践基地。省档案局组织开展援川、援疆、援藏档案工作，出台对口支援西藏档案工作意见，抽调精干专业人员赴新疆皮山县、西藏山南地区开展档案业务指导。

“合肥——大湖名城开放城”大型图片展

【服务民生建设】2013年，省档案局制发水利水电移民档案、城乡居民社会养老保险业务档案管理办法，协调开展第一次全国水普查档案验收；推进全省医疗、工伤、生育保险业务档案管理达标验收。加强全省社保、医保、农保档案工作指导和考评验收，安徽社保业务档案工作受到全国通报表彰。合肥、芜湖、马鞍山、蚌埠、淮南、安庆、黄山市民生档案工作得到大力推进。

【档案文化资源开发】安徽档案展示馆接待参观超过600批次、达2.5万人次。3D档案专题纪实片《安徽之光》获全国党员教育电视片观摩交流一等奖和“十佳摄像作品奖”，创造安徽省一片同获双奖的纪录，填补“十佳摄像作品奖”空白。省档案局与省电视台联合摄制的纪录片《寻找成本华》，获“金熊猫奖”人文类“亚洲制作”奖和“纪录片大奖提名”奖。合肥市举办“合肥——大湖名城开放城”大型图片展，完成城市记忆工程十大建筑档案采集建档工作。淮北市举办“中国好人”档案图片展。芜湖、淮南、滁州、黄山市以及霍山、歙县、屯溪区、黄山区等一批档案展示馆建成对外免费开放。省档案局、蚌埠、滁州市与新闻媒体合作开办档案揭秘专栏。合肥、淮南、滁州市出版档案画册。宣城市开展新四军档案资料研究。黄山市编辑徽州档案研究系列丛书。

【档案法制建设】省档案局设立省行政服务中心审批窗口，落实档案行政审批事项集中受理承办。合肥、淮北、蚌埠、池州、亳州市与有关部门联合开展《档案管理违法违纪行为处分规定》宣传贯彻。省档案局加强档案执法检查，对亳州市及三县一区开展档案执法督查工作，有效解决问题。宣城市对48项民生工程档案进行专项执法检查。安庆市对交通、水利、房产、卫生系统和街道办事处、社居委档案工作进行执法检查。芜湖、淮南、六安、宣城、亳州、宿州市开展档案行政执法检查，对存在问题的单位发放整改建议书。

【档案资源体系建设】全省各地进一步推进档案资源体系建设。芜湖市开展“档案资源建设年”活动，马鞍山市开展“专业档案建设年”活动。淮南市开展档案接收上门服务活动。省档案馆重点征集奥运冠军邓琳琳档案、抗日远征军安徽籍老战士档案、抗战期间美国飞虎队战机残骸、党和国家领导人来皖视察档案资料。合肥市接收建设、房产、婚姻登记、土地、招投标等专业档案。宣城市接收破产企业档案。铜陵市接收企业退休人员档案。合肥市征集南淝河地图、合肥航拍图片档案。宿州市征集梆子戏老照片、乐石砚申遗档案。淮南市征集城市发展影像档案。六安市接收第四届中国(六安)国际羽绒节档案资料。宣城市接收第六届中国文房四宝文化旅游节档案。合肥、池州市接收友好城市协议档案资料。

【档案业务建设】全省通过机关档案工作目标管理考核545家。省档案局与省司法厅联合开展全省司法鉴定机构档案管理达标升级考核认定；与省直有关部门联合制发法院档案工作、高等学校档案、社区矫正人员档案管理办法。推进档案馆接收档案范围细则修订，开展企业文件材料归档范围和档案保管期限表审核。阜阳市出台机关档案工作业务建设规范。滁州市出台档案接收进馆暂行规定。池州市出台江南产业集中区档案管理办法。铜陵市探索定期、重点、分类指导档案工作模式。马鞍山、安庆市加强开发区档案规范化建设指导。淮北市开展国有破产改制企业档案工作指导。

【档案馆舍建设】省档案馆4.6万平方米新馆建设，完成项目立项、可行性研究、初步图纸设计工作。芜湖、淮南、滁州、黄山市等新馆投入使用。亳州、蚌埠市新馆即将建成。宿州、六安市新馆建设完成前期准备工作。合肥、马鞍山、池州市新馆建设正在立项。阜阳市新馆建设列入规划。中西部地区县级综合档案馆建设稳步推进。完成23个项目投资，争取中央投资达1亿元。7个市县区档案馆通过升级测评，其中淮南市、铜陵市、霍山县、黄山区、徽州区档案馆晋升为国家二级档案馆，天长市、濉溪县档案馆晋升为国家三级档案馆。

【档案信息化建设】省档案馆共完成档案文件级目录数字化144万条、全文数字化142.5万页。合肥市共完成档案文件级目录数字化545.8万条、全文数字化1626万页。芜湖市建成开放档案目录共享系统，提供开放档案目录9.7万条，完成全文数字化500万页，接收电子文件1.8万件。六安市建立市直部门电子文件归档管理平台，完成档案文件级目录数字化96万条、全文数字化101万页。马鞍山市完成档案文件级目录数字化6万条、全文数字化130万页，接收电子文件1.2万件。黄山市完成档案全文数字化90万页。淮南市实现20多万卷档案文件级目录检索、珍贵档案和重要档案全文检索。滁州市对《凤阳府志》进行数字化抢救。蚌埠市、望江县启动数字档案馆建设并完成阶段性任务。

【档案宣传工作】第六届“国际档案日”纪念活动是全国档案系统第一次集中开展的“国际档案日”宣传活动，省档案局在中安在线举办在线档案访谈节目，开展文化宣传讲座，率先与《中国档案报》联合开展寻访“最美档案人”专题采访活动。合肥市开展“兰台风采”档案十佳人员评选和“档案忘不了”有奖征文活动。铜陵市举办“江淮普法行”档案法制宣传活动。蚌埠、铜陵市开展“档案馆开放日”活动。芜湖、铜陵、亳州、宿州市开展档案现场咨询宣传活动。

党史研究

【概况】省委党史研究室既是省委党史研究部门，又是主管党史业务的工作部门，1981年成立。主要职能是：总结党的历史经验，宣传党的光辉历史和优良传统，为党的建设提供历史借鉴；征集、整理、编纂和研究安徽地方党史资料，为省委相关决策和处理历史遗留问题提供咨询和史实依据；组织党史学术研讨活动；负责全省党史系统干部培训工作等。2013年，深化党史研究，充分发挥党史工作资政育人作用，修史学史用史等各项工作取得新进展。

【党史编研】做好《中国共产党安徽历史》(第二卷)送审稿的修改、补充和统稿工作，形成53万字的定稿，已经省委批准同意正式出版，省委书记张宝顺担任编审主任。加快推进《中国共产党安徽历史》(第三卷)编撰筹备工作，提出编写大纲初稿。强化党史专题研究和资料征编，出版《昨天的记忆——卢荣景访谈录》《中国红色旅游指南——安徽卷》《安徽党史人物传》(第八卷)和《纪念建党90周年学术研讨会论文集》等书籍。修改完成《中共中央南方局与新四军》，修订《安徽省抗战时期人口伤亡和财产损失》。编印资政专刊《红皖撷英》，推出“安徽党史上的十个第一”“情暖江淮——中央领导人在安徽”2个专题，印发16期。“皖南事变研究”“安徽红色旅游资源开发与利用”等3个课题进展顺利。

"在思想洗礼中砥砺奋进——党的历史上十次重要的整党整风和学习教育活动"大型党史图片展在合肥市逍遥津广场举办，省委副书记李锦斌等观看

为中央党史研究室编写《中国改革开放实录》《科学发展，成就辉煌》提供10个安徽专题，启动《安徽改革开放实录》课题研究工作。做好中央党史研究室下达的大别山革命斗争史资料征集工作，编辑《2013年安徽工作概要》，开展安徽知识青年上山下乡运动口述史料征集工作。

【党史宣传教育】6月30日至7月4日，与省委组织部联合举办"在思想洗礼中砥砺奋进——党的历史上十次重要的整党整风和学习教育活动"大型党史图片展，省委副书记李锦斌，省委常委、省纪委书记王宾宜，省委常委、组织部部长王炯参观首展。期间，约有1.5万人在现场参观展览，同时在"安徽党史网"举办网络展览，取得良好社会反响。"七一"期间，以"回顾圆梦历程，践行群众路线"为主题举办全省第4个"领导干部党史教育日"活动，组织党史宣讲团开展党史宣讲20场。充分发挥《党史纵览》的宣传阵地作用，刊物质量和发行量进一步提升，2013年获华东地区优秀期刊奖。

【党史纪念活动】组织纪念毛泽东诞辰120周年活动，在《安徽日报》开设纪念专版《伟人情怀永铭记——毛泽东同志关心安徽建设与发展记略》；与省委宣传部、省电视台联合摄制播出电视新闻专题片《毛泽东视察安徽》。在《党史纵览》发表《习仲勋关爱文化艺术事业》，纪念习仲勋诞辰100周年。召开洪学智诞辰100周年座谈会，在《安徽日报》发表《百战将星功垂千秋——纪念洪学智同志诞辰100周年》专题文章。

【党史工作创新】抓好"一室一专题"工作。完成全省21个"一室一专题"项目的审核批准工作。实施"一市一馆(址)"工程。完成全省17个"一市一馆(址)"工程项目的审核批准工作，指导各市争取党委、政府和相关部门的支持，抓好项目的规划、建设和布展工作，集中打造一批在全国具有一定代表性和影响力、融党史宣传教育和红色旅游为一体的示范性党史纪念场馆。

地　方　志

【概况】安徽省地方志编纂委员会成立于1981年，下设办公室，属省政府直属事业单位(参照公务员制度管理)。主要职能是：制定全省地方志编纂长期规划及年度实施计划，组织编纂安徽省志和综合性年鉴，负责省辖市地方志稿的审定工作，指导市、县(市、区)地方志编纂工作，组织整理旧志，收集、整理和开发利用地情资料等。

【省志编纂】《安徽省志》(1986—2005)由89部分志组成，约7000万字，共有142个单位承担编纂任务，计划2014年底基本完成。截至2013年年底，《安徽省志》已评议53部分志，《政府志》等13部分志送省政府审查验收，其中《交通志》等4部分志已进厂排版；《中国共产党志》等18部分志评议后已完成送审稿；其余分志处在补充完善资料阶段。

【市县志编纂】全省二轮市、县(市、区)志规划为132部。2013年出版13部，累计已出版93部；送出版社12部，送审10部，还有17部处在编修阶段。其中，列入精品工程建设的35部志书，已出版19部，即将出版6部，完成送审6部，完成评议4部。金寨县天堂寨镇、舒城县幸福村、合肥市客运集团、天长市天康集团等全省名镇、名村、名企志编纂试点单位工作启动。

【年鉴编纂】2013年累计已出版市、县(市、区)年鉴69部。蒙城县等10个县(市、区)创编综合年鉴。2012年卷《安徽年鉴》在全国编校质量抽查中获特等奖；2013年卷《安徽年鉴》进一步调整编纂框架和充实资料内容，提高信息量，增强可读性，按时出版并完成赠阅工作。10月23日，《安徽年鉴》创刊30周年座谈会在合肥市召开，省政府领导、全国年鉴界专家、《安徽年鉴》的作者、读者代表50人参加。11月28日，全省县区综合年鉴编纂工作推进会议在繁昌县召开，来自全省37个县、区的80多名政府分管领导及年鉴编纂人员参加。

2013年10月24日，省长王学军，省委常委、宣传部部长曹征海等到省地方志办公室视察

【旧志整理】全省列入省政府点校规划的旧志共95部，累计已点校出版55部。2013年，明·万历《歙志》、清·嘉庆《庐州府志》、嘉庆《舒城县志》、嘉庆《备修天长县志稿》、光绪《青阳县志》、民国《安徽第九区风土志略》等出版；光绪《亳州志》、嘉庆《怀远县志》已送审；光绪《宿州志》等6部正在点校。

【读志用志】省地方志办公室协助合肥市广播电视台拍摄宣传安徽地情专题纪录片，向淮南市新四军纪念林思源书院捐赠志书，向阜南县捐赠志鉴图书，继续向省以上人大代表、政协委员，省以上领导干部，省直各部门、各市县区党政主要负责人赠阅《志苑》杂志1700份。

合肥市开展"知史明志 建设合肥"读书征文活动。芜湖市制作《芜湖城镇变迁》历史纪录片。淮南市为淮南电视台系列历史文化专题片撰写解说词。安庆市向中央文献研究室提供陈独秀研究资料。宣城市《宣城古代诗词全集》第三、四卷已出版。马鞍山市编纂出版大型文化丛书《人文马鞍山》。芜湖市编辑出版《中国教授第一村——胡湾村》。黟县编纂出版《徽州楹联通览》。

2013年开展二轮已出版市、县、区志编纂质量评比工作，《黄山市志》《安庆市志》《泾县志》等7部志书获特等奖。开展第二届全省地方综合年鉴编纂质量评比工作，共有58部地方综合年鉴以及专业年鉴参评，参与年鉴数比首届全省年鉴编纂质量评比高出21%，《安徽文化年鉴》《合肥年鉴》《绩溪年鉴》等13部年鉴获特等奖。

【方志资源开发利用】2013年省地方志办公室组成调研组，调研古皖文化和徽州文化，形成《传承古皖文化，建设精神家园》《徽州历史文化考察与再认知》两篇调研报告，4月8日和7月15日《安徽日报》以2个专版发表；由省志办重大课题《安徽地区城镇历史变迁研究》形成80万字文稿，由安徽人民出版社出版。由省志办参与合作编撰的《中国·皖江示范区》一书即将出版。《安徽古代诗词全集》陆续出版。《安徽省情概要》一书编纂工作启动。

全省各地地方志机构把地方志成果融入城市建设、美好乡村建设、景区景点建设。铜陵市指导开展铜文化研究活动，编辑出版《铜》杂志。淮北市溶入"精致淮北"建设。滁州市组织专家完成红草湖湿地、抗大八分校和民俗文化地情调研。亳州市召开"淮河文化"座谈会。淮南市参与《淮南市城区地名总体规划(2012—2020)》有关地名历史溯源、地名释义、采词等工作。池州市撰写《千载诗人地，遥指杏花村》，扩大了杏花村知名度。黄山市为休宁县政府开发利用万安老街出谋划策。

【基础建设】省地方志馆设计方案通过设计部门审查。组织业务人员赴江西省方志馆、景德镇市方志馆考察学习。全年征集、征订二轮志书62种、1052册，交换期刊3200册，馆藏家谱已达138部。完成桐城、蒙城2个历史文化名城专柜资料收集任务。宣城、芜湖、安庆、淮南、淮北、黄山、亳州等市方志馆建成。铜陵市帮助露采社区建设"露采社区历史文化展示馆"。淮北市加强方志馆展示工作。

安徽省已出版综合年鉴一览表

安徽年鉴	颍州年鉴	鸠江区年鉴
合肥年鉴	颍泉年鉴	三山区年鉴
肥东年鉴	颍东年鉴	无为年鉴
肥西年鉴	淮南年鉴	芜湖县年鉴
长丰年鉴	凤台年鉴	繁昌县年鉴
庐江年鉴	谢家集年鉴	南陵县年鉴
巢湖年鉴	八公山年鉴	芜湖高新技术开发区年鉴
瑶海年鉴	大通年鉴	宣城年鉴
蜀山年鉴	毛集实验区年鉴	宣州年鉴
庐阳年鉴	潘集年鉴	郎溪年鉴
包河年鉴	滁州年鉴	广德年鉴
合肥高新区年鉴	天长年鉴	宁国年鉴
合肥经开区年鉴	定远年鉴	泾县年鉴
合肥新站区年鉴	来安年鉴	绩溪年鉴
淮北年鉴	全椒年鉴	旌德年鉴
濉溪年鉴	南谯年鉴	铜陵年鉴
亳州年鉴	明光年鉴	铜陵县年鉴
利辛年鉴	琅琊年鉴	铜官山年鉴
涡阳年鉴	凤阳年鉴	狮子山年鉴
蒙城年鉴	六安年鉴	郊区年鉴
谯城年鉴	金安年鉴	池州年鉴
宿州年鉴	裕安年鉴	东至年鉴
萧县年鉴	霍山年鉴	青阳年鉴
灵璧年鉴	叶集实验区年鉴	安庆年鉴
泗县年鉴	舒城年鉴	桐城年鉴
埇桥年鉴	金寨年鉴	枞阳年鉴
砀山年鉴	霍邱年鉴	怀宁年鉴
蚌埠年鉴	马鞍山年鉴	潜山年鉴
蚌山年鉴	当涂县年鉴	太湖年鉴
龙子湖年鉴	和县年鉴	宿松年鉴
淮上年鉴	含山年鉴	望江年鉴
阜阳年鉴	花山区年鉴	岳西年鉴
太和年鉴	雨山区年鉴	黄山年鉴
临泉年鉴	芜湖年鉴	黄山区年鉴
颍上年鉴	镜湖区年鉴	歙县年鉴
界首年鉴	弋江区年鉴	祁门年鉴

民族宗教

□民　　族

□民族文化弘扬与保护

□少数民族重大活动

□少数民族教育

□宗　　教

□宗教文化开发利用

□宗教重大活动

民　　族

11 月 8 日，省民委举办全省民族团结进步教育基地规范化建设交流会

【少数民族概况】安徽省属少数民族散居省份，据第六次全国人口普查统计，全省 55 个少数民族成分俱全，共有少数民族常住人口 39.56 万人，占全省总人口的 0.66%。少数民族在全省呈“大分散、小聚居”状分布，沿淮淮北多且相对集中，沿江江南少而分散。回族、满族、畲族为安徽省世居少数民族，其中回族人口最多，达 32.81 万人，占全省少数民族总人口的 82.92%。全省有 11 个民族乡（场、街道），分别是定远县二龙回族乡、凤台县李冲回族乡、寿县陶店回族乡、淮南市孤堆回族乡、淮南市古沟回族乡、肥东县牌坊回族满族乡、五河县临北回族乡、颍上县赛涧回族乡、宁国市云梯畲族乡、皖河农场三益回民分场、亳州市花戏楼街道。另有 136 个少数民族聚居村，112 所民族中小学。全省有民族团结进步教育基地 7 个，民族团结进步示范社区 26 个，安庆市回族文化陈列馆、宁国市云梯畲族乡千秋文化园为全国民族团结进步教育基地。

民族文化弘扬与保护

【第一批全省民族团结进步教育基地】2013 年 1 月，省委宣传部、省委统战部和省民委联合决定，在全省范围内命名第一批全省民族团结进步教育基地。经实地考核、综合评定、网上公示等评选程序，合肥市瑶海区明光路街道金大塘社居委、金寨县烈士陵园、宁国市云梯畲族乡千秋文化园、池州市胜利镇江心回民村、安庆市回族历史文化陈列馆、望江县漳湖镇回民村渡江历史纪念馆、黄山区红军北上抗日纪念馆等 7 个单位被命名为第一批全省民族团结进步教育基地。

【全省民族团结进步示范社区】为发挥先进典型的示范带动作用，进一步推动全省民族团结进步示范社区创建活动深入开展，2013 年 12 月，省民委首次命名合肥市瑶海区明光路街道金大塘社区等 26 个单位为全省民族团结进步示范社区，并在全省民族团结进步示范社区命名暨经验交流会上授牌。

【少数民族特色村寨保护与发展项目】7 月 16 日，安徽省民委确定宁国市云梯畲族村等 14 个符合条件的民族村申报“十二五”时期全国少数民族特色村寨保护与发展名录项目。少数民族特色村寨保护与发展试点工作启动以来，全省共确定 7 个村作为少数民族特色村寨保护与发展试点项目村，一些特色村寨已初具规模。

【花戏楼民族聚居街道获民族发展优惠政策扶持】亳州市花戏楼街道是安徽省形成最早、聚居比例最高、回族文化特色最为浓郁的少数民族聚居街道，由于多种因素影响，经济社会发展相对滞后。2013 年，省民委结合办理人大代表建议，协调省财政厅为花戏楼民族聚居街道争取民族发展扶持政策。5 月 10 日，花戏楼民族聚居街道被纳入省财政少数民族发展扶持范围，自 2014 年起，省财政每年安排 80 万元，用于加快该街道经济社会发展和文化保护。

【《畲乡三月三》获中国畲族民歌大赛铜奖】4 月 12 日，中国畲族民歌大赛在浙江省景宁畲族自治县举行，由宁国市云梯畲族乡选送的原创畲族歌舞《畲乡三月三》获铜奖。云梯乡一直注重畲族文化的传承，连续多年坚持举办“三月三”歌会。4 月 20 日，在该乡千秋文化广场举行 2013 安徽畲乡“三月三”歌会民俗文化活动。

【阜阳民族艺术在中国民博会上获好评】11 月 14 日，由中国文联、中国民间文艺家协会主办的“2013 中国民间工艺家博览会”上，阜阳市民族艺术家杜平刻铜《岳阳楼记》、

千秋畲族村获安徽省“最具活力之美好乡村”称号

肖淑琴和杜平剪纸《颍州西湖赋》、张修尧制笔《黑檀嵌银丝狼毫套笔》获金奖，程兴红剪纸《老鼠娶亲》、卢华彩陶《三彩刻画刀马人尊》获银奖。此次参展，安徽省获得的3个金奖全部来自阜阳市，奖牌数占全省奖牌总数近一半。

【牌坊回族满族乡蹴球项目列入市级非物质文化遗产名录】5月2日，合肥市政府第7次常务会议研究决定，肥东县牌坊回族满族乡少数民族传统体育项目蹴球等22个项目列入合肥市市级非物质文化遗产名录名目。蹴球源于清代的踢石球，是一项颇受欢迎的少数民族传统体育运动。蹴球比赛是在一块10米乘10米的正方形平整土地上使用地掷球进行，比赛时运动员脚跟着地，脚掌触球，用力蹴球，击中对方球得1~2分，把对方球击出场外得4分，先得50分为胜方，三局两胜。

【民族学校代表队在省毽球锦标赛上获佳绩】在2013年安徽省毽球锦标赛上，由寿县陶店民族学校、江黄回族中学等组成的寿县代表队获得男子三人、女子三人、女双3个项目冠军，由五河县临北民族中学组成的五河代表队获得男双、混双的冠军。此次竞标赛由省毽球协会、省农民体协联合举办，在省体育运动职业技术学院举行，全省各地6支代表队70多名运动员、教练员参加比赛。

【江强宏作品入选第四届全国回族书画展】2013年12月，旌德县文化馆回族书法家江强宏书法作品《隶书条幅》入选第四届全国回族书画展，并被组委会收藏。此次书画展以“民族团结·和谐家园”为主题，由中央文史馆和宁夏回族自治区人民政府共同主办。

【《侗乡晓色》在全国法制宣传暨廉政建设书画摄影大赛中获奖】3月31日，安徽省民委选送的美术作品《侗乡晓色》，在国家司法部第十届全国法制宣传暨廉政建设书画摄影展比赛中获一等奖。作品《侗乡晓色》是以少数民族聚居地区古朴民居和美好家园为创作主题，反映了各族群众热爱祖国山河、建设美好家乡的壮丽景象。

【千秋畲族村获安徽省“最具活力之美好乡村”称号】作为本省重点建设的少数民族特色村寨，宁国市云梯畲族乡千秋畲族村在安徽电视台公共频道《美好乡村江淮行》评比中，获全省十佳“最具活力之美好乡村”称号，并入围2013年中国十大最有魅力休闲乡村评选，为安徽省3个入围乡村之一。

少数民族重大活动

【2013年度“民族一家亲”爱心行动】8月30日，2013年度“民族一家亲”爱心行动捐赠仪式在合肥举行。省委常委、统战部部长沈素琍，省人大常委会副主任王翠凤，省政府副省长方春明，省政协副主席夏涛等出席仪式。当年，爱心行动再次得到全省企业、单位、个人和宗教界的大力支持，特别是少数民族特需商品定点生产企业和民族企业热心资助，共募集善款425万元，对104个少数民族贫困户、14个少数民族创业户和121名少数民族贫困学生开展帮扶和资助。

【“民族团结好少年”征文活动】7月1日至9月30日，省民委、省教育厅联合在全省民族学校开展“民族团结好少年”征文活动。征文活动得到各地民族、教育部门和民族学校的重视和支持，各民族中小学生积极参加。活动共评出一等奖10名、二等奖20名、三等奖31名、优秀组织奖15名，在安徽省暨合肥市民族团结进步宣传月活动启动仪式上向获奖作者代表颁发证书。

【省民委举办民族团结知识网上百题竞答活动】为进一步推动民族

知识的宣传和普及，丰富安徽省民族团结进步宣传月活动内容，2013 年 9 月，省民委利用网络平台开展安徽省民族团结知识网上百题竞答活动，此次竞答题目共 100 题，涉及民族基本知识、党和国家民族政策、国家法律法规以及近年来安徽省民族工作创新等多方面内容，活动采取有奖竞答方式进行，吸引各界广泛参与。

【池州市举办首届体育进民族村暨少数民族传统体育比赛】 9 月 27 日，池州市首届体育进民族村暨少数民族传统体育比赛在东至县胜利镇江心回民村举行，活动旨在提升少数民族群众的身体素质，培育少数民族传统体育后备人才。江心回民村群众与江心回民小学的学生组成 6 支代表队，分别参加了押加、拔河 2 项少数民族传统比赛。活动中，池州市民委、体育局还邀请市老年腰鼓队、武术队员等现场表演腰鼓、秧歌、柔力球、武术、太极拳等运动项目。

【“协和成杯·江淮民族情”民族团结进步创建评选活动】 此次评选活动是由省民族团结进步创建活动领导小组组织开展，少数民族特需商品定点生产企业安徽协和成药品饮业有限公司冠名支持，为社会各界参与的一项社会化民族团结宣传和创建活动。活动共评选出 20 个“全省民族团结进步创建活动先进集体”和 20 名“全省民族团结进步创建活动先进个人”。当年省民委还联合省属国有企业开展“民族团结进步创建典型进万家”活动。

少数民族教育

援疆教师陈琼栋被评为 2012 年安徽省十大教育新闻人物

【全省重新认定 122 所中小学为民族学校】 省民委、省教育厅根据《安徽省民族工作条例》有关规定，深入调研重新认定定远县民族学校等 122 所学校为民族学校，其中 1 所为 12 年一贯制学校，4 所为 9 年一贯制学校，13 所为 3 年制初级中学，104 所为 6 年制完全小学。此次对全省民族学校进行重新认定旨在进一步规范民族学校认定标准和程序，切实把民族学校的认定工作纳入到依法治教的法制轨道。

【省首届援疆幼师班毕业】 11 月 15 日，合肥幼儿师范高等专科学校举行该校首届新疆班毕业生汇报演出。根据《安徽省对口支援新疆和田地区皮山县综合规划（2011—2015 年）》安排，合肥幼儿师范高等专科学校为新疆皮山县培养初中起点三年制中专幼教人才，自 2011 年起在皮山县内每年招收应届初中毕业生到合肥幼儿师范高等专科学校学习，连续招生五届，每届 50 人。自开班以来，新疆班学生们在汉语言发展、技能发展、专业知识的学习上都取得了很大的进步。

【皮山县安徽中等职业技术学校启用】 11 月 13 日，由安徽省援建的皮山县安徽中等职业技术学校新校区启用仪式在学校广场举行。皮山县安徽中等职业技术学校占地面积 20 公顷，建筑面积 5.5 万平方米。学校设备齐全，在和田地区乃至南疆地区堪称一流。学校结合对口帮扶的安徽省 4 所职业院校和新疆林业学校帮扶特点，开设建筑工程施工、建筑设备安装、电子电器应用与维修、服装制作与生产管理、汽车运用与维修、中餐烹饪、手工地毯编织、园艺、计算机应用、建筑装饰等 10 个专业。

【援疆教师陈琼栋被评为 2012 年安徽省十大教育新闻人物】 8 月 15 日，在省教育厅举办的“2012 年全省十大教育新闻和十大教育新闻人物评选揭晓暨颁奖仪式”上，安庆市大观区高琦小学援疆教师陈琼栋获“全省十大教育新闻人物”称号。2012 年 8 月，陈琼栋报名参加援疆工作，当年即在县小学数学优质课比赛活动中获特殊贡献奖，被皮山县委评为先进个人，2013年又获得和田地区优秀援疆干部、皮山县优秀援疆干部、安徽省援疆指挥部优秀援疆干部、皮山县优秀班主任、安徽省优秀援疆教师等称号。

【合肥市第三十五中学西藏班庆祝藏历新年】2月11日是藏族人民最隆重的节日——藏历水蛇新年的大年初一，当日合肥市三十五中举行藏历水蛇新年庆祝活动。庆祝活动上，西藏班同学们向各位领导和来宾敬献哈达，表演精彩的文艺节目。

【阜阳市出台政策发展少数民族教育事业】4月15日，阜阳市委、市政府出台《关于加快教育事业改革和发展的若干意见》，将少数民族教育发展作为重点内容纳入规划。从总体目标要求、深化教育领域改革、推进各级各类教育发展、改善办学条件、加强教师队伍建设、提高教育质量、强化保障措施7个方面对全市少数民族教育事业改革发展进行全面部署。

【芜湖市外来少数民族务工人员子女中考中招享受"同城待遇"】芜湖市出台政策，凡报名参加中考的外地户籍的少数民族流动人员子女，享受与该市户籍考生同等的中考中招政策待遇。

【马兆春被评为"安徽最美乡村教师"】淮南市潘集区古沟民族中学教师马兆春，在省教育厅开展的"寻找安徽最美乡村教师"评选活动中被评为"安徽最美乡村教师"。马兆春自2001年参加工作开始，克服右手残疾带来的行动不便，积极帮助困难学生，多年为3名贫困留守儿童无偿提供吃住。马兆春工作成绩突出，多篇论文在国家和省市级刊物上发表，在各类教学比赛中多次获市、区一等奖。曾获安徽省"江淮好教师"候选人、"淮南市模范教师""淮南市师德标兵"等称号。

宗　　教

9月15—17日，省佛教协会举办"2013年安徽省佛教讲经交流会"

【宗教概况】安徽省佛教、道教、伊斯兰教、天主教、基督教俱全，信教群众约300万人，是全国宗教工作重点省份之一。省宗教团体有省佛教协会、省道教协会、省伊斯兰教协会、省天主教爱国委员会、省天主教教务委员会、天主教安徽教区、省基督教三自爱国运动委员会、省基督教协会。有国务院颁布的全国重点寺庙14座，分别是合肥市明教寺、安庆市迎江寺、潜山县乾元禅寺、滁州市琅琊寺、芜湖市广济寺、九华山的化城寺、肉身殿、百岁宫、甘露寺、祇园寺、天台寺、旃檀林、慧居寺、上禅堂。九华山为中国佛教四大名山之一，齐云山为全国道教四大名山之一，佛教禅宗二祖寺、三祖寺都在安徽省境内。

宗教文化开发利用

【8处宗教活动场所入选全国第七批重点文物保护单位名单】2013年4月，全国第七批重点文物保护单位公布，安徽省8处宗教活动场所名列其中，分别为芜湖市天主堂、安庆市天主堂，九华山祇园寺、化城寺、月身殿、百岁宫；安庆市南关清真寺，六安市寿县清真寺。

【九华山大愿文化园正式开放】大愿文化园景区2012年底对外试运行，2013年8月31日正式对外开放。大愿文化园位于九华山风景区内，是安徽省"861"行动计划重点建设项目和全省重点建设的十大文化产业园区之一。园内呈现四大亮点：一是世界上第一高度露天地藏菩萨圣像——99米地藏菩萨露

九华山大愿文化园正式开放

天圣像；二是国内最大地藏文化展示中心——弘愿堂，其设计突出圆明、清净、洗练美学，又运用大量木雕、石雕、玉雕等徽派建筑符号，还吸收借鉴无锡灵山梵宫、台湾佛光山、中台禅寺等设计理念和成果，并配备现代科技展示手段；三是世界经典汉白玉莲花宝座——莲花净土，四周配以260平方米巨型琉璃壁画，展示净土世界十六观修炼法门，使游客充分感受净土妙境、自得妙果的意境；四是曼妙庄严的铜铸群雕——九华飞天，平时隐于地下，演出时在音乐、喷泉、雾光的陪衬下，随四周莲花瓣打开，自下而上缓缓升起，同时向大愿佛主体旋转，将游客导向超凡入圣之境。景区东西轴线长1900米，最多可供6万人同时参观游览。园内配置生态停车场2个，提供1506个大小车位，近期配置旅游观光车30辆、517个座位，年运送游客可达150万人次。

【安庆市南关清真寺被命名为全国宗教界第二批爱国主义教育基地】 2013年12月，安庆市南关清真寺被命名为全国第二批宗教界爱国主义教育基地，至此，安徽省全国宗教界爱国主义教育基地已达5处（另外4处分别为天长市真武庙、安庆市天主教堂、芜湖市广济寺、九华山天台寺）。南关清真寺始建于明成化五年（1469），至今已有500多年的历史，是全国100座重点清真寺之一。该寺地处安庆市回民传统聚居区大南门，全寺规模宏大，是安庆穆斯林举行宗教活动的场所，在安庆回族和伊斯兰文化的研究方面具有重要文物价值。

【天主教安徽教区主教座堂竣工】 主教座堂位于合肥市新站区扶蔬路中段，与安徽神学院毗邻，占地面积约5亩，建筑面积5636平方米。欧式罗马风格，集办公和宗教活动场所于一体。东西宽16.16米，南北宽62.47米，主体结构为6层。主体高24米，顶端高度40.1米，塔尖高10.6米，内设大教堂和小教堂，大教堂高16.5米。主教座堂年内竣工。

【老庄思想与生态文明建设学术研讨会在亳州举行】 7月11日，由光明日报社、安徽省社会科学院主办的老庄思想与生态文明建设学术研讨会在亳州举行。来自中国社科院、首都师范大学、省社科院的100余位专家参加讨论。省委常委、宣传部部长曹征海出席研讨会并致辞。与会专家强调要加强老庄思想研究与挖掘，进一步解析老庄思想内涵，为当代和未来人类处理人与自然、人与社会、人与自身心灵之间的关系，提供精神力量的熏陶和滋养。

老庄思想与生态文明建设学术研讨会

宗教重大活动

九华山 99 米地藏菩萨露天圣像开光庆典法会

【九华山举办 99 米地藏菩萨露天圣像开光庆典法会】经国家宗教局和中国佛教协会批准，2013 年 8 月 31 日，九华山地藏菩萨圣像开光庆典活动在九华山大愿文化园举行，来自海内外 99 位诸山长老共同为地藏菩萨圣像开光。中国佛教协会领导，港、澳、台地区法师，国内各大寺院方丈(住持)，韩国等海外佛教界主要宗派代表，相关部门负责人，以及国内外 20 多家新闻媒体记者，群众近 1 万人共同见证这一庆典活动。

地藏菩萨露天圣像由原中国佛教协会咨议委员会副主席、安徽省佛教协会会长、九华山佛教协会会长仁德法师发愿倡建，以弘扬地藏菩萨“众生度尽，方证菩提，地狱未空，誓不成佛”的大愿精神。1998 年 10 月经国家建设部、国家宗教局批准。2005 年 3 月动工兴建，2012 年 7 月竣工，2012 年 9 月通过国家宗教局验收。

建成后的地藏菩萨圣像主体为比丘立相，右手执锡杖，左手托摩尼宝珠，仪态安详，妙相庄严，观瞻总高度 139 米，莲花座及像体高 99 米，为目前世界上第一高度地藏菩萨露天圣像。每年春、秋分上午九时，太阳从 99 米地藏菩萨铜像背倚的笔架山与狮子峰间上空升起，铜像顶部旭日笼罩，宛如天然佛光，形成妙相庄严的神奇景观。

【安徽省基督教第五次代表会议】5 月 15—16 日，安徽省基督教第五次代表会议在合肥市召开。中国基督教三自爱国运动委员会秘书长徐晓鸿出席会议并致辞，安徽省基督教三自爱国运动委员会主席薛连喜代表省基督教三自爱国运动委员会第四届、省基督教协会第三届常委会作工作报告。会议选举产生安徽省基督教“两会”新一届班子，陈田元当选为省基督教三自爱国运动委员会主席，薛连喜当选为省基督教协会会长。

【安徽省宗教界开展“宗教慈善周·双千行动”】9 月 16 日，安徽省宗教界“宗教慈善周·双千行动”启动仪式在合肥举行，省政府副省长方春明出席并讲话。五大宗教全省性团体向全省宗教界联合发出开展“宗教慈善周·双千行动”的倡议。现场募捐共筹得慈善款项 333.5 万元，将用于对 1000 名贫困中小学生和 1000 名特困老人进行扶助。整个“宗教慈善周”活动期间，全省各地宗教界捐款捐物折合人民币 946 万元。

【省宗教局开展“宗教政策法规书箱赠省级和谐寺观教堂”活动】6 月 25 日，“宗教政策法规书箱赠省级和谐寺观教堂”仪式在合肥举行。此次活动共向五大全省性宗教团体及 2012 年命名的省级和谐寺

安徽省基督教第五次代表会议

"宗教慈善周·双千行动"启动仪式

观教堂赠送150余套宗教政策法规系列丛书。活动旨在引导宗教界人士和信教群众切实增强国家意识、公民意识、法律意识,切实发挥宗教政策法规对宗教健康发展的规范、引领和保障作用。

【中国佛教协会全国汉传佛教巡回讲经交流(安徽站)活动在九华山举行】4月25日,中国佛教协会2013汉传佛教讲经交流会讲经法师代表巡讲活动在九华山举办。巡讲团由中国佛教协会副秘书长宗家顺、教务部副主任长顺法师带队,江苏鉴真佛学院明空法师、浙江杭州佛学院慧琳法师、辽宁省佛教协会道就法师、福建佛学院道运法师、甘肃定西青烟寺妙宣法师等五位巡讲法师组成。五位巡讲法师均是历届"中国佛教协会汉传佛教讲经交流会""金莲花"奖获得者。安徽省佛教协会和九华山佛教协会理事以上人员以及全山寺院僧尼、各地护法居士约400余人参加巡回讲经交流活动。

【司空山二祖禅寺举行大雄宝殿落成暨佛像开光庆典】9月8日,岳西县司空山二祖禅寺大雄宝殿落成及佛像开光庆典仪式举行。省宗教局局长孙丽芳等应邀出席庆典,来自省内外的高僧大德、国内知名寺院方丈(住持)、香港旭日集团、香港九鼎集团、华商书院以及宗教界代表等共2000余人参加了开光庆典。

司空山二祖禅寺重建工程由香港旭日集团捐资兴建,工程分三期建设,占地214亩,一、二期工程先后竣工。

【省佛教协会举办讲经说法交流会】9月15—17日,由安徽省佛教协会主办,芜湖市佛教协会、芜湖广济寺协办的"2013年安徽省佛教讲经交流会"在芜湖举行,全省各大寺院的法师和信众100余人参加。交流会主题为"清净·和谐",旨在为青年法师提供锻炼和成长的舞台,传承佛教的优良传统。讲经交流会共历时3天,评委专家从投稿的70多人中筛选33位法师上台演讲,评出菩提奖1名,妙解奖2名,精进奖3名,随喜奖5名。潜山三祖寺宏净法师获得菩提奖,合肥开福寺普慧和庐江金刚寺本无法师获得妙解奖,界悟、宽见、界空3位法师获得精进奖,海元、华严、妙明、华如、仁道5位法师获得随喜奖。

【省道教协会举办教职人员培训班暨玄门讲经活动】6月16—18日,省道协在合肥举办中青年教职人员培训班暨玄门讲经比赛,各地选派47名道士参加培训。期间举办玄门讲经比赛,以"道法自然 和谐共生"为主题,通过讲经稿件评选出8人进行现场讲经。讲经以《道德经》等道教经典展开,结合教风建设、构建和谐宗教、积极参与五位一体建设等,对道教教义教理作出符合社会进步要求的阐释。比赛评出一等奖1名、二等奖2名、三等奖5名。

【省天主教爱国主义和独立自主自办原则教育培训班】6月17—20日在安庆举办,全省70多名神父、修女及教友代表参加培训。培训班邀请中国天主教爱国会副主席、中国天主教主教团主席马英林主教、省天主教爱国会副主任陈衢及统战、宗教等部门领导和专家进行授课。

【省基督教两会常委暨中青年教职人员爱国主义教育培训班】培训班于11月25日在合肥举办,全省16个市共103名基督教教职人员参加学习。中国基督教三自爱国运动委员会主席傅先伟长老及宗教工作部门的专家学者应邀为培训班授课。

旅游

李士傑 题

□综　　述

□旅游文化建设

□旅游活动

□旅游节庆

综　　述

【国内旅游】2013年，全年接待国内游客3.36亿人次，比上年增长15%;国内旅游收入2903.22亿元，增长15%。国内旅游人数超1500万人次的市有7个，比上年增加2个;国内旅游收入超100亿元的市有9个,增加3个;旅游总收入超100亿元的市有10个，增加3个，其中合肥、黄山、池州、安庆超300亿元。全年红色旅游接待游客3000万人次,增长20%;红色旅游综合收入100亿元,增长15%。

【国际旅游】全省接待入境游客385.50万人次，比上年增长16%，其中入境过夜游客271.95万人次，增长4.79%；旅游外汇收入17.31亿美元(含旅游商品创汇7100万美元),增长16%。其中:接待台湾游客74.89万人次,增长3.8%,占入境旅游者比重20.89%；香港游客59.82万人次,增长14.62%,占入境旅游者比重16.69%；澳门游客23.29万人次,增长39.29%,占入境旅游者比重6.5%；接待外国游客200.52万人次，增长5.31%。2013年，全省出境旅游营业收入6.5亿元,增长11.6%;出境旅游经营利润3700万元，增长9.2%;组织出境游25万人次、128万人天，分别增长38.4%、43.2%。

【旅行社】全省共有旅行社1198家,当年新增旅行社74家;出境游组团社46家,新增5家;赴台游资质旅行社6家,新增2家,合肥市成为赴台湾旅游个人游城市;安徽好之旅跻身全国百强社,全省全国百强社数量增加到3家。全省旅行社全年旅游收入总额53.3亿元,比上年下降15.1%；主营业务利润2.9亿元，下降17.4%；实缴税金2230万元,下降11.4%。

【旅游饭店】当年新增饭店28家，其中五星级3家,四星级11家,三星级12家,二星级2家。全省星级饭店总数474家，其中五星级22家,四星级120家,三星级212家,二星级119家,一星级1家。取消星级饭店资格1家,退出星级饭店21家,限期整改6家,因改制、装修等停业延期复核20家。纳入饭店统计系统416家(其中停业酒店35家)。共有客房45647间、床位80278张，从业人员总数达41045人。全年星级饭店营业收入54.17亿元，其中餐饮收入25.13亿元，占营业收入的46.4%；客房收入22.22亿元,占营业收入的41.0%。营收总额比上年减少4.76亿元,下降8.1%；上缴营业税总额3.96亿元,下降8.73%;利润总额1.69亿元。平均客房出租率为52%,下降8.8%。

全国新四军旧址红色旅游景点景区管理人员培训班在合肥举办

【红色旅游】加强红色旅游宣传推广，充分利用革命旧址博物馆、纪念馆举办展览；3月31日至4月5日，举办全国新四军旧址红色旅游景点景区管理人员培训班,编印了《新四军旧址红色旅游景点景区资料》；继续推进红色旅游区域合作，经鄂豫皖三省旅游局和黄冈、孝感、随州、信阳、六安、安庆6个市政府争取,国家旅游局批准编制大别山旅游总体规划;配合省党史研究室完成《全国红色旅游经典景区——安徽省》编撰工作;红色旅游与乡村旅游联动发展,全省首批红色旅游县金寨县发展农家乐300多家,首批红色旅游县泾县发展农家乐210家;全年举办红色旅游培训班9期,1210人参加培训。

【假日旅游】2013年,2个黄金周和5个小长假期间全省共接待游客1.21亿人次，比上年同期增长24.45%,占全年旅游接待总人数的35.61%，其中过夜旅游者2156.19万人次,增长10.64%;一日游游客9933.95万人次，增长30.16%;旅游总收入达到392.44亿元，增长38.81%，占全年旅游总收入的13.03%。两个“黄金周”期间共接待游客5923.89万人次，增长

22.26%，占全年旅游接待总人数的17.43%。其中：过夜旅游者954.91万人次，增长10.66%，一日游游客4968.98万人次，增长19.53%。旅游总收入达到214.38亿元，增长37.02%，占全年旅游总收入的7.12%。五个“小长假”期间共接待游客6199.25万人次，增长26.62%，占全年旅游接待总人数的18.24%，其中：过夜旅游者1201.28万人次，增长10.63%，一日游游客4997.97万人次，增长42.79%；旅游总收入达到178.06亿元，增长41.03%，占全年旅游总收入的5.91%。黄金周和小长假共近一个月的休假时间，接待游客量超过全年接待量的三成以上，显示出休假制度的巨大拉动效应。

【旅游项目建设】全年新增项目储备348个、投资规模922亿元，累计储备项目2984个、投资规模14618亿元。全年在建项目1792个（其中5亿元以上项目372个），完成投资1577.6亿元，比上年增长10.8%（其中5亿元以上项目完成投资1062.4亿元，增长8.1%）。省旅指委选定19个重大旅游项目作为联系调度项目，召开全省（池州）重点项目推进现场会和调度会，印发《省旅指委成员单位定点联系旅游重大项目暂行办法》，全年19个重大旅游项目完成投资57.8亿元，超额完成年度计划投资。

黄山自驾游营地、奇瑞房车营地、亳州旅游服务中心等一批旅游公共服务类项目加快建设；合肥滨湖万达旅游城、太平湖旅游度假区综合开发、霍山华强旅游度假区项目等综合类项目，蚌埠湖上升明月、池州杏花村、亳州南京巷钱庄、铜陵青铜帝国、安庆五千年文博园二期、岳西国际文化养生园等文化类项目，“天下徽州”“德懋堂”等文化生态旅游等新业态项目，岱山湖开发、八公山风景区开发等景区类项目，潜山茶庄高星级养生酒店、淮南奥体高星级酒店等酒店类项目建设进展顺利。争取中央预算内投资给安徽旅游行业拨款4500万元，红色旅游资金2560万元，国家旅游发展基金2400万元。运用已有的银企合作、投资公司、贷款担保等平台，促成各类银行为旅游项目贷款和授信达221.5亿元（省担保集团担保贷款3.28亿元）。利用皖港经贸活动、中博会、黄山节等平台强化旅游项目推介招商，68个项目顺利签约，协议资金806.6亿元。

旅游文化建设

【精神文明建设】加强文明旅游宣传和引导工作，与省文明办联合下发《关于开展“文明与旅游同行”主题活动的通知》，制定《安徽省旅游局关于加强旅游团队文明旅游宣传引导的工作方案》，组织开展“诚信兴旅、文明出行”广场宣传活动和指导各地开展“文明与旅游同行”万人签名活动。开展“美好安徽·青春有为”“我的中国梦”等系列活动，全省旅游行业现有“全国青年文明号”集体27家，省级“青年文明号”30家；李鸿章故居陈列馆获“全国巾帼文明岗”称号，4名女职工被授予全国旅游系统“巾帼建功标兵”称号。推进学习型、服务型、创新型机关建设，省旅游局承担的“旅游行风建设长效机制”课题获国家旅游局行风课题一等奖。

【旅游监督管理】在黄金周、小长假和重点时段统一部署开展旅游安全生产检查督查和旅游市场集中整治工作，全省共计开展检查行动773次，其中联合检查295次，检查企业3760家。全年共受理有效旅游投诉169件，其中旅行社92件、饭店23件、景区（点）40件，其他类投诉14件，结案率100%，案件的处理满意度100%。召开2013年全省星级饭店会议、全省高星级饭店座谈会和全省星评员换届培训会议；对全省10个市的饭店项目进行建设前的前置指导。组织全省旅游业开展第12个“安全生产月”活动。全年没有发生重

旅游走进安徽省广播电台《政风行风热线》栏目

大旅游安全责任事故、重大旅游投诉和媒体负面报道，一般性旅游投诉结案率和满意率均达100%。

【贯彻落实《旅游法》】2013年6月，国家旅游局副局长杜一力来安徽省宣讲《旅游法》，7月召开全省旅游行政执法资格认证工作会议，8月，召开《旅游法》宣贯培训暨全省旅游监管工作会议，举办全省旅游质监执法骨干人员培训班。全年召开各类专题会议，分批次对省旅指委成员单位联络员、出境旅游领队人员、全省四五星诚信旅行社质监员、旅游景区管理人员、旅游饭店负责人员、旅游商品企业负责人等相关人员进行《旅游法》学习培训，基本完成了在10月1日前分层次、分批次、全方位地对所辖旅游行政管理人员和旅游企业的培训宣传贯彻预定任务。启动《安徽省旅游条例》《安徽省旅游市场管理办法》修订工作，同时清理备案规范性文件，使之与《旅游法》规定相统一。推进"智慧旅游"，加快旅游配套设施和配套服务体系建设，实施旅游景点指引标识、旅游景点连接线等项目，联合银联推广"中国旅游卡·安徽"项目等。

【安徽旅游院校合作联盟成立】5月21日，由安徽旅游学校和安徽大学旅游系、合肥学院旅游系、安徽华夏旅游学校等单位共同发起成立安徽省旅游院校合作联盟。联盟由省旅游学会主办，是由各旅游院校与中等旅游学校自愿组成的旅游教学与科研交流的合作组织。现已发展核心会员单位23个。

【旅游出版物发行】部分省辖市出版发行了代表地方文化特色的旅游书籍、地图及邮册，主要有：安徽省旅游学会编纂的《安徽省红色旅游导游讲解词》《安徽省志·旅游志》；由淮南市委宣传部、淮南市旅游局策划，五福文化传媒有限公司根据该市作家金妤老师的作品为蓝本创作而成的《汉娃漫游淮南子》系列漫画丛书，池州市旅游委员会主编的《池州旅游大全》，涡阳县旅游事业发展中心编纂的《老子故里·道源涡阳——乐游长三角·最佳旅游休闲名城》，蚌埠市旅游局和蚌埠市勘测设计院编制的《新版蚌埠交通旅游图》，滁州市邮政局与琅琊山风景区、滁州市宗教局、琅琊区宗教局合作的琅琊山《金铜佛造像》特种邮票及蚌埠市旅游局与邮政部门合作的《美丽蚌埠》旅游邮票纪念册。

旅游活动

【旅游营销推广】针对港澳台、东南亚和欧美市场开发，重点组织国际旅行商大会、2013安徽皖南国际文化旅游示范区（香港）推介会、"CRI中外记者皖南行"采风等系列活动，组团参加国际旅交会、海峡两岸旅游业联谊会、台北旅展等展会，利用香港卫视、香港地铁、凤凰网、美国ICN国际卫视等平台宣传推介安徽旅游，先后组织宣传推广团赴欧美、澳洲等开展旅游宣传推广；开通至韩国、新加坡、菲律宾旅游包机，加密涉外游轮在皖江段的停靠，扩大境外旅游市场"一手客"规模。与境外知名旅行商的合作进一步深化，美国联谊假期集团、美国中旅向安徽省输入游客近3万人次，港澳台、韩国、美国等入境游客的比重分别达到44.6%、19.6%、6.3%（中国台湾、韩国、中国香港、澳大利亚、美国为安徽省排名前五位的入境客源地）。先后组织全省各市旅游局（委）、旅行社、风景区等旅游企业负责人及相关业务人员参加中国（昆明）国际旅游交易会、中国（贵阳）国内旅游交易会、第八届中博会、第十六届海峡两岸旅游业联谊会及旅游宣传推广活动和第八届海峡两岸台北旅展，开展"华语V势力——爱上旅游"安徽首届微视频大赛、2013全国旅游广播联盟年会暨"皖美声音"安徽旅游推介等活动。省内市场重点开展"不做家乡的陌生人"

第八届中国黄山（黟县）国际山地车公开赛木坑竹海段

2013"中国旅游日"安徽宣传庆祝活动

安徽人游安徽系列活动,全年安徽人游安徽达到1.69亿人次,比上年增长20.6%。

【"CRI中外记者皖南行" 采风报道】活动时间为2013年3月19—24日,共6天。采访团由来自CRI的英语、葡萄牙语、朝鲜语、意大利语、西班牙语、马来语以及国际在线、数字广播等近20名中外籍记者组成,先后走进屯溪区、黄山区、徽州区、黟县、歙县、绩溪县等6个县区进行采风报道。6天时间各国记者团用不同的语言文字将自己的采风感受描述下来,在CRI环球广播、国际在线网站、海外调频电台、报纸等多个传播平台通过音频、视频、文字等丰富多样的形式向国内外游客宣传安徽旅游,推介皖南旅游资源。

【"安徽人游安徽——自驾皖北"暨"安徽威萨自驾护照"推广活动】3月20日,"安徽人游安徽——自驾皖北"暨"安徽威萨自驾护照"发布启动仪式在合肥海汇假日酒店举行。合肥市、皖北6个市2个县旅游局及重点景区负责人,省内主流新闻媒体记者共80余人参加。

【中国黄山万人登山休闲大会】4月8日,"美丽黄山幸福健康"中国黄山万人登山休闲大会在黄山风景区举行,登山休闲大会由黄山市人民政府主办,黄山风景区管理委员会、黄山市体育局承办。从2005年起,黄山风景区与中国国家体育总局登山运动管理中心、中国登山协会和安徽省体育局合作,连续举办了8届中国黄山国际登山大会,吸引40多个国家和地区的登山运动员和爱好者参加。来自黄山市市直、3区4县、黄山风景区、经济开发区等区县以及驻军部队、黄山学院、中外游客等13支代表队共1万人参加大会,这是黄山风景区历史上首次举办的万人登山休闲盛会。大会以黄山南大门为起点,经云谷寺、白鹅岭至北海广场,全程约16公里。

【第八届中国黄山(黟县)国际山地车公开赛】4月12—14日在世界文化遗产地——黟县宏村举行。来自美国、法国、英国、瑞典、德国等25个国家和地区的200多名选手和国内1000多名山地车爱好者参加比赛。此届黄山赛邀请国际知名选手Daniel McConnell及Rebecca Henderson前来助阵,他们曾代表澳大利亚出赛伦敦奥运会并多次获得澳大利亚山地自行车锦标赛冠军。国内著名车手封氏兄弟、胡浩、王磊、刘敏、高刚照、霍海滨以及国内著名山地一姐邓湖平等前来参战。赛事期间,黟县举办了民俗文艺表演、摄影展览、自行车文化图片展等系列文体旅游活动。

【2013安徽皖南国际文化旅游示范区(香港)推介会】4月22日在香港港丽酒店举行。安徽省人民政府副省长花建慧、亚洲旅游交流中心主任刘志江出席推介会并致辞。此次推介会由安徽省人民政府主办,安徽省旅游局承办,香港旅游发展局、香港旅游业议会、亚洲旅游交流中心、亚洲旅游营销公司作

安徽旅游商品设计大赛图纸类作品展区

2013 安徽旅游十大品牌人物

为支持单位。推介会重点宣传皖南国际文化旅游示范区，深入拓展香港市场、促进皖港旅游合作。

【2013 中国旅游日安徽省分会场宣传庆祝活动】5 月 16 日，2013 中国旅游日安徽省宣传庆祝活动在合肥举行，庆祝活动包括视觉安徽摄影展、难忘安徽旅游咨询、公众签名提倡文明出游等内容。庆祝活动中正式发布新版安徽旅游 LOGO。安徽省在旅游日期间推出 60 多个主题活动和 120 多项惠民措施，包括旅游景点向公众优惠开发、鼓励企业让利经营、倡导资助弱势群体公益旅游、开展旅游优质服务、诚信经营等。

【2013“网聚美好安徽”采访活动】5 月 20 日在合肥启动。采访团由来自全国 37 家网站和 9 家安徽省内网站的记者、编辑组成，以“美好安徽”为主题进行为期 6 天的集中式报道。“网聚美好安徽”大型采访活动以国家互联网信息办公室网络新闻宣传局为指导单位，由安徽省互联网宣传管理办公室和安徽省互联网信息办公室主办，中安在线协办。

此次采访团南线赴合肥、芜湖、铜陵、黄山，北线赴阜阳、六安、安庆、池州，用网络的力量聚焦安徽，用媒体的行动宣传安徽省打造“三个强省”、建设“美好安徽”的实践。各参与媒体均推出相关报道，全国各大网站共开设活动专题近百个，刊发宣传稿件 10 万余篇，图片近 1 万幅，视频近 1000 多个，微博话题 400 多个，发帖、转帖、跟帖评论 50 余万条。以“网聚美好安徽”为关键词，用百度搜索，相关网页达 15.5 万多个。

【第二届中国安徽旅游商品展示交易总汇暨安徽旅游商品设计大赛】6 月 9 日在安徽国际会展中心开幕。总汇由省旅游局、省经信委、省教育厅、省商务厅、省工商局、省质监局、合肥市人民政府共同主办，合肥市旅游局、安徽中设国际会展有限公司联合承办，省旅游协会、省工艺美术学会协办。来自全国 24 个省、自治区、直辖市和全省 16 个市、2 个省管县共 600 多家企业的客商携各具特色的旅游商品参展参赛，参展范围包括旅游纪念品、工艺美术品、文化艺术品、旅游食品、旅游服装、旅游时尚用品等。旅游商品设计大赛共有 1081 件作品参赛，其中实物作品 400 多件，图纸作品 600 多件。

【2013 全国旅游广播联盟年会暨“皖美声音”安徽旅游推介】6 月 25 日在合肥市举行，活动由省旅游局、安徽广播电视台、中国广播电视协会全国旅游广播联盟主办，安徽旅游广播承办。与会的全国旅游广播 70 余位记者通过安徽旅游视频以及省旅游局的推介全面了解安徽旅游丰富资源产品及近年来快速发展情况，并于 26—30 日到环巢湖旅游圈、池州九华山、黄山风景区以及宏村、安庆五千年文博园等地进行实地采访。

【首届中国（安徽）旅游品牌节暨安徽旅游品牌百强榜颁奖晚会】7 月 14 日在合肥市举办。此次活动由安徽旅游品牌联盟主办、中安在线旅游网和安徽安旅传媒公司承办。2013 安徽旅游品牌总评榜 100 强榜单，包含旅游县域、旅游乡镇、旅游景区、旅行社、旅游商品、旅游饭店、旅游餐饮、旅游节庆、旅游休闲和旅游地产十大类，黄山、九华山、

九华山 99 米地藏菩萨圣像开光开光仪式现场

首届中国(安徽)旅游品牌节暨安徽旅游品牌百强榜颁奖晚会

安徽环球国际旅行社等100家单位获得100强。齐云山、万佛湖、方特主题公园和五千年文博园获得“安徽旅游品牌影响力奖——四大景区品牌”。黟县、岳西县、霍山县和颍上县获得“安徽旅游品牌影响力奖——四大县域品牌”。品牌节期间推出“2013安徽旅游十大品牌人物”评选活动，表彰安徽旅游典型人物和为安徽旅游品牌建设做出巨大贡献的人物，黄山旅游发展股份有限公司总裁叶正军、九华山旅游集团公司党委书记李正白、万佛湖度假区管委会主任秦继永、阜阳市颍上县旅游局局长黄贯强、安庆市岳西县旅游局局长王华、安徽环球国际旅行社董事长徐华玉、安庆五千年投资公司董事长朱林寿、芜湖华强文化科技产业公司总经理陈祖尧、凤阳县大明文化旅游集团公司总经理邸金强、安徽嘉恒文化旅游发展股份公司董事长董晓华等10人获此称号。

【“不做家乡的陌生人”安徽人游安徽营销推广】8月24日在合肥市举行。营销推广活动由省旅游局与合肥市旅游局共同举办。合肥7家骨干旅行社组织1000多人的团队及自驾游客参加启动仪式。此次“安徽人游安徽”活动围绕自驾游、乡村游、修学游、节庆游、冬季旅游等主题推出一批旅游线路，并重点推出一批新开发景点。针对省内游客提供门票减免、酒店折扣、餐馆用餐等优惠政策。

【九华山99米地藏菩萨圣像开光庆典】经国家宗教局和中国佛教协会批准，8月31日，九华山地藏菩萨圣像开光庆典活动在安徽省九华山大愿文化园举行，来自海内外的99位佛教泰斗、高僧大德、诸山长老共同为地藏菩萨圣像开光。中国佛教协会领导，港、澳、台地区高僧大德，国内知名寺院方丈(住持)，韩国等海外佛教界主要宗派代表，中央、省统战宗教部门有关方面负责人及国内外20多家新闻媒体记者近1万人参加庆典活动。

旅游节庆

【阜阳市第五届生态园春节游园灯会】2013年2月3日至3月13日在阜阳生态园举办。此届游园灯会由省旅游局、阜阳市人民政府主办，阜阳市旅游局、颍泉区人民政府承办。春节游园灯会于2012年获全省旅游节庆活动十大品牌，是全省春节期间规格最高、规模最大、时间最长的节庆活动。历时39天的此届灯会主要有彩灯艺术展、歌舞表演、特色美食节、烟花表演和篝火晚会、车展等活动内容。

第二十届中国豆腐文化节大型花鼓灯风情歌舞《淮河风》

第二十五届马鞍山中国李白诗歌节开幕式暨全国诗歌大赛颁奖仪式

【第二十届中国豆腐文化节】于9月15日在淮南市体育文化中心开幕。此届中国豆腐文化节由中国商业联合会、安徽省人民政府主办，淮南市人民政府、安徽省旅游局、安徽省文化厅联合承办，会期3天。节庆以“豆腐故里情·美好淮南梦”为主题，举办豆腐美食文化周、全国豆制品精品展销会、第二届中国(淮南)观赏石暨中华名砚紫金砚博览会、第五届安徽省盆景艺术展、“爱我家乡景畅游五彩城”系列惠民观光游、《淮南子》研讨会等系列活动。9月15—17日，淮南市各景区景点均免费对公众开放；9月18日至12月31日，市内各景区景点门票六折优惠；星级饭店对省内组团游客提供房费优惠；淮南市推出豆腐故里寻源游、皖北水乡休闲游、楚汉文化寻源游、红色经典缅怀游等精品旅游线路。淮南市旅游局还推出焦岗湖“水青春”湖畔风情体验游，焦岗湖渔家美食节，焦岗湖皮划艇比赛，焦岗湖帐篷节等系列活动，并制定一系列优惠政策。

【第六届中国(宣城)文房四宝文化旅游节】9月29—30日在宣城市举行，由宣城市政府和安徽省旅游局共同承办。此次活动主题为“传承·弘扬·创新”，包括投资环境推介暨招商引资项目签约会、“中国文房四宝城”开园庆典暨展示活动、“安徽人游安徽”活动、“皖南风”长三角地区旅游营销活动、“宣城有约”考察踩线活动等。

【第二十五届马鞍山中国李白诗歌节】10月13日在马鞍山大剧院举行，诗歌节持续18天。主题是：文化让生活更精彩。节庆期间，开展了诗歌创作和朗诵比赛、第三届中国千字文书法艺术节、经贸招商活动和“李白生平”研讨会等17项活动，并与中国诗歌学会联合举办全国性诗歌大奖赛等活动。

【第十七届中国黄山国际旅游节暨徽文化节】11月16—20日在黄山市举行，文化节由安徽省旅游局和黄山市人民政府承办。此届“黄山节”以“旅游·难忘安徽”“天地之美，美在黄山；人生有梦，梦圆徽州”为主题，集旅游、文化、体育、商贸于一体，包括开幕式、安徽第二届国际旅行商大会、安徽(黄山)旅游项目招商推介暨银旅对接签约大会、“黄山市旅游、旅游文化、旅游地产展示交易会”及第八届中国黄山(黟县)国际摄影大展等五项主要活动。

参加黄山登山比赛的国内外代表队

第六届中国(宣城)文房四宝文化旅游节

专题文化概览

任秀国题

□机关文化建设

□廉政文化

□法治文化建设

□ 灵璧“三元文化”

机关文化建设

省直机关，肩负着党的路线方针政策的宣传、贯彻与执行，肩负着人民群众日益增长的物质文化需求，通过加强机关文化建设来充分发挥表率、推动和桥梁作用。2013年，省直机关工委在推进机关文化建设方面采取了一系列卓有成效的思路与举措。

一、精心提炼机关精神

机关精神与机关文化互为统一、相互促进，其中机关精神是机关文化的精髓所在，对机关文化具有先导性、主导性的作用。省直机关提炼"机关精神"工作，通过广泛发动、举办征文、专题座谈、专家论证、概括提炼等5个阶段，经过反复讨论和广泛征求意见，形成了具有时代特征、机关特色、普遍认同、好记易行的"服务、务实、高效、清廉"省直机关精神。"服务"是省直机关最本质的工作职责，是"省直机关精神"在履行党的根本宗旨和政府职能上的集中体现。建设"服务型"政党，是党的十八大确立的目标。服务既要体现全心全意，又要体现全方位，涵盖服务国家、服务大局、服务发展、服务中心、服务基层、服务群众等，根本的是服务群众。省直机关是党的路线方针政策的制定者、执行者，是经济社会发展的组织者、实施者，要始终搞清"我是谁、为了谁、依靠谁"这个基本问题，坚持以人为本核心立场，始终保持党同人民群众血肉联系，实现好维护好发展好人民群众的根本利益。"务实"是省直机关最需要具备的优良作风，是"省直机关精神"在坚持党的思想路线和弘扬党的优良传统上的集中体现。务实就是要一切从实际出发，坚持实践是检验真理的唯一标准，坚持讲实话、办实事、求实效，坚持对党负责和对人民负责的一致性，做老实人、说老实话、办老实事，反对官僚主义、形式主义、弄虚作假。坚决贯彻中央关于改进工作作风、密切联系群众的八项规定和省委30条要求，下决心、动真格，着力整治庸懒散奢等不良风气，把求真务实与勇于创新结合起来，不断开创机关事业新局面。"高效"是省直机关最应该体现的能力素质，是"省直机关精神"在立足岗位创先争优上的集中体现。精神懈怠和能力不足被列为党执政的主要危险。省直机关要更好地履行执政使命，服务人民，就必须突出抓好效能建设，在提能增效中创先争优。坚定理想信念，始终保持奋发有为、攻坚克难的精神状态，牢固树立终生学习、持续学习的理念，不断提高执政水平和执政能力，鼓励冒尖，奖励创新，激励成才，杜绝甘于平庸、推诿扯皮、敷衍塞责。"清廉"是省直机关最重要的道德要求，是"省直机关精神"在正确行使权力上的集中体现。省直机关党员干部集中、权力集中，必须把保持清正廉洁作为重中之重。要时刻牢记权由民所赋、权为民所用，切实为人民掌好权、用好权，杜绝以权谋私、公权私用；树立正确的世界观、人生观、价值观、地位观、权力观、利益观，认认真真办事，干干净净做人，筑牢拒腐防变的思想防线，始终保持党的先进性和纯洁性；树立正确的法治观，坚决依法从政，严守党纪国法，拒腐蚀永不沾，始终保持政治清明、政府清廉、干部清正。省直机关的"八字"机关精神，可以说既是一种精神上的凝聚与引领，也是一种工作上的标杆与路径，使每位省直机关干部职工都能在机关精神的熏陶和激励下，始终保持昂扬的工作激情，创造性地完成工作任务。

二、推进机关文化建设

1. *以理想信念教育为引导，培育机关精神文化。*加强思想道德建设和理念信念教育，是机关文化建设的核心内容，丢失了这个核心内容，机关文化建设就会迷失方向、甚至走向消极负面。近年来，省直工委紧紧抓住理想信念教育和机关精神教育这个主题，通过大力培

7月4日，党的群众路线专题报告会暨省直机关大讲堂第二十三讲在稻香楼宾馆举行

育机关精神文化来激励人、凝聚人、促动人，引导省直机关广大干部职工秉承传统提升修养、坚持信念永葆激情。

2.以“学习型”机关建设为抓手，倡导机关学习文化。学习对于机关个人来说，始终是永恒的主题，对机关文化建设来说，始终是基础性工程。在指导思想上，省直工委强调学习是立身之本、工作之需；在环境营造上，强调学习是本职工作的要求，更是组织给干部职工的一种福利，干部职工学习的热情高涨，因而“学习工作化、工作学习化”在机关蔚然成风。通过学习典型事迹，引导干部职工学习先进见行动、立足岗位作奉献。通过网络在线教育、领导作党课报告、中心组理论学习、机关大讲堂等多种方式，增强了学习的实效性。

3.以“效能型”机关建设为推动，提高机关执行文化。紧紧抓住2006年省委、省政府决定加强省直机关效能建设的重大契机，通过着力加强以工作理念、工作作风、工作行为为主要内容的执行文化建设，着力营造了“人人有激情、时时在状态、事事讲效能”的良好氛围，也着力凝聚了机关干部“心往一处想、劲往一处使”的强大工作合力。要求机关干部职工必须把思想和工作定位在“要求再高不算高、要求再严不算严”和“一点不能差、差一点不行”标准上，努力做到“说话让人相信、办事让人放心、服务让人满意”。

4.以“和谐型”机关建设为根本，营造机关环境文化。所谓“和谐”，最本质的内涵是要做到“禾”与“口”的统一，“言”与“皆”的统一。省直工委推进“和谐型”机关建设，始终注重机关的民主建设、始终注重维护和改善干部职工的切身利益，营造了一种心情舒畅、激情高昂的工作氛围、团队精神和协同意识。通过文体活动来加强沟通

4月22日，第四届省直机关读书月“书香伴我行”游园活动在逍遥津公园举行

交流。组建各种兴趣小组，经常性地开展一些寓教于乐的活动。举办省直机关运动会等丰富多彩的文体活动，既让大家在紧张工作之余放松了身心，也增进了彼此间交流与沟通，在潜移默化中培育了机关团结意识、协作意识和整体意识，使广大干部职工以更加饱满的精神状态和工作激情，投身美好安徽建设之中。

三、精心打造“三大品牌”

1. 高起点办好省直机关大讲堂。为了让党员领导干部及时了解最新理论动态，全面掌握理论前沿成果，准确认识理论热点，深刻理解中国特色社会主义理论体系，增强理论武装的权威性和吸引力，工委于2009年初创办了省直机关大讲堂。大讲堂一直走高端路线，坚持“三个选好”：一是选好宣讲专题，选择党员干部关注度高的难点热点问题，作为宣讲内容。二是选好主讲人，选择业内最具权威性、知名度并擅长语言表达的领导和专家学者主讲。三是选好听众，以厅局理论学习中心组成员和党务干部为主，并根据宣讲内容，吸收相关人员参加。在已经举办的18场讲座中，先后邀请李肇星、王蒙、张立群、吴仁宝、张海迪、白岩松等名家做客大讲堂。

2.高质量举办省直机关“读书月”。从2010年起，坚持把每年4月作为省直机关“读书月”，主题为“书香机关、引领阅读”。连续举办四届，每届都开展十多项活动。主要有：举行“读书月”启动主题报告会，开展群众性荐书品书用书活动，编辑出版建设学习型党组织系列丛书，举行读书演讲竞赛和征文，开展读书知识测试，评比“百个书香处室”“百个书香家庭”。“读书月”期间，在逍遥津公园举行“书香伴我行”游园活动，吸引数万名机关干部和广大市民踊跃参加。省领导出席游园活动仪式并在百米条幅上带头签名倡导读书，国内名家发表读书演讲，举办皖版图书、经典书籍进机关大型书市，知名作家现场签售，举办书香机关成果展，百名厅局长和机关干部读书感言书法展，书法家现场书写并免费赠送读书格言，举行读书知识有奖问答和读书谜语有奖竞猜，开展向农村留守儿童捐赠一本书活动，等等。新华社、中央电视台、人民网、凤凰网等媒体对“读书月”和游园活动做了大量宣传。2013年2月7日，人民日报以《机关大院满书香》为题，对安徽省直机关读书活动进

郎溪县县直机关单位“双百”活动我争先演讲比赛

行大篇幅的深度报道。事隔三年，省直机关工委再次进行读书问卷调查，结果表明，机关干部职工平均读书时间、数量均提高20~30个百分点。

3.高密度推进“双进双百”演讲活动。2009年起，在全省开展送理论进机关百场报告、进基层百场辅导的“双进双百”活动。在省直机关和高校聘请20多名专家学者组成宣讲团，坚持“跟着任务走、带着问题讲”，一个时期选择一个重点，采取集体备课、组织试讲、登门服务等方法，四年来，共集中宣讲600多场，受众22万多人次。

廉政文化

2013年，全省通过创建廉政文化示范点，继续丰富廉政文化内容与形式，塑造培育廉政文化品牌，廉政文化建设不断取得进步。

一、加大廉政文化渗透力

2013年，省纪委监察厅命名授牌第四批廉政文化建设示范点98个。经过4年创建，全省共有省级廉政文化建设示范点603个，基本呈现均衡发展态势；新创建单位在廉政文化建设上有思路，有创新，重品牌，超出2009年《安徽省廉政文化示范点建设标准（试行）》规定的“几有”标准。当年省纪委监察厅印发《安徽省廉政文化示范点建设标准》《安徽省廉政文化示范点申报评审管理办法》，力争使全省廉政文化创建工作规范化、制度化、长效化。

全省注重廉政文化示范点进机关、进学校、进农村、进社区、进企业、进家庭，实现“六进”示范点全覆盖；通过廉政文化示范点创建，形成人人敬廉、崇廉、尚廉、守廉自觉意识和行为。亳州市通过召开廉政文化建设工作推进会，在全市掀起廉政文化“六进”示范点创建热潮。蚌埠市编写《廉洁教育读本》作为中小学思想品德教育读物。马鞍山市连续13年举办庆“三八”共筑家庭廉洁防线座谈会，弘扬以廉立身、以廉治家、以廉教子优秀文化传统。铜陵市组织廉政文化“六进”观摩活动，参加人数800人次；《铜陵日报》宣传推广“楼道廉政文化”“百家女进百家门”“阳光教育”“民俗廉政文化”，起到较好示范效果。合肥市将廉政文化建设延伸到非公企业，出现一批自觉传播廉洁意识，以廉洁文化促企业发展非公企业。省质监局、省粮食局、省电力局、省国税局、省地税局、省烟草公司等单位在系统内广泛开展廉政文化示范点创建活动，形成全面争创达标、力争系统覆盖的良好局面。

二、增强廉政文化感染力

省纪委监察厅按照中央纪委要求，结合全省实际，开展“倡廉洁、树清风”优秀廉政公益广告制作展播活动，将自行拍摄创作的《清正廉明万世流芳》《崇尚廉洁阖家幸福》2部作品和中央纪委下发的5部作品汇成光盘，印制5500份下发至各地各单位。全省通过各类宣传媒介展播廉政公益广告，其

阜阳市“勤廉颂”文艺巡演

中省级电台、电视台共展播3240条次972小时，各地市县电台、电视台共展播16.76万条次27.73万小时，公共交通设施电视装置展播225.94万条次，户外广告终端展播60.76万条次。各地专业文艺团体和文艺爱好者在“勤廉颂”文艺调演活动中，推出优秀节目72个，原创率90%以上，涌现出一批廉政文化精品。全省在廉政文化优秀作品创作征集推选活动中，共征集7大类作品200余件，上报全国廉政文化精品库34件。全省各市积极参加第二届全国中小学生廉洁文化书法创作邀请赛，淮北市、旌德县各有1名同学分获高中组、小学组现场书法创作二、三等奖。

各地各单位将廉政文化建设作为重要考核指标。亳州市连续多年在“两会”期间，组织廉政文艺专场演出。阜阳市在全市开展“勤廉颂文艺汇报(巡演)”。马鞍山市邀请国家话剧院演出廉政话剧《这是最后的斗争》，一些党员干部主动撰写观后感。芜湖市开展“鸠兹清风”廉政文化系列活动，举办廉政书法展、反腐倡廉文艺汇演、廉洁文化进校园文艺汇演。铜陵市分别组织开展“清纯的风”廉政文化进机关书画作品征集评选活动、第三届“廉内助”评选及表彰活动、中学生廉洁素质辩论大赛、少年廉洁教育主题队会(班会)展示周活动。黄山市开办“一把手”廉政电视访谈栏目，14个重点单位主要领导进行廉政公开承诺。凤阳县编写出版《清风明月——沈浩廉政勤政故事选》，广德县开展廉政建设形象标识征集活动。

三、提高廉政文化生命力

合肥市围绕“包公园”改造升级，进一步完善景区设施与陈列，把包公园打造成弘扬清风正气的重要阵地。淮北市在美好乡村建设中融入廉洁元素，建成烈山区榴园村“廉泉”景观。阜阳市围绕城市建设，做好城南新区廉政文化主题公园。马鞍山市将廉政文化与社区创建活动相结合。黄山市与北京市顺义区、上海市宝山区、四川省巴中市等8个市(区)建立廉政文化建设跨地区联动机制，促进廉政文化建设共同繁荣与发展。蒙城县举办弘扬老庄清廉思想论文征集研讨活动。砀山县、灵璧县分别提炼梨花冰清玉洁品格和钟馗刚正不阿精神，推出地方廉政文化名片。全椒县利用“正月十六走太平”民俗文化旅游活动，发放《润物细无声》历史廉政故事画册2万册。泾县巧推“红色名片”，举办新四军廉政史料展。省旅游集团开发廉政文化旅游产品——天堂寨刘邓大军千里跃进大别山前方指挥部，共有25.6万人次参观。

四、拓宽廉政文化影响力

第三届“包公杯”全国反腐倡廉曲艺作品征集活动新闻发布会

合肥市通过举办“包公杯”全国反腐倡廉曲艺作品征集活动，在全国掀起曲艺倡廉热潮；其中第三届“包公杯”共征集曲艺作品1420篇，比上年增长12%，在全省巡演130多场次，逐步成为具有“合肥名片”性质的廉政文化品牌、安徽廉政文化建设亮点。铜陵市发掘“廉田”“廉镜”历史典故，通过开展系列活动，使廉镜走出铜陵、走出安徽。淮南市举办“淮南子廉政书画展”和“《淮南子》与廉政文化建设”征文活动，形成《〈淮南子〉廉政思想研究》《淮南子廉政书画展图册》。宣城市组织开展十佳廉政(洁)文化理念征集活动，成功举办市直“践行廉政理念、弘扬清风正气”演讲比赛。黄山市“黄山在我心中，我为黄山树清风”廉政文化“月月演”活动受到广泛好评。

法治文化建设

法治安徽建设是法治中国建设在安徽生动而具体的实践。早在1993年安徽省就开展了依法治省工作，1996年开始纳入全省经济社会发展计划，并于同年制定《安徽省人民政府“九五”时期依法治省规划》；2008年明确提出建设“法治安徽”战略任务，2011年首度发布《法治安徽建设纲要(2011—2015年)》，2013年出台《关于加快推进法治安徽建设的意见》。至此，安徽法治建设逐渐步入快车道，立法进程加快，依法行政得到大力推进，法治安徽建设迈向新高度。

一、立法，为改革发展护航

古人云：立善法于天下，则天下治；立善法于一国，则一国治。安徽省加强重点领域立法，健全完善地方法规体系，提高立法质量，拓展人民有序参与立法途径，充分发挥立法引领作用，为推动经济社会健康发展营造了良好环境。

紧扣时代发展脉搏，坚持立法决策与改革决策相结合，确保重大改革于法有据，成为贯穿安徽省地方立法工作的一条清晰脉络。近年来，省人大常委会针对财政监督、林权管理、节能环保等重点问题开展立法，一批富有特色的地方性法规走在全国地方立法的前列。如《安徽省学前教育条例》，在全国较早将防止幼儿园变成“药儿园”的相关条款写入地方法规；《安徽省治理货物运输车辆超限超载条例》是全国第一部专门为“治超”制定的地方性法规，明确当地政府对治超工作负总责；《安徽省林权管理条例》是全国首部林权管理的综合性地方法规，进一步破除林业发展的体制机制障碍，为促进经济发展和社会进步、改善生态环境提供了更加有力的法制保障。

立“良法”，行“善治”。安徽省突破“闭门造车”樊篱，不断完善民主开放包容的立法工作机制。2012年，专门召开新闻发布会，面向社会公开征集立法规划建议项目。适应经济社会的发展，安徽省积极探索开展立法后评估工作。2012年8—12月，省人大常委会成立评估工作领导组，通过多种方式对已经实施了20年的《安徽省社会治安综合治理条例》的贯彻实施情况进行了评估，并在新条例颁布施行的同时，对现有条例予以废止。

推进立法工作是一项制定、修改、废止和解释并举的系统工程。截至2013年年底，安徽省人大及其常委会共“立”法259件，“修”法240多件次，“废”法近60件；先后开展9次法规集中清理活动，以“一揽子”方式对有关法规进行修改，大大提高了立法的针对性、及时性和系统性。

阜阳市颍东区开展“六五”普法讲师团送法进学校活动

二、严格执法，加快推进法治政府建设

*法律的生命力在于实施。*推进法治政府建设，严格执法是法治安徽建设的关键环节。党的十八届四中全会指出：“各级政府必须坚持在党的领导下、在法治轨道上开展工作，加快建设职能科学、权责法定、执法严明、公开公正、廉洁高效、守法诚信的法治政府。”

*行政权力进清单，清单之外无权力。*建立权力清单制度，强化对“红头文件”、重大行政决策的合法性审查。2014年9月底，70多个省直部门和单位在网上同步晒出各自的行政权力清单，权力事项的名称、实施依据、相应责任、运行流程等一一罗列，接受公众“检视”与建议。安徽的这一举措，走在全国前列，彰显出以法治思维和法治方式履行政府职责的坚定决心。2013年，省政府法制办备案登记各市、省政府各部门报备的规范性文件536件，受理公民、法人和其他组织提出异议审查申请的7件，并对其中存在违法问题的4件进行了处理。2014年，省政府在8个重点领域集中开展政策落实专项督查行动，提高了工作效能，促进了政令畅通。

*治理权力寻租。*安徽省大力规范行政审批行为，遏制乱设门槛、乱收费、吃拿卡要等违法乱政现象。2000年以来，省级行政审批事项历经10余次清理，不符合法律法规、利用“红头文件”设定的非行政许可审批事项，全面清理取消。新设审批项目严格进行合法性、必要性、合理性审查论证。安徽省已成为全国省级行政审批事项数量最少的地区之一。保留的行政审批事项，一律进入政务服务中心办理，实行一门受理、集中分办、限时办结、超时警告、统一送达、全程监督，公开办理主体、依据、条件、程

序、时限，收费依据、标准及监督渠道等信息，办理过程和结果实时公开。2013年，省政务服务中心会同物价、财政、监察等部门，对进驻中心的省直单位窗口收费项目集中审核，取消6项不合理收费，全年办理行政审批和公共服务等事项285.8万件，即办率达92.5%，承诺件提前率47%，按时办结率达99.9%。

规范执法行为。安徽省严把“入口关”，对行政执法人员严格落实资格认证和持证上岗制度。2006年，省政府明确提出由市、县(市、区)政府城市综合管理行政执法部门，依法集中行使市容环卫、城市规划、城市绿化、市政管理等多个部门在城市管理领域的全部或部分行政处罚权。2012年，城市管理领域相对集中行政处罚权改革覆盖全部市县，“多头执法”痼疾得到彻底治理。

三、司法改革，筑牢公平正义防线

推进“阳光司法”。全面推进审判流程公开、裁判文书公开、执行信息公开等司法公开三大平台建设，通过统筹信息化项目，构建安徽法院诉讼服务在线平台。根据省高院的部署，全省各级法院开展政务网站升级改版工作，推进网上诉讼服务平台建设，2014年6月底前建成并投入试运行。强力推进裁判文书公开工作，省高院、各中院和被评为全国、全省“司法公开示范法院”的基层法院，作为第一批单位于2014年1月1日起全面实施裁判文书上网工作，其余基层法院亦于当年7月1日前正式实施。

改善诉讼服务。截至2013年年底，全省已有93个人民法院建成了诉讼服务中心，覆盖率达74%。省高院先后制定诉讼服务中心规范化建设及诉讼服务中心岗位职能等规定，一些诉讼服务中心还安排审判庭负责人“值班问诊”，负责答疑解惑，引导当事人立案、诉讼；有的则设立农民工、妇女、儿童、老人、残疾人等困难群众“绿色通道”，由中心提出缓、减、免交诉讼费意见，实现优先立案、优先审理、优先执行。

提升审判质效。近年来，安徽省不断深化司法改革，全面落实量刑规范化改革，量刑规范化全国“第一庭”在临泉开槌。结合省情，制定了量刑规范化实施细则，细化量刑标准，对量刑步骤、量刑情节等实行“一案一人一表”；推行量刑辩论程序，引导控辩双方就量刑进行辩论。量刑规范化改革规范了量刑标准和程序，实现了量刑公开，减少了量刑偏差，增强了社会认同。

四、普法，让法治理念深入人心

全民守法是法治建设的基础。党的十八大报告指出：“深入开展法制宣传教育，弘扬社会主义法治精神，树立社会主义法治理念，增强全社会学法遵法守法用法意识。”

努力打造普法品牌。近年来，安徽省积极创新法治宣传教育活动，法治宣传教育由“软任务”向“硬指标”转变，多项普法活动全国知名。每年6月，“江淮普法行”活动如期而至，受到全国普法办高度评价。开展普法标准化建设，先后制定了社区、村级、学校、企业、机关法治建设指导标准，这一创新之举在全国引起关注。各地也紧贴群众需求，搭建了“浇灌工程”“金钥匙工程”、法律助困行动等法治宣传教育平台，形成了具有浓郁地方特色的宣传品牌。

创新普法载体。“六五”普法以来，安徽普法形式更加丰富多彩，方式紧跟时代，法治文化建设步伐加快。随着信息化的加速发展，网络、微信、QQ等平台陆续成为各地普法的新载体。2014年，芜湖县结合农村地区呈现的新特点，开展了普法微电影进乡村活动，将普法微电影打造成农村普法主载体。各地在普法中还注重发挥法治文化潜移默化的作用，开展形式多样的法治文化建设，不断增强法治文化的渗透力。从2014年起，全省开始实施法治文化“四入行动”，即著名景区嵌入行动、繁华街区融入行动、乡镇村庄纳入行动、建制小区注入行动。全省5A级旅游景区、三分之一以上4A级旅游景区以及各类省级以上商业活动示范街均建有与生态融合、与环境协调、与规划统一的法治文化设施，所有行政村和自然村均设置法制宣传栏等法治文化宣传推广设施。

把法律交给人民，让法治成为人们的生活方式。经过多年持续不懈的努力，普法正悄然改变着寻常百姓的生活。在普法“三连冠”的郎溪县，97个行政村成立了由党员、干部、退伍军人等在村里有威望的人组成的“农民普法讲习会”，成为架在农民心坎上的一座普法连心桥。法治也改变着决策者的思维模式，各级领导干部实现了由注重依靠行政手段管理向注重运用法律手段管理的转变。截至2013年年底，全省共有60个行政村获“全国民主法治示范村”命名，102个村新跨入“安徽省民主法治示范村”行列。群众在普法中切身感受到法治建设的巨大进步，感受到社会环境和人民生活的深刻变化。

灵璧"三元文化"

一、以文塑城，特色品牌铸造城市之魂

品牌是文化发展的核心，让地域文化走出深闺，需要叫得响的文化品牌，灵璧县发挥本地资源优势把奇巧瑰丽的灵璧石、刚柔并济的虞美人和赐福驱邪的钟馗画作为"三元文化"，进行深度挖掘和全力开发。"一石绝天下"，灵璧石被清朝乾隆帝御封为"天下第一石"，名列四大奇石之冠；"刚柔虞美人"，霸王别姬的故事世代流芳，十面埋伏、四面楚歌的垓下决场发生于灵璧、结束于灵璧并深刻影响着灵璧；"馗风万古存"，钟馗故里的磬乡儿女"千年画一人"，让钟馗这位人、鬼、神三位一体的万应之神成为华夏历史文明长河中的重要文化符号，独树一帜的灵璧钟馗画扎根于民间，寄情于民俗，亦被世人赞誉"神州一绝"。

一地一奇，或可推宗，三奇交泰，世无类同。灵璧县以文化为媒，充分发挥奇石的神韵、虞姬的神采和钟馗的神威，通过举办"一会两节"（灵璧国际奇石文化博览会暨钟馗文化旅游节和虞姬文化旅游节）、垓下之战遗址高层论坛、钟馗廉政文化研讨会、钟馗文化与道教文化研讨会、第二十届亚旅联颁奖盛典、《灵璧赋》《虞姬文化园楹联》全国征集等系列活动，擦亮"三元文化"的金字招牌，展示大美灵璧的神奇魅力，为地域文化的发展繁荣注入了新的动力与活力。熠熠生辉的文化品牌吸引了社会各界的高度关注，中央党校成立《特色文化城市建设"灵璧实践"》课题组，把灵璧地域经济文化发展的实践经验作为研究课题和教学案例进行总结推广；省社科院首个"省情调研基地"落户灵璧，为县域经济文化发展建立了新型智库；地域历史文化研究成果"安徽灵璧：一座撬动中国历史的小城"在《中国改革报》《新安晚报》等媒体刊载，引发社会各界广泛关注与热议。

二、以文兴业，文化与经济发展同频共振

文化的熏陶和渲染，让城市更加繁荣与美丽，也让人民群众的生活更加充实与美好。依托"三元文化"，灵璧县大力推进文化旅游产业一体化和文化旅游与特色文化城市建设一体化，通过规划引领、文旅融合、产城一体，把文化元素融入城市建设，用文化符号改善人居环境，一座文化气息浓郁的现代化城市拔地而起，在第九届北京文博会上被评为"中国文化经济活力城市"并收录《中国文化经济活力城市案例汇编》。

规划引领，高标准建设特色灵璧。遵循"工业化与城镇化双轮驱动、城市化适度超前"的发展理念，聘请德国 G&P 公司、英国 GVG 公司和东南大学规划设计院按照"东进南扩、西连北展""揽山入怀、纳水入城""显山、露水、透绿"的指导思想，在全省率先提出并完成"双五十" 城市发展规划修编和 80 平方公里城市形象设计，形成了政务新区、滨河新区、工业新区"一体两翼、三区互动、组团发展"的城市建设新格局，先后荣膺全省首批优先发展的 20 个现代化中等城市建设试点县和全省新型城镇化政府融资平台建设 21 个试点县。

文旅融合，高品质塑造魅力灵璧。按照"政府主导、市场参与、多方筹资、集聚发展"的建设模式和"挖掘唯一、打造第一、精品工程、传世之作"的指导思想，灵璧县把口口相传的文化概念打造成产业集聚发展的平台和载体，按照国家 4A、5A 级景区标准投资兴建虞姬文化园、奇石文化园、钟馗文化园、磬云山国家地质公园、现代农业博览园等一批标志性的文化旅游产业园区，成为文化创意、旅游观光、奇石交易、工艺美术、演艺娱乐等特色文化旅游产业规模化发展的集聚之地，初步形成了"一个中心、两大板块、三元支撑、四维载体"文化旅游空间布局，实现文化与经济发展的同频共振。其中，奇石文化园跻身国家 4A 级景区、省级服务业集聚区和省级文化产业示范基地，钟馗文化园被省委省政府列为全省重点扶持的文化产业示范园区，灵璧菠林喇叭入选第四批国家级非物质文化遗产。

灵璧石

市縣區文化概覽

石涵松題

□合 肥 市
□宿 州 市
□淮 北 市
□阜 阳 市
□亳 州 市
□蚌 埠 市
□淮 南 市
□滁 州 市

□马鞍山市
□芜 湖 市
□铜 陵 市
□安 庆 市
□黄 山 市
□六 安 市
□池 州 市
□宣 城 市

合 肥 市

【文化概览】合肥市地处长江、淮河之间，环抱巢湖。辖巢湖市，肥西、肥东、长丰、庐江4个县，瑶海、庐阳、蜀山、包河4个区，有3个国家级开发区和14个省级开发区。面积1.14万平方公里，常住人口757万。是全国重要的科教基地、国家创新型试点市、国家科技创新型试点市和世界科技城市联盟会员城市。现有文物保护单位72处，列入国家级非物质文化遗产名录4项，列入省级非物质文化遗产名录15项。包河区农民工文化驿站建设工作经验成为全省唯一入选《全国宣传思想工作创新案例选编》的案例，被中宣部《宣传工作》《决策参考》、人民日报内参等报道，并在全省推广。

精神文明建设。实施“三城同创”，在全国城市公共文明指数测评中名列第五。开展“文明交通”“文明餐桌”“文明上网”“文明旅游”等宣传教育活动，推进“美好乡村”建设，开展清洁示范村、文明生态村、绿色小康村、移风易俗村“四创”活动和文明村镇、文明集市、十星级文明户创建。开展“三下乡”活动，培育群众性精神文明建设活动品牌。推出中国梦、中华传统美德等主题公益广告及微点评活动，得到中央文明办领导批示肯定，并在全国推广。举办第三届思想道德建设合肥论坛，全市共99人(团体)入选“中国好人榜”，名列省会城市第一，其中周传金、陈万霞分别获得第四届全国道德模范见义勇为奖和道德模范提名奖。开展“学雷锋、做一个有道德的人”“做谦恭有礼的中国人”、中华经典诵读和爱国主义读书教育活动，全市近70万学生参与。建成学校少年宫119所，实现全覆盖。成立阳光志愿服务基金，建成社区志愿服务广场246个，广泛建立基层社区“6+X”志愿服务队，全市注册志愿者人数超过41万。举办首届爱国主义教育基地讲解员大赛，创办爱国主义教育基地官网“红色阵地”，开展“寻根之旅——合肥市百万中小学生走进博物馆”文化公益活动。

文化体制改革。公益性文化事业单位内部改革进一步深化，文化馆、图书馆、科技馆服务力和影响力逐步提升。延伸公益性文化单位服务能力，城市24小时自助图书馆建设稳步推进，报业集团分众化服务水平进一步提升，创办《西园人》《老城新闻》《滨湖新闻》等6份社区报。打破政府“包办”局面，引进市场化办法，对重大公益性文化资源实行专业化管理运营。渡江战役纪念馆运营一年来，参观人次突破100万。完善要素市场，推动安徽文化产权交易所完成增资扩股。

公共文化服务。市群众文化活动中心改造正式开工，首批20个农民文化乐园试点建设全面铺开。45个新建公共电子阅览室全面开放，广播电视村村通工程354个盲村建设任务全部完成并通过省级验收。农村公益电影放映16843场，观众近300万人次。开展市第五次图书馆评估，开通合肥市手机图书馆，市少儿图书馆被中国图书馆学会授予“全民阅读示范基地”称号。出台公共文化服务信息化建设、公共文化场馆开放、农村文化建设专项补助、广播电视村村通工程、低保户免费收看有线电视等5项民生工程《实施办法》。

文化事业。举办首届“全民文化活动周”活动，参与群众50万人

合肥市首届全民文化活动周戏剧专场

次。大学生文化艺术节、巢湖民歌演唱会、农民工文化节、元旦越野赛等群众文化活动丰富多彩,“走向文明”“平安合肥”“庐州放歌”“炫动的音符”文艺巡演活动下基层走乡村进厂矿,全年开展各类群众文化活动4000余场次。创办“大湖溢彩”“大湖之约——高雅艺术大讲堂”“合肥文化大讲堂”,开展美术馆进高校进社区活动,以及“丹青问道、墨语人生”“游观”智慧专题学术展等活动。承办全国美术馆馆藏精品展出季——赖少其版画回顾及文献史料展。成立合肥市社会科学院,合肥市社会科学网7月1日建成上线,建设社会科学知识普及示范基地9个,包河区大圩镇农民文化乐园入选省级社科普及基地。

文艺精品创作。电影《红色康乃馨》获第八届加拿大中国电影节“最佳儿童片”奖,《乳娘情》《红色康乃馨》上线放映,金岚岚事迹主题电影《村支书金岚岚》完成拍摄。小品《御史拜寿》获全国优秀曲艺节目奖,庐剧《荠菜花》获优秀剧目奖,群舞《水欢鱼跃》获优秀创作奖、创作演出一等奖。诗歌《题梁园阵亡将士纪念碑》获安徽省金穗文学奖一等奖。舞蹈《水欢鱼跃》获第九届荷花奖民族民间舞大赛银奖。庐剧《荠菜花》获“2013安徽省文化强省系列艺术活动”优秀剧目奖和表演一、二、三等奖,舞蹈《水欢鱼跃》获舞蹈类一等奖和优秀创作奖。相声《快乐QQ群》获第六届中国中部曲艺大赛一等奖、大连“西港杯”全国相声作品创作优秀奖。演员孙铭泽获首届“李润杰”杯快板书表演一等奖。

文化产业。2013年,全市文化产业增加值突破300亿元,占全市GDP比重6.45%,比上年增长近25%。成立市文化产业项目推动领导小组,出台《关于推动文化产业发展实施意见》,成功入选首批国家级数字出版基地,国家广播影视科技创新实验基地完成规划并获国家新闻出版广电总局批准。国内首个声音产权交易电子商务平台上线,成立省内首个动漫职业技能鉴定站。科大讯飞、中设国际等一大批龙头文化企业渐成规模,知本文化传播等新型服务企业活力迸发,18家企业入选省民营文化企业100强。万达文旅城、中航合肥文化创意产业园投资总额分别达350亿元和110亿元。城市影院票房2.4亿元,比上年增长近30%。成功举办第七届文博会,现场交易额2.03亿元。

文化市场监管。积极推进政府机关和中小金融机构软件正版化工作,完成2536家新闻出版经营单位的年度核验,完成1342个行政村农家书屋更新补充。组织参加第九届中国(深圳)文博会数字出版展示交易会。开展星级歌舞娱乐场所、星级网吧评选。精心组织文化执法队伍“大练兵、大比武”活动,深入开展“扫黄打非”活动。开展“净网”行动、“清源”行动、校园周边文化环境治理、教材教辅专项检查等专项突击检查,重点加强网吧市场监管、印刷企业执法检查、市场“双打”(打击侵犯知识产权和假冒伪劣商品)、虚假违法广告整治和卫星地面接收设施整治。全年累计出动检查执法人员1.3万人次,检查文化经营单位3570家次,核查、处理各类举报187件,组织开展集中行动20次,查获非法电台7处,收缴盗版音像、书刊电脑软件等各类非法出版物约15万多张(册),拦截、屏蔽非法网站、网上有害信息16万多次(条)。

文化保护与传承。组织开展“6·8”中国文化遗产日、“5·18”博物馆日纪念活动;启动全市第一次可移动文物普查,完成第五批市级重点文物保护单位、第四批非物质文化遗产名录申报和市级非遗传承人确定。李鸿章故居陈列馆在全省文博界率先通过ISO9001质量管理体系认证,开展全市文博单位讲解员大赛、“非遗进享堂”“李府堂会”、非遗传承人技艺展示等活动,成立全市首批文物保护员队伍。巢湖文化研究会顺利换届,巢湖民歌研究会挂牌。开展全市旅游等开发建设活动中文物保护工作专项检查;做好环巢湖流域等水利工程项目的文物保护工作和段氏住宅的复建调研工作。

【大湖之约——艺术名家大讲堂】 大讲堂由合肥市委宣传部、市文联主办,地点设在合肥大剧院。2013

8月23日,中国戏剧家协会主席尚长荣在合肥大剧院作《激动传统,融入时代——我的艺术人生》讲座

年8月23日以“京剧”开篇，邀请中国戏剧家协会主席尚长荣开讲。截至年底，共举办5场讲座，分别由京剧表演艺术家尚长荣、二胡演奏家马晓晖、舞蹈艺术家黄豆豆、电影表演艺术家梁波罗、作曲家陈钢讲演。艺术名家们深入浅出地向大家介绍相关艺术知识和艺术魅力，畅谈他们的创作历程和艺术人生，台上台下互动，拉近了艺术与公众的距离，提升了大家的艺术欣赏水平。

蜀山区

“魅力蜀山行 百姓大舞台”广场文艺演出

【文化概览】蜀山区位于合肥市西南部，是市委、市政府所在地，面积457.8平方公里，人口96.12万，辖3个镇、8个街道办事处，设1个经济开发区。

公共文化建设。截至2013年年底，全区已建成井岗镇、南岗镇12个基层文化站。新建和改扩建24处社区(村)文化活动场所，总面积1.8万平方米。建设打造超过1万平方米的蜀山区文化艺术中心(图书馆、文化馆、展览中心、剧场)，小庙镇、井岗镇、南岗镇通过安徽省乡镇综合文化站一级站考核验评。全国文化资源信息共享工程蜀山支中心、区文化馆、大蜀山烈士文化陵园免费对公众开放并获得良好的社会反响。出台《文化局、馆干部职工基层包联制度》，建立文艺精品创作奖励制度，鼓励文化工作者进基层、出创意、出作品、出精品。邀请中国音乐家协会合唱联盟主席、著名作曲家、指挥家徐锡宜举办“现场排练与合唱指挥”专题讲座，组织文化系统全体人员赴北京文化干部管理学院举办“公共文化管理与创新培训班”等各类专题讲座10余场。

特色文化。2013年12月12日，蜀山区在合肥市4城区中率先成立文学艺术界联合会（以下称“文联”)，180名会员参加会议并完成相关选举任务。上海电视大学中文系教授、硕士生导师、中国作家协会会员鲍鹏山受邀担任区文联名誉主席。按照文艺“三贴近”(贴近实际、贴近生活、贴近群众)的要求，打造出民俗表演“抛头狮”团队、区婷立芭蕾舞团等19支群众文艺特色团队，其中徽州女艺术团获“舞动三峡”全国中老年舞蹈大赛安徽赛区一等奖，黄山合唱团、“小云雀”合唱团在安徽省第五届合唱节中分获金奖第一名和银奖第二名。

文化惠民活动。蜀山区以社区文化活动为平台，开展文化惠民巡演、公益电影放映、新春音乐会、市民合唱音乐周、民间民俗文艺展等各类文化活动600场次，惠及城乡居民25万余人次；开展公益电影放映进社区、进乡村活动，共放映各类影片600部、300场次，惠及群众13余万人次。

农家书屋建设。2013年，小庙镇划归蜀山区管理，在原建成的60个“农家书屋”的基础上，又增加小庙镇30个“农家书屋”。全区90个“农家书屋”全部对外开放，实现书屋社区(行政村)全覆盖，每个农家

蜀山区小云雀合唱团

书屋均配备专兼职管理员。

“非遗”项目挖掘与保护。不断加大非遗保护力度，进一步推动“非遗”项目的传承和发展。蜀山区共有省级非遗项目2项，即民间民俗“抛头狮”、传承人陈德荣，手工技艺“吴氏船模”、传承人吴培；有市级非遗项目6项，即柴门大鼓、马氏蛋雕、马氏麦秆画、侯氏剪纸、李氏土陶、阴阳双合拳；有区级非遗项目21项。

文化产业发展。金大地1912综合文化娱乐街区进入二次提升阶段，成功升级为省“861”重点文化产业续建项目；大溪地文化商业街区处于招商后期；合肥世界之窗创新产业园项目已完成园区基础设施建设进入正式招商；中国(合肥)国际动漫城已签约投资125亿元特大项目；投资26亿元的安徽省广播电视中心已完成投资建设项目；“安徽省源泉徽文化民俗博物馆”“合肥市子木园博物馆”“合肥市燕诒博物馆”3个特色民营博物馆已分别完成总投资0.6亿元、1.8亿元、1.2亿元。辖区内文化企业上线统计名录已达813家，其中现代文化服务企业600家，总量和规模以上项目数位居全省城区之首；区文化产业增加值达23.5亿元，占全区GDP比重6.45%，增速超过20%。

文化产业。将特色街区打造列为区级民生工程项目，设立专项资金，支持乡镇、街道各重点打造一条特色街。加快桐城路、城隍庙等特色文化街区建设步伐，举办“合作杯”首届桐城路特色文化街区高峰论坛暨艺术品赏沙龙。扶持文化创意产业新业态，崔岗艺术村隆重开村。安徽万盛文化艺术有限公司被评为第四批安徽省文化产业示范基地。

精神文明建设。2013年，全区共举办道德讲堂510余场，受益群众近10万人次。创新开展第三届“走进社区，走向文明”大型道德文艺宣讲展演系列活动。建成学校少年宫14所，投资近1000万元。

文明城镇建设。以“三线三边”综合整治为主抓手，推进乡村文明建设，村容村貌改善、农民生活水平提高。充分发挥农家书屋、道德讲堂的作用，开展多种活动促进村民文明礼仪和道德素养提升。庐阳区三十岗乡东瞿村连续荣获“全国文明村”“安徽省生态村”“安徽省民主法治示范村”、合肥市“平安创建工作先进村”、合肥市首批“清洁家园、绿化乡村”先进村等称号。

庐 阳 区

【文化概览】庐阳区位于合肥市中北部，辖9个街道办事处、1个乡、1个镇，设1个省级开发区(庐阳工业区)。面积139平方公里，户籍人口46.3万。庐阳区是省委、省政府驻地，老城区是历史上的古庐州城，现存有“张辽威震逍遥津”古战场、曹操点将“教弩台”以及李鸿章故居等古建筑。区内有国家4A级景区3处、省级重点文物保护单位6处、市级10处，“唐氏剪纸”“庐阳花布”“葛氏剪纸”“马派皮影”“种子画”“黄氏篾编”被列为市级非物质文化遗产。

文化民生工程。2013年，新建杏花村、三孝口两个街道电子阅览室。庐阳区文化馆、1乡1镇综合文化站全部免费开放，群众文化团队零门槛入驻。加大对农村文化建设资金投入，有效推进城乡文化建设均衡发展。

群众文化活动。举办庐阳区第八届文化艺术节，活动历时3个月，开展活动近百场，围绕“读书系列、观影系列、展览系列、演出系列”4大板块全面展开，努力打造“草根文化”。群众文化活动突出庐阳历史文化特色，在节庆活动中主打民俗牌，2013庐阳区迎新春系列文化活动展演中，反映三国文化的时装秀《粉墨登场》、结合民歌改编的新庐剧《茶山新歌》等受到各级媒体关注。

庐阳区第八届文化艺术节

瑶 海 区

瑶海区第六届“颂歌献给党”歌咏大赛

【文化概览】瑶海区位于合肥市主城区东部，辖12个街道、1个镇，设1个开发区，面积70平方公里，常住人口90万。现有省级风景名胜区1处、省级重点文物保护单位1处。洪氏装裱、葫芦烙画被列为省级非物质文化遗产，洪富庚、郑小良为省级非物质文化遗产传承人。辖区内拥有合肥裕丰花鸟鱼虫市场和元一时代广场2个省级文化产业示范基地。

群众文化活动。选送的《航母style》参加中央电视台综艺频道《我要上春晚》栏目表演；选送歌手宋姗姗、童绪付参加合肥市第十九届新春文化庙会“大地飞歌”乡村歌手比赛，分获二等奖和三等奖；参加合肥市第十一届幸福家园社区广场文化周活动，获一、二、三等奖各1个，区文化馆获组织奖；参加市文广新系统“迎七一、转作风、树形象、作表率”主题演讲比赛，获三等奖；参加首届合肥市少儿曲艺大赛，获辅导奖5个、表演奖9个；参加合肥市群众歌咏活动获一等奖2个、二等奖5个、三等奖11个。先后举办“欢天喜地迎新年”系列文体活动、2013年新春团拜会、瑶海区第二届“邻居节”暨“群众文化辅导”志愿者展示活动、“我爱我家、共创文明”家庭才艺选拔赛、第二届“梨园风采展”社区戏曲展演月活动、“圆梦大湖名城、抒情创新高地”合肥市群众歌咏活动暨瑶海区第六届“颂歌献给党”歌咏大赛、“和谐瑶海 精彩瞬间”书画摄影展、第五届“快乐周末”广场文化活动瑶海区专场文艺演出等，丰富了全区居民的文化生活。举办瑶海区文化馆、站干部及群众文艺骨干、群众文化辅导志愿者培训班，不断提升群众文化活动组织水平。

文化产业发展。全区现有区文化艺术中心、合钢文化创意产业园、胜利广场欢乐城、坝上街文化娱乐休闲中心、火车站主题公园等一批文化产业项目在建，另有一批拟建和储备文化产业项目，文化产业已呈现出多元发展的良好势头。

文化民生工程。全区90个农家书屋、区文化馆、区文化资源共享工程、大兴镇综合文化站公共电子阅览室全部免费开放。举办区文化馆文化艺术免费培训班、“书香瑶海”农家书屋（社区书屋）演讲比赛，努力提升文化馆和农家书屋服务质量。

【瑶海区举办第二届“邻居节”活动】2013年4月27日，瑶海区第二届“邻居节”开幕式暨“群众文化辅导”志愿者展示活动在和平广场隆重举行。全区各镇、街、开发区及相关部门全面参与，历时3个多月，共设有“学、乐、助、美”4个系列50多项活动。通过邻居节活动，拉近了邻里之间的距离，增进了居民之间的情感交流，有力促进了和谐瑶海、幸福瑶海建设。

瑶海区第二届邻居节暨“群众文化辅导”志愿者展示活动

包　河　区

【文化概览】包河区位居合肥市区南部，辖7个街道办事处、2个镇，设1个省级工业园区和1个街道级大社区，区域面积340平方公里（其中巢湖水面70平方公里），人口122万，是合肥市面积和人口第一大区，也是全省综合实力"第一城区"。包河区因包河而得名，因包公而闻名，素有"合肥文脉"之美誉。区域内科教文化资源丰富，有中国科大、合工大、省社科院等30余所高校院所，有安徽大剧院、滨湖会展中心、渡江战役纪念馆、安徽名人馆等公共文化场馆以及省歌舞剧院、省黄梅戏团、省杂技团、省徽京剧院、安徽省艺术职业学院等文艺单位。拥有国家级文化产业示范基地1个，安徽广电传媒集团、安徽演艺集团等大型文化传媒集团4个，各类规模以上文化企业200多个，万达世界级文化旅游城、恒大文化旅游城等一批文化大项目相继落户包河。

公共文化事业。2013年，全区公共文化事业发展迅速。区委把"文化强区"和经济、社会发展同部署、同考核、同推进。重点以区级文化馆（图书馆）、镇综合文化站、农民工文化驿站、农民文化乐园、基层文化信息资源共享工程服务点等为抓手，构建"区、街镇、村居"三级文化服务网络。区文化馆、图书馆达到部颁三级馆标准，面积3000平方米的区文化馆、图书馆新馆正在规划设计中。大圩、淝河两镇综合文化站分别被评为部颁一级站和二级站，并免费开放。全年建设农民工文化驿站17个；投入300万元，按照"一场两堂三室四墙"的建设标准，在大圩镇圩西村开展农民文化乐园试点建设。

文化产业。包河区成立了文化产业发展领导小组，组建了合肥包河文广产业投资有限公司，承担全区文化产业日常管理、服务工作。出台《包河区促进服务业发展若干政策》等产业扶持政策，完成文化产业（2013—2020）发展规划初稿，编制完成国家广播影视科技创新实验基地概念性规划和科技发展规划。包河区拥有文化产业经营单位900多家，文化产业已占区域经济总量的8%。其中，广播影视业、文化传播业、休闲娱乐业、生态旅游业、广告会展业、工艺美术业、印刷包装和动漫产业等8大产业优势明显，占据了主导地位。2013年度，全区共完成文化产业投资100亿元，占全市文化产业投资总量的30%，新华发行、广电传媒、演艺集团先后落户包河，万达文化旅游城、凤凰文化广场、南翔茶博城、全媒体产业基地等6个文化项目相继开工建设。

【农民工文化服务获全国先进】包河区辖区有15万名农民工及产业工人。为积极回应农民工群体的文化关切，打造全面覆盖的专项公共文化服务体系，包河区在全省率先启动"农民工文化驿站"建设，出台《包河区加强农民工文化服务若干意见》，设立专项资金，搭建"一总站多分站"格局。经过两年的努力，包河区建成17个标准化农民工文化驿站，开展"送电影、送演出、送图书、送网络、送培训、送子女教育"等6送服务千余场次，有力地缓解了农民工群体的"文化饥渴"，破除了工厂工地的"文化孤岛"现象，让农民工真正融入城市。

包河区农民工文化驿站建设取得显著成效，受到农民工朋友和社会各界的一致好评。中宣部《宣传工作》《决策参考》两次专题推介包河区探索农民工文化服务的经验效果，中宣部副部长黄坤明批示："经验很可贵，可在全国推广。"同时，这一经验作为全省唯一案例入选中宣部《2014年全国宣传思想文化工作案例选编》，《人民日报内参》《人民日报》等主流媒体进行了集中报道，省委宣传部《安徽信息要情专报》《安徽宣传》、市委宣传部《合肥宣传》等刊物均刊载相关经验文章。省委常委、宣传部部长曹征海批

包河区首届农民工文化艺术节

示："合肥市包河区建设农民工文化驿站的做法，可供各地参考。"省委宣传部把农民工文化驿站建设作为全省宣传系统大调研优秀成果、创新奖入围案例。包河区文化馆因此荣获"第五届全国服务农民、服务基层文化建设先进集体"称号。

巢湖市

第十届巢湖民歌歌会

【文化概览】巢湖市临近长江，环抱巢湖，唐朝设巢县，1984年设县级巢湖市，1999年底撤市改设居巢区；2011年8月撤地级巢湖市，恢复县级巢湖市。面积2031平方公里，人口90万，是"中国民间文化艺术之乡"，巢湖民歌和以粉蜡笺为代表的纸笺加工技艺被列为国家级非物质文化遗产。全市有图书馆、文化馆、博物馆各1个，纪念馆3个，乡镇综合文化站12个，健身广场4个，公共电子阅览室12个，农家书屋154个，农民文化乐园建设试点5个(其中省级1个，合肥市级4个)，380个自然村实现广播电视"村村通"。

文艺创作。2013年，全市文艺工作者共创作文学、戏剧、音乐、舞蹈、美术、书法、摄影作品500多件。其中舒天佑的散文集《野菊花》由作家出版社出版，歌曲《东海舰队巢湖舰舰歌》被东海舰队正式启用。

文化节庆活动。组织开展巢湖市群众文艺调演、国庆64周年书画摄影展、巢湖市第四届歌咏比赛、第十届巢湖民歌歌会和巢湖民歌演唱会；举办首届"合肥市全民文化活动周"系列活动、夏至节农耕文化体验、黄麓葡萄采摘休闲旅游、槐林渔文化民俗文化系列活动以及秋色滨湖·古镇炯炀旅游文化活动周等。全年共组织开展各类大型文化活动18场，送春联下乡、送戏下乡、辅导乡村文化活动等40余场次，送民俗展览下乡6次，送书下乡4000多册。编辑出版《巢湖文化》杂志4期。

文化惠民工程。全年共投入资金1051万元，用于5个公共电子阅览室、120个自然村广播电视"村村通"工程、5个农民文化乐园试点建设等文化惠民工程建设及文体活动开展。采购图书19404册，对全市154个行政村农家书屋图书进行更新；放映农村电影1848场。18个文化馆、站有序开放。

文化市场监管。全市共出动文化市场行政执法人员3750人次，检查各类经营单位1300多家次，办理行政处罚案件26件，处理处罚违规经营网吧24家、书店1家、印刷厂1家，取缔无证经营印刷厂1家、流动书摊4家，收缴各类非法出版物2600余册。

文化遗产保护。投资600多万元，实施冯玉祥旧居维修保护工

巢湖市开展12318文化市场法律法规宣传活动

程、李克农故居景观改造工程、张治中故居维修保护工程、桂翁堂环境整治和布展工程、昭忠祠两侧厢房维修工程及陈列布展。申报公布18个巢湖市级非遗项目,其中“钓鱼台的传说”“孙氏篆刻”等6个项目进入合肥市级非遗名录。成立巢湖民歌研究会,向全国各地征集巢湖民歌新创作品268首。完成巢湖地方特色菜谱编制工作。

长丰县

【文化概览】长丰县1965年由寿县、定远、肥东、肥西四县的边缘结合部划并而成,因境内大部分地区属清代寿州长丰乡,而取“长丰”之名,寓意“长治久安,人寿年丰”。长丰县是全省科学发展先进县。辖14个乡镇,设1个省级开发区,面积1841平方公里,人口80万。现有元一双凤湖旅游度假区、中国合肥非物质文化遗产园2个国家4A级旅游景区,1个全国农业旅游示范点,1个工业旅游示范点暨国家3A级旅游景区。有省级重点文物保护单位1处(孝子墩)。全县共整理出非遗资料12项类343条。“吴山铁字”列入省级第二批非物质文化遗产名录,并申报了国家级非遗保护项目。“下塘火狮”“吴山铁字”、水湖镇罼驴、吴山庙会、吴山贡鹅、下塘烧饼、水湖驯马舞等7个项目列为合肥市第一、第二批非物质文化遗产名录。“长丰葛家唢呐”“水湖花鼓灯”“水湖闫氏锣鼓”列为合肥市第三批非物质文化遗产名录。县境拥有一代枭雄杨行密吴王墓与吴王庙、清代名臣李天馥留下的孝子墩、合肥地区最早的共产党员胡允恭和合肥地区最早的中共党组织——中共合肥北乡支部暨安徽省农民运动发源地纪念馆。

群众文化活动。2013年,以“文化强县推进年”为抓手,文化事业全面进步,各类文化活动丰富多彩。全年共举办吴山庙会、第七届陶楼桃花节、少儿艺术节暨文艺汇演、职工体育比赛、中小学生运动会、少儿写生大赛、摄影大赛、科技文化卫生“三下乡”、计生与普法文艺巡演、安全生产与关爱残疾人文艺巡演、快乐周末广场演出、第十届纳凉广场大家唱、广场健身舞大赛、全县小戏汇演、庐剧《人活一张脸》全县巡演、宣传三中全会精神文艺巡演、送戏进敬老院等品牌文化活动和专场文化活动300多场次;举办各类群众性文化活动5000余场次,放映县城广场电影、送电影下乡达4900多场。

文化产业。全县文化产业发展迅猛,现有规模以上文化企业25家,各类文化企业和工商户261家。建成恒大帝景运动中心和影视城项目,投资15亿元的中国(合肥)非物质文化遗产园二、三期工程正在推进。2013年实现文化产业增加值近6.3亿元,比上年增长21%,占地区生产总值2.1%。

公共文化建设与文化民生工程。2013年,全县公共文化建设投入资金6445万元,主要用于三项文化惠民工程与文体活动开展、公共文化场馆建设。截至2013年底,全县拥有公共图书馆1个,文化馆1个,县广播电台、电视台各1个,乡镇综合文化站14个,“农家书屋”298个,300个自然村开通广播电视“村村通”,建成18个公共电子阅览室。完成县图书馆、文博展示馆、档案馆主体工程建设。新创表演类作品10部,其中长丰县新欣艺术团主创的庐剧《人活一张脸》代表合肥市申报了第十三届安徽省精神文明建设“五个一”工程奖。

精神文明建设。金岚岚当选安徽省第三届道德模范特别奖和合肥市第三届道德模范,张书宝、张香政当选合肥市第三届道德模范提名奖。赵媛、张立海当选中国好人,孙全德、闫玉强、左家美夫妇和唐权友入选中国好人候选人,1人当选安徽好人,15人当选合肥好人。同时,组织开展季评“长丰好人”工作,已入选32人。组织开展“讲文明树新风”系列主题活动、“学雷锋志愿服务月”“空巢

庐剧《人活一张脸》进社区

老人关爱”“道德讲堂”“文明餐桌”光盘行动和关爱农民工志愿服务等活动。成立县志愿者服务队，举行了应急救助社区志愿者培训活动。

【长丰县新欣艺术团再创佳绩】该团2013年度共创作计划生育、安全生产、法制宣传、三中全会宣传等各类舞台剧目10个。其中现代庐剧小戏《一碗馄饨》参加第六届“安徽省小戏小品大赛”，荣获优秀剧目奖、编剧奖，获优秀表演奖1个、表演奖2个；参加第五届“中国戏剧奖·小戏小品奖”评选，获组委会推荐剧目奖。投资40余万元精心打造的现代庐剧《人活一张脸》，在“安徽省新剧目汇演”中荣获剧目奖、编剧二等奖，以及演员二等奖2个、三等奖2个。该剧目已在县内外巡演100余场次，深受观众喜爱。

肥东县

【文化概览】肥东居皖中腹地，有“吴楚要冲、包公故里”的盛名。面积2206平方公里，户籍人口107.09万，辖18个乡镇，设肥东经济开发区、合肥循环经济示范园、安徽合肥商贸物流开发区3个园区，是全省唯一的“中国散文之乡”“安徽省庐剧之乡”、安徽省首批“文学创作先进县”。现有国家4A级景区2处、3A级景区3处；国家级重点文物保护单位1处、省保单位7处；入选国家级非物质文化遗产名录1项(包公镇大邵洋蛇灯)、国家级非物质文化遗产传承人1名(邵传富)，入选省级非物质文化遗产名录2项(门歌、庐州大鼓)、省级非物质文化遗产传承人2名(殷光兰、梁月银)。全县有公共图书馆、文化馆、文物所、广播电台、电视台、报社各1个，2013年编著出版图书21部。

公共文化建设。全年投入8000万元，组织开展“2013美好乡村·幸福肥东”文化艺术系列活动、美好乡村文艺巡演、“快乐周末”基层文艺汇演、民间文艺广场演出周。《包公故里舞春光》专题片参评中央电视台“第五届魅力新农村”并获“魅力十佳县”称号，是全省唯一获此荣誉的县级单位。创作“中国梦”电视歌曲MTV。新编庐剧包公系列折子戏。编印《乡风文化系列丛书》《向美好出发——村诗集》等文艺作品。许泽夫诗歌《题梁园阵亡将士纪念碑》获安徽省“金穗文学奖”一等奖。《抵达》诗刊获评全国十佳民间诗刊。

文化民生工程建设。县文化馆新馆、县图书馆新馆、肥东人文历史展厅和县非物质文化遗产展厅全部建成并免费对外开放；图书馆新馆成功升级为县级一级馆；长临河古街“五一”期间对外开放；完成部分重点文物保护单位巡查、维修及蔡永祥纪念馆文物资料征集、陈列布展，并免费对外开放。六家畈古民居维修工程进入三期，全县15个乡镇公共电子阅览室建设完成并对外开放，广播电视村村通全覆盖。

精神文明建设。以选树道德模范为载体，组织参与各级道德模范评选，陈万霞获第四届全国道德模范提名奖，陈冲参选全国最美孝心少年。以未成年人为重点，组织开展“中华经典诵读”“网上祭英烈”等活动，文明观念进一步深入人心。

【幸福肥东美好乡村文化艺术系列活动】“幸福肥东”文化艺术系列活动是肥东县重点打造的文化特色品牌之一。活动主题是“幸福肥东·美好乡村”，旨在通过文艺的方式，集中展现美好乡村建设取得的显著成绩和人民群众的幸福生活。系列活动自2013年6月份开始至10月底闭幕。内容包括：肥东县首届民间文艺广场演出周、“中国·包公散文奖”征文活动、肥东县首届村诗朗诵大赛、肥东县首届村徽展、肥东县首届美好乡村摄影展、“美好乡村诵”书法艺术展、肥东县首届电视舞蹈大赛、肥东县美好乡村艺术团巡演、第二届“中华经典诵读”表演等。

肥东县首届民间文艺广场演出周

肥 西 县

【文化概览】肥西地处巢湖之滨,1948年建县。辖4个乡、8个镇,设4个园区,面积1695平方公里,人口80.6万。肥西有"淮军故里""改革首县""花木之乡""巢湖明珠"的美誉,是全国百强县、全国文明县城、全国文化先进县、全省文化体制改革先进地区等。境内有舒王墩汉墓园、太平天国"三河大捷"古战场、清代淮军将领庄园圩堡群等遗址。现有国家级重点文物保护单位1处,"古埂岗遗址""唐五房转心楼""三河大捷遗迹及古民居"等省级重点文物保护单位3处;拥有"庐州大鼓""刘铭传故事"等省、市、县非遗项目25项,省级非遗传承人1人、市级4人。

文化事业投入。2013年,共投入1270万元用于基层文体设施建设和文化活动开展。设立"文化强县活动专项资金",每年不少于200万元;设立"肥西县文学艺术奖",对个人、单位和民间文化团体在各类文化活动中表现突出的给予奖励。

文化民生工程。建成综合文化站13个、农家书屋288个、乡村文化信息资源共享工程301个,实现乡村全覆盖;广播电视村村通覆盖率100%;建成公共电子阅览室15个、视障阅览室1个、图书分馆16个;建成省、市、县级试点村农民文化乐园10个。建成县全民健身活动中心1个、农民体育健身工程213个、全民健身苑11个、乡镇健身广场7个。县、乡及村(社区)组织文艺演出2467场次。县14支数字电影放映队全年放映电影4290场次。

文化品牌活动。举办第六届"中国·肥西紫蓬诗歌节"颁奖晚会、第十一届"三河民间文化艺术节"、第七届合肥市合唱节肥西专场、第五届水文化节、第七届全省集体婚礼、县第二届全民读书节、县第二届业余歌手大赛、县首届散文小说大奖赛、紫蓬山民俗文化周等品牌文化活动。完成电影、电视剧《烟雨三河镇》《山南1978》《迟开的桂花》《不做冷漠的路人》剧本创作。先进人物事迹微电影《心灯》已完成拍摄。编辑出版《肥西精神故事》发放至全县各中小学校。

文化产业发展。现有网吧经营户100家、音像经营户22家、印刷企业32家、书刊经营户50家、打字复印53家、电子游艺场所9家、歌舞娱乐场所15家、民营文艺演出团体9家、各类广告公司40余家、文化艺术培训经营户30余家,全县各乡镇、园区均建有2支以上各具特色的民间文化队伍。发展、培育和引进5000万元以上文化企业和项目14家(项),其中紫蓬山灵璧石文化园、"安徽合肥刘铭传故居"海峡两岸交流基地、合肥合信2期厂房等7个建设项目被列为省"861"行动计划项目。2013年接待游客335万人次,实现旅游收入23亿元。

道德实践活动。2013年,4人获"中国好人"称号、2人获合肥市第三届道德模范称号、1人获安徽省道德模范称号,其中见义勇为青年周传金获第四届全国道德模范称号。举办道德讲堂80多场次。打造青龙路文明餐桌示范街。在全县中小学校开展优秀童谣征集、爱国主义读书教育、中华经典诵读等活动。举办全县乡村学校少年宫才艺展演活动,参展作品255件。

【县委宣传部被评为安徽省扫黄打非先进集体】2013年,肥西县委宣传部履行农村文化市场"扫黄打非"工作主管部门职责,围绕重大节庆纪念日、文明城市创建、重要会议、重大文化活动等节点,指挥、督促、协调相关部门单位加强日常监管,及时开展突击行动,扎实开展"扫黄打非"工作。全年共出动执法人员4527人次,检查经营单位1163家次,受理12318举报电话、12345举报信件26次(件),取缔无证经营摊点2个,收缴非法书报刊1300多册、非法音像制品600多盘,取缔无证电子游戏经营场所3家,行政罚款35000元,县域文化市场呈现健康繁荣发展的良好态势。当年,县委宣传部被评为"安徽省扫黄打非先进集体"。

村民看戏不用愁,县乡送戏到村头

庐 江 县

【文化概览】庐江县东濒巢湖，南近长江，面积2348平方公里，人口120万。现辖17个镇、2个省级经济开发区、1个国家级台湾农民创业园。是周瑜故里、温泉之乡。

人文庐江工作。充分发挥“人文庐江”建设资金杠杆作用，坚持以“一盘棋”的理念统筹安排文化项目建设和“以钱养事”“以奖代补”的运作模式。至2013年，庐江县开展的人文庐江建设共计126个项目，内容涵盖理论学习培训、节庆活动、文艺创作、文化保护、评比表彰、主题活动等六大方面。先后完成了庐江县形象宣传语评选、“最美乡村”评选等活动。确定了“勤耕好学、开明开放”为庐江县形象宣传语，汤池镇百花村当选“庐江县最美乡村”，果树、长冲、幸福、虎洞、大化、永安、南圩、东岳、五艾等村获得“庐江县优美乡村”称号。以“阅读·发展·和谐”为主题，全面开展“书香潜川”读书活动，全面深化书香进机关、进社区、进企业、进校园、进家庭“五进”活动。把每年6月定为“县直机关读书月”，经过多系统、广层次、全方位的组织推动，干部群众的文化素养全面提升。

群众文化活动。庐江县充分发挥文艺团体和乡土文艺人才作用，利用广场、公园和户外公共场所，围绕春节、元宵节、“五一”“七一”、国庆等重要节庆日，常态化开展群众文化活动。举办了农村文艺调演、庐江县风筝文化节、年货节、“盛世欢歌”大型灯展、元宵节灯谜会、春节广场活动等系列群众文化活动。选送舞蹈《映山红绽放》参加合肥市文艺调演比赛，获县级第一名。开展“全能唱将”电视大奖赛，组建市民合唱团，积极扶持民间文艺演出团体，充分发挥其服务中心、服务群众的主力军作用。2013年12月8日，省委常委、宣传部部长曹征海在庐江县调研时，对庐江县通过“以钱养事”“以奖代补”等方式积极开展文艺下乡等活动给予了高度评价。

传统文化传承与保护。挖掘地方文化资源，培育地方特色文化，建立健全历史文化长效保护机制。加大东门横街至吴公祠段老街改造和丁汝昌故居、吴长庆故居、刘秉璋墓园的维修保护，做好吴武壮公祠修缮一期工程和周瑜墓园二期扩建工作；在原有文物、文献资料等基础上，对周瑜故里的历史遗迹进行深度挖掘和考证，加大对“周瑜故里”的历史文化保护工作；规划建设淮军纪念馆，让庐江的淮军遗产融入合肥淮军文化圈。孙立人故居晋升“省保”，周瑜墓园、新四军江北指挥部、孙立人故居等被命名为市第四届爱国主义教育基地，新四军江北指挥部被命名为省第四届爱国主义教育基地。开展岗湾片的古民居保护工作，对老城关中医院门诊、杨三益、何华堂等3处文物点进行修缮。启动名人馆建设工程，积极挖掘、保护和开发母子陵、捧檄桥等孝道文化遗存，用优秀传统文化教育熏陶群众。

文化事业发展。建成庐江大剧院、县广电中心、县体育中心、稻米博物馆、《庐江赋》照壁工程等一大批富有庐江地域文化特色的标志性文化设施。

文艺精品创作。围绕地域特色文化创作文艺作品，出版了《庐江人物》《今古庐江》和《天南地北庐江人》等文化精品。青年书法家凌海涛行草册页作品《金冬心题画记》获第四届中国书法兰亭奖佳作一等奖。教师王前锋的《杏坛轶事》荣获2012互联网文化季之网络短篇小说大赛一等奖。组织庐江县本土作家参加全国电视电影剧本大赛，共有5篇作品获得提名奖，庐江县获得优秀组织奖。

社科普及工作。依托党校、公共文化服务场所、中小学校等，广泛开展一系列形式多样、行之有效的社科普及活动。2013年10月，庐江县首个市级社科知识普及示范基地在县文化馆挂牌成立。县公路局基层党校获得“省级学习型党组织”称号。县地税局获“市级示范基层党校”称号，庐城镇、县供电公司获得“市级先进基层党校”称号。

庐江县风筝文化节

宿　州　市

即将投入使用的宿州市艺术中心

【文化概览】宿州市位于安徽省北部，与苏、鲁、豫3省11市县接壤，是安徽省距离沿海最近的城市。1999年撤地建市，辖砀山县、萧县、灵璧县、泗县、埇桥区，设1个省级经济技术开发区、1个省级高新技术开发区、1个省级宿马现代产业园。面积9787平方公里，人口650万。宿州是"中国酥梨之乡""中国书画艺术之乡""中国书法艺术之乡""中国马戏之乡""中国民间艺术(钟馗画)之乡""中国观赏石之乡""泗州戏之乡"。砀山唢呐、淮北梆子戏、萧县渔鼓道情、泗州戏、坠子戏、淮北花鼓戏、埇桥马戏被列入国家级非物质文化遗产名录。另有省级非物质文化遗产24项、市级非物质文化遗产41项。宿州历史文化底蕴深厚、人文资源丰富。是中国第一次农民大起义发生地、楚汉垓下决战地、淮海战役主战场。有各类不可移动文物点1545处。有全国重点文物保护单位4处、省重点文物保护单位17处、市文物保护单位8处。著名历史人物有闵子骞、嵇康、刘伶、刘裕、朱温、马皇后等，还有刘开渠、朱德群、王子云、萧龙士、薛志耘等当代文化名人。

2013年，全市基础文化设施建设、民生文化工程建设、文化事业和文化产业发展等都有新进展。各级文化馆、图书馆、文化馆逐步完善。举办了首届"戏曲大舞台""宿州新歌大奖赛"等多项文化活动。

群众文化活动。组织开展第七届群众文化活动月和首届戏曲大舞台活动，参演人员达300多人，每场观众5000多人，开幕式的观众多达万人。演出剧目为宿州市梆子戏、泗州戏、坠子戏等，让市民充分享受戏曲文化的盛宴，满足市民的精神文化需求。组织"百戏进百乡"活动，演出600场，把专业戏曲演出送到农民家门口，丰富了农民群众的精神文化生活。组织"宿州好人颂"主题晚会，反响强烈。组织参加全省"六一"少儿文艺大赛，选送的舞蹈《妞妞》、情景表演《读唐诗》获三等奖，市文广新局获优秀组织奖。组织参加第三届全省群文系统美术书法大赛，《花开富贵》《富贵图》《秋山隐歌鸟》《没有风的日子》获奖。组织创排第二届中国制鞋产业高层论坛专题演出和全省企业家联合会演出。

文艺精品创作。文艺精品成果丰硕。在第六届安徽省小戏小品大赛上，泗州小戏《摔酒壶》、坠子小戏《送礼》获一等奖，梆子小戏《村长牛小乐》等9件作品获二等奖，市文广新局获"优秀组织奖"。推荐的坠子戏《歪脖子树上落凤凰》和歌曲《金唢呐》获第十二届安徽省精神文明创建"五个一工程"奖，市委宣传部获优秀组织奖。由市演艺集团创排的大型现代话剧《石乡党魂——柯增华》分别在合肥和北京演出，受到省委书记张宝顺的高度评价。根据历史故事改编的78集动画片《楚汉风云》在央视播出，并在杭州举办的全国首届动漫大赛获金奖，在安徽省首届动漫大赛获金喜鹊奖。市选手在中国音乐金钟奖安徽选拔赛决赛中获一等奖，在全国决赛中获三等奖，宿州市获优秀组织奖。《金唢呐》荣获2013省文化厅"江淮群星奖"、入围文化部群星奖总决赛，并获优秀创作奖和省五个一工程奖、入选2014省新年音乐会演唱作品。由市音协主席许飞改编的唢呐传统曲目《笛绞》，入选央视国际频道新年音乐会演出节目，是全国唯一的地方参演节目。

文化民生工程建设。2013年，农村乡镇综合文化站建设继续推进，全市111个乡镇完成设施建设，农家书屋提前1年实现全覆盖，广播电视村村通工程目标任务完成，县区乡镇综合文化站建设基本实现全覆盖。截至2013年底，4

话剧《石乡党魂·柯增华》在省城演出

项文化民生工程的各项指标任务全部完成。

文物与非物质文化遗产保护。认真做好文物抢救性保护和勘探发掘工作，精心组织二十四孝堂、福音堂等文物保护单位的维修。隋唐大运河申遗保护工作有实质性进展，联合国教科文组织世界遗产委员会国际专家组姜东辰一行进行现场考察评估，给予高度评价。小山口遗址、古台寺遗址、大运河(与第六批全国重点文物保护单位京杭大运河合并)等3处文物保护单位被批准为第七批全国重点文物保护单位。加强非物质文化遗产保护，完成第三批市级非物质文化遗产项目申报和第四批省级非遗项目申报工作。

文化市场管理。认真开展"利剑"行动，共出动执法人员900余人次，依法查缴、扣押非法出版物2000余册、非法杂志报纸300余份、非法音像制品600余盘、非法软件50余张、卫星地面接收设备160台。从6月20日起，历时3个月，重点对网吧接纳未成年人、未实名登记、超时经营等违规现象进行严厉打击；对擅自设立互联网上网服务营业场所或擅自从事互联网上网服务经营活动的，坚决予以取缔，有效地净化了文化市场环境。

文化产业发展。有各类文化经营单位上万家，从业人员约7万人，文化产业增加值占全市GDP总量不断增加。传统文化产业以马戏和奇石为重点，其中马戏(杂技)表演团体260家，占据全国70%的马戏演出市场，年收入超4亿元。全市奇石交易及奇石旅游综合收入10亿元以上。萧县书画和灵璧钟馗画每年市场交易12万件，2013年总销售收入在2.5亿元以上。全市文化旅游产业发展态势良好，除皇藏峪、五柳等传统旅游景点外，虞姬文化园、钟馗文化园等一批新兴文化旅游景点相继投入运营，提升了全市文化旅游的吸引力，游客接待量和旅游收入大幅增加。据统计，2013年全市游客接待量超过150万人次，旅游收入达3.8亿元。大力实施文化产业发展项目带动战略，世纪互联、华纳创意、南翔恒泰等一批在全国知名的文化企业纷纷落户宿州。全年投资兴建省"861"文化产业项目21个，总投资281.58亿元，项目数和投资额位居全省之首。宿州全媒体数字创意产业园项目即将投资建设。以宿州大戏院影城、横店影视城等为代表的影视文化娱乐业蓬勃发展。

【动画电视连续剧《楚汉风云》在央视播出】由宿州市文化企业中卡通投资2000多万元制作的78集大型动画电视连续剧《楚汉风云》，2013年10月21日在央视少儿频道播出。该剧以发生在宿州市的秦末农民战争历史素材改编，讲述了汉王刘邦和楚霸王项羽争夺霸业的历史故事。该剧制作完成后，相继获国家第三批优秀国产片奖、安徽省第二届动漫大赛"金喜鹊"奖，参展首届"中国·嘉峪关国际短片电影展"；在安徽广播电视奖评选中荣获电视剧(动画片)灰喜鹊奖二等奖、第一批优秀国产动画片奖和少儿精品发展专项资金及国产动画发展专项资金项目评审优秀国产动画片三等奖。

【隋唐大运河申遗有实质性进展】2013年，隋唐大运河宿州段世界申遗工作取得新突破。联合国教科文组织世界遗产委员会国际专家组姜东辰一行对宿州市境内的隋唐古运河遗址进行现场考察评估，给予高度评价。专家认为，隋唐大运河宿州段是保存完好的一段古文化遗迹，尤其是泗县段，尚能使用，两岸文物遗存数量多，生态保护完好，基本保持了运河原有的生态面貌。据专家考证结论，该段遗址完全符合申报世界物质文化遗产的各项条件。

【话剧《石乡党魂·柯增华》公演】由宿州市演艺集团有限公司编排的大型写实话剧《石乡党魂·柯增华》，2013年6月26日在北京艺术剧院首演。该剧根据灵璧县优秀共产党员、基层村干部柯增华的先进事迹改编创作。7月1日，该剧在安徽剧院作汇报演出，省委书记张宝顺、省长王学军等观看演出。演出结束后，张宝顺等省领导会见演职人员，并与编创人员进行亲切交流，对该剧给予高度评价。该剧还在省内各地进行巡演，受了各界观众的广泛赞誉。

埇桥区

【文化概览】埇桥区位于安徽省北部，辖25个乡镇、11个街道办事处，面积2868平方公里，人口187.9万。是“中国马戏之乡”“中国书法之乡”“中国烧鸡之乡”。周朝时设宿国。公元605年，隋炀帝开挖汴河，在此设埇桥重镇，成为“扼汴河咽喉、当南北要冲”之地。1998年，由县级宿州市更名为埇桥区。现有省级名胜区1处，省级自然保护区1处，省级重点文物保护单位7处，市级文物保护单位1处。埇桥马戏、埇桥淮北花鼓戏被列为国家级非物质文化遗产。民间杂技马戏、淮北花鼓戏、符离集烧鸡制作工艺、乐石砚为省级非物质文化遗产，李正丙、吕金玲、牛正印、刘金华、李英为非物质文化遗产传承人。

文化民生工程建设。2013年埇桥区民生工程建设项目，分别是11个乡镇综合文化站建设、43家农家书屋工程、10个公共文化服务信息化建设、8个广播电视“村村通”工程。新建设的11个乡镇综合文化站建设规模大，每站建设规模平均近800平方米。11个乡镇、街道综合文化站建设全部如期完工，内部设施配备齐全并全部投入使用。43家农家书屋工程建设严格按照上级规定的农家书屋建设标准，开展选址、书屋配套设施等工作。每个书屋配备图书总数达1500余册、150多个品种，报刊27种，电子音像制品41个种类。实现全区所有行政村及社区农家书屋全覆盖。10个公共文化服务信息化建设工程及8个20户以下已通电自然村广播电视村村通工程建设全部完工。

群众文化活动。组织开展全区“两会”期间文艺演出和迎新春系列文艺演出活动，协助老干部局举办“埇桥区老干部迎新春文艺演出”活动，与市妇联联合举办庆祝“三八”妇女节文艺演出。参加“党旗在我心中”全省合唱比赛，获优秀组织奖、演出奖。赴蒙城参加全省第六届曲艺节大赛，获优秀组织奖。全区38个农村电影放映队共放映电影9000余场，丰富了农村广大人民群众的文化生活，对巩固农村文化阵地、构建和谐新农村起到了积极的促进作用。

文化市场管理。先后制定《关于开展校园周边环境治理工作方案》《暑期网吧市场专项治理方案》及《高中考期间文化市场专项行动方案》等，着重打击网吧经营场所距中小学校园周边不足200米和网吧违规接纳未成年人现象。认真开展出版物市场的书刊、印刷、打字复印及音像制品经营单位的全面检查工作。先后查处低俗及盗版音像制品2000余盘，收缴有害卡通画册及盗版书籍1000多册，并予以集中销毁。

戏剧创作及演艺活动。区花鼓剧团排练省委宣传部重点扶持的大型现代花鼓戏《阳光下的召唤》，努力把此剧打造成精品。12月上旬，该剧完成排练并在淮北市兴华大剧院举行汇报演出，受到广泛好评，中央电视台11频道《戏曲采风》栏目、《中国文化报》等新闻媒体进行了宣传报道。区杂技团4月进驻山东济南演出，丰富当地群众的文化生活。动物表演团扎根在湖南长沙、广西桂林、海南三亚等旅游中心，以精彩的演出展现了中国马戏之乡的艺术魅力。

非物质文化遗产保护。花鼓剧团6月、11月先后参加全市戏曲团体及第六届艺术节非遗展演活动，还利用国家非遗保护资金，对花鼓戏音乐进行保护性录音，对动物表演团进行演员培养、节目打造。为排练非遗项目锣鼓文化《鲤鱼跳龙门》，区文化馆多次赴河南洛阳等地考察、购置锣鼓等，挖掘整理了埇桥区锣鼓文化。5月份，协助央视七套摄制组拍摄了埇桥区非遗项

孝行天下·埇桥杯全国书法作品展开幕式

目歃汤的工艺制作过程。

【埇桥淮北花鼓戏】埇桥淮北花鼓戏源于明初，流传于苏、鲁、豫、皖交界地区，因发源于淮北地区，表演时男角上场身背花鼓，乐队伴奏时也以花鼓为主乐器，而得名淮北花鼓戏。其唱腔、表演和剧本创作都贴近生活，充满浓郁的乡土气息，深受百姓喜爱。唱腔融说唱和咏唱为一体，舒展、抒情又激越昂扬；舞蹈为压花场和大小武场两种，有文有武，舞姿优美；主要曲调有宿州调、浍北调、口子调、平板、寒板等；戏曲语言质朴，角色行当齐全，剧目丰富，具有较高的文化价值和审美价值。该剧种2008年被列入国家非物质遗产保护名录。近年来，区文广新局采取举办暑期花鼓戏少儿培训班等措施，加大后备人才培养力度，使淮北花鼓戏艺术得到有效传承。

砀山县

砀山唢呐应邀参加联合国电视中文台2014全球新年联谊会

【文化概览】砀山县地处皖、苏、鲁、豫4省7县交界处，与河南省永城市、夏邑县、虞城县，山东省单县，江苏省丰县毗邻。陇海铁路、310国道贯穿全境，黄河故道横卧其间。辖13个镇，设2个园区，面积1193平方公里，人口95万。砀山是国家级生态示范区、全国科技进步先进县、全国绿化工作先进县，是国务院公布的对外开放县，是省委、省政府命名的“首批平安县”。

砀山素有“梨都”之称，以盛产酥梨闻名于世，近百万亩连片果园年产各类水果150万吨，堪称世界之最。砀山酥梨年产量75万吨左右，占全国梨总产量的八分之一，系全国水果生产10强县之一，是全国水果加工第一大县。

发源于砀山的地方戏剧“四平调”和“木板年画”被列入省级非物质文化遗产名录。2011年，砀山县被国家文化部批准命名为“全国民间文化艺术之乡”。近年来，砀山唢呐代表队还应邀参加了美国旧金山市政府、澳门、香港、珠海、新疆、内蒙、河北等国家、地区和省市自治区的展演活动，获得十多项大奖，为展示新时代砀山人民奋发向上的精神风貌做出了突出贡献。

到2013年底，全县共被列入国家级非物质文化遗产名录1项；省级“非遗”3项，市级“非遗项目”21项。

【国家级非物质文化遗产——砀山唢呐】历史上，黄河曾经横穿砀山县境700余年，县内水陆交通畅通，商贾云集，素有九洲通衢之美誉。齐鲁礼乐典仪与梁宋中原文明在这里交汇，形成厚重的历史文化和民间传统文化积淀。唢呐艺术是砀山县这片民族传统文化沃土上的一枝艺术奇葩。据考证，明朝正德年间(1506—1521)，唢呐已在该县广泛流传。明朝王磐在其《王西楼先生乐府·朝天飞》一词中写道“喇叭、唢呐，曲儿小、腔儿大……”。砀山民间对唢呐有独特的称谓，高音唢呐称尖笛，低音唢呐称大笛。吹奏形式有咔腔、闷腔、咔戏等，吹奏技巧有单吐、双吐、三吐等。曲牌代表作有《百鸟朝凤》《六字开门》《拜堂》《锔锅》《抬花轿》《欢乐调》《丧调》等。砀山唢呐艺术形成、沿革、提高，始终影响并带动着苏鲁豫皖周边地区民间唢呐艺术的发展。建国初期砀山民间唢呐艺人张连生、陈玉兰曾参加过中国人民慰问团赴朝鲜慰问志愿军，在华东地区文艺调演中受到周恩来、彭德怀、陈毅等国家领导人的接见。2009年，由6位农民唢呐艺人组合演奏的《凡字调绞快板叫句子》参加CCTV全国民族器乐大赛。2010年以来，砀山唢呐应邀先后赴北京、新疆、内蒙古、深圳、珠海、澳门及美国演出，受到广泛好评。

萧　县

【文化概览】萧县位于安徽最北部，面积近1885平方公里，辖23个镇，人口140万。萧县古称“萧国”，秦时置县，距今已有2200多年历史。文化底蕴厚重，文化品牌众多，是文化大县和全国书画艺术之乡。现有国家级重点文物保护单位1处、省保单位3处，有国家级非物质文化遗产1项、省级非遗13项。

2013年，全县文化产业总产值1.5亿元，比上年增长17%；增加值2000万元。

公共文化建设。投资5亿元，精心打造萧县浙商书画大市场，引领和带动书画产业的聚集发展。一期工程已竣工并交付使用，形成了以书画、奇石、古玩、玉器、根雕、花卉盆景为经营产品的发展格局。2013年底，已进驻苏、鲁、豫、皖商家80多家，并有近120家正在洽谈。萧县文化产业园筹建。该项目总投资28亿元，占地500亩，已与雨润集团达成开发协议。建设内容包括“4馆1院1中心”，重点打造书画名人纪念馆、萧县美术馆、画家村等萧县文化标志性建筑，配套建设大型综合性文化广场以及与文化、书画相关的第三产业，以切实推进文化产业的发展。筹措资金56万元，扎实推进文化惠民活动开展。举办萧县首届“4省6区8县戏曲大赛”、萧县唢呐大赛、萧县青年歌手大赛5场，广场演出14场，群众参与程度进一步提高，并发现培养一批新人；组织编排节目举办2013年元旦、春节团拜会，元宵节在安徽画廊举办“书画之乡——萧县农民书画展”，开展了庆祝建党92周年进京学员书画汇报展、庆祝建国64周年书画展，开展25次书画交流活动；组织参加省、市文艺汇演，共获得5个一等奖、4个二等奖、3个三等奖，有两人分别获中国唢呐协会在合肥举办的大赛个人二等奖、宿州市青年歌手大赛一等奖；加大书画人才培训，通过“狮虎行动计划”，壮大了书画人才队伍，促进拔尖人才脱颖而出，当年有11名书画家获得中国书协会员资格，其中董正夫、董宜夫等4人正式加入中国书协。

文化民生工程。村级文化建设专项补助工程扎实推进。总投资257万元，全面完成5项村级文化建设专项补助。组织开展各类演出活动280场，其中县梆剧团、萧县百花艺术团送戏下乡257场。加强对农家书屋的维护管养，补偿更新图书25000册，下拨了活动经费，保障了农家书屋免费开放的正常进行。送公益性电影下乡3084场。开展各类体育活动700多场，给各村购置了乒乓球拍、桌及羽毛球拍。农村文化建设及服务水平不断提高。公共电子阅览室建设及配置质量显著提升。总投资35万元，新建7个乡镇公共电子阅览室，各配备10台电脑。“四馆一站”免费开放工作稳步开展。总投资195万元，推进免费开放工作稳步开展。萧县文化馆、图书馆、博物馆、美术馆及全县23个乡镇综合文化站认真组织开展免费开放工作，全年共接待学习和参观人数90多万人次。其中，县4馆开展书画、音乐、舞蹈等艺术培训102场次，培训各类人员4000多名；乡镇综合文化站利用阵地与资源的优势，开展各类培训148场。

精神文明建设。全年共开展社会主义核心价值体系教育讲座12场，各种演讲比赛、知识竞赛24场次，受教育群众14万人次，促进了全县经济社会、精神文明建设协调发展。

【萧县石刻】萧县石刻艺术始于汉代的画像石，至今已有2000多年的历史。石刻主要为各种建筑雕塑。工艺流程分为三步，第一步采石，原材料为萧县青石，坚硬耐风化。第二步加工，先采“毛石”，粗加工成“粗石”，再打磨平整为“细石”。第三步为刻石，根据石上的划线、剔地、刻找，直至镌刻成整副图像。自南宋到清末，萧县石刻继承、发挥汉画像石传统，并注重革新和丰富技法，使石刻由单一平面发展到立体性雕镂。

萧县石刻

灵璧县

【文化概览】灵璧县位于安徽省东北部，北与江苏省铜山、睢宁两县接壤，面积2054平方公里，人口124.3万，辖19个乡镇，设1个省级开发区。是“中国观赏石之乡”“中国民间艺术之乡”，先后获评“中国十大特色文化旅游名县”“大中华区最具魅力特色旅游目的地”“全国生态文明先进县”“中国最美观光旅游名县”等称号。

灵璧县于宋元祐元年(1086)建县，现有国家级重点文物保护单位2处、省级重点文物保护单位3处。拥有省级非物质文化遗产6项，即钟馗画、皮影戏、琴书、磬石雕、菠林喇叭、垓下传说，其中菠林喇叭已完成国家级非遗项目申报初审工作。

2013年，灵璧县文化事业和文化产业发展迅速。文化及相关产业增加值7.05亿元，比上年增长28.9%，占GDP比重为4.92%。

公共文化建设。全县共有图书馆1个，农家书屋332个，文化馆1个，广播电台、电视台各1个，体育场馆67856平方米。县图书馆、文化馆、乡镇综合文化站、行政村农家书屋和公共文化信息化服务中心已全部实现“零门槛”免费开放，另有17个文化信息资源共享工程正在建设中。

文化民生工程建设。与农村党员远程教育服务点共建，为每个行政村更换机顶盒并配备一套多功能音响，每个行政村每月开展文化信息资源共享工程活动不少于40小时；免费为农民群众播放关于种养殖的农业科教影片及文艺电影300余场；投入30万元为全县各行政村“农家书屋”分别配送1000元图书、30万元用于图书管理员工作补助；虞姬乡虞姬中心村、渔沟镇卓庄中心村2个省级农民文化乐园的建设工作稳步推进。

精神文明建设。编辑好人群体《灵璧群星谱》画册，建成“好人文化长廊”，根据“安徽版焦裕禄——柯增华”事迹编排的大型话剧《石乡党魂——柯增华》，先后在北京剧院和黄山剧院、安徽大剧院上演，引起社会各界强烈反响。通过征文、演讲、摄影比赛、知识竞赛和广场文艺展演等形式，广泛开展“中国梦”宣传教育活动，引导市民学文明、讲文明，提高创建的实效性。开展美德少年、志愿者、医德模范、环卫工人、交警等系列“十佳”推介评选活动，着力打造“灵璧好人”品牌，彭伟平、陆荣飞、赵荣凯、王宏、李成恩等先后入选全国道德模范候选人、省人民满意公务员和中国好人荣誉榜。县青少年宫和乡村学校青少年宫免费开放，网吧和校园周边环境得到有效整治，在全县初步建立了“三位一体”(学校、社会、家庭)的未成年人思想道德教育网络。

文明城镇建设。2013年，灵璧县以环境治理和乡风文明为突破口，坚持城乡联动，全面推进6个省级美好乡村示范村建设（虞姬村、卓庄村、大吴村、朱集村、界沟村和黄圩村)，积极开展全县村庄基础配套工程建设；组织开展环境卫生、户外广告、非法搭建、夜市摊点、交通秩序、农贸市场、道德领域突出问题、“扫黄打非”“三线三边”城乡环境等专项整治活动，努力在创建工作中彰显灵璧特色。

灵璧磬云山入选国家级地质公园

【灵璧花石纲遗址公布为全国重点文物保护单位】2013年5月3日，灵璧花石纲遗址入选全国重点文物保护单位。花石纲遗址位于灵璧县娄庄镇蒋圩村境内。遗址东西长700~1100米，南北宽约40米，遗址出土大量北宋宣和年间巨石。该遗址证明通济渠宿州段在北宋晚期仍发挥重要的水路运输作用。2002年，省考古所组织大运河安徽段考古调查，发现大量巨石埋于公路边。2009年，省考古所组织专业人员对隋唐大运河灵璧段展开考古勘探工作，确定了大运河灵璧段的走向、河床、河堤的宽度等，为大运河“申遗”准备材料，为运河制订保护规划提供科学依据。

【灵璧磬云山入选国家级地质公园】灵璧磬云山地质公园始建于2011年6月，同年11月被批准为省级地质公园。公园位于该县渔沟镇东，规划占地面积4.25平方公里，包括磬云山和崇山两个景区，景区山峰海拔高度25~164米。磬云山地质独特，以典型的石灰岩地貌景观为特征，融自然景观与丰富的奇石文化为一体，地质遗迹奇特，地貌造型罕见；磬云山蕴藏美石，所产奇石玉振金声、余音悠长；磬云山文化内涵丰富，北麓有宋代采石坑遗址，南崖有宋代摩崖石刻，距今已有近千年的历史。整个山体保存完好，其地貌景观及地质遗迹具有典型性、稀有性、系统性和完整性，是研究地球科学的宝库，是一部记载地壳运动的活的教科书。2013年年底，磬云山入选国家级地质公园。

泗　　县

大运河畔的居民社区

【文化概览】泗县位于安徽省东北部，东与江苏省泗洪县、宿迁市宿豫区相邻，北于徐州市睢宁县相接，唐武德四年(621)置县。是安徽省文化先进县、中国民间文化艺术之乡。是古隋唐大运河上的商贸、文化名城。现有国家级重点文物保护单位1处、省级2处，省级非物质文化遗产1项。

2013年，全县文化产业总产值32亿元，比上年增长18%；增加值8亿元。

公共文化建设。全年投入2300万元，通过加大公益性文化投入，改善基层文化设施。结合实际，精心构建了县、乡、村三级文化网络。实现县级图书馆、文化馆、古鞋博物馆、大运河展览馆、乡镇文广站免费对外开放。建成7个美好乡村文化活动室，为193个农家书屋配备图书，公共文化设施网络建设实现了城乡全覆盖。另外，为弘扬泗州戏文化，该县建设与体育馆复合使用的泗州戏大剧院；泗州文化影视产业园正在建设中，星光5D影院主体工程已经完工。

文化民生工程建设。建成标准化乡镇电子阅览室15个，共配备电脑165台。为了方便群众，各电子阅览室还配备了液晶电视、投影仪、DVD、光盘架、打印机、音箱等设备。全县15个公共电子阅览室均已投入使用并免费对外开放。公共场馆全部实现免费开放。泗县公共场馆免费开放涉及的县级图书馆、文化馆、博物馆和15个乡镇文广站，已全面实行免费开放。全年举办各类活动与培训300余次，受益群众50万人(次)。全年实现送戏下乡174场，送电影下乡2088场，开展农村文化体育活动1044场，文化信息资源共享工程实现所有行政村全覆盖。全县193个农家书屋累计藏书量达29.9万册，各村借助农家书屋这一平台，积极举办各种读书活动与春节期间送春联等活动1500余次，初步实现将文化设施搬到农村、文化活动办到农村、文明新风送入农家这一目标。

精神文明建设。2013年8月，泗县开展争创省级文明县城活动，着力提高市民文明素质，提升城市品位。邀请专家来泗县道德大讲堂宣讲两次，利用道德大讲堂，开展道德建设宣传，不断提高人们的文明素质。以“讲文明、树新风”活动为载体，大力开展文明创建志愿服务活动。

【通济渠故道泗县段更名为“大运河”】隋炀帝大业元年(605)开凿古运河，分东、西两段：西段起自东都洛阳，西引谷水、洛水，东循阳渠故道由洛水入黄河；东段起自板渚(今河南荥阳北)，引黄河水行汴水故道。至今河南开封市别汴折而东南流，经杞县、睢县、宁陵至商丘东南蕲水故道，又经夏邑、永城和安徽宿县、灵璧、泗县及江苏泗洪县至盱眙对岸注入淮河。在隋炀帝时代所开凿的运河中，这是最重要的一条，对中原和江淮地区之间经济文化的交流与发展起到了促进作用。这条古运河，隋时名通济渠，唐改名广济渠，唐宋时通称为漕渠，和洛水东段改为汴河和汴渠。古汴河由灵璧县虞姬墓入泗县，泗县境内全长48公里，东经长直沟、周庄、彭铺，沿泗宿公路北侧穿城东注。大运河(隋唐大运河)2006年被宿州市人民政府公布为市级文物保护单位；2012年6月安徽省人民政府将其公布为省级文物保护单位(通济渠故道泗县段)。2013年3月国务院公布将隋唐大运河泗县段并入第六批国家级文物保护单位京杭大运河，并更名为“大运河”。

淮北市

【文化概览】淮北市位于安徽省北部，地处淮海经济区腹地，辖1个县、3个区，面积2741平方公里，人口218.3万。淮北历史悠久、人文荟萃。4000多年前，商汤十一世祖相土在此建城，蹇叔、桓谭、嵇康、刘伶等先贤圣哲，现代雕塑大师刘开渠，皆生于斯；现有全国重点文物保护单位6处、省级11处，安徽省历史文化名镇1处，国家级非物质文化遗产项目1个、省级项目3个。截至2013年底，有广播电视台2个，报纸4家，期刊3家，图书馆和文化馆共10所，博物馆2所，民办博物馆1所，纪念馆3所，专业艺术创作机构和表演团体各2家，艺校1所，电影放映机构2个，有线电视传输网络4家，出版发行企业146家，印刷企业90家，主城区(相山区)网吧65个。

精神文明创建。“讲文明树新风”“道德讲堂”“文明餐桌行动”“学雷锋志愿服务”等主题教育实践活动深入开展，组织道德模范身边好人基层巡讲30场，开展各类志愿服务活动9710余次。举办“勤善之美、德耀中华”2013感动淮北中国好人颁奖典礼，“中国好人”在全省率先突破百人大关，以108名“中国好人”居全国地级市第2位。组织开展6次扫黄打非联合大检查，完成“净网”“清源”“秋风”3个专项行动，论文《打击手机淫秽信息工作中的几点思考》获全国征文三等奖。加强少儿出版物市场管理，建成68所未成年人思想道德建设基地，青少年健康成长的社会文化环境进一步优化。抓好城市文明程度指数测评工作，年度测评再次进入全国第一方阵。建立健全创建管理考评奖惩和问责办法，持续深入开展“四进社区”“结对帮扶”及文明社区、文明家庭等创建活动，社区创建水平不断提升。以“清洁乡村、美化家园”农村清洁工程为载体，打造出四季榴园、长寿南山等一批美好乡村示范村。

2013年2月10日大年初一，市民在淮海路两宫广场露天戏台观看豫剧

文化事业建设。完成首批2个省级试点和5个市级试点农民文化乐园建设，濉溪县黄新庄村农民文化乐园在全省率先开园。实施文化惠民工程，农村文化建设专项补助涵盖全市287个行政村。建成公共电子阅览室6个、20户以下广播电视村村通工程94个，广播电视人口综合覆盖率达98.5%。农村公益电影“2131工程”覆盖率100%，累计放映3646场，观众总人次987840人次。公共文化场所免费开放深入推进，市博物馆举办公益性讲座2次、临时展览8次、馆际交流展2次，接待游客近31万人次；市文化馆免费举办各类培训班、讲座18期(场)；市图书馆承办展览展示活动13次。市图书馆被文化部命名为国家一级馆。开展送文化下乡演出活动近300场，电影专场放映351场。出动执法人员近6400

余人次，检查经营单位2300余家次，办理文化市场行政处罚案件13起，屏蔽删除网上不良信息近3000条，捣毁无证游戏机窝点70余个，收缴并销毁博彩设备及主板近300台，收缴非法出版物1685册、音像制品351盘。市文化市场综合执法大队被省新闻出版(版权)局评为全省“扫黄打非”工作先进集体、依法行政先进单位、查处侵权盗版案件有功单位。

文化产业发展。《建设精深文化实施纲要》《关于进一步加快文化强市建设的意见》和《淮北市文化强市建设规划纲要(2014—2018年)》出台实施，文化强市建设专项资金正式设立。在复旦大学成功举办全市文化产业发展与新媒体建设高级研修班。口子酒文化博览园项目开工建设，国购汽车文化产业园建设进程加快，总投资20亿元的隋唐运河古镇文化旅游项目选址立项，华东区互联网数据中心项目落户淮北。寰宇和万达两家影城建成开业，结束了淮北无数字电影院线的历史。全市印刷业工业总产值突破4亿元，增长率继续保持在20%以上，南方彩印公司入选全省民营文化企业百强。成功举办淮北市第四届石榴文化旅游节。

新闻宣传工作。组织学习贯彻党的十八大和十八届三中全会精神、精致淮北建设、文明创建十八年、民营经济发展、美好乡村建设等主题宣传报道活动。建立健全新闻宣传月调度机制和发稿统计制度，切实加强对新闻宣传的实施调度和监督管理。设立“淮北新闻工作者终身成就奖”，首批4名记者入围。淮北日报《文明追梦十八年》系列报道获省新闻奖年度特别奖，淮北市广播电视台《政风行风热线》《说办就办》《星空夜曲》3个栏目获安徽广播电视名牌栏目奖，34篇作品获安徽新闻奖和安徽省广播电视奖。加大外宣力度，策划食品工业博览会、石榴文化旅游节等重大活动宣传报道，推出《淮北：建设全国一流食品工业高地》等一批重头稿件，淮北的知名度和影响力进一步提升。

榴园村里欢乐多

文艺创作生产。组织开展“精致淮北”主题文艺创作活动，成功举办淮北市第一届微电影大赛。电影《血战小朱庄》正式启动，广播剧《榴园梦》创作有序推进，大型音舞诗画《相风汉韵》实现公演，现代豫剧《石榴花儿红》获安徽省第十届艺术节新剧目演出“优秀剧目奖”，《淮北大鼓》申报第四批国家级非遗项目，淮北琴书《仨媳妇》获第八届河南宝丰马街书会全国曲艺邀请赛二等奖，现代戏曲《淮北好人》创排演出。小戏小品《寇家湾的笑声》获安徽省第六届小戏小品大赛优秀剧目奖，小戏《矿长赔情》获剧目奖。舞蹈《情未了》《荷塘鱼悦》在安徽首届舞蹈比赛、第十届安徽省艺术节上获多项大奖。举办第四届中国煤矿艺术节全国煤矿职工摄影作品展、中国国画院淮北创作基地书画作品邀请展、全市少年儿童书画展、黄保健书画展、王倩文“中国梦·大家梦”油画展、宋明远海洋画派巡回画展、安徽六市摄影展、汪昌运画展、民盟苏鲁豫皖22城市书画邀请展、“台湾风情”名家书画邀请展等。博物馆馆刊《淮北文博》顺利成书。

群众文化活动。开展以“宣传党的十八大”为主题的基层巡演和优秀文化进万家活动。组织全市群众文化辅导点遴选登记和群众文化辅导员招募工作，全市共遴选登记群众文化辅导点60个，招募群众文化辅导员133人。组织市歌舞剧院、市豫剧演出公司走进校园义务演出30余场。市文化馆组织开展“精致淮北、美好生活”全市第五届少儿“六一”现场绘画及安徽省文化馆“六一”少儿书画淮北专场展出活动，选调优秀少儿文艺作品参加全省少儿文艺调演，获表演一等奖2个、二等奖1个、三等奖1个、优秀创作奖1个。组织美术书法作品并推荐2个文化特色社区参加省第十届艺术节群众文化活动，1幅美术作品获二等奖。淮北欢乐合唱团获省第六届金色晚霞合唱节一等奖。国画《佳趣蔬园》获第三届全省群文系统美术书法大展美术作品二等奖。淮北市“优秀文化进万家”活动荣获安徽省“江淮群星奖”。

文化遗产保护。柳孜运河遗址整治工程全面实施，栽植草皮10余万平方米，建成4700平方米的运河文化广场，遗址保护大棚搭建完成，申遗工作通过联合国专家实地考察评估。石山孜遗址、古城汉

淮北市博物馆举办第七届淮北市收藏品展示交流大会

墓、大运河淮北段被列为第七批全国文物保护单位。完成平山电厂、蓝湖绿城建设项目抢救性考古发掘工作,发掘古墓葬23个,出土各类重要文物30余件。召开"淮北市第一次全国可移动文物普查工作会议",开展淮北市第一次全国可移动文物普查,发放1168份调查表,顺利完成第一阶段国有单位文物收藏情况普查工作。淮北市博物馆成功晋升为"国家二级博物馆"。设立首家民办博物馆"淮北市钟源阁红色文化博物馆"。公布市级非物质文化遗产项目名录21项。"殷派面塑"和"淮北泥塑"入选第四批省级非遗名录项目。选送殷派面塑和棕编两个传统手工艺制作项目参加全省"非遗"展示活动。中国华艺音像公司与台湾"中国电视公司"《万里江山——大陆寻奇》摄制组来淮拍摄非遗电视专题片,文化部国家文化信息资源共享工程中心摄制组来淮北拍摄了淮北花鼓戏专题片。

【淮北市农民文化乐园建设】2013年5月29日,市委常委会决定在全市启动农民文化乐园建设工作,并成立了淮北市农民文化乐园建设领导小组,配备必要的工作经费。通过调研摸底,层层申报,采取"2加5"示范点建设模式,因地制宜的选择7个村进行试点,其中濉溪县濉溪镇蒙村和百善镇黄新庄村为省级试点村,另确定相山区郭王村、杜集区南山村和任庄村、烈山区榴园村和洪庄村为市级试点村。在建设过程中,坚持规划引领、彰显特色,始终把弘扬社会主义核心价值观放在首位,突出思想引导、道德教化、礼仪培养、文化熏陶,对已有的文化设施进行整合提升,与美好乡村、文明创建和开发式村部建设有机结合,准确把握各地文化资源内涵和特色,深入挖掘村庄特有的历史文化资源,广泛吸收现代文化因素,做到"一村一特""一园一品"。10月,黄新庄村农民文化乐园在全省首先开园,总投资额位列全省各试点村第一;年底,其他6个农民文化乐园试点基本建成。建成后的农民文化乐园设"一场两堂三室四墙"(广场、礼堂、学堂、文体活动室、电子阅览室、图书室以及村史村情、乡风民俗、崇德尚贤、美好家园展览墙),汇集学教礼仪、文体活动、乡风展示、议事聚会等多种功能。市级成立了专家指导组,县区组建理论政策宣讲队,试点村组建文化志愿服务队、业务文艺表演队,面向农民群众开展主流价值弘扬、理论政策宣讲、乡土文化展示、乡风文明弘扬、文明礼仪教化、文化知识传授、群众文体活动,使之成为新时期农民群众的精神家园。

相 山 区

【文化概览】相山区是淮北市政治、经济、文化中心,辖1个副县级镇、10个街道办事处,设1个省级食品经济开发区,面积142平方公里,人口47万。相山区是全国社区建设示范区、全省群众体育先进单位、全国家庭教育示范区、全省"两基"教育工作先进区。辖区拥有4A级风景区相山森林公园、东湖国家湿地公园,省级重点文物保护单位1处即显通寺(又名相山庙)。截至2013年底,全区有公共图书馆1个、文化馆1个、乡镇综合文化站2个、农民体育健身工程14个、农民文化乐园1个、农家书屋94个,农村公益电影放映队1个、群众艺术团体117个、专业演出队伍19个,志愿服务工作站79个、城乡少年宫14个、农民体育健身点14个,实现了图书馆、档案馆二级、文化馆三级达标,较好地保障了人民群众的基本文化权益,公共文化服务体系逐步形成。

公共文化发展。整合文化资源,充实社区文化建设力量。打造社区邻里节等文化品牌,提升全区文化软实力。坚持把美好乡村建设与推动产业发展、提升公共服务相结合,高标准建设了郭王村农民文化乐园并积极开展丰富多彩的活动,开展美好乡村文化墙绘制活动,促进社区文化向特色化发展。文化惠民工程广覆盖、

大学生志愿者街头秀才艺

均等化，构建了完善的区、镇(街道)、村(社区)三级公共文化服务网络，提高公共文化产品和服务供给能力，提高人民群众精神文化生活水平。2013年在食博会期间开展了文艺晚会、大型全民健身项目展示和精品电影放映周系列文体活动。举办“学雷锋电影放映月”活动，在辖区人流量较大的社区放映电影20场。2013年5月与市文联共同举办了“幸福人生讲习班”，建设相山区民间28名艺术人才库。

社会主义核心价值体系建设。着力打造“好人淮北”城市特色标识，为争创“全国文明城市”发挥主城区主力军作用。开展做“谦恭有礼”的相山人、“身边好人”评选、道德领域突出问题教育治理等主题实践活动。开展机关干部演讲比赛、政协委员书画展等活动宣传党的十八大精神。成功举办书香家庭才艺展示、书香校园汇报演出等活动，动员广大市民积极投身到文明创建中来。深化“书香相山”全民读书活动，1月份举办了书香家庭表彰会，12月份举办了书香校园表彰会。2013年在淮北日报开设《相山周刊》专刊51期，设置社会主义核心价值观宣传牌1000余处，更新讲文明树新风公益广告200余处，印发创建宣传单8万份。

文化产业发展。积极建设政通梦幻王国、隋唐运河古镇等文化产业项目。建立《产业项目库》，为发展文化产业打下基础。

【道德讲堂建设】相山区按照“常态化办好道德讲堂，高标准打造精品讲堂，严要求提升示范讲堂”的工作目标，在全区104家单位中广泛开展了道德讲堂活动，积极宣传淮北的“小城大爱”。实现了“场所固定、流程规范、内容丰富、活动经常”。道德讲堂采取一月一主题，由“省自身，唱歌曲，看短片，诵经典，讲故事，做点评，发善心，送吉祥”八个环节构成，每次活动的所有环节流程全部围绕一个主题进行，做到了流程规范化、对象公众化、队伍社会化、形式多样化、开展常态化。“道德讲堂”融入精致淮北建设元素，彰显相山特色，并结合道德模范巡讲、社会主义核心价值观文艺演出等活动，不断传递相山正能量，努力建设精致淮北、打造幸福相山。

杜 集 区

【文化概览】杜集区位于淮北市东北部，地处徐(州)、淮(北)两市结合部，是淮海经济区的中心，为城郊型新区。1984年建区，辖高岳、矿山集两个办事处和朔里、石台、段园3个镇，面积240平方公里，人

杜集区腰鼓参加全省社区文艺调演荣获一等奖

口35万。杜集区文化历史悠久，是孔子的弟子颛孙子张生活的地方，也是著名雕塑大师刘开渠的故乡。现有重要文化遗存点将台、抱元洞、牛眠万人坑遗址、楼顶山岩画等10多处。2013年，刘开渠故居、梧北汉墓群、颛孙子张墓、娄顶山岩画等5处文化遗迹被公布为市级文物保护单位。抱元洞端午茶、石台石雕技术、丁庄竹编等4项技艺、传说、故事等被公布为市级非物质文化遗产，其中抱元洞端午茶被推荐为省级非物质文化遗产。

公共文化建设。区文化馆、图书馆和乡镇综合文化站全年免费开放，成为群众读书休闲、健身娱乐的主要阵地。区图书馆被评为国家二级图书馆。建成公共电子阅览室1个，与已建的3镇公共电子阅览室免费向群众开放。完成33个广播电视村村通工程，全区电视信号达到全覆盖。积极实施农村文化建设专项补助这项民生工程，全年完成农村公益电影放映432场次，开展文艺演出53场次，各类体育活动183场次，为40个村农家书屋更新了图书，为村级文化共享工程点配送了电脑。在高岳办事处任庄村和矿山集南山村开展了农民文化乐园建设试点工作，同时向3镇延伸，按照“一场两堂三室四墙”的标准，着力打造农村群众精神文化家园。12月份，2个试点村农民文化乐园全面开园。

群众文化活动。优秀文化进万家活动持续开展，开展了以“美好杜集、长寿南山”为主题的“杜集区长寿南山春之行”系列活动。群众文体展演、群众文艺演出、千名群众长跑活动、文艺作品展示等与长寿有关的文体活动吸引了大批群众参与，有力推动了南山美好乡村建设和南山长寿文化建设。杜集千人腰鼓和百人威风锣鼓队，参演了中国淮北食品工业博览会。组织培训千名腰鼓队员，组建了百人精品腰鼓，应邀参加了全省第二届社区文艺调演，腰鼓舞《希望的田野》获第二届全省社区文艺调演一等奖。杜集区威风锣鼓队应省文化厅特邀，代表皖北威风锣鼓参加了第六届安徽省“金色晚霞”合唱节，作为开场节目展演，并获全省第六届“金色晚霞”合唱节优秀组织奖。

文化创作和出版。杜集区文化馆综合艺术团创作的大戏《桃花园的女人》获全市大戏调演一等奖，在杜集区进行了巡演，为北山村、双楼、纵楼、童台、南山等村送去大戏15场次。大型古装戏《双头案》在《相城戏坛》发表。

烈 山 区

【文化概览】烈山区位于淮北市东南部，辖3个镇、4个街道办事处，面积388平方公里，人口38万。烈山区文运兴盛，历史悠久。《春秋·烈国志》载：“大禹治水，烈山焚泽……”，是淮北市唯一被列入《中国古代地名大辞典》的地方，更因炎帝的名字“烈山氏”而闻名。拥有龙脊山、塔山和南湖、华家湖等优质山水资源，是全国六大石榴基地之一，塔山石榴已成为国家地理标志产品。拥有“中国土地复垦示范区”“全国经济林建设示范县（区）”“全国全民健身工程先进区”“全国‘五五’法制宣传教育先进集体”“全国农业旅游示范区”和“南湖国家城市湿地公园”“安徽省可持续发展实验区”等多张名片。辖区内有石山孜新时期早期文化遗址、华家湖新石器中期文化遗址、龙脊山大方寺、老毛洞等古迹，更有张果老升仙地，“二十四孝”之一蔡顺故里的美丽传说。

公共文化建设。截至2013年，全区有公共图书馆1个、文化馆1个、广播电台1个、镇综合文化站3个、农家书屋50个、农民体育健身工程93处、农村公益电影放映队3个、艺术团体7个、专业演出队伍19个，有羽毛球协会、戏曲协会、书画协会、太极拳协会、柔力球协会等5个群众文体组织，会员达1560多人。档案馆、图书馆、文化馆免费对群众开放，全年接待读者3.7万人次。完成56个20户以下自然村广播电视“村村通”工程。开展农村公益电影放映活动，确保31个村每月能看上1场电影。

精神文明建设。广泛开展“我们的节日”主题活动，在春节期间，组织开展为困难群众送温暖活动，举办文体活动迎新春；清明节组织

淮北市第四届石榴文化旅游节

区直机关工作人员、中小学生到烈士陵园开展“缅怀革命先烈、弘扬民族精神”教育活动;端午节指导各社区开展了群众喜闻乐见、丰富多彩的文化纪念活动,举行了“迎端午民俗表演”活动,组织党员深入敬老院、社区为孤寡老人包粽子,倡导了文明新风;中秋节期间,开展为重点工程一线送月饼、送文化等活动。大力弘扬“学习雷锋、奉献他人、提升自己”志愿服务理念,成立了全区志愿者服务协调领导小组,组建了全区志愿服务支队,各单位都成立学雷锋志愿者服务队,各社区(村)成立学雷锋志愿服务站,全区共注册志愿者3万多人,志愿者服务队72个,在公共场所设立便民利民志愿服务点26个,志愿者开展“三关爱”活动9000多人次,全区志愿服务蔚然成风,为居民提供快速、便捷的服务。利用道德讲堂,不定期开展道德模范演讲活动,让“身边人讲身边的事、身边人讲自己的事、身边的事教身边的人”,在广大居民中形成了“讲道德,做好人,树新风”的良好风尚,全区共涌现出中国好人19人,淮北好人26人。持续深入开展“四进社区”“结对帮扶” 及文明社区、文明家庭等创建活动,社区创建水平不断提升。以“清洁乡村、美化家园”农村清洁工程为载体,打造出四季榴园、宋疃村等一批美好乡村示范村。

群众文化活动。以重要节庆活动为抓手,广泛开展了“喜迎十八大书画、摄影、散文、诗歌”大赛、“环华家湖自行车越野赛”、“冬泳比赛”“美好乡村排舞大赛”等各种类型的群众文化活动。全年共开展各类文艺演出活动124场次,送电影下乡372场次。协助村级开展文体活动260次,各村的农家书屋和三镇、办事处的电子阅览室及百善办的电子阅览室全部按照要求免费全天开放,每周不低于48小时。

自行车高手淮北竞技

榴园村民俗馆、荣誉室、四眼井、明清石榴园、金钱石山等景点全部实行免费参观。

【淮北市第四届石榴文化旅游节】 2013年9月26—28日,烈山区成功举办淮北市第四届石榴文化旅游节。自2010年以来,已成功举办三届石榴文化旅游节,以石榴为媒介,挖掘和传承石榴文化,打造塔山石榴品牌。与往届相比,本届石榴文化旅游节有以下特点:一是节俭创新。创新“节俭为主、政府主导、市场运作”办会理念,首次吸纳国购集团、安徽四季榴园旅游开发公司等企业参与,节会品位大幅提升,费用开支同比压缩16%。二是文化凸显。300多件盆景、书画、剪纸、摄影、泥塑、根雕等石榴文化作品集中彰显多元石榴文化;地方戏曲展演、旅游观光及石榴采摘等活动场面火爆,3天吸引观众、游客万余人。三是亮点突出。榴园村公共自行车首次投入运行,自行车越野赛300多名车手同场竞技,“石榴王” 评选现场拍卖金额9万元,全部用于公益事业,其中“王中王”竞拍突破3万元,创历届之最。四是效益显著。成功举办投资说明会,现场签约14个项目,投资总额近50亿元,超前三届总和。塔山石榴、黄营灵枣、黄里石榴、大庄葡萄、远创果蔬等特色农产品销售火爆,展会期间销售金额达52万元。五是影响深远。本届石榴文化旅游节彰显了石榴文化独特魅力,促进了对外交流合作,丰富了群众文体生活,繁荣了乡村旅游经济,成为宣传、展示“精致淮北”的靓丽名片。

淮北市首届美好乡村排舞大赛

濉　溪　县

【文化概览】濉溪县位于安徽省北部，与河南省永城市接壤，是淮北市唯一市辖县。全县辖11个乡镇，设1个省级经济开发区，面积1987平方公里，人口107万。濉溪县历史悠久、民俗厚重、人文旅游资源丰富，拥有柳孜运河码头遗址、淮海战役总前委旧址纪念馆、临涣古城遗址3处国家级重点文物保护单位。淮北大鼓为第一批省级非物质文化遗产，临涣酱培包瓜制作工艺为第二批省级非物质文化遗产，淮北花鼓戏入选第二批国家级非物质文化遗产名录。截至2013年底，全县共有公共图书馆1个，文化馆1个，综合文化站11个，博物馆3个，广播电台、电视台各1个，体育场馆1个。

文化民生工程建设。积极推进公共文化服务信息化建设、广播电视村村通建设、公共文化场馆免费开放和农村文化建设专项补助等四项文化民生工程。濉溪镇公共文化服务信息建设投入使用，25个广播电视村村通建设工程完工；全年放映电影2256场，举办文艺演出93场，组织体育活动1278场，农家书屋更新图书25800册。临涣镇综合文化站站长季义增获全省首届“江淮群文之星”称号，并代表全省基层综合文化站在会上作交流发言；临涣镇临南村获得全省“百佳农家书屋”称号。

群众文化活动。全年送文化、送戏下乡(社区)80多场次。先后举办了全县第七届声乐、第三届戏曲大赛颁奖晚会、庆祝建党92周年少儿专场演出等文化活动，筹办纪念淮海战役胜利65周年文艺汇演，组织举办文艺调演13场次，观众达20万人次。淮北大鼓《十二生肖没有猫》在全省第六届曲艺大赛中获表演一等奖。举办了“文明创建 翰墨飘香”书画艺术展，征集全国各地近200幅书画作品。在淮海战役总前委旧址纪念馆举行“中国书法进万家——走进临涣文昌宫”书法作品捐赠仪式，中国书协向濉溪县捐赠20幅书法作品。

体育竞赛活动。先后举办冬季职工长跑比赛、中学生三人制男子篮球赛、“体彩杯”小学生足球邀请赛、全县台球比赛、庆“六一”体育舞蹈展示会、庆祝建国64周年大型文体展示等活动，深受社会群众欢迎。在全省第五届“美好乡村”农民篮球比赛总决赛上，濉溪县代表队共获得二等奖和优秀组织奖两个奖项，是濉溪县从2009年全省农民篮球比赛以来第五次获奖。在第十二届全国运动会上，濉溪县被国家体育总局授予“全国群众体育先进单位”称号，是濉溪县第三次获得全国群众体育先进单位表彰。

文物保护与管理。2013年5月，濉溪县古城汉墓、大运河遗址被公布为第七批全国重点文物保护单位，全县“国保单位”已达5处。认真开展国保单位的安全检查工作，通过配备消防器材，组织消防安全演练、安排专人巡查等措施，确保柳孜运河遗址、古城汉墓及临涣城墙等国保单位的安全。

【柳孜运河遗址的保护和申遗】通过二期发掘探明河道宽度、河堤时代、位置及石筑台体的性质和用途。编写并向社会发放《大运河濉溪段保护与申遗知识读本》4万余册、宣传资料5万余张。做好遗址档案资料的搜集整理及录入工作。配合百善镇做好遗产区拆迁安置和环境整治工作。国家文物局、财政部印发《大遗址保护“十二五”专项规划》，确定了国家“十二五”期间大遗址保护项目库的150处重要大遗址，其中，濉溪县柳孜大运河遗址〔大运河安徽段（淮北、宿州)〕入选。为确保申遗成功，重点做好柳孜运河遗址迎接国内外专家的视察指导和申遗工作。先后接待国际古迹遗址理事会、国家文物局、省政府、省委宣传部、省文化厅、省文物局等领导和专家的视察指导工作。2013年9月，柳孜运河遗址顺利通过国际专家组的检查验收。

濉溪县美好乡村广场健身舞展演

阜 阳 市

【文化概览】阜阳市位于安徽省西北部，与河南省周口市、驻马店市、信阳市和安徽省亳州市、淮南市、六安市相邻。辖界首市和太和、临泉、颍上、阜南4个县及颍州、颍泉、颍东3个区。面积9775平方公里，人口1039.8万，是安徽省人口最多的市。阜阳是皖西北中心城市、国家智慧城市，也是淮海经济区、中原经济区、豫皖城市群成员城市。阜阳是安徽3大枢纽之一，市内铁路、公路、航空、水运发达。曾先后被评为“最具投资潜力的中国城市”“中国特色魅力城市200强”“中部最佳投资城市”“安徽省园林城市”“安徽省文明城市”“全省‘双拥’模范城”，是“全国文化体制改革工作先进地区”“全国地名公共服务示范市”“全国粮食生产先进市”“全国林业生态建设先进市”“中国书法城”。

阜阳历史悠久，文化底蕴深厚，有文峰塔、魁星楼、刘公祠、欧阳修故居等古迹，是姜尚、管仲、鲍叔牙、孙叔敖、甘茂、吕蒙、嵇康、刘福通故里，民间流传着大量历史人物的故事和传说，阜阳颍州西湖历史上曾与杭州西湖齐名。现有国家5A级风景区1处、国家4A级风景区2处；重点文物保护单位148处，其中省级31处。有颍上花鼓灯、界首彩陶、临泉肘阁、抬阁、界首苗湖书会、阜阳剪纸等国家级非物质文化遗产项目8项，太和清音、临泉毛笔等16项为省级非物质文化遗产项目。

文化体制改革和文化事业发展。2013年，市及8个县(市、区)先后出台了一系列文化强市(县、区)政策，初步形成较为完备的文化强市优惠政策体系。阜阳市连续2年获“全国文化体制改革先进地区”称号。完成市级国有文艺院团全部人员的身份转换，出台人员组建方案，阜阳演艺有限公司开始新人招聘工作。市文化综合执法大队按编制人员配备齐全，县文化市场综合执法机构正在充实人员。阜阳广播电视报整体并入阜阳日报。阜阳广播电视台组建的阜阳广电传媒有限公司、新视界传媒有限公司和欧苏影视制作公司有序运行。已建成158个乡镇综合文化站、1907个农家书屋、173个电子阅览室。已有181处公共文化服务场馆免费开放，其中文化馆9个、公共图书馆7个、乡镇综合文化站158个、博物馆7个。市级“三馆一院”列入城南新区建设规划。

文化产业。全市文化产品出口总额超过2.5亿美元。18个项目编入省《2013年文化产业招商项目册》，11个项目进入省“861”行动计划文化产业库。金辉印务、金源柳木工艺等7家企业入选全省民营文化企业100强。安徽新富泰发饰有限公司、安徽华宇工艺品集团、临泉宏扬杂技有限公司入选安徽省第四批文化产业示范基地。华宇工艺品集团、金源柳木公司入选2013—2014年度国家文化出口重点企业。阜阳印刷包装产业园、黄岗柳编文化产业园、安徽省民间杂技艺术节（临泉县）入选省2013年度“四个一”项目。安徽新富泰发饰有限公司和安徽金辉印务有限公司进入上市辅导期。2013年，全市印刷包装企业151家，年产值22.86亿元，比上年度增长近25%。新华书店全年销售码洋达5.6亿元，利润近6000万元，连续3年销售利润全省第一。参加第九届深圳文博会，共展出工艺品1200多个品种，占安徽馆展销面积近三分之一，为安徽馆的精品展区。

文艺精品创作。在省第十二届精神文明建设“五个一”工程评奖中，电影《王家坝》、曲剧《王家坝》、歌曲《我把中华歌唱》、小说《农民工》分别获省精神文明建设“五个一工程”4个单项奖，阜阳市获组织奖，全省排名第二。2013年，电影《美丽洗脚妹》、电视剧《管仲》已经签署拍摄协议。大型现代梆剧《颍春妹》正式公演，并在全省“十艺节”上获表演一等奖、优秀剧目奖等6项大奖。200集动画系列剧《少相甘罗》在安徽卫视科教频道首播，52集动画片《太公奇书》在山西电视台少儿频道播出，广播剧《人生天地间》在中央人民广播电台中国之声频道播出。另有多部舞台剧、纪录片创作、拍摄成功。在“2013年中国民间工艺品博览会”上，全市参展的工艺品共获3金2银，全省排名第一。对2012—2013年荣获省级以上奖项的58件文艺作品给予表彰奖励。

文化市场管理。不断加大文化市场监管和行政执法力度，持续对网吧、出版物市场、非法网站等开展专项整治，全市累计出动执法人员16322人次，查处案件38起，查缴各类非法出版物8325件。借助法治宣传日等节点，集中销毁非法音像制品，利用媒体和户外公益广告，以大中小学生为重点，开展“扫黄打非”知识教育。建立健全12318举报监督体系，重点开展网吧市场集中治理，全年查处违规经营网吧38家，吊销1家网络经营许可证。10—12月中旬，开展文化市场集中整治行动，出动公安、工商、文化等部门执法人员2966人，查处一批“黑网吧”，收缴4500余台电脑，得到社会高度评价。开展出版物市场专项整治，查处违规经营非法出版物的单位2家。开展“净网”行动，查处“阜阳网”“炫舞网”等违规网站。网络文化独具特色，微博、微信管理成效突出，省委办公厅推广阜阳市创新“小”微博管理、做活宣传工作“大”文章经验做法。

精神文明建设。载体建设全面推进，“道德讲堂”建设实现阜城市级以上文明单位全覆盖，阜阳市自建的首批73所乡村学校少年宫全面启动，其中颍东、颍泉、颍州和阜南已全部建成。推出马虎、苗为民、刘振邦、焦玉兰、朱慧秋等一批全国、全省道德模范，马虎当选全国道德模范，苗为民获提名奖。67人当选“中国好人”，49人当选“安徽好人”，70人当选“阜阳好人”。志愿服务优秀典型不断涌现，已有82个单位和个人入选“我最感动的江淮志愿服务”优秀典型，入选数连续3年全省第一。有60多家文明单位近2000名志愿者参加的关爱农民工志愿服务活动，受到中央文明办肯定，省文明办在全省推广。“学雷锋树新风志愿服务月”带动近万名志愿者深入大街小巷参加志愿活动。深入开展环境卫生、交通秩序、农贸市场“三项整治”活动，使阜城市容环境、交通秩序、农贸市场环境得到较大改善，阜城实现大变样，广大市民普遍好评。文明创建掀起高潮，2013年是多年来力度最大、效果最显著、保持时间最长，群众最满意的一年，也得到了省考评组的肯定。深入开展全国园林城市、省卫生城市、环保模范城区等争创工作以及文明单位、文明村镇、文明社区创建活动。

【“颍淮大讲堂”直接受众超过30万】2012年3月，在整合“高端报告会”“形势报告会”“市民大讲堂”等资源的基础上，阜阳市成立“颍淮大讲堂”，有力推进全市学习型党组织建设。2013年，相继开办讲座版、网络版、电视版“三种版本”的“颍淮大讲堂”。全市开设党建、廉政、经济、文化、法律、教育、道德、妇儿、国土、金融等200个“颍淮大讲堂”分讲堂，举办各类讲座1000多场，邀请吴敬琏、李肇星、王一鸣等知名专家200多人次做客“颍淮大讲堂”，直接受众超过30万人次。由于阜阳市“颍淮大讲堂”特色鲜明、成效显著，受到领导充分肯定。

【理论艺术化宣讲受中央主流媒体关注】面对如何使党的创新理论“最迅速最广泛地与群众见面”，阜阳市大胆创新，在全省率先成立艺术化宣讲团，对“理论艺术化宣讲”进行探索。首批人员由文艺骨干、大学生村官、专家学者等近200人组成，将党的十八届三中全会精神、中国梦、群众路线教育、社会主义核心价值观等编成顺口溜、淮河琴书、渔鼓、快板、大鼓书、戏剧、小品等群众喜闻乐见的艺术形式，进村入户进行宣讲。2013年，全市开展“理论艺术化宣讲”近1000场，直接受众超过15万人次。央视新闻联播、《光明日报》等国内主流媒体纷纷予以报道。

【4家单位被命名为省级爱国主义教育基地】2013年，阜阳市博物馆、阜阳“四·九”暴动旧址纪念馆、魏野畴烈士陵园、太和县革命烈士纪念馆等4家单位被命名为第四届省级爱国主义教育基地，并与刘邓大军淮西指挥部旧址、界首市历史文化馆、中共皖北特委机关遗址、程文炳宅院、王家坝国家水利风景区、颍上县规划馆等6家单位一同被命名为第三届阜阳市爱国主义教育基地。

颍上县管鲍祠

颍 州 区

颍州区送戏下乡活动现场

【文化概览】颍州区1996年经国务院批准设立，是阜阳市委、市政府所在地和全市政治、经济、文化、交通、金融、信息中心。面积529平方公里，人口67.9万，辖1个乡、7个镇、5个街道办事处，设颍州经济开发区和颍州工贸园。有国家3A级风景名胜区、省级湿地保护区——颍州西湖以及文峰塔、奎星楼、刘公祠、白蟹泉等古迹。颍州区是中国民间文化艺术(剪纸)之乡、全国健身球之乡。颍州枕头馍制作技艺、民间舞蹈"肘阁""三仙会"被列入省级非物质文化遗产保护名录；颍州准词、颍州黑陶列入市级非物质文化遗产名录。颍河、泉河等18条河流穿城而过，凸显了颍州滨水园林城市风韵。

文化产业。2013年，全区文化及相关产业法人单位350多家，年产值7.2亿元，规模以上工业企业(文化产业)增加到8家。安徽颍美彩印包装有限公司入选"2012安徽民营文化企业100强"，阜阳市开源剪纸有限公司跻身省、市级文化产业示范基地。

群众文化活动。2013年，颍州剪纸与安徽师范大学联姻，建立剪纸教学基地，开展大学剪纸展览、讲座，并在安徽画廊举办颍州剪纸展览活动。组织承办"学习十八大宣讲进乡村"文艺演出等大型文艺活动20多场次，书法、剪纸、民舞等辅导培训40多次。

文化民生工程。乡镇(街道)综合文化站全部建成使用，电子阅览室、图书室、培训室、多功能厅、文体活动室、农家书屋等硬件设施的配套工作稳步推进。深化农村有线电视数字整合，打击非法设立电视发射点和插转播电视节目，组织电影放映队开展农村公益电影放映。2013年，放映电影1141场次，受益观众31.95万人次。

文艺精品创作。小说集《夕阳中的微笑》公开出版，管珏书法作品在全国首届书法临帖大展中获奖，王十庆摄影作品在"美丽中国·走进安徽"摄影大赛中获奖，邵桂林美术作品获"第四届安徽美术大展"金奖，彩陶作品"焰"在山东烟台全国民间工艺展览中获银奖。剪纸论文《论民间剪纸在美好乡村建设中的传承与保护》在第五届神州风韵全国剪纸大赛论文评比中获一等奖，剪纸作品《颍州西湖赋》在"2013中国民间工艺家博览会"上获金奖，剪纸作品《嫦娥奔月》在2013年"中国·郑州中秋文化节暨中原6省民间工艺美术展"中获银奖。

精神文明建设。举办"道德讲堂"宣讲员培训班，成立颍州区"道德讲堂总堂"。评选推介宣传身边好人和道德模范，打造"颍州区好人长廊"，2人当选"中国好人"，3人入围"中国好人榜"候选人，21人当选"阜阳好人"。开展文明交通劝导、空巢老人帮扶等活动和"中秋月、吉祥情"文化志愿者社区公益演出等，建立清河街道安居工程广场和鼓楼街道鼓楼广场2个志愿服务广场。

【阜阳市中华经典诵读(春节篇)颍州站展演】2013年1月28日，阜阳市中华经典诵读(春节篇)颍州站优秀节目展演在阜阳大戏院举行。展演分为"春节喜迎春""经典千秋颂""风流古今情"和"盛世歌升平"4个篇章，紧扣"春到颍州"主题，在诵读中华经典的同时，向人们展示了阜阳及颍州当前经济社会发展的风采。经过评选，颍州区财政局选送演出的朗诵情景剧《欧阳修与西湖》获得一等奖，文峰幼儿园演出的音乐快板《看我颍州谁风流》、区政办口演出的音舞诗画《千紫万红报春光》获得二等奖，党办口、宣传口演出的音舞诗画《放歌颍州颂》、红旗中学音诗舞《如梦令》、鼓楼街道办事处演出的配乐诗朗诵《观沧海》获得三等奖。

颍东区

社区居民观看文化墙

【文化概览】颍东区设立于1996年,地处淮北平原、京九经济腹地,是皖西北中心城市阜阳市的东大门,面积685平方公里,人口65.72万,下辖12个乡镇和街道办事处。是北宋循吏张纶、元末红巾军领袖刘福通、清末长江水师提督程文炳、民国志士程恩普故里,有北照寺、真武庙、单坛徐母墓、凤凰台、刘伶墓等古迹。民间文化遗产丰富,程文炳宅院被列为省级重点文物保护单位和国家2A级旅游景区。

文化事业。新建乡镇公共电子阅览室5个、街道办事处电子阅览室3个;区文化馆、图书馆、皖北民俗博物馆和9个乡镇文化站免费开放。完成远程教育设备的维护和更新工作,为45个文化信息资源共享工程村级服务点采购42吋长虹牌液晶电视机,放映农村电影1236场;为每个农家书屋更新图书105册。举办颍东区青少年暑期书画、舞蹈、器乐艺术培训班,培训学生达200人。

文物和非物质文化遗产保护。阜阳师范学院和皖北历史研究所研究实习实训基地"程文炳宅院"挂牌,免费接待参观团体15个、2.3万人次。设立"程氏剪纸"传承培训基地、"杜氏刻铜"传承培训基地。"程氏剪纸"传承人程兴红获得国家级非遗传承人称号。省级非物质文化遗产程式剪纸作品《老鼠娶亲》和杜氏刻铜作品《山水刻花碗》获首届中国非物质文化遗产传统技艺大展金奖。

文艺活动。颍东区舞蹈家协会成立。开展"全市作家颍东行采风活动",举办"颍东区全民健身运动开幕式""颍东区廉政书画展""纪念毛泽东同志诞辰120周年书画作品邀请展"。组织书画家到老庙镇等地开展义务送春联活动。与区偏远中小学联合举办书法、绘画、剪纸等传统艺术进课堂活动。区书协3件作品入选国家级展览、1件获省级书展提名奖。区美协1件作品获省美展铜奖。区民协6件民间艺术作品在国家级展览中获金奖、11件入选国家和省级民展。区曲协1件作品在国家级展演活动中获奖,在省级演出活动中2件作品获奖。区舞协11件作品在全国及省级举办的活动中获奖或入选。区摄协1件作品获省级优秀奖。区音协6件作品在全国及省级举办的展演活动中获奖或入选。

精神文明建设。机关、企业、乡镇、社区开办"道德讲堂"60余期,受众达8000余人。4所乡村少年宫建成并投入使用。依托省市妇联"关爱留守儿童服务项目"在插花小学投入2万元建设乡村少年爱心圆梦公益超市。开展"学雷锋、树新风""清洁家园、美化颍东"等群众性精神文明创建活动。在第四届全国道德模范评选中,颍东区在京务工人员马虎当选。

颍泉区

【文化概览】颍泉区成立于1996年,因位于颍河、泉河之畔而得名。辖4个镇、2个街道办事处,设2个园区和1个城乡统筹试验区,面积648平方公里,人口72.53万。

文化事业。截至2013年年底,共有1个区级文化馆、4个乡镇综合文化服务站、112个农家书屋、5个社区书屋、5个电子阅览室和1个文化信息资源共享支中心,基本满足了城乡居民的精神文化需求。颍泉区全面整合辖区优势文化资源,加大文化基础设施和文化队伍建设力度,不断完善公共文化服务网络,让群众实实在在享受到公共文化建设带来的实惠。全区所有村的文化基础设施建设全面完成,各镇文化站均达到省一级站及以上标准。全年用于文化、体育、传媒的投入共 779 万元，比上年增长 23.3%。

群众文化活动。开展丰富多彩的群众性文化活动，送电影下乡 2560 场次，举办文艺演出 50 场次，观众 3 万多人次。举办形式多样的文艺展示活动，启动“我们的节日·春节篇”颍泉站经典诵读活动，协办“平安颍泉”文艺汇演，主办“中国梦·民生情”书画展。

精神文明建设。上报先进事迹近 20 件，入选“安徽好人”2 名、“阜阳好人”7 名。划拨资金 60 万元，用于 2013 年 4 所乡村少年宫建设项目。在新建社区举办颍泉城区道德讲堂观摩会，产生良好的社会反响。结合“三项整治”，组织区直单位、街道社区干部群众广泛开展了清洁家园志愿服务周末集中义务劳动。组织开展了“为爱行动、圆梦江淮”志愿服务活动，为 20 名残疾人和 25 名留守儿童搭建了结对圆梦平台。

文明城镇建设。主次干道、背街小巷、社区居民区脏乱差现象得到遏制，流动摊点、出店经营、乱泼乱倒等不文明行为得以纠正。207 条街巷进行整治，老泉河、龙沟和车管所大塘河道清理水面约 16.8 万平方米，民主路、红旗路等 10 条小街巷下水道清淤总长度约 5900 米。新建、改造 3 个农贸市场。城区社区便民信息栏设置实现了全面覆盖，20 个城市社区共设置社区便民信息栏 55 处。18 家单位获市级文明单位、14 个村获市级文明村、6 个社区获市级文明社区称号。浙江商贸城样板街率先落实“门前三包”，实施台账式管理。阜阳生态园推出文明优质服务活动，改善了旅游环境，赢得了各方赞誉。

四九起义纪念碑

阜南县

【文化概览】阜南县与河南省淮滨县、固始县相邻。1947 年 11 月建县，辖 29 个乡镇，设 1 个省级经济开发区，面积 1768 平方公里，人口 172.1 万。阜南是中国柳编之乡、全国唯一的农业(林业)循环经济示范试点县、安徽省文化先进县。

文化遗产保护。境内有西周贺胜台、新石器时期老楼遗址、台家寺遗址等众多古遗址，有明代运河桥、清代陈家祠堂等省级重点文物保护单位 4 处、市级文物保护单位 5 处、县级文物保护单位 27 处。出土的商代青铜器龙虎尊被列为国宝级文物，现珍藏于国家博物馆。近年来历史文化遗产保护卓有成效，现有非物质文化遗产项目 51 个，其中国家级 2 项(阜南嗨子戏、黄岗柳编)、省级 3 项、市级 7 项。黄岗柳编传承人王文忠被评为国家级非物质文化遗产传承人，嗨子戏传承人谢学芳、李玉英、孙丽侠被评为省级非物质文化遗产传承人，另有市级非物质文化遗产传承人 20 余人、县级非物质文化遗产传承人 49 人。

文化产业发展。2013 年文化产业总产值 23 亿元，比上年增长 15%。县财政全年投入 1000 万元文化强县建设专项资金和 50 万元农村文化建设专项资金。3 家企业进入民营文化企业安徽省 100 强。华宇公司、金源公司被评为全国文化产业出口重点企业，华宇工艺品公司被省文化厅命名为全省文化产业示范基地。阜南县柳编工艺品达 20 个系列上万个品种，柳编企业 71 家，产品销往 56 个国家和地区。

公共文化建设。全年公共文化投入 2484 万元，乡镇电子阅览室全部建成，农家书屋实现 328 个行政村全覆盖，配置书刊 8.64 万册。县体育馆、露天体育场和全民健身广场(4 个篮球场、2 个门球场、2 个网球场、1 个溜冰场、1 条室外乒乓球长廊和 2 条室外健身路径)已建成投入使用。

群众文化活动。创作《王家坝之歌》《农家乐》《特别新娘》等 30 余个嗨子戏地方精品剧目，开展“我们的中国梦”文化进万村活动下乡巡演 334 场，免费送电影下乡 4100 余场，举办各类群众性体育健身和比赛活动 178 场。举办“爱我家乡读书演讲比赛”，编辑成册的

在建的王家坝抗洪纪念馆透视图

演讲稿送到有关单位、乡镇文化站和农家书屋。

精神文明建设。2013年,涌现出“中国好人”3人、“安徽好人”1人、“阜阳好人”19人。每季度评选“阜南好人”10人以上,打造了好人一条街。刘振邦获第三届安徽省道德模范特别奖。自建10所乡村学校少年宫。

文明城镇建设。启动修编县城总规划,完成7个乡镇总体规划和32个美好乡村中心村规划。累计完成城市基础设施建设投资28亿元,铺设供水、供气及污水管网24公里,硬化城区巷道16条,建设公交站台26座,南阳大道沿线绿化1.2万平方米。垃圾焚烧发电厂和城南、中岗污水处理厂项目稳步实施。朱寨镇大刘村等6个中心村基本完成美好乡村建设任务。

【王家坝国家水利风景区】王家坝国家水利风景区于2010年经国家水利部批准设立,2013年正式挂牌规划总面积11平方公里,设计8个功能区,即王家坝闸、抗洪纪念馆、王家坝保庄圩、郑台孜等庄台、望淮楼、淮河民俗风情园、旅游度假区、服务管理区。“中国水文化、淮河王家坝”以独特的魅力向世人展示“王家坝精神”,成为传播治水精神、民族精神和弘扬抗洪文化、蓄洪文化、淮河文化的重要平台。水利风景区将建设成为红色旅游基地、爱国主义教育基地、青少年教育基地和水利科普基地。

临 泉 县

【文化概览】临泉县地处安徽省西北部,周边分别与皖豫两省9个县市区接壤。面积1839平方公里,人口230万,辖31个乡镇,设1个省级经济开发区,是全国民间文化艺术之乡(杂技、马戏)、全国文化先进县、全国体育先进县。

文化事业和文化产业。2013年,县体育中心综合体育训练馆建成,占地面积4750平方米,建筑面积5194平方米,是省内县级最大的综合训练馆;姜尚民俗博物馆收藏各类文物6000余件,临泉毛笔博物馆收藏毛笔制作器具、工序、材料、样品600余件。出版新书《卖菜叔日记》,摄制微电影《一个人和一座城市的梦想》,举办第三届安徽省民间杂技艺术节、第九届桃花艺术节、第五届山羊美食文化节、第三届暑期中小学生书画展、临泉县书法绘画摄影展、“美丽临泉”网络摄影大赛、“中国梦”演讲征文比赛、“端午情·临泉梦”中华经典诵读比赛、展演。组织人民网、新华网和省市主流媒体“走进临泉”大型采访活动。2013年,临泉县文化产业总产值22亿元。其中,毛笔制作产值4亿多元,彩色印刷业创产值3.2亿元,杂技团体演艺收入4.6亿元。安徽临谭笔庄“春泉”牌商标被评为安徽省著名商标,韦小庄杂技专业村被认定为“第四批安徽省阜阳市文化产业示范基地”,刘邓大军淮西指挥部旧址被命名为安徽省爱国主义教育基地。

精神文明建设。表彰一批市县级文明单位和“临泉好人”。举办第二届“电力杯”文明礼仪大赛,通过仪表形象、案例处理、才艺表演等,展示公共执法和服务的良好形象。推进城乡文明创建工作。加快城区垃圾中转站建设,完善道路交通基础设施,规划建设一批专业市场。在城区推进环境卫生、市场秩序、交通秩序三项整治。开展农村精神文明创建,举办“平安文明村”评选表彰命名活动。组织公安、工商、文广新旅局及各乡镇对城区、及农村网吧开展了拉网式排查,关闭141家黑网吧,收缴945台电脑。组织文明单位开展文明交通志愿服务,成立学雷锋志愿服务队,开展家电维修、关爱弱势群体等志愿服务活动;组织中小学生开展“传承雷锋精神,争做文明少年”主题实践活动;组织县文王集团、移动公司在中、高考期间开展爱心送考志愿服务活动,300辆出租车参与志愿服务。

【临泉毛笔】临泉毛笔制作源于清代中期,由制笔大师李万钟研制,由张麟德、曹如章、张修尧等制笔大师传承至今。其中,由曹如章大师制作的“欣欣向荣”巨笔被作为礼品敬献给邓小平,该笔现存于北京历史博物馆;在1997年香港回归时,曹如章大师特制“金龙腾飞”

2013 年 12 月 18—21 日，安徽省民间杂技艺术节在临泉县体育中心举行

巨笔赠予香港特首董建华，受到特区政府的特别赞誉。临泉毛笔制作企业有文德堂、临谭笔庄、明道堂、龙笔笔业、太公笔厂等，从业人员 500 余人，年产毛笔 1000 万支，创产值 4 亿多元。文德堂的“杨柳”牌商标、临谭笔庄的“春泉”牌商标被评为安徽省著名商标；由龙笔笔业投资兴建的毛笔博物馆被命名为阜阳市“爱国主义教育基地”。原国家主席李先念为临泉题名“笔乡”，著名画家范曾赞临泉毛笔为“文房瑰宝”。赵朴初、吴作人、韩美林、启功等当代书画家均使用并高度评价临泉毛笔。临泉毛笔在全国各类文化展销会上多次荣获大奖，现已远销美国、加拿大、日本、韩国、台湾及南非等 30 多个国家和地区。

【临泉肘阁、抬阁】肘阁、抬阁是一种融戏曲、舞蹈、音乐、杂技、民俗于一体的古老的民间艺术形式。临泉肘阁、抬阁源于驮阁，距今已有 500 多年历史。明朝年间，临泉民间歌舞盛行，活动频繁，逐渐从地面舞发展到驮着演员演出——驮阁，小演员站在支撑者肩上表演。由于演出受到体力和时间的限制，后来衍生出新的民间舞蹈形式——肘阁、抬阁，小演员不再直接站在支撑者肩上演出，而是用一根铁质杆支撑，既方便演出，又可增加一定的难度。肘阁、抬阁传统的节目有《白蛇传》《游西湖》《水漫金山》《哪吒闹海》《怒打镇西关》《二乔比美》《回荆州》等。临泉肘阁、抬阁正向专业化、职业化、市场化转变，有专业表演团体 2 个即杨桥镇肘阁、抬阁队，长官镇肘阁、抬阁队，从业人员 600 余人，大多是当地农民；年演出 200 余场，创收 100 万元。为加强对非遗项目的保护和传承，临泉县成立了“肘阁、抬阁”非物质文化遗产保护领导小组，拨付资金建立展示馆和传习基地，先后举办 6 期技艺传承培训班，培养一批非遗文化项目传承人。2008 年，临泉肘阁抬阁被批准为第二批国家级非物质文化遗产。

界首市

【文化概览】界首市地处皖西北边陲，与河南省沈丘县接壤，面积 667.3 平方公里，人口 78.8 万，辖 15 个乡镇、3 个街道办事处，是中国民间艺术剪纸之乡、中国民间艺术彩陶之乡。春秋时期楚筑养城，秦初置新阳城；东汉时期王莽、刘秀逐鹿于此，留下了以皇帝庙号命名的城镇——光武镇；南宋名将刘锜大败金兀术，在此划沟为界，称“界沟驿”。现有省级文物保护单位 2 处、国家级非物质文化遗产项目 2 个、省级非物质文化遗产项目 4 个。

*文化事业和文化产业。*2013 年，文化事业费比上年增长 26.57%，高于同级财政经常性收入的增幅，人均文化事业费 23.2 元，高于全省平均水平。文化产业增加值 4.95 亿元，占全市 GDP 的 4.4 %。

*文化民生工程。*乡镇文化站等级率达 100%，拥有省一级文化站 1 个、二级文化站 13 个、三级文化站 1 个；160 个农家书屋、138 个文化信息资源共享工程村级服务点、20 个公共电子阅览室，覆盖全市所有村和涉农社区，公共文化设施覆盖率达 100%；每万人拥有文化活动场地 305.8 平方米，高于全省平均水平。

*群众性文化活动。*2013 年，先后开展第二届农民杂技节、第二届曲艺艺术节、第三届游园艺术节、第三届石榴花艺术节、第十三届风筝节、庆“五一”周末大舞台、方棋大赛、首届激情广场舞蹈大赛、苗湖书会、颍南书会、斗羊艺术节、民俗文化节等几十种节庆和品牌文化活动。全市交谊舞、健身舞、戏迷演唱等广场文化活动每天参与群众达 6 万余人次。开展十八届三中全会精神艺术化宣讲、“夏之声”音乐晚会、青少年歌手大赛、爱国主义演讲比赛、十大童星才艺展示大赛、廉政绘画等丰富多彩的文化活

界首市第一届"秀出你的精彩"青少年电子书创作大赛现场

动。全年举办各类群众性文化活动380余场次，惠及群众260余万人次。

农民文化乐园建设。公共文化服务体系向基层延伸,与美好乡村建设相结合，创建农民文化乐园。着力打造一品(特色文化产品)、一堂（大讲堂）、一项（特色文化项目)、一墙(文化墙)、一队(演出队伍),本着激发群众热情,突出农民主角这一理念，整合文化资源，彰显乡镇特色，打造功能布局全面、本土特色彰显的充满地方文化灵性的农民乐园。

【界首推出电子书创作工坊】电子书创作工坊是集数字阅读、数字创作、数字馆藏、现场展示于一体的创作平台,读者可通过平台将收集到的手写作文、绘画、摄影、视频甚至日常生活照等素材,制成非常精美的电子书，放在图书馆永久珍藏。为让广大儿童及家长更好地了解、利用"电子书工坊",界首市举办第一届"秀出你的精彩"少年儿童电子书制作比赛。通过图片、文字、视频等方式,利用电子书制作软件平台制作电子图书,既充分展示少年儿童利用现代化信息技术的能力,丰富青少年儿童的精神文化生活,又营造全民读书、写作的良好文化氛围,让更多读者通过先进文化平台体验到"创作"的喜悦,发挥了公共图书馆社会教育功能。

太　和　县

【文化概览】太和县位于安徽省西北部，北与河南省郸城县接壤，面积1822平方公里,人口175万,辖31个乡镇,设1个经济开发区。是国家书画之乡、民间文化艺术之乡。太和县自秦设县,名新阳县,汉置细阳县,宋置万寿县,元大德年间置太和县。境内有国家级湿地公园1处、省级重点文物保护单位1处。太和清音被列为国家级非物质文化遗产,太和狮子灯、细阳刺绣、太和唢呐被列为省级非物质文化遗产,张洪奎、赵继虎、苑玉玲分别为传承人。

文化事业和文化产业。2013年公共文化投入735万元。有公共图书馆、文化馆、广播电台、电视台各1个,数字电影院1个,4万平方米体育场馆1个。建成乡镇综合文化站32个、农家书屋320个、乡镇电子阅览室22个、乡村学校少年宫9个,8个乡镇综合文化站被评为省一级站,胡总镇魏店村、五星镇付桥村农家书屋被授予"安徽省百家农家书屋"称号,城关镇金张村委会黄炳朗被授予"安徽省农家书屋优秀管理员"称号。举办各种形式群众文化活动320场次。举办中国第九届"华药会"暨首届"安徽医药销售节"、太和县第五届"椿樱旅游文化节"。"中华诗词之乡"申报成功,"中国书法之乡" 正在申报中。文化产业总产值3.87亿元。发艺文化产业园已申报省级文化产业园。金瑞祥发制品有限公司、新富泰发饰有限公司入选省民营文化企业100强。

群众体育。投资2.5亿元、占地10万平方米的现代化综合体育场馆竣工;省内县级最大规模体育场馆、雪碳工程建设项目太和县体育中心投入使用,成为能够承办大型赛事、体育赛事、体育休闲娱乐、会展、庆典、商贸等活动的综合性、多功能的体育主题公园和太和县标志性建筑。新建群体场地42处,农体工程覆盖率达80%。成功举办妇女健身展示大赛、"天伦首府"杯首届传统武术演武大会。

精神文明建设。以"三项整治""依法治乱"为抓手,在城区范围内开展以市容环境、交通秩序、农贸市场整治和文明县城创建工作。拆除违法建筑300多栋、面积近15万平方米。创新县城区环境卫生管理方法，通过公开招标，已有170万平方米的清扫保洁面积实行市场化运作。以挖掘宣传身边好人为抓手，加强公民思想道德教育,当年1人当选 "安徽好人"、1人获第四届全国道德模范提名奖、1人入围11月份"中国好人榜"候选人。

2013年,太和县被授予"中国诗词之乡"称号

【太和县获"中华诗词之乡"称号】 2013年10月23日,经中华诗词学会评定,太和县及旧县镇、原墙镇被授予"中华诗词之乡"称号,县教育局、县广播电视台、县第五中学、倪邱镇中心学校4家单位被授予"中华诗教先进单位"称号。太和县现有国家级诗词学会会员29人,省、市、县级诗词学会会员3000多人。诗词组织"友声诗社"成立28年来,已连续出版《友声诗刊》104期。诗词教育活动在城镇、乡村、学校、机关、企业等日渐普及,诗词创作队伍发展到1万多人,近40个诗词协会常年活跃在基层,各诗社纷纷创办诗刊、诗报,出版个人诗集20多部,已出版大型诗集《歌咏太和》《友声诗选》《旧县诗选》等。

颍 上 县

【文化概览】 颍上县地处淮河、颍河交汇处,辖30个乡镇,面积1859平方公里,人口171.9万。是全国生态示范区、全国绿化模范示范县、全国政务公开先进县、全国科技进步先进县、全国科普示范县、国家园林县城。有省级重点文物保护单位管鲍祠、尤家花园2处。颍上花鼓灯为国家级首批非物质文化文化遗产,淮河锣鼓、推剧、管仲的传说为省级非物质文化遗产。有生态环保全球"500佳"小张庄、国家5A级风景区八里河风景区、国家4A级风景区迪沟生态旅游风景区、尤家花园·五里湖生态湿地公园。

文化事业和文化活动。全县有公共图书馆1个,文化馆1个,乡镇综合文化站30个,农家书屋341个,广播电台、电视台各1处,体育场馆1200平方米,新建公共电子阅览室20个。2013年,安徽省艺术职业学院设立颍上县花鼓灯表演艺术定向班,首批招收学员30名。有民间花鼓灯等业余文艺团体30多个,参与群众达1200多人。向9所农村学校和武警部队赠送图书17800余册。免费开放公共文化场所,累计开展活动687场(次),群众文化设施免费开放接待群众18万人次。送文化下乡等民生工程演出250场,群众文化培训7200人次。举办"颍上县2013年群众卡拉OK大赛"、京剧社票友演唱会等活动和"颍上县第八届管子文化旅游节",开展文化活动380多场次,受益群众50余万人次。继续举办电视选秀类节目《俺要上春晚》。少儿歌曲《我把中华歌唱》入选省第12届精神文明建设"五个一工程"歌曲奖。

文化产业。2013年,颍上文化产业园被命名为市级文化产业园。颍上县引航人广告标识有限公司入选安徽省民营文化企业100强。筹拍大型电视连续剧《管仲》,与香港卫视国际传媒集团签订出品摄制合同,已开始进行剧本创作。动漫剧《笨笨悠游记之麻辣夏令营》制作完成,电视剧《少相甘罗》进行

颍上八里河风景区

制作。

精神文明建设。开展"最美颍上人"系列评选活动。当选"中国好人"11人,刘丽当选全国道德模范,焦玉兰当选省道德模范。举办道德讲堂36期,开展"学雷锋、树新风"等公益志愿活动80余次,颍上公益志愿者联盟受民政部表彰,汤锋、刘飞被中国公益节授予"2013最佳公益精神奖"。开展"5城同创",总投资14亿元的"5路4桥"工程竣工,完成老城河治理、五里湖湿地公园等工程,打造10公里滨河水系景观带。八里河、迪沟镇分别获全国文明镇、全国环境优美乡镇等称号,谢桥镇获安徽省环境优美乡镇称号。

美好乡村建设。陈桥三王村等美好乡村示范点建设实施。开展以"五改""四清""三拆"为主要内容的村庄改造,推进城镇交通、医疗卫生、文化教育等向农村延伸。2013年,完成11个美好乡村示范点建设,各示范村和重点整治村基本实现村庄绿化、庭院美化、道路硬化、路灯亮化。

【八里河风景区晋升国家5A级旅游景区】八里河风景区南临淮河,东濒颍河,北距县城8公里。主园区"世界风光""锦绣中华""碧波游览区"占地面积240公顷,是人文景观与自然风光巧妙结合的精品景区,景点中西合璧,交相辉映,创意精妙,布局严整,美不胜收,享有"天下第一农民公园"之美称,是首批"全国农业旅游示范点"、环保"全球500佳"。2013年,八里河风景区成功创建国家5A级旅游景区。

亳州市

【文化概览】亳州市位于安徽省西北部,华北平原南端。西部、北部与河南省接壤,南部和东部依次与阜阳市、淮南市、蚌埠市、宿州市和淮北市毗邻。辖谯城区、涡阳县、蒙城县和利辛县。2013年末,人口632.9万,面积8374平方公里。

历史悠久。亳州是中华民族古老文化发祥地之一。商代属商汤南亳地域。周代,此地称谯。秦置谯县,东汉建安末年,析沛国之一部置谯郡。魏文帝皇初二年(221),曹丕封谯为"陪都",与许昌、长安、洛阳、邺并称为五都。隋唐以后,多次更名,或亳州,或谯郡,或亳县。民国元年(1912)改亳州为亳县,1986年3月撤亳县建亳州市(县级),1998年2月归省直接管辖,2000年5月设立地级亳州市。

英才辈出。名扬四海的道家学派创始人老子,在中国思想史领域占有重要地位。一代圣哲庄子,其彪炳千秋的《南华经》,教育和启发一代又一代的中国人探索宇宙的真理、养生的道理。著名的政治家、军事家、文学家曹操,笑傲群雄,统一中国北方,他与子曹丕、曹植倡导推动文学艺术兴盛繁荣,形成独具风骨的建安文学;神医华佗在医学、医术、医药上造诣精深,临床各科无不精通,他发明的"麻沸散",在世界医学史上最早应用于全身麻醉手术,比西方国家早1600多年;宋名士陈抟博学多识,精于诗、文、书、画、易学,被誉为奇人;宋代欧阳修、曾巩、晏殊等文坛巨子相继在亳为官,对当地文坛产生深远影响。杂剧作家孟汉卿、悯农诗人李绅、捻军首领张乐行等,都是这块蕴才积盛之地的骄子。他们创造了闻名于世,享誉海内外的道家文化、曹魏文化、中医药文化、养生文化、酒文化等亳州特色文化,为辉煌的中华古代文明做出不可磨灭的贡献。

古迹遍布。亳州境内有各级文物保护单位200余处。其中省重点文物保护单位46处,国家级重点文物保护单位7处。著名的人文景观有被称为"中国原始第一村"的新石器时代尉迟寺遗址;砖木镂雕双绝的国家级重点文物保护单位花戏楼;规模宏大、紫气萦回的全国道教第一大殿太清宫(天静宫);丘埠巍然、古木虬枝盘空的汤王陵;纵横交错、巧妙相连、被誉为"地下长城"的曹操运兵道;庙祠完整、古朴典雅的华祖庵;建筑考究,工程浩大的曹氏宗族墓群;金碧辉煌、殿宇宽敞的道德中宫;造型美观、高耸云霄的薛阁塔和万佛塔;建筑巍峨、清幽雅静的白衣律院及清真古寺;明清风格犹存、古色古貌依旧的老街古巷等。亳州二夹弦、五禽戏被国务院公布为国家级非物质文化遗产。亳州清音、淮北大鼓、古井贡酒酿造工艺等,被省政府公布为省级非物质文化遗产。1986年,亳州被命名为"国家历史文化名城";1998年,被评为"全国首批优秀旅游城市",在安徽三大旅游板块中,以亳州为重点的文化旅游区是其中之一。

公共文化建设。至2013年末,全市共有专业艺术表演团体72个、文化馆4个、公共图书馆5个、博物馆3个、乡镇综合文化站87个、农家书屋1424个。全年免费送戏下乡4381场。有全国重点文物保护单位7处,省级重点文物保护单位37处,市级重点文物保护单位15处。有国家级非物质文化遗产名录2项,省级名录20项,市级名录59项。有广播电台4座,中波发射台和转播台4座,广播人口覆盖率100%。有电视台4座,有线电视用户21万户,电视综合人口覆盖率100%。全年出版报纸1种,总印数840万份。各级档案馆5个,馆藏档案资料24.3万卷(件、册),库馆总建筑面积1.5万平方米。

对外宣传工作。建立新闻通讯员队伍,完善新闻线索收集制度,出台《关于进一步加强对外新闻宣传的实施意见》,强化新闻发稿考核,全年在省以上媒体发稿1900余篇(条),比上年增长42%。推出外宣文化典籍《亳州》,借助国瓷、字画、邮票、剪纸、文字、图片,多手段展示亳州魅力。央视9套播出纪录片《破译曹操密码》,央视4套《国宝档案》栏目连续播出三集纪录片《东汉曹宪印》《曹操运兵道》《清代花戏楼砖雕》,央视10套百家讲坛栏目连续播出2期《寻找曹操》专题片。新华网旅游频道推出专栏,连续一个月推介亳州名胜古迹、旅游景点。在新华网安徽频道开设《视频亳州》,在人民网安徽频道建立《亳州视窗》专题网站,与中安在线加强安徽手机报宣传等合作,与新浪安徽签署战略合作协议,充分发挥中央和省重点网络媒体的宣传优势,进一步增强网络宣传的传播力和影响力。不断加强网络阵地建设,出台《关于加强和改进互联网宣传管理实施意见》,组建"百人网军",培养民间"网络意见领袖"。大力开展整治网站违规登载新闻信息,清理网络谣言、政治类有害信息、网上淫秽色情等专项行动,进一步规范网上传播秩序。积极开展网上舆论引导,开通"亳州发布"政务微博。

精神文明创建。深入开展社会主义核心价值体系学习教育。紧扣核心价值体系建设这个根本,开展"善行亳州"主题教育实践活动,推进"三个倡导"宣传教育活动,在宣传、培育、践行上下功夫,使核心价值观内化于心、外化于行。评选表彰亳州市第三届道德模范和十大"最美职工"。1人获得全国道德模范称号,14人入选"中国好人",11人被评为"安徽好人"。启动亳州好人评选,评选出"亳州好人"35人,在全社会树立了"最美母亲"许张氏、"最美消防员"刘亚光、"最美乡村医生"张振江、"最美环卫工人"张存芝等一批道德楷模。大力推进道德讲堂建设,建立"亳州市道德讲堂总堂",督促办好机关、学校、农村、行业、社区、企业等6类"道德讲堂"。精心组织国学经典六进活动,编发《国学经典金句》,举办国学讲堂,大力弘扬和传承优秀传统文化。举办市县联动的"第七届读书月"活动,营造崇尚读书、热爱学习的浓厚氛围。加强未成年人思想道德建设,广泛开展"童心向党"歌咏活动、爱国主义读书教育活动、"十佳美德少年"评选等主题活动,建设乡村学校少年宫4所。扎实开展志愿服务活动。扎实开展"扫黄打非",着重抓好非法电视台专项整治,加强校园周边环境整治,维护文化市场良好环境。

5月22日,"亳爱无疆"亳州市第三届道德模范颁奖典礼

文明城市创建。积极建立文明创建问题发现机制、通报机制、销号机制、长效机制、督查机制等5项机制,不断巩固提升创建成果。大力开展"讲文明树新风"公益广告宣传,营造人人参与、支持文明创建工作的良好氛围。针对农村环境"脏乱差"的现象,在全市农村组织开展了创建生态文明村、绿色小康村、清洁示范村和移风易俗示范村暨"四创"活动,积极开展镇容村貌环境整治工作,改善农村环境。积极培育文明创建工作先进村,推动星级文明户、好婆婆、好媳妇等各类群众性精神文明创建活动的开展。扎实推动全市"三线三边"城乡环境治理工作,全市城乡环境稳步提升。

文化产业发展。大力谋划文化

产业项目，入库项目总数达到199个，总投资额647亿元，其中2013年全市入库项目68个，25个项目进入省"861"重点项目库。建立文化旅游招商引资领导分包、重点项目挂牌、月通报季调度制度。环球动漫文化产业基地、华仑国际文化广场、亳州报业传媒广场等项目完成投资5.9亿元；蒙城·印象创意产业园完成一期工程，运行良好。目前全市在建和续建5亿元以上项目21个，新增投资额31.73亿元。老子文化生态园被评为安徽首批十大省级文化产业示范园区。2家企业入选全省民营文化企业100强。积极争取上级资金支持，获290万元文化强省建设专项资金和140万元重点文艺项目资金扶持。深入开展"扫黄打非"，文化市场繁荣有序。

公共文化服务。亳州市图书馆建成，亳州市文化馆、亳州剧场完成选址、立项、规划论证、深度设计等工作。蒙城县博物馆建成，开始内部陈列设计。大力推进公共文化服务均等化，广播电视村村通、农家书屋、文化信息资源共享等多项惠民工程完成任务，切实发挥作用。利辛县积极创新推进农民文化广场建设，有效丰富了群众文化生活。开展全市"十大特色文化社区"评选活动和农村文化墙建设工作，认真做好公共图书馆、文化馆、博物馆等公共文化设施（场馆）免费开放工作。精心组织"送文化下乡"活动，全年全市共送戏到基层达2350多场。两家单位被评为第五届全国服务农民、服务基层文化建设先进集体。

文艺精品创作。加强重点题材创作策划，加大重点作品创作生产投入，采取与高水平文化机构、知名艺术家合作等联动开发机制，加速文化资源向优秀文化产品的转化。52集动画剧《少年华佗》在江苏卫视成功播出，电影《药都往事》完成拍摄，大型戏剧《红芍花》获省十艺节优秀剧目奖。举办中国亳州二夹弦大赛，来自苏鲁豫皖的20多家艺术团同台竞技，提升了亳州二夹弦艺术影响力。大型舞台剧《魏武挥鞭》正在深度创作。亳州市谯城区大众剧团荣获央视戏曲频道《一鸣惊人》栏目周冠军。在第六届安徽省小戏小品大赛暨"第五届中国戏曲奖·小戏小品奖"上，亳州市3位演员获得演员一等奖。

老庄思想与生态文明建设学术研讨会

【老庄思想与生态文明建设学术研讨会】7月11日，由光明日报社与安徽省社科院联合主办的老庄思想与生态文明建设学术研讨会在老庄故里亳州市举行。来自中国社科院、国家社科规划办、首都师范大学、安徽大学、安徽师范大学、安徽省文物考古研究所及安徽省社科院的专家学者济济一堂、坐而论"道"。研讨会以生态文明建设为取向，以强烈的社会需求为契机，进一步解析老庄思想内涵，为生态文明建设提供文化资源和智慧支撑。安徽省委常委、宣传部部长曹征海出席研讨会并致辞。安徽省委宣传部副部长、安徽省社科院院长陆勤毅主持研讨会。

【动画片《少年华佗》在江苏电视台优漫卡通卫视频道播出】12月17日，由中共亳州市委宣传部与安徽广电传媒产业集团、安徽五星东方影视公司、安徽星动卡通影视有限公司联合出品的52集大型历史系列动画片《少年华佗》在江苏电视台优漫卡通卫视频道播出，这是亳州市建市以来首部成功制作并播出的动画片，填补了该市空白。

《少年华佗》动画片是亳州市及省重点文艺项目，于2012年12月份开始筹拍。本剧通过动漫形式，记述了华佗精研典籍、专攻岐黄等学习、生活、治病救人的系列故事，从不同的角度向人们展示华佗少时曾在外游学，钻研医术而不求仕途的远大志向；从不同侧面展示他医术全面，医德高尚，悬壶济世，治病医人的功绩，展示他行医足迹遍及河南、安徽、山东、江苏等地的艰辛历程。该剧突出了亳州的历史文化，彰显了地方特色。

谯 城 区

【文化概览】亳州市谯城区位于安徽省西北部，与河南省商丘市、虞城县、永城市、鹿邑县接壤，辖22个乡镇和3个办事处，面积2226平方公里，人口163万。谯城区历史悠久，源远流长，以“三朝古都”名扬海内外。谯城从商成汤王建都开始，是一座具有3700多年历史的文化古城。1986年撤县建市(县级)，2000年成立亳州市（地级），原县级亳州市整建制改为谯城区。谯城区是中国长寿之乡、中国武术之乡。现有国家和省级重点文物保护单位10处，市级文物保护单位36处，一般文物古迹150处。国家级非物质文化遗产有地方戏“二夹弦”、健身气功“华佗五禽戏”2项，省级非物质文化遗产有亳州剪纸、亳州清音、亳州大班会3项。

文化事业和文化产业。2013年，开展民生工程巡回宣传文艺演出，历时80天，全区261个行政村巡演一遍。组织民间“百佳院团”深入周边县市开展送戏下乡演出200余场。组织电影下乡活动，共放映农村公益电影1900多场。参加“第六届安徽省小戏小品大赛暨第五届中国戏曲奖·小戏小品奖”比赛，区梆剧团参赛的《红勺花》《辕门斩子》《盘肠战》《我有家啦》获得一等奖3个、二等奖2个、三等奖2个。《亳州剪纸精品》《亳州剪纸技法》《谯城区非物质文化遗产保护专辑》陆续出版。

精神文明建设。紧紧围绕“村容整洁、乡风文明”强力推进乡镇(街道)文明创建工作。加强集镇基础设施建设和镇容镇貌整治工作，巩固提升乡镇“七个一工程”创建水平。农村清洁工程稳步推进。谯城区许张氏入选全国第四届道德模范，“最美消防员”刘亚光和“最美环卫工人”张存芝入选11月份“中国好人”。组织开展“道德讲堂”“向国旗敬礼，做一个有道德的人”“网上祭英烈”等活动。

【中国二夹弦第二届艺术节在亳州举办】安徽·亳州·中国二夹弦第二届艺术节于9月1—3日在亳州市药都银行剧场举行，来自河南、山东、安徽、江苏等省的15个二夹弦艺术团体共200多人齐聚一堂，老中青艺术家粉墨登场，一展二夹弦的风采。艺术节上，亳州市介绍了二夹弦保护与传承情况，亳州二夹弦剧团乐队演奏了二夹弦经典音乐，安徽职业艺术学院亳州二夹弦大专班学生演出了二夹弦《花木兰》、传统剧目《三拉房》、经典剧目《盘肠战》等。通过3天的激烈角逐，艺术节评出若干集体奖项和个人奖项。

二夹弦演出

蒙 城 县

【文化概览】蒙城县位于安徽北部，东与怀远县、南与凤台县、北与濉溪县接壤，辖15个乡镇、2个办事处，面积2091平方公里，人口137万。是全国楹联之乡、全国文化模范县、全国文物工作先进县、省级历史文化名城。蒙城县境，商称北冢，周曰漆园，秦置蒙县，唐天宝元年(742)更名为蒙城县，沿用至今，是先秦思想家庄子的故里。现有国家3A级旅游景区2处，国家级重点文物保护单位2处、省级保护单位3处。

2013年，蒙城县文化产业总投资和文化产业总产值稳步增长，以安徽凯尊文化传播有限公司为代表的民营文化企业继续得到健康发展。

公共文化事业。文化馆、图书馆和乡镇综合文化站免费开放工作有序进行，一年来公益性文化活动服务600余次。乡镇综合文化站全部实行对外免费开放，每周开放时间不少于5天，每天开放时间8小时，全年各乡镇综合文化站共举行群众文化活动1500场次。公共文化服务体系进一步完善，全县农村全年放映公益电影3300场，各种活动和文艺演出1900余场，农家书屋购置图书近4万册，光盘近2万套。“庄子传说”“蒙城歌谣”等4项被列为省级非遗保护项目。申报“庄子祭祀大典”“转轴小车舞”“锡包壶”“长七寸内八针”等8项为市级非遗保护项目。确立“庄子祭祀大典”“手工锡包壶”“糖画”“转轴小车舞”“长七寸内八针”等5项为第三批县级非遗保护项目。博物馆布展工作进入施工阶段。“蒙”字青铜戈的复制，县馆藏的青铜器、象牙、铁器等文物的修复和展示筹备工作均有序进行。完成了马公府、陆将军府省保文物的申报并获批准。全年城乡共架设光缆2000余公里，新建光接点1000多个，广播常响率达90%以上，全县192个行政村实现了广播电视网络覆盖；完成了广播电视中心169米发射塔整体亮化工程。实现全年国内旅游人数273.71万人次，国内旅游收入18.99亿元人民币；入境旅游人数为6445人次，旅游外汇收入为278.51万美元。五禽戏、六洲棋的推广普及工作稳步推进，组织了第一批五禽戏培训班，共培训五禽戏社会指导员200多名。组织了全县第五个全民健身日系列活动、第五届益智运动会和首届六洲棋大赛。

群众文化活动与文学艺术创作。配合市县“三下乡”活动，全年送艺术进乡镇、社区、军营、企业6次。先后举办“红心向党”庆七一、庆祝蒙城解放65周年、改革开放35周年等文艺展演活动和纪念毛泽东诞辰120周年“齐家文化”全国书画邀请展、“红丰杯”庆五一摄影赛及作品展、“迎国庆”书画作品展、“丰硕杯”摄影大赛及作品展等。启动中国硬笔书法之乡及安徽省硬笔书法之乡的争创活动，举办了“新华杯”全县中小学生硬笔书法大赛。举办了全县楹联对抗赛。创作了歌曲《蒙城是个好地方》《蒙城我的家》，根据尉迟寺原始部落遗址文化创作了历史情境舞剧《升腾的部落》。出版文艺期刊《蒙城文艺》。成立全市第一家乡镇文联——马集镇文联。出版散文集《蒙城印象》（邵健）、小说集《谁动了我的纸条》（韦如辉）、儿童文学作品集《漫游历史时空八十天》（李怀安）等文学作品。吴军书法作品获“沙孟海奖”；胡战斗入展全国展13次之多并获“孙过庭”奖；在省、市摄影大赛中，胡卫国、邓贺祥、时雨等多人次获奖，并有6人加入省摄协；省曲协会员张桂银创作并表演的安徽大鼓《中华圆梦》获华中六省一市曲艺大赛一等奖。中国楹联报由四开版面改为对开版面，出版年度全国优秀对联作品集《2012对联中国》，为该系列图书的第八本。

历史情景舞蹈《升腾的部落》剧照

文明创建。突出“讲文明、树新风”主题，深入开展市民文明教育活动，在城区设置好人墙3面，好人长廊2处，好人大道1条，设置围墙公益广告300余幅，发送相关短信3万余条（次）。开展志愿服务活动，目前已注册志愿者2万余人，全年累计开展志愿服务活动2000多次，参与志愿者达3万人次。推进“德润蒙城·善行漆园”公民道德建设主题实践活动，深入开展“我推荐、我评议身边好人”活动，积极向中国文明网推荐“身边好人”候选人。全县上榜中国好人8人，安徽好人2人，亳州好人5人。举行了道德模范先进事迹报告会。推进未成年人思想道德建设，建成乡村学校少年宫17个，并以此为抓手，组织开展“我的中国梦”“心向党、跟党走”“学雷锋、做好人”系列主题教育活动，进一步优化了全县未成年人健康成长的社会文化环境。推进“五城同创”，加快了老城区沿路停车位、饮食摊点疏导群等城市基础设施建设，加强城区“三大秩序”整治，城市面貌焕然一新。推进农村清洁工程，全县共配备保洁人员4573名，配备垃圾桶2.6万个，垃圾收集车4035辆，垃

圾转运车 293 辆，建设垃圾中转站 18 个（不含城关镇），共清理垃圾杂物 9.9 万余吨，美化绿化 100 万平方米。拆除违章搭建物 4976 处（间）6.7 万平方米，新建公厕 300 余座。大力推进第三届全省文明县城争创工作，并接受了省考评组的全面考评。

【《升腾的部落》登上舞台】以蒙城县尉迟寺原始部落遗址为题材创作的历史情景舞剧《升腾的部落》，作为蒙城县庆祝建党 92 周年“奔向梦想”文艺晚会的压轴节目精彩亮相，首次向众人展示了“中华原始第一村”的风貌。

《升腾的部落》是一部史诗般的舞剧，由蒙城县委宣传部副部长蔡洪光作词、中国音协会员、安徽省作曲学术委员会副主任王凯东作曲、安徽省舞蹈家协会副秘书长邓晓焰编舞，蒙城草根舞蹈演员邓超峰与蒙城第一人民医院护士、蒙城华东武术学校学生等 40 余人参与演出。《升腾的部落》分为“生活”“劳作”“狩猎”“祭祀”“追梦”5 个章节，时长 10 分钟。运用史诗般的歌词、天籁般的音乐、唯美的背景，生动再现了 5000 年前先民们的生存状态和追梦场景。

涡　阳　县

【文化概览】涡阳县位于淮北平原腹地，居涡河中游，设立于清同治三年（1864）。面积 2107 平方公里，人口 155.7 万。先秦伟大的思想家老子出生于今涡阳闸北郑店村，捻军起义领袖张乐行在此聚众起义。1996 年涡阳县被批准为省级历史文化名城，2001 年 12 月被授予“全省文化先进县”。现有省、市、县级文物保护单位 198 处，有县级非物质文化遗产 22 项，市级 15 项，省级 4 项。

文化事业和文化产业进一步繁荣与发展。截至 2013 年底，全县有公共图书馆、广播电视台、文化馆、体育场各 1 个，农家书屋 480 个，乡镇综合文化站 25 个。村级文化信息资源共享服务点 373 个。涡阳县不断加快老子文化建设的步伐，完成了老子诞生地天静宫一、二期工程，整个建筑中轴线长达 615 米，东西宽 90 米，采用宋代宫式建筑形式，格调宁静清雅，布局恢宏深邃。老子文化生态园和天静宫紧密相连，占地 4 平方公里，已建成一路一桥两广场和花园餐厅，投资近 1 亿元。仿汉商业街、八卦迷宫、休闲会所等一批项目正在建设之中。涡阳已注册“中国老子文化节”系列商标。组织参加了第七届北京文博会，举办了“老子文化名城建设”项目推介会，发布道家文化祖城、天静宫遗址公园、生一小镇、节能环保产业园、两河三岸城市文化综合体等一批文化产业项目。组建涡阳县文化旅游产业投融资（集团）公司，进一步整合县内文化旅游产业资源，搭建文化产业投融资平台。

【“老子公开课”开讲】老子是中国春秋时期伟大的哲学家、思想家、道家学派创始人，是当今世界最具有国际影响力的中国历史文化名人之一。老子所著的《道德经》哲理深邃，是中国古代著名的经典文献。老子及道家学说丰富了中国文化的内涵，在长期的历史发展中，已经成为中国文化的重要组成部分。老子在善待万物与他人、尊重自然与社会发展规律、保护生态环境等方面的思想，对于中国特色社会主义的道德建设、文化建设与生态建设具有重要借鉴意义。

“老子公开课”凝聚海内外高端学术资源，借力中央媒体优势，通过权威新闻平台发布，在全国名人故里与历史文化名城的文化建设中起到引领示范作用，大大提升涡阳县的知名度与影响力，从而增强涡阳人民的文化自觉与文化自信，推进涡阳经济社会的全面发展。老子公开课自 2013 年 11 月开讲至 2014 年 10 结束，共计 12 讲，每月 1 讲，邀请全国研究老子的权威专家先后主讲。

涡阳老子公开课

利 辛 县

【文化概览】利辛县位于安徽省北部，北邻涡阳县，东靠蒙城县，南连凤台县、颍上县，西接阜阳市的颍东区和太和县，辖23个乡镇，面积2003平方公里，人口164.8万，是皖北农业大县。

利辛县于1965年建县。现有省级重点文物保护单位5处、市级2处、县级32处，馆藏珍贵文物300件套(其中一级品5件，二级品6件，三级品71件)，省级非物质文化遗产项目4个、市级7个，3A级旅游景区2个，五星级生态农家乐3个，三星级农家乐4个。2013年，利辛县紧紧围绕文化强县战略目标要求，积极引导全县各地加强文化建设，力争做到文化“无时不在、无处不有、无孔不入、无人不知”，强力推进各项文化服务平台建设，构建县乡村三级公共文化服务体系。

公共文化建设。县政府投入4000余万元，建设利辛县文化艺术中心，占地面积35亩，建筑面积13000平方米(其中图书馆3200平方米、文化馆2680平方米、博物馆1300平方米)。文化馆和图书馆均达到国家一级馆标准。全县23个乡镇的综合文化站都按照建设标准，完善内部功能，均建有标准配置的公共电子阅览室。同时充分挖掘地方文化资源，依托文化站分别建设了展沟镇柳下惠纪念馆、汝集镇状元文化展馆、马店孜镇农耕文化展馆、王人镇农民诗画展馆、阚疃镇孙逸久书法艺术馆、孙庙乡李同德书法艺术馆、胡集镇猴戏展示馆、程家集镇非遗基地等一批特色文化品牌，有力提升了地方文化形象和魅力。23个乡镇综合文化站中，被评定为一级站14个、二级站3个、三级站6个，等级达标率为100%。马店孜镇集美水寨新村农民文化乐园的文体广场、道德讲堂、文化活动室、图书室、电子阅览室和文化墙均已建成并向群众开放。全县建成368个农家书屋，在38个美好乡村示范点均建有文化广场和文化活动室，并实现免费开放。全县共投入7000余万元，建设城乡文化广场65个，其中县城5个、乡镇22个、村级38个。将文化广场打造成为群众娱乐休闲的平台，省委宣传部在全省推广。全县投入2000多万元在城乡建设文化宣传墙73000余面，在凸显地方文化、塑造文明新风等共性的基础上体现个性化，做到了“一墙一风景、一村一特色”，推进了全县精神文明建设。

文化民生工程。农村文化建设专项补助，补助资金每个村为1.2万元，涉及23个乡镇346个村；公共文化场馆免费开放，开放资金为图书馆、文化馆各20万元，23个乡镇综合文化站各5万元；公共文化服务信息化建设，在14个乡镇文化站建设电子阅览室，配置标准为每个5万元。

群众文化活动。加大文化场馆免费开放力度。县图书馆、文化馆每周开放时间均不少于56小时，乡镇综合文化站每月开放时间不少于26天，村级文化活动室、图书室每月开放时间不少于20天。县图书馆年度添置图书不少于40万元，借书量达10万余册次，接待读者近9万人次。同时，深入乡村开展送图书下乡和各类读书讲座、辅导等活动，与乡镇文化站、村级农家书屋建立图书流转机制，满足不同层次读者的需要。县文化馆开设书法、美术、音乐、舞蹈、手工制作等多个专题培训班，聘请专业技术老师定期进行系统培训教学。全县开展各类文化活动1000余场次。文苑演艺公司、利辛县豫剧团等4个专业团队，全年进村举行大型文艺演出1500余场；县电影公司村级电影放映4152场；为农家书屋图书更新换新书20万册。在2013年全市民生工程考核中，利辛县被评为综合考评第一名。

文化产业发展。利辛县积极稳

利辛九曲黄河阵祈福灯会

妥地推进文化体制改革,获安徽省“文化体制改革先进单位”称号。利辛剧院转企改制,成立利辛县博雅文化传媒公司,投入500多万元对剧场进行改造,新建数字影院、3D影厅和儿童水上世界等新兴项目;组建利辛县豫剧团(安徽省民营百佳院团之一)、文艺培训中心和物业管理公司,年创收650万元,获“亳州市群众文化服务示范点”“亳州市文化产业示范基地”等称号。文苑演艺公司以政府扶持和市场经营运作为模式,广泛吸纳社会艺术人才,先后创作舞台剧《美好生活》《花落花又开》《西淝河畔的女人》等文艺精品,服务农村,年演出1000余场,年创收500万元以上,公司获“安徽省民营十大名团”“安徽省民营百强文化企业”“安徽省文化体制改革先进单位”“安徽省文化产业示范基地”等称号。全县共有经营性文化产业170余家。其中,上规模娱乐休闲场所13家、互联网经营性服务场所78家、游戏机室24家、印刷企业7家、出版物市场33家、电影放映企业2家、民营演出团体14家。

*文艺精品创作。*为塑造地方文化品牌,县财政专门建立了文艺创作奖励资金,设立了文艺创作专项经费,通过以奖代补的形式扶持文艺精品创作。利辛县文艺创作基地建立。小戏《送鸡蛋》、歌曲《母子情》《利辛大地收获着精彩》《亲亲的故乡》等搬上舞台;《何必再等收了秋》《淮北娃》等歌曲作品分别在国家级刊物上发表;先后举办了“利辛县书画院年展”“巾帼工笔画展”,在安徽画廊举办了“淝河之韵书画展”等专题展览推介;设计制作了《安徽利辛历史文化典故剪纸集》《利辛县巾帼工笔画册页》作为县委县政府接待礼品;印制发行淝河之韵《利辛文化丛书》(六册)1000套;有力提升了全县文艺创作水平。

*非物质文化遗产保护。*利辛县现有省级非遗项目4个,分别是九曲黄河阵、拉魂腔、清音戏、淮北大鼓;另有市级非遗项目12个、县级非遗项目40个。完成了济祁高速公路利辛县考古发掘工作,共出土青银器、青铜器及陶瓷器20余件。邀请河南省文物修复专家修复陶瓷器100余件,省博物馆送修馆藏文物青铜器20件。现馆藏文物达到400多件(套),涵盖多个品类。

【九曲黄河阵】利辛展沟镇柳林村,是和圣柳下惠故里。柳下遗风浩荡几千年,古镇展沟古风犹存,深厚的经济文化积淀,孕育出一项古老的民俗活动——九曲黄河阵。

旧时的展沟,春节刚过,每家每户就扎起灯来,在元宵节那天张灯结彩闹元宵。一直到农历二月十五,家家户户会把灯送到泰山宫庙门前,捐献给灯会摆布九曲黄河灯阵,才算完成新春祈福灯会活动。泰山宫和九曲黄河阵起源于唐朝初年,盛于明清,衰于民国时期,期间曾多次重修和恢复,最终毁于“文革”时期。上世纪八九十年代开始缓慢恢复,近几年逐渐得到民间和各级政府的重视。九曲黄河阵已传到31代传人,于2009年被列入安徽省第二批非物质文化遗产名录。

蚌埠市

【文化概览】蚌埠地处淮河中游,辖4个区、3个县,面积5952平方公里,人口366.6万。蚌埠历史文化悠久,素有“文化摇篮、帝王故里、歌舞之乡、山水城市”美誉。境内有距今7300年的双墩文化遗址、禹会诸侯之地禹墟遗址、垓下之战“霸王别姬”遗迹、明文化遗址以及一批国家级非物质文化遗产。蚌埠为全国重要交通枢纽,是安徽省第一个设市城市。京沪、京福高铁,以及宁洛、京台高速和千里淮河在此交汇,北连中原经济区,南接长三角经济圈,是东南沿海与中西部地区传接合作的“接力站”。花鼓灯歌舞节、玉文化节、花博会、动漫游戏交流会、学术研讨会等重大文化活动,充分展示和推介蚌埠文化发展成果和城市形象,提升了蚌埠在全国的影响力。

2013年,蚌埠市文化工作务实争先,成效明显。舆情信息调研、扫黄打非、文艺创作等工作被评为全省先进;电影《娜娜》、电视剧《太阳月亮一条河》获省“五个一工程”奖,花鼓灯作品《大河湾的孩子》获国际金奖。全市文化产业项目完成投资额52.1亿元,比上年增长13.29%,占全省完成投资总额近六分之一,连续两年蝉联全省第一。

*理论武装。*举办7期领导干部学习贯彻党的十八大和十八届三中全会精神轮训班,1500人参训;组建学习贯彻党的十八大精神宣讲团,开展宣讲活动400多场次。建立学习型党组织示范点工作规

范和考核评价体系,表彰命名第二批12家建设学习型党组织示范点,市直机关事务管理局党委、怀远县法院党组被评为全省建设学习型党组织工作示范点。以“蚌埠大讲坛”为载体,深化“理论下基层”“社科普及月”活动,编写《美好蚌埠》《文明礼仪》等通俗读物,组织开展“学习贯彻十八大精神,重返全省第一方阵”等专题研讨活动以及为期4个月的“中国梦·明珠复兴梦”宣传教育活动。

精神文明建设。黄凤获全国道德模范提名和“全国最美孝心少年”荣誉,杨苗苗当选全省道德模范。欧兴田、余瑞青等12人入选“安徽好人馆”,入选人数位居全省第二;全市86人登“中国好人”榜,位居全省第四,“厚德蚌埠,好人之城”成为蚌埠市形象标识。

新闻宣传。制发10期宣传报道意见,召开16次新闻通气会,组织“征迁建设”“蚌埠梦·我的梦”等主题宣传战役,形成有利于加速重返全省第一方阵的正面舆论导向。市电视台采制的新闻《蚌埠:生死一线间,爱心大接力》在安徽卫视《安徽新闻联播》等栏目播出后,受到省委书记张宝顺的赞扬。蚌埠日报社发展新媒体的探索经验得到了省委宣传部部长曹征海的批示,并在全省介绍推广,蚌埠日报社获2012—2013中国最具品牌创新力地市党报十强、金长城传媒奖、2013中国十大影响力地市党报等称号。全市棚户区改造、农业经营机制、公共资源市场体系建设、政府购买公共服务等新做法,经中央媒体报道后,中央领导和省委主要领导作出批示,“蚌埠经验”走向全国。策划开展“中外媒体蚌埠行”,以英、法、俄等65种语言向世界传播蚌埠好声音。出版发行大型画册《蚌埠·光影中的精彩》,启动系列蚌埠形象宣传片《蚌埠印象》制作工程,拍摄完成蚌埠5D城市宣传片。全年在省级以上主流媒体发稿9876条,居全省前列。市广播电台在中央人民广播电台发稿185篇,获全国地市台发稿“十强”称号。蚌埠市对外宣传工作经验在全省交流。加强网络宣传管理,出台《关于加强和改进互联网工作的实施意见》,升级改版蚌埠新闻网,开通蚌埠手机报,“蚌埠发布”正式上线并加入“安徽政务微博发布厅”。人民网“安徽万里行”、中国经济网走基层活动等走进蚌埠、宣传蚌埠。

公共文化建设。新博物馆建设顺利推进,市图书馆晋级国家一级馆,“蚌埠花鼓灯特色文化品牌建设”入选国家公共文化服务体系示范项目。全市开通有线电视的行政村突破80%,领先全省。“温馨蚌埠,欢乐珠城”系列演出吸引观众30多万人次。

文艺精品创作。健全文艺精品生产促进机制,推进文艺精品工程。花鼓灯作品《大河湾的孩子们》获国际金奖,电影《忠诚》《石榴红了》被确定为全省重点扶持项目,花鼓灯歌舞剧《珠城的传说》赢得好评。电影《娜娜》《忠诚》和《爱,你别走》先后上映,《生死与共》投入制作。

文化体制改革和文化产业发展。蚌埠报业传媒集团、蚌埠广播电视传媒集团挂牌成立。全市43个项目被列入“重大文化产业项目库”,其中12个项目入选省“861”行动计划项目。光彩投资有限公司、海峰印刷有限公司等文化企业入选“安徽民营文化企业100强”。花鼓灯嘉年华分公司、安徽易达旅游发展有限公司等文化企业入选第四批全省文化产业示范基地。星宇文化创意产业园正式开园。2013年,文化产业增加值31.16亿元,比上年增长30.1%。中国游戏行业年会在蚌举行,全省文化改革发展工

蚌埠市淮河文化广场

珍珠玉女雕像

说》,是近30年来蚌埠市首创的大型花鼓灯歌舞剧。该歌舞剧以传统花鼓灯舞蹈艺术为载体,融入了现代的高科技展示技术,运用声光电等多种元素,采用目前世界上最先进的高清投影结合杂技表演手段,使传统花鼓灯歌舞演艺形式有了新的突破,让人耳目一新。近年来蚌埠花鼓灯表演艺术受到了高度关注,但表演形式多为小型的舞蹈。《珠城的传说》这一歌舞剧的创作,为花鼓灯的表演形式开创了新的方向和道路。

作座谈会在蚌召开。

宣传文化人才培训。分别对市文明办、市文联、市社科联部门等领导班子进行了调整选配。继续落实全市宣传文化系统"十二五"干部培训规划,把"在家学习充电、外出培训锻炼"作为人才培养的两翼,建立了种类齐全、层次多样的宣传文化人才培训体系。全年举办基层宣传文化队伍、新闻采编骨干、网络文化建设和文化产业经营管理人才等培训班6期,在知识存量和增量、人才数量和质量上实现了新提升。安徽省泗州戏剧院陆为为被评为全省宣传文化领域第一批拔尖人才,全市8人被评为安徽省"100名有发展潜能的中青年书法优秀人才"。

【"温馨蚌埠、欢乐珠城"群众文化展演活动】活动以用艺术点燃激情、让文化温暖蚌埠为主题,以为蚌埠市重返全省第一方阵营造氛围为指导思想,以打造群众文化活动的舞台、党委政府联系群众的桥梁、展示全市文化风貌的窗口为总体目标。活动设欢快舞蹈跳起来、美丽瞬间留下来、幸福歌儿唱起来、校园文艺热起来、百姓舞台搭起来、军地文艺联起来6大块内容,共有社区文化艺术节、老年艺术团展演、美好乡村文艺汇演、城市建设成就摄影展、"魅力蚌埠"摄影展、市直机关歌咏比赛、群众戏曲票友大赛、庆六一少儿文艺会演、中华经典诵读、校园文艺会演、"复兴梦晚霞情"离退休人员合唱大赛、百姓大舞台、"温馨蚌埠欢乐珠城"获奖节目展演等14个项目。活动历时8个多月,举办展览、比赛、演出273场次,机关、军队、乡镇、社区120个单位5200多名党员干部参与,236支演出队伍参演,1600余幅书画作品参展,30多万人次享受了这一群众文化大餐。

【花鼓灯歌舞剧《珠城的传说》上演】安徽省花鼓灯歌舞剧院有限责任公司创作、排演的《珠城的传说》……

【禹会村遗址与淮河流域文明研讨会在蚌埠举行】研讨会于2013年12月20—22日由中国社科院古代文明研究中心、安徽省文化厅、蚌埠市人民政府联合主办,来自中国社科院、中国先秦史学会、北京大学和浙江、湖北、四川、安徽等地的60多名专家以及来自国(境)内外50多家新闻媒体参加研讨会。此次研讨会是继涂山淮河流域历史文明研讨会、蚌埠双墩遗址及双墩文化学术研讨会后,在蚌埠市举办的又一重大学术研讨会。

研讨会关于禹会诸侯于涂山的定论,对于丰厚蚌埠的历史文化底蕴、弘扬大禹精神、提升蚌埠的知名度将起到重要的积极作用。

全国重点文物保护单位——蚌埠市禹会村遗址

龙子湖区

龙湖公园一角

【文化概览】龙子湖区位于蚌埠市东部,东南部与凤阳县接壤。面积111.68平方公里,人口18.97万,辖6个街道办事处和1个乡。龙子湖区铁路、公路和水路交通发达,火车站、长途汽车站、京沪高铁蚌埠站均坐落在辖区,有京沪线上华东地区最大的货运编组站,淮河水运四季通航,是蚌埠市重要的交通枢纽。

境内有曹山、锥子山、东西芦山、老山和龙子湖,山水相依、风景秀丽。东西芦山遍山桃园,龙子湖水域面积8平方公里。辖区历史人文资源丰厚,有始建于东汉的栖岩寺、三国的鲁肃井、明东瓯王汤和墓等一批省级重点文物保护单位。李夕茹为安徽省非物质文化遗产传承人。坐落在辖区内的蚌埠大学城内汇集了安徽财经大学、蚌埠医学院、蚌埠学院等大专院校近10所,各级各类职业培训机构20余所,汇聚了大批的专业科技人才、管理人才和技工人才。

公共文化建设。截至2013年年底,全区共建成区文化馆1个、乡文化站1个、农家书屋28个,新建社区书屋15个,建成使用李楼乡、建新社区2个电子阅览室,安装7套全民健身路径(56件器材),完成8个全民健身苑、11个示范晨晚练点、2个社区体育俱乐部建设。文化站和书屋均实现全面覆盖,公共文化服务体系初步形成。建成村级农家和社区书屋60个,每个书屋面积20平方米以上,均配置了书柜、阅览桌、椅子。建成龙子湖区文化信息资源共享支中心,面积180平方米,实现与省、市信息资源共享中心的联网。组建区、街道、乡镇、社区群众文艺队伍20余支,每年完成公益性演出近百场,收到良好的社会效果。先后多次在省市庆六一文艺汇演、花鼓灯会、民歌节等活动上获奖。

文化遗产保护。辖区现存古遗址8处,已列入区级文物保护单位。先后收集、整理《朱元璋的传说》33篇、《长淮卫庙会》及《长淮民间谜语》1000余条、《长淮民间风俗》8篇,申报列入市级非物质文化遗产名录。

群众文化活动。先后成功举办龙子湖区邻居节、乡村文化旅游节、桃花节、采摘节等活动,吸引一批投资规模大、带动性强、发展前景好的文化旅游项目落户该区。由安徽兴光集团和福建新恒基集团合作总投资25.15亿元的大明文化产业园项目正在建设之中。

蚌山区

【文化概览】蚌山区是蚌埠市中心城区,面积83平方公里,人口28万,辖5个街道办事处和2个乡。

文化产业。安徽嘉恒集团首期投入9.3亿元建设的皖北最大文化旅游项目花鼓灯嘉年华乐园建成运营以来,依托和挖掘花鼓灯艺术,探索传统文化与现代科技完美融合新模式,已逐渐成为国内具有一定影响力的最新一代文化主题乐园,2013年接待游客约130万人次。蚌埠市重点文化旅游项目花鼓灯嘉年华二期、蚌埠万达广场、金鹰农业生态园等完成年度投资任务。蚌山区光彩投资有限公司、安徽嘉恒文化旅游集团股份有限公司2家单位入选2013年安徽民营文化产业100强。花鼓灯嘉年华等3个景区成功创建为国家A级旅游景区。

群众文化活动。为提升城南新区文化旅游、生态旅游在皖北地区的知名度和美誉度,举办“走近城南·分享魅力”蚌山区第五届旅游文化节活动。旅游文化节采取“1+8”的活动框架(即1场开幕式活动和8项重点子活动),扩大旅游文化节的持续影响力。全年完成264场次公益电影放映活动。蚌山区“温馨蚌埠、欢乐珠城”文艺演出频

蚌山区第五届旅游文化节

频获奖，歌伴舞《火红的太阳升起来》以高分在全市获得社区歌舞大赛一等奖，美好乡村文艺汇演夺得市一等奖，首届“复兴梦、晚霞情”社区离退休人员歌咏比赛获得市二等奖。组织蚌山区回民小学参加第28届新春杯全国少年足球赛获得亚军，该校足球队还获得2013年省足球传统项目学校比赛亚军。开展庆“三八”趣味运动会、举办蚌山区全民健身专场展示活动。承办第四届全市“老年智力运动会，并获“四连冠”。2013年“丰原—阿奇卡杯”全国啦啦操联赛（蚌埠站）中，蚌山区枫叶红舞操队获得中老年组啦啦操自由舞蹈轻器械广场舞第二名，燕山乡金圩村美缘广场舞队获得中老年组啦啦操自由舞蹈现代综合广场舞第三名，木兰飘香健身队获得老年组啦啦操自由舞蹈轻器械广场舞第一名，燕山乡雅郢村丽群广场舞队和陈梁村嘉年华广场舞队分别获得中老年组啦啦操自由舞蹈现代综合广场舞第四、第五名。蚌山区农民篮球队获得蚌埠市第八届美好乡村篮球赛二等奖，蚌山区还获得本次比赛的优秀组织奖。

【蚌山区第五届旅游文化节】 2013年5月7日，“走近城南 、分享魅力”第五届旅游文化节在花鼓灯嘉年华摩天轮广场盛大开幕。开幕式文艺演出中，市电视台《百姓大舞台》节目组为过往游客和当地百姓奉献了一台精彩纷呈的文艺节目。本届旅游节为期4个月，开展品味红色旅游暨参观孙家圩子渡江战役总前委旧址、海上明珠和金鹰生态农业基地草莓蓝莓采摘节、体验花鼓灯嘉年华主题乐园游、传统定庵庙会赶集、“走近城南、分享魅力”万达杯自行车骑行等活动。围绕塑造皖北地区的旅游主景点，以区第五届旅游文化节为平台，通过创新宣传形式，改进宣传方法，对城南新区现已发展形成的文化旅游、生态旅游等优势资源进行整合打包，整体宣传，提升城南新区文化旅游资源的知晓度和影响力。

禹 会 区

【文化概览】 禹会区位于蚌埠市西部，面积230平方公里，人口31万。经2013年区划调整后，现主城区划分为朝阳、秀水、迎淮、张公山、金域、大庆、锦绣、钓鱼台、喜迎门9个社区，另辖长青乡、马城镇，境内有涂山风景区。

文化旅游资源。 据史书记载，坐落于马镇镇禹会村的禹墟，属古涂山氏国。由中国社科院组织实施的中华文明探源工程，在禹墟发现了大量距今5000年左右龙山文化时期的鬼脸鼎足、石镞等人类文化遗迹，以实物佐证了大禹治水、“禹会诸侯、执玉帛者万国”的伟大业绩。位于马城镇的冯嘴子村分别被国家命名为中国花鼓灯原生态保护村和中国花鼓灯第一村，并列入国家级非物质文化遗产名录，花鼓灯传习所、演艺广场等游览设施已对外开放。国家级水利风景区蚌埠闸景区，有“淮河上的葛洲坝”之称。位于西部的天河，是省级风景名胜区涂山——白乳泉景区的一个组成景区，天河渔乐水乡景点是省级“农家乐”旅游示范点、国家AA级旅游景区。蚌埠森禾现代花卉产业园区是集花卉研发、生产、展示、市场交易、休闲观光、文化交流等功能于一体的具有国际先进、

张公山望淮塔

国内领先水平的现代花卉产业与休闲旅游观光区。张公湖边的张公山公园，为国家4A级旅游景区，是全市独有的一处山水相映、景色秀丽的大型综合性公园。

文化民生工程。2013年投入公共文化建设资金200余万元，公共文化基础设施逐步完善。现全区有国家二级文化馆1个、乡镇综合文化站2个(其中一级文化站1个)，社区文化活动室9个，农家书屋32个。长青乡综合文化站、张公山社区公共电子阅览室和22个社区书屋均配备书柜、阅览桌、阅览椅、书报架和电脑等设施，形成了区、乡镇、社区行政村的三级文化活动网络。9个农民体育健身广场项目年底建成投入使用，并为13个优秀晨晚练点下发了运动音响器材。禹会区文广体旅局获2009—2012年度全国群众体育先进单位称号。

精神文明建设。淮河蚌埠闸、禹墟博物馆、冯嘴子村花鼓灯第一村3个爱国主义教育基地年内共组织活动18次，接待参观人员10000余人次。组织了“梦想起航”“亮团行动”“走复兴路、圆中国梦”中学生演讲、小学生讲故事比赛，参与学生达3000人。开展“中国好人”、优秀江淮志愿者”等推荐评选活动，推荐上报“中国好人”候选人42名，其中2人获“中国好人”候选人提名奖、1人获“安徽好人”称号、7人获“蚌埠好人”称号、2人获“最感动江淮志愿者”称号。成立了社区文体、青少年成长、交通劝导等10种不同类别的志愿服务队，目前已登记注册文明单位进社区志愿者达1764名。

文明城镇建设。建立网格化划片包干管理机制，全力推进城镇文明创建工作。在全区广泛开展争创清洁示范社区、文明生态乡镇、绿色美好乡村主题活动；推行文明志愿服务和文明单位结对帮扶活动；组织绘制“村史文化”“中国梦”系列文化长廊活动；实施老旧生活小区、国(省)道沿线各村和马城区域的绿化补植、路灯照明综合整治活动。2013年，禹会区入选国家首批智慧城市试点单位，锦绣社区被评为安徽省科普示范社区、蚌埠市十大特色文化社区。

【《蚌埠禹会村》出版】该书2013年12月面世，汇集了禹会村遗址2006年勘察、钻探和2007—2011年发掘的全部资料，并公布了多学科测试研究的最新成果。禹会村遗址是淮河中游地区龙山文化阶段发掘规模大、研究领域广泛的考古发掘遗迹。遗址以特征明显的祭祀遗迹和遗物，显现了该处龙山文化晚期遗存的重要学术价值。遗址中经过人工堆筑的占地2000平方米的大型祭祀台基、专属的祭祀通道、不同类型的祭祀坑、简易式工棚建筑和特征明显的祭祀器具等，对考证具有地域之争的涂山地望、解读“禹会诸侯”事件有一定意义。

淮　上　区

【文化概览】淮上区成立于2004年3月，面积411平方公里，辖5个镇、2个社区，人口25.61万。淮上区历史文化底蕴深厚，留存有丰富的文物古迹和名胜。双墩文化遗址和春秋1号墓2013年被列为国家级重点文物保护单位。辖区内“三汊河”万亩自然生态湿地为国家级湿地公园，被誉为淮北大地“天然公园”。蚌埠中华玉文化产业园2013年被列为省“861”文化产业重点项目。淮上区梅桥沾火神功被列为市级非物质文化遗产。

公共文化建设。2013年，全区公共文化建设共投入120万元，建成覆盖全区75个行政村的“农家书屋”78个，增设社区活动室4个，建成5个镇综合文化站，初步形成区、镇和社区(村)三级一体的文化网络。

群众文化活动。落实安徽省“万千百”健身工程计划，建设村级农民体育健身工程10个，同时加大全区体育指导员队伍建设。举办“美丽淮上、魅力新城”摄影艺术大展，在通城国贸广场举行

“向着梦想出发”大型全民健身展演启动仪式

花鼓灯锣鼓大赛。在全区开展全民阅读活动,举行"我的书屋我的家"演讲比赛。参加蚌埠市第四届智力运动会,中国象棋和围棋成人组团体赛取得优异成绩。淮上区老干部获蚌埠首届老年歌友团精品节目奖。举办"温馨蚌埠、健康淮上——向着梦想出发"大型全民健身展演。

文化旅游事业。淮河蚌埠闸被列为国家4A级风景区。淮河北岸滨河绿地景观带,规划设计全长约6.7公里,规划总面积约209公顷,总投资3亿元,是蚌埠的绿色长廊风景带。淮上明珠广场项目占地100多亩,作为淮上区的地标性建筑,即将建成一个集广场雕塑、水景、景观灯柱、休闲游区和演艺广场为一体的综合文化广场。润天农业、都市农夫被列为国家2A级旅游景区;都市农夫、新世纪族长饭店被列为国家"三星"级农家乐。

精神文明建设。多次举办文明新风进万家"农民运动会""魅力淮上唱响文明锣鼓大赛"、中小学生"我心中的淮上"演讲比赛、"建功美丽淮上、共圆中国梦"中华经典诵读比赛、文明单位乒乓球大赛等活动。淮上区已评选"中国好人"3名、"蚌埠好人"和蚌埠道德模范各1名。在国家4A级风景区——淮河蚌埠闸建立爱国主义教育基地、绿雨农业青少年科普基地和青少年实践基地,在3个敬老院建立孝老爱亲5元爱心基地,为青少年开辟广阔的学习实践空间。认真开展志愿者活动,分别成立"小红帽志愿服务小组""志愿者微笑服务小组""志愿者救残助弱小分队""志愿者应急小分队""志愿者义务放映队""交通文明岗"和社区志愿者服务队"。在开展美好乡村建设工作中,开展"一、十、百、千、万"工程活动,即印制一本乡风文明宣传册,组织10场以文明创建为载体的文艺节目下乡,安排百场爱国文明教育影片下基层,把千条宣传标语写上墙,万家农户讲文明、树新风。淮上区小蚌埠镇被命名为蚌埠市唯一的全国文明镇,曹老集镇被命名为省级文明镇,杨湖村被命名为美好乡村示范点。该区现已创建省级文明单位3家、市级文明单位15家、区级文明单位22家。

【中华玉博园】中华玉博园是省"861"文化产业重点项目之一,位于淮上区主干道解放北路西侧,紧邻宁洛高速出入口,区位环境优越。产业园占地总面积17公顷,建筑面积27.52万平方米,总投资10.8亿元。产业园分为5大功能区域,包括原石交易区、玉器创作作坊区、玉博园区、商务办公及商业街区、综合区(商务酒店、电子商务中心、研发基地)等。园区内设计主题园区,将文化景观、玉雕创作群落、坯料加工厂、精品玉器博览中心、专业市场有机融合。产业园用传统的中式建筑、轴线对称、棋盘路网的设计风格,创造出以"古"为基调的、具有浓厚产业特色的创意产业园总体格局,将中式、古典、地域特色的建筑布局融入整个市场,是一个集玉器加工、设计研发、商品展销、鉴定拍卖、旅游观光和服务于一体的大型玉文化产品交易市场。

怀远县

【文化概览】怀远县地跨淮河两岸,是淮河文化、大禹文化的重要发源地。面积2211.6平方公里,人口126.5万,辖10个乡镇,设1个省级经济开发区。至2013年,全县有公共图书馆1个、文化馆1个、文物管理所(博物馆)1个、乡镇综合文化站19个、电子阅览室19个、农家书屋333个、文化信息资源共享工程村级服务点333个。有国家级重点文物保护单位1处、省级重点文物保护单位2处、县级文物保护单位13处;有馆藏文物7408件,其中国家一级文物5件(套)、二级文物8件(套)、三级文物156件(套)。县级非物质文化遗产保护项目279项,涉及14个门类;花鼓灯为国家级非物质文化遗产,端公腔、大禹传说、禹王庙会为省级非物质文化遗产保护项目。

花鼓灯民俗踩街

县图书馆为三级馆，馆舍面积1100平方米，设有文化信息资源共享工程县级支中心，文献资源借阅、检索与咨询、公益性讲座和展览、基层辅导、流动服务等基本文化服务项目免费提供，实行全日制开放，每周服务时间为56小时。县文化馆馆舍面积2012平方米，内设榴花剧院、展览厅、阅览室、排练厅、老年活动室、少儿艺术培训中心、文明市民学校等空间设施，普及性文化艺术辅导培训、公益性文化活动、公益性展览、培训基层队伍和业余文艺骨干、指导群众文艺作品创作等基本文化服务项目免费提供。1990年被文化部评为“全国先进文化馆”、1993年9月被文化部命名为“标准文化馆”，2010年被文化部评为三级馆。县博物馆于2009年11月挂牌，2013年正式对外免费开放。

2013年，全县共计投入160余万元，新建乡镇综合文化站19个，完成乡乡都有文化站的总体目标。文化站除满足“四室一厅一场”要求外，还按照省文化厅要求配备了电脑、彩电、投影仪等文化信息资源共享工程设备；购置了会议条桌、阅览桌、期刊柜、书橱、报架等办公设备以及锣鼓和乒乓球桌等体育器材。

【花鼓灯民俗踩街】花鼓灯民俗踩街是怀远县春节期间传统民间文化活动，以民俗展示为特色，通过老百姓喜闻乐见的表演形式，营造节日喜庆气氛。花鼓灯踩街的形式主要有花鼓灯舞蹈、花鼓灯锣鼓、花鼓灯灯歌、花鼓灯文场等。民俗踩街主要有传统舞龙、舞狮、旱船、秧歌、腰鼓、高跷、小黑驴、大头娃娃、抬高轿、四老爷坐独杆轿、河蚌精、八仙过海等。民俗表演动作夸张，演员神态风趣幽默，喜剧特点突出，深受群众喜爱。

五　河　县

五河县青年圩广场

【文化概览】五河县地处皖东北淮河中下游，因境内淮、浍、漴、潼、沱五水汇聚而得名。面积1428.6平方公里，人口66.7万，辖14个乡镇，是全国文化先进县、全国体育先进县。

五河历史悠久。唐代名为古虹，宋朝始称五河，至今900多年。五河风光秀美。大巩山省级森林公园群山环绕，绿树成荫，森林覆盖率达80%。以沱湖省级自然保护区为核心的湿地，鱼蟹竞游，鸟类翩飞。县城四面环水，素有“淮北水乡”之称，是“全省园林县城”。

民歌《摘石榴》获南宁国际民歌节金奖，以其为代表的五河民歌被列入国家级非物质文化遗产名录；临北狮子舞、旱船、钱杆舞、清明传统庙会为省级非物质文化遗产；王芹、薛胜友、顾祖元、陈广州、欧明荣等为省级非物质文化遗产项目传承人；顺河街为安徽省历史文化名街；严氏墓晋级“国家级重点文物保护单位”。

截至2013年年底，全县共有公共图书馆、文化馆、广播电视台各1个，县图书馆被评定为国家一级馆。五河为省“农村公共图书服务一体化建设”试点县。全县14个乡镇全部建有综合文化站，199个自然村、14个社区建成215个农家书屋。县体育中心由体育馆和体育场两部分组成。体育馆总面积8149平方米，内有座位2387个；体育场有1个8跑道的标准田径场、1个体育场、4个网球场、4个篮球场。全年开展农村体育活动1194次。

大巩山省级森林公园

固 镇 县

【文化概览】固镇县位于淮河北岸，汉高祖刘邦在此设立谷阳县，1965年建立固镇县，辖11个乡镇，面积1363平方公里，人口63万。

文化遗产保护。县境内曾发生过楚汉垓下之战。在古战场遗址下发现的距今4500年的垓下大汶口晚期城址，是安徽境内为数不多的史前城址之一，被评为2009年全国十大考古新发现。垓下古战场遗址1986年被列为安徽省重点文物保护单位。2013年该遗址被公布为第七批全国重点文物保护单位。目前全县境内拥有不可移动文物392处，其中国家级重点文物保护单位1处(垓下遗址)、省级文物保护单位3处(谷阳城遗址、南城子遗址、集东遗址)、县级文物保护单位32处。全县拥有非物质文化遗产33项，其中省级2项、市级11项。该县还拥有市级非物质文化遗产代表性传承人7人。

文化事业。公共图书馆、文化馆(站)、博物馆设施免费开放。县图书馆2013年被国家文化部评为二级馆，馆舍面积1800平方米，现有馆藏图书55.5万册(其中电子文献50万册，纸质图书5.5万册)，期刊246种（其中少儿期刊96种）、报纸44种。县文化馆2011年被文化部评为国家三级馆。县博物馆面积494平方米，展厅面积近300平方米，馆藏文物千余件。城南新区新博物馆和图书馆开建，规划近4000平方米。

文化民生工程。2013年，文化民生工程建设投入资金440万元，先后建成乡镇综合文化站11个，建成农家书屋232个、农村文化信息资源共享工程项目192个、农村公共文化信息化服务项目11个。全年共放映公益电影128部、2304场，观影约20万人次。通过招投标优选选文艺团体进行送戏下乡，有4家文艺团体中标，送戏192场次。举办“民间艺术踩街”“大美固镇·温馨家园”广场纳凉晚会、“大美固镇”广场文化民生文艺展演等19场大型文艺活动，承办蚌埠市第七届乒乓球赛。

文艺创作。出台《固镇县文艺创作和艺术表演奖励暂行办法》，调动全县文艺爱好者的创作热情。经认定，2013年度在市级以上比赛中获奖和在市级以上正式报刊上发表的文艺作品共365件，其中在省级以上报刊发表作品78件。

精神文明建设。组织开展“中国好人”、省市道德模范、“感动江淮”志愿服务典型等推荐申报工作。欧兴田被评为“2013年十大良心人物”并获2013感动中国人物评选候选人提名，刘秀玲被评为“感动江淮30年十大计生人物”，王璐被省文明委授予“安徽省第三届道德模范提名奖，王明英被评为“全省公路系统先进人物”，张雅静当选为安徽最美媳妇，王辉、闫兴玲、周雪梅被评为“百千万志愿者活动”的优秀志愿者，王璐、陈争上被评为“感动2012全市新闻人物”。

【“大美固镇，书法纳凉”现场书写活动】7月2日，由县委、县政府主办的“大美固镇·书法纳凉”现场书写活动在固镇县二中举行。来自全县各条战线1000余人参加了活动，其中325名书法爱好者现场合写了书法名作《兰亭集序》。此次书法纳凉活动为申报“中国书法之乡”营造浓厚的氛围。该县书协有36个分会，会员200余人，其中有中国书法家协会会员14人、省书法家协会会员54人。先后有200多人次作品在中国书法家协会主办的各项大展中入展、获奖。

“大美固镇，书法纳凉”现场书写活动

淮南市

【文化概览】淮南市位于淮河中游，辖5个区、1个县、1个国家级综合实验区，面积2584平方公里，人口243万。1952年设立省辖地级淮南市，1984年被国务院批准为“较大的市”，享有地方立法权。淮南是安徽省重要工业城市和国家新型能源基地，是全国13个亿吨煤基地之一和6大火电基地之一，被誉为“华东工业粮仓”。作为“皖电东送”主力军，淮南拥有国家级淮南经济技术开发区、省级煤机装备制造业基地、省级现代煤化工基地和省级高新技术产业基地。淮南是兼有黑色煤炭、红色火电、白色豆腐、蓝色生命、绿色生态之地，素有“五彩淮南”美誉。

文化底蕴厚重。楚汉文化源远流长，“淮南虫”古化石、淝水之战古战场、古寿州窑遗址、古茅仙道观、古墓群、稀有剧种推剧为代表的“五古一稀”文化遗产星罗棋布。首次记述“二十四节气”和“嫦娥奔月”“女娲补天”等神话传说的《淮南子》牢笼天地、博极古今，“东方芭蕾”花鼓灯世代传承，少儿艺术享誉国际，八公山豆腐驰名中外，豆腐文化节已成为中国最具影响力的十大品牌节会。成功举办20届中国豆腐文化节和3届国际少儿艺术节。拥有4处国家4A级、2处3A级旅游景区，2处国家级、13处省级重点文物保护单位。花鼓灯、火老虎被列为国家级非物质文化遗产，紫金砚制作技艺、采莲灯民间舞蹈等12个项目被列入省级非物质文化遗产名录。著名花鼓灯艺术家陈敬芝、邓红、张士根，著名马戏灯艺术家孙永超被确定为国家级非物质文化遗产传承人。

文化产业和文化事业。2013年，编印出《淮南市文化产业政策汇编》。少儿艺术节入选省规范提升的文化节庆展会；中国豆腐文化节、焦岗湖影视城、《淮南子传奇》第二季和推剧《游春》创作等入选省确认的市“四个一”项目，其中《淮南子传奇》第二季获国家广电总局“2013年度优秀国产动画片一等奖”并获评“2013年度少儿精品专项扶持资金项目”；5家民营文化企业入选省民营文化企业100强，其中安徽华印机电股份有限公司入选上市后备文化企业。乐森黑马乐器有限公司获国家文化出口重点企业称号。206文化创意园开园。全市文化产业增加值17.2亿元，连续5年保持20%以上的增幅。“大地欢歌”社会文化展示活动被省文化厅授予“江淮群星项目奖”，并获“第16届全国群星奖项目奖”。舞蹈《千里长淮一条线》先后获全省“江淮群星节目奖”和“第16届全国群星奖节目奖”。凤台县推剧团和花鼓灯艺术团代表安徽省分别赴韩国、美国开展交流演出。淮南少儿艺术发展项目被文化部、财政部确定为第一批创建国家公共文化服务体系示范项目，也是全国仅有的一个少儿文化示范项目。组织开展全市第十二届精神文明建设“十个一工程”评审活动，评审出近3年来涌现的图书、影视动漫、书画摄影等10类42件精品。出台实施《淮南市文艺精品创作生产奖励扶持实施办法》，对文化精品创作生产起到有力的示范引导作用。全市共有公共图书馆4个、文化馆8个、广播电台3个、电视台6个，体育场馆9个、计15万平方米，有健

第二十届中国豆腐文化节开幕式现场

身广场405个、农家书屋713个、文化馆(站、室)54个、民间文化表演团体130多个,各类图书馆藏书近40万册。全年公共文化投入18790万元。

公共文化设施建设。淮南市文化艺术中心建设积极推进,设施功能包括市图书馆、市文化馆、市美术馆和市少儿艺术研发展示基地4大方面,总投资约4亿元。市博物馆后续建设启动,紫金石博物馆、生命起源博物馆等一批特色博物馆建设持续推进。八公山区文化中心建成投入使用。完成30个公共电子阅览室建设任务和第5次国家公共图书馆评估定级工作。制定下发《淮南市公共文化场馆免费开放实施办法》等3项文化民生工程实施方案,强化落实各级配套资金。开展全市各级公共文化场馆免费开放工作,筹建全市公共文化数字平台,促进市、县(区)图书馆智能化、网络化、一体化建设。

大地欢歌文化志愿服务基层行

群众文化活动。启动2个农民文化乐园建设试点工作。相继开展“万班花灯闹新春”第四届淮南市花鼓灯鼓舞大赛暨民间艺术大联欢、第三届淮南市群众摄影大赛获奖作品展览、第四届淮南市群众摄影大赛暨“美好乡村”建设主题摄影展。全面实施“文化志愿者基层行”系列文化惠民活动。举办“三下乡”活动20多场。开展2013年百场公益电影进社区,共完成农村公益电影放映约2300场。

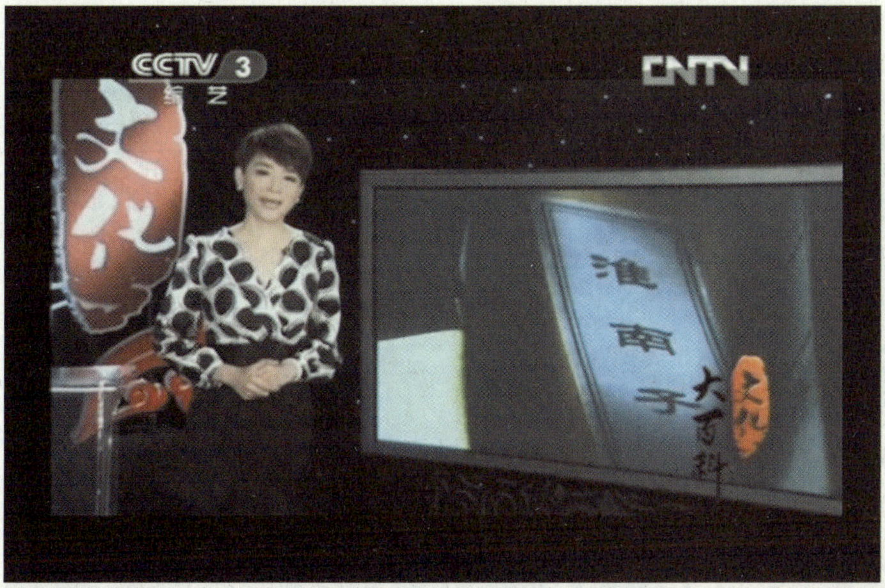

《淮南子》亮相央视文化大百科

精神文明建设。全年开展“淮南市道德总堂”6次、“空中道德讲堂”2次。隆重表彰第三届淮南市道德模范,组织推荐第四届全国道德模范候选人和第三“安徽省道德模范,1人当选第三届安徽省道德模范。6人入选“中国好人榜”,8人次入选“安徽好人榜”。建设“好人长廊”,集中展示33位道德模范人物事迹。募集31万元资金注入安徽省道德建设基金会,建立淮南市道德建设基金。在全市集中培育打造1个志愿服务精品社区、2个志愿服务精品单位、3个志愿服务精品项目、4个志愿服务精品队伍、5名志愿服务领军人物。8人、3个志愿服务队当选2013年度“月评江淮志愿服务优秀典型”。组织开展“我们的节日”主题系列活动。开展创建“文明网站”活动,评选表彰一批“文明网站”,组织全市省级以上文明单位加入安徽文明网“文明单位大展台”。建设网络文明传播志愿者队伍,利用论坛、博客、播客、QQ、微博等互动平台,积极参与网上正能量宣传。争取中央公益彩票基金资助建设11所、自建6所乡村学校少年宫。淮南成为全省唯一被国家教育部命名的“全国中小学心理健康教育示范区”。

文明城市建设。争创第三届安徽省文明城市,文明创建工作取得历年来最好效果。广泛刊载“讲文明树新风”公益广告，扎实开展环境整治、抛洒治理等“十整治”与文明单位“十评选”活动，精心实施文明创建城乡规划、城市建设、城市管理、拆除违建、文明交通、小街小巷改造、市场改造等“十大工程”。开展文明交通和文明餐桌行动，在全市评选表彰55家文明餐桌示范单位。加强城乡共建，大力开展省级文明单位与美好乡村中心村结对共建活动、市级文明单位标兵与行政村结对共建活动。评选表彰第六届淮南市文明乡镇20个、第五届淮南市文明村48个、第四届文明站所106个。检查验收第十六届市级文明单位(标兵)，围绕文明交通、文明旅游、文明经营、文明服务等内容，深化文明行业创建活动。

城乡环境综合治理。结合淮南实际，将省“三线三边”治理工作延伸至淮南厂矿周边等地区，创造性地开展“三线四边”城乡环境综合整治，形成领导领衔、建账销账、挂图作战、群众参与的常态长效机制。拆除大型立柱广告牌327块、关停非煤矿山86座、清理垃圾10万吨、拆除乱搭乱建15万平方米、打造城市周边出入口景观16个、治理“骑路逢集”22个、实施“三线四边”绿化面积5000公顷，综合治理工作取得良好效果。12月24日，

淮南市少儿艺术创建首批国家公共文化服务体系示范项目颁奖仪式

《安徽日报》、安徽电视台等近20家媒体在淮南召开新闻见面会，集中宣传推介淮南市“三线四边”治理经验。

【凤台县花鼓灯艺术团赴美参加“中国文化节”】2013年9月25日至10月1日，凤台县花鼓灯艺术团应美国华盛顿大华府华人社区联盟和华盛顿中国文化节组委会邀请，代表安徽省赴美参加“第十五届华盛顿中国文化节”演出。自1999年起，已成功举办15届“华盛顿中国文化节”。此次与历届相比，节目多、阵容强、水平高，是规模最大的一届文化节。凤台县花鼓灯艺术团在开幕式上表演的花鼓灯舞蹈《欢腾的鼓乡》《荷花湖》《游春》及《板凳龙》等作品，以其热烈奔放的思想情绪、高难复杂的动作技巧和优美灵活而又不失细腻的精彩表演，震撼了所有在场的华人华侨和美国观众，在当地引起轰动，有力展示了淮南特色文化。

【侵华日军淮南罪证遗址升为国保单位】2013年，经国务院批准，侵华日军淮南罪证遗址被公布为第七批全国重点文物保护单位。至此，淮南市全国重点文物保护单位已增至2处。该遗址位于淮南市大通区，主要包括“万人坑”、秘密水牢、站后碉堡、碉堡水牢、窑神庙等5个保护区，是日本侵华的历史罪证，也是进行爱国主义教育的生动教材。

淮南夜色

大 通 区

【文化概览】大通区地处淮南、蚌埠、滁州3市交汇处，辖4个乡镇和1个街道办事处，代管国家级淮南市经济技术开发区，人口18.3万，面积350平方公里。大通区现有国家4A级森林公园1处、省级优秀旅游乡镇2个、国家级重点文物保护单位2处（寿州窑遗址、日军侵华罪证遗址）。大通“万人坑”教育馆被列为国家3A级旅游景区和省级爱国主义教育基地，大通湿地公园被列为国家2A级旅游景区，新四军纪念林被列为省级爱国主义教育基地，寿州窑陶瓷制作技艺被评为“省级非物质文化遗产保护项目”，民间艺人崔怀伦、鲍峰为非物质文化遗产传承人。

文化产业和文化事业。2013年文化产业总产值5584万元，比上年增长12.6%。2家民营文化企业入选省民营文化企业100强，安徽华印机电股份有限公司入选上市后备文化企业，乐森黑马乐器有限公司获国家文化出口重点企业称号。投资20余万元、占地3000平方米的洛河镇国家级全民健身广场建成投用。洛河镇农场社区体育俱乐部、九龙岗新建社区全民健身苑等省级项目建成投用。“十二五”以来，区财政对全区文化事业经费投入累计达到800万元，建成文化信息资源共享工程县支中心和1个国家级全民健身广场、2个省级乡镇全民健身广场、1个省级社区体育俱乐部、5个社会体育俱乐部、6个全民健身苑、31个农民体育健身工程、4个乡镇综合文化站、51个农家书屋、10个社区书屋、34个村级文化信息工程项目基层点。

文化旅游。2013年累计投入5000多万元，完善各景区景点配套设施，开通上窑森林公园景区第一条生态旅游环线，启动东梨山植被恢复工程，完成大通“万人坑”教育馆防火隔离带及景区绿化建设。大通“万人坑”、窑神庙、秘密水牢、站后碉堡、碉堡水牢等侵华日军淮南罪证遗址入选第七批全国重点文物保护单位，增强了大通文化旅游的吸引力、影响力和竞争力。

精神文明建设。以创建文明行业、文明单位、文明社区为重点，促进城乡文明创建统筹发展，7个美好乡村建设中心村稳步推进。大力提升文明村镇、“四创”示范村创建水平，组织省级文明单位与8个“四创”示范村开展结对共建活动。开展“学雷锋、讲文明、树新风”志愿服务等活动。广泛开展创建文明集市和星级文明户评选活动，文明创建工作进入常态化、制度化管理轨道。2013年，新增1个省级文明村、1个市级文明乡镇、2个市级文明村、4个市级文明站所和10余个“四创”示范村。辖区内省级文明单位现已达2家、市级文明单位（标兵）达31家。入选“中国好人”2人、“安徽好人”1人、江淮优秀志愿服务先进典型12个。

【乐森黑马乐器有限公司获国家文化出口重点企业称号】乐森黑马乐器有限公司是安徽省唯一电声乐器出口生产企业，主要产品为电吉他、电贝司、乐器音频扩大器等相关设备。2007年4月获对外贸易经营者备案登记，同年12月取得海关进出口货物收发货人报关注册登记证书，产品实现100%出口。该公司多次以安徽省唯一乐器参展商身份参加德国法兰克福世界乐器展并入选《中国乐器年鉴》。在上海国际乐器展、美国NAMM世界乐器展以及德国Frankfurt国际乐器展上，公司产品以独特的外观、优良的质量深受国外客户的认可和喜爱。公司现拥有5个出口商标及1个国家专利，并取得相关产品的CE及ROHS认证，产品远销美国、英国、德国、法国等21个国家。2011年9月被省文化厅授予安徽省文化产业示范基地称号。2012年6月，公司正式入驻大通工业新区。2013年乐森黑马乐器有限公司获国家文化出口重点企业称号。

侵华日军淮南罪证——大通万人坑遗址

谢家集区

《怪物史瑞克》获全国“荷花·少年”舞蹈大赛小学组一等奖

【文化概览】谢家集区成立于1960年10月，是淮南市西部中心城区。面积275.7平方公里，人口33.7万，辖4个镇、2个乡、5个街道办事处，设1个省级安徽淮南工业园区。2013年11月，托管田家庵区3乡镇（曹庵镇、三和乡、史院乡），3个乡镇面积161.7平方公里，人口9.1万。区内有战国楚相春申君黄歇墓、赖山集清真寺、尹氏祠堂等历史文化古迹，有省级风景区卧龙山森林公园等自然景观。

公共文化建设。截至2013年年底，全区建有文化馆1个、乡镇综合文化站9个、农家书屋110个、农民体育健身工程67个、街道体育俱乐部2个、全民健身苑6个。全年区财政公共文化服务体系建设投资211.8万元。少儿合唱艺术享誉江淮，区少年宫合唱团多次参加省内外大赛并屡摘大奖，2013年参加安徽电视台“当红不让”少儿歌手擂台赛获得擂主称号，被赞为“江淮一流少儿合唱团”。

群众文化活动。全年共举办公益性群众文化活动12次、公益性展览展示4次，社会文化艺术培训19期，文化信息资源共享工程616场，农村电影放映506场，农家书屋借阅读书9294册，文化下村活动29次，综合性文化活动57次，单项性文化活动133次，文艺体育活动56次，受益群众共计97650人次。成立广场舞、舞蹈、武术等协会，组织举办全区美好乡村广场舞展演。注重培育打造精品工程，少儿舞蹈《怪物史瑞克》在全国舞协主办的“荷花·少年”舞蹈大赛中获得小学组一等奖。举办唐山镇迎新春冬季运动会，杨公镇、望峰岗镇、唐山镇农民健身操大赛，李郢孜镇亲子趣味运动会等各类活动。

精神文明建设。以打造美好和谐的“魅力西城”为目标，实现全区社区文明宣传全覆盖，公益广告覆盖率达60%以上。共拆除高立柱广告牌147块。逐步实施“文明劝导”市场化运作，对不文明行为进行劝导。开展“文明餐桌”活动，鼓励市民厉行节约；命名表彰10家区级文明单位、13家区级文明社区和6家区级文明村，18家单位获市级文明单位（标兵）称号。全区志愿者注册人数已达2万余人，全部签订《志愿服务承诺书》。

【“社区大家乐”成为群众文化活动品牌】谢家集区“社区大家乐”群众文化活动，作为一项社会热捧、百姓欢迎、影响广泛的综合性、系列化的惠民工程，始终坚持“政府主导、社会参与、面向基层、服务群众、文化搭台、百姓唱戏”宗旨，以基层群众文艺成果展示为主，分为“文艺汇演”“体育竞赛”“作品展览”等3大板块11个项目，现有演出人员500余人，每年演出20场左右。自2009年创办以来已举办演出86场，受益群众累计10万余人次。2013年作为基层特色文化活动，多次受到中央电视台、安徽电视台等主流媒体的采访报道，已成为谢家集区公益性群众文化活动的一个亮点。

田家庵区

【文化概览】田家庵区是淮南市政治、经济、文化和商贸中心。辖2个镇、9个街道办事处，面积256平方公里，人口53.9万。综合经济实力位居全省城区前列。

文化事业。2013年，文化馆项目改造完成，投入130多万元，建成馆舍总面积860平方米，配置计算机30台，电子图书24万册，纸质图书近2万册，各种报刊、杂志近200种，设置多媒体科技培训室、报告厅等。建成4个电子阅览室、2个农民体育健身场地、5个街道文化中心和25个文化活动体育健身广场。

精神文明建设。开展“我们的

节日”主题活动、职业道德普及、五好家庭评比、“懂礼知仪明荣辱”和公民道德日集中宣传活动。在社会公德建设过程中，全区涌现出一批道德模范和典型，市直机关幼儿园园长孙明霞获第三届安徽省道德模范爱岗敬业模范。张玉奎入选中国文明网5月“中国好人榜”助人为乐好人，陈惠娟入选6月“中国好人榜”孝老爱亲好人。

文明城市建设。城居环境不断优化，新整修街巷20条，在乡村集镇分步安装294盏太阳能路灯，建成10座城乡公厕。在全区广泛开展十星级文明户和五好家庭评选活动，命名表彰“十星级文明户”147户、“五好家庭”149户。深化“文明餐桌”行动，在全区各餐饮企业单位设置文明餐桌倡议标示牌100个、席卡9000份，评选命名红茶坊、粥面世家、信谊酒店等20个餐饮企业为田家庵区“文明餐桌示范店”。

【群众文化成果展示活动精彩纷呈】2013年，举办“幸福田家庵·梦想红五月”群众文化成果展示及文化惠民系列活动。组织少儿舞蹈专场、声乐专场和器乐专场演出，举行群众文化成果展示及文化惠民活动启动仪式。组织开展“幸福田家庵·百姓大舞台”走进乡镇、走进社区大型文化惠民演出16场。通过少儿艺术专场演出，选拔优秀少儿节目参加淮南市第十一届少儿艺术节，并获演出一等奖10个、二等奖9个、三等奖7个，6个节目获最受孩子喜爱的节目奖。开展创建省级文明城区和“美好乡村·幸福家园”田家庵区专场文艺演出，满足群众文化活动需求。

“幸福田家庵·梦想红五月”群众文化成果展示及文化惠民活动

八公山区

【文化概览】八公山区位于淮南市西部，是因矿而生、依矿建城、缘山得名的资源型城区。面积148.13平方公里，人口21.4万，辖3个乡镇、3个街道办事处和2个林场，设1个省级经济开发区。八公山区有着丰富的历史底蕴和文化内涵，豆腐文化、楚汉文化影响深远，鸿篇巨制《淮南子》千古流芳，“淝水之战”闻名遐迩，“一人得道、鸡犬升天”的神话传说妇孺皆知。李白、苏轼、欧阳修、刘禹锡、韦应物足迹踏遍八公山，留下不少脍炙人口的名篇。八公山风景区是国家地质公园、国家森林公园、国家4A级旅游区、安徽省风景名胜区。八公山紫金砚制作技艺、八公山豆腐手工制作技艺、寿州窑陶瓷制作技艺为省级非物质文化遗产项目，李俊、杨舜天、沈德亮、路福传为非物质文化遗产传承人。

公共文化建设。2013年，八公山区深化“文化兴区”建设，完善文化基础设施，建设覆盖城乡的公共文化服务体系，文化事业蓬勃发展。截至年底，全区拥有文化体育活动中心1个、乡镇综合文化站3个、农家书屋27个、文化活动健身广场3个、民间业余文化艺术团体31家。全年公共文化投入219万元，文化民生工程建设投入70万元，各类图书馆藏书20万册。

地方特色文化建设。八公山区挖掘地方特色文化，将自然资源与地质文化、豆腐文化、淮南子文化、道教文化、历史文化深度融合，着力提升文化旅游产业化水平。依托地质文化，兴建地质博物馆；发展豆腐文化，兴建豆腐文化产业园及豆腐文化主题馆；传承淮南子文化，兴建淮南子文化园；深挖历史文化，谋划淝水之战主题公园、佛教文化产业园等文化旅游项目。以保护和传承寿州窑、紫金石制作技艺两项非物质文化遗产项目为依托，做大做强天宝非遗文化园；以建设旅游文化产业园为抓手，全力打造“文化旅游项目集中、文化旅游产品集聚、文化旅游服务设施集成”的全省首个文化旅游产业园；以打造合肥经济圈和新皖北旅游目的地为目标，做大做强文化旅游产业。已连续举办中国淮南八公山旅游节12届、大八公山旅游嘉年华2届。

精神文明建设。深化社会主义核心价值观、公民道德建设等主题教育活动，全面推进区级以上文明单位“道德讲堂”建设，集中培育打造志愿服务“五个一”精品工程。青

八公山第六届健身秧歌大赛

少年爱国主义读书教育活动再获全省组织工作特等奖，山王镇“老娘舅”获评“江淮志愿服务优秀典型”，市十三中学生郑春童获评“安徽好人”，2个镇被命名为第六届市级文明乡镇。

【八公山第六届健身秧歌大赛】八公山健身秧歌节暨健身秧歌大赛是一项政府主导、社会参与、普惠群众的文化活动。本届健身秧歌节于2013年9月26日举办，节会坚持节俭惠民原则和“全民参与”办节理念，深挖淮河花鼓灯、淮南子文化等地方文化特色，以健身秧歌、健身操、健身舞等为主要表演形式，突出做好“山、水、人、文”结合文章，受到广大群众欢迎。经过多年努力，八公山健身秧歌节已成为该区一张有影响、有规模、有创意、有特色的靓丽文化名片，成为淮南市乃至安徽省最具影响力的健身品牌活动之一，先后被评为省级特色群众文化活动、省级全民健身品牌活动、安徽省秧歌舞大赛金奖。

潘 集 区

【文化概览】潘集区1972年建区，南濒淮河、北依茨淮新河、东临怀远县、西接凤台县。面积590平方公里，是淮南市国土面积最大的区。辖9个镇、1个乡、1个街道办事处，人口44.6万。潘集是国家重要的煤、电、化基地，是安徽省第一煤电大区。

文化资源丰厚。古遗址有秦之南下驰道，已发掘古寿州窑址35座、古墓葬16处，有清风岭、皇姑坟、高皇寺、兴唐寺和芦沟垂钓、小园惠泽等众多人文景观。芦集镇获“安徽省最佳旅游乡镇”称号。夹沟镇花鼓灯、龙灯、狮子舞、推小车、骑犟驴等民间艺术异彩纷呈，被文化部命名为“首批中国民间艺术之乡”。李成云为国家首批非物质文化遗产花鼓灯传承人。架河镇瓦郢村民间舞蹈“采莲灯”被列为淮南市首批非物质文化遗产。祁集镇祁圩村被誉为中国豆腐文化第一村。位于潘集镇境内的潘集区“凤台县抗日民主纪念园”为省级爱国主义教育基地。

公共文化建设。截至2013年年底，全区有公共图书馆、文化馆、广播电台、电视台、文体中心各1个，国家级、省级全民健身广场各1处，体育场馆2200平方米，图书馆藏书1.4万余册。乡镇综合文化站、行政村农家书屋实现全覆盖，区图书馆、文化馆及乡镇文化站免费开放。对全区141个行政村实施农村文化发展专项补助，全面推进文化民生工程。芦集绿豆圆、芦集清明孤堆、古沟泥老虎和平圩二仙摔跤列入市级非遗保护名录。担当文化主题曲《担当之歌》新闻发布会在北京梅地亚中心举行，中央电视台、凤凰卫视、新浪网站等60余家媒体参与发布。举办少儿文艺调演、美好乡村群众文化展示等专题活动12场次，组织85名文化志愿者下基层辅导基层文化骨干1万余人次，送电影下乡800多场。

精神文明建设。开展“道德讲堂”100余场，受教育干群9000人次。成立区志愿者服务支队、城管

潘集区祁集镇农民文化休闲广场

志愿者协会，注册登记志愿者达1.2万人。国税干部陈洪贵进入“中国好人榜”、登“安徽好人榜”，乡村教师王美荣获全国“师德标兵”称号。文明城市创建和“三线四边”城乡环境综合整治工作取得群众满意的效果。

【第十九届“4·20”农民文体节】农历4月20日，第十九届“4·20”农民文体节在潘集区夹沟镇举行。夹沟“4·20”农民文体节自1984年以来已成功举办19届，节会由最初村内群众农闲自发组织的牛拉谷物、电工爬杆、托土基等民俗比赛项目，发展到全民参与的田径、划船、健美操、知识问答等文体活动，成为辐射全区乃至全市农民文化生活的活动项目。夹沟镇先后获中国民间文化艺术之乡、全国“亿万农民健身活动”先进单位、全省“千万农民健身活动”先进单位等称号。2013以年，夹沟镇文化站再次获国家体育总局颁发的“2009—2012年度全国群众体育先进单位”称号。

毛集实验区

【文化概览】毛集实验区位于淮河中游，面积201平方公里，人口12.93万，辖3个镇,设1个旅游景区管理处。1999年11月建区，享受国家试点县优惠政策，是安徽省唯一的可持续发展综合实验区。拥有两个国家4A级旅游景区，是全省重点旅游县(区)、生态县(区)。毛集实验区文化底蕴厚重，历史上受淮夷文化和蔡楚文化影响深远，是淮河民间文化发源地，素有“花鼓灯之乡”和“灯窝子”的美誉。境内有龙灯、狮子灯、旱船灯、小车灯、马戏灯、推剧，是淮河流域著名的“千班锣鼓万班灯”的文化之乡。

文化事业发展。2013年，全区公共文化建设投入近650万元，文化民生工程投入27.5万元。有文化馆(站、室)4个、农家书屋43个、各类图书馆藏书13.4万册。建成2个社区电子阅览室，实现村级农家书屋全覆盖；新增全民健身广场2个、村级健身场地4块。发展民间戏曲协会1个，组建民间唢呐艺术团34个。举办毛集物质文化节民间锣鼓灯舞、篮球、乒乓球、拔河、象棋、扑克6项文艺、体育赛事。全年共开展各种形式文化下乡演出活动60多场次，送电影下乡456场次。

文化产业发展。毛集实验区坚持文化与旅游、文化与会展、文化与演艺结合，充分利用焦岗湖旅游景区、淮河民俗风情博物馆、淮河文化剪纸基地、双安广场等文化资源，借助淮河风情旅游文化节品牌优势，大力发展规模效益明显、分布相对集中、优势互补且配套完善的休闲旅游业、文化会展业和娱乐演艺业以及文化企业群。2013年淮南市首部微电影《沉入湖底》在焦岗湖影视城杀青。

精神文明建设。全区8个局和13个科级单位开办了“道德讲堂”，定期开展道德素质、传统文化、现代文明生活方式等丰富多彩的道德讲座。全区志愿者全年开展活动136次，21个单位参加全市文明单位创建。遴选出毛集好人向全市推荐，毛集养猪女能手杨新华被评为“淮南好人”。围绕“秀美小城市、生态实验区”目标，开展“三线四边”环境综合整治，积极倡导“文明新生活、干净新城市”文化年主题理念，收到良好效果。

【焦岗湖生态文化温泉旅游度假村一期项目竣工】2013年年底，由安徽中沛置业集团有限公司投资建设的焦岗湖生态文化温泉旅游度假村一期项目全面竣工并启用。该项目建筑面积5万平方米，涵盖商业街、滨湖度假酒店、观湖大道、水上广场、码头等工程，3年共完成投资3.8亿元。项目引用欧美湖海居旅游度假模式，以生态化、国际化和可持续发展的理念规划、开发焦岗湖周边丰富的自然旅游文化资源，创造高端湖区旅游文化资源产品，拓宽文化产业发展道路，构建文旅结合综合发展的新模式。

淮南推剧唱响焦岗湖荷花淀

凤 台 县

凤台县第一届运动会

【文化概览】凤台县位于淮河中游，古称州来，又谓下蔡。清雍正十年(1732)置县，沿革至今。面积894平方公里，人口64.2万，辖8个镇、8个乡。县内资源储藏丰富，煤炭储量达120亿吨，是全国深井采煤第一大县和新兴的煤电化基地。文化底蕴丰厚，全国稀有剧种“推剧”“东方芭蕾”花鼓灯艺术成为特色文化现象。

文化事业和文化产业。截至2013年年底，全县共有县级文化馆1个、广播电视台1个、农家书屋247个、乡镇综合文化站15个。全年公共文化投入880万元，文化民生工程建设投入268万元。开展各类体育活动1278场、文艺演出1000场次、放映电影2556场、更新农家书屋图书21626册、培训基层文艺骨干新人150余人。舞蹈《千里长淮一条线》获文化部群星奖。花鼓灯艺术团出访美国、推剧团出访韩国演出。花鼓灯艺术团参加全国非遗项目展示和中国舞协及中央电视台联合举办的非遗展演。成功举办凤台县第一届运动会。

精神文明建设。全县以巩固和提高全国文明县城成果为重点，广泛开展文明行业、文明单位创建活动。深入开展凤台县“十大陋习”征集和系列宣传教育活动、“为爱行动、圆梦江淮”志愿服务等各类创建活动，有效提升文明创建水平。

【凤台县第一届运动会举办】凤台县第一届运动会自2013年10月19日预赛到11月21日比赛结束，历时33天。来自全县27个代表团、118个代表队、44所学校、2358名运动员参加了8个大项、30个小项的激烈角逐，产生105枚奖牌，有16个代表团和21所学校获得金牌。凤台县第一届运动会的成功举办，既是对全县全民健身事业发展成果的一次集中检阅，也是全县人民精神风貌的一次集中展示。

滁 州 市

【文化概览】滁州市位于安徽省东部，面积1.33万平方公里，人口452万。辖琅琊区、南谯区、天长市、明光市、来安县、全椒县、定远县、凤阳县。滁州历史悠久，文化源远流长。南朝梁大同二年(536)置南谯州。隋开皇九年(589)设立滁州建置。现有国家级森林公园琅琊山、皇甫山、韭山、神山等4个。琅琊山主景区内有始建于唐大历六年(771)的开化律寺和始建于北宋庆历六年(1046)的醉翁亭。历史名人李幼卿、李德裕、韦应物、李绅、欧阳修、辛弃疾等都在这里留下过诗文佳篇，其中以欧阳修的《醉翁亭记》最为著名。1951年，毛泽东主席亲笔为原滁县地委文工团(今滁州市演艺有限公司)题词——“面向农村”。

新闻宣传。坚持每月确定1~2个宣传主题，2013年共组织开展“党的十八大精神”“党的十八届三中全会精神”“贯彻全会精神、建设美好滁州”“千名干部帮促三个一千”和“创建省级文明城市”等20多个专题宣传。瞄准省内“标兵”和“追兵”、苏滁沿边沿线地区，组织两个采访组,分别深入安庆、马鞍山、阜阳、六安、蚌埠以及江苏南京、扬州、淮安等地开展异地采访,全面反映各地招商引资、园区建设、文化产业发展等经验,市直主要新闻媒体开设《他山之石》专栏,累计刊播稿件48篇(条),并编印《他山之石——异地采访稿件汇编》。创新建立新闻媒体督查机制,先后围绕招商引资项目开工、森林增长工程和美好乡村示范村建设开展4次督查活动。继续办好《效能观察》《效能追踪》《政风行风热线》等新闻监督栏目,每月在《滁州日报》刊发月度重点工作任务、在政府网站刊发市领导工作大事记,每季配合市效能办组织县(市、区)和部门主要负责人开展电视公开述职,多形式扩大舆论监督渠道,提升监督效果。市广播电视台全年播发广播、电视新闻稿件12000余条(期)。加强与中央和省级主流媒体的沟通联系,争取支持、增进合作,全市在中央及省以上主流媒体发稿1200多篇(条)。《新兴产业"点亮"滁州》《田间地头看春耕》《迎击H7N9,成熟从容远胜抗SARS》等一批重头稿件产生较大影响。不断扩大滁州手机报影响力,用户超过6万人。推动各县(市、区)建设新闻网站,实现市、县新闻网站全覆盖。建成有44个单位加入的政务微博发布厅,全市有72个单位和县(市、区)建立了政务微博,获"新华网2012年度中国城市网络形象排行榜政务微博示范奖",成为全省唯一获此殊荣的地级市。充分发挥网络新闻发言人平台作用,注册用户超过5.2万人,网民各类诉求7300多件,办复率近97%,网民满意度超过98%,此项工作被中宣部新闻局《内部通信》刊载推广。围绕全市重点工作,每月邀请市领导和重点部门负责人开展在线访谈,打造网上正面舆论高地。

文明创建。党员教育"三项活动"获全省组织工作一等奖,基层党建宣传教育和形势政策教育工作分别受到中宣部办公厅和宣教局表彰,基层干部李宏祥被推荐、确定为全省党的群众路线教育实践活动重大先进典型。积极争取中央彩票资金支持建设乡村学校少年宫16所,自建乡村学校少年宫8所。开展"月评精神文明先进事迹"和第三届道德模范评选活动,截至2013年11月份,全市15人登"中国好人榜",入选人数位居全省第三;9人获评"安徽好人",位居全省第五。张冠周、陈明龙分别获安徽省第三届道德模范特别奖和提名奖。实现市级文明单位道德讲堂全覆盖,各县(市、区)全部建设道德讲堂总堂,募集道德模范帮扶基金总量位居全省第一,道德信贷工程和周末大舞台入选全省精神文明创建10大创新案例,市文明办代表安徽省在全国文明办主任会议上介绍工作经验。推动学雷锋志愿服务常态化,"雷锋超市""爱心学堂"等6个典型获"感动江淮志愿服务优秀典型"。在城区,组织开展加强城市管理10项提升行动等,先后接受"国家园林城市""省级文明城市"和"国家交通管理畅通工程二等城市"考核验收;在农村,组织开展创建"十大乡风文明村""星级文明户"等评选活动,不断改善农村文明程度和人居环境。制订下发《全市"三线三边"环境综合整治工作的实施意见》,召开综合整治工作再动员电视电话会议,对综合整治工作进行全面部署和发动。市直成立8个专项督查组,每周至少对县(市、区)督查一次,扎实推进综合整治工作。

文化事业。加快推进广电有线网络整合,南谯区网络整合完成,天长市网络整合加快推进。市文化馆新馆即将开馆,市博物馆正在进行展陈设计,市图书馆新馆已确定选址,正在进行方案设计。创建20个村级文化活动中心示范点和10大民俗风情村,试点建设4个农民文化乐园。筹资51万元重点打造10个街道、社区(村)文体活动中心。完成49个乡镇、社区、街道公共电子阅览室建设任务。农村文化建设专项补助开展农村文艺演出1985场、农村电影放映12404场。广泛开展文化科技卫生"三下乡"、送欢乐下基层等活动,全市各地共组织文艺下基层百余场次。"中国

滁州晨曦

农民歌会”入选全省重点打造的10大文化节庆品牌。成功举办首届中国·滁州民俗文化旅游活动周。举办第五届醉翁亭民间花灯表演大赛，全市8个县(市、区)有33个节目、上千名演员参与大赛。积极打造以醉翁亭、丰乐亭为代表的亭文化品牌，被中国民间文艺家协会授予“中国亭文化名城”。电影《妈妈的手套》获省第十二届精神文明建设“五个一工程”优秀作品奖。电视剧《儒林外史》正式开拍，电影《醉翁知滁》进入后期制作。

文化产业。加紧编制文化产业2013—2020发展规划，引领文化产业发展。文化产业重点项目库项目总数263个，总投资906.18亿元，17个项目入选省“861”文化产业项目库，入选数量列全省第三；全市招引亿元以上文化产业项目10个，项目投资总额75.9亿元，亿元以上新开工项目7个。中国文具产业示范区入选省重点扶持的10大文化产业园区(基地)和省级服务业集聚区，5家民营文化企业入选“2012安徽民营文化企业100强”。市演艺公司全年演出200余场(次)，放映电影12000多场。

文化遗产保护。琅琊山摩崖石刻及碑刻跻身“国保”单位，全市“国保”单位总数增加到3处，省保单位27处，市县保单位90处。首次举办“鉴宝江淮行——走进千年亭城滁州”大型文化公益惠民活动，鉴定藏品近1000件。评审、公布滁州市第三批市级非物质文化遗产名录，共计6类10项。举办省级非遗传承人培训班，编纂《滁州市非物质文化遗产图典》《滁州市馆藏文物精粹》2本图书。

扫黄打非。全年共办理“扫黄打非”各类行政处罚案件254起，行政处罚262人(次)。完成文化部第五批以案施训重点督办案件——“中国二胡网”擅自从事经营性互联网文化活动一案。滁州市被文化部批准为第五批以案施训活动在安徽省的两个施训基地之一。启用全国文化市场技术监管与服务平台软件开展行政审批和市场执法，加快文化市场管理信息化建设。

文艺创作。《历代名人咏滁州》年初启动编选工作，11月完成编校工作。全长11米的《醉翁亭记全景图》绘制完成。《中国民间故事全书·滁州凤阳卷》、作品集《全椒小说选》、傅守乾文集《那山那水那人》、毕子祥诗集《心灵天籁》、周一纯诗集《野草吟》、文莺散文集《和一座城市谈一场恋爱》、计国亚文集《快乐记》、赵以朴散文随笔集《野渡无人》、孙茂鷁《孔子的故事》、王朝元的长篇小说《东望长江》、董金虎的长篇小说《沂水枪林》、张野马的长篇小说《控制欲望》等图书相继出版。武佩河创作的中篇小说《黑嫂》获中国作协、中国小说学会联合举办的“2013年中国作家代表作优秀奖”并录入《2013年中国作家代表作集》一书，其散文诗《琅琊山在激情地写诗》获中国散文年会“2013年散文大赛”二等奖。美术作品获全国奖2人、省奖3人，入选全国画展8人。书法作品获全国奖5人，22人47人次作品入选全国展。摄影作品5人在省比赛获奖。小品《审鸭》在第六届安徽省小戏小品大赛中一举夺得6个奖项。在中国舞龙展演暨第十一届中国民间文艺山花奖·民间艺术表演奖舞龙大赛中，滁州龙获金奖。

第十三届全国村长论坛(网络图片)

【滁州成功申报“中国亭文化名城”】滁州亭文化源远流长，亭文化资源星罗棋布。以醉翁亭、丰乐亭、醒心亭为代表的滁州古亭在中国亭文化史上独树一帜，醉翁亭更是名列中国“四大名亭”之首。自古滁州亭与诗文、书画珠联璧合，历代文人咏赞滁州亭的诗文层出不穷。北宋文学泰斗欧阳修主政滁州期间，先后修建醉翁亭、丰乐亭、醒心亭，并写下千古名篇《醉翁亭记》《丰乐亭记》，其弟子曾巩撰写《醒心亭记》。梅尧臣、苏舜钦、范仲淹、王安石、曾巩等文人雅士云集滁州，游赏亭阁，诗酒唱和。北宋著名文学家、书法家苏轼应邀书写《醉翁亭记》《丰乐亭记》，并刻石立碑，欧文苏字的双亭记成为滁州亭文化的巅峰之作。明代，滁州成为“开天首郡”，朝廷在滁州设立太仆寺，醉翁亭一带的建亭活动越发兴盛。明朝正德七年(1512)，王阳明在滁州设坛讲学，传播心学，并在丰乐亭附近建来远亭,天下士子云集滁州,滁州成为全国心学传播和研究中心。明、清两代,宋濂、杨士奇、王士祯、吴敬梓等著名文人都曾游历过醉翁亭、丰乐亭、醒心亭等众多滁州古亭,并留下了传世诗文。

近年来,滁州市大力保护、修复滁州历代古亭,挖掘和研究滁州古亭文化,数十座古亭已修缮完好。结合美好滁州建设,实施"千年亭城"工程,构建"山、水、园、亭、桥"相互映衬的山水亭城。2012年5月,滁州市人民政府按照申报工作计划,向中国文联民间文艺家协会提交了"中国亭文化名城"申报文件。经专家考察和评审,2013年4月7日,中国民间文艺家协会正式命名滁州市为"中国亭文化名城"。这是中国民间文艺家协会在全国命名的唯一一个亭文化名城。

【第十三届全国"村长"论坛在凤阳小岗村举办】11月30日至12月1日,主题为"弘扬改革精神,建设美丽乡村"的第十三届全国"村长"论坛在凤阳县召开。500多名来自全国各地的村官参加盛会。杨汝岱、王郁昭、郭凤莲等出席此次论坛。论坛期间,举办了中国农民首创精神展揭幕仪式、全国著名村官报告会、共植民族团结林等活动。

【《儒林外史》电视连续剧开拍】由安徽电影集团摄制的46集长篇古装电视剧《儒林外史》于2013年12月28日在全椒正式开拍。该剧根据吴敬梓同名小说改编,以范进、匡超人、杜少卿3个人物作为故事主线,反映了在科举制度下文人士子个体良知的泯灭,揭露了整个封建社会的丑态。该剧主要在滁州、全椒、横店选景,被列为安徽省委宣传部重点影视品牌项目。

琅 琊 区

【文化概览】琅琊区是滁州的主城区,面积191.7平方公里,人口24.2万,辖2个街道办事处、10个区直管社区,设1个省级经济开发区。辖区有省级重点文物保护单位3处。其中琅琊区同时是国家级森林公园、国家重点风景名胜区、国家4A级旅游区。截至2013年年底,有区级公共图书馆1个、区级文化馆1个、街道和区直管社区文体活动中心(文化站)12个。全年文化产业增加值2.33亿元。

文化场馆建设。建筑面积7346平方米的区文化艺术中心正式对外开放,该中心是集文化馆、图书馆及文化信息资源共享工程等于一身的公共文化阵地。经中华儿童文化艺术促进会授权,中国蒲公英(滁州)培训基地正式落户区文化馆。投资40万元的区公共图书馆建成并于11月份正式对外开放,馆内设有图书阅览室、期刊阅览室、藏书库(藏书20万册)和全国文化信息共享工程琅琊区支中心。投入50多万元,先后在琅琊社区、白云社区、高桥社区、西涧社区和北门社区建成5个街道(社区)文体活动中心,分别配备电脑、投影仪、室内外音响、照相机、室内健身器材、乒乓球桌等文体设施,并对社区居民免费开放。先后建成8家公共电子阅览室和66个农家书屋。

文化活动开展。开展建区20周年大型文艺汇演、送戏下乡、春节团拜演出、花灯踩街表演大赛、广场纳凉晚会、街道文化站民生文艺调演、"三下乡"等活动。多次组队参加省、市相关文艺汇演或比赛活动。区文化少儿艺术培训基地组队参加滁州市第三届体育舞蹈大赛,共获12个金奖、4个银奖和6个铜奖,有5人在华东赛区获金奖。选送的少儿舞蹈《醒》在全省"六一"少儿文艺汇演中获三等奖。组织合唱团和舞蹈队参加全市"红旗颂·中国梦"庆七一大型文艺演出活动和第二届街道文化站民生文艺调演并获奖。举办了全国名家书画展。完成台湾宜兰县中国传统文化推广协会来滁进行的文化交流活动和"全省群众文化辅导员培训班"承办任务。

精神文明建设。扎实开展身边

琅琊区建区20周年大型文艺汇演

好人挖掘推报工作，有3人被评为“中国好人”、1人被评为“安徽好人”、10人被评为“滁州好人”。多种形式开展学雷锋志愿服务活动，广泛开展“三关爱”活动，2个志愿服务典型被评为安徽省江淮志愿服务优秀集体。组织参加全省优秀童谣评选活动，1首获2等奖，1首获3等奖。建成菱湖社区、凤凰社区、西涧社区3家志愿服务广场，建立近50支志愿服务队，登记注册15148名志愿者。成立琅琊区道德讲堂总堂，150余家单位建立道德讲堂。

南谯区

双洪生态公园文艺演出

【文化概览】南谯区是滁州市政府驻地，环琅琊区四周。面积1177.7平方公里，人口25.67万。南朝陈太建七年(575)始称南谯州，隋为新昌县，后改为清流县。1993年1月18日，南谯成为滁州市两个辖区之一。现有省级重点文物保护单位2处、省级非物质文化遗产1项。区内拥有著名文化旅游景点皇甫山国家森林公园、清流关、乌衣老街、花山彩云洞等。2013年文化产业增加值2.82亿元，占GDP的比重为4.9%，比上年增长234%。

公共文化建设。完善和提升区、镇、村三级公共文化服务网络。其中，投入1.5亿元建成双洪生态文化公园、山水美术馆、文化展览中心、水上演艺大舞台，投入1300万元建设区文化馆，投入680万元建设区图书馆；区图书馆、区文化馆全部达到国家一级馆标准。

文化民生工程。全年共投入经费126.88万元，用于公共文化场馆开放、电子阅览室建设、农村文化专项资金补助等。完成4个镇综合文化站的公共文化服务信息化(电子阅览室)建设，配置图书10716册。全区范围公共文化场馆实行免费开放，开展文艺演出16场，完成农村电影放映912场。

文明创建工作。全年共投入3000万元用于文明城市(区)创建工作，集中对辖区内48个居民小区及23条道路开展环境整治。500平方米的城市生活E站投入使用，通过省级绿色社区考核验收。加强公民思想道德建设，创办“道德讲堂”，突出抓好“道德模范”“身边好人”推荐评选工作，认真组织开展学雷锋志愿服务、“文明交通劝导”和“文明餐桌行动”等活动，群众文明素质有效提升。全区当选“中国好人”3人、“安徽好人”2人、“滁州好人”13人、省级道德模范1人、市级道德模范5人、区级道德模范10人、最美人物10人。加大集镇建设力度，聘请中南建筑设计院对8个首批重点中心村规划进行修编，孙岗中心村规划入选全省美好乡村优秀规划集锦。投入小城镇基础设施建设资金2200万元，完成新建道路8.6公里，新增绿化2.9万平方米，铺设自来水管网18公里，新建垃圾转运站2座，集镇和乡村面貌明显改观。其中姑塘村是滁州市8个省级农民文化乐园试点之一，共投资280万元，重点对中心村已建、在建、新建的文化设施进行整合提升。

【南谯区水景表演文化大舞台】双洪生态文化公园是南谯区重点文化惠民工程。公园内水景表演文化大舞台由演绎舞台喷泉、激光水幕电影、中心音乐喷泉及休闲文化广场组成。水景表演采用高压水泵喷射出巨型扇形水幕，结合激光及投影的穿插表演配合，营造出震撼、绚丽、动感的视听效果。该公园因此成为滁州市民休闲娱乐绝佳场地。夏秋季节水上舞台“大家一起来”周周上演，每晚吸引百姓5000人次左右。

南谯区水景表演文化大舞台

明 光 市

嘉山县抗日民主政府旧址纪念馆

【文化概览】明光市位于安徽省东部、中国南北分界线江淮分水岭上，面积2335平方公里，辖1个乡、12个镇、4个街道办事处,人口65万。

文化产业。2013年,共有各类持证经营的文化经营单位119家。其中,包装印刷、文化用品生产企业10家，广告及装潢企业10家，玩具饰品生产加工企业11家,文化旅游开发企业2家,文化服务企业5家,网络文化服务企业66家,文化休闲娱乐企业13家，广播电视服务企业2家。

文化事业。完成市体育中心三期工程,并筹备启动四期工程(游泳馆、全民健身馆)相关工作;认真落实三项文化民生工程,按期完成公共文化场馆免费开放、4个乡镇公共电子阅览室建设和农村文化建设专项补助工作任务;免费开放图书馆、文化馆和13个乡镇综合文化站。

文化市场管理。制定出台乡镇街道“扫黄打非”工作量化考核评分办法。扎实做好明光市扫黄打非“五老一小”队伍建设,积极协调开展明光市扫黄打非及文化市场管理网建设。加强行动落实,分别在春节前、两会前、“净网”行动期间、国庆节前组织11次集中“扫黄打非”专项行动。

文化宣传。市广播电视台、明光报、网站等新闻媒体积极开展专题宣传、典型宣传,明光报先后开辟《征收一线》《美丽明光》《百日会战》《三线三边整治》等专栏50多个;电视台开辟《效能聚焦》等专题专栏27个，集中报道了市房屋征收工作中的“五朵金花”、一线工作中的“月度之星”、群众身边的好人好事等。

文明创建。开展了第二届“五星”明光人和道德模范评选表彰活动工作,评选出张传银等38名“五星”明光人、吴文权等9名道德模范。同时积极开展五星明光人和道德模范宣传学习活动，通过宣传栏、好人大道、报社、电视台、网络等各种平台宣传道德模范,弘扬模范风采,形成学习热潮。

文化遗产保护。“嘉山县抗日民主政府旧址纪念馆”建成开馆，“嘉山县抗日民主政府旧址纪念馆”“明光规划馆”申报滁州市“爱国主义教育基地”。

文艺创作。2013年,拍摄完成《爱在明光飞扬》公益微电影,上报作品《凤山村的孩子》入选滁州“五个一”工程。

天 长 市

【文化概览】天长市位于安徽省最东部,面积1770平方公里,辖14个镇、1个街道办事处，人口63万。建县于公元742年,是唐玄宗李隆基为纪念自己生日千秋节而特设的一个县。为纪念已故新四军副军长罗炳辉将军,曾两度更名为“炳辉县”。1993年经国务院批准,撤县设市。天长文化底蕴深厚,历史上曾出现过“弃官寻母”的朱寿昌,《夜雨秋灯录》的作者宣鼎,兼资文武、旁通六艺的王贞仪,晚清状元戴兰芬等名人,一代名相包拯曾在天长就任县令。

精神文明建设。全力争创省级文明城市,下发《天长市创建省级文明城市迎检工作方案》《天长市文明创建包路段任务分解方案》。大力推介、宣传道德模范、身边好人。李宏祥、虞秀芝等4人分别当选“中国好人”，朱笑、张杰等4人分别入选“滁州好人”。利用身边典型,在不同群体中开展“道德讲堂”巡讲活动,提升公民思想道德素质。在天康大道、千秋大道等主要干道做公益广告“道旗”,营造浓厚氛围。制定《天长市文明餐桌行动实施方案》,印发《天长餐饮服务单位文明餐桌行动须知》和《天长市文明餐桌行动倡议书》，开展以

天长新姿

“倡导文明服务，寻找笑脸就餐”为主题的“文明餐桌行动”。推进未成年人思想道德建设，组织首届“美德少年”评选表彰工作，刘颖等22名同学成为天长市首届“美德少年”。开展“学习雷锋、做美德少年”网上签名寄语活动，天长第一小学60多名学生集中在中央文明网上签名留言。举办“学雷锋、做有道德的人”全市青少年爱国主义读书教育活动，4名获一等奖的同学代表天长市参加滁州市读书演讲比赛，分获二、三等奖。天长中学宋晓宇同学的《日行一善，善行一生》一文获全国中学生征文活动三等奖。

文化产业。在2012安徽民营文化企业100强评选中，天长市的长兴工艺玩具集团和双丰文化用品有限公司榜上有名。年产600万台液晶电视机项目、高邮湖生态旅游、年产1500万只空调遥控器等项目已纳入2013年省“861”文化产业项目行动计划。建筑面积5万平方米、总投资5.2亿元的“千秋印象·唐城”项目投入运营。

文艺创作。王捷梅原创音乐电视《走进醉翁亭》、路云飞动漫剧本《二十四孝之寿昌辞官寻母》等作品，分别获得滁州市重点文艺作品创作生产扶持资金10000元和5000元。民族歌曲《走进醉翁亭》、儿童歌曲《送给我的老师》和少儿歌曲《生长在祖国的爱心里》等3部作品分别申报滁州市“五个一工程”项目，《孝之歌》词曲在国家级刊物刊登。

文化活动。先后举办2013年迎新春文艺晚会、老干部迎新春团拜会、“千秋大舞台”演出、“走进天长春晚”综艺大赛等活动。成功举办安徽省首届茉莉花全民健身展示大赛暨天长市第三届茉莉花体育节，开展“绿洲园林绿化杯”城市建设摄影大赛，组织天长市第一小学学生试唱《孝之歌》。

文化市场管理。开展6次“扫黄打非”突击行动，对群众反响强烈的游戏机赌博等问题开展专项检查，对相关的图书音像商店、印刷复制企业负责人加强宣传教育，防止有害出版物、盗版图书制售。重点查办了中央8部委督办的“传奇”私服游戏侵犯著作权案，受到省“扫黄打非”领导小组表彰。

来 安 县

【文化概览】来安县地处滁州市东部，是安徽省距六朝古都南京最近的县，位于南京“1小时都市圈”核心层。面积1481平方公里，人口50万，辖12个乡镇。来安历史文化悠久，秦始皇二十六年(前221)始置建阳县，南唐中兴元年(958)改名来安县。来安县是革命老区，刘少奇、张云逸、谭震林、邓子恢、罗炳辉等老一辈无产阶级革命家曾在此居住、战斗过。来安文化旅游资源丰富，有景色各异的白鹭

来安风电场

岛、孔雀寺、林桥生态园、张山桃花园、龙源风电场、皖东烈士陵园等旅游景点。尊胜禅院至今保存有《红楼梦》作者曹雪芹祖父曹寅撰写的碑刻。有全国重点文物保护单位1处(半塔保卫战旧址)、省级文物保护单位1处(尊胜禅院旧址),省级非物质文化遗产项目4个(洪山戏、秧歌灯、手狮灯、白曲),省级非遗传承人6名。

文化事业。截至2013年年底,共有公共图书馆1个、文化馆1个、农家书屋130个。全年投入农村文化专项建设资金70余万元,支持6个美好村和2个民俗风情村文化示范室建设。完成了新图书馆搬迁,新馆面积为3360平方米。

文化产业。以中国文具产业示范区为依托的文化产业快速发展。该园区已被安徽省政府批准为省级服务业集聚区、省重点扶持十大文化产业园区之一,被省财政厅评为安徽省特色产业园区,被省经信委评为小微企业创业园区。示范区一期72公顷土地已有12家企业入驻,土地使用率为94.7%。截至2013年年底,已开工建设企业8家,投资额22.38亿元;年内竣工投产4家,投资额6.17亿元。年底成功签约企业4家,投资额4.35亿元。

文明创建。组织开展未成年人“我的梦·中国梦”读书演讲比赛活动、8项学雷锋系列活动等。张平志愿服务救援队4次奔赴四川地震灾区一线救援,被省文明办在2013年5月评为感动江淮志愿服务先进集体典型。“诚信老板”赵强荣登“中国好人榜”,徐家柱被评为“安徽好人”,王慧、刘芸、雷文庭、耿德全被评为“滁州好人”。

【来安县入选中国县域网络形象排行榜百强】新华网、中国社科院城市环境与发展研究所、武汉大学互联网科学研究中心和中国统计信息服务中心共同发布“中国县域网络形象排行榜(2013)暨县(区、市)级政府网络履职绩效排行榜”,来安县入选全国县市百强榜单。安徽省共5家县(市)获此殊荣。

全 椒 县

【文化概览】全椒县位于安徽省东部,面积1568平方公里,人口46.05万。辖10个镇,设1个省级经济开发区,是全国生态农业建设先进县、绿化先进县、安徽省民间文化艺术之乡、文明县城和园林县城。全椒建县于公元前122年,历史文化深厚,境内古迹众多,民风淳朴,是明代四大高僧之一憨山大师和清代《儒林外史》作者吴敬梓的故里。境内有神山国家森林公园、吴敬梓纪念馆、吴敬梓故居、全椒革命烈士纪念馆、岱山湖旅游度假区、碧云湖、三塔寺、龙山寺、大王庙等景点。国光楼为省级重点文物保护单位。正月十六“走太平”为省级非物质文化遗产,《八朵云》代表性传承人李宗强等6人为滁州市首批非物质文化遗产项目代表性传承人。2013年,文化产业总产值4.7亿元,比上年增长35.8%;增加值1.66亿元,占地区生产总值的4.6%。

公共文化建设。截至2013年年底,有公共图书馆1个、文化馆1个、纪念馆1个、广播电视台1个,体育场1.9万平方米。全年投入535万元,全面建成10个镇综合文化站公共电子阅览室,加上上年已建成135个农家书屋,实现全县所有村、社区、街道全覆盖。

文化民生工程。编印《2013年实施的民生工程政策解读》《2013年民生工程实施工作宣传方案》,印制宣传彩页、民生工程问答13万份;配送给各农家书屋10486册图书、784张光盘;精心组织2013年度“三下乡”、《盛世欢歌》大型春节晚会以及“正月十六走太平”等系列春节文化活动;实行美好乡村沿一环线建设村文化工程全覆盖,对全县美好乡村一环线16个中心村文化活动室、农家书屋新增图书、光盘、电脑桌椅等设备和物品。98个村开展文艺演出362场,放映农村公益电影1176场。

文明创建。加强乡村学校少年

百米长龙舞获“中国舞龙展演”金奖

宫建设使用管理，推进未成年人思想道德建设，县少年宫建设成果代表滁州市在全省工作推进会上作交流发言。开展“中国好人“评选推荐和省市道德模范、先进事迹推报活动，入选数位居全市前列，张子林、许朝垠、韩明道当选“中国好人”。

【全椒百米长龙舞获中国舞龙展演金奖】全椒县二郎口镇的“百米长龙”代表安徽省参加“全国舞龙展演暨第十一届中国民间文艺山花奖舞龙评奖活动”，在来自全国各地的16支舞龙队伍中获金奖。“百米长龙”全长达108米，由60人舞动，被誉为“江淮第一龙”，曾先后参加第二届、第四届中国农民歌会开幕式表演、安徽省首届民俗文化节开幕式表演等。

定远县

【文化概览】定远县是皖东第一大县。面积2998平方公里，人口96.8万，辖22个乡镇，设2个省级工业园区。是全国商品粮油大县、生猪生产大县、岩盐资源大县、石膏资源大县，被列入全国100个红色旅游经典景区之一。

定远历史悠久，人文荟萃。秦汉时境内曾置阴陵、东城两县和曲阳侯国；南朝梁武帝普通五年(524)置定远县，取安定远方之意。千百年来涌现出许多叱咤风云人物，如：东吴名将鲁肃，民族英雄戚继光，南宋名相董槐，明朝丞相胡惟庸、李善长等。在新石器时代遗址侯家寨，出土了素有“绣像汉代史”美誉的汉代画像石。定远文墨佳誉天下，清代“寿(县)字、怀(远)画、定(远)文章”享有盛誉。抗日战争时期，老一辈无产阶级革命家刘少奇、罗炳辉、张云逸、谭震林、徐海东等，曾在这里战斗和生活过。现有省级重点文物保护单位3处(侯家寨遗址、东城都遗址、太平桥)，省级非物质文化遗产2项(凉亭锣鼓、二龙戏蛛)。

文化惠民工程。全年送戏进村500余场；开展文化辅导65场次，培训文艺骨干180余人次。组织13支数字电影放映队放映公益电影2900余场，爱教片放映1300余场。对全县所有的行政村农家书屋进行图书更新计28000余册、光盘2000余盘。

公共文化建设。投入600万元，建设15个乡镇电子阅览室，为全县22个乡镇文化站安装了监控。县图书馆、文化馆、博物馆、22个乡镇综合文化站和278个农家书屋全部实行免费开放。2013年10月，定远县图书馆被评定为国家“一级馆”。

精神文明建设。相继举办以创建文明县城为主题的羽毛球比赛、“定远好声音”歌咏大赛和首届“万人万米健身徒步高铁行”等文明创建活动。以突出“建设共有精神家园”为主题，在春节期间组织开展“红红火火过大年”志愿服务活动。持续开展“我推荐、我评议身边好人”活动。继2012年产生首位“中国好人”后，2013年3月又新增1名“中国好人”。重点开展了“学雷锋行动主题实践月”、弘扬雷锋精神“大家谈”“三关爱”“雷锋精神进校园”“岗位学雷锋”、道德模范评选等学雷锋常态化活动。

文明城镇建设。2013年，全县6个省级美好乡村示范村建设工作基本完成，其他乡镇的美好乡村示范点基础设施建设稳步提升，人居环境和生产生活条件显著改善、乡风文明建设成效突出。

【央视“美丽乡村快乐行——走进定远”大型文艺节目录制】2013年6月1日，《美丽乡村快乐行——走进定远》端午特别节目在定远县花园湖公园成功录制。该节目由中央电视台主办，定远县委宣传部、县文广新局承办，以“美丽乡村·多彩定远”为主题。节目全长85分钟，整个节目用现代元素演绎传统经典，用时尚气息点缀民风民俗，既充满乡野之魅，又蕴含时代新风，全方位、多角度展现了定远风土人情和现代风貌。

美丽乡村快乐行——走进定远

凤 阳 县

大包干纪念馆新馆

【文化概览】凤阳县地处淮河中游南岸。春秋为钟离子国,隋朝设为濠州,历唐、宋、元三朝,明洪武七年,朱元璋取“丹凤朝阳”之意赐名“凤阳”,沿用至今。辖15个乡镇,设2个省级工业园区,面积1949.5平方公里,人口76.6万。凤阳文化底蕴深厚,是明太祖朱元璋的家乡、中国农村改革暨“大包干”的发源地,凤阳花鼓享誉世界,享有帝王之乡、改革之乡、花鼓之乡、中国民间文化艺术之乡的美誉。

文化旅游。南有凤阳山国家地质公园、国家4A级绿色风景区狼巷迷谷和韭山洞;北有全国重点文物保护单位明中都皇城遗址、明皇陵、省级重点文物保护单位龙兴寺、明鼓楼;东有国家4A级红色风景区中国农村改革发源地小岗村。

文化事业。2013年,全县16个乡镇文化站、16个公共文化信息服务点和244家农家书屋建成并免费开放。建筑面积7410平方米的县图书馆新馆和7000平方米的县博物馆相继建成,县图书馆新馆在全国第五次公共图书馆评估定级中被评为一级图书馆。

文化遗产保护。全县建成41个农民体育健身点、9个美好乡村健身示范点。明中都皇故城及皇陵石刻列入国家《大遗址保护“十二五”专项规划》;明中都皇故城城墙被列入“中国明清城墙”申报世界文化遗产预备名单,申报国家考古遗址公园立项获国家文物局批准,实现了安徽省大遗址项目立项“零”的突破。国家级非物质文化遗产凤阳花鼓、凤阳民歌和省级非遗项目凤阳凤画先后在上海、南京等地进行文化交流和展演。

群众文化活动。凤阳花鼓健身舞、钱杆子舞等群众文化活动如火如荼、遍布城乡。举办迎新春民俗“踩街”表演、首届大众歌会、青少年电视书法大赛、社区健身舞大赛等文体活动240余场,文艺下基层演出200余场,放映公益电影2676场。承办全国CBO男子篮球俱乐部联赛、全国少年自由式摔跤锦标赛2项全国性体育赛事。

文化产业。围绕明文化、红色文化、自然景观及玻璃工艺等有文化代表性的项目编制《凤阳文化产业宣传手册》,在温州、南通等招商活动中大力宣传推介,取得良好效果,成功签订文化产业招商引资项目11个,协议投资额30亿元。

文化宣传。充分利用中央十八大精神宣讲团、中央和省市“走转改”媒体采访团、电视剧《邓小平》剧组、中国艺术摄影家协会在凤宣讲、采访、拍摄、采风以及承办全国“村长”论坛等重大活动,在中央和省主流媒体上刊播正面宣传稿件1000余篇,充分展示凤阳改革发展成果和特色文化。《百年潮·中国梦》《诗词中国》《中国通史》等多部央视重大题材纪录片圆满完成在凤阳取景拍摄工作并播出。《中国·凤阳》《槐窗散墨》等地方文化特色鲜明的书籍相继出版。

精神文明建设。大力挖掘、培育和宣传践行社会主义核心价值观的典型人物,张冠周、武长永、郑孝伟等3人入选“中国好人”。凤阳县“道德信贷工程”被评为全省精神文明10大创新案例。成功组织第十九届青少年爱国主义读书教育活动、第三届中小学生“做一个有道德的人”知识竞赛和经典诵读比赛,广泛深入开展“道德讲堂”、文明餐桌和“三关爱”等志愿服务活动;“三线三边”环境治理工作扎实推进,城乡环境明显改善。

【大包干纪念馆新馆开馆】经过为期8个月的改、扩建和重新布展,小岗村大包干纪念馆新馆和沈浩同志先进事迹陈列馆相继建设布展竣工并向社会开放。“两馆”在原馆基础上充实许多珍贵史料,以图文、视频以及情景再现等多种展现形式,真实再现了当年“大包干”的过程和英模人物沈浩的光辉事迹。

马鞍山市

【文化概览】马鞍山市位于安徽省最东部，横跨长江、接壤南京、毗邻长三角，是安徽省的东大门、南京市的后花园。建市于1956年10月，经过两次行政区划调整后，现辖3个县、3个区，面积4049平方公里，人口230万，其中市区面积704平方公里。马鞍山城市精神为“聚山纳川 一马当先”。先后获国家卫生城市、国家园林城市、中国优秀旅游城市、国家环保模范城市、全国绿化模范城市、中国人居环境范例奖、迪拜国际改善居住环境良好范例奖等荣誉。2013年，成功创建首批“国家公共文化服务体系示范区”，获得“全国国土资源节约集约模范市”称号，入选福布斯“中国大陆最佳商业百强城市”，入围“魅力中国——外籍人才眼中最具吸引力的城市”，第四次入选“全国外贸百强城市”，第八次获“全国科技进步先进市”称号。2009年1月，在中部6省86个城市中第一个获得“全国文明城市”称号。在2013年全国城市文明程度指数测评中取得127个参评城市（区）第二名的优异成绩，继续保持全国领先、全省第一。

文化事业。2013年，圆满完成创建国家公共文化服务体系示范区各项指标任务，成为全国第一批次、安徽省唯一的国家公共文化服务体系示范区城市。率先建成全省最大的10个24小时自助图书馆，市图书馆与3区3县分馆实现资源共建共享、通借通还。高标准地建成了乡镇（街道）社区电子阅览室166个。与人民文学出版社、安徽新华发行集团等合作，建成全省首家“中国儿童阅读优化基地”。制定了市公共文化场馆免费开放实施办法，着力提升服务水平。市文化馆、市图书馆、市博物馆、市朱然博物馆共免费接待读者、观众200余万人。举办公益展览150场，开展公益讲座200讲、基层辅导750次，送书刊到基层20次，市图书馆新增图书10.8万册。成功举办第25届马鞍山中国李白诗歌节、第28届“江南之花”群众文化活动、第4届“周末大舞台”、第6届田园音乐节、首届“美丽诗城”演出季，首次与中国诗歌学会合办全国诗歌大奖赛，在海内外产生了广泛影响。5个中心村被列为全省农民文化乐园建设试点村，数量位居全省6个试点市之首。

第25届诗歌节开幕式

培育和践行社会主义核心价值观。举办马鞍山市爱国主义教育基地讲解大赛，来自全市各爱国主义教育基地的40名选手分别代表全市爱国主义教育基地参与比赛。举办“弘扬雷锋精神、构建和谐社会”有奖征文活动，共收到包括河北、四川等省有奖征文近千篇，评出一等奖10名、二等奖20名、三等奖50名。组织开展“走复兴路、圆中国梦”为主题的第20届爱国主义读书教育活动。在2013年全国“学雷锋、做有道德的人”爱国主义读书教育活动征文比赛中，马鞍山市安工大附中高三慕尔奥同学的参赛征文《穿越》获全国一等奖，市红星中学杨亘在获得全国中学生演讲比赛一等奖。

文艺精品创作。出台《马鞍山市扶持文艺精品力作创作和生产暂行办法》，对新编黄梅戏《李之仪》、电视剧《小区人家》等7部作品进行重点扶持。开展马鞍山市第二届精神文明建设“五个一工程”评选，对2008年以来马鞍山市组织文艺作品创作生产取得突出成绩的单位和优秀文艺作品进行表彰奖励。

《仙人坝的红衣兜》等3部影视剧广播剧、《千羽锦》等5部戏剧、《大渔滩的荷》等10首歌曲、《宋词故事》等4部文艺类图书荣获“马鞍山市第二届精神文明建设‘五个一工程’优秀作品奖”。在“2013安徽省文化强省系列艺术活动”中，市黄梅戏《凤栖巷》《千字缘》获得新剧目汇演优秀剧目奖，演员仝婷、孙雪莲获得表演一等奖，何玲、尤元春、姜青、印存斌获得表演二等奖，查子竹、吴万平获得表演三等奖；在单项比赛中，该市推荐的其他选手和作品共获得2个二等奖、3个三等奖、1个表演奖、1个创作奖。其中，大型女子群舞《青箬笠》获得演出三等奖，双人舞《遗忘的时光》获得创作奖和表演奖。

文化产业发展。出台《关于加快推进文化科技融合发展的实施意见》。协调推进改制后的《作家天地》杂志社与经纶集团开展战略合作。推报7个重大文化产业项目列入2013年“861”行动计划，总投资57.8亿元。编印《马鞍山市文化产业招商项目手册》，谋划33个文化产业项目，设计总投资342亿元。积极参加第九届深圳文博会等文化宣传推介活动，深入开展“招商季”工作。争取省级文化强省建设专项资金200万元，通过市文化产业融资服务中心为文化企业提供了270万元的直接融资。5家企业入选“2012安徽民营文化企业100强”。在全省率先完成1136户文化产业法人单位核查认定工作。

文化市场监管。陆续开展了“净网”“清源”“秋风”等扫黄打非专项行动。集中公开销毁500余台赌博游戏机，查缴各类非法出版物近1344件，查堵政治性有害出版物10批次300多种，取缔校园周边无证经营出版物游商地摊6家；受理举报2起，做到了有报必查、查必有果；立案查处5起，结案1

全国重点文物保护单位太白楼

起；认真协调督办了“9·4”网络淫秽色情表演案件的审理工作，完成了国家“扫黄打非”工作小组挂牌督办的任务，受到省通报表彰。

精神文明建设。邀请“当代雷锋”郭明义、第四届全国道德模范龚全珍先进事迹报告团作专场报告。推荐产生1名第四届全国道德模范提名奖，2名第三届安徽省道德模范，15人入选“中国好人”，7人当选“安徽好人”，评选表彰第二十届市精神文明“双十佳”。建成市道德讲堂总堂和各类标准化道德讲堂227个。组织开展第十六届市文明单位和第五届市文明社区评比活动。承办2013年安徽省学雷锋志愿服务活动启动仪式，成立全省第一支郭明义爱心团队马鞍山分队。精心组织市主要媒体、网站和户外媒介大力度刊播展示“讲文明树新风”系列公益广告和“遵德守礼”提示语，大力开展文明餐桌行动。建成520人的网络文明传播志愿者队伍，全年发布博客和评论8824篇、微博85664条，引领网上文明新风，组织开展“我们的节日”主题活动。开展优秀童谣征集传唱、童心向党歌咏主题教育活动。组织全市近25万名中小学生开展“网上祭英烈”“学习雷锋，做美德少年”“向国旗敬礼，做有道德的人”签名寄语活动。评选表彰199名第三届市美德少年。

【国家公共文化服务体系示范区建设】2013年，马鞍山市圆满完成创建国家公共文化服务体系示范区各项指标任务，在全国第一批第一个通过检查验收，总得分在中部六省仅次于长沙市列第二、大中部地区名列前茅，成为全国第一批次、安徽省唯一的国家公共文化服务体系示范区城市。在文化部、财政部召开的示范区命名授牌大会上，马鞍山市代表大中部地区作典型经验交流发言。马鞍山市的创建工作受到中宣部副部长、文化部部长蔡武，文化部常务副部长杨志今等领导的充分肯定和赞扬。《求是》《光明日报》《经济日报》《中国文化报》《安徽日报》、安徽电视台等主流媒体均以重要版面介绍推广马鞍山市创建工作，创建工作经验被称为“马鞍山模式”。

【举办第二届“五个一”工程评选】12月3日，马鞍山市召开市第二届精神文明建设“五个一工程”表彰会，会议对2008年以来马鞍山市组织文艺作品创作生产取得突出成绩的单位和优秀文艺作品进行表彰奖励，授予市文化委、市文联、当涂县委宣传部、花山区委宣传部4个单位“马鞍山市第二届精神文明建设‘五个一工程’组织工作奖”；授予《仙人坝的红衣兜》等3部影视剧广播剧、《千羽锦》等5部戏剧、《大渔滩的荷》等10首歌曲、《宋词故事》等4部文艺类图书“马鞍山市第二届精神文明建设‘五个一工程’优秀作品奖”；对在“2013安徽省文化强省系列艺术活动”中获得新剧目汇演优秀剧目奖的文艺精品创作生产单位马鞍山市艺术剧院有限公司、马鞍山四季剧院予以表彰。

【郭明义爱心团队马鞍山分队成立】3月4日，举行郭明义爱心团队马鞍山分队成立仪式，邀请中央候补委员、当代雷锋郭明义到马鞍山作报告，中央、省市媒体全程报道，提高了全市市民参与志愿服务的积极性。组织开展马鞍山市第二届志愿服务优秀典型评比表彰活动，共评选表彰10名优秀志愿者、5个志愿服务优秀组织、5个志愿服务优秀项目，并在媒体广泛宣传，营造了浓厚的志愿服务活动氛围。截至11月，共有3名个人、6个集体当选省江淮志愿服务典型。加大在媒体宣传志愿服务典型事迹力度，在《马鞍山日报》专版刊发江淮志愿服务典型及其他优秀志愿服务事迹，进一步营造浓厚的志愿服务活动氛围。

【“我的中国梦”诗歌大赛】10月22日，“我的中国梦”诗歌大赛颁奖大会在市文联召开。共有20人分别获得一、二、三等奖。本届诗歌大赛历经5个月的征集、展示，共征集到市内外1000多位作者的2000多首诗歌。大赛组委会评选出一等奖作品2首，二等奖作品8首，三等奖作品10首，优秀作品奖9首。

博望区

【文化概览】博望区位于安徽省马鞍山市最东端，地处长三角经济圈和南京一小时都市圈内，与江苏江宁、溧水、高淳接壤，与南京空港新城、柘塘新城相互呼应，是安徽省通向苏浙沪等长三角发达地区的重要门户。博望区现辖3个镇，面积351平方公里，人口20万。

博望区文化底蕴深厚。所辖的博望镇、丹阳镇、新市镇均为千年古镇，2200多年前丹阳镇已是郡县治所，1400年前博望镇的铁业与边贸重镇地位开始发端，公元1531年新市镇“十里长街”已经欣欣向荣。千百年来沉淀的“青阶砚”古驿道、横山石门石刻、澄心古刹、船墩山遗址、董永与七仙女的传说等历史文化瑰宝比比皆是。区内的横山群峰环立、林深竹茂；石臼湖烟波浩渺、澄碧如镜；在一山一湖的环抱之中，西林院、釜山遗址、福源寺、叶家桥等名胜古迹共同绘就如诗如画长卷。李白一生曾来到马鞍山7次，登横山5次，留下来《下途归师门旧居》《丹阳湖姑孰八景》等诗篇4首。南梁时期的思想家、医药家、文学家陶弘景，人称“山中宰相”，在横山上还留存其炼丹洞所在。博望现有省级重点文物保护单位1处，列入省级非物质文化遗产名录1项。

公共文化服务体系建设。2013年，推进博望镇综合文化站建设，改建、扩建了丹阳、新市综合文化站功能室，新市镇综合文化站被省文化厅评定为一级综合文化站。图书室、电子阅览室、文化培训室、办公室、多功能厅等活动室达到省级标准。全区37个行政村、3个社区均建有文化活动室、农家书屋、公共电子阅览室基层服务点等功能室。建设“全民健身苑”2个、“社区俱乐部1”个、晨晚练点7个、“农民体育健身工程”7个，乡镇级体育健身广场1个。全区37个行政村100%建有标准篮球场1个、乒乓球台2个；博望镇、新市镇分别建有1个灯光球场，3镇均建设了室内体育活动室。博望区通过创建国家公共文化服务体系示范区的验收工作。

群众文化活动。开展元旦、春

“学峰杯”第三届长三角城市自行车越野邀请赛男子大众组竞赛场面

节、“五一”“六一”“端午”等重大节日专场演出活动十余场,完成第四届“周末大舞台”博望区初赛、复赛以及第二十八届“江南之花”博望专场等大型演出。举办“学峰杯”第三届长三角自行车城市·博望越野邀请赛。组织参加了南京都市圈第三届龙舟邀请赛、马鞍山市残疾人运动会选拔赛、马鞍山市中小学校园团体舞(体育舞蹈)比赛等各种赛事。开展全民阅读“读好书、送好书”送图书下基层、送电影下基层、广场舞大赛等一大批群众喜闻乐见的文体活动。举办各类群众文体活动近500场次,其中送文化下基层活动30多次,放映电影400多场次,举办广场活动10多场,开展各类文体活动1060场次。

精神文明建设。加强基层宣传阵地建设,统一制作安装“社区精神文明建设之窗”宣传栏,3镇和博望社区的道德讲堂已全部建设到位并开讲。开展博望区首届道德模范评选表彰,郜圣水当选助人为乐类“中国好人”,许正华、金有华入围“中国好人”候选人,陶建业当选市第二十届精神文明“双十佳”。成立了博望区学雷锋志愿服务支队、16支学雷锋志愿服务大队和80个学雷锋服务站点,2000多名志愿者活跃在全区城乡、各行各业。深入推进省、市级文明单位、文明社区和文明村镇创建工作,5个村获市第三届文明村。开展“童心向党”歌咏活动、“中华长歌行“经典诵读和“小手拉大手、文明齐步走”“做一个有道德的人”等主题教育活动。开展区首届美德少年评选表彰活动。高标准完成了区级心理健康辅导站建设,7所学校少年宫建成并投入使用。

【举办第三届长三角城市自行车越野邀请赛】8月31日,博望区成功举办“学峰杯”第三届长三角城市自行车越野邀请赛,这是博望区自2012年以来第二次举办该赛事。参加本届自行车越野邀请赛来自上海、江苏、安徽、浙江、江西、湖北、湖南、广东、陕西等10省市57个俱乐部331名自行车选手参赛。

根据比赛要求,第一组男子大众组,第二组女子大众组、第三组男子精英组、第四组本地体验组按照大赛规定时间骑3圈13.5公里。在绿意盎然、绿波荡漾的横山山道上,选手们你追我赶、风驰电掣,长蛇般的彩色车队给沿途观众带来一场精彩的视觉盛宴。

花 山 区

【文化概览】花山区是马鞍山市的主城区、商贸集中区、文教集中区、人居集中区。辖8个街道办事处,面积179平方公里,人口50万。先后获“全国科技进步先进区”“国家高新技术产业化基地”“全国家庭教育工作示范区”“全国阳光体育工作先进区”“全国社区教育实验区”“全国慢性病综合防控示范区”等称号。

公共文化服务体系建设。2013年,全面完成创建公共文化服务体系示范区任务,实现文化馆、图书馆晋升国家一级馆目标。重新装修文化馆、图书馆馆室8个,面积2000平方米,各配备流动服务车1辆。图书馆藏书量30万册以上。拥有社区图书分馆7个、24小时自助图书馆5个。建成街道综合文化站8个,改扩建社区(村)文化活动室46个。投入近400万元,建成52个标准配置的公共电子阅览室。东苑社区公共电子阅览室被文化部评为“全国公共电子阅览室示范点”。

群众文化活动。城乡文化设施全面改善,凤山村自建了农民文化广场。文化队伍不断扩展,城区有文化队伍近200支,农村有文化队伍10多支。举办以“畅想中国梦、魅力新花山”为主题的第二届文化节,第二届东苑大舞台快乐PK赛广场舞、戏曲大赛精彩上演,全年农村开展文艺演出活动71场、体育活动96场,放映公益电影192场。开展纪念毛泽东诞辰120周年书画摄影展活动,展出作品70余幅。

东苑社区大舞台快乐PK赛广场舞大赛

文艺精品创作。拍摄14集电视方言情景喜剧《小区人家》并在市电视台播出。电影《仙人坝的红衣兜》已在全国农村电影院线上映。原创歌舞《美丽花山我的家》参加市第28届"江南之花"群众文化活动汇报演出。舞蹈《心动、行动》获省、市少儿文艺调演一、二等奖，歌曲《开秧门，唱秧歌》获安徽巢湖新民歌征集大赛一等奖。原创文化墙绘别具风采，率先尝试将文化创作与旧城改造有机融为一体，完成跃进桥、幸福路及南池文化墙绘工作。

文化惠民工程。深入推进"蒲公英"工程，开展免费公益培训1000多人次。将"流动课堂"送进学校、福利院，深受百姓喜爱。杨慧生获得全国优秀文化志愿者称号(全省仅3位)。

【文化墙绘为城乡增添新景】2013年5月，花山区在全市率先尝试将文化创作与旧城改造有机融为一体，根据绘制对象的特点，采用了不同的绘画语言，融合马鞍山元素的人文、地理、文化，用明度比较高的绿色、蓝色、黄色等色彩，将几何构图的跃进桥两侧连贯统一，成为美好乡村的一道亮丽风景。具有马鞍山地方特色的文化墙绘，使老旧建筑物出彩出新，让老城区靓起来，把城市的市容市貌和精神文明空间推向新境界，为城市文化建设再添新景。

雨 山 区

【文化概览】雨山区是马鞍山市主城区之一，东与南京市江宁区接壤。面积173平方公里，人口33万。雨山区景色秀丽，古迹众多，有丰富的旅游资源。位于翠螺山的采石矶，遥对天门山，绝壁临江、岩石峥嵘，被赞誉为"翠螺八景"之首和"长江三矶"之魁，是诗仙李白的"流连之地，羽化之乡"。区内有安徽省重点文物保护单位太白楼、"当代草圣"林散之纪念馆及三台阁等自然和人文景观。被列为20世纪80年代中国考古十大发现的朱然墓亦在区境内，现已辟成朱然博物馆和朱然文化公园。古文化遗址烟墩山、德化堂中国古床博物馆都坐落在雨山区。

文体设施建设。2013年，完成区数字化中心改造，扩建区图书馆、文化馆舞蹈排练室；乡镇(街道)、社区电子阅览室实现全覆盖，建设5个自助图书借阅点，指导街道改扩建和共建综合文化站，开通雨学网，更新区图书馆、农家书屋图书；实施农村文化建设专项补助，繁荣农村文体事业。随着覆盖城乡公共文化服务体系的逐步建立，群众能够在家门口的文化广场看演出，在农家书屋翻阅图书，到数字化学习中心观看科普视频，查找资料，城乡群众享受文化、品味文化有了越来越丰富的选择。

文化活动。建立公益性演出配送服务制度，已配送22场文艺演出活动；组织"四下乡"文艺演出26场，实施农村电影放映252场；举办第四届"周末大舞台"广场舞大赛雨山专场选拔赛，参加市决赛并包揽前3名。举办雨山区第五届农民文艺调演及第二十五届马鞍山中国李白诗歌节、市二十八届"江南之花"群众文化节系列活动，代表马鞍山参加省社区文艺调演"广场舞"大赛，举办"中国梦·美丽雨山"摄影作品展。设立40万元区级文化专项资金，制定《雨山区文化发展专项资金使用办法》，扶持群众文化团体，培育群众文化品牌。建立政府购买公共文化服务机制，区政府拨款近30万与市四季剧院合作，丰富群众文化生活。

文化产业。制定《雨山区扶持文化产业发展暂行办法》，加快文化强区进程。继续做好文化产业项目、十大商业文化特色街区等重点文化项目跟踪服务工作。三国文化街古玩文化市场按期开业，是该区建成的首条文化特色街区。建设中

第25届马鞍山中国李白诗歌节——李白书画研究院书画作品展

的文化项目和特色文化街区均在按时序进度推进。

【创建全国数字化学习先行区】2013年，雨山区在全省率先创建全国数字化学习先行区。全年开展各类学习培训班28期，培训人数达2105人次，成为市民普及网络知识的重要途径，数字化学习中心的影响力得到进一步提升，取得一定的社会效益。4月，雨山区被教育部中国成人教育协会表彰为2012年度“全国数字化学习先行区”，是安徽省唯一获此荣誉的区。

当涂县

【文化概览】当涂县位于安徽省东部，介于南京与芜湖之间，与江苏溧水县接壤，是安徽省重要的沿江、沿边县。人口47.37万，面积1002平方公里，辖8个镇、2个乡。2013年再次获“安徽省文明县城”“中国民间文化艺术之乡”称号。

当涂有2200多年历史。秦代设为丹阳县，隋开皇九年(589)定名当涂，曾为宋代太平州、元代太平路、明代太平府治所，清代为长江水师提督署和安徽学政驻地。现有国家级风景名胜区1处、国家级重点文物保护单位4处。当涂民歌被列为首批国家级非物质文化遗产，太平府铜壶制作技艺、湖阳打水浒为省级非物质文化遗产，陶小妹、张善葆等为当涂民歌传承人，张恒兴为太平府铜壶制作技艺传承人。

文化事业和文化产业。2013年，全县文化事业和文化产业稳步发展。截至年底，共有公共图书馆、文化馆、广播电台、电视台各1个，3D数字影城2家，体育场馆3.5万平方米。全县文化产业增加值6.4亿元，比上年增长138%。马鞍山市影星银幕有限公司、安徽山川文化产业发展中心入选全省民营文化企业100强。影星银幕有限公司成为世界上规模最大的三大银幕生产厂家之一，金属银幕产品三分之一的产品远销到美国、英国、加拿大、印度等国家。全县195家文化企业产品丰富、种类多样，成为全县文化产业发展主体。

公共文化建设。建成集博物馆、档案馆、图书馆、影剧院、体育馆、体育场为一体的县综合文化体育中心，占地18.27万平方米，建筑面积7.38万平方米，总投资约6亿元。总投资8000万元的当涂规划展示馆即将完工。继续推进护城河公园建设，市民在护城河沿岸自发组织歌咏、戏曲、民歌传唱、器乐演奏等文艺活动。2013年，全县公共财政对文化建设投入5587万元，比上年增长5%。

文化民生工程。县文化馆、县图书馆、县青少年宫等公共文化设施全部免费开放，公共电子阅览室实现各乡镇和社区全覆盖，在全省率先建成覆盖城乡的数字文化服务体系。118个村建成农家书屋，每个农家书屋配备书籍不少于1500册。乡镇综合文化站和村农家书屋已实现全覆盖和免费开放，各乡镇文化站都建有全国文化信息资源共享工程服务点，已有70个村建有不低于100平方米的文化活动室。

群众文化活动。组织开展“喜颂十八大”文艺巡演和“四下乡”活动。举办当涂县第九届农民灯会，15支队伍参演。举办“欢乐当涂”广场舞大赛，全县36支群众舞蹈队参赛。举办“和谐旋律、唱响江淮”送文化、走基层大型公益文化活动。借助“2013中国·当涂姑孰文化艺术节”，举办“第四届当涂民歌大奖赛”“姑孰画派作品展及笔会”“第三届中国千字文书法艺术节”等系列文化活动。

文艺精品创作。县黄梅戏演艺公司排练大戏《天仙配》《女驸马》《荞麦记》《红丝错》以及小戏《心愿》《恶婆婆》《闹花灯》《打猪草》《戏牡丹》和小品《一网打尽》等。王建平等多位作家在《清明》《小说月报》《中国散文大系》《小说界》以及网络上发表作品百余篇，获得各类奖项9项。编辑出版三期《姑孰风》杂志。黄梅戏《心愿》、歌曲《当涂美》《请到当涂歌乡走一走》获市“五个一”工程奖。

“四下乡”启动仪式

精神文明建设。组织开展县第三届“美德少年”评选表彰活动，周子岳等35名学生获评市“美德少年”。承办“我们的节日·清明——中华长歌行”展演活动。开展“三关爱”志愿服务活动，中、高考期间组织爱心车队免费接送考生1500人。举办“道德讲堂”活动，开展文明餐桌大行动，践行俭以养德。高翠玲、钱玉联当选“中国好人”，自愿捐献遗体的章毓庆、胡传骅夫妇为“中国好人”候选人。

【四大文化旅游区规划建设】当涂县以城乡一体化为总揽，规划建设四大文化旅游区，分别是：大青山李白文化旅游区以打造“中国第一诗山”为目标，以李白文化为主线，以特色旅游产品为吸引，涵养生态，保持生物多样性，形成特色鲜明、景色宜人、多姿多彩、多功能、综合性的绿色生态旅游区；太白国际生态旅游岛以马鞍山长江大桥、太平府大桥为纽带，把太白岛打造成为集旅游、文化、商务、科技和现代农业为一体的高品质生态旅游区；大公圩水乡生态旅游区以打造“大周庄”为目标，以水为灵魂，以水系为纽带，集镇依水而建、百姓依水而居、商业依水而兴，做足“小桥流水人家”文章，发掘“圩田文化”，发展旅游经济；石臼湖生态旅游区以加强石臼湖生态保护与开发为手段，打造集湿地观光、渔家风情、特色水产、休闲农业为一体的生态旅游区。

含山县

【文化概览】含山县位于皖东中部，面积1037平方公里，人口45万，辖8个镇，2个经济园区。2013年含山县获全国品牌农业示范县、群众体育先进县称号，被评为全省文化体制改革先进县、双拥模范县、“861”工作先进县。

含山历史文化悠久，唐武德六年(623)置县以来，已有1380多年历史，素有吴头楚尾之称。境内距今5800~5300多年的凌家滩古文化遗址，是迄今为止最早的中华玉文化发祥地，将中国城市历史向前推进了1000多年；褒禅山华阳洞因北宋宰相王安石传世名篇《游褒禅山记》而声名远扬，褒禅山风景区现为国家3A级景区；太湖山国家森林公园，融自然美景与名胜古迹于一体，素有“江北小九华”之称；形成于350年前的陶厂大渔滩湿地，野生荷花争妍斗奇，似一颗“生态明珠”。

省级非物质文化遗产“含弓戏”——《留守女人》剧照

文化民生工程建设。全县有图书馆、文化馆、博物馆各1个，乡镇综合文化站8个，全部实现免费开放。2013年，对95个行政村进行文化建设专项补助，全年共投入文化民生工程建设资金200多万元，累计放映公益电影1140场，举办群众文艺演出活动370场次，采购更新农家书屋图书11400册。2013年，含弓戏《留守女人》获得了马鞍山市“五个一工程”奖，含弓戏《丹桂飘香》被市委宣传部列入全市重点扶持的文艺精品，含弓戏《西宫夜静》参加“中国建筑装饰企业峰会”在马鞍山大剧院举行的专场文艺演出。

农民文化乐园建设。选择褒禅山园区横龙行政村小冯中心村、环峰镇祁门行政村祁门中心村、陶厂镇卜李行政村南周中心村开展安徽省农民文化乐园试点工作。县财政一次性拿出150万元，各镇根据实际情况也进行相应的配套。3个试点村共投入645万元用于农民文化乐园建设，并分别建立文化活动理事会，组建舞蹈队、龙灯队、合唱队和篮球队。县文化馆和镇文化站的文艺骨干组成文化活动指导队加强对村文艺队伍的专业培训。文艺志愿者队伍为村民提供志愿服务，协助县、镇抓好试点村文化活动。

精神文明建设。黄其顺、熊月文、张作萍3人入选“中国好人榜”；易厚掌获第三届省敬业奉献类道德模范提名奖；王自莲当选12月份“安徽好人”，成为该县首位“安徽好人”。在玉龙公园、体育馆建成“中国好人”长廊，全年共开展道德讲堂200多场次。文明单位重点抓好“五个一”即一堂、一队、一牌、一桌、一传播活动。环峰小学被确立为中央专项彩票公益金支持乡村学校少年宫，欧澄裁《借月亮》荣获第三届省优秀童谣征集成年人组一等奖，完成3500人志愿者注册登记，县大渔滩湿地保护志愿者服务队荣获第二届市优秀志愿者组织称号。

文明城镇建设。召开全县“双城同创”动员大会，梳理38项文明创建重难点问题，开展县直单位和部分文明单位包主次干道“门前三包”的文明共建活动。印发15期《文明县城创建督查督办通报》，解决100多个创建问题。新建43个公交候车亭和149个路名牌。在全县组织宣传思想工作大会上，县文明办作了《围绕中心，积极主动，推进文明县城创建工作》的经验介绍；陶厂镇和陶厂镇卜李村获第三届省文明村镇称号，陶厂镇和林头镇获第三届市文明乡镇和先进乡镇称号。

【凌家滩国家考古遗址公园立项】 2013年12月17日，国家文物局正式公布第二批国家考古遗址公园名单和立项名单，含山凌家滩考古遗址公园被列入立项名单，这标志着凌家滩遗址将建设成为安徽省首批、马鞍山市首个国家考古遗址公园。凌家滩考古遗址公园建设从2014年1月开始，用3~5年的时间进行建设。

凌家滩考古遗址公园以大遗址保护为核心，以“彰显华夏玉文化，探源中华文明”为主题，融遗址展示、考古研究、农耕生产、生态游憩、文化教育等多项功能于一体；依据考古工作成果展示、阐释凌家滩文化价值，拓展考古研究和公众考古教育功能；依托遗址周边自然人文资源，注重农耕生产和田园生态环境，创立遗址保护与生态改善新模式，形成具有独特文化特色的生态田园型考古遗址公园。通过遗址公园建设扩大中华文化影响力，在保护好遗址，开展考古研究同时，向游客提供生态游憩和公众考古科普教育场所，强化文化和旅游的深度结合，既可加快文化产业发展，又能促进旅游产业转型升级，满足人民群众的消费需求，切实推动旅游业快速增长。

【省级非物质文化遗产——含弓戏传承与保护】 含弓戏是安徽省地方戏，是全国稀有剧种之一。因发源于含山，起源于盲艺人操弓拉二胡卖唱的滩簧，故称“含弓”，发展为戏曲后改今称。含山县出台了《含弓戏传承项目支持办法》，将每年的“唱响含弓戏、乡音颂含山”巡回演出活动经费13万元列入财政预算。

和　县

举办“周末大舞台”暨全县首届广场舞大赛

【文化概览】 和县位于安徽省东部、长江下游西北岸，与南京、芜湖等城市隔江相望。人口54.4万，面积1318.6平方公里，辖9个镇。和县古名历阳，因“县南有历水”而得名。公元555年，南梁、北齐议和于历阳，罢兵休战，改历阳为和州。辛亥革命后，改和州为和县。和县是全国文化先进县、安徽省首批历史文化名城。

和县现有国家级森林公园1处——鸡笼山国家森林公园，国家级重点文物保护单位1处——“和县猿人”龙潭洞遗址，省级重点文物保护单位3处。和县历史悠久，文化景点众多，现有3A级景区3个，有众多历史文化景观入选中学历史教科书。其中最具代表性的有和县猿人、陋室、乌江霸王祠、天门山等四大文化景观。和县人文荟萃，名人辈出，唐朝诗人张籍、北宋歌豪杜默、南宋爱国诗人张孝祥、清朝文学家陈廷桂、当代草圣林散之等均是和县之骄傲。和县历史遗存丰富，现有1个项目入选国家级非遗保护名录，4个项目入选省级名录，3个项目入选市级名录。其中，和县东路庐剧为国家级非物质文化遗产，和县霸王祠“三月三”庙会、和县剪纸、和县羽毛画、和县民歌等4项为省级非物质文化遗产。

公共文化设施。共有公共图书

馆1个，农家书屋131个，文化馆(站)8个，广播电台、电视台各1个，大型体育中心1座。建有主体育场、体育馆、游泳馆、综合训练馆等和全民健身广场，总建筑面积32597平方米。2013年，全县全年公共文化建设投入资金达4604万元，比上年增长37%。

群众文化活动。组织开展2013年文化、科技、卫生“三下乡”活动。举办“科技创新、美好生活”科技活动周文艺演出、“中国梦、和州情”广场文艺演出，马鞍山市“周末大舞台”暨全县首届广场舞大赛，和县第九届文艺调演，“拥军爱民、鱼水情深”专场文艺晚会，“欢度国庆节、唱响中国梦”大型文艺晚会。举办国家级非遗和县东路庐剧《双拜堂》专场、马鞍山“江南之花”群众文化活动和县专场、国防教育专场演出等各类文艺演出，丰富了群众精神文化生活。举办全县书画巡回展、“农民画家李万来”书法展、《追梦林散之——全国书法名家邀请展》、和县“纪念毛泽东同志诞辰120周年”书画展等展览。承办《大众摄影》走进和县联谊会，开展和县第二届温泉文化旅游节系列文化活动。全年共举办各类文体活动56场次，组织专业人员开展送书、送文艺、送戏、送电影下乡活动152场次。

文化民生工程。2013年，投入财政资金232万元，用于公共文化服务信息化建设、广播电视村村通、公共文化场馆开放、农村文化专项补助等4项文化民生工程建设。全县7个镇，93个村、社区，建成镇综合文化站7个(其中省级一级文化站4个)、农家书屋96个、文化活动室93个，实现了镇、村级文化基础设施全覆盖。全县7个镇、县图书馆按照标准配置了公共电子阅览室，覆盖率100%，初步建成了全国文化信息资源共享工程三级服务网络体系。2013年6月，和县“国家公共文化服务体系示范区”创建通过国家验收。

文学艺术创作。纪实文学《山村记忆》、庐剧小戏《无花果》、歌曲《崭新的老家》获马鞍山市第二届精神文明建设“五个一工程”奖。折子戏《狸猫换太子》被列为市级文艺精品重点扶持项目。

文化产业。2013年文化产业增加值占GDP比重为4.05%。举办“西楚霸王文化产业发展研讨会”，从西楚霸王文化产业发展远景及规划、西楚霸王影视形象定位及剧本创作构想，以西楚霸王影视基地为中心的周边旅游产业发展、西楚霸王文化的价值及传播影响等方面进行研讨。重点打造“西楚霸王文化产业基地”“和县猿人遗址公园”“香泉风景名胜区”“鸡笼山森林公园”等7个重点文化产业项目。

精神文明建设。举办陋室道德讲堂6期，叶连平、潘策香、兰志菊等“中国好人”和专家先后走进讲堂，从身边的感人故事、书画艺术鉴赏及文化传承等方面进行讲授。组织开展“我们的节日”主题活动和“文明大看台”“志愿者在行动”“保护山川河流”志愿服务活动。不断深化未成年人思想道德建设，健全青少年宫、农村儿童活动中心等未成年人道德阵地建设。开展“美德少年”“网上祭先烈”“童心向党歌咏比赛”“向国旗敬礼”、中华经典诵读等各类未成年人主题实践活动。

“和县猿人”遗址研究与保护学术研讨会

【“和县猿人”遗址研究与保护学术研讨会】 2013年11月2日，和县猿人遗址研究与保护学术研讨会在和县召开。会议汇聚了中科院吴新智、常印佛、周忠和院士和中科院研究员、和县猿人研究权威专家黄万波等近40名国内考古、文博、地质、规划、文化遗产保护领域知名专家学者，举办4场专题学术报告会，深入探讨了有关文化遗址的保护、规划、发掘、研究及利用等问题，为和县猿人遗址保护与开发“把脉”，为进一步宣传好、保护好、利用好和县猿人遗址发挥了重要作用。

芜　湖　市

【文化概览】芜湖市位于安徽省东南部,市域面积5988平方公里,人口385万;其中市区面积1065平方公里,人口124万。辖无为、芜湖、繁昌、南陵4个县和镜湖、弋江、鸠江、三山4个区,有2个国家级开发区。是全国卫生先进城市、全国环境综合整治优秀城市、全国园林绿化先进城市、中国优秀旅游城市、全国文明城市提名城市、全国双拥模范城,曾3次获得中国人居环境范例奖,3次获评"全国文化体制改革工作先进地区"。国家新闻出版总署批准建设的安徽国家数字出版基地芜湖园区,系全国第10家国家级数字出版基地。

芜湖春秋时为吴国边陲要塞鸠兹邑,汉武帝元封二年(前109)始称芜湖。现有国家级森林公园2处、国家4A级景区7处、3A级景区9处、全国重点文物保护单位9处、省级文物保护单位29处、市县级文物保护单位142处、全国重点寺院1处、全国民间文化艺术之乡1个。芜湖铁画锻制技艺、灯舞(无为鱼灯)被列为国家级非物质文化遗产;梨簧戏、南陵目连戏、十兽灯、繁昌民歌、无为剔墨纱灯、中分村徐氏祭祖习俗、无为民歌、广济寺庙会、耿福兴传统小吃制作技艺、八社神灯、送春、大王冲佛香手工技艺、九连麒麟庙会、群龙朝神山为省级非物质文化遗产,储金霞、杨光辉为国家级非物质文化遗产传承人,汪邦云、胡晓兰、任俊堂、俞时金、胡德双、王伟峰、王兴辉、吴清海、张振清、朱晓钟为省级非物质文化遗产传承人。现存英驻芜领事署、天主教堂、老海关等33栋近代西洋建筑。

公共文化服务体系建设。2013年,芜湖市深入推进公共文化服务信息化(公共电子阅览室)、公共文化场馆免费开放、农村文化建设专项补助和街道文化站建设4项文化民生工程建设。建成7个街道综合文化站和25个公共电子阅览室,实现全市7个公共图书馆、8个文化馆、7个博物馆(纪念馆)、43个乡镇街道综合文化站免费开放。全市743个行政村每村补助1万元,用于开展5大类文化活动。市博物馆、三山区图书馆和文化馆主体工程完工,繁昌县图书馆和文化馆新馆建成,无为县图书馆、镜湖区图书馆和文化馆建成投入使用。在第五批全国图书馆评级中,6个馆被评为国家一级馆。在乡镇街道综合文化站等级评定中,10个站评为一级站、1个站为二级站,四级公共文化设施网络基本形成。

群众文化活动。举办芜湖首届"市民文化节"活动。组织了2013芜湖新年音乐会——俄罗斯国立爱乐交响乐团专场音乐会、2013迎新春越剧名家名段演唱会、"文化惠民、月月有戏"公益性戏剧演出等大型文艺演出活动19场。完成"向镇村、社区、基层送演出"活动115场次。以市书画院、美术馆为主体,先后举办了芜湖市迎新年美术书法作品展、2013年芜湖书画院书画作品展、"纪念523讲话发表71周年"芜湖市美术作品展等美术作品系列展10余场。举办主题为"讲文明、树新风、惠民生"文艺惠民活动。开展第六届"书香伴我行·我的读书故事有奖征文"和28届新春联大赛。广泛开展"我在你身边—关爱留守儿童"、群星沙龙公益性讲座、"共建美好家园慰问外来务工人员""慰问各行各业"等主题活

首届市民文化节开幕式

文化惠民 月月有戏

动180场次。2013年,全市各级图书馆总服务人次达94.8万,各级文化馆开展公益性群众文化活动527次,各级文化站服务人次72万余人次、开展群众文化活动1191次,农家书屋书籍更新116815册,全年共放映农村公益电影9874场,举办10场"中江大讲堂",继续开展文化科技卫生"三下乡"活动,有效满足了广大群众的精神文化需求。

文艺精品创作。全年共确定30个重点文艺创作项目,并按季度召开调度会,跟踪重点文艺项目进展,对项目进行优胜劣汰的动态管理。黄梅戏《铁画记》、电视剧《王稼祥》入选省"四个一"重点文化品牌工程。全年获得省级以上重要文艺奖项33项,《铁画记》还获省新剧目汇演优秀剧目奖,音乐舞台剧《鸠兹神韵》获剧目奖。在全省民营艺术院团"百佳院团"评比活动中,该市共有9家民营艺术院团获此殊荣。黄梅戏《江姐》获选全省民营艺术院团"十大名剧",芜湖县黄梅戏剧团获选安徽省民营艺术院团"十大名团"。组织参加皖江八市群艺大赛,荣获金奖1个、银奖2个。全年共在省市级以上报刊发表小说、诗歌、散文等1000多篇。出版长篇小说、散文集、小说集13部,其中皖版图书4部。

文化遗产保护。对清真寺、新四军三支队司令部旧址、六洲暴动旧址3处古建筑进行维修,并给予财政补贴。启动了内思高级工业职业学校旧址、英驻芜领事官邸、天主教神父楼以及芜湖古城内的衙署前门、潘家大六屋等古建筑维修工程。加强非物质文化遗产保护,芜湖储金霞铁画艺术有限公司申报为第二批国家非物质文化遗产生产性保护示范基地,9个项目入选第三批市级非物质文化遗产名录,"张孝祥与镜湖的故事"、无为板鸭等两个项目入选安徽省第四批非物质文化遗产名录。

文化体制改革。市文化馆、市图书馆创新机制,组建一批素质高、懂专业、有激情的基层公共文化服务队伍和文化志愿者队伍。市艺术剧院与安徽工程大学体育学院联合建立实践与科研基地,积极引进高校优秀毕业生加入艺术生产和演出。组织演职员工赴外地参加专业培训,进一步提高专业技能和演出水平。经市国资委批准,芜湖日报报业集团将原芜湖大江传媒有限公司改造为集团公司——芜湖报业传媒集团有限公司,该公司为国有独资公司,也是报业集团开展经营、投资的母公司。印务、发行公司股权划转、变更等工作已经完成。报业集团获"中国品牌传播力创新传媒机构"称号,《芜湖日报》获2013年"金长城传媒奖·中国十大地市党报"称号,《大江晚报》获2013年"金长城传媒奖·中国十大地市晚报"称号,芜湖新闻网获2013年"全国地方网站最具影响力品牌奖"。芜湖广播电视台依托广电资源组建了芜湖广电传媒集团,将广电可经营性资产进行剥离,按照现代传媒企业集团构架组织运营体系,以播出平台为依托,重点发展影视制作、广告经营、电视购物、移动、网络电视、艺体培训五大业态。全台总计36件作品获得年度安徽省广播、电视、网络等各类奖项,其中《走向复兴——2012迎新年双拥慰问文艺晚会》、纪录片《追牛的教授》分别获2012安徽广播电视文艺奖一等奖,《不封顶大病医保为患者重塑生活信心》获2012年度安徽广播电视新闻奖二等奖。

文化产业发展。华强集团继续做好"美丽中国三部曲"主题公园集群规划,加快建设方特三期"水上乐园"和四期"东方神画"主题公园;第三届"刘开渠"杯雕塑大赛成功举办,雕塑公园一、二、三期建成开园,拥有各类雕塑144件;大浦乡村世界景区建成为集农耕体验、田园观光、教育展示、文化传承于一体的休闲农业园;红杨山越野车王争霸赛获"2013年中国体育旅游十佳精品赛事"称号。国家新闻出版总署批准建设安徽国家数字出版基地芜湖园区。芜湖华强文化科技产业有限公司、芜湖辉天盛世网络科技有限公司、芜湖网尚资讯有限公司、安徽省蓝神珠宝有限公司、芜湖新视听演艺中心、安徽丫山花海石林旅游有限公司、芜湖元木旅游投资有限公司、芜湖县黄梅戏剧团有限公司、安徽巨策传媒集团有限公司等9家企业入选全省百强民营文化企业。

精神文明建设。深入开展"道德讲堂""我推荐、我评议身边好人”和道德模范推荐评选活动等。2013年，入选“中国好人”13名，入选“安徽好人”15名，产生“芜湖好人”73名，1人被评选为全省道德模范，1人被授予全省道德模范提名奖。利用10个社区星级志愿服务广场示范点等平台，开展以“关爱他人、关爱社会、关爱自然”为主题的学雷锋志愿服务活动。广泛深入地开展文明餐桌、文明交通等活动，着力倡导文明风尚。全年精神文明建设网络信息采用量连续11个月保持全省第一；芜湖文明网4个季度均排名在全国地市前6名，综合成绩排名全省第一。在2013年全国城市文明程度指数测评中，芜湖市列全国地级提名城市第11位，在全省4个提名城市中居第1名。

文化市场监管。组织开展“网吧市场整治”“非法游戏游艺设备清理”“教辅教材治理”“清源”“秋风”“净网”等各类执法专项行动20起。组织和参加各类普法宣传，提升12318社会知晓度。全年共出动检查人员5.9万人次，检查经营单位1.9万余家次，立案215件，罚款40.6万余元。2013年，市文化市场综合执法大队办理的两起案件分获文化部和省文化厅重大案件及十大案件奖。

【芜湖市积极打造欢乐强市】2013年4月20日，芜湖市出台《关于打造欢乐城市的意见》。《意见》提出了“打造具有国际影响力的欢乐城市”奋斗目标：以欢乐体验为特色、以高科技文化旅游项目集群为重点，着力打造具有国际竞争力的旅游目的地和文化科技产业集聚区。力争到2015年，全市年接待游客达到3500万人次，游客平均停留时间1.5天；到2020年，年接待游客突破6000万人次，游客平均停留时间达2天。加快建设以文化科技为支撑、以欢乐旅游为导向的传统文化、流行文化、科技自然等三大高科技文化旅游项目集群，打造高科技文化旅游、滨江山水、文化娱乐、休闲购物等四大欢乐体验品牌，重点培育文化创意、影视传媒、演艺演出、休闲旅游等欢乐主导产业。

【扶持民营艺术院团发展】芜湖市制定并下发《关于进一步加大民营文艺表演团体扶持力度的通知》，结合省“四个十”工程和芜湖市重点文艺项目创作选题活动，发掘地方文化资源，运用“文化惠民、月月有戏”专场活动和新创作剧(节)目汇演等交流平台，积极扶持民营艺术院团发展和创作能力提升。每年市级财政专项资金对演出进行补助，将送戏下乡活动演出列入民生工程；政府购买民营文艺院团的专业化演出，每年每个行政村送正规演出不少于1场，每场采购金额4400元(其中县区财政每场配套资金1480元)，全市全年的采购总金额高达326.92万元。

【文艺精品工程实施意见出台】为深入贯彻落实党的十七届六中全会和十八大精神，进一步加强文艺精品创作，推动文艺大发展大繁荣，1月14日，芜湖市委办、市政府办联合出台了《文艺精品工程实施意见》。主要措施有：建立文艺精品创作生产奖励机制、探索文艺精品工程市场化运作机制、完善文艺精品评论和宣传机制、完善优秀文艺人才培养引进工作机制、完善精品工程建设的量化考核机制等。

灯火夕晖

鸠 江 区

【文化概览】鸠江区成立于1990年3月，位于芜湖市东北部。辖沈巷、二坝、汤沟3个镇和清水、官陡、湾里、四褐山、裕溪口5个街道办事处，面积697平方公里，人口48万(含芜湖市经济技术开发区)。区内文化旅游资源丰富，有三国历史遗迹“蛟矶庙”、第四代主题公园方特欢乐世界以及融入中国元素的现代综合性主题公园方特梦幻王国。境内的芜湖方特欢乐世界为省级爱国主义教育基地，粟裕将军纪念馆为芜湖市青少年爱国主义教育基地和革命传统教育基地。

文化事业。截至2013年底，全区拥有区级文化馆1个、镇文化站3个、街道文化站5个、农家书屋73个、公共电子阅览室6个、体育场馆5300平方米。全年公共文化建设投入1430万元，举办大型群众性文化活动10场次，送文化下乡演出24场次，送电影下乡进社区664场次。文化民生工程建设投入27万元，建成1个街道综合文化站、2个公共电子阅览室。

文化产业。2013年全区文化产业总税收9330万元，其中纳税额超过1000万元企业有4家。纳入文化企业名录库的56家企业实现主营收入5.58亿元，比上年增长28%。芜湖华强双子园入园游客达397.99万人次，增长8%。现有亿元以上重大文化产业项目9个，项目总投资达164亿元。其中文化创意企业239家，涉及广告、建筑设计、会展、培训、影视动漫、工艺品设计生产等多种业态，从业人员近7000人。全区累计完成原创动画制作达3221分钟，制作了《笨笨与机灵4》《皮皮猪》《非常办公室》《熊出没》等多部原创系列动画片。芜湖市广告产业园先后被认定为国家数字出版基地芜湖园区、国家级动漫产业发展基地、省级服务业集聚区。境内目前有国家一级广告企业清泉广告公司、国家二级广告企业视平线文化传媒公司；安徽飞天文化传媒有限公司、芜湖小蜜蜂动画有限公司成为芜湖市仅有的2家文化部认定的国家级动漫企业。

方特欢乐世界卡通城堡

精神文明建设。开展“鸠江区月评十佳”活动、“讲文明树新风”活动，推进“做文明有礼的鸠江人”主题活动。继续开展文明交通、文明引导、文明餐桌和文明传播4项行动。广泛开展“做一个有道德的人”“心向党、跟党走”等主题实践活动，深化感恩教育内容，在广大青少年中开展“五个一”活动，不断提高品德修养和文明素质，深入推进未成年人思想道德建设。组织开展道德模范进社区、进企业、进学校、进农村、进军营巡讲活动。2013年全区道德讲堂共开讲481场，受众达70227人，吸引了安徽电视台、安徽日报等15家省市主流新闻媒体前往采访报道。根据拆迁社区多、安置小区人员构成复杂等开设了灵活多变的“流动道德讲堂”，受到了广大社区居民的欢迎和赞扬。2013年全区产生“中国好人”2人、“安徽好人”2人、“芜湖好人”11人。区文明办2013年被评选为芜湖市2013年度精神文明建设工作先进集体。

【国家数字出版基地芜湖园区获批】国家新闻出版总署近日正式批复，同意安徽省建立国家数字出版基地芜湖园区。至此，全国第10家国家级数字出版基地在安徽落户，标志着芜湖市数字出版产业发展跻身全国前列。

按照规划，安徽国家数字出版基地芜湖园区将打造具有特色的差异化发展的数字出版产业集群。园区分为主基地和辅基地，主基地以芜湖华强文化科技产业园、鸠江文化创意产业园为依托，以数字出版内容创意为核心，吸引配套服务企业、相关产业企业集聚，发挥龙头企业的纽带作用，形成覆盖数字出版内容创意、技术提供、传播、终端制造等核心环节的数字出版产业链，扩大产业集聚效应。辅基地以芜湖服务外包产业园、新华印务产业基地和高教园区为依托,推动传统出版企业转型发展,结合数字出版企业的人才需求,发展数字出版产业教育培训,建成芜湖数字出版的人才高地,为数字出版发展与产业融合提供辅助支持。园区力争建设成为"立足芜湖、辐射全省、影响全国"的知名数字出版产业基地。

弋江区

【文化概览】弋江区位于芜湖市南部,东至荆山河,西濒长江,东南、西南与南陵县、三山区隔漳河相望,北与镜湖区隔青弋江相望,面积178平方公里,辖马塘、澛港、弋江桥、中山南路、利民路、白马、火龙7个街道办事处和南瑞社区公共服务委员会,常住人口31.22万。境内有芜湖国家高新区和安徽师范大学等7所高校,是芜湖市科教、文化中心。

公共文化活动。2013年,全区公共文化活动立足唱响主旋律,寓教于乐,共举办各类文化活动680场。在快乐年华舞会、"中国梦"文艺演出等大型广场活动中,穿插道德讲堂、走近好人等内容,将社会主义核心价值体系教育融入群众性文化活动之中。组织开展关爱空巢老人文化志愿服务、关爱留守儿童文化志愿服务、敬老爱老走进养老院、残疾人文艺汇演、送文艺到工地等特殊人群文艺活动。在大学生群体开展公益广告设计征集和为时8个月的学雷锋爱心传递活动。基本文化服务向农村倾斜,举办农村文化活动503场。其中,开展主题群众文艺活动15场,组织送戏下乡进村活动16场;开展送文艺下乡进村活动8场。

文化品牌和文化遗产。2013年大学生嘉年华活动9所高校近万名大学生参与其中,主题活动分优秀文化传承、科技创新、文化招商、大学生创业服务4大类,共有19项子活动,丰富了大学生校园文化生活。弋江金秋文化月在9—10月举办,已连续举办十届。"快乐年华"广场篝火舞会,活动形式、内容不断推陈出新,由城区中心广场走向新农村中心地带,由单一的广场舞会转向全民健身才艺展示,2013年,被评为"安徽省全民健身活动品牌"。文化大集市、百姓大舞台、传统庙会戏剧展演、传统节日民俗展演等活动形成常态,影响力和辐射范围与日俱增。白马山庙会(民俗类)、白马山三圣古寺的传说(民间文学类)被批准为市级非物质文化遗产。

文化产业发展。推进文化产业规模化、集约化发展,成立创意产业园和大学生创业园,形成七大类代表性文化企业及项目。其中芜湖雅图数字视频技术有限公司,主要从事数字投影仪的生产、研发、销售。总投资7亿元建设雅图视频技术产业园,含有数字视频技术产品研发中心、展示中心和销售中心,一期工程已竣工并投产。三只松鼠电子商务有限公司,2012年推出第一个互联网森林食品品牌"三只松鼠",主打坚果、花茶、干果等系列产品,该品牌仅仅上线65天,其销售在淘宝坚果行业即跃居第一名,为互联网坚果销售第一品牌。2013年,公司投资新建"三只松鼠智能一体化食品电商园项目",投资总额为52000万元,是以坚果、干果、茶叶等森林食品的研发、分装及网络自有B2C品牌销售的现代化新型企业。芜湖辉天盛世网络科技有限公司2011年投资设立,从事游戏行业的综合性游戏门户网站。2013年11月,完美世界以2.55亿元收购芜湖辉天盛世100%股权。芜湖网尚资讯有限公司、芜湖辉天盛世网络科技有限公司、芜湖新视听演艺中心被评为安徽民营文化企业100强。2013年7月,芜湖华君社影视文化传播有限公司投资3000万元开拍25集现代都市伦理电视剧《我的博士老公》。

精神文明建设。开展"温暖弋江·传递正能量——寻找感动弋江的身边好人"网络专题宣传,生动呈现10名身边好人的优秀事迹,先后被省、市文明网专题链接。在

第九届弋江金秋文化月社区文艺擂台赛暨少数民族专场文艺汇演

广大市民中唱响争当好人的主旋律,在全市树立"弋江好人多"的良好形象。全区各街道、社区均设立文化氛围浓厚,符合规范的道德讲堂阵地。区境5个省级文明单位、16个市级文明单位标兵单位、13个市级文明单位也都因地制宜建设了道德讲堂阵地。细化道德讲堂操作方法,社区道德讲堂探索按人群分类的模式,先后举办环卫工人、居民楼组长、志愿者、好媳妇、美德少年、暑期未成年人等专场活动,参与人群逐步覆盖到各个年龄段。全年共举办道德讲堂403场,参与居民及员工2.4万人次。

【心暖花开公益联盟】心暖花开公益联盟成立于2013年3月。为满足居民的精神文化需求,形成常态化、系统化、较为专业化的志愿服务组织,解决社区志愿服务工作的发展瓶颈,改变辖区内零散公益服务组织没有固定场所、合法身份、信任度不高的现状,区政府积极引导成立心暖花开公益联盟志愿服务机构,并投入数十万元为其提供免费办公场所。心暖花开公益联盟下设志华爱心团队、阳光爱心学会、心连心爱心协会、芜湖海星社会工作服务社四个社团。四大社团相对独立,服务对象各有侧重,汇集了全区分散的民间爱心力量。公益联盟的影响力与日俱增,专业社工及志愿者队伍不断壮大,注册志愿者已由最初的几十人发展达到5000多人。

三　山　区

【文化概览】三山区位于芜湖市城区西南部,北濒长江,与无为县隔江相望,东南隔漳河,与弋江区、芜湖县、南陵县相邻,西与繁昌县城北工业区相接,面积320平方公里,辖峨桥镇和三山、保定、龙湖3个街道办事处,代管高安办事处社会事务,常住人口18.71万。

三山历史悠久,境内发现商周时期多处人类遗址,如三山镇大神墩遗址,浮山乡珠墩船墩,新淮乡磨盘墩,中沟疙瘩头遗址等,证明了三山早期就有人类生活繁衍。三山自古盛产铜、铁,境内有采铜和冶铜遗址。

广场舞大赛

文化事业和文化产业。截至2013年底,全区共有图书馆1个,综合文化站4个,农家书屋42个。全年公共文化事业投入200万元,成功举办三山区首届社区文化节,历经4个多月,完成10余项大型文化活动。送戏下乡80场,送书下乡8000册,送电影下乡放映560余场。开展"共建美好家园"——慰问芜湖外来务工人员专场文艺演出,将演出送到建筑工地、车间、职工宿舍区以及外来务工人员集中租住区,共演出30场,观众达4万余人。参加芜湖市少儿文艺调演舞蹈《百家姓》《雨竹林》和黄梅戏《到底人间欢乐多》分获二、三等奖,参加芜湖市《情满家园》原创节目文艺汇演小品《辛勤园丁》获二等奖。

公共文化建设。区文化馆、图书馆建筑面积共11000平方米,预计投入经费5000万元,区两馆基础建设基本完成,正在做主体建设工程的准备工作。投入100多万元完成龙湖、保定两个综合文化站改建及设备配置,完成了9个公共电子阅览室工程建设,建立了基层数字化信息网络系统。

文物保护工作。做好非物质文化遗产的普查和申报工作。积极配合市文物局开展文物保护工作。至2013年底,收集整理出民间文学(15项)、民间杂技(2项)、人生礼俗(1项)、民间信仰(2项)、生产商贸习俗(1项)共5大类21个子项目入选市级非物质文化遗产名录。第三次全国文物普查,全区共有49处不可移动文物,其中新发现35处不可移动文物。

文化出版市场管理。规范网吧联盟,实现网吧的自我监督、自我管理。开展校园周边环境治理和保护知识产权专项行动,共检查各类文化、出版市场经营摊点70余个,查缴200多张非法音像制品、3500

张学生彩票。

精神文明建设。2012年组织各类志愿者500余人次、200余台车次开展“清洁家园”志愿行动，集中治理社区、城中村、城郊结合部、建筑工地的市容乱象。组织300余人次开展“进百家门知百家情解百解难”市民大走访活动。举办道德讲堂46场次，参与群众5000多人。组织开展三山区首届“十佳民星”和“文明十佳”评选活动，推荐的“白菜哥”王喆顺利当选中国好人。根据“我们的节日”活动、特殊纪念日、宣传日等，从传播文化、普及法律、帮助弱残、关爱儿童、关爱农民工等方面，确定了“礼仪推广月”“清洁家园月”等12个月度主题，将活动深入到各个社区(村)、中小学、服务窗口、机关科室等创建工作一线，成立了三山王喆、夕阳天使等10支特色志愿服务队、5大志愿者服务基地和2个社区爱心服务站，增强了志愿服务的服务社会能力。

镜湖区

秀美镜湖区

【文化概览】镜湖区是芜湖市的中心城区，是全市经济、政治、文化、交通的中心和跨江发展的桥头堡。面积121平方公里，人口60万，2013年文化事业和文化产业长足发展，品牌效应逐步凸显，为实现文化强区战略发展目标奠定了基础。

文化事业和文化产业。区图书馆被国家文化部命名为国家一级馆。所举办的全省风筝大赛，被授予全省全民健身品牌赛事。投入14.6万元，为73个农家(社区)书屋进行图书补充更新。全年开展群众文体活动836场次，举行大型群众广场文化演出10余场次。在全市第十二届运动会上，夺得县区代表团团体总分第一名。《张孝祥与镜湖的传说》进入全省非遗名录。完成农村地区公益性电影放映168场。拥有文化产业法人单位547家、文化企业247家，其中新增文化企业23家。完成文化产业固定资产投资5.5亿元，签约及重点在谈文化企业14家。设立2000万元财政文化产业专项引导资金。在建文化园区项目3个，新推进文化园区项目3个。大砻坊工业设计园规划方案已通过，6月动工建设。中启创安徽云计算展示中心项目7月建成开业。积极推进堂子巷文化创意产业园、芜湖文房广场、世贸滨江大剧院项目建设，逐步形成“一区多园”新格局。利用365网站全国连锁及2000多家优质地产商的优势资源，积极宣传和推介镜湖区文化创意产业项目。

文化惠民工程。完成红梅社区、藕香园社区2个社区公共阅览室建设和市级民生工程黄果山社区、滨江社区、芜宁路社区3个社区文化站建设，并向社会免费开放。继续打造“艺术鸠兹”“戏曲九莲塘”“运动赭山”和“舞动滨江”四大特色文体惠民广场。完成28条健身路径约300件健身器材的新增与安装，新建14条健身路径。

文化市场监管。开展2次联合行动，出动执法人员19人次，出动执法车辆4台，检查商家83户，查处非法销售商家4个，收缴9套非法卫星地面接收设施，拆除3套非法卫星地面接收设施，完成176家文化经营单位年检。

精神文明建设。增拨各公共服务中心(街道)文明城市创建迎检专项经费，累计投入700多万元，争创全省首届文明城区。2人入选“安徽好人”，7人入选“芜湖好人”，推选出35名“镜湖之星”。各级文明单位共计捐款20余万元。组织开展“我们的节日”活动。全年举办各类道德讲堂1000余场，受众6万余人次；举办全市诚信餐饮示范道德讲堂1场。增建2所城市学校少年宫。文明创建动态系统注册单位218家，上传创建材料14974篇，上传道德讲堂材料1132份，受众58688人。全区有全国文明单位4个、省级文明单位19个、市级文明单位标兵43个、市级文明单位36个、市级文明公共服务中心8个、市级文明社区43个、市级文明村3个。设置提示牌3000块、建筑工地围栏750块2760平方米、社区宣专栏760块912平方米、大型电子屏幕20块。

志愿服务活动。创建11个社区星级志愿服务广场。“爱心六敲门”志愿服务项目获安徽省“我最感动的江淮志愿服务典型”优秀项目称号，镜湖区获全国社区志愿服务示范城区称号。开展学雷锋志愿服务活动986次，参加文明交通劝导活动3170人次。

【雨耕山文化创意产业园】雨耕山文化创意产业园位于镜湖区西北部的雨耕山顶，濒临长江。原址为芜湖内思高级工业职业学校旧址，由西班牙修士蒲庐设计并监造，1934年动工，1935年竣工。2005年12月，公布为市级文物保护单位；2012年7月，公布为省级文物保护单位。

2012年，镜湖区百年历史建筑复活计划启动，拟将雨耕山打造成为以酒文化为主的创意文化产业园，并从文化、产业、商业3个层面推进，以"穿越历史，中西文化交流的窗口"为目标，以酒业发展为契机，以"酒业正能量，汇聚雨耕山"为抓手，培育"隐于繁华、深度品味"的高端商业消费综合体。2013年，园区新建建筑主体基本完成，两栋文保建筑修复完毕。有入驻意向商户68家，其中与哈根达斯、咖啡陪你、醉江湖、宾果等知名品牌签订了入驻协议，与外婆家、满记甜品、豆捞世家、川湘汇、爱尚KTV等品牌进行了有效对接。酒类产业招商初见成效，法国、西班牙、希腊、南非等有关客商已经入驻，德国、美国、意大利等客商正在进一步洽谈中。口子窖、西凤酒、洋河酒正式签约入驻，茅台、五粮液、郎酒、泸州老窖、古井贡酒等已签订意向入驻协议。酒类检测中心完成注册，酒类培训中心已完成与CAFA（专业品酒师侍酒师学院）、ISG（国际侍酒师认证）、WSET（英国葡萄酒及烈酒教育基金会）、逸香等国内外知名专业葡萄酒培训机构合作洽谈。

芜 湖 县

【文化概览】芜湖县面积670平方公里，人口34.71万，辖湾沚、六郎、陶辛、红杨、花桥等5个镇，是全国文明县城、科技进步先进县、群众体育先进县、计划生育优质服务先进县、农村社区建设实验县，全省双拥模范县、社会治安综合治理模范县、科学发展先进县一类县。

文化遗产和文化发展。芜湖县古称鸠兹，西汉元封二年（前109）置县，距今已有2100多年。现有战国末楚王城遗址、北宋初东门渡窑址、南宋珩琅塔、清代胡湾胡氏宗祠等4处省级重点文物保护单位。六郎镇的八社神灯为省级非物质文化遗产，胡德双为省级非物质文化遗产传承人。西河老街古建筑群、白沙圩农民暴动旧址、立新抗日将士墓、丰山烈士塔、花桥渡桥等5处，被县政府批准为第二批县级文物保护单位，并划分了保护范围及建设控制地带。陶辛镇"骆村马灯"、湾沚镇"仇氏灯笼工艺"被县政府批准为第四批县级非物质文化遗产，陶辛镇"芜湖县木榨榨油技艺"、花桥镇"花桥渡采茶灯"被市政府批准为第三批市级非物质文化遗产。编辑出版《华夏曲》《血色岁月》等图书两部。2013年文化产业增加值达7.73亿元，占全县GDP比重4.7%。

公共文化建设。全年公共文化建设共投入2055万元，主要用于县图书馆新馆、博物馆、公共电子阅览室、社区文化广场、广播电视"村村通"建设以及文化馆、图书馆、综合文化站、农家书屋等养护补助。对公共文化服务实行政府采购，免费送文化下乡；农村电影放映继续坚持公益电影和爱国主义教育电影放映并重，全年放映农村电影1344场。县图书馆新增文献藏量购置专项经费50万元，购书3.1万余册、电子图书40万册、视听文献837种，征订报刊602种。

文化民生工程建设。建成花桥镇公共电子阅览室，全县实现镇镇有公共电子阅览室的目标，县博物馆（与县规划展示馆合建）进入内部装饰和布展阶段。2个镇级文化休闲广场和12个美好乡村建设中心村文化休闲广场均已建成。县图书馆、文化馆、镇综合文化站、村（社区）农家书屋继续实行免费开放，共接待群众22.6万人次。县级举办各类文化活动近百次，镇村开展群众文化活动301场次。新建镇

黄梅戏《铁画记》剧照

级全民健身广场2个、省级社区体育俱乐部1个、农民体育健身工程28个点，新增体育健身俱乐部1家，创建优秀晨晚练点8个，成立体育单项运动协会2个。全年开办少儿、成人免费培训3期，办班59个次，培训学员7633人次；继续开展群众文化辅导员志愿服务活动，吸收文艺骨干145名，提供专业性、公益性、经常性文化服务。县图书馆文献总藏量52.68万册，读者流通人次15.3万，图书外借册次14.6万，外借率115%。全年开展送文化下乡进社区活动30余次，共送图书1800册、年画650张、灯谜2300余条、综合文艺节目25场、黄梅戏61场、春联3000余幅，累计服务群众30余万人次。以学习宣传党的十八大精神为主线，全年举办重大文化活动18次，共上演节目200余个，展出书画作品500余幅、新闻图片近千件，参与者达4200余人次。

精神文明建设。巩固和提升“全国文明县城”和“安徽省第一届未成年人思想道德建设先进县”创建水平，开展“记者上路”和“县领导上路”活动。掀起公民道德建设的热潮，涌现中国好人崔爱霞、陈文斌，芜湖市第二届道德模范翟厚圣、桂海宝，芜湖市百名孝星张雪梅、冯金凤等一大批践行社会主义核心价值观的模范人物。开展首届道德模范评选表彰活动，共推选出五类共24位道德模范。积极开展志愿服务活动，涌现出夕阳红志愿服务团、党员“一米阳光”志愿服务队、巾帼志愿服务队、QQ爱心车队、金桥助学志愿协会等志愿服务品牌。开展道德讲堂建设活动，全年建成道德讲堂122家，受众人数达8万人。开展了以农村“四创”为主要载体的乡风文明建设，打造了鲁村、永和、倪家、官巷、万村、五四等10个“农村四创示范村”和1个学雷锋阵地爱民社区“雷锋巷”。结合“我们的节日”，开展了“红红火火过大年”，千人腰鼓闹元宵、端午赛龙舟、中秋大团圆等主题活动。湾沚镇获2012年度芜湖市文明魅力乡镇，红杨镇获2012年度省级生态镇称号。

【原创大型黄梅戏《铁画记》】《铁画记》以国家非物质文化遗产芜湖铁画史料为素材进行艺术创作和审美打造，塑造了汤天池、肖尺木等多个舞台艺术形象，弘扬了优秀民族民间文化，歌赞了芜湖铁画所蕴含的首创精神，被列为全省“四个一”重点项目。创作完成后，该剧先后在宣城市红星剧院、芜湖市百花剧院、合肥大剧院、芜湖县市民广场演出。人民网、新华网、中国戏剧网、光明网、新文化网、艺术中国网、安徽戏曲网、安徽文艺网、安徽省文化厅网、合肥晚报、大江晚报等数家媒体予以报道。在“2013安徽省新剧目汇演”中，该剧获得5项奖：优秀剧目奖(最高奖项)，演员一等奖（曹帮萍)、二等奖(张丹)、三等奖(钱星忠)，导演三等奖(沙爱龙)。剧目总投入176万元。

繁 昌 县

【文化概览】繁昌县位于皖南北部，北与无为县隔江相望，东、南分别与芜湖市区和南陵县相邻，西与铜陵县接壤。辖6个镇、1个公共服务中心，面积584.6平方公里，人口27.78万。繁昌历史悠久，西汉建县，距今已有2100多年历史。现有人字洞遗址、繁昌窑遗址、皖南土墩墓群3处全国重点文物保护单位，有省级文物保护单位4处，省级非物质文化遗产4项。

文化事业与文化产业。2013年，全县文化事业和文化产业发展迅速。公共图书服务一体化建设试点完成、建立县级中心馆、7个镇级分馆、72个村级服务点的公共图书服务网络和完善的总分馆数据库管理平台。举办繁昌县第二届全民健身运动会，共有6个组别、77个代表团参加17个项目的比赛。完成繁昌窑遗址柯冲2号龙窑考古发掘，出土丰富的瓷器及窑具标本。出版《在最好的年华遇见你》《华枝春满，无上清凉——弘一大师传》《花开尘埃 铅华毕落——素颜下的徽州女人》等多部文学作品。举办了“美丽繁昌”摄影大赛。全年文化产业总产值11.62亿元，

繁昌县第二届全民健身运动会开幕

比上年增长6.8%；增加值5.23亿元，占地区生产总值的2.8%。组建了安徽春谷文化旅游产业发展有限公司。完成繁昌窑遗址文化公园项目规划及总体规划设计方案、峨溪河湿地公园可研报告、新港明清古街项目建议书、平铺岱湖湿地公园概念性设计。露华春动漫衍生产品产业园主体工程完工，动漫《奇峰飞龙》制作完成26集，取得全国广播电视和互联网播出许可证。游戏《鸠兹传奇》已上线；动漫《疯狂成语》制作完成110集、800分钟。

公共文化建设。全年公共文化建设投入4889万元。县文化馆、图书馆、影剧院主体工程均已完工，内部装饰基本结束。县博物馆主体建筑封顶，完成陈展设计。开展送戏下乡演出200余场，放映数字电影1200余场、“爱国主义电影”350场。

文化民生工程。新建3个镇级公共电子阅览室，实施农村文化建设专项补助，完成农家书屋新增图书采购配送工作，完成10个村文化室达标建设。新建20个村农民体育健身工程、4个美好乡村健身场所、1个全省体育社区俱乐部和1个省级乡镇全民健身广场。投资210万元，对186个20户以下已通电广播电视盲村开通了有线电视信号，发展新用户756户。

精神文明建设。获第三届安徽省文明县城称号，文明程度指数测评位居芜湖市县区第一。深入开展学雷锋志愿服务活动，建成10个社区志愿服务广场。广泛开展“讲文明树新风”公益广告宣传、道德领域突出问题专项教育和治理、文明餐桌创建等活动。举办道德讲堂1471场次，受众59136人次。入选“中国好人”3人、“安徽好人”5人、江淮优秀志愿服务典型3个。开展第三届“繁昌县美德少年”评选表彰和“做一个有道德的人”“传承中华文化、诵读中华经典”、爱国主义读书教育等未成年人思想道德建设工作。

【安徽省古陶瓷研究会在繁昌成立】安徽省古陶瓷研究会由安徽省文物考古研究所和繁昌县人民政府共同发起，旨在以繁昌窑研究保护为基础，立足皖南，带动全省古窑址和古窑瓷研究和保护工作。2013年12月10日成立大会在繁昌召开，全省文博界及部分高校和民间收藏界人士共120余人参加会议。会议选举产生了会长、副会长、秘书长、常务理事、理事。会议聘任省政协副主席、省文化厅副厅长李修松等5人担任名誉会长。

南陵县

【文化概览】南陵县位于安徽省东南部，地处皖南丘陵向沿江平原过渡地带，辖8个镇，面积1263.7平方公里，人口55万。南陵历史悠久，人文炳蔚，西汉武帝元封二年(前109)始置春谷县，南朝梁武帝(525)始置南陵县。境内有大工山铜矿遗址、皖南土墩墓群和牯牛山古城遗址3处全国重点文物保护单位。

历史文化保护。整理千峰山考古发掘出土的文物90余件，进一步丰富了县文物馆藏。处理2起文物案件，抢救性清理4处墓葬。完成市级非物质文化遗产项目——“丫山藕塘传统技艺”和市级代表性传承人的申报。对目连戏、十兽灯、大王冲佛香传统技艺、送春4个省级非物质文化遗产项目的资料全部进行了恢复和存档。2013年3—8月，对23项非物质文化遗产项目进行调查、收集、整理，2013年11月公布第二批县级非物质文化遗产项目名录。全面开展第一次全国可移动文物普查工作。

公共文化建设。截至2013年底，共有文化馆、公共图书馆、博物馆、青少年活动中心、文化公园、老年人文化活动中心各1个，有镇级综合文化站8个、农家书屋162个、城区文化体育广场1个、县体育场1个，建成8个镇级公共文化

南陵县博物馆开馆

信息化建设服务点并全部免费对群众开放。2013年11月,县图书馆被文化部评定为一级图书馆。

群众文化活动。先后举办2013年春节联欢晚会、新春灯谜会、丫山牡丹文化艺术节、庆祝建党92周年系列文艺活动、"德润春谷"第二届南陵县道德模范颁奖大会文艺演出、"文化春谷·幸福南陵"书画展、"我的中国梦·城市足迹魅力南陵"大型摄影图片展等系类文化活动40余项,创办"南陵大讲堂"并举办4期,组织开展"送戏下乡"演出活动40场、在全县各镇村放映电影1884余场、组织开展送文艺进社区活动30多场。县文化馆举办各类公益培训班61个,在镇村小学开办舞蹈、书法公益辅导班3个。县图书馆新购万余册图书并征订200百余种期刊。创作的校园童谣《悄悄长大》已进入市级评选,舞蹈《潇洒的小女兵》获市少儿文艺调演一等奖。组织开展"迎新年、树新风"财税杯乒乓球邀请赛、第一届全民健身运动会暨第二届足球(五人制)联赛、第十二届业余男子篮球联赛、2013年"鲁班杯"环浦西湖自行车骑行比赛等各类群众体育活动10余项。

文学创作。南陵县被评为首批"安徽省文学创作先进县"。《那些曾经花开的地方》《乡间民谣》《在时间里漂浮》《漳河风韵》分别由广西师范大学出版社、安徽文艺出版社、蓝天出版社、黄山书社出版发行,一批文学作品在《清明》《安徽文学》等刊物发表。罗光成长篇小说《天亮就出发》入选安徽省"2013长篇小说精品创作工程",小说《裁缝铺》获江苏省年度"精品短篇"奖。丫山花海石林旅游有限公司独立投资制作的景区歌曲《丫山迷歌》,成为芜湖区域景区首部MV,引起广泛关注。县文联主办的大型纯文艺杂志《春谷》被推选为"全省文学内刊主编联席会议永久荣誉主席单位",成为南陵对外靓丽的文化名片。

文化民生工程。2013年,建成3个公共文化服务信息化建设服务点,完成40个自然村的有线广播电视"村村通"工程;县体育场已于3月8日起实行对公众免费开放,县广播电视台发射塔改造工程正在落实广播电视发射塔选址和前期招标准备工作。

精神文明建设。先后出台《南陵县文明程度指数测评工作考评办法》和《南陵县文明程度指数测评奖惩办法》,引入第三方考核机制,对全县各镇、各单位文明创建工作实施一月一考核、一月一奖惩。制订文明创建例会制度和县4大班子领导上路督查制度,先后召开13次创建工作协调会,组织16次县4大班子负责人上路督查,协调解决县城创建和市容整治中的重点、难点问题。利用南陵大讲堂开展市民宣传教育培训,组织全县志愿服务暨文明礼仪知识专题报告会和《文明礼仪与现代城市精神》专题讲座。开展文明餐桌、文明市场、道德领域突出问题专项治理、文明窗口等创建活动,推进城市公共文明建设。深入开展以"三关爱"为主题的学雷锋志愿服务活动,除结对定期服务外,有组织开展活动150余次。文化志愿者进乡村学校少年宫形成常态机制,组织文化志愿者送文艺进社区12场,送文化下乡8场。全县村镇、行业、学校、机关和企业开设了道德讲堂,其中家发镇道德讲堂实况视频在中央文明网首页要闻播出。承办了市道德讲堂总堂第一期活动,以诚信经营为主题的餐饮行业道德讲堂建设经验在全市推广。同时,将《三德歌》编成广场舞,在市民群众中广泛传唱。开展了第二届南陵县道德模范评选和南陵县月评好人活动,余翠华、胡太平当选"中国好人",赴四川雅安支援灾区的爱心农机手集体、家发镇映山红志愿服务队当选"感动江淮志愿服务优秀典型"。综合利用各级专项资金160万元,各镇乡村学校少年宫累计建设9所;组织乡村学校少年宫建设考核评比,对优秀乡村学校少年宫进行了表彰奖励。在8个省级美好乡村建设点规划设计了具有地域特色的文化墙、文化长廊,深入推进"文明礼仪进乡村""道德新风进万家"活动和关爱留守儿童行动,广泛开展评选文明户、好媳妇、好婆婆等农村精神文明系列创建活动,树立了朱树红、陈桂芳、吴亚芳等一批身边孝老爱亲、助人为乐典型,进一步弘扬文明新风。

【南陵县博物馆正式开馆】南陵县博物馆于2013年8月28日正式开馆并实行免费对外开放。该馆建筑面积3600平方米,其中展厅面积1000平方米。第一展厅为临时展厅,以图片、文字形式,展示南陵县第三次全国不可移动文物普查的成果;第二展厅主题是"早期南陵",为固定展厅,以图片、实物以及多媒体形式,介绍该县的聚落遗址、铜矿遗址以及皖南土墩墓群,展示先秦以前的南陵历史文化。博物馆建立和完善了安全防范系统,做到"人防、物防、技防"三结合。开馆当年,接待省、市、县领导及外地游客、专家学者、学生团体等社会各界人士达10万人次,安排专场讲解两百余次,并向观众发放本地历史说明图册。

南陵县博物馆内景

无 为 县

【文化概览】无为南濒长江，北依巢湖，面积2206平方公里，人口130.88万。辖21个乡镇，设2个省级经济开发区，其中高沟镇、姚沟镇、鹤毛乡分别被评为全国环境优美乡镇和全省生态乡镇，县城无城镇为安徽省园林县城。无为县先后获得全国科技进步先进县、全国金融生态县、全国计划生育优质服务先进县、全省教育强县和全省双拥模范县等称号，是全国闻名的“电缆之乡”“劳务之乡”。无为县历史悠久，县名取无为而治之意。隋开皇元年(581)设无为镇。北宋太平兴国三年(978)置无为军，熙宁三年(1070)建无为县。境内现有各级文物保护单位57处，其中国家级1处、省级4处、市级8处、县级45处。馆藏文物646件，其中一级文物6件（套）。现有不可移动文物182处。已挖掘整理出非物质文化遗产约200项，其中列入国家级非物质保护名录1项、省级4项、市级8项；省级项目代表性传承人3人。省级非遗项目——“剔墨纱灯”，入选中南海悬挂。

文化事业和文化民生工程。截至2013年底，全县共有文化馆、图书馆各1个，文化站21个，农家书屋299个，文化共享工程村级服务点295个。完成县文化中心设计工作。完成21个乡镇公共电子阅览室建设，建立了县、乡镇、村一体化数字化信息网络。2013年，公共文化事业投入近2000万元，送戏下乡368场，送书下乡2万多册，送电影下乡3408场。

文化产业。2013年，县财政安排文化产业发展专项资金200万元。全县文化经营单位已达255家，初步形成了出版印刷、广播影视、互联网信息服务、工程勘察设计、工艺美术、广告、文艺演出等行业在内的文化产业体系。安徽省蓝神珠宝有限责任公司、安徽巨策传媒有限公司成功入选“安徽民营文化企业100强”。

群众文化活动。举办“无为县濡水情首届民俗文化艺术展演”大型特色品牌展演、“激情无为·舞动人生”首届全民广场健身舞比赛、“欢乐无为·梦想舞台”首届电视器乐大赛、田间咏诗会、“和谐无为”诗文赛、“欢乐无为·幸福笑脸”征集活动、“学雷锋 做有道德的人”读书教育活动、“中华长歌行”——春节、端午节、清明节、中秋节展演及“印象无为”摄影赛、新春大型晚会等活动。开展主题展览、读书演讲、书画摄影展等各类社会文化活动200余场，捐赠各类图书20余万册。

庐剧《好支书王坤友》剧照

文艺创作。新创庐剧《好支书王坤友》、40集电视剧《追浪》入选芜湖市重点文艺创作项目。庐剧《好支书王坤友》在县内公演。7个节目在芜湖市汇演、调演、擂台赛中分获一等奖2个、二等奖4个、三等奖1个；幼儿舞蹈《童谣》在安徽省第三届新农村少儿舞蹈汇演中获“小葵花奖”二等奖。出版各类原创图书22本。

精神文明建设。强力推进文明创建月度测评，努力促进人们的文明行为习惯养成，全县的文明程度指数明显提升；深入推进道德讲堂建设，全年举办道德讲堂556堂次，受众人数43165人，道德讲堂作为引导全民崇德向善的教育阵地作用不断得到发挥；坚持开展“无为好人”评选，全年入选芜湖好人8名，无城镇的杨丽丽、昆山乡的谢书芳分别被评为孝老爱亲、诚实守信类“中国好人”“宣传好人、学习好人、争做好人”的浓厚氛围已经形成；倡导“学习雷锋、奉献他人、提升自己”志愿服务精神，持续推进“县直单位联路共建”“中小学生进社区”“文明交通护花行动”等学雷锋志愿服务活动，广大人民群众“我志愿、我服务、我快乐”的意识不断增强；加强未成年人思想道德建设，推进乡村学校少年宫建设全覆盖，农村孩子快乐成长的活动基地已经建成。

【图书馆新馆对外开放】投资4000余万元、占地1.53万平方米、建筑面积约9200平方米、藏书30余万册的图书馆新馆，于2013年国庆节正式投入使用。图书馆新馆集图书借阅、数字化信息、文化教育、展览展示等功能于一体，藏书、面积等在全省县级图书馆中领先，为国家一级馆。

铜　陵　市

【文化概览】铜陵市位于安徽省中南部、长江下游南岸,1956年建市。辖1个县、3个区,设1个国家级开发区和3个省级开发区,面积1200平方公里(含普济圩农场),人口74万。是国家卫生城市、全国科技工作先进市、国家园林城市、全国双拥模范城、全国文明城市提名城市。

铜陵是中国青铜文明的发祥地之一,有“中国古铜都,当代铜基地”之称,铜文化是城市文化核心元素。现有国家级重点文物保护单位1处,国家级自然保护区1处,中国历史文化名镇1处,省级重点文物保护单位5处,省级风景名胜区1处,省级森林公园1处,4A级景区(点)1处,3A级景区(点)2处。竹马灯、牛歌、铜陵白姜制作技艺、中国传统石蜡法、铜陵凤丹制作技艺为省级非物质文化遗产,牧怀柱、王晓梅、金如林、郑东平等4人为省级非物质文化遗产传承人。

文化体制改革与文化产业发展。2013年,铜陵广播电视报转企改制工作完成;市文化馆、博物馆、图书馆等公益性文化单位进行“三项制度”改革;铜陵日报社控股成立安徽典范数字传媒科技有限公司,建设户外电子阅报屏,获2013年中国报业户外媒体技术创新奖。参加第九届中国(深圳)文博会,签约巴柯拉童装生产及巴柯拉动漫文化基地项目。天井小镇文化旅游区基本建成;青铜帝国铜文化产业集聚区一期、飞越文化中心、涌银文化广场主体工程完工;中华白姜文化园、铜都生态文化园一期、凤凰山风景区一期项目建成运营;国际铜雕艺术园建成两期。引进上海创意产业中心平台资源,成立铜陵文化创意产业中心,实施铜陵文化创意与研发设计推进计划,并启动首批项目扶持工作。开展与台湾等两岸四地文化创意产业的交流合作,成立铜雕艺术研究院。铜陵百舟网络科技公司蝉联国家文化出口重点企业。安徽新视野科教文化传播公司被授予全国首家国家级防震减灾科普产品研发生产示范基地。铜陵天井小镇实业有限公司、安徽逸伦正元集团公司、铜陵新九鼎铜文化产业有限公司、铜陵百舟网络科技有限公司、铜陵金蜗牛艺术品有限公司等5家企业入列2013安徽民营文化企业100强。2013年有13个续建、新建文化产业项目列入省“861”计划项目库,总投资173亿元,全年完成投资23.88亿元,列全省第5位。文化产业增加值12.75亿元,占全市GDP的2%,比上年增长19.2%。

公共文化设施建设。初步建立四级公共文化服务设施网络体系。乡村综合文化站、农家书屋、社区文化家园等文化设施实现全覆盖。市图书馆被评为国家一级馆、市博物馆被评为国家三级馆。市文化馆新馆建设工程全力推进,博物馆新馆进入展陈论证阶段。新建7个公共电子阅览室,完成322个自然村的广播电视“村村通”工程,全市26个公共文化馆站全部实行免费对外开放。“农村文化墙展示”入选中宣部全国宣传思想文化工作案例并获得政府最高奖——文化部第十六届群星奖,被省文明办要求在全省推广;城市文化社区项目通过文化部验收评审,获首批国家公共文化服务体系示范项目创建优秀等次。

文艺创作。电影《第一次牵手》

全国道德模范与身边好人(安徽铜陵)现场交流活动

《欲望旅程》在央视电影频道播出。《铜陵作家文库》12卷文稿编辑完成，市作协会员创作的中篇小说《去云南》在《钟山》刊物上发表。铜都生态文化园成为中国书协展览中心，为安徽省唯一的创作基地展馆。版画作品《一代大师黄宾虹》《岁月》入选“铁笔丹青新徽派——近期黑白木刻选登”，并在《安徽日报》整版刊发，《一代宗师黄宾虹》成为新建成的省美术馆保留展品。《铜陵牛歌》参加第四届全国牛歌展演比赛，获演出一等奖和优秀组织奖。参加安徽省第十届艺术节，获二等奖1个、三等奖3个。在安徽省“六·一”少儿书画大赛获5金15银。参加安徽省第二十六届少儿音乐舞蹈大赛，获舞蹈类一等奖、钢琴类一等奖。组织合唱团参加省第六届“金色晚霞”合唱节获一等奖。黄梅小戏《廉田凤丹开》、歌曲《廉镜》参加省纪委廉政文艺调演。承办了由省美术家协会主办的首届青年书画展。

群众文化活动。举办2014年新年音乐会、春节文艺晚会，组织文化科技卫生“三下乡”活动，开展第五届全市农村文艺调演，组织“十八大”精神百姓说唱团赴基层巡演30场。市图书馆全年新增持证读者4400人，接待读者24.6万人，实现图书流转6000册次。全年农村公益电影放映1690场，观众达32万余人。面向基层单位举办各类文艺培训班及讲座30余期，培训人员4000余人；举办文化展览8期，参观人数3.2万余人。举办第九届“桃李杯”搜星中国青少年艺术大赛和第20届全国文艺推新人安徽赛区铜陵选拔赛。邀请著名作家季宇、潘军等举办讲座或参加采风创作、辅导、交流等活动。承办“绘梦铜都·首届公共书画作品展”“中国梦·舞动铜都”铜陵市首届广场舞蹈大赛和“百工献艺贺佳节”民间工艺精品展览。

精神文明建设。名列全国城市文明程度指数测评地级提名城市第12名，名列全国未成年人思想道德建设工作测评第34名。评选出“铜陵好人”52人，16人入选“中国好人”榜，涌现出“最美公交司机雷鸣”等一批道德典型，“楼道好人”评选经验在全国文明办主任培训班上作经验交流。举办全国道德模范与身边好人现场交流活动。建成300多个不同类型的道德讲堂，开讲2000余次。开展“讲文明·树新风”活动，在全省率先制定《铜陵市宾馆、饭店、餐馆、食堂剩饭剩菜行为自律公约及处置办法》，印制发放“不剩饭、不剩菜”温馨提示卡、提示牌6万多个。围绕关爱老幼弱残，广泛开展志愿服务活动，形成了“情暖夕阳·爱满铜都”“彩虹助残”“千人千愿·微爱圆梦”等品牌项目，其中12例当选江淮志愿服务优秀典型。开展“做一个有道德的人”、优秀童谣征集评选、中华经典诵读等道德实践活动，举办全市首届“美德少年”评选颁奖典礼活动。新建10所城市学校少年宫。加强文明网建设，铜陵文明网稳居中国文明网联盟网站前列。全市共有全国文明村镇3个，省级文明村镇9个。有全国文明单位5个，省级文明单位64个。

“楼道好人”评选经验在全国文明办主任培训班上作经验交流

网络文化建设。深化与人民网、人民网安徽频道、新华网安徽频道等重点网站合作，建设专题宣传网站（网页），积极开展网上正面宣传。策划组织“网聚美好安徽”采访团走进铜陵、“人民网安徽万里行”走进铜陵、“投资安徽 发展热土”微访谈（铜陵篇）等大型网络宣传活动。组织开展2012年度铜陵市政府新闻奖网络新闻作品评选活动，铜陵新闻网选送的《农民的“不动产”变“流动资产”》获省二等奖。加大网络问政力度，举办“民生面对面”在线访谈42次，“铜陵发布”政务微博发布信息6000多条，听众超过150万。人民网地方领导留言板、市民论坛“沟通在线”、市长信箱，铜都论坛“民声在线”等成为该市网络问政的重要平台。加强网络舆情监测和处置，全年共编报《互联网舆情》信息121期，市领导批示40余次。加强网络环境建设和文化建设，开展网络环境整治、政治类有害信息清理整治和互联网新闻信息服务违规行为整治等专项行动。成立了铜陵市互联网协会。制定印发《关于加强全市微博客管理工作的实施意见》，对全市网站、党政机关、党员领导干部、新闻从业人员开设微博客进行规范管理。举办铜陵市首届“靓艺铜都”2014年大型网络春节联欢晚会。以铜官山区官塘社区为试点，开展

“文明上网”先进社区创建活动。

新闻宣传和媒体建设。精心组织党的十八大和十八届三中全会精神、中美滑水明星对抗赛、全国道德模范与身边好人（安徽·铜陵）现场交流活动、“铜陵白姜”开市暨姜王评选活动、市第十一届运动会暨第三届全民健身运动会、“最美公交司机雷鸣”等重大主题、重要活动和先进典型的宣传报道工作。与澳大利亚《华夏周报》、美国《侨报》和法国《欧洲时报》等保持战略合作关系，推出宣传专版26个。全年在中央、海外和省级新闻媒体发稿3000余篇。邀请中央电视台拍摄播出4期专题节目，在北京首都国际机场举办为期一个月的城市形象图片展示活动，在安徽广播电视台海外节目《中国安徽之声》开展“城市名片”专题展播宣传。接待了“美好安徽——台湾记者皖江行”“打造最优投资环境——安徽园区投资环境建设巡礼”“美好安徽投资热土——CRI中外媒体安徽行”等多批专题报道采访团组，组织了“聚焦铜陵文明创建”“美好乡村·铜陵纪行”等大型专题采访活动。在全市新闻战线开展马克思主义新闻观培训以及“走基层、转作风、改文风”等活动，切实改进新闻报道。在2013年度安徽新闻奖和安徽广播电视新闻、播音主持奖评选中，8篇作品获一等奖。

【铜陵市城市文化社区获首批国家公共文化服务体系示范项目创建优秀等次】该项目以“三中心”（社区图书室调配中心、社区电子阅览室援建中心、社区文艺人才培训中心）、“三工程”（业余文艺团体样板工程、社区文化活动品牌工程、社区文化建设示范点工程）、“一平台”（公共文化服务和管理平台）为核心建设内容，有力提升了社区文化建设水平和公共文化机构服务效能。2013年6月通过文化部验收评审，以中部第二的成绩获首批国家公共文化服务体系示范项目创建优秀等次。省委常委、宣传部部长曹征海作出批示：铜陵市实施三大文化工程，争创国家公共文化服务体系示范区，投入大，措施实，效果好。省委宣传部《舆情信息·专报》第36期介绍《铜陵市“233”工作法推动城市文化社区建设》。

【“楼道好人”评选经验在全国推介】按照“我推荐、我评选、我学习”的理念，从最基层的“楼道好人”“村组好人”“班组好人”评起，深入开展“五推荐、五评选”活动，逐级推选“小区好人”“社区（乡镇）好人”“县区好人”和“铜陵好人”，并在此基础上，推荐参评“安徽好人”“中国好人”。“楼道好人”评选2年多以来，全市累计评选产生基层“楼道好人”2万余人，“铜陵好人”147人，45人入选“中国好人榜”。其中，2013年共评选出“铜陵好人”52人，16人入选“中国好人”榜，每百万人口“中国好人”比例居全国前列。依托“楼道好人”评选，将道德模范与身边好人现场交流活动固化为常态化活动，每月举办一次。“楼道好人”评选经验先后3次在全国文明办主任培训班上作经验交流，得到中央文明办的高度肯定并在全国推广。

铜官山区

全民健身——《大家一起来》健身舞表演赛

【文化概览】铜官山区位于铜陵市西南部，是铜陵市的主城区，是全市政治、经济、文化和商业中心。面积36.4平方公里，人口30万，辖18个社区。

公共文化建设。2013年，新建天井湖社区、五松社区、鹞山社区3家公共电子阅览室，全面开放社区电子阅览室和图书室；建成面积3800平方米区青少年活动中心，全民健身活动场所达到49万平方米。以“一社一品”为抓手，鹞山社区、阳光社区、映湖社区积极申报并获评“铜陵市社区文化建设示范点”。

群众文化活动。先后举办“共

享文化成果·共建幸福城区”主题广场文艺演出、“凝心聚力跟党走·文化传承中国梦”纪念建党92周年文艺晚会、“畅想中国梦·喜庆国庆节”庆祝建国64周年文艺晚会和十八届三中全会精神进社区等文化活动。在第十二届社区文化活动月暨学习月活动期间，通过举办主题广场文艺演出、全民阅读活动、文化辅导讲座、绘画摄影手工制作比赛等各项活动，为普通百姓提供一个表现自我的舞台，为全区文化建设成果搭建一个展示的平台。广场健身之歌《大家一起来》获全国原创广场健身舞一等奖。2个节目入选第二届全国网络春晚节目单。全年开展各类文化活动130余场次，参与群众近9万人次。

精神文明建设。全年评出10位“铜陵好人”，其中5人当选“中国好人”，成功举办全省“楼道好人”观摩活动。设立道德讲堂近150个，开展“学身边楷模、做铜陵好人”进社区主题宣讲和道德模范巡讲活动，推进道德讲堂规范化、常态化建设。涌现5个全省江淮志愿服务典型。推进“铜都讲坛·铜官山讲座”建设，举办各类讲座900余场次，受众6万余人。青少年心理咨询辅导站稳步运行，社区少年宫规范发展，各项未成年人思想道德建设长效机制初步形成。

文化产业。2013年，全区文化产业发展保持较快增速，文化相关产业法人单位增速达62.5%。全年文化产业增加值6.02亿元，占GDP的2.45%。全区有各类文化经营单位396家，从业人员4600余人，营业额9.03亿元。

【《大家一起来》广场舞获全国原创一等奖】2013年初，区文艺骨干和文体志愿者根据自编自创的歌曲《大家一起来》，编排了大众健身广场舞。该舞蹈吸取了广场舞、健身操、武术等多种元素，节奏明快，舞姿优美，充分展示机关单位职工、社区居民崇尚体育、热爱体育、享受快乐、增进健康的精神风貌。该广场舞视频上传“56网”“土豆网”等网站仅14天，总点击量就超过5万次。7月份，在全国原创广场舞征集活动中，该作品获得全国一等奖。

狮子山区

党的十八大精神百姓创作说唱广场演出

【文化概览】狮子山区位于铜陵市主城区东部，面积59平方公里，辖1个镇、1个办事处、5个社区，设1个省级高新技术开发区，区内驻有11个省属大中型企业，人口10万。

公共文化建设。2013年，建成800多平方米区文化馆和藏书1万多册的区图书馆。建成9个社区图书阅览室(公共电子阅览室)，总面积达320多平方米，拥有各类图书和光盘近4000册(碟)，电脑终端设备100多台；建成13个农家书屋，总面积达300多平方米，藏书近2万册。

群众文化活动。举办“让梦想飞翔”“幸福家庭·和谐计生”等各类文艺演出52场，放映公益电影156场，开展农村体育活动78次。创作了廉政文化建设成效节目歌伴舞《守住清廉》。

精神文明建设。2013年，评选产生“铜陵好人”7人，其中3人入选“中国好人”。建立各类“道德讲堂”48个。开展关爱空巢老人、关爱留守儿童、关爱残疾人、关爱农民工和关爱社会志愿服务活动100余次，参加志愿服务人员达2460余人次，徐舟当选省“江淮志愿服务之星”。

文化产业。2013年，全区民营文化及相关产业企业法人单位75家，规模文化及相关产业法人单位5家，其中1家入选全省民营文化企业100强。铜陵市博物馆、铜陵飞越文化城、青铜帝国文化产业园、澳中体育文化休闲中心、中国铜陵博古根雕艺术城、“铜官府”铜工业文化产业园、皖南明清古建筑博览园暨古玩艺术品市场等6个项目入选省“861”行动计划项目库，项目总额44.25亿元，2013年实际完成投资额为7.57亿元。文化产业增加值 2500 万元，占全区 GDP 的 0.5%,比上年增长 25%。

【创建社区理论宣讲示范点】2013 年 10 月 25 日,狮子山区在该区翠湖社区举办社区理论宣讲示范点揭牌仪式,标志着该区首个社区理论宣讲示范点成立。2012 年 9 月,狮子山区区委宣传部组建了一支由 15 名有一定文化理论素养、热心公益活动的社区老党员和基层干部组成的社区志愿宣传员队伍,并联合市学习办、市力天科技培训中心对宣传员进行培训,赠送理论书籍，免费赠阅了《安徽日报》和《铜陵日报》等党报。为进一步巩固理论宣讲成果,发挥理论宣讲的示范效应，在该区层层比选的基础上,确定翠湖社区为全区理论宣讲示范点。

郊　区

【文化概览】铜陵市郊区地跨长江两岸，区域面积 179.02 平方公里，人口 7.7 万。辖 1 个乡、2 个镇、2 个街道办事处。

公共文化建设。2013 年,郊区完成 2 个公共电子阅览室、5 个公共文化场馆免费开放、18 个行政村的农村文化建设专项补助和 136 个自然村的广播电视村村通 4 项民生工程。区文化馆和图书馆开馆并免费向群众开放，各功能室齐全，目前馆藏图书近 3.4 万余册(件)。郊区图书馆被评为国家“三级图书馆”。大通镇新一村农家书屋获省百佳农家书屋称号,为铜陵市唯一。

群众文化活动。举办“幸福郊区 圆梦中国”歌咏比赛、“政企共建美好郊区”文艺演出、“青春放歌”卡拉 OK 大赛、古代名人咏大通诗联鉴赏、铜陵非物质文化遗产展览、著名作家潘军文学讲坛、大通民俗文化展演等大型活动 60 余场。全年放映公益电影 800 余场，观众 8 万余人次。

精神文明建设。评选产生“郊区好人”18 名、“铜陵好人”6 名。举办“道德讲堂”活动近 200 场，在各社区设立“好人光荣榜”宣传墙 600 余块，在辖区主次干道、小区道路灯杆上悬挂宣传“好人”事迹和创建标语 1300 余幅（条）。在全省首家运用手机客户端新媒体手段推进志愿服务活动。建成农村文化墙 2 万多平方米，建设中国梦公益文化墙和围挡 3 万平方米。

文化产业。2013 年,落户郊区文化企业 11 家、个人文化工作室 22 家。铜陵市首部院线电影《超萌宝贝》开机拍摄,34 集抗日题材电视连续剧《佬爷的战争》获公映许可证。文化产业实现业务收入 5000 万元,完成税收 300 万元。青铜时代雕塑公司成为第一批市级文化产业示范基地。

【大通镇入选中国历史文化名镇】2013 年 2 月 19 日，国家住房和城乡建设部、国家文物局联合公布了第六批中国历史文化名镇名村榜单，铜陵市郊区大通镇名列其中，成为铜陵市唯一一个国家级历史文化名镇。2007 年 9 月,铜陵市启动历史文化名镇保护规划编制工作,规划范围用地面积 1.74 平方公里。大通老街沿街古建筑修复方案设计建筑面积共计 5.2 万平方米。2009 年 10 月,《铜陵市大通镇历史文化名镇保护规划》《铜陵市大通镇和悦街、澜溪街历史街区保护规划》和《铜陵市大通镇和悦街、澜溪街沿街建筑修复方案设计》由上海同济城市规划设计研究院编制完成。该镇曾获得联合国迪拜人居环境奖、全国文明村镇、国家卫生镇、全国新农村建设科技示范乡镇等称号。

安徽省重点文物保护单位——大通镇天主教堂钟楼

铜陵县

【文化概览】铜陵县位于长江下游南岸，面积845平方公里，人口29万，辖4个镇、4个乡。是全国文明县城、全国文化体育先进县、安徽省文化体制改革先进地区、未成年思想道德建设先进县、国家地理保护产品“凤丹”之乡、“铜陵白姜”产地。

铜陵县始建于南唐保大九年(951)，境内民俗传统、铜工业遗存、革命历史文化资源丰厚，与生态山水景观相得益彰。现有省级以上重点文物保护单位4处、县级文物保护单位40处、4A级风景名胜区1个、3A级旅游景区1个、2A级旅游景区2个。铜陵牛歌、竹马灯、凤丹被列为省级非物质文化遗产。

公共文化建设。2013年，建成186个20户以下的自然村广播电视“村村通”和7个乡村文化广场等文化惠民工程；兑现农村文化建设专项资金补助项目，全县101个村每村1万元；公共文化馆、图书馆、乡镇文化站等公共文化服务场所全部免费开放，构建了覆盖县、乡（镇）、村三级公共文化服务网络。

文化产业。出台《铜陵县关于加快文化旅游产业发展的实施意见》，设立文化旅游产业发展专项资金，引导文化旅游产业发展。全县现有文化经营户376家，涵盖10多个门类，其中投资1000万元以上的文化娱乐企业有20余家，江南文化园、徽韵文化园等文化产业品牌带动效应有所显现。文化产业增加值占GDP的比重增加到2.5%左右，全县文化创意产业规模和增速位居全市第二。

群众文化活动。全年共举办各类节庆广场文艺演出30余场次，组织文艺下基层40余场次，举办各类大型书画和图片展10余场次，组织电影放映1900余场。编辑出版《记忆与辉煌——铜陵县城镇建设纪略》《涛声集》第4集、《铜陵文学》4期和《梦想与奋斗》大型画册，并将“三下乡”、青少年爱国读书教育、“幸福铜陵·圆梦中国”主题教育系列活动持续推进，贯穿全年。

精神文明建设。全县共评选出“十星级文明户”58户，发放“道德信贷金卡”7户。共有9人当选“铜陵好人”，3人入选“中国好人榜”。成立学雷锋志愿服务队100多个，参与志愿服务万余人次，其中有3人入选省江淮志愿者之星。承办安徽好人·基层巡演、市道德模范基层巡讲活动，设立道德讲堂70多个，组织开展巡讲100多场。

全国美丽宜居村庄示范、全国美丽乡村创建试点乡村——西联乡犁桥村

【美好乡村建设注重文化内涵】2013年，铜陵县围绕“生态宜居村庄美、兴业富民生活美、文明和谐乡风美”总目标，在改善农村环境的基础上，注重挖掘美好乡村文化内涵，营造农村文化氛围，提升美好乡村建设品位。立足各中心村现有特点，尊重禀赋特征、尊重历史传承、尊重发展基础，根据产业、文化、生态和村容村貌的特色，充分体现历史和风土、个性和差异，按照“一村一韵味”“一村一特色”的原则，完成10个省级重点示范村主题定位和创意设计。结合各中心村资源，按照“一厅八室三栏一场所”的功能要求，共投入645万元，完成九榔、玉楼等23个中心村农村社区服务中心建设。每个村的文体广场既是村民娱乐、健身、休闲活动场所，也是弘扬先进文化的重要阵地。在村口、文体广场等醒目位置，开辟以文明礼仪、中华传统美德、社会主义荣辱观、民风民俗等为内容的文化墙和文化长廊，弘扬健康文明、积极向上的乡村文化风气，10个省级重点示范村文化长廊全覆盖。

安 庆 市

中共中央政治局委员、书记处书记、中宣部部长刘奇葆10月3—4日在安庆调研地方戏曲发展

【文化概览】安庆市位于安徽省西南部、长江下游北岸、皖鄂赣3省交界处,辖1市7县3区,面积1.53万平方公里,人口620万。现有国家级森林公园5处、国家级自然保护区1处、国家级风景名胜区2处,先后被纳入皖江城市带承接产业转移示范区、皖南国际文化旅游示范区、大别山扶贫开发片区等国家级发展战略区域,是带动皖西南、辐射皖鄂赣交界地区的区域中心城市。

安庆历史底蕴深厚,文化资源丰富。是春秋时期古皖国所在地,安徽简称“皖”即由此而来;东晋诗人郭璞曾称“此地宜城”,故安庆又别名“宜城”;自清乾隆二十五年(1760)到民国二十七年(1938),安庆一直是安徽省府所在地。安庆是古皖文化、禅宗文化、戏曲文化、桐城派文化的发祥地,新文化运动和辛亥革命的策源地之一、中国近代工业文明的重要发源地之一。安庆是“国家历史文化名城”“国家园林城市”“中国优秀旅游城市”“中国黄梅戏发展基地”。全市拥有16处国家级、160处省级重点文物保护单位,有16个国家级、23个省级非物质文化遗产保护项目,有7个国家级、23个省级非物质文化遗产保护项目代表性传承人。

2013年,安庆市坚持以繁荣文化事业凝聚“三个强市”建设正能量,发展壮大文化产业,创新打造黄梅戏文化名片,不断完善公共文化服务体系,着力增强文化产业整体实力,文化强市建设取得新成效。

公共文化服务。成功申报创建第二批国家公共文化服务体系示范区。通过建立实施领导包干、督查通报、专人联络等制度和组织开展“回头看”“宣传月”“大回访”等活动,深入推进公共电子阅览室、广播电视“村村通”、公共文化场馆开放、农村文化建设专项补助等文化民生工程,群众知晓率和满意度均达90%以上。新建完成52个公共电子阅览室、2361个广播电视“村村通”工程点,分别完成投资242.7万元、1688.6万元。省广电局专门致电祝贺岳西县、宜秀区提前完成广播电视“村村通”工程年度建设任务。全面深化全市10个公共图书馆、12个文化馆、15个博物馆(纪念馆)、2个美术馆、154个乡镇综合文化站免费开放,组织乡村文艺演出3246场,放映农村数字电影18439场,更新农家书屋出版物180742册(套)。太湖县被定为省农村公共图书服务一体化建设试点县。开展文化进社区、进校园、进企业、进乡村“四进”惠民活动,市区完成“广场文艺天天演”、全市“六一”少儿文艺调演、送戏下乡和送演出、送图书、送书画、送展览、送文艺辅导下基层进社区等文化活动140余场,送电影进广场进社区1622场。举办“安庆大讲坛”31场,直接听众6000人次。组织参加全国戏剧小品大赛、中国艺术节“群星奖”复赛、全国残疾人艺术汇演、全省少儿文艺调演、“大美安徽”摄影艺术联展、安徽省金色晚霞合唱节和社区文艺调演等群众文化活动,获奖项34个。成功举办第22届全市“六一”少儿文艺调演,并挑选优秀节目参加全省少儿文艺调演,获二等奖2名、三等奖1名。完成全国第五次公共图书馆评估定级,安庆市图书馆、怀宁县图书馆、枞阳县图书馆、太湖县图书馆、宿松县图书馆、桐城市图书馆被评定为国家一级馆,岳西县图书馆被评定为国家二级馆,潜山县图书馆被评定为国家三级馆。市博物馆、美术馆、文化馆新馆建设项目完成选址。启动实施“数字图书馆推广工程”，扩建120平方米60个机位电子阅览室对外开放，开通触摸屏报纸、期刊阅读系统。配合人民路综合改造工程，市少儿图书馆搬迁新馆，总面积约1500平方米。完成乡镇综合文化站评估定级，推进文化站标准化建设。全市23个乡镇综合文化站获评2013年度安徽省乡镇综合文化站等级站（不含宿松县），占全省该年度等级站数近17%。全市154个乡镇综合文化站等级站率达到75.3%。太湖县图书馆和望江县长江黄梅戏剧团获评第五届全国服务农民、服务基层文化建设先进集体。

艺术精品生产。黄梅戏《半个月亮》获第13届中国戏剧节优秀剧目奖、优秀导演奖、优秀表演奖，主演王琴获第26届中国戏剧“梅花奖”，成为继韩再芬、赵媛媛之后，第三位获此奖的安庆人，《中国文化报》专版刊登《半个月亮》评论文章，有效提升黄梅戏的影响力。《徽州往事》已演出近70场，票房收入近2000万元，并参评第十届中国艺术节，获文华剧目奖。开展黄梅戏赴浙江、江西、江苏、广东等地巡演和“高雅艺术进校园”等活动，黄梅戏演出市场和受众人群进一步巩固扩大。市杂技团举办“雅安地震赈灾广场义演”，募集善款送往雅安灾区。启动实施面向全国征集优秀黄梅戏剧本、年度最具人气黄梅戏演员评选、黄梅戏名家名角带徒授艺等活动，共征集黄梅戏剧本150个，评选产生10名年度最具人气黄梅戏演员，黄新德等黄梅戏名家名角收徒授艺。“再芬黄梅公馆”连锁小剧场建设快速推进，“安庆再芬黄梅公馆”建成运营。《再芬黄梅》栏目在安庆广播电视台黄梅戏·教育频道开播。引导扶持民营黄梅戏剧团有序发展，安徽锦绣黄梅文化艺术传播有限公司创作的黄梅小戏《最美爸爸》荣获安徽省第六届小戏小品大赛优秀导演奖，望江县长江黄梅戏剧团入选全省第一批民营艺术院团“十大名团”。黄梅戏地方教材正式发行，首批向市内14所中小学校捐赠5000册。全市9个国有黄梅戏院团共演出1295场次，收入2688万元；市直国有文艺院团完成交流和商业演出800余场次；登记在册的55个民营黄梅戏剧团共演出1万余场次，总收入达1500万元。开展并完成全市黄梅戏人才队伍建设情况调研，制定出台《安庆市文学艺术奖评选奖励暂行办法》。版画《太平天国安庆保卫战》《安庆内军械所》和国画《兄弟碧血映红旗》等安徽省重大历史题材美术创作工程签约作品顺利完稿交件，供省美术馆收藏展览。引进舞剧《太极传奇》、徽剧《惊魂记》、儿童剧《睡美人》和《熊猫奇侠传》等来宜交流演出，受到群众欢迎。

文化产业发展。重点扶持五千年文博园投资公司、帝雅艺术品公司、孔雀东南飞文化公司、岳西泉源盛公司等龙头企业做大做强。28个项目列入安徽省“861”行动计划，完成投资9.7亿元；29个项目入选2013安徽文化产业招商项目册。安徽再芬黄梅文化艺术股份有限公司、安徽盛世天源国际养生文化发展有限公司、安徽皖通艺术品有限公司、安徽国翠玉雕有限公司、岳西泉源盛工艺品有限公司等5家企业获第四批安徽省文化产业示范基地。五千年文博园投资有限公司、帝雅艺术品有限公司、泉源盛工艺品有限公司、孔雀东南飞文化发展有限公司、安庆现在彩色印务有限公司等10家民营文化企业跻身“安徽民营文化企业100强”，总数位居全省第二。大力促进文化旅游业融合发展，国庆节黄金周期间，在天柱山、五千年文博园、明堂山、孔雀东南飞等24个景区开展黄梅戏歌舞表演600余场次，观众超过100万人次，大量游客参与演出互动，亲身体验安庆黄梅戏之旅。完成文化企业对外贸易调研。专门成立以市领导为组长的文化产业招商组，通过专题招商、商会招商、网上招商、精准招商等方式，加大文化产业招商引资工作力度。精心梳理重点项目，通过皖港经贸洽谈会、深圳文博会、中博会、省市经贸洽谈会、2013亚布力中国企业家夏季高峰会议、安庆广州经贸活动、安庆上海经贸活动等平台，推介文化重点项目。全市文化旅游

2013年安庆“十一”黄梅戏展演周黄梅戏经典唱段演唱会

企业与银行成功对接项目100项，文化旅游业获得金融支持20.3亿元，达成意向性贷款金额60亿元。

文化遗产保护。陈独秀墓等11处文物入选第七批全国重点文物保护单位，总数位居全省前列。在全市范围内启动实施全国第一次可移动文物普查工作，第一阶段摸底调查登录文物122529件。省文化厅专门选择安庆市开展第八个“中国文化遗产日”安徽主场城市活动。充分利用老城区振风塔、世太史第(赵朴初故居)、天主堂、清节堂、探花第、倒扒狮街等重点文保单位影响力和知名度，结合市人民路商业步行街改造工程，推动打造融商贸、旅游、文化于一体的历史文化街区，彰显“千年古宜城、百景新安庆”历史文化风貌。“省保”严凤英墓、太平天国英王府，“市保”陈延年、陈乔年读书处等维修竣工并加挂保护标牌；配合省文物局完成修缮“省保”熊范二烈士专祠竣工验收。推进实施振风塔、高岗鸣凤、严凤英旧居、张家药铺等文物维修工程。开展张四墩遗址保护通告和市高新区项目考古调查、文物安全隐患排查整治等系列文保行动。分期分批对观音巷古民居、大王庙传统民居、菱湖公园门前石狮等存有安全隐患的文物建筑进行维修保护。完成省级非物质文化遗产保护名录项目和国家级非遗项目保护资金申报工作，胡玉美蚕豆辣酱制作技艺、铸胎掐丝珐琅制作技艺、岳西鼓书等3个非物质文化遗产项目成功入选第四批省级非物质文化遗产项目名录。

文化市场管理。推进依法行政，清理行政审批项目，文化广电新闻出版行政审批项目全部进入市政府政务服务中心。坚持关口前移，依法规范审批，完成154家电子游戏经营单位、75家网吧年审和70余份申报材料审核审批工作。保持“扫黄打非”高压态势，组织开展校园周边文化环境专项治理、网络淫秽色情信息专项治理“净网”行动、深化查堵反制香港反动出版活动专项治理“清源”行动、创建文明城市文化市场专项治理、春秋季教材教辅市场专项检查、少儿出版物市场整治、治理非法报刊等一系列执法行动。加强印刷业监管，分2批先后对全市600多家印刷企业负责人进行印刷法规培训，组织城区90家印刷企业签订《守法经营承诺书》，开展全市印刷企业专项检查活动，立案查处1起违法违规问题。完成16家出版物印刷企业、421家包装装潢印刷企业、158家其他印刷品印刷企业和13家专项印刷企业2012年度核验工作。举办2013年侵权盗版及非法出版物集中销毁活动和以“拒绝盗版，拥抱梦想”为主题的“绿书签行动”系列宣传活动，销毁侵权盗版和非法出版物13911件、游戏机629台、主板219块。如期完成县级政府机关软件正版化工作，全市9家农村中小金融机构软件正版化整改工作顺利通过省验收组督查验收。获评2012年度全国文化市场重大案件、全省行政执法优秀案卷和全市优秀执法案卷各1件。市文化市场综合执法大队汤球在全国文化市场执法大比武政策法规比赛中获得第八名。全年共出动文化市场执法检查人员10469人次，检查各类文化经营场所15000余家次，查处违规经营案件72家，收缴非法出版物5200余册，责令整改或停业整顿5家，依法取缔无证经营场所3家、游商走贩12个。“12318”文化市场举报电话比上年减少52%，群众满意度明显提高。

广播影视管理。完成全市广播电视播出传送机构年检换证工作，定期对全市所有乡镇广电站进行检查，杜绝非法电视台(点)的出现，严肃查处非法销售使用卫星地面接收设施、非法“网络共享”网站及其设备产品。全市共开展联合执法行动20次，出动执法车辆110次，执法人员250余人次，收缴非法卫星地面接收设施104套(件)，交由工商部门处理的卫星接收天线362套，拆除擅自架设的卫星接收设施47套。叫停一批擅自开办的频道节目、开机换台广告、商业性游动字幕广告、非法医药广告和挂角电视广告。怀宁、潜山、桐城、宿松、太湖、枞阳等县城市数字影院已建成运营，安庆振风农村数字电影院线公司运行平稳有效。联合相关部门利用“5·17”世界电信和信息安全日开展“三电”设施保护“宣传日”活动。申报全省广播电视科技创新奖和广播电视节目技术质量奖，获金鹿奖二等奖2个、三等奖2个，金帆奖二等奖1个、三等奖3个，市文广新局获省广播电视节目技术质量奖组织奖。认真做好数字电视整体转换、全市境内530公里国家和省干网光缆线路运行维护管理等工作。

【安庆市成功入选第二批创建国家公共文化服务体系示范区名单】 11月6日，文化部、财政部在上海召开国家公共文化服务体系示范区(项目)创建工作会议，正式公布第一批国家公共文化服务体系示范区(项目)名单和第二批创建国家公共文化服务体系示范区(项目)名单，安庆市成功入选第二批创建名单，成为安徽省唯一获得第二批示范区创建资格的城市。会上，副市长黄杰代表市政府与国家公共文化服务体系示范区(项目)创建工作领导小组签订了责任书。国家公共文化服务体系示范区(项目)创建工作是文化部、财政部“十二五”期间共同开展的一项重大文化惠民项目，旨在推动各地研究和解决公共文化服务体系建设面临的突出矛盾和问题，探索建立公共文化服务体系可持续发展的长效

王琴"莲花"造型照

保障机制，为同类地区提供借鉴和示范，为国家制定相关政策提供科学依据和实践经验。创建工作自2011年开始，每两年一个周期，计划创建3批示范区。全国第二批共有32个创建示范区、57个创建示范项目获得创建资格，创建周期为2013年至2015年。

【**刘奇葆在安庆调研群众文化生活和地方戏曲发展**】10月3日至4日，中共中央政治局委员、书记处书记、中宣部部长刘奇葆来到安庆市，深入社区、广场、乡村和宣传文化单位，实地了解基层群众节日文化生活，看望慰问一线宣传文化工作者，并就振兴地方戏曲作了专题调研。省委常委、宣传部部长曹征海，安庆市委书记虞爱华、市长魏晓明等陪同。刘奇葆强调，要从坚守和传承中华文化基因的战略高度认识和看待地方戏曲艺术，要把发展地方戏曲摆上重要位置，巩固和拓展文化体制改革成果，深入实施人才建设工程和文化精品战略，加强和规范政府购买公共文化服务，为地方戏曲繁荣发展营造良好条件。地方戏曲要"接地气"，突出本土特色，面向基层、服务群众，在群众中创作生产，在群众中演出提高，在群众中赢得市场、赢得口碑，获得持久生命力。刘奇葆指出，黄梅戏是安徽的一张名片。这些年来，在安徽省委、省政府的重视扶持下，黄梅戏经典剧目经久不衰，经典唱段广为传唱，民间演出生机勃勃，涌现出一批深受群众欢迎的优秀剧目和优秀人才，黄梅戏艺术事业呈现出良好的发展态势。要培养造就更多优秀人才，继续加强史料整理和理论研究，深刻把握黄梅戏艺术发展演变规律，让黄梅戏唱起来、沉下去、走天下，扩大这张名片在全国的影响力，进一步推动黄梅戏艺术繁荣发展。

【**王琴获第26届中国戏剧"梅花奖"**】经过近1个月的激烈角逐，第26届中国戏剧梅花奖大赛于5月20日晚在四川成都东郊记忆演艺中心落幕。安庆市黄梅戏艺术剧院演员王琴凭借出色演绎黄梅戏《半个月亮》中的"莲花"一角获得"梅花奖"，这是继韩再芬、赵媛媛之后，安庆市摘得的第三朵"梅花"。中国戏剧梅花奖是中国戏剧表演艺术最高奖，每两年一评，旨在表彰在表演艺术上取得突出成就的中青年戏剧演员。第26届中国戏剧梅花奖大赛分东西赛区，分别在杭州和成都举行，来自全国20多个省区市的艺术院团以及部分中直院团的京剧、昆曲、黄梅戏、越剧、豫剧、川剧等18个剧种，以精彩的戏剧盛宴，演绎"梅花香自苦寒来"的深刻寓意。

安庆风光

大 观 区

【文化概览】大观区地处安庆市西部、长江之滨,辖3个乡镇、7个街道,面积236平方公里,人口26.95万。境内大观亭是“宜城八景”之一,大观区由此得名。现有国家4A级旅游风景区2处,省级风景名胜区1处、省级文物保护单位6处。

文化事业和文化产业。全区7个街道已建成街道文化设施112个,其中街道文化活动中心6个、图书室2个、社区文化活动室37个。新建标准乡镇文化站3个、电子阅览室5个、大型村文化活动中心2个、农家书屋67个、村级体育广场18个、乡镇体育健身广场2个。完善3个乡镇和皖河农场4个广电站建设。全年文化产业增加值3.8亿元,比上年增长3%。

文化民生工程建设。调整充实文化民生工程协调工作小组、召开专题会议、进行业务培训,建立文化民生工程工作长效机制。结合“十一”黄梅戏展演周,组织送戏下乡及文化下基层演出130场,以群众喜闻乐见的艺术形式反映群众生活,获得广大群众的好评。全年共举办开展大型文艺演出10场、书画展览以及科普教育宣传30余次,指导各乡镇、街道文化站开展各类文化活动90余场,参加省市级文化活动20余次。区编排选送的广场舞《盛世欢歌》先后参加“安徽省第二届社区广场舞比赛”和“安庆市首届广场舞电视大赛”,均获得第一名。出台相关措施,加强乡镇综合文化站的管养与维护,全面实现文化馆(站)的免费开放。新建成2个街道社区电子阅览室,8月份顺利通过验收,成为集阅览、教育、咨询、培训为一体的面向社区所有居民开放的公益性现代化多功能阅览室。完成18个村农家书屋图书更新工作,组织全区优秀农家书屋评选和农家书屋管理员培训。

文化市场管理。深入开展“扫黄打非”专项行动,加大对辖区出版物出租市场和游商地摊的查处力度,开展集中行动6次,收缴非法出版物312册。完成全区政府机关软件正版化工作。组织开展全区第一次可移动文物普查,全区普查完成率约100%。

文物普查。下发文物普查统计表600余份,普查统计国有单位269家,其中迁移出本辖区、撤销、破产、合并、无法人资格的国有单位52家,普查出有可移动文物的国有单位4家。

“百姓大舞台”全年举办多场广场文艺演出

迎 江 区

【文化概览】迎江区位于安庆市的东南部,区位优势明显,交通便捷,辖4个乡镇、6个街道办事处,面积207平方公里,常住人口24.8万。迎江区是安庆市中心城区、滨江城区、商贸城区。历史文化底蕴深厚,辖区内有始建于北宋的迎江寺、享誉“万里长江第一塔”的振风塔、省内历史最悠久的伊斯兰教清真寺。有赵朴初故居、太平天国英王府、倒趴狮、百花亭、紫云阁等著名的古迹与纪念地。标志着中国近代工业发源的第一台蒸汽机、第一艘轮船、第一个军械制造所诞生于此。

2013年,全区有文化馆(文化活动中心)1个,乡综合文化站3个、农家书屋33个,全部免费对外开放。区文化活动中心为社区群众提供公共文化健身服务,为民间文艺表演团队提供免费排练场地。共开展特色文化活动6项:长风龙舟节、孝肃邻里节、建设民族团结大舞台、火正广场文艺、五爱广场大家唱、先锋民欢大舞台。全年在乡村、社区开展82场丰富多彩的文艺演出活动,放映电影217场。在2013年黄梅戏展演周活动中,编排

位于安庆城东长江北岸迎江区长风乡长风村鸭儿沟一带的长风沙

精品节目参加“黄梅戏展演周广场黄梅戏汇演”,其中《戏牡丹》获一等奖,《当房会》获二等奖,《打金枝》《卖油郎》获三等奖,郑洪、李娟获优秀演员奖。落实群众文化辅导员进社区、包片辅导制度;由文化馆馆长带领工作人员到文化活动中心、社区开展群众文化辅导工作;文化市场稽查队每周例行巡查;指导各乡、街道开展各类群众文体活动,建立社区道德讲堂。

【帝雅博物馆】 为展示古城魅力,采取活化老旧工厂的途径和方式,将位于江边大南门原安庆活塞环厂打造成综合性文化设施项目——千年宜城记忆广场。该项目总投资5.8亿元,建设模式为四足方鼎形建筑体,馆高6层,占地面积16650平方米,建筑面积99900平方米。项目坐落于老活塞环厂地块,规划概念为融合安庆人、文、城、戏的特色,融合周边历史文化遗存和建筑风貌,将该项目建成后将成为展示“千年古宜城·百景新安庆”的标志性项目,成为历史文化名城1平方公里核心区的牵动性项目。

宜秀区

【文化概览】 宜秀区地处长江中下游北岸,辖3个镇、2个乡、2个街道,面积410平方公里,人口21万。区内有国家4A级风景区1处、省级风景名胜区1处、国家级森林公园1处、国家级农业旅游示范点1处、国家级重点文物保护单位3处。有张嗣墩新石器时代遗址,是清代书法篆刻家邓石如及两弹元勋邓稼先、近代山水画家萧谦中、著名黄梅戏表演艺术家严凤英的故乡。

文化事业。至2013年,全区共有文化馆、图书馆、电视台各1个,乡镇综合文化站4个,农家书屋58个,全部实现向社会公众免费开放。全年共投入文化专项资金253万元,建成1个村级文化活动室,完成区图书馆迁,对严凤英故居完成修缮并重新布展。全区的公共文化服务信息化建设已覆盖到5个乡镇(办),普及率达到83%。

文化活动。举办中国·宜秀首届民俗文化旅游节,承办安庆市首届广场舞电视大赛宜秀赛区的比赛;组建严凤英故里黄梅戏艺术辅导站及邓石如故里书画辅导站,全年累计义务培训辅导达1000人次。组织民营剧团送戏下乡45场。在2013年安庆“十一”黄梅戏展演周活动中,3台新编黄梅小戏获11个奖项。区文化馆活动中心免费为市、区单位开放场地200多次,培训授课人数600人次。举办文化辅导员培训班,培训人员60多人。为老年大学免费教授老人黄梅戏、音乐共计60期。开展少儿舞蹈、瑜伽、乒乓球、广场舞等培训项目,培训500多人次、1500多课时。

媒体宣传。邀请安徽省著名词作家石松林、李术坤以“家在龙山凤水”为主题,创作《宜秀之歌》。宜秀有线信息平台(宜秀电视台)上线运行,制作播出《宜秀新闻》《今日关注》《三农之窗》共80余期,总时长1000余分钟。全年在中央及省级媒体发稿180余篇,在市级媒体发稿680篇,其中中央电视台七套专门走进区各乡镇拍摄专题节目《老外过新年》并在《乡土》栏目播出,展示区风土人情和建设风貌。中央人民广播电台11月15日在《中国之声栏目》播出黄梅村的美好乡村建设和凤英剧社的发展情况。安徽电视台在全省新闻联播中用8分钟时间播出王三益保护菜子湖湿地的事迹。

【举办首届民俗文化旅游节】 为充分挖掘宜秀深厚的文化底蕴,展示独具特色的民俗文化,端午节期间,由宜秀区委、区政府主办的中国·宜秀首届民俗文化旅游节,在黄梅戏大师严凤英的故乡黄梅村举行。民俗文化旅游节以“龙山凤水,美好宜秀”为主题,打造宜秀区旅游节庆品牌,推动宜秀区文化旅

中国·宜秀首届民俗文化旅游节

游事业再上新台阶。民俗文化旅游节的开幕,吸引不少休闲度假的游客和闻风而来的村民,大家不仅欣赏到舞龙、舞狮、黄梅戏、龙舟竞技等精彩表演,还品尝到宜秀农家乐特色招牌菜肴。

桐 城 市

【文化概览】桐城市位于安徽省中部偏西南,北距省会合肥98公里,南邻安庆市68公里。现辖2个省级经济开发区、12个镇和3个街道,面积1571平方公里,人口75万。桐城历史悠久,文风昌盛,为江淮文化圈的发祥地和集中地。早在春秋时代,即称桐国;公元757年正式建县,公元1996年撤县设市。建县至今已1200余年。以戴名世、方苞、刘大櫆、姚鼐为代表的“桐城派”,雄霸文坛200余年。桐城是黄梅戏之乡,孕育了以严凤英为代表的一代黄梅戏表演艺术家。桐城也因此而成为安徽省历史文化名城,享有“文都”盛誉。

公共文化建设。全年财政投入129.6万元用于216个20户以下自然村广电村村通工程建设。投入153万元,用于公共文化场馆免费开放。图书馆延长服务时间,建成残障人士阅览室,拥有持证读者5000多人,年均入馆读者近22万人次,书刊文献年外借册达85569册(次)。桐城市道德讲堂(总堂)顺利揭牌并投入运行,“文都讲坛”成功举办公益讲座7场。文化馆全面开放12个活动室,举办桐城歌、黄梅戏艺术表演等免费培训178期(次),培训文艺爱好者1600余人(次);阅览室增添图书1000余册,订阅报纸杂志20余种。博物馆参观环境得到优化,接待观众约20万人(次),累计讲解1000余场(次),“桐城派文物陈列”“桐城馆藏精品文物陈列”“严凤英艺术生涯陈列”推陈出新。中国桐城文化博物馆主体工程完工,土建及消防工程正在组织验收,内部展陈内容策划文本已进行专家评审,展陈设计及施工公开招标工作顺利启动,配合有关部门争取到2900万元中央预算内资金。桐城文化活动中心和桐城大剧院建设前期工作稳步推进,土地平整、房屋拆迁、居民安置等前期工作有序展开。

群众文化活动。各综合文化站充分利用报刊阅览室、科技培训室、信息资源共享室和多功能厅开展免费开放服务。农村文化建设专项补助投入198万元,购置文化信息共享工程点光盘9108张,更新农家书屋出版物24354册,开展农村文艺演出活动396场,放映农村电影2376场。送文化下基层进社区民生工程共送戏下乡120余场,送展览25次。精心组织编排桐城市首届“廉政文化作品展”和廉政文艺汇演,传播和弘扬廉政文化。依托严凤英戏迷俱乐部、周末大舞台等文化品牌,开展“黄梅戏乡梨园春新春戏迷联欢会”“桐城歌演

桐城市玉雕文化产业园

唱会”“乡音乡情歌舞晚会”“心梦缘少儿舞蹈展演”等群众文化活动30余次。桐城市声乐与合唱协会、雷濠农民十番锣鼓队、市直机关舞蹈队、夕阳红腰鼓队等民间文艺团队常年活跃在农村、社区、学校和企事业单位。承办“和谐六尺巷、清韵龙眠风”首届廉政文化作品展，历时一个多月，共展出书法、美术、摄影、剪纸等艺术作品110余件。

文艺精品创作。洪放随笔集《先生的课堂》由光明日报出版社出版，白梦创作的《冠盖满京华、文章甲天下——风雅桐城》由安徽大学出版社出版，吴问银创作出版《陈楚歌进步记(二)》。组织会员创作的《龙眠清韵——桐城历史廉政汇粹》一书，即将出版。2013年共有5人次书法作品入展国家级（中国书协主办）展览，9人次书法作品入展省级(省级书协主办)展览。孙书正等4人绘画作品参展“纪念毛泽东诞辰120周年书画展”“画为媒——张耕江虹第二回画展”在市博物馆展出，盛东桥先生“牡丹诗画展览”在文庙东庑展厅开展。黄梅戏《桐城六尺巷》获第十二届安徽省“五个一工程”奖；《惊天一兰》参加“2013年文化强省系列艺术活动”新剧目汇演，获“优秀剧目奖”，同时多名演员获得大奖。在安庆市“十一”黄梅戏展演周活动中，《惊天一兰》获剧目展演二等奖。市剧目创作室精心创作并发表《仕者吴汝纶》《桐城名媛姚倚云》等有关桐城文化题材的文艺作品，挖掘整理《鄂伦春史话》《新疆总督杨增新》等文化专题在安徽电视台开讲，观众反响良好。

文化遗产保护。桐城文庙、张廷玉墓园经国务院批准，列为第七批全国重点文物保护单位。完成市国有单位文物收藏情况的调查登记工作，89处文保单位的保护范围和建设控制地带已经划定。申报“六尺巷传说”为第四批国家级非物质文化遗产项目，公布桐城市第三批非物质文化遗产名录。投子山文化园、“三街一巷”文物保护等工程建设扎实推进。

文化产业发展。嬉子湖生态湿地、孔城老街、活海欢乐水世界等一批龙头文化产业陆续建成开放，玉雕文化产业园申报安徽省文化产业示范基地，金润包装有限责任公司、富林包装印刷有限公司被省委宣传部、省文化厅、省广播电影电视局、省新闻出版局联合评选为“2012安徽民营文化企业100强”，有力地带动全市文化产业的发展。

桐城文庙及标志牌

【桐城文庙和张廷玉墓公布为全国重点文物保护单位】2013年，桐城文物保护工作取得重大突破。桐城文庙和张廷玉墓被国务院公布为第七批全国重点文物保护单位。桐城文庙位于桐城市市民广场北端，坐北朝南，总建筑面积1670平方米，占地面积4859平方米。文庙始建于元延祐初年，元末毁于兵燹。明洪武初，迁建于今址。格局为左学右庙，前后五进四院落式。现为桐城市博物馆、桐城市文物管理所所在地，2008年正式对外免费开放。张廷玉墓，位于桐城市西北龙眠山腹地双溪村蒲庄组西半山腰的“凤形地”，占地面积7000余平方米。张廷玉(1672—1755)，清代名臣，文学家，史学家。字衡臣，号砚斋，清康熙文华殿大学士张英次子，安徽桐城人，康熙三十九年(1700)进士。张廷玉墓园东向略偏南，墓区以墓冢为中心，其下三层地墁石祭台扇形展开。

【安徽国翠玉雕有限公司跻身省第四批“文化产业示范基地”】安徽国翠玉雕有限公司是一家以玉器工艺为主，集设计、研发、加工、生产、销售、收藏等于一体的大型文化企业，年产值过亿元，2013年12月跻身安徽省第四批“文化产业示范基地”。近几年，公司融资10亿元，倾力打造桐城玉雕产业航母和亚洲最大的徽派玉雕生产基地——桐城玉雕文化产业园。该项目于2011年12月19日正式开工建设，已列入安徽省861计划项目和桐城市重点文化工程。园区总占地面积146667万平方米，总体框架呈“玉”字形结构，由玉器博物馆、精品馆、加工区、贸易区、玉雕大师园、休闲区等功能分区组成。目前占地75亩的一期加工和贸易区已建成并投入运营，一批玉雕大师和玉雕生产企业已经进驻，园区建设已初具规模。

怀 宁 县

怀宁县首届非遗展演展示活动——洪铺牛灯戏表演

【文化概览】 怀宁县是著名的“文化之乡”“教育之乡”“英烈之乡”,被誉为“独秀故里、黄梅家乡、爱情圣地”。从东晋年间建县以来,至今已有1600多年历史。面积1276平方公里,辖20个乡镇,人口69.8万。独秀山观音洞水库风景区为国家3A级风景区,小市镇孔雀东南飞风景区为国家4A级风景区。年内完成第一次全国可移动文物普查工作,“孙家城遗址”被国务院核定为第七批全国重点文物保护单位,成为全县第一个国家级文保单位。

公共文化服务。完成全县8个乡镇公共电子阅览室建设任务;县文化馆、图书馆、博物馆、美术馆、乡镇综合文化站全面做好免费开放工作。全县204个行政村每村按1万元标准扶植开展五项文体活动,村级文化信息资源共享工程运行规范,243个农家书屋共更新出版物29888册,开展村级文艺活动612场次、体育活动1224场次。全年放映农村公益电影2400余场次;开展文化辅导活动62场次,接待人数2万余人;举办免费美术培训班52期,举办展览4次,参培学员和观众近万人。县剧团全年送戏下乡80余场次,观众达8万余人次。

群众文化活动。举办“贯彻十八大·文化展风采”——怀宁县文化志愿者走基层、进社区文艺演出;举办“第七届完白之星少儿书画百米长卷现场创作活动暨少儿书画展”;精心选拔3支舞蹈代表队参加第26届安徽省少年儿童音乐舞蹈器乐大赛,均获一等奖;县5个民间班社参加市“十一黄梅戏展演周·广场黄梅戏汇演活动”,均获得参赛剧目奖和个人优秀表演奖;举办怀宁县非物质文化遗产展演展示活动,开展廉政书画展活动和少儿书画活动。

精神文明建设。组织开展“好人安徽大舞台”基层巡演活动,开展文明单位、文明社区、文明村镇等群众性精神文明创建活动,启动“三线三边”环境综合治理行动。全县建立乡村学校少年宫23所,设立道德讲堂69所。开展“青年党员爱心行”志愿服务百日行动,近300名党团员成立31支志愿服务小分队;全县成立各种形式的志愿服务队近100支,注册学雷锋志愿者20611人。实施“中日绿化交流基金”项目和“保护母亲河——欧莱雅青年林”项目。县丁士南入选2013年8月“中国好人榜”候选人,钱进入选2013年9月“中国好人榜”候选人。举办第十九届全县青少年爱国主义读书活动,平山中心学校荣获省级组织特等奖,腊树中心学校、怀宁中学荣获省级组织优秀奖。

文化产业发展。2013年全县有文化产业单位350个,直接从事文化产业人员达4200余人。全年文化产业增加值8.1亿元,比上年增长38%,占全县GDP 5.1 %。

【赴台开展文化交流活动】 2013年11月5—13日,怀宁县黄梅戏剧团开展为期8天的“徽韵梅香——黄梅戏入岛”赴台文化交流活动。活动以“推动两岸文化交流、促进两岸共同弘扬中华优秀文化”为主题,是国台办批复的2013年对台交流重点项目之一。剧团在台湾演出《天仙配》《梁山伯与祝英台》《女驸马》以及获第十二届中国戏剧节优秀剧目奖《独秀山下的女人》唱段,行程遍及台北、新北、高雄等城市。演出获得成功,得到台湾同胞的一致好评。

怀宁县黄梅戏剧团赴台演出剧照

枞 阳 县

【文化概览】枞阳县位于安徽省中南部、长江中下游北岸，西以白兔湖、菜子湖与桐城市共水，西南与安庆市区毗邻，北与无为、庐江县接壤，东南与铜陵、贵池市隔江相望。面积1808.1平方公里，辖22个乡镇，人口97.1万。为全国淡水养殖重点县和省级水产示范县、全国商品粮基地县、全国经果林基地示范县、全省农业产业化试点县。

文化遗产保护。2013年5月，国务院核定并公布“浮山摩崖石刻”为全国重点文物保护单位，这是枞阳县首个国家级重点文物保护单位，填补了该县国家级重点文物保护单位的空白。2013年7月，枞阳县将省级非遗保护项目“东乡武术”重新整理，成功申报中国体育非物质文化遗产保护与推广项目。境内现有不可移动文物341处，其中古遗址111处、古墓葬68处、古建筑76处、石窟寺及石刻9处、近现代重要史迹及代表性建筑73处，其他4处；核定公布的重点文物保护单位38处，其中国家级1处、省级15处、县(市)级22处。所有重点文物保护单位都核定公布保护范围和建设控制地带，有23处文物重点保护单位标志碑安装到位。县文物管理部门收藏可移动文物1764件(套)，确认为三级以上的文物497件，其中一级10件、二级14级、三级473件。

文化事业。2013年，全县公共文化事业投入3834万元，比上年增长15%。年内建成5个公共电子阅览室，按标准配备内部所有设备，及时投入使用。县图书馆、文化馆、博物馆和22个乡镇综合文化站等公共文化场馆免费开放为广大人民群众提供公共文化服务，共投入免费开放资金150万元。其中县图书馆免费接待读者40万人次，县文化馆免费提供公共文化服务38000人次，县博物馆免费接待参观者达25000人次，22个乡镇综合文化站每周开放在42小时以上。县图书馆免费送图书下乡3000余册，同时开展爱国主义和革命传统主义教育特色活动；县文化馆暑期举办为期40天的少儿培训班，免费为县老年艺术团体提供活动场所和业务指导等；乡镇综合文化站遇重大节日或传统节日组织龙舟赛、广场舞展演等文化活动。全年开展农村文艺演出235场、农村电影放映2820场，农家书屋更新出版物28905册。

浮山摩崖石刻

精神文明建设。以创建省级文明县城为目标，通过电视台、报刊等媒体专题介绍县城开展创建状况和好人专访活动，2013年度新增5家市级文明单位；参与推报安徽好人活动，王爱平、周祥朱入围2013年1月份“中国好人”候选名单，被称为“雨披哥”的江林生当选2013年3月份见义勇为类“中国好人”，成为县2013年第一位“中国好人”，并在安庆市第三届道德模范表彰大会上获得特别奖。开展社会公益活动和爱心捐助，仅县关工委系统自2011年开展捐资助学活动以来，即动员组织捐资近200万元，资助贫困大学生482人(次)。加强道德讲堂建设，在县图书馆设立县道德讲堂总堂，定期开展活动。针对公共卫生、公共秩序、公共形象、市容市貌、交通出行、环境保护等各个领域的常见陋习，以“讲文明、树新风”为主题，开展文明行业创建。县公安、税务、金融机构等部门和单位开展星级服务活动。开展未成年人思想道德建设示范家庭、婚育新风进万家等活动，评选表彰教子有方的“婚育文明户”，在红杨小学组建示范“家长学校”，表彰60所“合格家长学校”、200名“好家长”。深化文明家庭、平安家庭、绿色家庭、廉洁家庭、美德在农家等系列活动。加强社会教育网络建设，社区成立未成年人思想道德建设领导小组，设立兼职未成年人思想道德建设工作联络员，开展健康有益的文娱体育活动，推进社区未成年人思想道德阵地建设。

【浮山摩崖石刻入选“国保”】2013年5月,浮山摩崖石刻入选国务院核定公布的第七批全国重点文物保护单位名录,填补了县内没有国家级重点文物保护单位的空白。浮山摩崖石刻是著名的书法宝库和珍贵的历史文化遗产,位于浮山风景区内,与潜山县的山谷流泉摩崖石刻、休宁县齐云山石刻并称为安徽省三大石刻群。浮山是一个以火山岩洞和摩崖石刻为特色,并与河湖风光相辉映的风景名胜区,现为国家地质公园、国家森林公园、国家4A级旅游景区、国家重点文物保护单位、安徽省风景名胜区。浮山岩石遍布,洞穴层叠,奇峰崛起,溪流潺潺,曲径通幽,更有人文景观荟萃,玲珑奇绝。浮山石刻数量很多,保存下来有483处,可辨认的有315处。石刻有楷、行、真草、篆、隶、八分等多种字体,字径或大于100厘米,或小于5厘米。石刻年代跨度大,从唐代孟郊始到建国后,跨越8个朝代,历时1100余年。

潜 山 县

【文化概览】潜山县位于安徽省西南部,东南与怀宁县毗连,西南、西北分别与太湖县、岳西县接壤,东北与桐城市相邻,北部与舒城县交界。面积1686平方公里,人口58.3万。天柱山风景区坐落在境内的西北部。潜山在春秋时期称皖国,山称皖山、水称皖水,安徽省简称“皖”即源于此。潜山县是安徽省历史文化名城。县境有代表长江中下游地区新石器时代的薛家岗文化遗址,是汉代叙事长诗《孔雀东南飞》主人翁焦仲卿和东汉二乔故里,是京剧鼻祖程长庚、现代通俗文学大师张恨水、杂技皇后夏菊花、黄梅戏表演艺术家韩再芬出生地。境内文化遗存众多,薛家岗遗址、天柱山山谷流泉摩崖石刻、太平塔等3处被列为国家级重点文物保护单位;张恨水故居、野寨抗日阵亡将士墓、占庄老屋、杨氏宗祠、觉寂塔等9处被列为省级重点文物保护单位。另有市县级重点文物保护单位36处。三祖禅寺是禅宗三祖祖庭,现为全国重点对外开放寺院。潜山安徽龟化石是中国迄今发现最早的龟鳖类地球生物史记录;东方晓鼠化石的发现,推翻了西方学者的“啮齿类哺乳动物起源于北美”的论断。非物质文化遗产丰富,“桑皮纸制作技艺”被列为国家级非物质文化遗产;“孔雀东南飞传说”“五庙弹腔”等7项被列为省级非物质文化遗产;另有23项被列为县级非物质文化遗产。拥有国家级非遗传承人1人、省级非遗传承人10人、县级以上非遗传承人91人。

文化事业和文化产业。至2013年底,全县共有公共图书馆1个,文化馆1个,博物馆1个,广播电视台1个,国营黄梅戏剧团1家,电影服务企业2家(县电影公司、县影剧院),乡镇综合文化站16个。全县有文化经营单位286家,民间演出团体13家,直接从业人员5000余人。2013年,全县文化产业增加值近3亿元,缴纳税收近3000万元。

文化民生工程。2013年,潜山县全面完成4项文化民生工程。其中,“广播电视村村通工程”9月底提前完成全年545个自然村的建设任务,率先在全省提前完成“十二五”期间的广播电视“村村通”工程建设任务。完成4个乡镇的公共电子阅览室建设任务。公共文化场馆(文化馆、图书馆、博物馆、16个乡镇综合文化站)全部免费开放。

群众文化活动。城区成立8个社区文化活动中心,16个乡镇全部成立广场舞蹈队。群众文艺团体有腰鼓队、秧歌队、木兰扇队、木兰剑队、柔力球队、威风锣鼓队、狮舞队、龙舞队、木偶戏剧团、业余黄梅戏剧团、弹腔班社等60多个艺术团队。开展“文化下基层进社区”活动。2013年送电影下乡2115场,观众人数达195000人次。举办广场演出50场次,开展各类社区文艺活动300余场次。送书下乡20172

薛家岗人类遗址公园

万册。

文化市场管理。2013年，潜山县加强文化市场综合执法队伍建设，保障文化市场有序发展。共取缔无证经营游戏(艺)活动场所2家，收缴赌博机15台，查处网吧接纳未成年人和不规范经营12家，立案12起，查处街头摊贩销售出版物5起、立案5起，有效维护了县文化市场和出版物市场的秩序。

【薛家岗人类遗址公园初具规模】在上年完成征迁工作的基础上，2013年，潜山县相继完成薛家岗人类遗址公园一期工程建设任务，包括遗址公园展示工程、环境整治工程、公园入口广场及服务点工程，总投资2138万元，并已对外开放。

【抗战阵亡将士纪念塔落成】2013年10月26日，国民革命军第48军176师“抗战阵亡将士纪念塔落成典礼”在潜山县野寨中学举行。全国政协常委、副秘书长、民革中央副主席何丕洁出席典礼并讲话，全国政协常委、安徽省政协副主席、民革安徽省委主委夏涛及省委统战部、省台办有关领导参加典礼。“抗战阵亡将士纪念塔”坐落于省级文物保护单位——野人寨抗日阵亡将士墓内，该墓共安葬国民革命军第48军176师985名抗战阵亡将士。全国人大原副委员长、民革中央原主席周铁农为纪念塔题写“抗战英烈永垂不朽”；国民党荣誉主席吴伯雄先生题写塔名“陆军一七六师抗战阵亡将士纪念塔”。

太湖县

【文化概览】太湖县位于皖西南，大别山南麓，东临潜山、怀宁，南连望江，西南接宿松，西接湖北蕲春、英山，北毗岳西。是中国佛教禅宗发祥地、全国法治创建先进县、省级文化先进县、全国“中华诗词之乡”。面积2031平方公里，人口58万，辖15个乡镇，设1个省级经济开发区。

太湖是文化之邦，南朝宋武帝时建县以来，历史上出过3个状元、82位进士、342位文武举人，“一门四进士、十里两状元”传为佳话。太湖是名人故里，原全国政协副主席、杰出的爱国宗教领袖赵朴初，被鲁迅先生誉为中国济慈的著名诗人朱湘，京剧“叶派”创始人叶春善，黄梅戏表演艺术家马兰，当代作家石楠等出生于此。太湖是禅宗之源，是中国佛教禅宗文化的重要发祥地，二祖慧可从嵩山少林寺来县传法诵经，三祖、五祖也都曾在县传经布道、弘扬佛法，狮子山二祖禅堂、晋代建的佛图寺、唐代建的海会寺、西风禅寺现都保存完好。太湖是戏曲之乡，是黄梅戏的摇篮之一，曲子戏等地方戏种被列入省非物质文化遗产保护名录。太湖是旅游胜地，境内花亭湖是国家级风景名胜区、国家4A级旅游景区、国家水利风景区、全国农业旅游示范点和国家森林湿地公园；五千年文博园是国家文化产业示范基地、中国民间文化产业示范基地、国家4A级旅游景区和省“861”重点工程；赵朴初文化公园、朱湘故居等极富观瞻意义。太湖是红色热土，是鄂豫皖根据地的重要组成部分，刘家畈高干会议旧址入选全国红色旅游经典景区名单。现有国家级风景名胜区1处，国家4A级旅游区2处，国家级湿地公园1处，国家水利风景区1处，全国农业旅游示范点1处，省级重点文物保护单位3处。花梆舞、曲子戏为省级非物质文化遗产，何美华、田书民为非物质文化遗产传承人。

公共文化事业。近年来，县实施文化惠民工程，发展公共文化事业。至2013年，全县先后新建188处农家书屋、15个功能配套的乡镇综合文化站；建成15个乡镇图书馆、15个村级电子阅读室、188个文化信息资源共享工程服务点，实现县、乡、村全覆盖，并被评为全国文化信息共享工程示范县。县图书馆为国家一级馆，文化馆、博物馆达到三级馆标准，“三馆一站”实行免费开放。所有社区和80%以上的村建有文化活动中心(室)。各乡镇均组建1~2支业余文艺团队，经常

“第八个中国文化遗产日”安徽主场城市活动在太湖县举办

性举行活动。农村公共图书服务一体化建设卓有成效,争创全国文化先进单位(县)工作扎实推进,县作为全省6个公共图书服务一体化试点县之一,正按照试点工作方案的要求推进。安徽第八个中国文化遗产日主场城市系列活动在太湖举行。

公共文化服务活动。图书馆的科技咨询服务、“太湖论坛”,县文化馆“百姓舞台”已成为公共文化服务品牌。1个国有专业文艺团体和5个民营文艺团体每年演出达到350场以上。城区6大文化广场、乡镇中心文化广场、村级农民文化乐园文化活动异彩纷呈。广场舞蹈全县随处可见,文艺调演、各种文艺展览等活动经常性举行。

文化产业发展。县充分利用品牌特色较为明显的名人故里、禅宗之源、戏曲之乡、红色热土等人文资源。其中,禅宗文化成为太湖具有识别性的历史文化资源。县委、县政府突出县域文化特色,成功引进五千年文博园、赵朴初文化公园、罗河谷漂流、集友纸业等文化产业,初步形成一定规模的文化产业集聚区。确定文化旅游、工艺美术、演艺娱乐等文化产业为发展重点,形成以五千年文博园为龙头,根雕、烙铁画等具有地方特色文化产业项目。以花亭湖、赵朴初文化公园、刘家畈高干会议旧址等为主体的文化旅游业,黄梅戏演艺公司和民营文艺团体为主体的演艺业已成为县文化产业的有力支撑。全县共有各类文化经营单位227家,全年文化产业总产值2.6亿元。

【太湖县图书馆被评定为“国家一级图书馆”】太湖县图书馆始建于1979年,馆舍面积4860平方米,现有固定资产2000万元,馆藏图书10万册;有成人持证读者13900人,少儿读者2200人,全年接待读者22万人次。初步完成农村公共图书服务一体化建设试点工作,实现全县范围内公共图书通借通还、统一平台网络管理模式。2013年,在第五次全国公共图书馆评估工作中,第三次被国家文化部评定为“国家一级图书馆”;被中宣部、文化部、新闻出版广电总局评选为“第五届全国服务农民、服务基层文化建设先进集体”。中央电视台、新华网、省电视台、市电视台,《人民日报》《中国文化报》《安徽日报》《安庆日报》等各级媒体对太湖县图书馆进行多次报道。

望 江 县

【文化概览】望江县位于安徽省西南边陲、长江中下游北岸,南与江西省隔江相望。面积1348平方公里,人口63.3万。是中国民间文化艺术之乡、是“雷池”故地、“三孝”故里、“挑花”之乡,成语“不敢越雷池一步”的“雷池”就在望江县。现有汪洋遗址、文庙大成殿、褒隐寺塔、陈氏宗祠、戴家墩遗址、黄家堰遗址、雷阳书院等省级重点文物保护单位7处,文物总量达2139件。民间工艺“望江挑花”被列入国家非遗保护名录,传承人2人;莲湘舞被列入省级非遗保护名录。“望江挑花”被授予安徽省文化产业“十大影响力品牌”。

文化产业和文化事业。全年文化产业总产值约4.82亿元,占全县GDP的5.3%。望江挑花被安庆市“十一”黄梅戏展演周组委会评为“安庆市最佳地方特色名品”。黄梅戏演艺产业加快发展,转企改制后县黄梅戏艺术传播有限公司不断开拓省内外演出市场,全年演出457场;民营黄梅戏院团发展迅速,有18家院团、20多家民间班社,从业人员800多人,年演出场次超过7000场,收入近1000万元。其中民营长江黄梅戏剧团获得省“十大名团”和“第五届全国服务农民、服务基层文化建设先进集体”称号。文化活动广泛开展,成功举办亲情织里“文化走亲·走进望江”大型文艺演出和第十一届全县少儿文艺调演,少儿舞蹈《小蝌蚪的烦恼》《呀子依子呀》和《让》等获

亲情织里“文化走亲·走进望江”文艺演出

得全国性大奖；举办全县首届民营黄梅戏剧团优秀剧目展演，5天组织5家民营黄梅戏剧团参演。开展送戏下乡、文艺演出、书画展览、博物巡展等文化惠民活动，基层农村各类文艺演出达236场次，农村体育运动达708场次。成功举办皖鄂赣12县(市)体育协作区理事会及第36届运动会。体育彩票销售额近2000万元。高标准实施有线电视“村村通”工程，82个20户以下自然村“村村通”有线电视工程建设项目全部完成，总投资140.37万元；有线电视用户从2007年的3.5万户发展到10.1万户。118个行政村年放映1416场公益电影。广播电视一张网10万户目标在全省率先实现。文体基础设施建设加快，县体育中心项目于6月21日动工，首期投入资金3000多万元，年内完成主体工程第一层施工。投资近100万元，对县图书馆设备进行更新升级。完成县博物馆新馆建设项目选址任务。

文化民生工程。投入193万元，重点实施公共文化服务信息化建设、公共文化场馆免费开放和农村文化建设3项民生工程建设。建成华阳镇综合文化站公共电子阅览室，县文、图、博“3馆”及乡镇综合文化站按要求向社会实行免费开放。推进43个农民体育健身工程建设，为省市县美好乡村示范点集中采购一批配套体育健身设施。2013年全县农家书屋更新图书达11800册。

文明创建。组织开展“不文明行为(现象)随手拍”及以垃圾乱扔、杂物乱堆、杂草乱生、车辆乱停等“四乱”为主要整治内容的环境卫生整治突击月等活动。推动实施环卫作业市场化改革，建立组保洁、村收集、乡转运的城乡生活垃圾处理网格化管理模式。启动首届“最美望江人”评选活动，组织开展未成年人思想道德教育基地结对共建活动10余场次，评比产生15家文明餐桌示范点。道德讲堂活动普及到各文明单位、村镇、社区，累计开展活动百余场次。建成首个星级标准的龙湖社区志愿服务广场，志愿者注册人数达7000余人，占主城区常住人口10%；组建各类志愿服务站50多个，志愿服务队120支，开展活动300场次。

【长江黄梅戏剧团获评全国服务农民服务基层文化先进集体】望江县长江黄梅戏剧团是全省民营演出团体先进单位，是安徽省“百佳剧团”之一。2013年9月，县长江黄梅戏剧团被省文化厅评为第一批全省民营艺术院团“十大名团”。11月，望江县长江黄梅戏剧团被中宣部、文化部、国家新闻出版广电总局评为“第五届全国服务农民、服务基层文化建设先进集体”。

【望江县与浙江湖州吴兴区结成文化姻亲】5月5日，浙江吴兴—安徽望江工作交流会在望江经济开发区会议室召开，会议期间，浙江省湖州市吴兴区与安徽省望江县结成文化姻亲。双方就群众文化体育活动开展、文物保护、艺术创作、文化市场管理、队伍建设等领域开展广泛合作，建立长效合作机制。结成文化姻亲后，两地将每年开展一次“文化走亲”交流活动。当日，望江县人民剧场举行亲情织里“文化走亲·走进望江”文艺演出。

岳西县

【文化概览】岳西位于大别山腹地、安徽省西南边陲，县境地跨长江、淮河两大流域。面积2398平方公里，人口40.78万。岳西是革命老区，境内有国保单位1处、省保单位14处；有国家级非遗保护项目2项、省级非遗保护项目4项；有省级爱国主义教育基地3处。岳西是生态建设示范县，县内建成国家级自然保护区1处、国家级森林公园1处、省级自然保护区1处、省级风景名胜区1处、县级饮用水水源环境保护区1处。

文化事业和文化产业。至2013年年底，全县共有公共图书馆1个，文化馆1个，广播电台、电

2013年灯谜一条街活动场景

视台各1个,红色纪念馆3个,体育场地6000平方米。全年财政用于公共文化事业支出3743万元,比2012年增长7.6%。全县文化产业经营单位132个,文化产业从业人员2132人,文化产业增加值30238万元,比上年增长15.6%,占本地区GDP4.5%。帮助争取国家和省、市文化发展项目资金350多万元。同春工贸、泉源盛、翰林根艺3家企业进入安徽民营文化企业100强名单,泉源盛、盛世天源两家公司成为第四批安徽省文化产业示范基地。

群众文化活动。成功举办首届灯谜一条街、文化下基层进社区文艺展演、舞狮展演、岳西古建筑图片展、书画展等系列文化活动。组织460人(次)文艺人员赴基层开展群众文化辅导,辅导节目共获得市级一等奖7次、二等奖5次。选送作品参加全国少年儿童“爱阅读、爱科学”主题摄影大赛,获全国一等奖。组织全县182个村开展文艺演出546场,开展体育活动1092场。

文化遗产保护。“岳西非遗展”获全省第二届博物馆、纪念馆精品陈列。省级文物保护单位响肠镇法云寺塔晋升为第七批全国重点文物保护单位。邀请省文物鉴定站对县文物局征集和出土的文物进行鉴定,共鉴定文物255件,其中珍贵文物一级6件、二级8件、三级113件。《岳西古建筑》一书正式出版发行。完成《岳西高腔》专题片的制作发行,完成《革命烈士县——岳西英雄谱》《桑皮纸制作》的拍摄工作。完成岳西县第一次全国可移动文物普查调查阶段工作。完成国家级非遗生产性保护示范基地申报,岳西鼓书进入第四批省级非遗项目名录。

文化市场管理。全年共出动执法人员990余人次,检查店铺摊点1310个,检查印刷复制企业120家次,收缴非法出版物1985件;查处违规经营网吧23家次,取缔黑网吧5家,查缴用于非法经营的计算机26台;查处违规经营游戏机室5家,取缔黑游戏机室2家,查缴具备赌博功能游戏机8台。

文化民生工程。召开全县文化民生工程大会,加强日常督查,狠抓各项工作落实。12个公共电子阅览室全部完工投入使用并免费开放,实现全县乡镇公共电子阅览室全覆盖;农村文化建设专项补助发放到位;公共文化场馆全部免费开放,免费开放资金拨付率100%。

【举办2013年春节灯谜一条街活动】 2013年春节前后,岳西县举办“猜灯谜、看大戏、秀才艺、送春联”系列文化活动近百场。全县县直机关各单位、各乡镇共同参与,县文化馆承担活动的策划、组织工作。共扎制各类彩灯2000多盏,制作灯谜1000余条,大型摆放灯30余座。江苏省句容市“秦淮灯彩”国家级非遗传承人陈柏华应邀制作一批精美的大型彩灯。近1500米长的灯谜一条街让群众赏灯猜谜,“市民大舞台”赴全县24个乡镇及有关企业开展送演出下乡及才艺选秀,岳西籍书法家把写春联的书案摆在群众家门口,春节文艺展演由专业团体和民间剧社及文艺爱好者联袂演出。

【市民大舞台“秀出彩”才艺大赛】 2013年8月3日,岳西县市民大舞台“秀出彩”才艺大赛正式开赛。市民大舞台“秀出彩”才艺大赛是安徽省天艺广告有限公司主办的全省首个以“市民展示才艺·群众共享欢乐”的公益性赛事。参赛选手每周六晚在岳西县城南园露天广场“秀出彩”市民大舞台举行才艺比拼,角逐周冠军、月冠军、年冠军。截至年底,共有30支文艺队伍、1000多人报名参加海选,300多名选手免费参加公司组织的才艺培训,100多名选手参加“秀出彩”才艺大赛。期间,共举办各类讲座培训16场、展演65场(其中赴乡镇巡回演出40场)、赛事20场,大赛开赛后受到市民和文艺爱好者的热捧,参与群众超5万人次。

法云寺塔

黄　山　市

【文化概览】黄山市位于安徽省最南端，地处皖浙赣3省交界处，是中国十大风景名胜区之一黄山所在地。现辖3区(屯溪区、黄山区、徽州区)4县(歙县、休宁县、黟县、祁门县)，面积9807平方公里，人口147.3万。

黄山市自秦初置黟、歙两县以来，至今有2200多年的历史。1987年经国务院批准改地建市。拥有联合国颁发的世界级“桂冠”3顶、国家级“桂冠”9大类142顶。

黄山市境内既有风光秀丽的自然景观，又有底蕴丰厚的人文景观。以集世界自然与文化遗产和世界地质公园三顶桂冠于一身的黄山为中心，四周散布着“山水画廊”新安江，“黄山情侣”太平湖，“中国历史文化名城”歙县，“中国牌坊之乡”棠樾，“世界文化遗产”西递、宏村，“中国道教四大圣地之一”齐云山，屯溪老街，国家级自然保护区牯牛降、清凉峰及花山谜窟等。

黄山市历史悠久，文风昌盛。以儒学为内核的徽文化，涵盖经、史、哲、医、科、艺等诸多领域。程朱理学、新安画派、新安医学、徽派建筑、徽派盆景、徽州“四雕”以及徽剧、徽菜、徽墨、歙砚等，是中华民族传统文化园中的奇葩。徽州自古人才辈出、群星璀璨，《中国名人大辞典》中收集的4万多位1911年以前历代名人中，徽州就有800多位。著名的代表人物有活字印刷术创始人毕昇，理学家朱熹，著名戏剧家汪道昆，红顶商人胡雪岩，医学家汪机、汪昂，新安画派创立者渐江和近代著名代表黄宾虹，哲学家戴震，马克思在《资本论》中提到的唯一中国人王茂荫，珠算大师程大位，近代教育家陶行知等。

黄山市是国家级徽州文化生态保护区核心区域，拥有世界文化遗产地2处，国家级历史文化名城1座、名镇2处、名村10处，国家级历史文化保护街区3处；拥有文物保护单位国家级31处，省级94处；不可移动文物8032处，馆藏文物15万余件，珍贵文物6878件；拥有非物质文化遗产14大类1325项，其中国家级非物质文化遗产16项、省级56项；国家级非物质文化遗产传承人20人、省级94人。

文化事业。建筑面积8700平方米的市图书馆建成并投入使用。全市7个区县馆，国家一级馆3个，二级馆4个。屯溪区完成图书馆、文化馆改扩建工程，屯溪老街社区博物馆作为全国5个社区生态博物馆试点之一正式对外开放。黄山区博物馆被评为国家三级博物馆、图书馆升格为国家二级图书馆；歙县图书馆升格为国家一级图书馆。省图书馆在西递镇综合文化站建立的黄山市首个图书流动服务点正式挂牌。开展2013年全市乡镇综合文化站等级评定活动，101个乡镇综合文化站中有82个获省级三级以上等级称号。新增徽派雕刻博物馆等5家民办博物馆，民办博物馆数量位居全省第一。快速推进城市影院建设，屯溪黎阳小镇金逸影院等4家城市影院建成并对外营业。歙县郑村镇棠樾村、雄村乡雄村和徽州区潜口镇坤沙村等3个村入选全省首批20个农民文化乐园试点村，圆满完成年度目标任务。黄山市文化建设政府目标管理考核名列全省第三。

文化产业。2013年，全市确定投资额1000万元以上的重点文化产业项目122个，投资102亿元。其中，全市纳入省“861”项目库的文化产业项目21个，完成投资

《徽韵》入选安徽省“十大名剧”

31.02亿元；纳入文化产业精品打造工程的31个项目，完成投资55.67亿元，占年计划的109%。总规模7500万元的黄山徽文化基金正式设立。命名第二批市级文化产业示范基地21家，“宏村阿菊”等7个重点项目获文化强省专项资金支持，黄山市中权影视文化公司获“全省百名优秀民营企业”称号，永新股份等6家企业被评为安徽省民营文化企业百强，徽州文化与生态长廊入选首批省级文化产业示范园区，《徽韵》入选省“十大名剧”。全市文化产业增加值33.55亿元，比上年增长18.2%。

文化惠民工程。全市9个图书馆、8个文化馆、2个美术馆、15家国有博物馆、101个乡镇文化站全部对外免费开放。全市博物馆全年共举办系列专题展览53个，接待国内外参观人数128万人次。继续实施农村公益电影放映工程，放映公益电影8916场，观众达96万人次。提前圆满完成全市广播电视“村村通”工程644个“盲村”和2座高山无线发射台站、35个乡镇公共文化服务信息化（公共电子阅览室）建设点任务，广播电视“村村通”新增8903户，直接受益3万余人。加大农村文化建设力度，全市743个行政村共完成文艺演出10109场，放映电影9390场，更新农家书屋出版物124706册。公共文化服务信息化建设、公共文化场馆免费开放、农村文化建设专项补助及广播电视“村村通”等文化惠民工程考核继续名列全省前茅。

文化活动。继续开展“文化进万家”“市直文艺团体赴基层巡演”“爱国歌曲大家唱”“廉政文化月月演”“我们的节日——红红火火过大年”等群众性文化活动，承办市直文艺团体赴区县文艺巡回演出、6·26“情满黄山”抗洪救灾义捐等文艺演出活动，深入开展送文化下乡活动，举办拉丁舞、二胡、葫芦丝、太极拳培训班，公益性培训班教学完成188班次，培训3800人次。挖掘、扶植“一镇一品”“一村一品”文化活动和民俗文化项目。成功举办第十七届中国黄山国际旅游节暨徽文化节、皖江八市群众艺术（舞蹈）大赛、第七届徽州读书节、黄山市首届徽剧票友演唱赛、黄山市非遗民俗节目作品汇演、黄山市首届广场舞大赛。

文化遗产保护。“百村千幢”古民居保护利用工程5年（2009—2013）建设任务超额完成并入选2013年度国家文化创新项目，全面实现101个古村落和1325幢古民居的保护利用工作，认租、认领、认购古民居467幢，打造了新型业态19类964项。许村、塔川等27个村上榜第二批中国传统村落名录，新增重点文物保护单位国家级15处、省级14处，徽州区呈坎古村落列入国家文物保护样板工程和古村落保护利用双试点。国家文化创新工程项目“徽州文化生态保护区建设创新工程”顺利通过文化部组织的专家组验收。成功举办首届“和氏璧”杯非遗（歙砚）技能大赛。新增市级非物质文化遗产名录25项、传习基地25个、生产展示销售区10处、民俗展演基地5处。歙县被省戏剧家协会授予“徽剧（徽班）之乡”，休宁县第一高级职业中学和安徽省行知学校两家非遗传习基地成功入选首批全国职业院校民族文化传承与创新示范专业点。

文化交流合作。以“百村千幢”工程、徽州文化生态保护区建设、文化产业发展等为重点，全方位、多角度开展对外宣传。《美丽黄山——“百村千幢”工程》系列图书结集出版，“百村千幢”工程入选2013年度国家文化创新工程、黄山市入选“东亚文化之都”十佳城市等重要新闻被《人民日报》、新华社、中央人民广播电台、中央电视台、《安徽日报》等中央、省级媒体相继报道。成功应对成龙捐献古民居事件，借力宣传我市古村落、古民居保护利用成果。《手艺——徽韵巧雕》走进央视十套《探索与发现》栏目，徽剧《贵妃醉酒》在央视戏曲频道《快乐戏园演唱会》栏目播出，徽式月饼在央视中秋特别节目《舌尖上的中秋》中展播。组织吴鲁衡罗盘、徽州四雕、徽墨制作技艺等非遗项目参加第八届中国义乌文化产品交易博览会、中国（深圳）国际文化产业交易博览会、中国海峡工艺品博览会、第四届中国成都国际非物质文化遗产节等，受到热捧，获金奖、银奖各3项，现场成交额达180余万元，产品订购意向性合同700余万元；非遗传承人钱胜利获得成都国际非遗节“太阳神鸟奖”最佳展览奖；蒯正华在文化遗产日期间获得文化部颁发的“第二届中华非物质文化遗产传承人薪传奖”。

文艺精品创作。成功举办黄山市第二届文艺原创作品大赛暨非遗民俗展演，创作推出优秀作品《挑山情》《绣》等，其中《挑山情》在皖江八市群艺舞蹈大赛中获得金奖、《绣》获得银奖。组织参加省十艺节，女声独唱《月映徽州》获通俗组三等奖，男声独唱《最美太平湖》获得民族组三等奖。组织参加全省第二届社区文艺调演，程骞、吴雨濛分获一、二等奖。组织参加全省小荷风采少儿舞蹈汇演，舞蹈《舞之梦》获得一等奖，《春苗》《花浪》获三等奖。组织参加四省四市民间艺术节，民俗舞蹈《出地方》、徽州民歌《牧牛花鼓》、徽剧《贵妃醉酒》获得最佳表演奖。群舞《踩粮袋》获2013安徽省民乐声乐舞蹈比赛舞蹈类别演出三等奖。参与编排传统节日民俗活动“轩辕车会”“轩风夔鼓”在央视13套、9套进行现场直播。创作并推出红色文化题材大型音乐舞台情景剧《1938新四军在岩寺》。

《老师您好》获中国好故事"山花奖",《凤鸣宏村》获全国征集优秀黄梅戏剧本三等奖。《挑山女人》获"2013镇江国际纪录片大赛金奖"。出版了《铁血兵歌》《天使咬过的苹果》《独秀山外》《一代帝师》《黑石崖》《山路留痕》6部长篇小说。《徽州民医》《祁门风俗》等弘扬徽文化的作品出版发行。出版故事集3部:《愤怒的拳头》《雾锁龙山寺》《做个好人并不难》。黄山区成为全省文学创作先进县(区)。出版《花森林》《登高望太平》等散文集12部。重大历史题材美术作品《胡雪岩与徽商》完成并送省博收藏。出版《叶森槐画集》《程乐萍画集》及《黄山市美术家会员大典》。1人获"第十届安徽省艺术节美术书法大赛"一等奖,26人作品入围"安徽省青年美术展览"。3人书法作品6次入选中国书协主办的全国展。编辑出版《安徽"黄山五福杯"书法大展作品精选》。《舞之梦》获第七届"小荷风采全国少儿舞蹈大赛""尖尖奖"。1人获中国文联内联部举办的第二十届全国推选文艺新人大赛全国十优选手称号,3人获安徽赛区青年组声乐类"十优歌手"称号,1人获安徽省第十届艺术节声乐比赛铜奖。曲艺小品《洞窟月色》获二炮曲艺小品调演一等奖,戏剧《那村·那花·那人》获安徽省第六届小戏小品大赛4个二等奖和1个组织奖,《但是营长》获得第8届"全军战士文艺奖"创作一等奖和表演二等奖。

文化人才建设。完善市、县、镇、村四级文化组织网络,重点打造一对一、点对点的文化辅导员分片包干制度,全年全市发展文化辅导员265名。设立黄山市文学艺术奖,鼓励多出精品、多出人才。成功举办"美丽中国·安徽之旅"中国摄影报·2013安徽拉力赛。举办"徽风颂"美术作品展、新安书画家作品展、走进黄山—中国画名家邀请展等美展9次。承办安徽省"皖江八市"第六届群众文化节文艺展演、黄山市第六届运动会暨第二届残运会开幕式文艺演出等活动。发展花山谜窟"鼎上鼎艺术团"、太平"小杜鹃"等新团体会员3个,增设歙州学校等3个单位为"黄山市青少年舞蹈培训基地"。举办"法古为新——2013黄山印社书画印展";组织民间艺术家参加各类活动展示传统工艺风采。洪建华竹木雕作品《十八罗汉》、俞青砚雕作品《飞流直下三千尺》获第11届中国民间工艺美术"山花奖"。王祖伟新作《田歌》砚入选百名中国工艺美术大师作品联展。余中勇作品《松风竹韵》获中国工艺美术协会第43届全国工美展"金凤凰"铜奖。蒋劲华参加"葡萄牙语系国家和地区文化交流活动",参与拍摄《中国黄山——因特拉肯》、中国汉字委员会项目经典汉字、世界品牌设计"红点奖"《指尖上的书法》等宣传片。许琦做客安徽电视台《旧闻新说》说徽州民俗节目。"黄山蜡石"雕刻作品"金堆玉砌"获2013中国工艺品博览会"优秀奖"。举办"黄山蜡石等级鉴评"培训班,多件作品在《宝藏》《中华奇石》等刊物、网站刊载。成功组织代表团参加省作协、书协、摄协、民协、音协、舞协、戏协、影视协会换届,共有25人当选为省级理事、4人当选省级协会副主席,成为黄山文艺史上最辉煌一年。全年新发展国家级会员23人,省级会员112人,市级会员394人。同时,1人被聘教育部全国民族技艺职业教育教学指导委员会委员,1人获中国书法家协会"中国书法进万家"先进个人称号,1人被评为"先进书法工作者"。市书协被评为全省"优秀市书协",市舞协率全省之先被评为"四星"级协会。2人获"全省宣传文化领域拔尖人才"称号,6人获得省技术能手称号并享受省政府特殊津贴。12人获办市级技能大师工作室,享受省政府特殊津贴。各门类文艺工作者共获全国性奖项81项,全省性奖项109项。

精神文明建设。以"文明大行动"为抓手,扎实开展了系列创建活动。开展"道德讲堂"和道德模范选树活动。成立"道德讲堂"总堂,全年开课3次,省级以上文明单位、文明村镇、文明社区全面设立了"道德讲堂"。2人入选第三届安徽省道德模范。开展黄山市首届道

轩辕车会

“美丽中国·安徽之旅”中国摄影报·2013 安徽拉力赛

德模范评选活动及颁奖仪式，产生20名道德模范、31名道德模范提名奖。全年共评选出4个“黄山好人”集体、16名“黄山好人”。开展“三线三边”城乡环境整治。继续组织“做一个有道德的人”主题活动，开展了六一“学雷锋、做美德少年”网上寄语活动和十一“向国旗敬礼，做有道德的人”网上寄语活动，组织评选第二届黄山市“美德少年”。争取中央专项彩票公益金支持项目7个、计140万元，安排全市自建乡村少年宫24所，整合社会资源建成了黄山市未成年人心理健康教育辅导中心。先后在全市大中型餐饮店和党政机关、企事业单位、学校食堂开展文明餐桌大行动，并评选产生2013年度全市首批“文明餐桌示范单位”100家。围绕培育社会主义核心价值观、规范道德行为、建设生态文明以及与人民群众生活关系密切的交通、食品安全等主题，刊播中央文明办统一印发的“讲文明树新风”公益广告。制定并印发了《关于推进乡风文明建设的指导意见》，就推进全市乡风文明建设作出全面部署和安排，重点抓好“六个一批”工作。收集整理全市17家省级爱国主义教育基地图片文字资料，配合省委宣传部编纂完成了全省爱国主义教育基地画册。积极推荐杨业功纪念馆教育场所申报全国爱国主义教育基地。

【黄山市入选首届“东亚文化之都”十佳城市】2013年8月26日首届“东亚文化之都”评选活动终审工作会议在国家博物馆举行。经15位专家现场评分，苏州、杭州、青岛、武汉、西安、黄山、济宁、咸阳、桂林荣获全国10个东亚文化之都入围城市，并领取文化部奖牌。黄山市作为首届“东亚文化之都”10个入围城市之一，参加了评审演讲和答辩。文化部部长蔡武、文化部副部长丁伟接见了黄山等城市代表。

【“徽州文化生态保护区建设工程”通过验收】2013年9月5日，由文化部文化科技司组织，中国艺术科技研究所、中国艺术研究院等文化创新方面的专家组成的专家组对国家文化创新工程项目“徽州文化生态保护区建设工程”开展验收。专家组一致认为，该项目严格按照合同书约定，扎实推进，效果明显，保护区内广大人民群众积极参与，普遍对项目效果评价积极，是一项实施质量很高的国家文化创新工程优质项目。鉴于项目实施所取得的成功经验和显著成果，该项目验收合格。“徽州文化生态保护区建设工程”于2010年获文化部立项，由安徽省文化厅、黄山市文化委员会、绩溪县文广新局共同承担。

【《美丽黄山》系列丛书出版发行】8月，由中共黄山市委、黄山市人民政府主持编纂的《美丽黄山》系列丛书由黄山市文化委、黄山市文联、黄山市规划局等单位共同编纂完成。《美丽黄山》系列丛书共分《黄山市百村千幢》《黄山市百佳摄影点》《黄山市百个亮点》3册，从不同侧面充分展示了黄山市近年来经济社会发展新成果，及正在努力形成的保护第一、特色取胜、基础坚实、发展协调、民生优先的科学发展新格局。

【《徽州文化大辞典》入选国家“十二五”重点图书出版项目】《徽州文化大辞典》项目2012年8月被列为国家“十二五”重点图书出版项目，2013年4月被列为国家社科基金资助项目。该项目是黄山市委、市政府高度重视的一项徽州文化重点课题，由市社科联牵头负责组织编撰，中国科学技术大学出版社出版。近200万字的《徽州文化大辞典》图文并茂，内容广博，资料翔实，收词准确，注重规范性、科学性、实用性、新颖性，将成为最全面、最具权威性的徽州文化工具书。

屯　溪　区

【文化概览】屯溪区是位于安徽省最南端，地处皖浙赣三省结合部，是古徽州的商业重镇。辖5个镇、4个街道，辖区面积249平方公里，

黄山文峰桥

人口24.5万。1949年屯溪建市；1987年黄山市成立，屯溪撤市建区，成为黄山市委、市政府所在地。现有国家级风景名胜区8处、国家级重点文物保护单位2处、省级重点文物保护单位6处、省级爱国主义教育基地3处。国家级非物质文化遗产3项，省级非物质文化遗产8项；有国家级非物质文化遗产代表性项目传承人7人，其中2人荣获"中华非物质文化遗产传承人薪传奖"。

2013年，全区文化产业精品打造工程9个项目进展顺利，全年完成投资3.88亿元，超年度投资计划17%。

公共文化建设。投入800万元，完成区图书馆、文化馆以及"屯溪老街社区博物馆"文物信息展示中心改造工程，并于2013年免费对外开放；建筑面积分别达到1620平方米、2500平方米、800平方米，均超过国家设定区县三级场馆标准。改建后的区图书馆被文化部命名为国家"一级图书馆"，迁址改造后的区文化馆成为全市最大的文化馆。截至2013年底，全区已建有公共图书馆、文化馆各1个，各类博物馆（纪念馆）9个，镇（街道）文化站（室）10家，农家书屋69家；建成文化广场25个，面积逾8000多平方米。黄山文峰桥建成通车。《珮琅河新安书法千年雅集》文化墙启动建设，在实施河道综合整治和景观提升过程中，弘扬新安书法传统。

文化民生工程。全区5个镇实现公共电子阅览室全覆盖。2013年新增公共文化场馆免费开放及农村文化建设专项补助两个民生工程项目，补助资金于6月底全额拨付到位，公共文化场馆免费开放共服务、接待52万人次。通过农村文化建设专项补助，各镇广泛开展文艺演出、体育等活动，丰富了农民群众的文化生活。

文化遗产保护。持续推进"百村千幢"工程，重点建设阳湖外边溪古民居、黎阳商街古民居原地保护利用、黎阳故邸异地集中保护利用续建工程，共投入资金7500万元完成35幢古民居的维修利用。阳湖记忆项目初具规模，黎阳故邸、黎阳商街、老街古民居保护利用全面完工。程大位故居入选全国第七批文物保护单位，同德仁药店入选省级第七批文物保护单位，新增14处区级文物保护单位。新增市级非遗项目、区级非遗项目各1个。国家非物质文化遗产（木雕）代表性传承人蒯正华荣获"第二届中华非物质文化遗产传承人薪传奖"。

文化产业。加快屯溪老街、阳湖记忆、鬲山佛文化保护恢复等一批具有示范效应和产业拉动作用的重大文化产业项目推进力度。充分发挥区位优势和徽文化资源丰厚、文化旅游景点集中的优势，加大徽墨、歙砚、徽漆等产业扶持力度，引进现代工艺、创新生产方式，走批量化、规模化、品牌化生产之路。大力发展动漫游戏、文化创意等新兴文化产业，黄山河马文化产业园项目落户屯溪。

群众文化活动。深入开展送文化、送电影、送图书进基层等公益性文化活动。2013年举办屯溪区首届广场舞大赛、"读者选书，图书馆买单"等群众文化活动30余场，放映电影600余部，为农家书屋更新图书8970册。区文化馆开展葫芦丝、二胡、拉丁舞等培训班，年免费培训市民逾2000人次。聘请专业教师举办2期广场舞培训，共培训镇（街道）文艺骨干近百人。

文化作品创作。喜剧小品《那村·那花·那人》一举摘得第六届安徽省小戏小品大赛组织奖、剧目奖、编剧奖、导演奖、表演奖5项大奖；广场舞《美丽的屯溪》获市委宣传部、市文化委联合主办的"中国梦黄山情新律动"广场舞大赛一等奖；区文化馆姜少华被收入《安徽省当代书画家暨工艺美术师大典》；郑天君油画作品《冬韵》获安徽省第四届美术大展油画展优秀奖；国画作品《寒潮平复落、幽鸟去还来》《新安江上》入选由安徽省委宣传部、安徽省文联主办的《首届皖籍书法美术（中国画）工艺美术名家精品邀请展》赴北京展出。

精神文明建设。组织开展创建省级文明城区集中志愿服务行动，注册志愿者2万余名，建立全市首家志愿服务广场以及老街志愿服务亭。精心组织"我们的节日""做一个有道德的人"等主题活动，稳步推进道德讲堂建设。组织开展“屯溪好人”“屯溪道德模范”等评选活动,洪秋芬、胡长有入选“中国好人”榜,李桂俭、叶香仂等6人被评为“黄山市首届道德模范”,当选人数位居3区4县之首。组织申报省级文明单位6个、省级文明镇1个、省级文明村1个。

【屯溪区图书馆被文化部命名为国家“一级图书馆”】屯溪区图书馆新馆占地面积2020平方米,阅览座位近300个,藏书量约10万余册,电子图书50万册,盲文图书近200册,报纸20余种,期刊80余种,日均接待读者400余人次。2013年11月,被文化部命名为国家“一级图书馆”称号。

【黄山文峰桥正式通车】经过2年的高标准建设,2013年8月,集通行和景观功能为一体的徽派廊桥——黄山文峰桥正式通车。该桥横跨率水,连接南北,全长249米,宽28米,双向4车道,是继花山大桥、梅林大桥开工建设之后,黄山中心城区又一跨江大桥,成为黄山市新的地标式城市景观建筑。

黄 山 区

【文化概览】黄山区地处皖南腹地、黄山市北部,是安徽省“两山一湖”黄金旅游区的集散地和休闲度假中心。面积1775平方公里,人口16.3万,辖9个镇、5个乡,是首批国家级生态示范区、全国绿化模范区、国家园林城市、中国竹子之乡、中国名茶之乡和安徽省文学创作先进区。

黄山区原名太平县,唐天宝四年(745)建县,建制沿袭1200余年。现有国家级森林公园1处,国家4A级景区6处(全省区县之最),高品位景区景点30余处,国家级重点文物保护单位1处、省级6处。太平猴魁手工制作技艺被列为国家级非物质文化遗产,轩辕车会、五福神会、婆溪河灯、汤口火腿腌制技艺、竹制品手工编织技艺、黄山玉雕刻技艺、太平曹氏纸制作技艺、周王会等被列为省级非物质文化遗产,方继凡被评为国家级非遗传承人,王锋林等5人评为省级非物质文化遗产传承人。

2013年,全区文化事业和文化产业发展迅速。截至年底,共有公共图书馆、文化馆、广播电台、电视台各1个,体育场馆9个。当年创作出版文学专著5部。开展区第二届文学艺术奖评奖工作,24件作品获政府奖励。列入市重点文化产业项目3个,完成投资1.7亿元;白天鹅宣纸文化苑被评为“第二批黄山市文化产业示范基地”,并成功入选2013年安徽省民营文化企业100强;总投资5亿元的大自然太极拳文化养生项目基本达成协议。全年文化产业总产值8.3亿元,比上年增长53.1%。

*公共文化建设。*完成3个古村落和30幢古民居保护工程建设;扶持乡镇综合文化站、农家书屋等基层公共文化设施长期发挥效应,在全区建立19个文化志愿辅导点,培养46个群众文化辅导员。民俗“轩辕车会”和“轩风夔鼓”春节期间在央视国际、新闻频道现场直播;清明节举办公祭轩辕黄帝活动,成为全国第四个黄帝公祭点。

*文化民生工程。*投入423万元实施公共文化场馆免费开放和农村文化建设专项补助,建成3个乡镇公共电子阅览室和125个广播电视村村通工程实施点。区博物馆被列为第二批国家三级博物馆,图书馆被评为国家级二级馆。

*精神文明建设活动。*开展黄山区“十佳”道德模范、“我推荐、我评议身边的好人”“黄山好人”“美德少年”评选和学习宣传活动,2人分别被评选为“中国好人”候选人和“安徽好人”,6人获全市首届道德模范称号。建成乡村学校少年宫

苏雪林纪念馆

12 所。

【方继凡成为国家级非遗太平猴魁传承人】2013 年 10 月，国家文化部为第四批国家级非物质文化遗产项目代表性传承人颁发证书和勋章，黄山市黄山区猴坑公司董事长方继凡名列其中，成为国家级非遗项目——绿茶制作技艺太平猴魁代表性传承人。

10 多年来，方继凡和他的猴坑公司修建太平猴魁博物馆“猴坑茶文化楼”，建设龙门东坑太平猴魁手工技艺示范基地，编制和两度修订太平猴魁国家标准，编制太平猴魁工艺规程安徽省地方标准，编制出版太平猴魁制作技艺连环画《猴坑传奇》，精心策划太平猴魁核心产区的保护工作等。“太平猴魁制作方法”获国家发明专利。

徽州区

【文化概览】徽州区位于安徽省南部、黄山南麓，辖 7 个乡镇、1 个社区办。面积 442.6 平方公里，人口 10 万。徽州区是古徽州域名的唯一传承地，素有“黄山南大门”之称，是 1987 年 11 月国务院批复成立黄山市后新设立的市辖县级区。现有中国历史文化名村 2 个，安徽省历史文化名镇 2 个，国家 4A 级旅游景区 4 处、3A 级旅游景区 2 处，有全国重点文物保护单位 5 处、省级 5 处。黄山毛峰绿茶制作技艺被列为国家级非物质文化遗产，板凳龙、徽州竹雕、上九庙会、跳钟馗为省级非物质文化遗产，谢四十、曹永盛（篁生）为国家级非物质遗产项目代表性传承人，洪建华、郑尧锦、朱泓、谢一平、吴成林为省级非物质文化遗产项目代表性传承人。

2013 年，全区文化事业和文化产业发展迅速，文化产业增加值 84000 万元。

文化遗产保护。徽州区“百村千幢”快速推进，完成对琶塘、竦塘 2 个古村落和永庆堂等 45 幢古民居的保护利用，全年共完成投资 27345 万元。投资 3500 万元的“百村千幢”工程市级重点项目潜口金紫祠全面修复，并实施广场、道路、绿化、亮化配套设施，打造“中国民间第一祠”。

公共文化服务。实施了“公共文化场馆免费开放”“公共文化服务信息化建设”“农村文化建设专项补助”等 3 项文化民生工程。徽州区图书馆被文化部评为二级图书馆。完成坤沙中心村农民文化乐园试点建设，建成了杨村乡和富溪乡公共电子阅览室，实现全区乡镇公共电子阅览室的全覆盖。杨村乡综合文化站、富溪乡综合文化站分别被省文化厅评为一级和二级综合文化站，全区乡镇综合文化站等级达标率为 100%。农村公益电影全年累计放映 740 场次。投入 51 万元，专项补助农村文化建设。共举办徽州板凳龙表演等 7 场大型群众文化活动。

【呈坎村入选国家文物局文物保护样板工程】国家文物局选取呈坎村为试点古村落，实施文物保护样板工程。项目总投资逾 8000 万元，共分 3 期实施，拟在 3 年内对 30 处古建筑进行修缮保护，完善消防、防雷设施和防虫处理。工程率先试用国家文物局新编制的《文物保护工程南方地区定额》，为全国推广该定额积累经验。施工中，将全程整理、完善记录资料和影像资料，探索创建南方片古民居保护标准，形成经验后，在全国推广。呈坎村还将结合传统村落保护利用试点，实施传统建筑保护利用、防灾安全保障、历史环境要素修复、基础设施和环境改善、文物和非物质文化遗产保护利用等，促进古村落的合理、适度利用。

徽州文化园

歙 县

【文化概览】歙县地处安徽南部,总面积2122平方公里,辖28个乡镇,人口近50万。歙县自古以来是古徽州政治、经济、文化中心,是国家历史文化名城、全国文化先进县,是国家设立的徽文化生态保护区的核心展示地。现有国家级重点文物保护单位13处、省级42处;有国家级非物质文化遗产3项、省级9项;有国家级非物质文化遗产传承人5人、省级24人,有省级非遗传习基地2个、中国民间文化艺术之乡1处、国家历史文化名镇1处、国家级历史文化名村3处,省级历史文化名村2处。

文化民生工程。2013年,投资65万元,建成13个乡镇公共文化服务信息化任务点;全年投入220万元,落实公共文化场馆免费开放;217个自然村广播电视"村村通"工程建设完成。

文化产业。全县文化产业增加值6.66亿元,出口交易额355万美元。26个重点文化产业项目年度完成投资9.9亿元。牌坊群鲍家花园开发公司、华邦特种纸业有限公司被评为2013年安徽民营文化企业100强。

非遗传承。在徽州府衙的东、西花厅,投资200万元建成歙县非遗精品展示馆。中国徽剧(徽班)纪念馆筹建,被省文联命名为"徽剧(徽班)之乡"。城区中、小学实行省级以上非遗传承人义务性、常态性授课。全县非遗传承人积极参加对外文化交流,共获各类大赛金奖22个。11月上旬,配合省非遗中心、市文化委共同举办了黄山市首届"和氏璧"杯非遗(歙砚)技能大赛。

公共文化建设。县图书馆、汪石铭图书馆、县少儿图书馆均被列入国家免费开放场所。县图书馆升格为国家一级公共图书馆。县文化馆现为国家一级文化馆,全年开展辅导、参与各类文化活动超250余场,其中送文化下乡近100场。利用文化闲置资产,建成歙县美术馆。新建东方、龙辉、百花3家数字影院。郑村镇棠樾村、雄村乡雄村村被确定为全省首批农民文化乐园建设示范村。

文化活动。春节期间,在徽州府衙广场连续开展了黄梅戏及民俗专场演出。"十一"期间,举办了"画说徽州古城——新安名家作品展",并挖掘、排练《三戒碑》在徽州府衙演出。组织成立380余人的文化志愿者队伍,常年深入基层义务指导。截至2013年底,全县共发展民间文化社团55家,桂林镇群艺戏曲演唱团编排《七仙女赞民生》赴央视11套参加《一鸣惊人》栏目演出,一路过关获奖。11月10日举办主题为"徽班铸就国剧魂,新安重绽徽剧花"的第九届徽州古城民俗文化节。

文学艺术创作。整理创作文艺作品10余个,包括相声《村里那条冷水坑呦》,民俗舞蹈《打钹求雨》《舞大刀》《鞭春牛》,赞美歙县人文景观歌词《雄村,美丽的村庄》《歙县,徽班之乡》《深渡啊,深渡》《父亲啊,太阳》,历史情景剧《三戒碑》,小戏《七仙女赞民生工程》等。元月份,由程兵作词、张小宝作曲、姜紫娟演唱的《这里是深渡》,在人民大会堂参加全国农村春节联欢会,获全国十佳村歌称号。8月份,由张小宝作词作曲、姜紫娟演唱的《跟我到歙县走一走》,在中国大众音乐协会主办的2013"美丽中国"大型音乐展演中获词、曲金奖,歌手演唱获一等奖。

文化市场。全年开展文化市场检查1600余人(次),检查经营场所600余家(次),收缴盗版书刊185册,盗版音像制品756盘,非法报刊39份。集中开展"小卫地"整治,发放宣传材料2600余册。

【歙县建成非遗精品展示馆】歙县作为徽文化的主要发祥地,自古以来,民间技艺众多。通过挖掘整理,

歙县"非遗"精品展示馆

现存有397项非遗名录。在众多的非遗名录中，徽墨、歙砚、徽州四雕等尤为突出。为加强全县非遗传承、保护，在重修恢复的徽州府衙东、西花厅，投资200万元，建成了歙县非遗精品展示馆。馆内主要展示了徽墨、歙砚、徽州四雕等实物精品，并介绍了相关的制作技艺、发展历史、保护现状等。中国文联原主席周巍峙为歙县非遗精品展示馆题写“墨都砚乡”“徽雕雅韵”两块牌匾。该馆的建成，既传承、展示了歙县的非遗精品项目，又增加了徽州府衙的历史感及文化品位。

休　宁　县

休宁县状元广场

【文化概览】休宁县位于安徽省最南端，与江西省婺源县、浮梁县，浙江省开化县、淳安县接壤，辖21个乡镇，面积2151平方公里，人口26.47万。休宁县始建于东汉建安十三年（208），已有1800多年历史。现有国家级重点文物保护单位3处、省级14处，国家级非物质文化遗产保护项目2个、省级6个。

2013年，全县文化事业建设投入286万元；文化产业增加值1.56亿元，比上年增长18.2%。

公共文化建设。21个乡镇公共文化服务信息化工程建设全面完成，实现乡镇电子阅览室全覆盖。公共文化场馆开放服务和农村文化建设专项补助两个项目首次列入民生工程实施，县图书馆晋升为国家二级馆；各乡镇文化站充分发挥乡村文化活动主导作用，组织开展形式多样的文化培训、文化下乡、文化服务等各类活动180余次，服务群众3.5万余人次；农村文化建设专项补助，与县委组织部联合实现文化共享工程和党员远程教育村级服务点的共建共享；组建村组一级的业余文化活动队伍（如健身队、广场舞队、舞龙队等）134支，累计开展各类活动957场次，参与群众10余万人次；农家书屋新增图书21364册、音像光盘4312张。成功举办了首届“休宁好声音”大赛，在历时3个多月的活动中，举办各类专场演出8场，参与人员万余人次，丰富了城乡文化生活。在9月份由黄山市委宣传部、市文化委联合主办的首届广场舞大赛上，休宁县组织广场舞表演《西部放歌》获二等奖、《军嫂颂》获优秀奖；11月，在海阳镇琊斯村举办的全市“非遗”民俗文艺展演暨第二届原创文艺作品大赛上，非遗表演《齐云道乐》获优秀改编奖，舞蹈《齐云山上》获优秀原创节目奖，歌曲《春到新安江》获优秀表演奖。

2013年广播电视村村通工程完成140个任务点建设，累计架设杆线262千米，安装直播卫星接收设备204套，投资280万元。农村有线广播村村响工程完成12个村的建设任务，累计架设广播线路70千米，安装大喇叭141只，完成投资54万元。建成有线电视传输干线1260公里，有线电视用户40100户。农村电影放映工程首次列入民生工程实施，全年累计放映电影1920场次，服务群众23万人次。

文化遗产保护。2013年4月，齐云山石刻保护一期工程竣工，并于6月1日通过专家组验收；富琅塔维修工程4月份竣工，累计完成

黄村进士第

投资150万元。5月全面启动全国第一次可移动文物普查工作,截至11月23日,已经基本完成全县国有单位文物收藏摸底调查工作,共有8家国有单位藏有文物或藏品共计26000余件套。其中休宁中学收藏古书籍20000余册、休宁县档案馆收藏鱼鳞图册3000余册、休宁县状元博物馆收藏各类文物1600余件套。吴鲁衡日晷制作技艺成功申报成为省级“非遗”名录;苞如松制作技艺成功列入市级“非遗”保护名录,黄山休宁裕民徽派古建三雕产业中心被命名为市级非物质文化遗产传习基地(徽州三雕),新公布3类8个项目县级“非遗”保护名录,进一步完善非物质文化遗产保护体系。

【黄村进士第入选国家级重点文物保护单位】黄村进士第位于休宁县商山镇黄村,为明嘉靖十年(1531)进士黄福所建。整个建筑三进四院,依次呈轴对称布置,布局十分严谨。脊高12米,进深51米,通面宽15.5米,前后共四进,依次为门楼、门屋、享堂、寝楼,每进庭院两侧均有侧廊相连。2013年5月3日,国务院公布黄村进士第为第七批全国重点文物保护单位。

【休宁县增加两张国家级文化名片】休宁县是徽文化的主要发源地、徽商的主要发祥地,在科举年代诞生19位文武状元,居全国各县之首。2013年12月,中国民协组成专家组对休宁县状元文化和罗经文化进行考评。中国民间文艺家协会召开会议,研究通过了对休宁县申报的“中国状元文化之乡”“中国罗经文化之乡”的命名,标志着休宁县正式拥有了两张国家级文化名片。

祁 门 县

【文化概览】祁门县位于安徽省南部,与江西省浮梁县毗邻,面积2257平方公里,人口18.77万,辖18个乡镇,是“中国红茶之乡”。唐永泰二年(766)建县,现有国家级自然保护区1处,国家级重点文物保护单位1处(11座古戏台)、省级12处。有国家级非物质文化遗产3项、省级2项、市级6项,其中,徽州目连戏、傩舞、祁红制作技艺被列为国家级非物质文化遗产,采茶扑蝶舞、徽州祠祭为省级非物质文化遗产。有国家级非遗传承人3人、省级7人。

祁门县第二届非遗文化旅游节

公共文化服务。公共文化服务信息化建设完成投资26万元,新建祁山、大坦、古溪、溶口4个项目点,自8月份开始正式对外免费开放。广播电视村村通工程完成20户以下已通电广播电视村村通工程建设任务56个,架设光缆线路32.5杆公里,电缆线路90.6杆公里,安装各种设备157台,发展有线电视用户672户,开通完成率为100%。县文化馆、图书馆、博物馆和18个乡镇综合文化站全部实行免费开放。农村电影放映1824场,农家书屋统一采购配书24320册。对全县18个乡镇综合文化站、公共文化服务信息化建设点(电子阅览室)、152个村6个社区农家书屋、农村公共文化建设专项补助实现全覆盖。

群众文化活动。全县共举办各类群众文化活动1445场次。组织开展“农金”迎春文艺晚会、第五届广场文化艺术节、第二届非遗文化旅游节、“华媛杯”青少年歌手大赛、端午节龙灯展演、桃源村徽州祀祭、箬坑乡降上中国黄山第三届油菜花摄影大赛启动仪式等群众文化活动。围绕党的十八大和市、县重大文化活动,共创编歌曲、舞蹈、戏曲、小品节目13个,创作书画作品30幅、摄影作品60幅。

文化遗产保护。投资2亿元,重点推进查湾、洪村、石坑、红紫4个古村落综合整治和桃源村续建工程以及34处古建筑维修保护工程。洪家大屋被列为第七批国家重点文物保护单位。编制祁门古戏台群保护规划,申请洪家大屋保护规划立项项目1个、国家级重点文物

维修方案6个、国家立项批复2个,下达资金385万元。申报省级文物维修方案1个,维修资金50万元。总投资470万元,建设古戏台群安防消防工程。国内第一家以红茶和红茶文化为主题的民营红茶博物馆——祁红博物馆主题工程封顶。祁门安茶、胡氏骨伤、祁门瓷艺3个项目通过省级非遗项目专家组评审;祁门蛇伤新增为市级非遗项目。全县非遗传承队伍呈现老中青三代有序传承,市级以上非遗项目代表性传承人22名,其中国家级传承人3名、省级传承人7名。箬坑乡尝试将非遗项目引进学校,在乡中学少年宫培养“十番锣鼓”传承队伍,在市第三届少儿才艺大赛”预选赛中获得奖项。《安徽省非物质文化遗产》专题片拍摄完成。

文化产业发展。实施1000万元以上文化产业重点项目共10个,包括牯牛降生态旅游综合开发、曾国藩行辕保护利用、闪里古镇旅游开发、文化生态保护区保护工程、天应山庄文化休闲度假村、祁门红茶文化产业园、大洪古道开发、祁红小镇、九龙休闲运动基地、橹溪湾休闲旅游度假区。总投资3000万元的祁门县数字影院筹建。全县现有互联网上网服务营业场所5家、文化娱乐场所13家、出版物经营单位6家、印刷企业5家、文化艺术品经营单位9家。

【祁红博物馆主体工程完工】祁红博物馆位于祁门县祁山镇华杨工业园区内,总建设用地26668平方米,建筑面积7000平方米,总投资7039万元。博物馆总体为“回”字形建筑,集文化展示、科普宣传、人才配合、科学研究、学术研究等为一体,内设资料茶史馆、茶艺馆、表演车间等,是一个集采摘、制作加工、品茗、购茶于一体的多功能的祁红历史文化展示区和综合旅游休闲度假之地。截至2013年底,该馆主体工程已经完工,正在全面征集资料和布馆,预计2014年开馆。

黟 县

【文化概览】黟县位于安徽省南部,北枕黄山,南望白岳(齐云山),面积857平方公里,人口9.5万,辖4个镇、4个乡。素有“世外桃源、画里乡村”之美誉,拥有“世界文化遗产地、国家生态示范区、中国旅游强县、全国文化旅游示范县”4张国家级名片,是省级历史文化名城。黟县建制于秦朝(前221),是全国历史最为悠久的文明古县之一,是“徽商”和“徽文化”的主要发祥地之一,现有国家级重点文物保护单位3处、省级8处,省级非物质文化遗产8项。

2013年古黟楹联征集活动及现场书法创作

2013年,黟县民营文化企业共计71家,比上年增加11%;文化产业增加值2.1亿元,增长16%。新增3家规模以上文化企业,省级文化产业示范基地2处、市级6处。

公共文化建设。全年共投入553.6万元。改建集群众演出、会议、电影放映于一体的3D黟山影院,加入院线实现新影片全国同步上映;在县文体中心内新装了少儿图书馆及购置有关图书服务设备,打造麻田和北街2个精品社区电子图书室、书画室;农村文化广场等农村文化基础设施建设进一步加强。县图书馆被评为国家一级馆、文化馆评为国家三级馆,全县8个乡镇综合文化站均评为等级站:西递、渔亭为一级站,碧阳、宏村为二级站,柯村、宏潭、美溪、洪星为三级站。

文化惠民工程。2013年黟县实施公共文化场馆免费开放和农村文化专项补助2项文化民生工程,投入166万元。

【西递获2013中国十大最美乡村称号】2013年11月30日,由中央电视台主办的“2013年全国十大最美乡村”颁奖典礼在江苏省张家港市举行,江苏省张家港市永联村、浙江省东阳市花园村、贵州省兴义市纳灰村、河南省洛阳市平乐村、山东省滕州市大宗村、甘肃省白银市龙湾村、云南省腾冲县水碓村、北京市房山区韩村河村、安徽省黄山市黟县西递村、黑龙江省牡丹江市雪乡村名列其中。

黄山风景区

黄山慈光阁

【文化概览】黄山风景区位于安徽省南部黄山市境内,核心景区面积约160.6平方公里。1985年入选全国十大风景名胜区,1990年12月列入世界文化与自然遗产,2004年2月列入世界地质公园,是全国文明风景旅游区、国家5A级旅游景区和亚太地区唯一全球目的地可持续旅游标准实验区。

黄山原名黟山,因传轩辕黄帝曾在此炼丹成仙,唐玄宗于天宝六年(747)敕名"黄山"。其自然景观美丽绝伦,地质地貌典型独特,珍稀生物种类繁多,生态系统稳定平衡,人文荟萃历史悠久,文化遗产丰厚多元,尤以五绝(奇松、怪石、云海、温泉、冬雪)、五胜(遗存、书画、文学、传说、名人)著称于世。现存历代摩崖石刻300余处,古建筑、古遗迹等150多处;有国家级文物保护单位2处、省级文物保护单位4处、黄山风景区文物保护名录41处;建有黄山风景区博物馆、地质博物馆、档案馆、图书馆、书画院、广播电视台、艺术展示中心、职工文化中心等文化场馆8个;设有书画、摄影、读书、歌舞、棋牌、球类等协会6个;黄山市148个最佳摄影点当中黄山风景区占有22个。编纂出版有《历代名人咏黄山》《历代名家书黄山》《历代名家画黄山》《黄山摩崖石刻》《黄山文化遗产》《黄山志》等著作。

2013年,景区旅游经济与文化事业持续发展。旅游经济方面,接待游客274.65万人;经营收入20.02亿元,税前利润2.5亿元,上缴税收2.4亿元;完成投资18.15亿元。文化事业方面,"黄山摩崖石刻群"和"黄山登山古道及古建筑"被评为全国重点文物保护单位,实现景区"国保"零的突破。启动景区第一次全国可移动文物普查,实施了观瀑楼除险加固工程和景区标识标牌综合整治规划设计及试点工程。完善南大门游客中心功能建设,建成北大门游客中心。拓展手机终端信号覆盖范围,建成5个视频监控分中心和客流量智能分析预测系统及车牌识别系统,完成安徽省旅游信息化工程技术研究中心项目,景区智能数字视频监控平台等获国家软件著作权,智慧黄山景区总体规划项目荣获"华夏建设科学技术奖"。输出"徽商故里"餐饮文化品牌,推出易生旅游"黄山卡",围绕旅游"六要素"开通途马淘宝土特产专营店,实现加盟单位近400家。与可持续旅游国际组织合作,联合发起创立可持续目的地领导者全球联盟。参与制(修)订、发布《全球可持续旅游目的地标准》和《全球酒店业与旅游经营商可持续发展指南》,可持续发展"黄山模式"得到世界旅游组织宣传推广。配合央视、安徽卫视完成6集大型高清纪录片《大黄山》拍摄,完成8集纪录片《黄山》拍摄并在央视首播。成功举办万人登山休闲大会和第九届国际登山大赛、"大美黄山·缤纷四季"国际摄影大展、大美黄山票券展。全年对外发稿2862篇(条),其中国家级媒体发稿1277篇(条),黄山旅游官方微博粉丝量、原创数、转发数均位居全国同类景区前列。相继荣获全球首个景区类世界优秀目的地、中国旅游社会责任最佳实践奖、国家生态旅游示范区、全国社会管理综合治理先进集体、中国最美地质公园、中国旅游景区协会培训示范基地等殊荣。

黄山风光

六安市

【文化概览】六安位于安徽省西部，俗称“皖西”，是全国著名的革命老区，被誉为“红军故乡”“将军摇篮”。六安是皋陶文化的发祥地，因此又被称为“皋城”。公元前121年，汉武帝取“六地平安”之意置六安国，六安之名沿用至今。六安于2000年撤地建市，辖寿县、霍邱、金寨、霍山、舒城5个县和金安、裕安2个区，设六安经济技术开发区、叶集改革发展试验区和市承接产业转移集中示范园区。面积1.8万平方公里，人口716.7万，

文化事业。截至2013年年底，全市共有文化馆7个，乡镇(街道)综合文化站165个；公共图书馆6个，年末馆藏书籍总藏量75.16万册（件）、电子图书146.19万册（盘）。有文物保护管理机构7个，博物馆（纪念馆）10家（含民营1家），馆藏文物16068件。有广播电视台6家，中波发射台1座，调频转播发射台9座，电视转播发射台11座，有线广播电视用户54.43万户，广播综合人口覆盖率96.38%，电视综合人口覆盖率95.57%。

文艺创作。全年共创作戏剧、音乐等作品260多部(首)。创编的大型庐剧现代戏《信义人家》，参加安徽省新剧目汇演获优秀剧目奖、舞美二等奖和演员一、二、三等奖。在全省少儿文艺调演中，霍邱县《海阔任鱼跃》获表演一等奖、创作一等奖，金寨县《吊锅味儿香》获表演二等奖、创作二等奖，太阳红舞蹈艺术中心的《娃娃闹春》获表演三等奖。舞蹈《海阔任鱼跃》还在第七届“小荷风采”全国少儿舞蹈展演中荣获“小荷之星”最佳编导金奖。选派选手参加安徽省民乐、声乐比赛，获通俗唱法组一等奖、民族唱法组二等奖。组织参加全省第六届金秋合唱节，金安区老年合唱团获得演出三等奖。创立《文化六安》杂志，挖掘宣传六安文化，受到广泛好评。霍山县获全省文学创作先进县称号。2013年全市获得国家级文艺大奖7项，参与创作生产影视剧7部，数量和质量均创历史最好水平。

第二届大别山(六安)山水文化节

文化活动。圆满举办第二届中国大别山(六安)山水文化旅游节暨首届两岸三地“十大华语电影”颁奖盛典晚会，中国大别山(六安)山水文化旅游节荣登2013安徽旅游品牌100强，进入旅游节庆类前5强。开展“幸福六安 庐剧之乡——小戏折子戏大赛”、大别山(六安)非遗展示系列活动，有效提升城市影响力和知名度。成功举办“唱响幸福六安 建设美好乡村”2013年全市农村文艺调演和以“放飞梦想”为主题的六安市第十届少儿艺术节等文化活动。在全市城乡开展了“幸福六安 快乐文化广场”示范点建设，引导支持开展健康有益、积极向上的群众性广场文化活动。全市一批志愿者和383名群众文化辅导员推动群众文化活动蓬勃开展，其中霍邱县姚李镇综合文化站退休站长汪礼堂被文化部授予“全国优秀群众文化辅导员”称号。

公共文化服务。开展了广播电视村村通工程、公共电子阅览室建设、公共文化服务场所免费开放和农村文化建设专项补助4项民生工程。2013年完成20户以下已通电自然村广播电视工程建设任务

2787个、无线发射台站基础设施建设4座、公共电子阅览室硬件设施建设70个，农村公益电影放映26017场。全市6个公共图书馆、7个文化馆、157个乡镇综合文化站、2563个农家书屋、9个博物馆和纪念馆全面落实免费开放。皖西博物馆晋级国家二级馆，先后举办“墨耘寿春——楚都八人行书画作品展”“镜里乾坤——铜镜背后的故事”等11个展览，丰富了市民文化生活。开展农民文化乐园和农村公共图书服务一体化建设试点，全市试点建设农民文化乐园12个，其中省级试点4个、市级试点8个。市文广新局与上海市浦东新区图书馆联合创建援助留守儿童“候鸟书屋”16个。

庐剧实景拍摄

文化遗产保护。六安市有全国历史文化名城1个、历史文化名镇1个；有全国重点文物保护单位11处、省级重点文保单位46处、市级49处、县级459处；有国家级非物质文化遗产6项、省级24项、市级30项；非物质文化遗产传承人60人，其中国家级2人、省级20人、市级38人。全力推进第一次可移动文物普查工作，公布第二批市级文物保护单位保护范围和建设控制地带。联合公安等部门下发《六安市打击防范文物犯罪长效工作机制》，在全省率先建立打击和预防文物犯罪联合机制，成功查处1起盗墓未遂事件。全国文化信息资源共享工程摄制组深入六安拍摄国家级非遗项目《庐剧》实景。联合安庆、信阳、黄冈三市文化行政部门，历经3年全面搜集整理大别山民歌2630首，从中精选458首出版首部大别山民歌专著——《中国大别山民歌精选》。成立皖西地区非物质文化遗产传承教学基地，举办六安市非物质文化遗产展览。

文化市场管理。下放市级行政审批项目11项，承接上级行政审批项目20项，全年受理、办结各类行政许可项目550件，报批类90件，办结率100%。全面梳理全市103家娱乐场所、22家文艺表演团体、32家演出场所经营单位、92家互联网上网营业场所的设立、变更等审批事项，对全市82家电子游戏经营场所的娱乐经营许可证进行到期换证。开展行政执法案卷和行政许可案卷评查、抽查工作，六安市推荐的金寨执法队《彭某某擅自干扰广播电视信号案》和《谢新峰设立非法电视台案》入选《全国

六安市淠河总干渠城区段治理工程获“中国人居环境范例奖”

文化市场综合执法案例汇编》,《彭某某擅自干扰广播电视信号案》获全国执法案卷三等奖。全市全年共出动检查22298人次,检查经营单位7073家次,责令改正100家次,受理举报105件,立案调查137件,结案134件,罚款52.4万元。成立六安城区"五老"志愿者网吧监督员队伍,增强市场监管力量。

文化产业发展。26个文化产业项目进入省"861"行动计划,总投资超过200亿元。开展第二批全市文化产业示范基地(园区、企业)评选和第四批省级文化产业示范基地申报工作。深入谋划文化产业项目,赴南京、枣庄和徐州进行招商推介。组织6批次15个项目申报国家、省文化产业项目补助资金,参与30多个项目资金申报,7个项目获得文化强省建设专项资金补助320万元,5个企业被评为"2012安徽民营文化企业100强",3个企业被列入国家文化出口重点企业名录,舒城未来传媒公司获首届全省民营艺术院团"十大名团"称号。

精神文明建设。举办公益广告微点评和"微电影"展播等特色活动,全年刊播公益广告近7000幅。全市参与"三关爱"活动的志愿者逾4万名,设立志愿服务广场站点49个,爱心车队、映山红等志愿服务组织形成品牌。举办道德讲堂14期。建成全省首条"好人路",全年全市入选中国好人10人、安徽好人5人;当选全国道德模范提名奖2人、省级道德模范5人。建立市未成年人心理健康教育中心,组织开展六安市首届"十佳美德少年"评选以及"走复兴路、圆中国梦"青少年爱国主义读书教育、"书香伴我快乐成长"青少年暑期阅读等活动。组织开展乡风文明和"三线三边一点一地"(即:公路、铁路、河流湖泊沿线,城市、省际、景区周边,美好乡村示范点和集中供水水源地保护区域)环境治理志愿服务活动。

【第二届中国大别山(六安)山水文化旅游节暨首届两岸三地"十大华语电影"颁奖盛典】2013年5月15日20时,第二届中国大别山(六安)山水文化旅游节开幕式暨首届海峡两岸三地"十大华语电影"颁奖盛典在六安市举行。本届旅游节的活动主题为"五色山水、精彩六安",紧紧围绕山水特色做文章。在15日晚举行的海峡两岸三地"十大华语电影"颁奖晚会上,《赛德克·巴莱》《夺命金》《一九四二》等影片获奖。

【举办首届德艺双馨文艺工作者表彰活动】2013年6月30日,六安市首届德艺双馨文艺工作者表彰会举行。会上,市文化体制改革和发展工作领导小组授予张在元等3人"第一届德艺双馨文艺工作者特别奖",授予徐航等20人"第一届德艺双馨文艺工作者"称号。

【举办第15届亚洲赛艇锦标赛】第15届亚洲赛艇锦标赛于2013年9月25—29日在安徽六安月亮湾水域举行,吸引了来自中国、韩国、泰国、朝鲜、乌兹别克斯坦、菲律宾、中国香港等20个亚洲国家和地区的300余名运动员参赛。本次比赛共设男子单人双桨、女子双人双桨、女子四人双桨、男子8人单桨有舵手等16个项目,是六安市有史以来承办的规格最高、规模最大、影响最大的一项重大国际体育赛事。

金 安 区

两岸三地华语电影六安报告会

【文化概览】金安区面积1657平方公里,人口86万,辖17个乡镇、5个街道办事处,设有省级六安市集中示范园区。江淮分水岭贯穿全境,淠史杭大型水利枢纽工程穿越其间,是全国重点商品粮生产基地,素有"白鹅王国""绿茶宝库""大麻之都"美誉。2013年,央视纪录频道《舌尖上的中国》第二季、《高考》两个摄制组先后到该区采风拍摄特色菜肴、历史文化、毛坦厂中学学习场景。

文化事业。区图书馆全年上架新书、报刊和杂志5000余种,接待读者10万人次、借阅图书6万册。广播电视"村村通"工程建设全面通过验收,覆盖9个乡镇235个自然村,全部为直播卫星设备安装调试。全年开展广场电影、农村科技电影、扶贫电影、爱教电影和宣传影片放映3588场次。开展送戏入村活动,演出146场次,覆盖全区乡镇、街道。投入200万元实施1个市级、3个区级农民文化乐园试点建设。组织开展以"学雷锋·做有道德的人"为主题的青少年爱国主义读书教育活动,举办全区中、小学生征文、演讲、讲故事3项比赛活动,5人获省级表彰、14人获市级表彰。

文化产业。黄梅戏演艺有限公司获"全省文化体制改革工作先进单位"称号。成功承办六安市首届两岸三地华语电影报告会。争取文化强省专项资金,悠然蓝溪文化体验园获批50万元贴息贷款。编制2013年度文化产业推介项目5个,毛坦厂明清老街、兴茂·悠然蓝溪文化体验园、大别山石窟景区、朱蕴山故居保护开发工程等4个项目列入省文化产业重点推介项目,纳入省"861"行动计划投资项目6个。引进"银柜爵士娱乐会所""我是歌手量贩式KTV",支持翁墩剪纸文化艺术发展,扶持10个民营艺术院团发展。

文物和非遗保护。全区拥有不可移动文物136处,其中省级重点保护单位9处、市级15处。成功申报11处古遗址、墓葬为市第二批市级文物保护单位。组织非遗项目"翁墩剪纸"申报省级名录,申报市级非遗项目"六安婚俗""大红袍油纸伞制作技艺""六安灯歌""一品斋毛笔制作技艺"确定非遗传承人。建立古籍文献数字资源库,保护区图书馆典藏古籍图书。深入毛坦厂镇收集东石笋野茶、布包干、酥饺等非遗资料。配合中宣部文化资源共享工程安徽国家级非遗名录《皖西庐剧》摄制组拍摄完成"庐剧西路探源"中的六安锣鼓书表演及群众庐剧表演等相关工作。区文化馆获全国第三次文物普查先进集体称号。

【金安区首届道德模范评选】2013年7至8月,金安区举办首届道德模范评选活动,表彰助人为乐、见义勇为、诚实守信、敬业奉献、孝老爱亲等先进人物。经过评选,授予马祥菊、周凯"助人为乐模范",陈维炳、孟凡平"见义勇为模范",舒海荣、权家宝"诚实守信模范",董功勤、裴昌林"敬业奉献模范",杨思霞、汪志宝"孝老爱亲模范"称号。

裕 安 区

【文化概览】裕安区地处大别山北麓,1999年底伴随六安撤地建市设立,面积1926平方公里,辖22个乡镇、街道,设1个省级经济开发区,人口100万。现有国家4A级景区4个、3A级景区2个。

文化遗产保护。2013年,国家级重点文物保护单位独山革命旧址群列宁小学、赤卫军指挥部(三期)旧址维修完成。全区现有不可移动文物87处,其中国家级重点文物保护单位9处、省级7处。"鸽鸫理窝舞""十把小扇舞"等2个项目纳入六安市第三批非物质文化遗产保护名录。

文化民生工程。苏埠镇南楼村市级农民文化乐园建设试点项目完成。完成235个20户以下广电村村通建设和6个乡镇公共电子阅览室建设任务,开工建设裕安区电视转播台,新增农村有线电视用户2248户,实现"乡乡有公共电子阅览室"的建设目标。

公共文化服务。全年放映农村公益电影3360场,开展各类文艺演出宣传活动460场,举办"美好杯"球棋类活动45场,举办"中华魂·中国梦"中小学生读书演讲活动80场,为280个村农家书屋更新补充图书34440册。区文化馆开展美术、书法、二胡等免费培训,培训学员780余人次。19个乡镇综合文化站坚持"开门办站、活动兴站、特色活站",共接待群众8.7万

百姓宣讲员朱仁才在农村开展十八大精神宣讲

人次。

群众性文化活动。鼓楼街道快乐文化广场、独山镇六霍纪念塔广场、固镇文化广场被命名为全市第一批群众文化活动示范点。举办“美丽裕安”书画摄影作品展等大型文化活动50多场次。音乐快板《美好家园我的家》获全市农村文艺调演表演奖一等奖和创作奖。

精神文明建设。组建百人百姓宣讲团深入基层开展十八大、十八届三中全会精神宣讲。深化“中国梦”主题教育活动，多层次多领域开展各类演讲、征文比赛。举办区道德讲堂、省市级文明单位道德讲堂30多场，设立“裕安区道德模范、身边好人帮扶基金”。制作公益广告2万平方米。3人先后候选中国好人，陈廷勇、马家宝分别当选六安好人和全市优秀志愿者。区委宣传部获全国第二十届青少年爱国主义读书教育活动组织工作特奖奖。狮子岗初中王小丫同学被中国儿童少年基金会授予“学习雷锋好少年”称号。成立裕安志愿服务总队、裕安青年志愿者协会，先后在“3·5学雷锋日”“9·20公民道德日”“12·5国际志愿者日”期间集中组织开展志愿服务活动10多场次。投入300多万元实施农村精神文明建设示范工程。

【百人百姓宣讲团】在党的十八大、十八届三中全会精神宣讲中，裕安区成立由老党员、老干部、老教师、村居干部、大学生村官等120名基层群众为主体的区“百人百姓”宣讲团，创造性地开展党中央宣讲活动。2013年，共开展8个专题的宣讲近2000场次，《安徽日报》在头版报道了百姓宣讲活动。12月16日，基层宣讲员朱仁才用快板的形式宣讲党的十八届三中全会精神的画面在中央电视台《新闻联播》中播出。

寿　县

【文化概览】寿县位于安徽省中部、淮河中游南岸，古称寿春、寿阳、寿州，历史上4次为都、10次为郡，是楚文化的故乡、豆腐的发祥地、淝水之战的古战场和安徽第一个中共党组织——小甸集特支的诞生地。辖25个乡镇，面积2948平方公里，人口138万。2013年，文化产业总产值3.22亿元，比上年增长2%，增加值占全县生产总值的2.8%。

公共文化建设。2013年全县用于文化建设、文物保护、广播影视、新闻出版等公共文化设施建设和服务的经费达4634万元，比上年增长12.9%。每年设立文化发展专项资金300万元，支持全县公共文化事业发展。

文化民生工程建设。2013年完成171个广播电视村村通工程点、16个公共文化服务信息化(电子阅览室)建设任务，寿县文化艺术中心建设有序推进，寿春大剧院建成投入使用。县博物馆等4馆和25个乡镇综合文化站全年免费对外开放，年接待观众(读者)40多万人次。村级文化信息共享工程、农家书屋运行维护、农村文艺演出活动等文化建设序时推进；全年完成3023场农村公益电影放映任务，观众达40万人次以上。结合民生工程宣传，开展“送戏下乡”巡演46场。

精神文明建设。全县开设道德讲堂近百个，开展道德讲堂活动180多场次。涌现出黄先宏、吕仰正、朱苹等3位“中国好人”，程新如荣获安徽省第一届道德模范提名奖，4人获“六安好人”称号。建成3所乡村少年宫，自建少年宫10所。组织志愿者服务1000多人次，有注册志愿者7600多人，“夕阳红”志愿服务队获六安市优秀志愿服务典型称号，2人获志愿服务优秀个人称号。组织群众性健身活动，组建健身操(舞)队伍600多支。

文明城镇建设。集中开展打击非法营运车辆和整治乱停乱放专项行动，共开展执法巡查460多次。开展新城区君子街整治行动，对留犊祠巷、北过驿巷等历史文化

始建于元代的寿州孔庙明伦堂

街区进行专项整治。制定印发《寿县文明县城创建工作整改方案》，强化整改措施。开工建设北街临时农贸市场，城区交通设施建设工程全面实施。

文化遗产保护。现有全国重点文物保护单位6处、省级重点文物保护单位9处；县博物馆珍藏国家一级文物220多件，二、三级文物近2000件。正阳关抬阁肘阁列入国家非物质文化遗产名录，寿州锣鼓等9项列入省级“非遗”名录。

【寿县获“中国书法之乡”称号】2013年7月20日，由中国书法家协会主办、安徽省书法家协会和寿县县委、县政府承办的“中国书法之乡”授牌仪式在寿州孔庙大成殿前举行。

霍　山　县

【文化概览】霍山县位于大别山腹地、淮河一级支流淠河上游，辖16个乡镇，设1个省级经济开发区，面积2043平方公里，人口36.6万。2013年，霍山县获“全省文学创作先进县”称号。

公共文化服务。先后建成以文峰公园（文峰书院）、文庙东西广场、红源广场、淠阳湖公园等为代表的标志性文化设施。霍山文庙成功争创国家4A级旅游景区，县文化馆和县图书馆通过国家三级馆评估验收。全县建成乡镇综合文化站16个、农家书屋159家、广电“村村通”6879户、公共电子阅览室（公共文化服务信息化建设点）16个，乡镇综合文化站和农家书屋覆盖面达100%。

文化惠民。县“三馆一站”坚持每周免费开放56小时以上。县级公共图书馆全年外借15.5万册次，入馆总人次达19.7万。全年组织各类文艺演出活动20余场次，组织书画艺术、“非遗”展览30多次，举办各类社会文化和未成年人文艺训练班35期，开展群众业余文艺创作和群众业余文艺作品推广活动5次。县博物馆文物藏品1090件，其中一级品3件、二级品10件、三级品424件，全年免费开放接纳3.6万人次，其中未成年人1.2万人次。全年放映农村公益电影1780场。2个市级农民文化乐园试点建成开园。

文化活动。组织开展“2013年春节文化周”“美好乡村欢乐行”文艺巡演、首届广场舞展演和比赛等重大群众文化活动。大力扶持汉风徽韵演艺传播有限公司、佛子岭民俗艺术团、诸佛庵俊卿群艺会等各具地方特色的民间文艺社团开展活动，着力打响全省民营艺术“百佳院团”品牌。

文化产业。截至年底，全县拥有文化企业483家，从业人数6000余人，文化产业增加值达6.65亿元，占GDP比重约5%。安徽柯林印铁有限公司被评为“六安市第二批文化产业示范基地”，霍山县雁江印务有限公司被评为“六安市第二批示范文化企业”。

文化遗产保护。现有省级重点文物保护单位5处、市级重点文物保护单位5处、县级重点文物保护单位35处。积极开展了“非遗”保护工作，建立“非遗”保护机制，已成功列入省级“非遗”名录4个、省级“非遗”代表性传承人4人。加大文物执法管理力度，先后处理了大化坪镇和尚墓、高桥湾汉墓被盗等突发事件8起。积极开展“5·18”博物馆日、文化遗产日、法制宣传日等宣教活动。

【“舞动霍山”广场舞活动】县广场舞协会2012年12月成立，辖12个分会，会员达1000多人。2013年，城区每天都有10余支文艺表演队伍活跃在5个文化广场，上演着由群众自发组织的广场健身舞、腰鼓、扭秧歌等活动，“舞动霍山”逐渐成为群众文化健身的经常性活动。

广场文化活动

霍 邱 县

水门塘公园

【文化概览】霍邱县地处安徽西部、大别山北麓、淮河中游南岸，面积3493平方公里，人口167万，辖32个乡镇，设1个省级经济开发区。霍邱历史源远流长，西周至春秋建有虞蓼子国，隋开皇十九年(599)始设霍丘县，后避孔丘讳，改为霍邱县。霍邱人文资源丰富，鲁迅创办的“未名社”六英才中，在韦素园、韦丛芜、李霁野、台静农4位是霍邱人，霍邱籍军旅作家徐贵祥长篇小说《历史的天空》获第六届茅盾文学奖。

文学创作。1篇长篇小说、2首歌曲获六安市首届“五个一工程”奖。6首歌曲发表于《儿童音乐》《词刊》等刊物，乐曲《大树》在全国首届少儿歌曲创作大赛中获“优秀奖”，童谣《养成习惯》《妈妈，亲爱的妈妈》《最爱伟大祖国》在“第三届安徽省优秀童谣作品评选”活动中分获成年组一、二、三等奖，歌曲《甜甜的祖国，甜甜的歌》在“2013年美丽中国征歌”活动中获奖。

文化活动。成功举办2013年春节文艺晚会、“迎新春·闹花灯”文艺踩街、迎春少儿书画展、农村文艺调演专场演出、霍邱县首届企业文艺汇演、“学雷锋，做有道德的人”爱国主义读书演讲、书画爱好者“书画作品交流展”、校园文化艺术节、庆祝建党92周年文艺演出及第三届广场健身舞大赛等活动。原生态民歌《十二月农歌》《乖姐送饭》获中国第五届大别山歌会铜奖，歌手获优秀奖。少儿舞蹈《海阔任鱼跃》获全省“六一”少儿文艺汇演演出、创作一等奖，第七届“小荷风采”全国少儿舞蹈展演“小荷之星”金奖和最佳编导奖，编导老师罗阳获“小荷园丁”、文化馆获“小荷之家”称号。田孝琴的泥塑作品《农家乐》获中国·开封首届工艺美术展银奖。

非遗保护。霍邱柳编、长集皮影戏、花鼓灯、临淮泥塑制作技艺市级非遗传承人申报成功。非物质文化遗产共9类57项，其中列入国家级非物质文化遗产名录1项、省级1项、市级4项、县级12项。

文化市场管理。委托32个乡镇综合文化站64名协管员协助管理农村文化市场。2013年，共出动文化市场执法人员1560人次，检查经营单位630家次，责令改正14家，收缴非法出版物150余册(张)，立案查处网吧7家，取缔非法电视台1个。县文化市场综合执法队荣获安徽省2013年度“扫黄打非”先进集体称号。

文化民生工程。建成乡镇综合文化站32个、乡镇公共电子阅览室32个、农家书屋610个，实现了全覆盖。全县20户以上已通电自然村实现了广播电视“村村通工程”全覆盖。放映农村公益电影5100余场、喜庆电影150余场，组织文艺团队到农村演出400余场。

文化产业。2013年，新签约霍邱宝龙动漫项目和时代凤凰国际影城项目。3家企业获全省文化产业示范基地称号和省文化百强民营企业称号，出口创汇位居全市之首。2013年，县政府投入30余万元对霍邱剧场进行修缮和装修。

【小兰花艺术团参加全国少儿舞蹈展演获奖】在第七届“小荷风采”全国少儿舞蹈展演活动中，霍邱县文化馆小兰花艺术团的少儿舞蹈《海阔任鱼跃》以安徽赛区选拔赛第一名的成绩赴京参加展演。该作品获“小荷之星”金奖和“小荷最佳编导”金奖，指导老师罗阳获“小荷园丁”称号，霍邱县文化馆获“优秀组织奖”。

全国四大地主庄园之一——建于清咸丰六年的霍邱县李氏庄园

金寨县

【文化概览】金寨县地处大别山腹地、鄂豫皖3省7县2区结合部，是红四方面军的主要发源地和鄂豫皖革命根据地的核心区，革命歌曲“八月桂花遍地开”诞生于此并唱响全国。面积3814平方公里，辖23个乡镇，设1个现代产业园区，人口68万。境内拥有5A级景区1处、4A级景区3处、3A级景区3处。有国家重点文物保护单位2处8个文物点、省级重点文物保护单位6处27个文物点，有省级非物质文化遗产2项。

文化惠民。2013年，公共电子阅览室实现全县23个乡镇全覆盖。制定《金寨县农村文化建设专项补助实施办法》，为全县231个行政村（社区）配送锣鼓、乐器，为每个农家书屋更新图书106册、每个共享工程村级服务点配送电脑1台。农村电影放映2712场次，观看群众45万人次；乡村文艺活动1332场次。制定《公共场馆免费开放实施办法》，图书馆、文化馆、革命博物馆、23个乡镇综合文化站（公共电子阅览室）以及农家书屋全部免费开放。县文化馆开设书画等7个免费培训班，培训400余人次。启动实施公共图书服务一体化试点建设，县图书馆通过第五次全国图书馆暨国家二级图书馆评估定级。试点实施农民文化乐园建设，其中3个省级试点、1个市级试点、2个县级试点。

群众文化活动。送戏下乡30场，送图书下乡3000余册。举办第四届天贶民俗文化节。节目《十六岁姑娘坐绣房》《四姐妹赞十八大》分获“唱响幸福六安，建设美好乡村”农村文艺调演一、二等奖；少儿歌舞《吊锅味儿香》获全省少儿文艺调演二等奖；辅导群舞《春暖大别山》、独舞《琵琶语》、群舞《茉莉花开》分获第26届全省少儿舞蹈大赛一、二、三等奖。县图书馆全年图书报刊借阅4.6万册次，通过VPN实现与省图书馆数字资源互联互通，举办图书馆服务宣传周活动和“书香金寨，阅读引领未来——图书漂流”活动。各乡镇积极开展特色文化活动，如天堂寨镇开展首届打花棍表演活动、花石乡组织开展第八届校园文化艺术节、汤家汇镇举办创“国优”暨计生协会会员活动日文艺演出等。举办纪念洪学智将军诞辰100周年系列活动。

文艺创作。编辑出版《金寨优秀剧作选（1980—2012）》，全书35万字，收录大戏4部、小戏11个、戏剧小品12个，是金寨县文艺创作第一部集体作品选集。3件作品获得首届六安市社会科学文学艺术奖三等奖。许丹丹《大别山上绽放的杜鹃花》获国家“三支一扶”计划征文二等奖。创作“中国梦·金寨梦”舞台文艺节目，其中包括小戏、小品、歌舞、曲艺等14个节目。围绕市县“民生工程宣讲活动”，创作曲艺节目6个；创作文明创建表演唱、快板书节目各1个；水鼓说唱《廉政战鼓》和小品《酒不醉人》参加全省廉政文艺调演。编印发送《金寨文艺》2期，刊发各类稿件200余件。冯英诗集《最初的爱》、熊延玲小小说集《今冬，飘着春雨》出版发行。

文化市场管理。县文化市场执法队办理的《金寨县彭某某擅自干扰广播电视信号案》获2012—2013年度全国文化市场综合执法优秀案卷三等奖。立案查处网吧违规接纳未成年人15件，移交工商部门处理“黑网吧”3家，取缔无证无照演出1家，组织开展2次出版物鉴定活动。收缴非法出版物763册，查扣网络文学4种18册，关停非法虚拟货币充值平台1个，取缔无证经营印刷企业1家，查扣低俗淫秽光盘754张（盘），查处非法干扰卫星电视信号案件1件。对县城19个居民小区进行宣传整治，拆除卫星地面设备146套。联合公安消防部门集中行动，排

大型历史题材电视连续剧《上将洪学智》开机仪式

查网吧、歌舞、游艺娱乐等公众聚集文化经营场所，下达安全生产整改通知书9份，提出整改意见17条，及时消除安全生产隐患3起。

文物文博工作。完成李开文故居、红28军重建旧址、中共商城县委会议旧址、立夏节起义旧址、列宁小学等维修保护，修改完善天堂寨新屋湾古民居保护规划编制，完成“金寨革命旧址”保护规划立项工作，启动“金寨县第一次全国可移动文物普查”工作。金寨历史文物馆实施“历代书画”陈列布展，积极申报全国博物馆三级馆。县博物馆被文化部授予全国文化系统“廉政文化教育基地”。完成《大别山·金寨国防和革命传统教育基地可行性研究报告》。完成红32师成立旧址异地复制、红军阁主体工程、抗战时期安徽省政府旧址异地重建景观工程等重点文化项目。签约建设投资4000万元的文化项目——大别山艺术馆，项目一期主体工程建设已完工，正在实施二期工程。

【纪念洪学智诞辰100周年】洪学智(1913—2006)，安徽金寨人。曾任中国人民解放军总后勤部部长、全国政协副主席。1955年和1988年两次被授予上将军衔。2013年2月2日是中国共产党的优秀党员、无产阶级革命家、军事家、中国人民解放军现代后勤工作的奠基人和开拓者洪学智将军诞辰100周年。金寨县举办系列纪念活动，深刻缅怀洪学智将军的革命业绩和崇高风范。对洪学智纪念馆实施改造，完成《洪学智将军纪念馆文物背后的故事》拍摄工作，《上将洪学智》电视剧开拍。“两膺上将，国之勋臣”洪学智上将生平事迹陈列展当选“第二届安徽省十大精品陈列展”，并获2012年度全国十大精品展评选精品陈列优秀奖。

舒 城 县

【文化概览】舒城县位于安徽省中部、大别山东麓、巢湖之滨。是皖江城市带承接产业转移示范区的前沿阵地和合肥半小时经济圈内城市之一。面积2092平方公里，人口100万，辖21个乡镇，设1个经济技术开发区、1个旅游度假区。

文化事业。截至2013年年底，建成乡镇综合文化站21个、乡镇公共电子阅览室21个、农家书屋446家，广播电视村村通覆盖了80%的自然村。新建影院2家。建成城关镇幸福村、桃溪镇红光村、柏林乡大墩村等3个农民文化乐园。县图书馆升级为国家二级馆。推选读者参加安徽省图书馆建馆100周年“文津奖”图书阅读演讲比赛荣获成人组二等奖。在县看守所设立舒城县图书馆流动服务点，配送各类图书500余册。全县20支数字电影队在394个行政村和20多个社区累计放映7000多场，观众达72万人次。

文艺创作。2013年六安市文艺创作会在舒城召开。制作出版《牵手万佛湖》《相约万佛湖》等4盘反映舒城县壮美山河的DVD。老作家孙堰被评为市“五个一”工程先进个人。歌曲《周瑜城》获2013年六安市“五个一”工程歌曲奖。非物质文化遗产系列丛书《舒城民间故事》《舒城民间音乐》《庐剧中路(舒调)唱腔选集》《舒城民间手工技艺》等正式出版。舒城县文化馆馆长余和平被中国摄影家协会接纳为会员。

文化产业。有各类文化生产经营单位近千家，吸纳下岗再就业和就业人员数万人，文化产业年产值超过10亿元。安徽未来文化传播公司入选全省100强文化产业企业和全省10大演出名团。“三乐”童车、翰文运动用品有限公司分别被授予六安市文化产业示范企业和示范基地。

群众文化活动。举办全县首届农村文艺调演，选送的节目在六安市2013年农村文艺调演获1个一等奖、2个优秀奖。3个乡镇获“2013年全市群众文化活动先进乡

舒城飞霞公园鸟瞰

镇”,3 个综合文化站获“2013 年全市先进综合文化站”称号。组织民生工程政策百姓巡回宣讲团到 8 个乡镇进行专场文艺演出。编排以“唱文明和谐新风,建美丽幸福家园”为主题的晚会,在全县 21 个乡镇巡演。举办舒城县美术家协会挂牌仪式暨美术作品展。组织举办首届“秀美舒城”10 人写生美术展,展出作品 58 幅。举办“美好乡村”摄影大赛,共收作品 173 幅。组织 8 个民间艺术团体深入乡镇开展民间艺术展演活动,演出 100 多场次。开办假期少儿艺术培训,培训各类学员 1640 人次。

文物保护。公布《舒城县不可移动文物名录》,200 处不可移动文物列入保护名录。完成“舒城县第一次全国可移动文物普查”第一阶段任务,建立国有单位名录清单。对春秋塘水厂宋代砖室墓、棠树乡洪院村汉墓、城关镇龙舒西路施工工地宋墓、S317 道路九井段宋墓、棠树乡工业集中区战国墓、棠树乡三拐村中庄村民组大松山汉墓等 6 座墓葬进行了抢救性清理,出土“崇宁重宝”等铜钱和汉代星云镜等珍贵文物。

【周瑜文化学术研讨会】周瑜(175—210),字公瑾,三国时吴国名将,著名军事家,庐江舒县(今舒城县干汊河镇)人。舒城县是三国名将周瑜的祖居地、出生地和成长地。与周瑜有关的遗址、遗迹有周瑜城、练三墩、摩旗墩、牧马旧市、周公渡、白马宕、周瑜读书楼、周瑜钓鱼台、九连墩、棋盘石、磨刀寨、将军庙、令台山、马鞍山、将军山、马游(饮)山、磨旗墩、大马场、栲栳山、周瑜桥等 20 多处。2013 年 8 月,中国社会科学院历史研究所、中国魏晋南北朝史学会和周瑜文化研究会共同主办了“周瑜文化学术研讨会”,30 多位专家参会,并论证了舒城县为周瑜故里。

叶集试验区

民生工程送戏进村演出

【文化概览】叶集试验区地处鄂、豫、皖三省交界,素有“安徽西大门”“大别山门户”之称。1998 年 12 月经中共安徽省委、省政府批设,人口 16.3 万,面积 320 平方公里,辖 4 个乡级单位。

文化事业。投资 3000 余万元,建成 7703 平方米的叶集文化广播电视中心,2013 年全面投入使用。已建成乡镇综合文化站 4 个、公共电子阅览室 7 个、文化信息资源共享工程点 71 个、广播电视“村村通”工程自然村 88 个、农家书屋 83 个。文化站与农家书屋、公共电子阅览室坚持正常免费开放。全区各个文化惠民服务点全年累计组织培训、讲座 100 多场次,开展群众文体活动 200 余场次,电影放映 852 场次。叶集镇区办事处和三元乡综合文化站分获全市群众文化活动先进乡镇和先进综合文化站称号。

文化产业。现有文化生产经营企业 40 余家。叶集第一家民营演艺团体——未名文化演艺传媒有限公司成立。六安市非物质文化遗产项目——叶集空心挂面品牌效应日益彰显。叶集蓝图工艺厂评为六安市第二批文化示范企业。先后与安徽大学传媒艺术学院、皖西演艺传媒有限公司、长丰县庐剧团、凤台县推剧团等专业艺术团体建立联系合作机制,经常性地开展节目、人才交流活动。

群众文化活动。太阳幼儿园编创的少儿舞蹈《水中芭蕾》获全国第十三届“蒲公英杯”中国青少年艺术新人选拔大赛银奖。举办叶集首届广场舞大赛、消夏纳凉晚会、春节文艺踩街、柏树庙会等文化活动。未名文艺、未名文化研究会、大别山书画社、收藏协会、钓鱼协会、摄影协会、淮河风艺术团、社区文体俱乐部等民间文化社团活动日益活跃。

【送戏下乡村村行活动】2013 年 10 月 16 日,叶集试验区举行“民生工程宣传送戏下乡村村行”启动仪式暨汇报演出活动。该活动旨在深入宣传十八大精神、“中国梦”和民生工程政策,扩大民生工程政策知晓度,展示党和国家的好政策给广大群众带来的幸福生活。活动在叶集试验区各乡、办、村巡回演出共 30 场次,历时 1 个多月。

池　州　市

千载诗人地——池州市

【文化概览】池州市地处安徽西南部，长江南岸。自唐武德四年(621)设州建制以来，已有近1400年历史。辖贵池区、东至县、石台县、青阳县和九华山风景区，面积8272平方公里，人口162万。是皖江城市带承接产业转移示范区城市、皖南国际文化旅游示范区核心区域和国家生态文明示范区城市。先后获得中国生态经济示范区、全国双拥模范城、中国优秀旅游城市、国家园林城市和省级历史文化名城、安徽省文明城市、最佳人居环境奖等称号。

长江黄金水道过境162公里，京台高速、沪渝高速、铜九铁路和在建的沿江城际客运铁路横穿东西，京福高速和济广高速纵贯南北。随着九华山机场开通，集"水陆空"于一体的区域性、综合性立体交通枢纽初步形成。

池州素享"千载诗人地"之誉，历史悠久，文化灿烂。陶渊明、李白、杜牧、包拯、岳飞曾游历于此，吟哦出一首首千古绝唱；黄宾虹、张大千、刘海粟、李可染等现代丹青巨匠挥毫泼墨，留下一幅幅传世佳作。诗仙李白，有《秋浦歌》十七首传世；杜牧所作《清明》诗，千古传诵。有中国戏剧活化石之称的"池州傩"、京剧鼻祖"青阳腔"以及东至花灯、九华山庙会已被列入国家非物质文化遗产名录。

池州市森林覆盖率达60%。境内九华山是国家重点风景名胜区、国家5A级旅游区，也是国际性佛教道场、中国四大佛教名山之一。佛教文化源远流长，自金地藏以降，高僧辈出，特别是自唐代以来已有15位大德高僧和比丘尼修成不腐之身，成为海内外佛教史上的奇迹。此外，境内杏花村因诗得名，被誉为"天下第一诗村"；牯牛降是国家级野生动植物自然保护区，被誉为"天然动植物基因库"；升金湖是亚洲重要湿地自然保护区，被称为"中国鹤湖"；另有齐山、平天湖、秋浦河等一批省级风景名胜300多处，堪称一座自然生态公园。

全市现有肉身宝殿、齐山摩崖石刻等9处重点全国文物保护单位，省重点文物保护单位45处，市保单位41处。列入国家级非物质文化遗产名录4项、省级非遗项目14项、市级22项。

公共文化建设。池州市文化馆、图书馆和博物馆全部建成，分别于2013年8月28日、9月30日、12月28日对外免费开放。全市已建成县级文化馆5个、县级图书馆4个、县级博物馆2个、乡镇综合文化站53个、农家书屋713个。

文化民生工程。2013年，全市完成838个广播电视"村村通"和20个公共文化信息化服务点(公共电子阅览室)建设任务，农村文化建设专项补助615个文化信息共享工程村级基层服务点全面建成。开展农村演艺活动615场，为全市615家农家书屋更新图书(音像)86100册(每家140册)，放映公益电影7520场，惠民实事送戏332场。

文化遗产保护。第一次可移动文物普查工作全面启动，通过公文交换、邮局寄送、电话联络、上门服务等多种方式，向各国有单位发放《国有单位文物收藏情况调查登记表》1568份，收回1568份，完成率100%。通过反馈，全市共有文物收藏的国有单位50家，收藏文物4440件(套)。《池州记忆·遗珍》《池州记忆·非遗》和《池州记忆·古名胜》等系列丛书出版发行，电视专题片《池州地表文物集锦》拍摄完成。《池州市非物质遗产保护和管理规定》出台，全市非遗保护进入法制化轨道。

群众文化活动。举办"幸福新池州，情暖农民工"新春文艺晚会、

"两节"群众文化活动、"金桥杯——全市庆六一少儿文艺调演"、中国·池州"国际铁人三项赛"开幕式文艺演出、2013绿运嘉年华、"杏花村坊杯"首届广场舞大赛等文化活动。长城影视股份有限公司拍摄电视连续剧《冷枪手》等影视作品。全市设立群众文化辅导点133个，选聘167名具有一定专业特长的文化热心人担任群众文化辅导员。青阳县文化志愿者余凤龙被授予"全国群文之星"称号。

文艺作品创作。组织创作《传奇杏花村》《巧媳妇》等剧目。改编大型古装黄梅戏《雾里青传奇》，分获省2013年新剧目汇演优秀剧目奖，演员一、二、三等奖，导演、作曲及舞美三等奖。少儿舞蹈《花灯娃娃乐翻天》、音舞诗《我的朋友叫白鹤》和小品《成长的烦恼》，分获全省六一少儿文艺调演二、三等奖。美术、书法作品《山居九华亦清凉》《唐诗》《古刹秋润》《重岩陡转白练飞》，分获安徽省第三届群文系统美术书法大展一、二、三等奖。

文化产业发展。九华山大愿文化园开园。石台县黄梅戏剧团有限责任公司、青阳县太平工艺美术扇厂命名为省级产业示范基地。向国家、省申报文化产业发展专项资金和融资贷款贴息，获扶持资金130万元。数字出版企业安徽磊鑫科技有限公司参加第9届中国（深圳）国际文化产业博览交易会。

文化市场监管。全年开展元旦春节期间安全生产检查、元旦春节期间"扫黄打非"专项行动、学校及周边出版物市场专项整治、网络淫秽色情信息专项治理"净网行动"、文化市场消防安全大检查、整治无证经营出版物专项行动、中高考期间文化市场保障行动、网吧市场专项整治行动、创建省级文明城市文化市场整治行动、秋季中小学教辅读物整治行动等，出动检查人员12358人次，检查经营单位4805家次，受理举报11起，办理各类案件51起，收缴各类非法出版物2455册(盒)，责令停业整顿9家，罚款20万元。

"杏花村坊"杯首届广场舞大赛

【全国重点文物保护单位增设9处】2013年，在国务院公布的第七批全国重点文物保护单位中，池州市的齐山摩崖石刻、太平山房、李氏宗祠、曹氏宗祠、化城寺、月身殿、百岁宫、祇园寺、榉根关古徽道等9处文物入选，成为全国重点文物保护单位，实现池州市不可移动文物全国重点文物保护单位零的突破。

【余凤龙获评全国"群文之星"】在全国第十六届群星奖评选中，青阳县群众文化辅导员余凤龙获第十六届全国"群文之星"称号，这是池州市首次获此殊荣。2013年，全市设立群众文化辅导点133个，选聘167名具有一定专业特长的文化热心人担任群众文化辅导员，率先举办群众文化辅导员培训班和广场舞大赛等特色群众文化活动，促进全市群众文化工作不断创新发展。

贵池区

【文化概览】贵池区是池州市政治、经济、文化中心。面积2516平方公里，人口67.02万。辖9个镇、11个街道办事处。贵池汉初设石城县，隋开皇十九年(599)易名秋浦县。南朝梁天成年间，昭明太子萧统因食秋浦河鳜鱼，称赞"水好鱼美"，封誉"贵池"。

贵池素有"千载诗人地"之美誉，李白、杜牧、包拯、岳飞等众多历史名人曾在此驻足存诗，李白的《秋浦歌十七首》和杜牧的《清明》诗名扬天下。贵池是省级历史文化名城、国家级生态经济示范区。2013年，有国家4A级旅游景区4处、省级风景名胜区1处、省级重点文物保护单位4处。贵池傩戏被列入国家级非物质文化遗产，贵池民歌被列入省级非物质文化遗产。刘臣瑜、姚家伟为国家级"非遗"贵池傩戏项目传承人，姜秀珍、姜梦玉、刘正荣为省级"非遗"贵池民歌项目传承人。梅街镇被文化部授予"中国民间文化艺术之乡"称号，棠溪镇石门高村、墩上街道渚湖姜村为安徽省第四批历史文化名村。墩上街道罗城村渚湖姜中心村纳入省农民文化乐园建设试点，项目已完成。

文化事业和文化民生工程。2013年，全区文化体育传媒支出的资金达1916万元。现有黄梅戏剧团有限公司1个、营业性演出单位5个、电影公司1个、电影院2个、文化馆1个、文化艺术中心1个、文化站20个、农家书屋213个、全国文化信息资源共享工程贵池支中心1个。为整理和发掘地方优秀的历史文化，完成《文化贵池》系列丛书(《贵池傩》《杏花村》和《罗城民歌》)的编写出版。群众性文化活动丰富多彩。先后举办科技文化卫生“三下乡”、杏花赏花游园节、创建省文明城市和文明城区广场演出、广场舞蹈大赛等系列活动。古舜社区被省文化厅命名为省级十大特色文化社区。各镇街文化站利用自身文化阵地和艺术队，开展多形式的群众文化活动。梅街镇组织了傩戏、傩舞、目连戏表演，里山街道开展了元四章传统祭祖民俗活动，殷汇、牛头山镇举办“端午赛龙舟”活动，殷汇镇文化站的4支文艺队常年在各村演出。2013年累计送戏下乡246场次，送电影进社区3622场次。实施4项文化民生工程，已完成广播电视“村村通”工程634个自然村建设任务，建设7个公共电子阅览室，实施农村文化建设专项补助，文化馆(站)等公共文化设施实行免费开放。挖掘罗城民歌资料，完成国家级非物质文化遗产申报。文物保护工作加强，设立全省第三批重点文物保护单位——太和章氏宗祠、荡里姚氏宗祠、石门高氏宗祠和区第五批文物保护单位的保护标志，完成4处省级文物保护单位、5处市级文物保护单位、10处县级文物保护单位的科学考察和县级以上文物保护单位的“四有”工作。

精神文明建设。争创第三届省级文明城市和文明城区。运用LED显示屏、广告牌、宣传栏等进行创建宣传，共设大型创建广告牌40多块、道旗500多面、宣传栏300多个、固定标语750多条、温馨提示牌2100多块；重点对翠微苑等8个老旧小区和翠柏路菜市场等5个农贸市场进行集中整治，对国省道沿线、主要河流、重点镇、中心村、城郊结合部等地域开展清白行动和清洁家园活动。积极开展道德讲堂的推广，抓好各类道德模范的推选和宣传，规范文明市民、文明楼院的季推年评工作。2013年度有4人入选“最美池州人”，4人入选“中国好人”榜候选人，徐晓霞获安徽省第三届道德模范提名奖，1人入选“安徽好人”，40人获文明市民称号，30个楼院获文明楼院称号。全区有7个省级文明单位、19个市级文明单位、90个区级文明单位。开展爱国主义读书教育活动，全区有2名学生分别获得全国读书活动三等奖和省级一等奖；区委宣传部和城西小学分别荣获全国青少年爱国主义读书教育活动组织工作特等奖和省级优秀奖；开展争做十佳美德少年活动，4名少年获市“十佳孝心少年”称号；里山中心学校获得第三批中央乡村少年宫建设项目扶持。以“爱我形象、爱我家园、爱洒池州”、法律“七进”、文明劝导、“三关爱”等志愿服务活动为抓手，认真抓好志愿服务工作站和志愿服务星级广场建设，培育了“鹤鸣秋浦·文明1+3”老年志愿服务品牌。主城区街道各建立了1个星级志愿服务广场，成立志愿者协会，建立志愿者服务工作站，构建志愿服务网络。

“爱我形象、爱我家园、爱洒池州”志愿服务活动启动仪式

文明村镇建设。开展“保护母亲河，清洁水源地”“清洁家园·乡村行”等主题志愿服务，向小区、村庄、旅游景点脏乱差宣战，组织志愿者1000余人，开展各类清洁家园志愿服务活动100余次；同时抓好美好乡村示范点文明建设，建成文化墙3万平方米，挖掘傩戏、小调、山歌等地域特色乡村文化，刘街社区筹建村民傩戏演出班子。渚湖姜村、石门高村入选《第一批中国传统村落名录》。刘街社区进一步挖掘傩戏文化，积极筹备村民傩戏演出班子；元四村整理恢复元四十番锣鼓和案菩萨等民俗活动，挖掘了元四小调、山歌等文化。元四、陈村、吴田、刘街、渚湖姜5个重点美

好乡村示范村基础设施建设和生态建设成效显著。开展清洁示范村、生态文明村、绿色小康村、移风易俗村为主导的“四创”活动和市级文明村镇创建活动，培树一批文明村镇典型。梅村镇霄坑村和梅龙镇分别被中央文明委授予“全国文明村”和“全国创建文明村镇工作先进单位”称号。马衙街道灵芝村和牛头山镇分别被省文明委评为“全省文明村”和“全省创建文明村镇工作先进单位”称号。

积极参与公益广告的宣传和创城工作动态报道，引导广大群众积极参与、合力共建文明县城；县直机关干部职工组成志愿服务队，开展市民和车辆不文明行为劝导活动。

公共文化建设。9个乡镇的公共文化服务信息化建设项目在8月份全部建成并投入使用；整合农村文化专项资金，送农村公益电影下基层放映2808场，开展文体活动390场，为全县44个美好乡村建设点配置电子阅览室，建成“农家书屋”272个并全部投入使用；送科技书籍15000册，建设村级广播室40个，为全县各村配置喜庆锣鼓和便携式音响各一套；300个20户以下已通电自然村“村村通”广播电视工程全部完成，数字电视进乡村发展到10000多户；组建14个民间文艺团队，送戏下基层进社区共演出280场。

文艺创作。在东至取景拍摄的电影《大饼的莎士比亚》获安徽省第十二届精神文明建设“五个一工程奖”，是全市唯一获此奖项的作品。徐世庆在首届安徽省隶书作品展中获得优秀作品奖。

群众文化活动。持续开展“尧

东至县

【文化概览】东至县位于长江中下游南岸，是安徽省的西南门户。面积3261平方公里，辖15个乡镇，人口54.8万。现有国家级自然保护区1处、国家级农业旅游示范点1处；有省级重点文物保护单位10处、市级7处。东至花灯被列为国家级非物质文化遗产项目。

精神文明建设。公民道德建设深入开展。在县城交通要道和繁华地段打造“好人文化墙”；利用车体、广场、工地围挡等开展公益广告宣传，大力倡导节俭意识、中华孝道和廉政文化等；依托县属电视台、网站、报纸等平台，开设《东至好人》栏目，大力宣传全县道德模范先进事迹；以“畅谈身边的好人好事、讲述自己的感人故事、感恩社会的自觉行动”为主题，开办道德讲堂，引导广大干部群众积极投身道德实践活动；在全县范围内组织开展全国第四届道德模范、安徽省第三届道德模范以及“2013·最美池州人”等系列评选活动，全年共有4人入围“中国好人榜”候选人名单。未成年人思想道德建设有序推进。组织开展第十九届青少年爱国主义读书教育活动，全县6万名学生参加，收到征文800多篇。其中余小莲获全国征文三等奖，许家铃获省演讲比赛二等奖；大渡口中学获全国组织工作奖，县组委会获得省发行奖。结合县烈士陵园获省委、省政府命名为第四届爱国主义教育基地契机，联合团县委在清明节期间举行挂牌仪式，并组织县城中小学生开展“继承先烈遗志、共圆复兴国梦”祭扫活动。开展“放飞中国梦、做四有新人”主题教育活动。群众性创建活动不断深化。制发《东至县创建省级文明县城工作实施方案》和《东至县创建省级文明县城测评体系暨任务分解表》等文件，印发《东至市民文明礼仪手册》2000多册，发送创建主题手机短信2万多条，印发创建工作简报102期；在城区各窗口单位、沿街商铺利用电子显示屏长期滚动播放创建标语，在城区主要街道、机关、社区设置宣传专栏200多期，设置大型公益广告牌和提示牌共160多块；县内各主要新闻媒体

东至民间磨盘灯表演

舜之乡月月乐”系列群众文化活动。举办各类知识竞赛、中华经典诵读晚会、才艺大赛、小小主持人大赛、广场舞电视大奖赛、文艺晚会、摄影书画展、戏曲演出、龙舟赛和群众性体育活动600多场。姜东村和元潘村自办春晚，庆祝春节。实现图书馆、文化馆、各乡镇文化站等公共文化机构免费开放。组织32名群众文化辅导员、文化志愿者深入到街道(社区)、乡镇(村)开展文化志愿辅导活动，丰富群众文化生活。全新推出“书香东至”大讲堂，力邀县内外名家名流来东至举办讲座，进一步提升了文化服务的品质。全县注册登记的民营演出团体有16家，全年演出近2600多场。成立县首个文南词剧团，积极扶持文南词发源地青山乡梅塘村文南词戏剧的演出和挖掘等工作。

文化保护传承。启动全县第一次全国可移动文物普查。公布《东至县不可移动文物名录》，遴选出具有较高文物价值的23处不可移动文物，经县政府核准，公布为第五批文物保护单位。抢救性维修许世英故居读书厅，组建磨盘灯表演队，加大保护南溪古寨匈奴部落的说唱艺术力度，启动编印对外宣传画册《国家非物质遗产——东至花灯》工作。组织编写《南溪古寨历史文化发掘与开发研究》，全书12万字，用5个章节系统讲述了匈奴的历史与南溪古寨的风水文化、民俗文化、建筑文化以及南溪古寨的文化保护与开发。

石台县

生态石台

【文化概览】石台县原名石埭县，南梁大同二年（536）置县，已有1470多年历史。1959年因国家兴建陈村水库撤销建制，1965年因国家发展需要复建并易名为石台县。面积1413平方公里，人口11万。先后被授予“国家首批生态经济示范区”“国家重点生态功能区”“安徽省首批旅游经济强县”“安徽省首届十佳环境优美县”“安徽省休闲农业与乡村旅游示范县”等称号。现有国家级重点文物保护单位1处、省级5处，有省级非物质文化遗产3项。

文化产业发展。在深入挖掘整合石台县文化资源、充分论证的基础上，建立文化产业项目库。编制《秋浦唐风源项目》、电影《秋浦流觞牯牛降》、电视连续剧《深山传奇》拍摄发行项目、石台县数字影院项目、石台县博物馆项目等26个文化产业项目。通过招商引资等方式，新建文化产业项目3个。以项目建设为突破口，推进全县文化产业快速发展。2013年11月，石台县黄梅戏剧团有限责任公司被批准为安徽省文化产业示范基地。2013年，县文化产业总产值7425万元，比上年增长10%；增加值占地区生产总值的4.2%。

公共文化建设。2013年，石台县坚持以政府为主导、以公共财政为支撑、以基层特别是农村为重点，大力发展公益性文化事业。加快公共文化体系建设，改善文化基础设施，全县8个乡镇79个行政村、仁里镇5个社区都建有农家书屋，实现农家书屋全县100%覆盖。全县有文化信息资源共享基层点79个，有公共电子阅览室9个，覆盖城乡的公共文化服务体系基本建立。全县文化建设投入300多万元，公共文化服务惠及全县11万人。

文化民生工程建设。2013年完成148个广播电视村村通工程建设，建成2个电子阅览室。县文化馆、图书馆和8个乡镇综合文化站实施免费开放，受益达21万人次。实施农村文化建设专项补助项目，送电影948场，送戏89场，为79个村图书室添置图书7.9万元，为40个村文化信息共享工程建设点各配备专用电脑1台。

精神文明建设。石台县以建设中国原生态最美山乡为目标，以生态文明建设为特色，以争创第三届安徽省文明县城、推进“三线三边”城乡环境综合治理工作为抓手，着力提升全县生态文明、功能文明和素质文明。召开创建省级文明现场测评培训会，对第三届安徽省文明县城测评指标进行分解并培训；表彰100户“生态文明家庭”，弘扬生态文化提升文明素养；推进“三线三边”环境治理工作，持续改善城乡人居环境。

青 阳 县

【文化概览】青阳县位于长江中下游南岸、皖南山区北部,南依黄山,北枕长江,县境地势南高北低,南部群峰峭拔,中部丘陵绵延,北部以平原、圩区为主,是皖南国际文化旅游示范区北入口。面积1180平方公里,辖11个乡镇,人口27.34万。县内有国家5A级景区1处、4A级2处、3A级2处、2A级2处,有全省最佳、优秀旅游乡镇5个。

精神文明建设。2013年,以创建第三届省级文明县城为契机,投资1870万元完成临城南路、西峰路、天柱北路、环城东路等路面维修改造;完成临城北路、蓉溪路、庙前路和西峰路等人行道改造,铺贴人行道砖约1400平方米,改造人行道路牙石1200米;施划城区道路交通标线和停车泊位约2万平方米;完成南门桥区域交通区划整治,增设机动车信号灯5组、行人信号灯10套、电子警察4组并对城区公交站牌进行全面维护维修;县财政安排300万元专项资金对老旧小区、背街小巷进行整治改造;加强城市管理。扩大城区保洁范围,将原不足7平方公里的保洁范围扩大到近30平方公里区域,清扫保洁工作保持常态化。整治乱贴乱画,常态化开展“牛皮癣”清除活动,全面清除沿街墙面、电话亭、候车亭等市政设施上的“牛皮癣”;整治交通秩序,开展城区道路交通秩序专项整治,大力处罚乱停乱放,全面取缔非法载客“三车”1285辆;完善公交路线设置,新增3条公交线路,城区现有公交线路5条、公交车41辆,每条线路确保10分钟一个班次,加强出租车规范运营管理,便捷群众出行。加强文明工地管理,城区所有施工工地修建围墙封闭施工,对出入口实行硬化,并在施工围墙上大量设置“中国梦”等公益广告。深入开展“文明村镇”“十星级文明户”等创建活动和“五好家庭”“好公婆”“好媳妇”等评选活动。加强未成年人思想道德建设,县委宣传部主办的全省第19届“学雷锋,做有道德的人”读书活动、征文大赛和演讲比赛历时9个月,在全县30所中小学中开展,杨雪婷同学代表安徽省参加全国表彰大会。县博物馆被评为第三批省级爱国主义教育基地,全年免费向中小学生开放,每年参观近万人次;西华乡宾山革命纪念馆被确定为市级爱国主义教育基地,2013年“七一”前夕举办揭牌仪式。

文化事业和文化产业。体育场馆面积3.1万平方米。现已建成宝灵广场、莲花广场、金龟广场、人民公园、政和苑和芙蓉角等7个文化广场,面积3万余平方米。农村公共图书服务一体化试点工程建设取得成功,筹集资金30余万元,招标采购了自动化管理软件和2万余册图书,统一制作标牌,印制“图书借阅一卡通”等设施设备,为110个农家书屋选配图书15400册,为11个乡镇综合文化站配送新书3000余册,成立县总馆和各乡镇分馆,实现了县总馆和各分馆图书借阅“通借通还”。2013年底,图书馆获批国家一级馆,文化馆现为国家二级馆。现有乡镇综合文化站11个,农村文化活动室109个,国家级乡镇全民健身广场1个,省级全民健身广场2个,有2000多座席的县体育馆和400米标准塑胶田径场,形成县、乡镇、村三级公共文化服务体系。积极实施“广播电视村村通工程”“公共文化场馆开放”“农村文化建设”“公共文化服务信息化建设”等4项文化民生工程,完成“公共文化服务信息化建设”工程。认真办好各类文化展示和展览活动,文化馆多次举办各类书法作品展,作品内容丰富多彩,参观群众人数众多,“党是阳光·我是苗”“法治之光”等展览逐步成为品牌。2013年图书馆新增办证读者2000余人,总办证人数已达到6000多人,年服务人次达138431人。组织送流动图书深入到庙前、杜村、蓉城等乡镇的5所偏

“美丽青阳·我的家”大型体育健身展示活动

远山村学校为师生服务，举办“追逐梦想、拥抱春天”经典文章朗读会，组织开展“中华美德颂”读书演讲比赛暨青阳县第八届红领巾少儿读书活动。组织申报农村文化建设资金项目，上报了“青阳县丁桥镇、杨田镇、杜村乡、朱备镇综合文化站创新工作机制”等7个项目。开展青阳腔资料的收集整理，汇编成册，形成文字资料100万字、音像资料100盘、青阳腔图谱4卷，积极筹建青阳腔博物馆。

文艺创作。2013年，全县共有50多位作者在省作协《作家文萃》上发表诗歌、散文、摄影、书画作品百余篇。苏诚林的诗集《那漂亮的蘑菇云》由中国文联出版社出版发行。章小兵中篇小说《肇祸者》、苏诚林中篇小说《阿希的古玩生涯》、朱文胜中篇小说《小二黑离婚》在安徽省小说南北对抗赛中分获二、三等奖。吴蓓散文《请呼我乳名》获安徽省内刊散文一等奖，施七斤散文作品《美丽的错误》在省内刊散文作品大赛获二等奖，王爱玲散文诗作品《寄杜牧》在省内刊散文作品大赛获一等奖。在美丽中国安徽之旅摄影大赛上，尚良智获铜陵站三等奖，张卫东获黄山站、霍邱站三等奖，晏励春获池州站二等奖和总决赛十佳奖，纪立功获霍邱站二等奖。沈扬林、张平安等6人创作的青阳特色农民画入选2013年上海国际文化艺术节华东地区农民画展，许建中等创作的4幅中国画作品参加文化部“春雨工程”赴内蒙古呼和浩特、锡林郭勒两市巡展，另许建中创作的《山居九华亦清凉》在省十艺节美术作品展中获一等奖。刘平隶书作品入选第二届“平复帖杯”全国书法篆刻大展，李双根草书作品入选2013年9月全国首届“孙过庭”草书展。

群众文化活动。2013年青阳县开展的“美好乡村建设暨民生工程”巡回文艺演出和“爱国主义教育片放映”进社区、进校园活动，全县送戏下基层、进社区演出50场，送电影1770场，余凤龙获文化部“群文之星”奖。每年的元旦和春节文艺晚会已成为广大群众文化生活的重要组织部分。期间还安排有送春联、舞龙灯等丰富多彩的文化活动，深受群众喜爱。积极组织送文化下乡活动，积极发挥文化民生工程的作用，认真开展文化惠民工作，因地制宜，创新形式，彰显文化特色，形成“一站一品”特色。积极扶持“夕阳红”剧团，提高民间艺术的影响力。强化青阳农民画基地建设，先后培养农民画作者20多人，他们的作品都参加了全国和省农民画展，受到省委、省政府主要领导的接见。加强非遗保护，推动“龙船调”演到市县。大力培养农民歌手，提升“青阳民歌”的艺术品质。为110个村各配备1套喜庆锣鼓。

文化保护传承。2006年，青阳县被安徽省人民政府授予“安徽省文化先进县”称号。境内有省级文物保护单位6处、县级14处；有国家级非物质文化遗产1处、省级非物质文化遗产3处。青阳县博物馆馆藏文物1549件，其中一级品7件、二级品14件、三级品123件。青阳县图书馆是国家一级馆，现有古籍图书1140多册，其中善本40多册，古籍图书《新刊性理集要八卷》入选国家古籍珍贵古籍名录。青阳腔为首批国家级非物质文化遗产代表作项目，曾哺育了徽剧、黄梅戏、京剧、赣剧、湘剧、川剧等戏曲剧种，为中国戏曲做出卓越的贡献。境内杜村乡被国家文化部命名为“中国民间文化艺术之乡”，当地农民业余剧团演出的目连戏具有青阳腔声腔最显著特征，保持着青阳腔“原汁原味”的特色，其领头人成为国家级非遗保护首批传承人。十番锣鼓民间器乐曲又名“一枝香”，至今已有300多年历史，技艺世代相传，为省级非物质文化遗产代表作项目。大九华水磨玉骨绢扇是传统的手工工艺品，在明代就已跻身我国名扇之林，清代列为贡品，具有典型的青阳传统历史文化和地域特色，深受人们的喜爱，在当地和周边区具有一定影响。

九华山风景区

【文化概览】九华山风景区是中国佛教4大名山之一，首批国家5A级旅游区，首批国家重点风景名胜区，首批中国国家自然与文化双遗产，全国文明风景旅游区，是世界级旅游胜地和国际性佛教道场。唐代大诗人李白以九华山的九峰似天然形成的九朵莲花，把九子山改为九华山，从此九华山盛名远扬，流传至今。1978年12月20日，从青阳析出成立九华山管理处（正县级），2001年4月经省编委批准成立九华山风景区管理委员会（副厅级），为池州市政府派出机构，现辖九华镇和九华乡，面积67.6平方公里。

自东晋隆安时期佛教传入九华山地区以来，经千百年传承，在九华山遗存了大量的珍贵文化遗产，其中全国重点文物保护单位4处、省级文物保护单位8处、风景区级文物保护单位14处；经国务院批准公布的国家重点寺庙9座、省级重点寺庙30座。历史文物馆和佛教寺庙还收藏有包括明万历圣旨、宋代贝叶经、历代地藏金玉印、明版《大藏经》、佛教造像等万余件珍贵传世文物。别具特色的寺庙建筑、美轮美奂的宗教绘画、精美绝伦的塑像崖刻、清心优雅的宗

九华山庙会

干群素质教育相结合。

文明城镇建设。举办“文明游客”评选活动,引导广大游客文明燃香、文明旅游。全年开展文明创建联合整治行动20余次,出动500多人次、机械车辆数十台次,有效清理了背街小巷卫生死角、居民乱堆乱放等脏、乱、差不文明现象。抓好文明乡镇、文明校园、文明市场等创建工作,九华乡二圣村、九华镇闵园社区等5个基层单位获市级文明单位称号;九华山风景区管委会、九华山地税局等5家机关、企业获得第九届省级文明单位称号。

教音乐、传世近千年的珍贵佛教文物等文化遗产辅之以优美的自然环境,使九华山成为了最著名的佛教圣地之一。九华山庙会与佛教音乐被列为省级非物质文化遗产,九华山庙会被列为国家级非物质文化遗产。

文化事业和文化产业。2013年,景区文化事业和文化产业发展迅速。经国家宗教局和中国佛教协会批准,8月31日,九华山大愿文化园举行地藏菩萨圣像开光仪式,该文化园景区正式对外开放。景区文化馆、图书馆建成投用。全年文化产业总产值6500万元,比上年增长3.9%,增加值1200万元。

公共文化建设。全年投入经费94万元,用于文化馆、图书馆配套设施建设以及图书馆、农家书屋更新书目和日常维护;投资8万元,为社区、居民小区建造健身活动场所。

群众文化活动。采取政府购买服务方式,组织送戏下乡45场次,观众1.02万余人次;组织送电影下乡72场次。各级文化部门广泛开展群众性文化活动,先后组织书画、舞蹈等文化培训班8批次,培训350人;组织广场舞比赛、青少年读书演讲竞赛等文化活动比赛3次,参加人数830人;组织大型广场晚会3场,1.2万人观看演出;组织美术、摄影展览2次,观众3000多人;

精神文明建设。以“中国梦”理想教育活动为载体,举办庆祝建党92周年暨“中国梦·我的梦”主题演讲比赛;深入开展道德讲堂活动,邀请知名教授、道德模范、身边好人演讲授课;开展“身边人说身边事,以身边事教育身边人”活动,搭建思想道德建设新平台。积极开展“我们的节日”活动,在春节、清明、端午、重阳等传统节日,组织“祭奠英烈”“重阳登山比赛”等活动,努力做到弘扬优秀传统文化与加强

【九华山大愿文化园正式对外开放】九华山大愿文化园位于九华山风景区内,是安徽省“861”行动计划重点建设项目和全省十大文化产业园区之一。园区占地100多公顷,东西轴线长1910米,可供6万人同时参观游览。园区内标志性工程——99米地藏菩萨露天圣像于2005年3月动工兴建,2012年7月竣工,2012年9月通过国家宗教局验收。2012年年底大愿文化园对外试运行,2013年8月31日地藏菩萨圣像开光庆典法会举行,标志着大愿文化园景区正式对外开放。

九华山大愿文化园正式对外开放

宣 城 市

【文化概览】宣城市是中国文房四宝之乡，位于安徽省东南部，与江浙两省接壤，辖7个县市区，其中广德县为省直管试点县。面积12340平方公里，人口278万。宣城市是皖江城市带承接产业转移示范区和皖南国际文化旅游示范区的核心区。

文化产业发展。2013年，全市文化产业增加值33.87亿元，比上年增长25.5%，占GDP比重达4.02%。重点加强文化旅游产业发展。围绕皖南国际文化旅游示范区建设，谋划实施敬亭山宛溪河诗山宛水品质提升、大桃花潭景区开发建设、青龙湾生态旅游示范、扬子鳄旅游开发、文房四宝城市品牌提升、历史名人诗画开发、古建筑古遗址保护利用、美好乡村休闲养生旅游开发等文化旅游产业提升发展八大工程，将文化旅游产业定位为战略性新兴产业和全市三大主导产业之一。积极推进文化品牌建设。皖南花鼓戏《红月亮》、电视剧《文房四宝》(暂定名)、中国(宣城)文房四宝文化旅游节、中国宣纸文化产业园和泾县丁家桥宣纸书画纸产业园5个项目入选2013年度省"四个一"文化品牌建设重点项目，中国(宣城)文房四宝文化旅游节、中国宣纸文化产业园入选省重点打造的十大节庆会展、文化园区品牌之列。7家民营文化企业入选"2013安徽民营文化企业100强"。印发《宣城市市级文化强市建设专项资金管理暂行办法》，组织起草《宣城市文化旅游产业发展扶持奖励办法》，为文化改革发展提供政策保障。园区建设加快。文房四宝交易中心、"小城故事"生态文化度假中心一期项目建成营业，文苑山庄酒店主体工程全部完成。广泛开展园区招商，成功引进一批大项目、好项目。中国宣纸集团公司获评2013—2014年度国家文化出口重点企业，上市工作加快。

文化事业和文化民生工程。截至2013年底，全市共有全国重点文物保护单位17个，省级重点文物保护单位57个；入选联合国人类非物质文化遗产代表作名录1个，国家级非物质文化遗产名录项目4个，省级名录45个。有广播电台7座，广播综合人口覆盖率96.0%；电视台7座，有线电视用户35.4万户，其中数字电视用户20.1万户，电视人口覆盖率97.3%。全市8个文化馆、8所公共图书馆、10个博物馆和85个乡镇综合文化站实现免费开放。年末全市共有国家综合档案馆7个。村级文化广场建设列为国家公共文化服务体系示范项目。泾县黄田古村落整体保护成为全国文物维修保护样板示范工程。绩溪仁里村、宁国胡乐村被列为第二批中国传统村落。全省最大的县级博物馆——绩溪博物馆落成开馆。组织编制和实施《宣城文房四宝城市品牌提升工程三年(2013—2015)行动计划》，明确用3年时间推进"一园、一基地、一中心、一剧、一节、一带、一馆、一雕塑群、一城、一电视频道"等10个文房四宝品牌提升重点项目建设。开展农民文化乐园建设试点。印发《关于全市乡村"文化乐园"建设的意见》，明确建设的原则、目标、内容，并在宁国市和绩溪县先行试点，积极推进4个全省试点村建

中国文房四宝城

绩溪·第三届中国徽菜之乡美食文化节

设。

文艺创作和群众文化生活。加快推进重点文艺项目,完成电视剧《文房四宝》(暂定名)的后期制作。以重要节庆为抓手,广泛开展群众性文化活动。第六届中国(宣城)文房四宝文化旅游节成功举办,并获“美丽中国·最具品牌价值文化艺术节”称号。组织开展“携手共建文明城 同心共筑中国梦”等专场文艺演出,丰富城乡群众精神文化生活。积极扶持全市民营剧团发展,组织参加各种展演活动,帮助民间剧团提高演出质量,提升业务水平。宣城市春燕黄梅戏剧团、宣城市华艺黄梅戏剧团、宣城市皮影艺术剧团均取得优秀成绩。

文明城市创建。以争创省级文明城市为重点,大力开展市区文明创建。规范完善相关制度,先后印发《争创省级文明城市 2013 年工作方案和任务分解表》《市领导分片包干任务分解表》《“小手拉大手、共创文明城”活动方案》《宣城市创建第三届省级文明城市督查工作制度》等系列文件,着重就创建中的重点、难点问题,分别开展集中整治,完成市区 230 个老旧小区的全面整治和 7 条河道的清淤、截污工作。新建停车场 5 处,12 家单位停车场对外开放。实现市区 134 条背街后巷和次干道市容市貌干净整洁。查处建筑工地和渣土运输中各类违规行为 194 起。对市区26 个老市场进行规范管理,新建各类市场 5 个,改造 1 个。狠抓小餐饮专项整治,2943 户小餐饮经营业主健康证持证率由不足 10%提升到 95%以上。开展市民素质提升行动,推进“道德讲堂”全覆盖,“宣城好人馆”开馆。深入开展“联点共建”活动,组织市、区直单位机关干部组建“联点共建”小分队,以“入百条街巷、进千家店铺、访万户居民”为宗旨,协助社区进店入户抓宣传、走街进巷理秩序、深入一线解难题。加强农村文明创建,推动美好乡村建设向纵深发展。加强未成年人思想道德建设,广泛开展“学习雷锋、做美德少年”网上签名活动、“童心向党”歌咏比赛、“学雷锋 做有道德的人”爱国主义读书教育活动等主题实践活动,宣城市青少年爱国主义读书教育活动组委会连续 17 年获全省组织工作一等奖。加强诚信建设,开展市级“百城万店无假货”活动示范店、示范街(市场)评选活动。经推荐、实地考评、公示,命名宣城市宣州区锦城北路等 7 条(个)示范街(市场)、宣城八佰伴商贸有限公司等 10 家百货店、宣城尊悦酒店有限公司等 11 家餐饮店为宣城市“百城万店无假货”活动示范街(市场)和示范店。丰富志愿服务活动内涵,加强网络文明传播志愿者工作,组建全国文明单位网络文明传播志愿者小组,开展各类志愿服务活动,推动志愿服务活动常态化、规范化。

网络文化管理。以“创建文明城市 建设秀美宣城”为主题,精心组织“网友看宣城”系列宣传活动,开展“走进城市建设”“参与文明创建”“感受生态园林”“携手共建家园”“展示美好形象”五期采访,共组织网友 90 余人现场观摩采访,发主题帖 130 余个,宣传图片 1300 余张,视频链接 4 个,帖文浏览总量 20 余万人次,引导广大网友积极投身文明创建活动。在全市各类网站开设“文明创建”“坚守七条底线”等专题,形成网上网下共同支持创建、参与创建、合力创建的良好局面。坚持舆情监管制度,扎实做好网上舆情监测监控,对涉皖、涉宣突发敏感热点舆情、微博实行 24 小时全天候监控,做到早发现、早报告、早处置,成功引导了“白改黑”“宁国 PS 事件”等敏感和突发事件,确保网络舆情态势平稳发展。加大网络舆情研判,共编发《互联网舆情快报》85 期供市委、市政府和有关部门决策参阅。进一步推进网络政民互动工程建设,今年以来,80 个上线市直单位共回复网友 3893 个问题,回复率达 99.6%以上,及时有效地解决广大网友的合理诉求。举办实时在线交流和网络视频在线访谈,截至年底,共举办

15期网络实时在线交流，现场回复网友问题600个。督促并组织市直各单位开通政务微博，政务微博(腾讯)“宣城发布厅”已正式开通上线，全市已有47个市直单位开通政务微博，3个市属媒体官方微博。截至11月底，各类论坛共删除恶意刷帖1000余条不良信息，确保网上信息传播健康有序。

【第六届中国(宣城)文房四宝文化旅游节】2013年9月29—30日，第六届中国(宣城)文房四宝文化旅游节在宣城市成功举办，这是宣城市连续举办的第六届文化旅游节，是该市近年来发展繁荣文化事业的一项重大举措、倾心打造“文化宣城”的一个缩影，已成为省内著名品牌节庆活动。本着节俭、传承、携手的原则，本届节庆共安排了开幕式暨宣城市首届“幸福欢歌”群众文艺汇演、投资环境推介暨招商引资项目签约仪式、中国文房四宝城开园、《中国梦》特种邮票、《中国梦》邮票徽墨首发、文房四宝文化传承、淘宝网“特色中国·宣城馆”开馆等系列活动，取得良好效果。

【宣城市4个村入选省级文化乐园试点】2013年5月23日，中共宣城市委、宣城市人民政府制发《关于全市乡村“文化乐园”建设的意见》，决定在全市建设乡村文化乐园。2013年入选省级农民文化乐园试点的4个村(宁国市云梯乡千秋村、胡乐镇鸿门村，绩溪县上庄镇宅坦村、临溪镇孔灵村)按照“一场、两堂、三室、四墙”的场所设施配套基本功能布局，以改扩建为主、新建为辅，加大村文化活动室、农家书屋、文化信息资源共享工程村级服务点等文化惠民工程和乡村学校、留守儿童活动室、农民体育健身工程的整合力度，适当增加建设具有本地特色的文化设施。除选定的4个村为省级文化乐园试点外，还另外选择24个省级美好乡村重点示范村作为县(市、区)级农民文化乐园试点，按照文化乐园的标准实施建设，以农民文化乐园建设为圆心向外辐射，带动省级美好乡村重点示范村文化中心建设。

宣州区

【文化概览】宣州秦时置县，1987年撤县建市，2000年撤市设区。辖4个乡、14个镇、8个街道办事处，面积2585平方公里，人口86.6万。2013年，全区文化事业全面推进。广电村村通工程投入173.4万元，完成289个20户以下已通电自然村5058户建设任务。公共文化服务信息化建设投入80万元，建成15个乡镇、1个社区公共电子阅览室。开展农家书屋工程图书增补、配送上架工作。全年农村公益性电影已放映2325场次。区文化馆馆舍面积1900平方米，年活动经费达15万元。区图书馆馆舍面积1800平方米，年购书经费达15万元，被文化部评定为二级馆。广泛开展农民文化乐园(重点示范村文化活动中心)规划建设，全区8个省级美好乡村重点示范村都建有室内综合文化活动场所等。开展“美好乡村”“中国梦”系列演出及“送欢乐下基层写春联”活动。举办宣州区第八届群众文化艺术节、第四届人力资源招聘会、第六届文房四宝文化旅游节宣州区专场演出、首届全区中老年歌手比赛和宣州区第五届龙舟赛等群众性文化活动。

文物保护。省保单位“景德寺塔”维修工程通过省文物局验收，梓童阁复建工程进入招标阶段。实施了省保单位水东“花戏楼”维修工程。对水东“大夫第”、狸桥“新四军二支队司令部”旧址进行维修测绘，对文昌“梅既昌宅”、新田“梅氏老宅”、溪口“谭氏老宅”进行测绘设计。制定省重点文物保护单位“梅清墓”保护规划及利用规划。遴选“朱桥板龙、济川东河高跷、水东蜜枣、皖南木榨油”4项市级非遗申报第四批安徽省非物质文化遗产，新增“仁义马灯”等6项市级非遗。

文学艺术创作。精心编排戏曲歌舞表演《中国功夫》、音乐快板《创建文明谱新篇》等，组织一批重点作家，积极参加全省第二届小说大赛和首届散文大赛。区文联组织作家在《安徽文学》刊发“地方文学方块”，充分展示宣州作家整体实力。小品《山里的海》获全省“江淮群星奖”，并作为安徽省唯一的节目参加第十届中国艺术节“群星奖”复赛比赛。舞蹈《留守儿童的梦》参加全省“六·一”少儿文艺调演比赛获得表演二等奖。女声独唱《江南江北我的家》、笛子独奏《秦川情》分别获得省第十届艺术节比赛三等奖。节目《山里的女人喊太阳》《阿婆的幸福生活》在第二届全省社区服务文艺调演比赛上分别获得声乐类、广场舞类一等奖。区摄影家协会组织开展了“环卫杯”摄影月赛，启动了“印象水阳”摄影大赛。组织书法家参加全国书协展览和安徽省第十一届少儿书法展览。2013，宣州区获省级“文学创作先进县”称号。区书协被省书协评为全省优秀书协，殷海书等3人被评为全省富有发展潜质的优秀青年书法人才。

文化产业发展。2013年全区文化产业增加值10.31亿元，其中规模以上企业增加值2.5亿元，占GDP比重5.5%。被列入省“861”项

皖南皮影

目的文化产业项目11个。2013年底,全区各类文化产业在建项目12个,预计总投资54亿元,其中南漪湖昆山生态旅游项目总投资29.7亿元,已投入资金5000万元。小城故事文化生态中心总投资2.5亿元,已投入资金8000万元。溪口宣笔苑、水东皖南皮影博物馆及皖南民俗展示中心、狸桥南漪湖昆山生态旅游投资项目、养贤汇贤文化生态观光园、宣城水上乐园等项目进入建设阶段。新田镇梅氏文化园、黄渡柏枧山文化旅游生态基地、周王镇胡家滂古宣纸遗址文化旅游项目以及大豪生态园等项目也在积极规划建设之中。

【文物和“非遗”保护】2013年,宣州区启动第一次全国可移动文物普查工作。全区共调查国有单位183家,其中反馈有文物的国有单位3家,即区档案局、区文化广电新闻出版局和洪林镇南湖村民委员会,可移动文物数量500件(套)左右。开展水阳江下游流域文物保护和挖掘,共收集约1000件文物标本,其中瓷器标本为宣州古窑址群的研究提供了珍贵的实物资料。2013年,全区申报4项省级非物质文化遗产项目:水东蜜枣、皖南木榨油、朱桥板龙、东河高跷。其中,水东蜜枣、皖南木榨油2个项目获省文化厅批准命名。组织宣木瓜、放河灯、洪林锅巴烘焙技艺申报市级非物质文化遗产项目,宣酒、皮影、皖南剪纸、皖南木雕申报安徽省第二批非遗传习基地。

宁 国 市

【文化概览】宁国市位于安徽省东南部,天目山北麓,连接皖浙两省七县市,市域面积2487平方公里,人口38万,综合经济实力自2000年以来连续多年居安徽各县(市)首位。

宁国市有较为深厚的人文历史资源、文物古迹资源、民俗民风资源,涌现出七大文化现象(儒释道文化、红楼梦原型文化、移民文化、畲族文化、山水生态文化、观赏石文化、上海小三线遗存文化)。截至2013年年底,全市有县(市)级非遗保护项目84项、市级非遗保护项目12项(蚌壳舞、采茶舞、苗氏民间吹打等)、省级非物质文化遗产保护项目3项(云梯畲族民歌、畲族婚嫁习俗、宁国龙窑制陶技艺);市博物馆馆藏文物1万多件,其中国家级一级文物6件;有县(市)级文物保护单位23处,其中仙人塔和毛竹山、官山遗址2013年晋升国家级重点文物保护单位。全年文化产业增加值占GDP的4.2%。

公共文化建设。2013年文化事业费投入950万元,比上年增长14.46%;人均文化事业经费达25元,高于全省平均水平。市图书馆建立独立的典藏室,并对价值15万元的《四库全书》进行详细编目;添置VPN虚拟网专用设备,实现与安徽省图书馆VPN联通。为进一步拓展延伸服务,继拘留所服务点、西津警营分馆之后,5月17日,图书馆在市看守所又建立一个服务点。7月中旬,图书馆被授予“巾帼文明岗”称号。11月上旬,全国公共图书馆第五次评估定级工作结果公布,图书馆顺利通过复评,获评国家“一级图书馆”。全年置办新图书5800余册,新办读者证1600多个,持证读者总数达8500多人;书刊累借册次约38万册,总流通人次达32万,网站累计浏览人数已达41万。

文化民生工程。广播电视“村村通”、公共文化服务信息化建设、农村文化建设专项补助、公共文化场馆开放共四项省民生工程建设任务全面完成,获2013年全省民生工程三等奖。全市共建有16个乡镇综合文化站。建成后的综合文化站面积均达到350平方米以上,“四室一厅”(图书室、电子阅览室、电教培训室、办公室、多功能活动厅)功能俱全,设备完善,并配备专职人员。全年全市16个乡镇综合文化站和103个行政村充分利用文化阵地，开展形式多样的文化惠民活动，共举办农村文化惠民公益演出538场次，文化信息共享工程村级服务点开展培训、文化娱乐活动692场次，开展体育活动520场次，放映公益性电影1322场，累计观看人数达23.0万人，进一步丰富了广大市民的精神文化生活。截至2013年年底，云梯千秋、胡乐鸿门两个省级农民文化乐园示范点已经高标准建设完成，青龙乡青龙村、港口镇山门村等5个市级农民文化乐园试点村建设也按时间节点全面完成建设任务。

群众文化活动。组织文艺人才开展形式多样的文化艺术活动36场。2013年3月，由本市选送的畲歌《畲乡三月三》在中国非物质文化遗产保护中心、浙江省文化厅、景宁畲族自治县人民政府共同主办的以“走进神奇畲山，唱响多彩畲歌”为主题的中国畲族民歌大赛上，获得铜奖；6月，由宁国市文化馆选送的书画作品在2013年安徽省六·一少儿书画大赛活动中共获得一等奖7名、二等奖11名、三等奖30名，同时被大赛组委会评为优秀组织奖；10月，本市《畲山盘歌会》《诗韵宣城》等节目参加第六届中国（宣城）文房四宝文化旅游节开幕式暨宣城市首届“幸福欢歌”群众文艺汇演，分别获节目一、二等奖及优秀组织奖。

文化产业发展。全市有文化经营单位231家。其中歌舞娱乐场所20家、电子游戏室35家，网吧29家、音像店33家、出版物经销37家、文艺表演团体4家、演出经营场所1家、印刷单位68家、电影放映单位3家。基本形成了文化演艺、网络文化、文化娱乐、新闻出版、印刷、文化用品，文化动漫产品研发等7个门类在内的文化市场发展格局。恩龙世界木屋村、金太阳集团、千秋畲族风情园3家为安徽省文化产业示范基地，分别从不同层面引领带动全市文化产业发展，不断挖掘当地优势文化资源，宗杲文化园、架云轩文化创意产业园等8个文化旅游重点项目，年度总投资3.9亿元，形成了儒释道文化体验、旅游休闲度假、乡土文化娱乐等多元文化业态，多轮驱动全市文化产业发展。

仙人塔

【仙人塔和毛竹山、官山遗址列为全国重点文物保护单位】仙人塔位于宁国市仙霞镇龙亭村村南冲口之峭壁上，距市区约50公里。1987年安徽省文物考古研究所对该塔进行全面勘察与测绘，认为现存该塔建修于南宋绍兴十三年(1143)，清康熙乾隆年间曾大修过，是古塔中研究价值很高的文物。像这样多的完整铭文保存下来，在全省尚属罕见，在全国也不多见。2003年、2006年分别对塔刹、塔基进行了维修。1981年仙人塔载入《中国名胜辞典》；1982年被公布为县级文物保护文物；1988年4月，被公布为省级文物保护单位；2013年3月被公布为全国重点文物保护单位。

毛竹山、官山遗址，位于宁国市西津街道办事处罗溪村境内，距城区4.5公里，坐落在一条由西南至东北走向的陇岗上。毛竹山遗址面积约50万平方米，由1100多件砾石和石制品构成砾石环带；在环带体上存在一批由砾石和石制品构成的直径20~40厘米的小圈，统计编号20个；遗迹中共发现石制品154件。遗存埋藏在网纹红土的底部，地质时代为中更新世中期，距今约60万年。此类现象在中国旧石器时代早期尚属首次发现。官山遗址面积约45万平方米。两遗址东北—西南相距约500米，是长江下游地区发现的第一个露天类型的旧石器地点群，填补了长江下游地区古人类露天生活遗迹的空白，为我们提供了研究旧石器时代早期人类露天生活的珍贵材料和重要信息，其价值十分重大。1998年初，该处遗址被公布为县级文物保护单位，同年5月被公布为省级文物保护单位，2013年3月被公布为全国重点文物保护单位。

郎 溪 县

【文化概览】郎溪古称建平,宋瑞拱元年(988)置县。地处安徽东南部,与江苏省溧阳市、南京市高淳区接壤,是中国绿茶之乡。面积1105平方公里,人口34.5万,辖7个镇、2个乡。郎溪县拥有文化馆1个、乡镇综合文化站12个、农家书屋107个、农民文化乐园5个、公共电子阅览室26个、村级文化信息资源共享工程服务点93个;有公共图书馆2个,馆藏图书8.8万册,其中,县图书馆为国家一级图书馆,郎溪经济开发区农民工图书馆为安徽省首家农民工图书馆;有博物馆1个,馆藏文物1000余件,其中,国家一级文物1件、二级文物3件、三级文物152件;有地面文物近200处,其中,全国重点文物保护单位2处,省级重点文物保护单位5处;入选省级非物质文化遗产名录6个、市级非物质文化遗产名录6个;有民营剧团10余个,个体民间艺人150余人,农村文化中心户980多家;有广播电台1座,综合人口覆盖率达99%;有电视台1座,有线电视用户9.81万户,其中,数字电视用户1.21万户,电视人口覆盖率达99%。

文化产业发展。全县规模以上文化企业达15家,安徽檀雨玩具有限公司连续两年跻身"安徽民营文化企业100强"。初步形成以文化旅游业、传媒业、图书销售业、体彩业、演艺娱乐业、网络服务业和玩具产业为主导的文化产业发展格局。拥有各类性质的文化经营单位200余家,从业人员近7000人,年产值近4亿元。

文化惠民工程。2013年,高起点、高标准建成5个农民文化乐园;完成6个电子阅览室、93个文化信息共享工程村级服务点建设;完成县博物馆二期维修、陈列布展及安防系统安装;完成广播电视发射塔基础设施附属工程二期改造;县内公共文化场馆全部实现免费开放。农村文化建设专项补助支持开展各类农村文艺演出644场,受益农民群众达10余万人次;农家书屋更新出版物12462册;连续5年超额完成农村公益电影放映任务。

群众文化生活。围绕城镇化与中国经济、青年发展与中国梦、宗教现象与宗教知识、当前经济形势与重大改革发展问题等热点话题,举办"郎川人文大讲坛"专题讲座4期。成功举办"中国休闲小城"文化旅游月系列活动,组织开展安徽作家郎溪文化之旅采风、张大千亲人回乡省亲等活动,郎溪合唱节、"郎溪之春"文艺晚会、民俗文化贺新春、美好乡村运动会、"郎溪最强音"等群众性文体活动精彩纷呈,地方特色文化品牌影响力不断彰显。

对外新闻宣传。2013年,共接待各级主流媒体52批次,在市级以上媒体刊发新闻稿件1134篇(条)。其中,《人民日报》发稿8篇,中央电视台新闻频道赴郎溪两次现场直播连线、央视七套两期专题节目和《新华每日电讯》专版报道郎溪。完成文明创建宣传片和美好乡村画册制作,完成9个乡镇政务网站建设,开通《电视问政》栏目。

精神文明创建。精心提炼并大力倡导"川纳百智、崇德尚信、勇于担当、追求卓越"的新时期郎溪精神。紧扣社会主义核心价值体系主线,组织开展"中国梦"主题宣传教育活动和各类道德实践活动、群众性创建活动及志愿服务活动,创设郎溪好人长廊、社区星级志愿服务广场,全县注册志愿者达1.13万人,两人次入选"中国好人"及候选人。坚持完善县领导联系县直单位分片监管创建制度,组织实施城市建设"5423"等4项工程和环境卫生等6项整治,开展县直单位与社区联点共建、规范城区殡葬、文明交通劝导等系列活动,成功承办全省文明城市测评体系培训会(南片),高标准通过第三届省级文明县城测评。积极推行农村垃圾分类减量试点,大力构建农村清洁工程长效机制,农村环境卫生持续改善。

【郎溪县新增2处国保文物单位】

第四届郎溪合唱节

2013年，国务院核定公布第七批全国重点文物保护单位名录，古徽道东线郎溪段(宋至民国)、郎溪县建平镇土墩墓群(西周至战国)成功入选。近年来，郎溪县文物保护部门积极贯彻“保护为主、抢救第一、合理利用、加强管理”的工作方针，既注重有效保护、夯实基础，又注意合理利用、发挥效益，在保护利用中实现传承发展，认真做好重点文物保护单位的保护、管理和合理利用工作，不断开创文物工作新局面。

【郎溪县图书馆被评为“国家一级馆”】2013年，在文化部第五次县级公共图书馆评估中，郎溪县图书馆被评为县级一级馆。该馆建于1979年，现馆藏图书8.8万册、电子图书40万册、电子期刊2500种，开设有电子阅览室、外借室、少儿阅览室、老年阅览室、报刊阅览室、多媒体室、公共数字体验区，实行全年免费开放。2009年建成自动化管理系统，全面实现了图书采编、检索查询、流通管理的自动化。

泾　县

【文化概览】泾县辖9个镇、2个乡，面积2054平方公里，人口35.67万，是著名的“中国宣纸之乡”“中国宣笔之乡”和“中国木梳之乡”，新四军军部、中共中央东南局旧址所在地及震惊中外的“皖南事变”发生地。现有国家级重点文物保护单位5处、省级重点文物保护单位10处、市县级文物保护单位37处、其他文物789处。有人类非物质文化遗产项目1个(宣纸制作技艺)、国家级非物质文化遗产项目1个(宣笔制作技艺)、省级非物质文化遗产项目5个、“非遗”专题博物馆1个(中国宣纸博物馆)，有国家级“非遗”项目代表性传承人2人、省级传承人9人。

公共文化建设。2013年，泾县文化建设投入资金近6000万元。其中各类文化遗产保护资金5000多万元、11个乡镇综合文化站55万元、4个纪念馆463万元、泾县图书馆20万元、泾县文化馆20万元，132个行政村农村文化建设补助130万元（主要用于文化信息资源共享工程村级服务点、农村文艺演出、农家书屋运行维护、农村电影放映、农村体育活动等）。制定《泾县农村文化建设专项补助实施方案》和《泾县2013年度农村文化建设工作专项考核奖励办法》，在全县132个村实施农村文化建设民生工程。实施7个“文化乐园”和重点示范村文化中心建设，完成农村公益数字电影放映和41个20户以下已通电自然村广播电视“村村通”建设任务。制定出台《泾县公共文化场馆免费开放实施办法》，县图书馆、文化馆、11个乡镇综合文化站、4个博物馆(纪念馆)对外免费开放。做好图书馆评估定级和网站建设工作，建立公共电子阅览室和图书流通网点。

文化产业发展。成立泾县文化产业招商局，编制完成《泾县文化产业招商引资指南》，《泾县文化产业发展规划(2013—2020年)》通过专家评审并经县政府公布实施。中国宣纸文化产业园和泾县丁家桥宣纸书画纸文化产业园入选省委宣传部“四个一”项目(文化园区)。2个文化产业项目入选省“861”行动计划项目。中国宣纸集团公司上市工作稳步推进，中国宣纸博物馆、文房四宝大市场项目建设进展顺利。中国宣纸集团公司特种宣纸研发和检验检测平台项目列入2013年国家产业振兴和技术改造计划。泾县丁家桥镇被授予“中国宣纸、书画纸基地”特色区域称号，该镇宣纸、书画纸(古法宣纸)产业园开工兴建。千年古宣和常春纸业2家企业入选2012安徽民营文化企业“百强”。中国宣笔文化园完成项目规划设计、土地征用工作，年底进入开工建设阶段。桃花潭畔文化商业街等4个超亿元文化旅游项目正式开工。

文化遗产保护。文物保护与非

黄田古村雪景

遗传承工作稳步推进。黄田村古建筑群文物维修样板工程正式启动，一期7个文物点的维修方案已获批，争取项目资金2000多万元，二期12个文物点的维修方案编制也已获得批准立项；水西双塔、黄田村古建筑群两处国保单位保护规划通过国家文物局审批；小方塔、二甲祠、东南局旧址维修方案及查济古建筑群消防方案已获准，共争取资金近2000万元；王稼祥故居被国务院公布为第七批国保单位；确定茂林花砖制作技艺、榔桥木梳制作技艺等7项申报第四批安徽省非物质文化遗产名录。

文明城镇建设。成立高规格的“文明县城争创工作指挥部”，制定创建省级文明县城工作方案，设立“文明创建以奖代补资金”，建立路段长责任制、“联点共建”、联合执法、督办和约谈制度，细化分解创建工作任务。出台《泾县城区容貌标准》《泾县城区市容及环境卫生管理办法》等文件，对7条城区进出口路段、城区主要街道、集贸市场、背街后巷、交通秩序等进行集中整治。在县广播电视台、《泾县报》和县新闻网同步推出《文明泾川》《文明创建大家谈》《曝光台》等系列专栏。在城区进出口和重要路段广泛设置大型户外公益广告。以国省道沿线、集镇街道和美好乡村创建示范点为重点，进一步推进农村清洁工程垃圾处理全覆盖和垃圾处理工作常态化。

精神文明建设。2013年，坚持示范引导，开展“月评精神文明先进先进事迹”“身边好人”、首届道德模范、“泾县最美志愿者”“文明公交车和文明出租车”“十佳美德少年”等系列评选活动，开辟泾县好人长廊，评出县级精神文明先进事迹36件，入选市级“身边好人”17件、“安徽好人”3件、“中国好人”2件。王稼祥故居纪念馆、中国宣纸博物馆被评为第四届安徽省爱国主义教育基地。泾县常态化开展志愿服务活动，确定每月最后一周的周五下午为全县志愿服务日，网上注册志愿者达8100余人。开展“百城万店无假货”示范店、示范街、示范市场、文明经营户创评活动，抓好文明单位、文明村镇、文明社区、文明景区和五好家庭等细胞工程建设，开展“文明餐桌”创建活动，提升市民素质。加强青少年思想道德水平建设，举办泾县首届“十佳美德少年”评选、优秀童谣评选和传唱第十九届“学雷锋、做有道德的人”青少年爱国主义读书教育活动，10名选手在市级获奖，并获全国组织工作优秀奖。依托“道德讲堂”阵地，开展道德模范和身边好人的学习、宣传、评议活动。

【黄田古村落整体保护被列为为全国文物维修保护样板示范工程】2013年2月1日，泾县黄田村古村落整体保护被国家文物局列为全国文物维修保护样板示范工程(全国仅3处)。始建于宋代的泾县黄田村，现存清代古建筑40余处，河岸和道路全部是石块砌筑，河上还架设石桥十多座。黄田村古建筑群的建筑设计和营造被认为是集清代建筑艺术、技术之大成，是古代皖南民居建筑精品的代表作。示范工程试点的建设内容主要包括：古民居单体的修缮保护，古民居消防、技防、防雷设施建设，古村落环境整治和历史风貌的恢复等。国家文物局已委托中国文化遗产研究院、北京国文琰文物保护发展公司承担该项工作。

【王稼祥故居入选第七批全国重点文物保护单位】2013年5月10日，第七批全国重点文物保护单位公布，王稼祥故居名列其中。王稼祥故居位于泾县桃花潭镇厚岸村，距县城37公里。故居系清末民居建筑，砖木结构，坐东朝西，位于柳溪岸边。宅前有门楼，挨门楼砌垣墙连正屋，构成前庭院，右侧是书房，左侧是花园，以一道矮墙间隔，迎面正屋，两居一厅，两边住房，门窗是雕刻花纹图案，中间为厅堂，后有厨房。故居中陈列着王稼祥青少年时期的生活和学习用具，展出了王稼祥一生中主要革命活动照片，供人们参观瞻仰。

旌 德 县

【文化概览】旌德县位于安徽省南部，与黄山区、绩溪县、泾县、宁国市接壤，面积904.8平方公里，人口15.1万，辖10个乡镇，是中国灵芝之乡、中国苎麻之乡、国家生态示范建设试点县、全国绿色小康县、中国十佳休闲养生旅游县、中国最具投资开发价值旅游县、皖南国际旅游文化示范区的核心区、安徽省首批平安县、安徽省首批生态县。境内江村景区为国家4A级风景区、中国历史文化名村、全国重点文物保护单位、中国红色旅游经典线路。唐宝应二年(763)旌德置县。现有国家级重点文物保护单位2处、省级保护单位3处、省级非物质文化遗产2项。2013年，全县文化产业总产值6000余万元，比上年增长20%。

群众文化生活。“两节”期间，组织书法家、文艺演出队先后到三溪镇路西村、孙村乡玉屏村、县城梓山广场，为群众书写春联，演出京剧、音乐、舞蹈等文艺节目。举办全县巾帼风采健身舞大赛、“扬清风正气、迎国庆佳节”演讲比赛、

“书香伴我行”读书有奖征文比赛和旌德建县1250周年书画摄影展。成功举办元宵灯谜晚会，安排800多条谜面，进行了龙狮表演，观众近万人。为纪念旌德建县1250周年，组织了民俗民风展演，把失传多年的《竹马灯》《哭嫁》和《打棍求雨》等民俗文化又展现在人民群众眼前。举办了纪念毛泽东诞辰120周年百人书法展演、诗词朗诵会、文艺晚会等活动，共征集歌曲、小品、快板等文艺原创作品5件。“第六届中国(宣城)文房四宝文化旅游节旌德书画展”在县青少年活动中心展出，展出各类书画作品60件。

公共文化体系建设。公共文化投入890万元，完善县域公共文化服务体系建设。其中，投入150万元对国保单位江村古建筑群周边环境进行整治；投入110万元对国保单位旌德文庙进行修缮，对文庙戟门、乡贤祠、名宦祠进行维修；投入70万元对县保单位肇修堂建行维修；投入500万元，修建17个村级文化广场；投入40万元用于公共文化馆、图书馆全部免费开放，保障全县公共文化活动的正常开展；投资20万元，对县级电子阅览室进行升级改造。

文化民生工程建设。投入415万元，用于完善基层文化基础设施。投入45万元完成90个20户以下已通电自然村通广播电视工程建设任务，安装用户239户，发放直播卫星接收设备1046套(户)，解决了全县边远小村的收看收听广播电视节目难的问题；投入20万元建设4个乡镇公共电子阅览室；投入50万元用于乡镇综合文化站开展基层文化活动，丰富了乡村文化生活；投入300万元建设高山无线发射台(站)工程，完成了发射塔(站)选址、土地征购，场地平整等基础设施建设。

精神文明建设。开展月评精神文明先进事迹和首届旌德好人评选表彰活动。加强未成年人思想道德建设，利用重大活动、重要纪念日、节庆日集中开展宣传教育活动，建立健全学校、家庭、社会“三结合”的教育机制。在全县青少年中组织开展了“中国梦，我的梦”主题教育以及青少年爱国主义读书教育活动，积极组织优秀童谣推荐评选和市级征文等比赛活动，均获良好成绩。完成三溪小学、俞村小学少年宫建设，开展“十佳美德少年”评选表彰活动。开设道德讲堂，用身边事教育身边人。开展群众性创建活动。组织文化、医疗、科技等系统百名志愿者开展三下乡活动，赠送科技资料、图书5000册（份），送春联近万幅，表演文艺节目11场。完成青年志愿者的统一注册，开展“学雷锋”活动月系列活动、网上祭英烈活动，组织全县各级文明单位千名志愿者开展“学雷锋争当志愿者、讲奉献建秀美旌德”集中行动、义务植树活动、“文明交通行”活动。指导建立了法律服务、医疗服务、电力先锋、消费者维权等15支志愿服务队，开展“群众在我心中”系列服务活动。开展省级文明县城创建活动。开展了环境卫生、交通秩序、商贸秩序、乡镇集镇环境等专项整治。广泛开展争创工作宣传，多次安排宣传车巡城宣传，组织百余名志愿者开展文明劝导活动，制作《旌德县市民文明手册》向全县人民发放。加快美好乡村建设。整合项目资金1.02亿元，加大农村基础设施投入，加快美好乡村示范带建设。提升美好乡村创建村7个，新创省、市级美好乡村10个，总数27个，覆盖面达43%。提升农村垃圾处理全覆盖成果，全县农村垃圾处理市场化率60.3%，农村垃圾分类减量处理试点顺利。版书、俞村、蔡家桥、孙村等4个各具特色的皖南风情小镇建设初见成效。

旌德县首届县直机关运动会

【旌德县图书馆被评为全国二级图书馆】4月14日，市文化主管部门对县图书馆进行全国第五次图书馆评估。经实地考察评估，对该县图书馆新书藏量、场地面积、读者人数及办公设备等指标进行考核，通过二级图书馆等级评定。

绩 溪 县

【文化概览】绩溪县位于安徽省东南部,辖11个乡镇,人口18万,面积1126平方公里。绩溪是联合国绿色产业示范区、首批国家生态建设示范区、中国徽菜之乡、中国厨师之乡、中国徽墨之乡、国家历史文化名城、徽州文化生态保护实验区、省级文明县城和2008北京奥运会火炬接力城市。

绩溪汉称华阳镇,属歙州,南朝梁大同元年(535)设良安县,唐永泰二年(766)置绩溪。势居"宣徽之脊",地处皖赣通衢,境内山水清秀,风光绮丽,自古儒风独茂,被誉为"东南邹鲁",是徽文化的核心区。绩溪素以"邑小士多,代有闻人"著称于世。明代有抗倭名将胡宗宪,清代红顶商人胡雪岩、徽墨大师胡天注,近代有世界著名学者胡适,新中国成立后有洪德元、章基嘉、鞠躬、方荣祥等4位院士。现有国家级自然保护区1处,5A级景区1处,4A级4处,3A级4处,省级风景名胜区1处,国家级重点保护文物单位4处、省级13处。徽墨制作技艺列入首批国家级非遗名录,徽剧、徽菜、秋千抬阁等14项列入省级名录。有国家级非遗传习基地1家、省级3家,徽州文保区4家,国家级代表性传承人1人、省级代表性传承人13人。

文化事业和文化产业。2013年,出台《绩溪县建设文化强县三年行动计划》,在全县开展"七个十"工程,指导文化产业发展。新增绩溪胡开文墨业有限公司为省级文化产业园区(基地),3家企业入选2013年度安徽民营文化企业100强,5个文化产业项目列入省"861"行动计划项目。在全县大力实施了农民文化乐园建设试点工作,完成2个省级农民文化乐园建设试点村和9个县级启动村的建设任务,并在城区5个社区开展社区"文化乐园"建设。成功举办"龙川杯"全国摄影大赛、省级"无梦徽州 醉美绩溪"风情摄影大赛、"美好家朋杯"田园风光摄影艺术大赛和2013中国绩溪"金山时雨杯"摄影艺术大赛,审评并首批挂牌"绩溪县百佳摄影点"22家。宋多健创作的戏曲作品《佛门碧血》获第八届全国戏剧文化奖铜奖。绩溪博物馆正式开馆,徽杭古道、奕世尚书坊及胡炳衡宅、上庄古建筑群等3处文保单位成功申报国家级重点文物保护单位,新增3项省级、4项市级非遗项目,助推文化强县工程。

公共文化建设。投入8000多万元,建成全省一流的县级博物馆——绩溪博物馆,并于2013年11月30日正式对外开放。县文化馆举办各类群众文化活动达60余场次,参加人次近6万。县图书馆全年为市民办理图书借阅服务达8万人次,并组织各类讲座28次,听众4000余人次。农村电影放映共1000余场次,观众达8万余人次。

文化民生工程。完成广播电视村村通、公共文化服务信息点建设、公共文化场馆开放、农村文化建设专项补助4项民生工程。全面完成6个乡镇、28个自然村、409户广电村村通任务。投入25万元,建成5个乡镇综合文化站公共电子阅览室,方便群众上网学习和查阅资料。全县农家书屋补充更新书籍共计1万余册。农村文艺演出团体活动有序开展。县级公共文化馆、图书馆、乡镇文化站免费开放,补助款均及时拨付到位。

精神文明建设。开通《文明创建手机报》,开展先进典型的选树工作。在全县开展月评"绩溪好人"、季评"志愿服务标兵"活动,在全县打造"好人大道""好人广场"及"志愿服务标兵示范街";在两会期间举办"道德之光感动绩溪"绩溪县第二届道德模范颁奖晚会;文明办联手华阳镇在2013年7月和12月分别在和谐广场、高迁村农民文化乐园举办"华阳好人"室外现场推荐会、表彰会,在城区反响热烈;启动"道德关怀行动",组织各级文明单位大力开展慰问贫困好

秋千抬阁参加中国徽菜之乡美食节演出

人及道德模范活动，受到社会一致好评。2013年，全县共有30人当选“宣城好人”，位居宣城市第一，其中1人当选“感动宣城”十佳人物、1人当选“中国好人”。以“保全省创全国”为目标，扎实开展第三届省级文明县城创建工作。推进“百城万店无假货”示范街、示范店创建。进一步壮大志愿者注册队伍，2013年全县注册志愿者达2543人，参与各类志愿服务活动人数达15600余人次，以“三关爱”为主要内容的志愿服务活动广泛开展。

【绩溪·第五届中国徽菜之乡美食文化旅游节成功举办】11月29日，绩溪·第五届中国徽菜之乡美食文化旅游节隆重举行。本次美食文化旅游节以“品味经典徽菜、畅游秀美绩溪”为主题，本着喜庆、节俭、安全的原则，围绕提升“生态、文化、名人”三大品牌为主线，通过美食、文化和经贸旅游三大版块17项子活动，充分展示绩溪作为国家历史文化名城的丰富内涵。美食版块有：赛琼碗、全国风味小吃及徽式乡村小吃展、“金徽厨”职业技能大赛、安徽省名厨群英会、绩溪酒店特色宴席展、“徽厨回娘家”座谈会等。文化活动有：“中国梦·徽山情”群众文艺汇演、“徽韵流芳”民俗游艺、绩溪博物馆开馆、“大美绩溪·锦绣龙川”全国摄影大赛作品展、徽剧宗师纪念会暨徽剧专场演出等。经贸旅游活动有：经贸旅游推介会及招商项目签约、绩溪特色农产品暨旅游商品展销会、精品旅游线路宣传推介和旅游景点开放日活动。节庆期间，文旅融合、经贸唱戏，系列活动亮点纷呈，擦亮文化名片，推动区域经济文化的传承再造。八方宾客汇聚皖南，重温徽州饮食文化历史，以绩溪为起点，体验古徽州饮食文化形态的交融发展，促进旅游、餐饮、食品等服务业、制造业和文化产业合作共赢。

宿 松 县

【文化概览】宿松县位于安徽省西南部，与湖北省黄梅县、蕲春县毗邻。辖22个乡镇，面积2394平方公里，人口84万，是中国民间文化艺术之乡和中国诗歌之乡。

文化惠民工程。编制全县2013年广播电视村村通工程实施计划，明确实施方式和范围。到9月底，全部完成398个点的建设任务，完成投资420多万元。对全县25个美好乡村建设中心村进行重点帮扶，共投入专项补助资金90多万元。县图书馆、文化馆、博物馆、22个乡镇综合文化站全部实行免费开放。县图书馆被评为“国家一级图书馆”。县文化馆组织业务人员到乡镇文化站进行辅导，常年开设少儿剪纸、成人舞蹈、成人国画培训班和音乐乐理知识免费培训班。各乡镇文化站全面对外免费开展群众文化服务工作。博物馆不断提升讲解形式和水平，满足不同观众的需求，对残障以及年老观众实行专人陪护，观众满意度较高。至7月上旬，11个乡镇公共电子阅览室建设完成，并免费向社会公众开放。为每个村配发音像资料25盘、活动补助800元，为美好乡村建设点配送电脑2台(套)。为美好乡村农家书屋每家更新出版物333册，为其他农家书屋每家更新出版物74册，合计更新出版物22015册，支出33.6万元。组建6个流动电影队、2个机动电影队，深入22个乡镇巡回放映，共完成2292场。

广场表演活动

群众文化活动。成功承办宿松首次春节联欢晚会，宿松广播电视台进行现场直播，宿松新闻网、宿松政府网进行了同步播出。邀请美籍华人谈成林女士合作完成经典黄梅戏《罗帕记》，成功公演3天。

开展大型招聘服务演出及其他商业性演出10余场。县文化馆建立群众文化辅导点27个，并招募文化志愿者64名，开展送文化下乡、进社区6场次，并常年开设少儿剪纸、成人舞蹈培训班。常年活动的文艺团队有仙田艺术团、同乐艺术团、老年大学艺术团等10个民间团体。县博物馆联合松兹小学、破凉初中、王岭职高举办“松兹风韵——宿松县博物馆进学校”活动，大量的文物实物、历史图片，让学生耳目一新，流连忘返。举办红色经典影片展播全暑期电影放映、留守儿童走进图书馆、“讲文明、树新风”中国梦系列宣传画展等活动，丰富文化共享资源服务内容，进一步满足人民群众的文化需求。

文物和非遗保护。积极联系相关部门对辖区内小孤山风景区、白崖寨风景区等旅游开发建设活动进行了全面检查。配合文化遗产日宣传活动，对全县县级重点文物保护单位进行安全检查。编制养英山庄修缮保护规划和技术方案，配合趾凤乡利用养英山庄筹建宿松农耕文化博物馆。开展文物征集工作，协同趾凤乡政府启动“国保”白崖寨第一期维修工程（延续）工作方案。制定全县不可移动文物总体保护规划，编制各级文物保护单位项目维修方案，完成第五批县保单位标志、说明牌制作安装和部分县保单位保护维修任务。加强文物行政执法力度，馆藏文物无安全事故发生，野外文物安全形势平稳。督促、指导完成县保单位“樟树湾祝家新屋”倒塌部分的恢复维修工作。对国有单位收藏、保管文物情况进行摸底排查工作。收集《宿松民歌》《许岭灯会》和《九井沟传说》3个项目资料，报送省文化厅参与第四批省级非遗名录评选。制定《宿松县非物质文化遗产代表性传承人考核办法（试行）》，实施传承人动态信息管理，并每周向主管局和县政府上报传承活动信息。

文化市场管理。制定出台《宿松县文化市场综合执法工作目标管理及考核制度》，明确执法队的工作目标任务，加强执法队伍日常管理，完善各项工作机制，文化市场执法日常巡查工作逐渐进入正轨。截至11月中旬，共出动执法人员190人次，出动执法车辆80余台次，立案查处案件12起，查处网吧接纳未成年人16例、民办学校非法出版1例。

广 德 县

【文化概览】广德县位于皖东南，地处皖苏浙3省8县(市)交界处，是安徽唯一与江浙两省同时接壤的县份，周边“两个半小时经济圈”内有上海、杭州、南京、合肥等4个省会城市和16个大中发达城市，是东进西出的桥头堡、南北经济的结合点，是华东沿海经济挺进安徽等中西部地区的第一站。全县辖5个镇、4个乡，人口51.5万，面积2165平方公里。

广德建县于东汉建安初年，至今有1800多年历史。广德历来是兵家必争之地，朱元璋、范仲淹、岳飞等名人都曾在此留下足迹。中原文化、吴越文化、徽文化在此交融，成就了豁达、包容、开放、热情好客的广德特色。地处黄山和天目山余脉交汇处，山清水秀、气候宜人，是中国竹子之乡、中国板栗之乡、“中国最佳休闲旅游县”“中国最美生态休闲旅游名城”“中国生态旅游百强县”“全国绿化模范县”“省级园林县城”“省级生态县”和“长三角最佳慢生活旅游名城”。

广德是安徽省直管体制改革试点县，拥有与市级同样的审批权限。广德是“全国区域带动力中小城市百强”“全国科技进步考核先进县”“中国金融生态县”“长三角最具投资价值县市”，并被列入“全省农村综合改革示范试点县”“全省新型城镇化试点县”“省级服务业综合改革试点县”等。

公共文化建设。截至2013年年底，全县有公共图书馆、文化馆、博物馆、广播电视台、体育馆、体育运动场、青少年活动中心、影视城各1个(其中图书馆、文化馆被评定为国家二级馆、博物馆被评定为国家三级馆)；9个乡镇和136个行政村(社区)分别实现综合文化站和农家书屋全覆盖，其中综合文化站省级达标一级站5个。有各类馆藏文物1500件，其中一级文物26件(套)、二级文物45件、三级文物349件。有不可移动文物343处，其中国家重点文物保护单位1处(天寿寺塔)、省重点文物保护单位11处。有省级非物质文化遗产项目3项（《广德民歌》《皖南根雕》《明德竹扇》)，市级非物质文化遗产项目11项。2013年12月，投资4.5亿元、建筑面积81150平方米的“五馆一院”（新图书馆、文化馆、博物馆、档案馆、城市规划馆和大剧院）文化中心开工建设。投资410万元建设的笄罩山广播电视无线发射塔全面竣工。

文化民生工程。2013年度，共承担公共文化服务信息化、农村文化建设专项补助、公共文化场馆免费开放、广播电视“村村通”等4项民生工程建设任务。县文化馆、图书馆、博物馆及9个乡镇综合文化站的公共文化场馆免费开放经费164万元，121个行政村的农村文化活动补助经费121万元，均按规定拨付到位。投资30万元建设的50个广播电视“村村通”建设点任务全面完成，投资20万元为4个乡镇电子阅览室进行了升级改造。

精神文明建设。广泛开展“寻找最美广德人”活动，逐步建立完善“找、评、赞、学、帮”好人评选工作机制，评选“最美广德人”75人。开展“十大年度人物”评选表彰活动、卢村乡“卢村的故事、身边的感动——找找最美卢村人”活动，试点评选表彰“乡村好人”，促进乡风文明建设。卢村乡笄山村民谈贤贵入选2013年9月“中国好人”。加强未成年人思想道德建设，开展“童心向党”“做有道德的人”等育人活动，全面落实留守儿童之家、乡村学校少年宫等实事工程。在省委宣传部等省直部门联合开展的全省青少年“建设幸福中国”爱国主义读书教育活动中，获组织工作一等奖，17名师生获个人单项奖，其中桃州四小余义翔同学在小学生讲故事比赛中获特等奖。

文明城镇建设。全年投入城市建设资金45亿元，城市形象显著提升。将县城区划分为21个片区，明确责任、分工协作，逐步建立起部门联动、全员参与的创建机制，印发文明创建倡议书2万余份、市民文明手册1.5万余份。各单位围绕公民道德、志愿服务、文明礼仪、城乡创建等方面，深入开展创建活动600余次，全面提升城乡公民素质，经营秩序、交通秩序和市场管理秩序进一步规范。以“六个一批”评创工作为抓手，推进乡镇创建工作。

美好乡村建设。投入资金1.76亿元，建成美好乡村示范村20个，创星提升村23个，整治重点村20个，南部乡镇美好乡村示范带基本形成。被列为全国美好乡村建设试点重点县。卢村乡获评“省级森林城镇”，东亭乡被评为“中国绿色名乡”。国家级生态县创建通过技术预评估，新增国家级生态乡镇2个，省级生态乡镇1个、生态村14个，被评为“长三角优秀自驾游目的地”“全国生态文明先进县”。

【原创歌曲《当我想你的时候》获第十届安徽省艺术节一等奖】2013年7月，在第十届安徽省艺术节上，广德县选送的歌手解本康（男声）原创歌曲《当我想你的时候》以总分第一名的成绩获得民族唱法组一等奖，这是广德县在省级重大艺术活动中获得的最高奖。

【乡土电视剧《山里的那条路》首映】2013年3月8日，广德县自编、自导、自演的乡土电视剧《山里的那条路》在县电视台首映。该电视剧讲述一名大学生村官为村里一事一议公益事业修建道路时所遇到的人和事。该县通过电视剧的形式，以身边人演身边的事，把民生工程一事一议财政奖补工作搬上荧屏，宣传党的惠民政策和基层干群的典型事迹。该电视剧在2013年度全国党员教育电视片观摩交流中获文艺片类三等奖。

【603探空火箭发射场旧址维修方案完成】603探空火箭发射场旧址位于广德县誓节镇茆林村云山水库之畔，桐汭河东岸，茆林山、罗汉山西北之山坳间。上世纪60年代初建成，是中国首个生物试验探空火箭发射场，又称603基地。包括发射控制室、发动机测试室、发射场坪发射架等十余个配套设施建筑。自1960年9月13日到1969年底，在603基地创造了中国航天史上多个第一，为中国探空火箭的发射研究积累了宝贵的经验，是中国探空火箭发祥之地，2012年3月，被省政府核准公布为省级文物保护单位。为更好地弘扬航天精神，开展爱国主义教育，将规划建设航天文化园，对原有旧址进行维修，新建遗址博物馆，建设航天体验项目。截至2013年年底，已经完成遗址维修方案的编制，并经省文物专家评审通过，航天文化园项目规划也在编制中。

迎春街工会巷出土的窖藏文物

大事記

□2013 年安徽文化大事记

2013 年安徽文化大事记

1 月

2 日　全省首家社会科学知识普及基地在黄山市屯溪区戴震纪念馆正式挂牌。

5 日　反映合肥改革开放 30 年奋斗史的电视连续剧《坝上街》在央视八套播出。该剧登上全国热剧风云榜第九位。

7 日　安徽省建立国家数字出版基地项目获批。

10 日　副省长谢广祥到宿州、淮北村镇社区，慰问基层文化工作者，调研公共文化服务工作。

8—11 日　枞阳县大型原创黄梅戏《寸草心》在安徽大剧院举行汇报演出。

11 日　省委书记张宝顺、省长李斌在合肥稻香楼宾馆会见到皖考察非物质文化遗产保护工作的全国人大常委会副委员长路甬祥一行。

12 日　第二届安徽省动漫大赛"金喜鹊"奖颁奖晚会在安徽大剧院举行。《马克思说经济危机》《十二生肖》《黑脸大包公之无悔青天》等 32 件动漫作品获得省政府动漫行业"金喜鹊"奖。

15 日　安徽省 19 个出版单位携 5000 余种精品图书亮相北京图书订货会。

16 日　全省文物工作会议在合肥召开，副省长谢广祥出席会议并讲话。会上表彰第二届全省博物馆纪念馆精品陈列和全省十佳民办博物馆。

16 日　中国白酒首部贺岁微电影《带年味回家》首映式在合肥大剧院举行。

17 日　全省宣传工作会议在合肥召开。会上表彰了全省文化体制改革工作先进地区、单位和个人以及省第十二届精神文明建设"五个一工程"组织工作先进单位和获奖作品。

20 日　由安徽日报报业集团主办的生活类时尚杂志《徽商·菁英荟》在合肥创刊。

22 日　在"2012 媒体微博高峰论坛"上，2012 全国十大党报微博影响力排行榜公布：@人民日报位居第一，@安徽日报名列第七。

23 日　省长李斌在合肥会见大连万达集团董事长王健林一行。王健林到皖进行项目考察，推进与本省在文化旅游产业领域的合作。

31 日　省委宣传部会同发改委、财政厅等部门确定重点扶持的十大文化产业园区：芜湖方特非遗文化游乐园、九华山大愿文化园、黄山徽文化艺术长廊、宣城中国宣纸文化产业园、亳州老子文化生态园、安徽出版集团数字印刷文化产业园、蚌埠星宇文化创意产业园、滁州中国文具产业示范园、合肥国家级文化和科技融合示范基地以及芜湖国家级动漫产业基地。

2 月

3 日　五集大型电视纪录片《美在黄山》在中央电视台科教频道播出，每天一集。

21 日　泾县黄田古村落整体保护被国家文物局列为全国文物维修保护样板示范工程。

28 日　"2012 年度中国互联网站品牌栏目(频道)"推荐发布会在北京举行，中安在线旗下"安徽好人网"从全国 116 个网站推介的 188 个栏目(频道)中脱颖而出，被评为"2012 年度中国互联网品牌栏目"，这是安徽唯一获此殊荣的互联网品牌栏目。

3 月

2—5 日　由安徽省书法家协会主办的安徽省第五届篆刻艺术展在合肥亚明艺术馆举行。

3 日　省政府与故宫博物院在京签署加强交流合作框架协议。

11—13 日　新闻出版总署党组书记、副署长蒋建国带领新闻出版总署第二调研组在皖调研。

21 日　安徽文学院举行第三届签约作家成果展示会，13 位青年作家均完成签约目标。

22 日　"皖新传媒"被评为 2012 年中国驰名商标。

25 日　安徽日报社分别与省社会科学院、省社会科学界联合会签署理论宣传战略合作协议，共同推动社科理论科研成果的转化。

28 日　安徽省新闻界第一家博士后科研工作站——安徽日报报业集团博士后科研工作站挂牌成立。

4 月

10 日　安徽省首个海峡两岸交流基地——合肥刘铭传故居在肥西县举行授牌仪式。

15 日　全国版权示范工作经验交流会在肥召开，合肥、芜湖、马鞍山 3 个市计划开展全国版权示范城市创建工作。

15—16 日　中宣部副部长孙志军率队到安庆、六安市就大别山区基层公共文化服务体系建设进行调查研究。

19 日　安徽省 22 个出版单位

携7000余种精品图书亮相海口市第二十三届全国图书交易博览会。

25日 2013年省暨合肥市侵权盗版及非法出版物集中销毁活动在合肥政务区举行，其他各市及省直管县同时举行集中销毁活动。

25日 第六届大别山（安徽·岳西）映山红旅游文化月活动开幕式在岳西县映山红博览园举行。

23—28日 省委常委、宣传部部长曹征海率安徽宣传文化考察团赴江苏、浙江考察学习。

28日 岩寺新四军军部旧址纪念馆正式开馆。

5月

2日 黄山市"百村千幢"古民居保护利用工程入选2013年度国家文化创新工程项目。

2日 黄山入选联合国发行的《中国世界遗产》系列邮票，《黄山云海》邮票面值为1.9瑞士法郎。

3日 安徽民营文化企业100强评选揭晓，科大讯飞等100个企业入选。

6日 国务院公布第七批全国重点文物保护单位以及与现有全国重点文物保护单位合并的项目名单，本省74处文物保护单位晋升"国保"单位。

6日 全省民营文化企业发展大会在合肥召开。

15日 第二届中国大别山（六安）山水文化旅游节开幕式暨首届海峡两岸三地"十大华语电影"颁奖盛典在六安市举行。

16日 由省委宣传部、省社会科学院、安徽文化产业促进会共同编纂的《安徽文化产品和服务概览》丛书出版发行。

16日 由省政府参事室、省文史馆组织多位专家学者参与编写的国家重点文化工程《中国地域文化通览·安徽卷》出版发行。

17日 由省著名黄梅戏表演艺术家韩再芬领衔表演的大型原创黄梅戏舞台剧《徽州往事》，在深圳保利剧院上演。

17日 "特色中国·安徽馆"正式上线。该平台集合安徽旅游、文化、农副土特产品等，通过淘宝实现网络销售。

17—20日 安徽代表团参加在深圳举行的第九届中国（深圳）国际文化产业博览交易会。中共中央政治局委员、书记处书记、中宣部部长刘奇葆，中宣部副部长、国家新闻出版广电总局局长蔡赴朝，国家新闻出版广电总局副局长孙寿山，先后参观安徽展区。省委常委、宣传部部长曹征海陪同参观。

18日 以"和约天下，泉释精彩"为主题的中国和县第二届温泉文化旅游节开幕。

23日 首届湘赣鄂皖四省非遗联展在武汉举行。

23日 2013芜湖首届"市民文化节"在步行街和平广场开幕。

26日 中国徽文化艺术展示中心揭牌仪式暨首届皖籍书法美术（中国画）民间工艺名家精品邀请展在北京举行。全国政协原副主席、中国文联主席孙家正，全国政协原副主席郑万通为中心揭牌，省委常委、宣传部部长曹征海等出席。

27日 由安徽演艺集团出品、安徽省杂技团独立制作演出的原创大型杂技剧《美丽的梦》在安徽大剧院上演。

28日 合肥万达文化旅游城项目签约仪式在合肥举行。项目总投资超过300亿元，计划2016年建成开业。

6月

5—8日 全省新任市委宣传部部长研讨班在合肥举办。

6日 根据省政府245号令，省新闻出版局行政审批项目由36项精简至17项。

14日 全省集中开展"美好安徽·圆梦中国"主题教育活动。

14日 国家新闻出版广电总局确定115种深入学习宣传贯彻党的十八大精神重点出版物选题，《梦焰》《我的"中国梦"——青春励志故事》和《脊梁——女儿眼中的罗阳》3种皖版图书选题入选，将获得国家出版基金资助。

16—19日 由省政协办公厅参与主办的"徽派书画精品展"在北京举行。全国政协副主席兼秘书长张庆黎、全国政协原副主席张思卿、省政协主席王明方等领导观看展览。

17日 全国社科联第十四次学会工作会议在合肥召开。全国31个省市自治区的180多位社科工作者代表参加会议。

17日 由省文联主办、省戏剧家协会协办的第六届安徽省小戏小品大赛在合肥落幕。

18—20日 文化部副部长项兆伦一行先后到马鞍山、芜湖和合肥市，详细了解公共文化设施建设运行、群众文化活动开展、文化市场管理和文化产业发展情况。

19日 总投资约110亿元的中航工业合肥文化创意产业园及城市综合体项目签约仪式在合肥举行。

20—23日 "2013北京国际茶业展、2013北京马连道国际茶文化节和第十三届中国六安瓜片茶文化节"在北京开幕。

21日 安徽乐团《鼓乡放歌》《凤阳歌》二首曲目获第十届中国艺术节民族器乐民间乐种展演演奏奖（二等奖）。

21日 第六届马鞍山田园音乐节开幕式暨《绿色田园》皖江民歌会在马鞍山大剧院举行。

26日 省委宣传部下发意见，决定在全省开展"践行核心价值打造好人安徽"主题实践活动。

26日 根据灵璧县基层村官柯增华事迹改编的大型话剧《石乡

党魂·柯增华》在京演出。

27日 “合肥高新区动漫渲染平台应用推介会”在合肥国家级动漫基地举行。

7月

3日 六安市率先启动省“农民文化乐园”试点建设工作,金寨县南溪村、南湾村和门前村成为首批试点村。

3日 省委书记张宝顺、省长王学军率省四大班子党员负责人集体参观合肥渡江战役纪念馆。

5日 第五届“中国历史文化名街”授牌仪式在福建福州举行,绩溪县龙川水街入选。

8日 第20届全国省级党报发行协作会召开。会议对2012—2013年度全国省级党报发行工作先进集体、先进个人进行表彰,安徽报业发行公司获先进集体称号。

9日 由省广播电影电视局主办的安徽省播音主持大赛决赛在省广电中心举行,评选出“安徽省十佳播音主持”。

12日 歌舞情景表演《好人故事》大型公益江淮行首场演出在合肥市瑶海区和平广场举行。

12日 第十一届中国民间文艺山花奖民间艺术表演奖舞龙大赛在广西壮族自治区南宁市举行,全椒县二郎口镇综合文化站组织的百米长龙表演队参加大赛并获展演金奖。

16日 第二届龙川杯安徽小说新星奖启动,以两万元奖金寻找本年度安徽小说新星。

17日 国家文物局、财政部印发《大遗址保护“十二五”专项规划》,确定国家“十二五”期间大遗址保护项目库的150处重要大遗址,安徽省蒙城尉迟寺遗址、含山凌家滩遗址、六安王陵、寿县寿春城遗址、凤阳明中都皇故城及皇陵石刻、大运河安徽段(淮北、宿州)入选。

19日 国内首部以反传销为主题的30集法制教育题材电视剧《杀熟》在六安市举行联合摄制签约仪式。

20日 中国书法家协会授予寿县“中国书法之乡”称号。

22日 全省农村公共图书服务一体化建设试点工作启动,金寨县、太湖县、繁昌县、青阳县、五河县和当涂县成为首批试点县。

25日 以“弘扬社会正气、传播文明新风、激发奋进力量、圆梦美好安徽”为主题的全省首届广播公益广告大赛启动。

26日至8月13日 第五届安徽撮镇荷花文化旅游节在肥东县撮镇举行。

27日 2013年合肥包河·绿色大圩第十一届葡萄文化旅游节开幕。

30日 由省委宣传部、省文明办组织的大型组合式话剧《好人安徽大舞台》在合肥首演。

31日 第二届“中国中铁四局杯‘农民工·我的兄弟姐妹’全国摄影大赛”在合肥市启动。

8月

1—4日 “水墨六安”全国中国画名家作品邀请展在皖西博物馆举行。

2日 第四届中国剪纸艺术节暨第三届蔚州国际剪纸艺术节在河北蔚县举行。阜阳市国家非物质遗产传承人程兴红的剪纸作品《老鼠娶亲》获得铜奖。

2日 由中央人民广播电台、泗县主办的中国乡村之声“爱在乡村”系列公益活动在泗县举行。

6日 第十届安徽省艺术节新剧目汇演在合肥大剧院和安徽艺术剧场举行,共有22台来自国有和民营院团的新创大戏上演。

9日 中国美术家协会向郭因先生颁发“卓有成就的美术史论家”证书。

9日 在第七届“小荷风采”全国少儿舞蹈展演上,霍邱县小兰花艺术团少儿舞蹈《海阔凭鱼跃》获“小荷之星”金奖和“最佳编导”金奖,该县文化馆获“优秀组织奖”。

14—15日 全省文化改革发展工作座谈会在蚌埠召开。首批省级文化产业示范园区(基地)揭晓,合肥国家级文化和科技融合示范基地等10个园区榜上有名。

16日 怀宁县石牌镇中心学校选送的黄梅剧《爷爷奶奶逛校园》,在国家教育部举办的全国第四届中小学生艺术展演活动中,获艺术表演类小学甲组二等奖。

22日 皖台文化旅游交流周暨台湾电影周开幕式在合肥举行。省委书记张宝顺、中国国民党荣誉主席吴伯雄分别致辞,并共同启动开幕仪式。同天,台湾当代名家书画展在省博物馆开展。

27日 第二十一届全国省级党报总编辑会议在兰州召开。会议评选出2012年度全国省、区、市党报好新闻,《安徽日报》10篇作品获奖。

28日至9月1日 第二十届北京国际图书博览会在京举行,3000余种皖版精品图书、电子音像制品和新业态出版物展出,安徽展团签订版权输出合同285项,占全国各省(市、区)总量的13.6%。

29—30日 全省农民文化乐园建设试点工作交流会在金寨县举行。

30日 时代出版传媒股份有限公司与中国艺术研究院在北京签订《中国工艺美术大师全集》出版合作协议。

30日 马鞍山四季剧院排演的大型黄梅戏舞台剧《千字缘》在合肥大剧院上演。

31日 省徽京剧院根据莎士比亚名作《麦克白》改编的徽剧《惊魂记》在人民大会堂小礼堂演出,700多名观众观看演出。

9月

1日　第三届全省群文系统美术书法大展在省文化馆“安徽画廊”开展。

2日　全国台联会长汪毅夫一行到皖出席两岸学术研讨会和台湾夏潮基金会作家采风团活动。

5日　安徽省高校“人防杯·国防在我心中”演讲比赛展演在合肥举行。

5日　大型组合式话剧《好人安徽大舞台》基层巡演在全国文明县城铜陵县正式启动。

5日　由中国科大精心打造的大型多媒体原创音乐剧《爱在天际》在合肥上演，艺术再现科学巨匠、“两弹一星”元勋、中国科大创始人之一郭永怀教授的澎湃人生。

6日　中部六省曲艺大赛在南昌举办，省曲协报送的安徽大鼓《圆梦》、相声《快乐QQ群》双获一等奖。

6日　“2013年褒禅山中国·印尼青少年文化交流营活动”在含山县褒禅山风景区王安石雕塑广场举行。

7日　主题为“美好安徽·圆梦中国”的全省第九届社会科学知识普及活动月开幕式在淮南市举行。

7日　安徽省第五届合唱节在合肥大剧院开唱，全省各地24支合唱团参加比赛。

9日　第二批中国传统村落名录公布，宿松县柳坪乡大地村、歙县深渡镇阳产村、东至县东流镇菊江村东流老街等40个村落榜上有名。

12日至11月17日　《闳约深美——刘海粟美术作品展》在安徽博物院新馆展出。

12—13日　由省文化厅主办的全省文化市场综合行政执法技能大比武在合肥市举行。

15日　第20届中国豆腐文化节在淮南举行。

27—29日　“第三届安徽省传统工艺美术产品展览”在合肥市安徽国际会展中心举办。

29日　由省委宣传部、省教育厅、省文化厅共同主办的“校园大舞台——徽风皖韵进高校活动”走进安师大。

27日至10月2日　凤台县推剧团赴韩国江原道进行文化交流访问演出，表演了推剧《送香茶》经典唱段等。

28日至10月4日　怀远县常坟镇少年儿童表演的花鼓灯《大河湾的孩子们》赴美参加“第七届夏威夷国际青少年艺术节”，并获得金奖。

29日　第六届中国（宣城）文房四宝文化旅游节在宣城市开幕。

30日至10月7日　省文化厅和安庆市政府共同举办2013年“十一”黄梅戏展演周活动。

10月

1日　“中国梦·幸福城”省暨合肥市文艺团体“送欢乐下基层”正式启动。

2—4日　中共中央政治局委员、中央书记处书记、中宣部部长刘奇葆到合肥、安庆2市实地了解基层群众节日文化生活，就振兴地方戏曲作专题调研。

4日　为期4天的第七届中国（合肥）国际文化博览会在安徽国际会展中心开幕。

8日　由省委宣传部、安徽广播电视台等联合摄制的电视剧《生活启示录》开机仪式在北京举行。

9—16日　省委常委、宣传部部长曹征海率领安徽文化产业代表团应邀先后访问波兰、美国。举办时代—马尔沙维克出版集团揭牌及签约仪式、2013年“阅读中国、品味安徽”美国中国图书展示月暨皖版图书推广月活动启动仪式。

10日　由省网宣办、省文明办主办的“坚守七条底线·共建网络文明”推进会在合肥举行，《安徽省文明上网四字歌》在会上发布。

12日　《关于进一步推进社会主义法治文化建设的实施意见》出台，明确本省“十二五”期间法治文化建设的“硬指标”。

12日　第十届中国艺术节暨演艺产品交易会在济南举行，中共中央政治局委员、国务院副总理刘延东，在副省长谢广祥的陪同下视察了演交会安徽展馆。

13日　第25届马鞍山中国李白诗歌节在马鞍山大剧院开幕。

14日　经文化部批准，9集电视专题片《安徽历史文化名人》摄制组到寿县采访，拍摄《淮南王刘安》电视专题片。

16日　由南京军区政治部、省军区和省委宣传部联合举办的“大美中国——方祖岐将军诗书画展”在省博物院开幕。

21日　宿州市首部原创大型动画片《楚汉风云》在央视首播。

21—22日　第23届全国城市年鉴研讨会在合肥举办。

22日　安徽同人文化传播有限公司制作的动漫剧《合肥老母鸡》入选文化部2013年国家动漫品牌建设和保护计划评选动漫创意名录。

22日　省文史馆在合肥举办成立60周年馆庆书画展暨中央文史研究馆书画院安徽分院揭牌仪式。

23日　中华诗词学会授予太和县“中华诗词之乡”称号，该县成为拥有“中国书画艺术之乡”“中国民间文化艺术之乡”“中华诗词之乡”三张国家级文化名片的县。

23—24日　省长王学军等省领导先后到省广播电影电视局、新闻出版局，调研新闻出版和广播电影电视事业改革发展工作。

24日　省长王学军，省委常委、宣传部部长曹征海，副省长谢广祥到省地方志办公室调研地方志、年鉴工作，并观看《安徽年鉴》创刊30周年展板，对《安徽年鉴》《安徽文化年鉴》给予高度评价。

25日　第二届全国葫芦丝巴乌新创作品评选活动结束，《黄梅之乡闹新春》《弹琴的诗人》等20件作品分获一、二、三等奖。

27日　华东最大的文化旅游投资项目——合肥滨湖万达文化旅游城项目举行开工奠基仪式。

28日　省委宣传部打造的年度重点剧目大型话剧《徽商传奇》在省艺术剧场首演。

30日　第五届全国服务农民、服务基层文化建设先进集体评选结果揭晓，本省9家基层单位入选，获奖数量与黑龙江等6省并列全国第一位。

11月

1日　2013中国体育文化·体育旅游博览会在芜湖开幕。

2—4日　纪念梅文鼎诞辰380周年国际学术研讨会在宣城市召开。

10日　以“徽班铸就国剧魂，新安重绽徽剧花”为主题的第九届徽州古城民俗文化节在国家历史文化名城歙县开幕。

11日　省宣传文化系统第二次读书报告会在合肥举办。省委常委、宣传部部长曹征海主持报告会，文化学者余秋雨作了题为“国际坐标下的中国文化”讲座。

12日　创建于1913年的安徽省图书馆迎来百岁诞辰。

14日　在贵阳举办的第九届中国舞蹈“荷花奖”民族民间舞蹈大赛上，合肥演艺有限责任公司歌舞团的群舞《水欢鱼跃》获得作品银奖，省歌舞剧院有限责任公司的独舞《花鼓佬》获表演银奖。

15日　马鞍山市入围首批国家公共文化服务体系示范区，铜陵市城市文化社区建设和淮南市少儿艺术发展入围首批国家公共文化服务体系示范项目。

17日　省徽京剧院的徽剧《惊魂记》在第十三届中国戏剧节上亮相。安庆黄梅戏剧团的黄梅戏《半个月亮》将在21日上演。

18日　由中央电视台、中共安徽省委宣传部联合摄制的30集重大革命历史题材电视连续剧《上将洪学智》，在金寨县红军广场举行开机仪式。

28日　安徽日报社获“中国报业公益广告贡献奖”，该报单幅作品“美哉安徽”获“中国报业优秀公益广告作品奖”。

30日　本省县级最大的综合性博物馆——绩溪博物馆开馆。

12月

1日　省首届高校微博论坛在安徽大学举行。

3日　省民营文化企业协会成立大会在合肥举行。

8日　宿州中卡通动画制作股份有限公司等4家动漫皖企通过国家认定。本省通过国家认定的动漫企业总数为28家，位列中部第一。

9日　京剧鼻祖程长庚文化园在潜山县河镇初中落成。

11日　国家文化创新工程项目专家评审组，考察中国花鼓灯第一村——蚌埠市禹会区冯嘴子村和花鼓灯嘉年华，对花鼓灯生态村保护、花鼓灯文化与旅游融合创新项目进行评审验收。

11日　第十一届中国民间文艺山花奖颁奖典礼在长春举行。由省民间文艺家协会报送的竹木雕作品《十八罗汉》、砚雕作品《飞流直下三千尺》获“山花奖”民间工艺美术作品奖，文学作品《老师你好》《谁是过河卒》获“山花奖”民间文学作品奖，获奖总数在全国排名第七位。

11日　蒙城的庄子传说、蒙城歌谣、卢家笙制作技艺、淮北大鼓4个项目入选第四批省级非遗代表性项目名单。

17日　省委宣传部启动坚决制止豪华铺张办晚会专项行动。

18日　第三届安徽省民间杂技艺术节，在“中国民间杂技艺术之乡”临泉县开幕。

21日　中央电视台大型旅游节目《远方的家》栏目拍摄组走进霍山县，进行专题拍摄。

23日　国家文物局公布第二批国家考古遗址公园立项名单，含山县凌家滩考古遗址公园、凤阳县明中都皇故城考古遗址公园入榜。

25日　由安徽广播电视台、安徽华星传媒联合中央电视台、湖南广播电视台、湖南和光传媒有限责任公司共同投资拍摄的史诗巨制《毛泽东》登陆央视一套和湖南卫视黄金档。

25日　省委、省政府在合肥召开中央驻皖暨省直新闻单位座谈会，省委书记张宝顺发表讲话。

26日　《徽商传奇》在安徽艺术剧院精彩上演。

26日　由中央电视台、安徽广播电视台联合摄制的高清纪录片《大黄山》首映式在北京举行。

27日　省委宣传部举行“宣传文化双周大讲堂”首场报告会。省委常委、宣传部部长曹征海作专题报告。

28日　第三届安徽省非物质文化遗产展演在合肥市城隍庙文化馆举行。50多位“非遗”传承人展示技艺。

28日　大型古装电视剧《儒林外史》在全椒县举行开机仪式。

30日　安徽省美术馆、安徽省科技馆和安徽百戏城三大重点公共文化项目在合肥市滨湖新区集中开工建设。

31日　中国艺术家协会和联合国电视中文台在北京举办“UNTV2014全球新年联谊会”，砀山县被授予“中国唢呐之乡”称号。

调研報告

□打造安徽文化产业集聚区升级版

□安徽文化消费现状分析及建议

□安徽省国家文化产业示范基地建设分析报告

□滁州明文化研究

□“反弹琵琶”:从理念到实践

打造安徽文化产业集聚区升级版

文化产业聚集区对经济结构调整和文化产业转型升级起到重要的引领和支撑作用。从2003年文化体制改革元年算起，文化产业集聚区建设走过了十年历程，全省文化产业集聚区从10余座发展到100多座，入园企业2000余家，年创造增加值400亿元以上，文化产业集聚区作为文化产业项目和文化企业成长的重要载体，较好地发挥了集聚效应和孵化功能，加速了全省文化产业的规模化、集约化、专业化。

一、全省文化产业集聚区发展现状分析

1.文化产业聚集区正在成为文化产业发展的重要载体

据省文化厅统计初步统计，截至2013年年底，全省文化产业示范园区和示范基地共有113个，其中，国家级文化产业示范园区2家(1.77%)，国家级文化产业示范基地(单体企业)7个(6.19%)，国家级文化产业示范基地(集聚类)2个(1.77%)，省级文化产业示范园区3个(2.65%)，省级文化产业示范基地99个(87.61%)(见图1)。

安徽省已经建成投入使用的文化产业聚集区主要涉及数字出版、图书印刷、图书发行与物流、广播影视、文化用品制造、休闲娱乐、民俗与非物质文化遗产保护开发、文化产品流通等多个行业，已经初步形成了一批具有一定示范引领作用的文化产业聚集区，正在成为全省文化产业发展的领头雁。在全省“民营百强文化企业”中，省文化产业示范基地占有51席。中国宣纸股份有限公司入选文化部“全国十大最具影响力国家文化产业示范基地”。

2.文化产业聚集区成为聚集文化产业人才的坚实平台

2013年全省文化产业示范园区和示范基地从业人员约20万人，其中，国家级文化产业示范园区1766人，国家文化产业示范基地(单体企业)5468人，国家文化产业示范基地(集聚类)72人，省级文化产业示范园区1164人，省级文化产业示范基地195949人。文化产业园区(基地)已成为聚集文化产业人才的重要平台(见表1)。

3.文化产业聚集区正在成为全省文化产业的有力支柱

2013年，全省文化产业示范园区和示范基地营业收入226.55亿元，主营业务收入191.78亿元。其中，国家级文化产业示范园区营业收入2.49亿元，占比1.10%，主营收入2.49亿元，占比1.30%；国家文化产业示范基地（单体企业）营业收入9.70亿元，占比4.28%，主营收入9.66亿元，占比5.04%；国家文化产业示范基地（集聚类）营业收入3.38亿元，占比1.49%，主营收入3.38亿元，占比1.76%；省级文化产业示范园区营业收入6.38亿元，占比2.82 %，主营收入6.38，占比3.33%；省级文化产业示范基地营业收入204.60亿元。2013年我省文化产业示范园区和示范基地利润总额57.45亿元，其中，国家级文化产业示范园区1.02亿元，占比1.78%；国家文化产业示范基地（单体企业）2.43亿元，占比4.23%；国家文化产业示范基地(集聚类)1.69亿元，占比2.94%；省级文化产业示范园区0.37亿元，占比0.64%；省级文化产业示范基地51.94亿元，占比90.41%(见表2)。

2013年全省文化产业示范园区和示范基地固定资产279.6亿元，其中，国家级文化产业示范园区22.46亿元，国家文化产业示范基地(单体企业)28.16亿元，国家文化产业示范基地（集聚类)14.30亿元，省级文化产业示范园区18.55亿元，省级文化产业示范基地196.13亿元，占全部文化产业园区基地固定资产总额的七成以上(见图2)。

2013年全省文化产业示范园区和示范基地增加值80.24亿元，占全省同期文化产业增加值844.95亿元的9.50%。其中，国家级文化产业示范园区2.07亿元，占比2.58%；国家文化产业示范基地（单体企业）4.51亿元，占比5.62%；国家文化产业示范基地(集聚类)2.36亿元，占比2.94%；省级

图1:2013年安徽省文化产业园区、基地分布情况

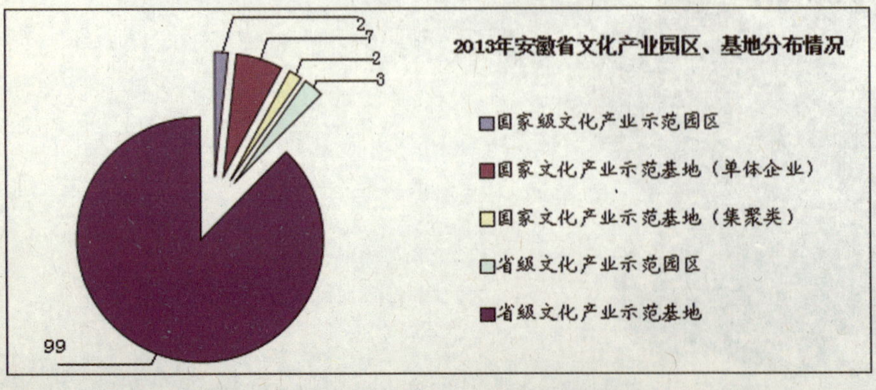

表 1:2013 年安徽省文化产业园区、基地从业人员分布

园区类型	从业人员		大专以上学历		中级以上职称	
	人数	比例(%)	人数	比例(%)	人数	比例(%)
国家级文化产业示范园区	1766	0.86	530	5.42	0	0.00
国家文化产业示范基地(单体企业)	5468	2.67	2587	26.47	1112	40.88
国家文化产业示范基地(集聚类)	72	0.04	47	0.48	15	0.55
省级文化产业示范园区	1164	0.57	572	5.85	133	4.89
省级文化产业示范基地	195949	95.86	6036	61.77	1460	53.68
合 计	204419	100	9772	100	2720	100

表 2:2013 年安徽省文化产业园区、基地利润总额分布

园区类型	利润总额(亿元)	比例(%)
国家级文化产业示范园区	1.02	1.78
国家文化产业示范基地(单体企业)	2.43	4.23
国家文化产业示范基地(集聚类)	1.69	2.94
省级文化产业示范园区	0.37	0.64
省级文化产业示范基地	51.94	90.41
合 计	57.45	100.00

文化产业示范园区 1.11 亿元,占比 1.38%;省级文化产业示范基地 70.19 亿元,占比 87.48%(见表 3)。

4.文化产业园区基地的聚集效应迅速提升

2013 年,全省文化产业园区基地已经聚集了 1636 家文化企业,经营面积 2545 万平方米。从聚集企业的分布看,辖区内单体企业数最多的是省级文化产业示范基地达到 1367 家,占总数的 83.56%,其次是国家级文化产业示范基地达到 253 家,占总数的 15.47%;3 家省级示范园区辖区内单体文化企业仅有 41 家,占总数的 2.51%(见图 3)。

图 2:2013 年安徽省文化产业园区、基地固定资产分布

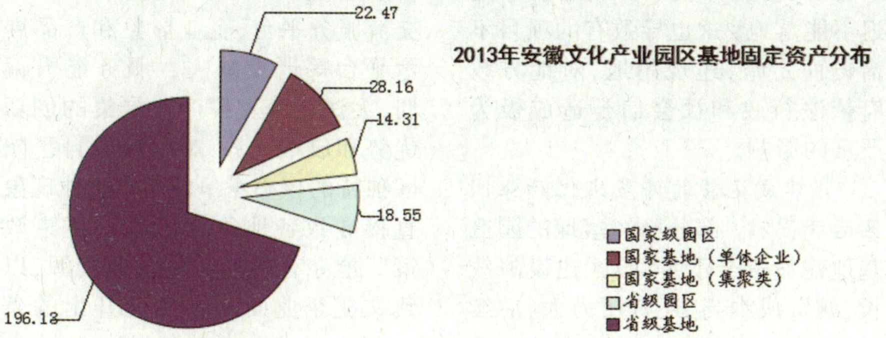

图 3:安徽省文化产业园区基地入园企业分布

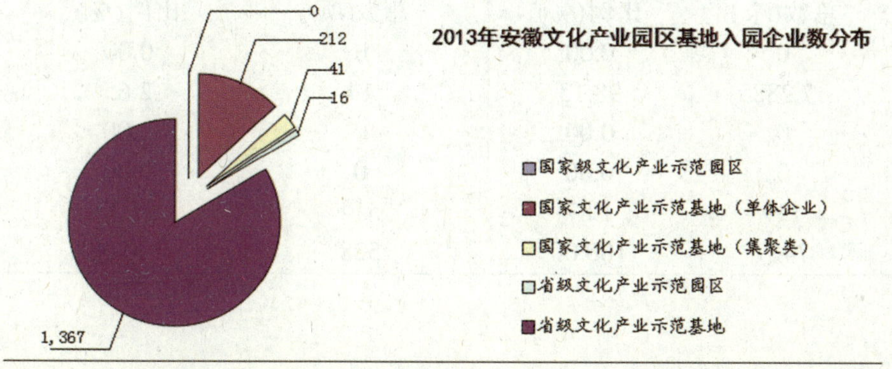

5.文化产业园区基地成为文化科技创新的重要引擎

2013 年全省文化产业园区基地累计获得国家级奖项 7427 个,其中,国家文化产业示范基地(单体企业)7288 项,占 98.13%,省级文化产业基地 139 项,占 1.87%。获得著作权和发明专利 528 项,其中省级文化产业示范基地 514 项,占 97.35%,国家级文化产业基地(单体企业)获得 14 项,占 2.65%(见表 4)。

二、文化产业集聚区发展存在的突出问题

1.文化产业集聚区发展理念模糊,发展目标短视。目前全省各地建设文化产业集聚区的普遍做法是政府划出一定区域设立园区,给予一定年限的税收优惠,然后引导国有、民营企业进行基础设施建

表3:2013年安徽省文化产业园区、基地增加值分布

园区类型	增加值(亿元)	比例(%)
国家级文化产业示范园区	2.07	2.58
国家文化产业示范基地(单体企业)	4.51	5.62
国家文化产业示范基地(集聚类)	2.36	2.94
省级文化产业示范园区	1.11	1.38
省级文化产业示范基地	70.19	87.48
合 计	80.24	100.00

设,再引起文化企业设立公司。调查发现,少数地方政府官员认为文化企业尤其是民营文化企业一般规模都很小,资金投入也很有限,做成文化产业集聚区也赚不到多少钱,建设文化产业集聚区就是做个样子而已。多数地方政府官员是希望用文化产业集聚区的方式,为企业减免税收,尽可能集中一定数量的企业,安排就业岗位,增加更多经济利益。还有一些地方明知引进来的企业不是做文化产业,但为了城市形象和官员政绩,变相允许或默认企业进行房地产开发,文化产业作为主业根本达不到80%的国家要求。

2.文化产业聚集区建设缺乏统筹规划,低水平重复建设严重。伴随文化产业集聚区的快速增长,诸如盲目发展、资源浪费、同质化竞争的问题开始显现。针对这种情况,全省没有一个从战略产业空间布局高度观照文化产业聚集和特色发展,以及实施产业集群和园区发展资源调度、协调、指导的机制。如果任由这种混乱现象发展下去,还势必会造成全省文化产业无序、低效、碎片化、高消耗等一系列问题,并将对全省文化产业发展造成影响,而且越往后治理的成本就会越高。

3.受制于土地等原因的制约,一些文化产业园区基地难以落地或进展缓慢。尽管全省各地纷纷出台鼓励文化产业园区基地发展的政策措施,然而,由于文化产业的投资量级小,企业的投资回收周期长,项目产生的直接税收规模十分有限,对地方经济的带动性难以在短期内充分显现,以致在争取有限的土地资源指标的过程中一直处于劣势,甚至许多项目确定多年迟迟不能落地。这也导致有的项目不惜铤而走险,违规用地,对地方政府依法行政和社会信誉造成极为严重的影响。

4.建成运营的许多文化产业园区运营困难。部分已经落地的园区基地建设资金不足,园区建设战线长,融资成本高,还贷压力大,后续资金供给成为十分严峻的制约问题,甚至资金链断裂,以致一期工程开工以后多年无法全部建成投入使用,成为文化产业园区中的"胡子工程"。多数文化产业集聚区经济效益的潜力难以充分发挥,许多文化产业聚集区(甚至包括2013、2014两批入选"省重点扶持的文化产业示范园区"中的部分园区)经济效益不很理想。、

5.部分文化产业园区内的企业数出现回落。调查中发现,有些文化产业园区产业链不完整,人才、资金和技术等要素配套能力偏低,产品孵化、项目孵化和企业孵化的功能都不健全,尤其是投融资平台、公共技术服务平台、中小企业交流服务平台、企业形象和产品展示平台等严重缺失,服务能力偏弱,无法充分发挥产业聚集的创新优势和成本优势,难以形成自己园区独特的核心竞争能力。这种现象直接导致各地争相依靠"优惠政策"抢夺有限的文化企业资源,以致文化企业面临在各地开出的条

表4:安徽省文化产业园区基地获奖项和专利分布

园区类型	获得国家级奖项		著作权,发明专利职称	
	总数(个)	比例(%)	总数(项)	比例(%)
国家级文化产业示范园区	0	0.00	0	0.00
国家文化产业示范基地(单体企业)	7,288	98.13	14	2.65
国家文化产业示范基地(集聚类)	0	0.00	0	0.00
省级文化产业示范园区	0	0.00	0	0.00
省级文化产业示范基地	139	1.87	514	97.35
合 计	7427	100.00	528	100.00

件中来回选择，充当“候鸟企业”现象时有发生。一旦优惠政策的能量释放殆尽，企业自然选择彻底远飞他乡，人去楼空。

三、打造安徽文化创意产业聚集区升级版的思路与对策

影响文化产业集聚区的因素包括制度、环境、人才和文化。发展文化产业集聚区一定要合理布局、控制总量、突出特色，亟须认准“脚”、选好“鞋”、走好“路”，尽快从文化产业“1.0版”提升到与全球化网络相结合的“3.0版”。

1.加强文化产业集聚区建设的顶层设计。适应文化转型升级要求，组织专家编制安徽省文化产业聚集区发展规划，理清和明确以文化产业发展战略目标和总体布局为核心的全省文化产业聚集区建设的基本思路、目标和原则，加强对各地文化产业园区建设和运营的宏观管理和具体引导，加快形成优势文化企业集聚、产业配套功能完善、具有先导性和示范性的文化产业集群的总体格局。全面分析安徽省文化产业发展基础和文化资源优势，依托项目相对集中、文化各关联产业相对集聚、基础设施条件相对较好的区域，建立合理的包括开发模式、管理模式、运营模式等在内的运作机制，提高园区集聚度。探索文化产业集聚区发展新模式，打造一批布局合理、特色鲜明、功能完善、集聚效应显著、富有市场竞争力的文化产业集聚区，促进文化资源合理配置和产业分工，避免盲目跟风、追赶时髦，有选择地建立和完善集创意研发、产业孵化、产品交易、人才培训为一体的文化产业示范园区，提高文化产业规模化和集约化。促进工业设计向高端综合设计服务转变，推动工业设计服务领域延伸和服务模式升级。重点鼓励文化产业战略领域和特色类园区基地的发展，鼓励有条件的社会机构依托旧厂房仓库、高校、开发区和社区发展特色文化产业聚集区。

2.明确文化产业聚集区管理职能，划清政府各有关部门的行为边界。改变目前“多龙治水”局面，通过各文化产业管理部门联席会议的形式，建立文化产业聚集区管理框架。制定全省统一的文化产业园区基地管理办法，细化管理责任，明确文化产业试验、示范园区（基地）认定与复核的主体、程序、规范、时限，明确文化产业试验、示范园区（基地）的权利、义务、责任、考核体系和奖惩办法。联合有关社会组织共同担负文化产业聚集区建设的评估、指导和帮助的责任，对于示范、辐射、带动作用发挥好的园区基地要给予相应奖励，对于建设运营管理出现问题的园区基地要给予相应的指导和帮助，同时，对于违规或经营出现严重问题不宜继续发挥示范作用的园区基地要给予必要的惩处。要实行园区基地的动态管理，参照知名品牌的管理方式，明确我省文化产业聚集试验区、示范园区基地的四年有效期。

3.构建文化产业集聚区评价标准。依托园区基地建设文化产业服务体系，优化文化产品、服务市场和文化产业要素市场资源配置。培育和引进具有先进园区管理经验的市场主体，借鉴国内外园区建设的经验，依据文化企业在产品（服务）发展、市场发展和战略发展3个阶段的特殊要求，整合企业急需的优质核心资源，促进文化企业健康、稳定、快速发展，从整体上提高园区基地管理水平。加快要素配置平台建设，培育与引进补链企业和急需的关键服务。构建包括硬件服务要素指标、功能软件指标、创新驱动指标和资本驱动指标在内的文化产业集聚区评价体系，增加聚集区文化产业发展环境建设和经营管理绩效的评估权重。

4.打造文化产业集聚区全产业链。要积极利用文化产业包容性、扩展性强的特征，突出做好文化产业园区与科技、旅游、会展、餐饮、商贸、娱乐等产业行业的融合，实现文化产业与相关产业的集约式发展，以完整的产业链的打造，着力提升区域经济文化的整体竞争力。制定贯彻落实国家关于推进文化创意和设计服务与相关产业融合发展政策的配套措施，支持小微文化企业拓展与装备制造业、消费品工业、建筑业、信息业、旅游业、体育和特色农业等产业的融合发展空间。重视产业链的建设，抓好内容创意、内容创意复制，为内容创意输入和复制提供设备和市场营销等四个关键环节。注重引进与文化产业相关联的其他配套产业，整合产业链，使文化产业园区成为集设计、制作、展示和销售于一体化的综合体，促进文化创意产业集聚，加快从企业集聚向产业集聚、从扩容到提质、从增量到增效转变，增强园区竞争力和综合服务功能。建立“安徽省文化创意产业发展网站”，向全球的艺术家、创意人员、设计师、创意企业，提供一个交流和合作的平台，理顺创意、生产、销售之间的关系，促进创意产品、服务快速走向市场。

5.创新文化产业集聚区的投融资机制。建立健全金融对接平台，通过政府担保、贴息融资（或无息融资）、知识产权抵押或园区企业通过集体担保等形式，提供投融资服务，用于小微文化企业起步阶段的使其稳健成长。在省委宣传部与交通银行安徽省分行全面战略合作暨文化银行试点的框架下，积极创新文化产业投融资机制，尽快细化金融支持文化产业聚集区的具体措施，落实文化金融合作对接机制。选择我省的文化产业重点园区基地和特色项目率先试验，为优秀文化企业和项目提供一体化、全方位、国际化的金融服务。依托文化产业园区基地，特别是省重点扶持的文化产业示范区（基地），积极探索建立文化产业专业融资和共同担保机制，借助金融机构的专业平台，搭建和切实运作版权、商标权、专利权等无形资产交易业务。探索设立由财政、银行、保险和文化产业协会（共同体）参与的文化产业信贷风险补偿和缓释基金等，取得经验，逐步推广，以期有效缓解文化产业聚集区内企业的资金、技术、品牌建设的压力。

（邢　军　李宪奇）

安徽文化消费现状分析及建议

一、基本情况

在中国人民大学发布的《中国文化消费指数(2013)》报告中，安徽省文化消费综合指数为73.4，居全国第16位。其中，文化消费能力指数为80.7，居第5位；文化消费水平指数为82.8，居第7位；文化消费环境指数为62，居第18位；文化消费意愿指数为55.1，居第29位；文化消费满意度指数为74.9，居第27位。总体上看，安徽省城乡居民文化消费能力较强、消费水平较高，但文化消费环境较差、消费意愿不强、消费满意度低，这说明文化产品生产和服务供给与群众的文化消费需求和意愿之间差距还较大。现就我省文化消费指数基本情况、影响因素和相关评价综述如下。

二、影响因素

根据《报告》分析，安徽省文化消费指数均处于全国中等水平，只有文化消费能力、消费水平分指数得分较高，分别是80.7和82.8，分别居全国第5位和第7位。依据该研究报告的测算方法，我们搜集了相关数据并进行了测算和验证，2012—2013年，安徽省文化消费三级指标确实多数处于全国偏低水平。具体如下：

1.财政对公共文化人均支出的排名靠后。2012年，全省人均公共财政预算支出为6614.91元，全国排名第25位，中部第3位；人均一般公共服务支出711.36元，全国排名第26位，中部第4位；人均文化体育与传媒支出119.30元，全国排名第23位。

2.文化产业的供给能力有待提高。按照全社会口径，2012年，全省文化及相关产业增加值占GDP比重4.15%，比上年增了0.29个百分点；黄山、合肥、阜阳和滁州等3个地区已经超过5%。同时，若按法人单位增加值口径，2012年全省文化及相关产业增加值占GDP比重2.35%，比全国低1.13个百分点。

3.文化消费的市场潜力有待挖掘。2011—2013年，全省城镇居民人均可支配收入年均增长13.5%，其中2013年23114元，比上年增长9.9%，高于全国0.2个百分点；农民人均纯收入年均增长15.3%，其中2013年达到8098元，比上年增长13.1%，高于全国0.7个百分点；就业人员平均工资年均增长15.7%，其中2012年达到44601元，在中部排名第1名；居民储蓄存款余额年均增长18.4%，其中2013年达到12924.9元，比上年增长15.6%，高于全国3.6个百分点。2013年，全社会消费零售总额为6481.4亿元，增速全国排第2名，达到14.0%，高于全国0.9个百分点。从以上数据可以看到，安徽省城乡居民收入和消费增长较快，文化消费能力较强，消费潜力有待发掘和释放。

4.文化消费环境仍需优化。2013年上半年，课题组对全省开展的问卷调查显示：12%的居民认为身边的文化氛围营造不足，20.4%的居民认为目前文化活动场所较少，近三分之一的居民认为全省的文化基础设施尤其是农村文化基础设施不够健全。全省文化消费环境指数为62，居全国第18位，需要高度重视。

5.文化消费意愿受居民教育水平制约。研究表明，全省居民受教育程度与文化消费意愿关系密切，居民学历高低与文化消费占家庭支出比重间呈正相关关系。2012年，全省人均教育支出1198.96元，全国排名第29位，中部第5位；人口平均受教育年限为9.4年，在全国处于靠后位置，与先进地区差距较大。如北京市2010年平均受教育年限11.5年，新增劳动力平均受教育年限超过14年，每10万人口中大专及以上教育程度就有31499人。安徽省要增强居民文化消费意愿，需要进一步延长人口平均受教育年限，提高居民的教育素质。

三、启示及建议

结合上述分析，我们对安徽文化消费提出几点具体建议：

1.加大公共文化服务支出力度，优化文化消费环境。一是加大政府公共文化支出。各级政府要把文化服务类支出作为财政支出的重点领域予以优先保障，改革财政预算和投入体制，优化财政投入结构，进一步加大基本公共文化服务支出占财政支出比例。努力提高全省文化类支出的人均指标。积极完善与财力水平相适应的文化财政投入保障机制，确保全省人均财政文化投入增长高于全国平均水平，确保省级财政文化支出“十二五”末超过中部地区平均水平。二是加大文化设施建设力度。积极引导民间资本以冠名、赞助、捐助等方式投资文化基础设施建设,形成以政府和社会投资并重的投资模式,不断提高文化设施网络密度和质量。加大文化馆、图书馆、少年宫、纪念馆等设施的改造力度,促进服务功能的提升。新建扩建具有时代鲜明特色、科技含量高的城乡影剧院、文化活动广场、文化主题公园、展览展示馆、娱乐中心等,打造文化娱乐、休闲、商贸、居住等为一体的城市综合体,丰富居民文化消费场所,支持丰富多样的文化活动内容,改善消费环境。

*2.增加城乡居民收入和休闲时间,增强文化消费意愿。*一是逐步提升城乡居民收入水平。在收入分配中,更加注重公平,更多地向低收入群体倾斜。建立企业离退休人员养老金增长机制,确保其收入水平稳定增长;综合考虑经济增长、物价水平及劳动力市场状况等因素,对企业工资进行有效管理,建立企业工资合理增长机制。积极营造全民创业的体制和机制环境,完善公共就业服务体系,鼓励和扶持各类群体自主就业创业。进一步提高社会保障水平,完善社会救助体系、提高优抚对象、城镇低保医疗救助标准,规范养老保险省级统筹,加快廉租房、公租房、经济适用房建设、申请、审核、审批、分配程序。提升城乡居民文化素质和职业技能。在义务教育基础上,加强高中、中职教育,提升居民劳动技能和文化消费能力,特别是加大民生工程中新型农民培训力度,增强农民就业创业、文化消费能力和热情。二是引导合理安排文化消费时间。积极贯彻落实《国民旅游休闲纲要(2013—2020年)》。保障国民旅游休闲时间,到2020年,确保职工带薪年休假制度基本得到落实,城乡居民旅游休闲时间大幅增加。鼓励机关、团体、企事业单位引导职工灵活安排全年休假时间,完善针对民办非企业单位、私营个体工商户等单位职工的休假保障措施。加强对居民文化消费时间的宣传引导。通过电视电台、报刊等传统媒体以及微博、微信等网络新媒体,进一步加强文化消费时间理念的宣传,引导居民合理安排文化娱乐时间,提升文化消费效益。

*3.提升文化产品供给水平,提高文化消费满意度。*坚持以需求为导向,以保障人民群众基本文化权益为核心,提供符合人民群众需求、质优价廉的文化产品和服务。积极推进公共文化产品配置的科学化、高效化、便民化。加强供需对接的文化产品服务,如把演出、培训、辅导、咨询、宣传、讲座、展览、电影等常设性的服务项目列成文化服务“菜单”,送到社区、机关、企业、学校、部队等。积极推进数字化服务体系建设。利用互联网覆盖广泛的特点,建设文化信息资源共享工程、数字图书馆和公共电子阅览室,推动数字化文化进社区,逐步构建公益性数字文化的服务体系。主动挖掘新兴媒体蕴藏的巨大消费潜力,不断创新文化消费内容,优化文化消费结构。借助安徽省丰富的旅游资源和强大的科技实力,大力发展与旅游相配套的餐饮、娱乐、教育、购物等方面的服务,丰富旅游项目的文化内涵,实现旅游与文化、科技的融合联动。

*4.加强金融对文化消费的引擎作用,加大文化消费信贷力度。*一是应采取多种措施实现金融资源和文化消费有效对接。立足于发挥信贷、保险、证券等多层次金融市场资源,从创新信贷产品、完善服务、扩大融资规模、建立和完善配套机制等方面研究金融支持文化消费的政策措施,加强和改进对文化消费的金融服务;创新直接与文化消费相连接的新型消费金融市场,促进文化消费增长和消费升级。二是着力提升文化消费信贷的普及度。鼓励金融机构适度宣传文化信贷服务的导向,争取大量稳定的文化消费市场信贷服务客户群;支持金融机构做细个人文化消费金融服务,推出更多针对文化消费市场的个人金融产品。在电影购票、有线电视消费等基本性文化消费刷卡服务的基础上,加强中高端文化耐用品信贷消费服务。鼓励居民以提升自己的技能、增长自身见识等目的向金融机构申请贷款,以分期付款等方式进入高校等机构接受再教育或职业培训。鼓励专门开发针对文化旅游市场的旅游信用卡产品,为文化旅游金融服务拓展广阔的空间。支持家庭艺术装修信贷。鼓励银行与担保公司、小额贷款公司或其他有志于发展家庭艺术装修信贷的第三方金融机构结合,针对家庭艺术装修开发出信贷产品,积极引导消费者使用该产品。在建立健全艺术市场诚信体系的基础上,鼓励金融机构对字画、文物等文化产品提供金融信贷服务。

(沈昕　丁胡送)

安徽省国家文化产业示范基地建设分析报告

安徽现有国家文化产业示范基地8家,分别是合肥安美置业投资发展集团、屯溪老街、安庆市五千年工艺美术有限责任公司、中国宣纸集团公司、蚌埠光彩玉器文化城、桐城市佛光铜质工艺品有限公司、安徽演艺集团、安庆帝雅艺术品有限公司等。示范引领带动效应日益增强,已成为安徽文化产业的生力军、"领头雁"。但也有一些亟须解决的问题,需要各方面去关注。

一、在皖国家文化产业示范基地发展情况

1. 合肥安美置业投资发展集团(简称安美集团)。总部位于合肥市瑶海区,系民营企业。主要经营范围涉及房地产、建筑安装、投资项目咨询、酿酒、宣纸深加工及文化产业等多个领域。集团核心层企业为合肥安美房地产开发有限公司,注册资本5600万人民币。

2013年,安美集团旗下宣城安美公司负责中国(宣城)文房四宝产业园的投资、开发和建设。该园区位于宣城市响山路以西、桐梓岗路以东,总占地约1000余亩,规划建筑面积约108万平方米。一期工程建设"中国文房四宝城"和"中国书画城",总投资约8亿元人民币,被列入省"861"行动计划项目,"中国文房四宝城"已建成使用,"中国书画城"正在建设中。"中国(宣城)文房四宝产业园"成为安徽省首家国家级文化产业示范园区。

2. 屯溪老街。黄山屯溪老街为全国重点文物保护单位,经文化部、国家文物局批准,屯溪老街和北京市国子监街、苏州平江路等入选为首届"中国历史文化名街"。2007年屯溪老街被命名为省级文化产业示范基地,2008年被命名为国家文化产业示范基地。

屯溪老街文化产业示范基地共有文化类经营单位143家。主要经营笔墨纸砚文房四宝、字画、根雕等各类工艺品、文化旅游纪念品销售;及博物馆、书画院、陈列馆、书画篆刻工作室。2013年实现文化产业总收入4.5亿元,利润总额7698万元,纳税总额1800万元。

基地结合集聚区文化资源和产业发展现状,重点发展文化创意及展示、文化休闲娱乐、商贸文化、徽州传统饮食文化。

3. 安庆市五千年工艺美术有限公司。该公司创建于1996年,是中国最具有代表性的民间手工艺术品生产企业之一,主要从事烙画、云草画、布棉画、根雕、奇石、盆景等八大项目的收藏、开发、生产和销售,产品已获30多项国家专利,产品出口欧美40多个国家和地区。同时公司还经营文化旅游产业,公司投资10多亿元兴建的五千年文博园,是经太湖县人民政府批准建设的文化旅游产业项目,被列为安徽省"861"行动计划工程。园区以"中华文化主题公园"为建设定位,致力于打造中华民族的精神家园,将景区建设成为一个集文化旅游、度假旅游及休闲旅游于一体的、具有国际影响力的综合性旅游区。

2013年,已累计完成投资7.5亿元,竣工率达80%。其中三百六十行文化园项目已全面开工,园内状元楼、榜眼楼、探花楼已完成主体工程建设、实现封顶,三百六十行铜雕已全部制作完成。烟雨江南水乡文化园开工面达到80%,主体河道建设已基本完成;清明上河图文化园已全面开工建设,已完成工程内容的56%。

2013年,园区综合收入近2亿元,门票收入8000多万元,接待游客170余万人,实现了旅游开发拉动经济发展的目的。公司有员工逾890人,其中90%都是太湖当地的剩余劳动力。

4. 中国宣纸集团公司。2013年,生产宣纸700吨,实现销售收入2.24亿元,比上年增长16%,经营效益大幅提升,生产经营呈现出平稳快速发展的良好势头。

5. 蚌埠光彩玉器文化城。于2008年投资建设并于2011年投入运营。2013年,蚌埠光彩玉器文化城克服重重困难,保质保量地完成年初制定的各项目标任务。

10月初举办了为期2天的秋季古玩交流会,邀请了全省及河南、新疆、江苏等地商户,赢得商户一致称赞。

6.桐城市佛光铜质工艺品有限公司。该公司是涉及创意设计、开发、策划、运营的专业铜质工艺铸造品、大型铜质雕塑、高档实木与铜铸造相结合家居、环境艺术、城市规划、古建筑设计、主题公园设计、生态园规划设计、灯光设计的专业公司。产品已形成人物、动物、佛像、鎏金掐丝珐琅、中外炉器、大型雕塑、旅游商品、中外礼品、密宗艺术、高档家具等10多个系列,3000多个品种。产品拥有仿古、鎏金、珐琅鎏金三大专利,特别是湮灭失传已久的厚胎掐珐琅的研制成功更是得到了权威人士的鉴赏和肯定。

2013年,销售额达1.73亿元。公司还在桐城市开发区投资5亿元建设 "佛光国家文化产业创意园"项目,并于2013年10月8日举行奠基仪式。

7.安徽演艺集团。是安徽省属

大型文化企业集团,2013年度集团共演出2170场次,演出收入3439万元,经营收入4626万元;同时,荣获国家舞台艺术精品工程奖、文化优秀剧目奖、舞蹈荷花奖、中国戏剧梅花奖等国家级重要奖项,取得了社会效益和经济效益的双丰收。

8. 安庆帝雅艺术品有限公司。该公司主要生产和经营青铜器、大型雕塑、锻铜壁画、铸胎掐丝珐琅器、玉器、翡翠、红木艺术品等系列高档艺术产品,从事历代文物精品收藏、鉴赏、艺术品交易等业务。

二、示范基地发展存在问题和困难

1.各自为政,规模化尚未形成。安徽的8家国家示范基地,由于缺少统筹规划和综合协调,丰富的文化资源还没有得到充分整合和合理利用,规模化、集约化发展程度不高,没有形成大产业,无法开拓大市场,缺乏有效的延伸开发。

2.南强北弱,发展失衡。8家国家文化产业示范基地,除蚌埠1家外,其他7家都集中在皖中、皖南地区。从一个方面说明皖北地区文化产业但总体发展水平依然较低,与其拥有的丰厚文化资源相比很不相称,与经济社会发展水平相比明显滞后,与全省其他地市相比差距较大。突出表现为:思想认识不到位,文化产业基础设施比较落后,体制不顺机制不活,文化产业发展政策滞后等方面。

3.人才缺乏,制约发展。几家示范基地的报告都提及这一问题。专业人才缺乏、精英人才缺乏、高层次复合型人才缺乏,尤其是既通晓文化产业内容,又具有自主创新能力,以及有影响力的高层次文化领军人才缺乏。

4.管理体制不够顺畅。文化产业管理协调机构分属多部门,组织协调薄弱,缺少统一运作。在为文化企业提供技术创新、信息交流咨询、市场拓展、人才培训等方面还没形成完整、多层次、全方位的服务平台。

三、做强做大国家文化产业示范基地的建议

1.真正落实和细化文化产业各项扶持政策。国家出台诸多政策,但实际可操作性不够强,亟须细化并落实。我们在巡检和调研中,反映最突出的,多是一些地方重大文化产业项目,土地指标无法解决等问题。

2.对国家文化产业示范基地应有专项扶持、奖励政策。希望从文化部层面对国家文化产业示范基地制定一定的扶持奖励政策,增强国家文化产业示范基地的吸引力、影响力。

3.在皖8家示范基地有7家是民营企业,民营企业在国家资金扶持、融资、土地政策等方面还不能享受和国企同等待遇,一定程度制约了企业的发展,必须改变这一状况,实现国企民企同等待遇。

(黄会 李磊)

滁州明文化研究

一、滁州是明文化的发祥地

滁州南抵长江,北临淮河,在合肥、南京两个省会之间,自古以来,就是中原与江南之间的战略要地,是一片没有文化围墙的土地,是全方位开放的地方,是北方文化、南方文化、吴文化、楚文化相互交流的地方。在这种文化氛围中,滁州孕育了明文化。

从空间上来说,明文化最起码包括明光、凤阳、定远、滁州、盱眙、南京,还有北京,它的源在安徽,但它的流远得很。

明文化是国家层面上的文化。滁州,是明文化的摇篮。在滁州,无论是过去,还是现在;无论是官方,民间;无论是城市,还是农村;都一直弥漫着明文化的气息。明朝的开国功臣大多是滁州人,被称为"淮西集团"。从定远县走出来的将领,就有300多位。定远,是明代的将军县。凤阳、定远、明光和相邻的江苏省盱眙县,是研究明文化最火热的地方,他们常为一些具体问题各持一说。今天的滁城分为老城、新城、经济开发区,老城就是明代建成的滁城,周长九里二百多步,今天原貌犹存。凤阳中都城遗址、明皇陵、龙兴寺等明文化遗存,天天都在解说明代的历史。濠州、明光、二郎庙、燃灯寺以及其它许多地名、山名、水名都打上明文化的烙印。明文化,是一种客观存在。

二、明文化是劳动人民的文化

明文化不是庙堂文化,也不是书院文化,而是劳动人民的文化。

元朝晚期是一个黑暗的社会,旱灾、蝗虫、瘟疫、战争、暴政与官府的腐败,导致饿殍遍野,民不聊生。朱元璋的父辈、祖辈都是贫苦农民,朱五四、朱重八,都是普通老百姓的姓名;他们颠沛流离的苦难生活,是元末中国社会劳动人民历经苦难的真实写照。贫苦、流浪、放牛、当和尚、投军、病饿而死,都是当年劳动人民的生活经历。朱元璋的乡邻,都是劳动人民。他儿时的小伙伴都是农民的孩子,他们在青少年时期留下来的故事,都是田野上的故事、草根故事。"花鼓小锣钱杆子,燃灯寺的饭碗子",名扬四方的凤阳花鼓,是劳动人民描写苦难生活的代表作。后来,朱元璋把他少年时期流浪过的地方,都划归凤阳府,这也是一种对苦难生活的纪念。朱元璋决定在凤阳建中都城,在家乡的田野上建皇宫,这正是农民浪漫主义情怀最朴素最有代表性的体现。后来南京故宫和北京故宫,都仿中都城而建,中都皇故宫84万平方米,北京故宫72万平方米。

皖东人民接受明文化、喜爱明文化,因为明文化是劳动人民自己的文化。凤阳花鼓从古代唱到今天,仍是皖东人民的最爱。在民间,关于明代的故事和传说,给人们带来快乐和自豪。600多年来,明文化在民间口口相传、代代相传。

三、明文化是人民英雄的文化

明代政治集团的组成人员,绝大多数都是来自贫苦农民,主要来自淮西地区。元末,仅钟离和定远二县参加红巾军的农民就有2万多人,他们推翻元朝统治作出了重大贡献。

徐达是濠州(今凤阳县)人。明朝开国元勋,杰出的军事家。他少有大志,身材魁梧,刚毅勇猛。22岁加入红巾军,一路征战,成为大将。元至正二十三年(1363),指挥鄱阳湖决战。元至正二十六年(1366),拜徐达为大将军,常遇春为副将军,率水军攻下湖州,围困张士诚的大本营平江(今苏州)。次年破平江,俘张士诚。元至正二十七年(1367),徐达率领大军北伐。元至正二十八年(即洪武元年),攻占大都(今北京市),结束了元朝统治。洪武三年(1370),徐达率军继续北伐西征,直到全国基本统一。

汤和,钟离(今凤阳县)人。儿时与朱元璋同村游戏,常组织牧童练习骑射,长大后身长七尺,倜傥多计略。参加红巾军后,多次与张士诚部队作战,立功颇多。率军南攻庆元(今浙江省宁波市),方国珍弃城入海,汤和穷追不舍,迫使方国珍投降,平定了浙东。他随后领兵进福建,攻克延平(今福建省南平市),平定了福建。从洪武五年至十八年,转战西北,讨伐元朝残军。汤和一生经历大小数百战,屡建奇功。

李文忠,12岁时母亲亡故,父亲李贞带着他辗转乱军之中,多次濒临死亡,后到滁州,被朱元璋收为养子。他19岁开始带兵,参与救援池州。后带兵攻占青阳、太平、旌德、淳安。此后,多次与张士诚的部队作战。他有勇有谋,冲锋陷阵,临危不惧,屡战屡胜。洪武元年(1368),以偏将军从右副将军常遇春出塞,兵临元大都,元帝逃走。与大将军徐达会合攻打庆阳,解大同之危。洪武三年(1370),以10万大军出野狐岭,战兴和,克兴州,夺取红罗山,歼敌10余万人。洪武四年(1371),李文忠先后随傅友德平蜀,与韩国公李善长议军国大事,与平西侯沐英合兵讨平洮州。李文忠器量沉宏,临阵踔厉风发,遇大敌益壮。

定远人冯国用、冯胜兄弟二人,组织地方武装,加入红巾军。冯国用参与克滁州、和州。渡江南下后,参与克采石、太平。后参与攻克集庆、镇江、丹阳、宁国、金华、绍兴,论军功,擢亲军都指挥使。冯胜,是明朝著名将领、军事家。参与攻克滁、和二州,战三汊河、板门寨、鸡公山,皆有功。渡江后,积功为元帅。冯国用逝世后,冯胜受命袭兄职,为亲军都指挥使,援安丰、决战鄱阳湖、下武昌、克平江,论功仅次于常遇春,迁右都督。吴元年(1367),以右副将军从大将徐达北伐,下山东,取汴、洛、潼关,论功列第三。中原平定后,封宋国公。后数率大军出塞征扩廓、纳哈出。

蓝玉也是定远人,开平王常遇春内弟。初隶常遇春帐下,有谋略,作战英勇,屡立战功,由管军镇抚积升至大都督府佥事。洪武十四年(1381)封永昌侯。次年拜为大将军,屯蓟州。洪武二十一年(1388)指挥捕鱼儿海(今俄罗斯贝加尔湖)之战,擒获7万余人,马驼牛羊15万余只。朱元璋对其宠遇甚隆,比之为古代名将卫青、李靖,封凉国公。蓝玉为北疆边防建立了丰功伟绩。

定远籍又一重要人物沐英,八岁时,被朱元璋收为义子。沐英从小就在战乱、兵营、征途中度过,十八岁被授帐前都尉。参与守镇江,开始担当军事重任。洪武三年(1370),沐英被授镇国将军,任大都督府佥事,次年升大都督府同知。大都督府是明初军事中枢,掌天下兵马,机务繁积。沐英在府中7年,处事果断,剖决无滞,深得器重。洪武十四年(1381),傅友德为征南将军,蓝玉、沐英为副将军,率军三十万征讨云南。主政云南,政令简明,鼓励垦田百万亩,疏浚滇池,通盐井之利,招徕商旅。以人口物产确定税赋徭役,人民安居。朱元璋说:“使我高枕无南顾忧者,汝英也”。其子孙世代留在云南,与整个明朝相始终。云南人民至今仍怀念沐英。

以徐达、汤和、李文忠、冯国用、冯胜、蓝玉、沐英为代表的淮西将领驰骋沙场,转战四方,英勇善战,屡建奇功,从孤儿到将军,从贫苦农民到英雄,以祖国大地为平台,创造了一个时代,上演了一幕威武雄壮的人民英雄的全景人生和开国史诗。

四、明文化是尊重知识人才的文化

定远人李善长,少时有智计,习法家著作,推断时事,多有所中。元至正十四年(1354)投红巾军,掌书记。他劝朱元璋效法汉高祖刘邦,豁达大度,知人善任,不嗜杀人。于是备受信用,参与机画,主持馈饷。他善于调护诸将,因才用人,使其各得其所。在他的帮助下,红巾军攻克集庆(今江苏南京)。李善长娴于辞令,明习故事,处理政务,裁决如流,将吏贴服,居民安堵;调兵转饷无乏,恢复制钱、榷淮盐、立茶法、开铁冶、定鱼税,国用益饶,而民不困。明立国前夕被封为韩国公,授中书左丞相,居百官之首。被喻比为汉之萧何,备加赞扬。

冯国用善读孙武子,通晓兵法。他曾向朱元璋建议:"金陵龙盘虎踞,帝王之都,先拔之以为根本。然后四出征伐,倡仁义,收人心,勿贪子女与玉帛,天下不足定也。"他为红巾军指明了战略取向。后来红巾军攻克滁、和二州,直取金陵,就是采纳了冯国用的建议。实践证明,他的这一战略指向是正确的。在攻打金陵一战中,冯国用最先攻上城墙,勇立头功。

范常是琅琊山人,学贯古今。朱元璋进驻滁州,范常拄着拐杖到军中谒见,遂留下作谋士。朱元璋有疑难就询问范常,范常以实言相告。红巾军占领和州后,一些将士杀掠百姓,范常对朱元璋说:"得一城,而使人肝脑涂地,何以成大事?"朱元璋接受建议,整顿军纪,严禁滥杀无辜,并送还掳掠的妇女和财物,受到百姓拥护,军威大振。范常被授为元帅府都事,后被任命为太平府知府。

徽州学者朱升,提的建议被朱元璋采纳,对建立大明王朝起了重要作用,。朱升是休宁县迴溪村人。他学识渊博,了解民情。元至正十七年(1357)朱元璋亲征徽州,访求贤才,登门拜访朱升。朱升向他提出影响深远的九字方针:"高筑墙、广积粮、缓称王",受到朱元璋赏识,授中书咨议,成为朱元璋的重要谋臣。当时,元军福童等八元帅拒守徽州,朱升利用自己在当地的影响,到徽州城下说降。福童等平时就非常佩服朱升有先见之明,于是开城出降。元至正十八年(1358),久攻婺州(金华)不下,朱升建议朱元璋亲自前往指挥,朱元璋问用兵之策,朱升说:不要滥杀无辜,只有不嗜杀人者才能无敌天下,经过五至七年,就一定会得到天下。朱元璋采纳了这一建议,命令"城破无许妄杀"。随后,婺州城破。朱升的建议,不仅有利于瓦解婺州守军,为攻克婺州铺平道路,而且克城后,使婺州得以保全。这对稳定民心,壮大军事力量,非常有益。朱升又推荐"浙东四贤"刘基、宋镰、叶深、章溢。他们成为朱元璋的重要军事谋臣,有力推进统一事业。中国民间流传"三分天下诸葛亮、一统江山刘伯温"。朱元璋多次称刘基为"吾之子房。"元至正二十三年(1363),朱元璋与陈友谅决战鄱阳湖,形势严峻,朱升建议断敌粮道,抢先借粮,使双方形势发生转化。在最后一战中,朱元璋坐在胡床上亲冒流矢指挥作战,是朱升把他推进船舱,随即流矢射中胡床板。要不是朱升,朱元璋很有可能战死鄱阳湖。建国后,朱升为朱元璋编纂《女戒》,以防后宫干政,败坏朝纲。

马皇后出生在宿州。洪武十五年(1382),马皇后临终前还嘱咐朱元璋"求贤纳谏,慎重如始",并愿"子孙皆贤,臣民得所"。朱元璋常将马皇后的贤德与唐朝长孙皇后相提并论。《明史》赞扬马皇后"母仪天下,慈德昭彰"。

五、明文化是御寇抗倭的文化

倭寇是十四至十六世纪侵扰我国和朝鲜沿海地区的日本海盗。抗倭是明代海防的重要任务。研究明代抗倭文化,对今天维护我国领海主权和安全,仍有重要的现实意义。

洪武十九年(1386),倭寇骚扰沿海一带,朱元璋对汤和说,你虽然老了,还是要代我到沿海走一趟。汤和在巡视过程中,决定在江浙沿海一带筑城59座。到了嘉靖年间,东南沿海一带屡遭倭患,凡是汤和筑城的地方,当地军民依城自保,人民十分感谢和怀念汤和,巡按御史请示朝廷,立庙以祀。

戚继光是定远人,是明朝爱国将领。戚继光幼时倜傥负奇气,家贫,好读书,通经史大义。嘉靖时接替父职,任山东登州卫指挥佥事。这时,山东沿海倭寇为患,给人民带来灾难。戚继光激愤赋诗:"封侯非我意,但愿海波平"。他整训士兵,严肃军纪,修筑工事,巩固山东沿海防务,使倭寇不敢进犯。嘉靖三十四年(1555),倭寇作乱,常熟县令王鈇、江阴知县钱錞抗倭战死,巡抚应天都御史周琉上奏:苏松二府连年遭受倭祸,请将去年税粮尽数减免。华亭、上海、嘉定、崇明四县受害尤为严重,请发银赈济。他还提出御倭十难、三策,其中强调,倭寇来去飘忽不定,难以测知;倭寇奸诈多端,其计难知;倭寇盘踞坚久,难备。在这种情况下,戚继光改任浙江都司佥事,充参将,镇守宁波、绍兴、台州三郡。嘉靖三十五年(1556),倭寇进犯龙山,浙江九路明军共同前往抵御。倭酋骄纵,兵分三路,气势汹汹,数量超过敌人的明军竟然抵挡不住,连连败退。戚继光见势,登高放矢,一连三箭,射倒3个倭寇,稳住了明军阵脚,溃散的明军重新集结,杀退了倭寇。为了抗御倭寇,戚继光到浙江义乌招募新军4000多人,进行严格训练,教给士兵击刺方法、攻守战术。还根据东南沿海地区多山水,不便长驱直入的地理条件和倭寇长于设伏、冲锋和短兵相接的战术,创造出一种"鸳鸯阵"。他还教育士兵:兵是杀贼的,贼是杀百姓的,百姓需要你们杀贼。假使你们果肯杀贼,守军法,百姓如何不拥护你们?对于违反军纪、破坏军规、损害百姓利益的行为,戚继光严惩不贷。因此,戚继光的军队深受人民拥护和爱戴,被称为"戚家军"。戚家军在浙江九战九胜,使倭寇闻风丧胆。嘉靖四十一年(1562),朝廷调戚继光入闽剿倭。他率部首先收复横屿,一鼓作气连克60营,剿除福清牛田、兴化等地倭寇万余。福建倭患暂告平息后,回师驻守浙江。嘉靖四十二年(1563),戚继光再度赴闽作战,攻下平海卫,再次收复兴化,论功提升为总兵。嘉靖四十三年(1564),两万倭寇围攻福建仙游县达50多天,县城危在旦夕。戚继光率部奋战,仙游解围。随后,他又在王仓墙、蔡陂岭大败倭寇,至此福建倭寇被肃清。嘉靖四十四年(1565),戚继光和广东明军联合消灭海匪吴平,至此,东南沿海倭患彻底平息。后继者沿用他的做法,保持海防数十年安定。

戚继光戎马一生,转战万里海疆,在浙、闽、粤沿海诸地抗击来犯倭寇,历十余年,大小八十余战,终于扫平倭寇之患,为保卫国家领海安全作出了巨大贡献。戚继光是民族英雄,万民敬仰,福建民间至今仍有"光饼"流传。他对练兵、治械、布阵都有创见,著有《记效新书》《练兵纪实》等兵书,是我国古代军事学的宝贵遗产。戚继光率领东南沿海军民抗倭的光辉历史,成为特色鲜明的御寇抗倭文化,是明文化中一个重要组成部分。

六、明文化是勤政廉政的文化

朱元璋十分勤政。从开国之初,他就"日诏百官,悉侍左右,询问民情,咨访得失。"又特设通政司,以通下情。他天不亮就起身批阅公文,亲自处理全国政务。据洪武十七年(1384)九月间的统计,从十四日到二十一日,八天之内,处理内外诸司奏札1660件,共计3391事,平均每天要看或听200多件报告,处理400多件事情。这样繁重的工作,是难以承担的。由于长期劳累,他终于积劳成疾。

在生命的最后几年,朱元璋仍竭尽全力,制定各项制度和法律,要求子孙世代遵守成法。洪武三十年(1397),正式颁布了《大明律诰》。此律"草创于吴元年,更定于洪武六年,整齐于二十二年,至三十年始颁示天下。日久而虑精,一代法始定。中外决狱,一唯三十年所颁。"朱元璋在《祖训》中嘱咐道:"凡我子孙,钦承朕命。勿作聪明,乱我已成之法,一字不可改易。"

由于生于贫困,朱元璋十分节俭。营建宫殿,他"只求安固,不事华丽。"江西地方官把陈友谅的镂金床献给他,他比之为孟昶的七宝溺器,令人打碎。

朱元璋坚持勤政廉政,直到最后。洪武三十一年(1398),朱元璋病逝。他在遗诏中说:"朕膺天命,三十有一年,忧危积心,日勤不怠,务有益于民。"他还说:"丧祭仪物,毋用金玉。孝陵山川,因其故勿改作。"

朱元璋不仅廉洁自律,还严戒功臣勋旧恃功骄姿、依势冒法。由于功臣不守王朝法令,不仅和政府争夺劳动人口,影响朝廷赋税收入,危害王朝利益,而且也成为王朝统治的不安定因素。洪武五年(1372)八月,针对功臣有侵掠民田及走私等不法行为,朱元璋特意命工部铸铁榜告诫他们:"不以功大而有骄心,不以爵隆而有怠心,故能享有荣盛,延及后世。大抵敬谨为受福之本,骄怠为招祸之源,惟知道者可以语此。"

鉴于元朝官吏贪污腐败,出身贫穷百姓的朱元璋决心整顿官吏。洪武二年(1369),朱元璋说,从前在民间,见州县官吏大多不体恤百姓,贪财好色,饮酒废事,对老百姓的疾苦漠然视之,心里恨透了。如今要严立法禁,凡有官吏贪污蠹害百姓的,决不宽恕。洪武四年(1371)他又说:"此弊不革,欲成善政,终不可得。"他采取铁腕手段,开展廉政建设。洪武九年(1376)以前,官吏犯罪谪发凤阳屯田的就有1万多人。一时朝廷内外官吏无不重足屏息,奉公畏法。

马皇后在朱元璋领兵征战年代,亲自为将士缝衣做鞋。做了皇后之后,一直保持俭朴作风,即使穿旧穿破的衣服也不愿丢弃,不忘蚕桑艰难。遇到荒年,她带领宫人吃粗劣饭菜,以此体察民间疾苦。

徐达是一位建立盖世奇功的大将军,却谦虚谨慎,廉洁自律。朱元璋要把他当吴王时的府邸让给徐达,他坚辞不受。他管束部队严格,他所平定的大都会2个、省会3个、郡邑上百个,都秩序井然,民不苦兵。朱元璋称赞他,接受军令就出发,完成任务就回师,不骄傲,不自夸,不好女色,不贪钱财,品行端正,没有瑕疵,光明磊落,只有徐达一人能做到这样。

汤和长朱元璋3岁,却能约束自己。天下安定后,汤和主动交出兵权,请求告老还乡。朱元璋在凤阳为他修建府第。汤和到了晚年更加谨慎,朝事从不外泄。他得到的赏赐物品,大多分给乡亲。

明初还制定了官员考核办法,根据官员品秩,分别制定考核时间和内容,由吏部"综其称职、平常、不称职而陟黜之"。这同我们今天领导干部年度考核办法很类似。鉴于汉、唐宦官之祸,明初明令禁止宦官预政典兵,并镌铁牌放在宫门口,上刻"内臣不得干预政事"。

明史专家陈梧桐先生说:"朱元璋惩治贪污……扫荡了腐败的既得利益者……具有历史的进步意义。"实现中华民族伟大复兴的中国梦,必须坚持党要管党、从严治党,积极借鉴我国历史上优秀廉政文化,不断提高党的领导水平和执政水平,提高拒腐防变和抵御风险能力,确保党始终成为中国特色社会主义事业的坚强领导核心。明代反腐倡廉坚定不移,是值得我们借鉴的。 (朱文根)

该文修改后曾在2014年1月20日《安徽日报》上发表

“反弹琵琶”:从理念到实践

——“安庆文化”建设的调查思考

党的十八大以来,中共安庆市委、市政府围绕建设“文化安庆”目标,注重“文化安庆”建设的顶层设计,与安徽省社会科学院和省文化研究中心紧密合作,提出“反弹琵琶”,探索社会主义文化建设新路径,获得国家文化部、财政部专家委员会的认可,开始“反弹琵琶”从文化建设理念到“文化安庆”建设实践的转化。

一、“反弹琵琶”模式提出的根据和可能

安庆是国家历史文化名城,自南宋嘉定十年(1217)建城,至今已近800年。自清乾隆二十五年(1760)至民国27年(1938)的178年间是安徽省会和全省政治、经济、文化中心,素有“安徽之源、文化之邦、禅宗圣地、戏剧之乡”的美誉,拥有文化发展的丰厚资源和独特优势。但是,安庆文化建设面临一个不容忽视的现实,即是集山区、老区和贫困区于一身。在这样一个拥有丰富历史文化资源但经济发展相对滞后的地区,能不能打破常规、另辟蹊径,实现文化建设的超前发展,反过来影响带动整个经济社会的发展?探讨这个问题,对推进新阶段的文化建设尤其是公共文化服务标准化均等化,保障城乡居民平等地享受文化改革发展的成果,具有重要意义。

人们通常认为,经济发展是文化发展的基础,经济建设为文化建设提供物质基础和保障,文化发展总是伴随着经济发展、并且在经济发展到一定阶段才能发展起来。但这并不意味着文化的发展始终与经济发展亦步亦趋,也不能简单地认为文化只是经济、政治的派生物和附属品。恩格斯晚年在关于历史唯物主义的通信中曾专门谈到意识形态发展的独立性,认为科学、艺术、宗教、哲学等虽然是一定经济发展阶段的产物,但一旦成为社会分工的独立部门,就有自己特殊的发展规律,开始自己特殊的发展道路。恩格斯以16—18世纪资产阶级革命时期的哲学发展为例,论证哲学发展与经济发展的不一致性:由于“每一个时代的哲学作为分工的一个特定的领域,都具有由它的先驱传给它而它便由此出发的特定的思想材料作为前提。因此,经济上落后的国家在哲学上仍然能够演奏第一小提琴:18世纪的法国对英国来说是如此(法国人是以英国哲学为依据的),后来的德国对英法两国来说也是如此。”

各地文化发展实践证明,文化发展具有独立性和超前性,经济欠发达地区完全可以成为文化产业发展的先进地区。“十一五”以来,湖南、云南两省的文化产业作为当地的支柱产业,以远远高于当地GDP的增长速度实现跨越式发展,成功跻身于全国5个文化产业增加值占GDP比重5%的省市,创造了引人瞩目的文化“湖南现象”和“云南模式”,为欠发达地区实现文化产业跨越发展提供范式和模板。这一点也为“文化安庆”现象所证实:地处国家级贫困县的太湖县图书馆,成功跻身全国先进图书馆;同样地处国家级贫困县的岳西县,上世纪80年代在全国首创文化扶贫的“莲云模式”在全国引起反响;近年来安庆文化旅游发展精彩纷呈,文化产品出口企业进入全国100强。安庆全市虽有5个国家级贫困县,整体上处在经济社会快速发展的启动阶段,但文化建设却毫不逊色:文化改革风生水起,黄梅戏梅开三度唱红全国,以草根经济、民营文化企业为主体的文化产业跨越发展,2011年以来多次被评为全国文化体制改革和发展先进市。

由此可见,以“反弹琵琶”的理念和路径实现文化建设的适度超前发展,不仅不违反历史唯物主义关于经济基础和上层建筑关系的

国家历史文化名城——安庆

一般原理，而且以对历史辩证法的灵活和创造性运用，展示了人民群众建设中国特色社会主义的历史主动性和中国特色社会主义制度的优越性。

二、“反弹琵琶”文化建设模式的主要内容

“反弹琵琶”最初是作为一种文化建设思路提出来的。所谓“反弹琵琶”是指在经济社会发展欠发达但文化资源富集地区开展公共文化建设时，可以适度超前发展公共文化服务事业，发挥“以文化人”的功能作用，为经济社会发展提供智力支持和人才保障；在设计城乡一体的公共文化服务体系建设推进路线时，反向操作，将工作重点放在公共文化服务体系建设最薄弱的农村地区和公共文化服务网络最薄弱的乡镇和村两个环节，以此为突破口，加大工作力度，补齐“短板”，在整体上提升城乡公共文化服务网络的供给能力和服务能力。此后，“反弹琵琶”被推广到包括发展文化产业的文化建设所有领域，成为贫困欠发达地区加快文化建设的一种有益探索。

实行“反弹琵琶”的文化建设模式，关键在于制度创新和机制创新。一是建立资源整合机制。依靠存量调整，优化配置，解决贫困地区文化建设中资源短缺的突出矛盾，实现城乡公共文化服务体系的功能拓展和提质增效。二是建立内生动力机制。依据城乡居民的文化消费需求和期待，引导城乡居民自主参与公共文化服务体系的建设和管理。三是建立长效运行机制。加强公共文化服务机构的制度建设和机制创新，探索县乡公共文化服务机构的管理模式和运营服务规范创新。四是转变公共文化服务方式和公共文化管理方式。政府是公共文化服务的责任主体，但必须“管办分离”，将工作重点放在把握文化建设的方向、重点和路径，采用社会化市场化的手段实现对文化资源的优化配置，提供人民群众满意的公共文化服务。

在贫困欠发达地区加快公共文化建设，是政府主导的后发外生型的文化现代化过程，政府主导作用必须同人民群众主体地位相结合，激活当地文化发展的内生机制；外来先进文化必须同当地优秀传统文化相结合，实现文化发展中的基因重组和文化再造。

三、“反弹琵琶”文化建设模式的启迪意义

“十二五”以来，中国文化建设成就巨大，初步建成城乡一体的公共文化服务体系，实现了公共文化服务网络的全覆盖。必须看到，已经建成的公共文化服务体系还是初步的低水平的，它所提供的公共文化服务也是最基本的，远不能满足人民群众不断增长的文化消费需求。建设现代公共文化服务体系，加快实现公共文化服务标准化均等化，保障全体人民群众包括贫困地区的城乡居民也能平等地享受公共文化服务，还有很长的路要走。“反弹琵琶”，加快贫困地区的文化建设，因此有了特别重要的意义：

公共文化建设思路的转变。“反弹琵琶”，贫困地区公共文化建设先行一步、超前发展，这是文化建设发展思路、发展战略的重大转变。欠发达地区的公共文化发展，既与当地经济、政治、文化、社会发展相联系，又不能机械地理解经济与文化发展的关系。要善于抓住新阶段党中央国务院重视公共文化服务标准化均等化，加快贫困地区公共文化建设带来的政策机遇，精心谋划当地文化建设加速发展的启动时间、所需条件、推动力量、发展手段、发展过程等，借助政府推动和社会援助，激活当地文化现代化的内生机制，实现贫困欠发达地区文化建设的跨越式发展。

公共文化发展方式的转变。公共文化建设要从贫困地区经济社会发展实际出发，以满足城乡居民的文化消费需求为目标，无论是打造布局合理、功能齐全、手段先进、服务高效的城市公共文化服务网络，还是打造以县城为中心、以乡镇为支点、村组为触角、城乡一体的县城公共文化服务网络，都要眼睛向内，不能离开现有基础。要转变公共文化服务的发展方式，依靠体制机制创新，解放和发展公共文化服务能力，通过资源整合，实现城乡公共文化服务的提质增效。

公共文化发展重点的转变。城乡公共文化服务网络基本建成后，公共文化建设的重点要适时地从“以建为主”，转移到“建管并重”“管用为主”，从注重硬件建设过渡到注重内容建设、人才建设和制度建设，探索建立符合中国国情、中西部特点、具有可操作性和示范效应的城乡公共文化服务体系尤其是乡村公共文化服务站点的运行机制和管理模式，形成公共文化服务常态化的保障机制和政策措施，保证已经建成的公共文化设施管得好、用得上。

公共文化发展价值的转变。“反弹琵琶”，加快贫困欠发达地区公共文化建设，实现公共文化标准化均等化，体现了公共文化建设过程中越来越重视公平正义的价值取向和让文化改革发展的成果惠及全体人民的文化为民理念。政府主导、社会支援，尊重人民群众的主体地位，从城乡居民特别是农村居民的文化需求状况和发展变化出发，兴办人民群众需要和满意的文化，不仅可以大幅提升城乡居民的文化幸福指数，而且为社会主义文化大发展大繁荣开辟了广阔的发展空间和市场空间。

（庆跃先）

该文原载 2015 年 2 月 2 日《安徽日报》

附錄

□中共中央办公厅、国务院办公厅印发《关于加快构建现代公共文化服务体系的意见》

□关于加快文化贸易发展的意见

□安徽省非物质文化遗产条例

□安徽省文化事业、文化产业发展统计表

中共中央办公厅、国务院办公厅印发《关于加快构建现代公共文化服务体系的意见》

近年来，在党中央、国务院高度重视下，我国公共文化建设投入稳步增长，覆盖城乡的公共文化服务设施网络基本建立，公共文化服务效能明显提高，人民群众精神文化生活不断改善，公共文化服务体系建设取得显著成效，呈现出整体推进、重点突破、全面提升的良好发展态势。但是，与当前经济社会发展水平和人民群众日益增长的精神文化需求相比，与基本建成公共文化服务体系的目标要求相比，公共文化服务体系建设水平仍然有待提高。在新的形势下，构建现代公共文化服务体系，是保障和改善民生的重要举措，是全面深化文化体制改革、促进文化事业繁荣发展的必然要求，是弘扬社会主义核心价值观、建设社会主义文化强国的重大任务。为贯彻党的十八届三中全会审议通过的《中共中央关于全面深化改革若干重大问题的决定》的有关要求，加快构建现代公共文化服务体系，现提出如下意见。

一、总体要求

（一）指导思想。以邓小平理论、“三个代表”重要思想、科学发展观为指导，贯彻落实党的十八大和十八届三中、四中全会精神，贯彻落实习近平总书记系列重要讲话精神，按照全面建成小康社会的总体要求，牢固树立以人民为中心的工作导向，以改革创新为动力，以基层为重点，构建体现时代发展趋势、适应社会主义初级阶段基本国情和市场经济要求、符合文化发展规律、具有中国特色的现代公共文化服务体系，促进基本公共文化服务标准化、均等化，推动社会主义文化大发展大繁荣，提高全民族文化素质，增强民族凝聚力，为实现中华民族伟大复兴中国梦提供强大的精神动力和文化支撑。

（二）基本原则。

坚持正确导向。以人民为中心，以社会主义核心价值观为引领，发展先进文化，创新传统文化，扶持通俗文化，引导流行文化，改造落后文化，抵制有害文化，巩固基层文化阵地，促进在全社会形成积极向上的精神追求和健康文明的生活方式。

坚持政府主导。从基本国情出发，认真研究人民群众的精神文化需求，因地制宜，科学规划，分类指导，按照一定标准推动实现基本公共文化服务均等化，切实保障人民群众基本文化权益，促进实现社会公平。

坚持社会参与。简政放权，减少行政审批项目，引入市场机制，激发各类社会主体参与公共文化服务的积极性，提供多样化的产品和服务，增强发展活力，积极培育和引导群众文化消费需求。

坚持共建共享。加强统筹管理，建立协同机制，明确责任，优化配置各方资源，做到物尽其用、人尽其才，发挥整体优势，提升综合效益。

坚持改革创新。加快转变政府职能，完善管理体制机制，创新公共文化服务内容和形式，促进文化与科技深度融合，推动文化事业和文化产业协调发展。

（三）主要目标。到2020年，基本建成覆盖城乡、便捷高效、保基本、促公平的现代公共文化服务体系。公共文化设施网络全面覆盖、互联互通，公共文化服务的内容和手段更加丰富，服务质量显著提升，公共文化管理、运行和保障机制进一步完善，政府、市场、社会共同参与公共文化服务体系建设的格局逐步形成，人民群众基本文化权益得到更好保障，基本公共文化服务均等化水平稳步提高。

二、统筹推进公共文化服务均衡发展

（四）促进城乡基本公共文化服务均等化。把城乡基本公共文化服务均等化纳入国民经济和社会发展总体规划及城乡规划。根据城镇化发展趋势和城乡常住人口变化，统筹城乡公共文化设施布局、服务提供、队伍建设、资金保障，均衡配置公共文化资源。整合利用闲置学校等现有城乡公共设施，依托城乡社区综合服务设施，加强城市社区和农村文化设施建设。拓展重大文化惠民项目服务“三农”内容。加大对农村民间文化艺术的扶持力度，推进“三农”出版物出版发行、广播电视涉农节目制作和农村题材文艺作品创作。完善农家书屋出版物补充更新工作。统筹推进农村地区广播电视用户接收设备配备工作，鼓励建设农村广播电视维修服务网点。大力开展流动服务和数字服务，打通公共文化服务“最后一公里”。建立公共文化服务城乡联动机制。以县级文化馆、图书馆为中心推进总分馆制建设，加强对农家书屋的统筹管理，实现农村、城市社区公共文化服务资源整合和互联互通。推进城乡“结对子、种文化”，加强城市对农村文化建设的帮扶，形成常态化工作机制。

（五）推动革命老区、民族地区、边疆地区、贫困地区公共文化建设实现跨越式发展。与国家扶贫开发攻坚战略结合，编制老少边穷地区公共文化服务体系建设发展规划纲要。根据国家基本公共文化服务指导标准，明确老少边穷地区服务和资源缺口，按照精准扶贫的要求，以广播电视服务网络、数字文化服务、乡土人才培养、流动文化服务、农村留守妇女儿童文化帮扶等为重点，集中实施一批文化扶贫项目。落实对国家在贫困地区安排的公益性文化建设项目取消县以下（含县）及西部地区集中连片特困地区市地级配套资金的政策。加强边境地区基层公共文化设施建设。促进地区对口帮扶，加大人才交流和项目支援力度。深入实施边远贫困地区、边疆民族地区、革命老区人才文化工作者专项支持计划。支持老少边穷地区挖掘、开发、利用民族民间文化资源，充实公共文化服务内容。力争在较短时间内使老少边穷地区公共文化服务能力和水平有明显改善。

（六）保障特殊群体基本文化权益。将老年人、未成年人、残疾人、农民工、农村留守妇女儿童、生活困难群众作为公共文化服务的重点对象。积极开展面向老年人、未成年人的公益性文化艺术培训服务、演展和科技普及活动。开展学龄前儿童基础阅读促进工作和向中小学生推荐优秀出版物、影片、戏曲工作。指导互联网网站、互联网文化企业等开发制作有利于青少年身心健康的优秀作品。将中小学生定期参观博物馆、美术馆、纪念馆、科技馆纳入中小学教育教学活动计划。加强乡村学校少年宫建设。实施青少年体育活动促进计划。公共文化服务机构要为残疾人提供无障碍设施。实施盲文出版项目，开发视听读物，建设有声图书馆，鼓励和支持有条件的电视台增加手语节目或加配字幕。加强对残疾人文化艺术的扶持力度。加快将农民工文化建设纳入常住地公共文化服务体系，以公共文化机构、社区和用工企业为实施主体，满足农民工群体尤其是新生代农民工的基本文化需求。

（七）建立基本公共文化服务标准体系。以人民群众基本文化需求为导向，围绕看电视、听广播、读书看报、参加公共文化活动等群众基本文化权益，根据国家经济社会发展水平和供给能力，明确国家基本公共文化服务的内容、种类、数量和水平，以及应具备的公共文化服务基本条件和各级政府的保障责任，确立国家基本公共文化服务指导标准，明确政府保障底线，做到保障基本、统一规范。各地要根据国家指导标准，制定与当地经济社会发展水平相适应、具有地域特色的地方实施标准，逐步形成既有基本共性又有特色个性、上下衔接的标准指标体系。标准以县为基本单位推进落实。建立基本公共文化服务标准动态调整机制，根据经济社会的发展变化，适时调整提高具体指标。

（八）提升公共文化设施建设、管理和服务水平。健全公共文化设施布局、土地使用、建设规模、设计和施工规范以及技术要求等标准。按照城乡人口发展和分布，坚持均衡配置、严格预留、规模适当、功能优先、经济适用、节能环保的原则，合理规划建设各类公共文化设施。结合基层公共服务设施建设，制定村（社区）综合公共文化服务中心建设标准，充分利用现有城乡公共设施，统筹建设集宣传文化、党员教育、科技普及、普法教育、体育健身等多功能于一体的基层公共文化服务中心，配套建设群众文体活动场地。坚持设施建设和运行管理并重，健全公共文化设施运行管理和服务标准体系，规范各级各类公共文化机构服务项目和服务流程，完善内部管理制度，提高服务水平。

三、增强公共文化服务发展动力

（九）培育和促进文化消费。在公共文化服务体系建设中统筹考虑群众的基本文化需求和多样化文化需求，推动公共文化服务向优质服务转变，实现标准化和个性化服务的有机统一。广泛开展公益性文化艺术活动，培养健康向上的文艺爱好，扩大和提升文化消费需求。鼓励有条件的公共文化机构挖掘特色资源，加强文化创意产品研发，创新文化产品和服务内容。完善公益性演出补贴制度，通过票价补贴、剧场运营补贴等方式，支持艺术表演团体提供公益性演出。鼓励在商业演出和电影放映中安排低价场次或门票，鼓励出版适应群众购买能力的图书报刊，鼓励网络文化运营商开发更多低收费业务，推动经营性文化设施、非物质文化遗产传习场所和传统民俗文化活动场所等向公众提供优惠或免费的公益性文化服务。积极发展与公共文化服务相关联的教育培训、体育健身、演艺会展、旅游休闲等产业，引导和支持各类文化企业开发公共文化产品和服务，满足人民群众多层次的文化消费需求。

（十）鼓励和引导社会力量参与。进一步简政放权，减少行政审批项目，吸引社会资本投入公共文化领域。建立健全政府向社会力量购买公共文化服务机制。出台政府购买公共文化服务指导性意见和目录，将政府购买公共文化服务资金纳入财政预算。推广运用政府和社会资本合作等模式，促进公共文化服务提供主体和提供方式多元化。鼓励和支持社会力量通过投资或捐助设施设备、兴办实体、资助项目、赞助活动、提供产品和服务等方式参与公共文化服务体系建设。推动建立健全公开透明的社会捐赠管理制度。鼓励党政机关、国有企事业单位和学校的各类文体设施向社会免费或优惠开放。创新公共文化设施管理模式，有条件的地方可探索开展公共文化设施社会化运营试点，通过委托或招投标等方式吸引有实力的社会组织和企业参与公共文化设施的运营。

（十一）培育和规范文化类社会组织。加强对文化类行业协会、基金会、民办非企业单位等社会组织的引导、扶持和管理，促进规范有序发展。制定完善关于文化类社会组织的规章，明确功能定位。鼓励各类公共文化服务机构成立行业协会，发挥其在行业自律、行业管理、行业交流等方面的重要作用。加快推进文化行业协会与行政机关脱钩，将适合由社会组织提供的公共文化服务事项交由社会组织承担。引导文化类社会组织依法依规开展公共文化服务。加大政府向文化类社会组织购买服务力度。加强政府管理和社会监督，严格执行社会组织年检制度和信息公开制度，开展运营绩效评估和社会信用评估，实现依法管理、依法运营。

（十二）大力推进文化志愿服务。大力弘扬志愿服务精神，坚持志愿服务与政府服务、市场服务相衔接，奉献社会与自我发展相统一，社会倡导和自愿参与相结合，构建参与广泛、内容丰富、形式多样、机制健全的文化志愿服务体系。创新服务内容、工作方式和活动载体，探索具有地方或行业特色的文化志愿服务模式。完善文化志愿者注册招募、服务记录、管理评价和激励保障机制。动员组织专家学者、艺术家、优秀运动员等社会知名人士参加志愿服务，提高社会影响力。要建立“结对子、种文化”工作机制，推动专业艺术院团、体育运动队和艺术体育院校等到基层教、学、帮、带，建立志愿服务下基层制度。加强对文化志愿队伍的培训，提升文化志愿者的服务意识、服务能力和服务水平。

四、加强公共文化产品和服务供给

（十三）提升公共文化服务效能。完善公共文化设施免费开放的保障机制。深入推进公共图书馆、博物馆、文化馆、纪念馆、美术馆等免费开放工作，逐步将民族博物馆、行业博物馆纳入免费开放范围。推动科技馆、工人文化宫、妇女儿童活动中心以及青少年校外活动场所免费提供基本公共文化服务项目。建立群众文化需求反馈机制，及时准确了解和掌握群众文化需求，制定公共文化服务提供目录，开展“菜单式”“订单式”服务。加强公共文化服务品牌建设，推动形成具有鲜明特色和社会影响力的服务项目。加大对跨部门、跨行业、跨地域公共文化资源的整合力度。以行业联盟等形式，开展馆际合作，推进公共文化机构互联互通，开展文化服务“一卡通”、公共文化巡展巡讲巡演等服务，实现区域文化共建共享。加强基层广播电视播出机构服务能力建设。充分利用广播、电视、网络双向互动功能，为各级政府部门便民服务提供窗口和平台。

（十四）丰富优秀公共文化产品供给。进一步发挥国家级评奖和艺术、出版等基金的引导带动作用，创作生产更多传播当代中国价值观念、体现中华文化精神、反映中国人审美追求，思想性、艺术性、观赏性有机统一的优秀文化产品。建立优秀传统文化传承和发展体系。加强戏曲等优秀文化艺术的普及推广工作。开展优秀文化遗产、高雅艺术进校园、进社区，推进送戏、送书、送电影下乡等项目和优秀出版物推荐活动。提高网络文化产品和服务供给能力，促进优秀传统文化瑰宝和当代文化精品网络传播。推动少数民族地区广播电视播出机构在推广国家通用语言文字的同时，开办少数民族语言的频率频道，提高少数民族语言节目译制、制作、播映和传输覆盖能力；继续实施少数民族新闻出版“东风工程”，加强少数民族文字及双语出版物的出版发行和少数民族语言文艺作品的创作；推进少数民族语言文字网站建设。加强知识产权审核和版权保护，防止侵权或盗版产品进入公共文化服务供给体系。大力发展公益广告，有效推广公益慈善理念。

（十五）活跃群众文化生活。深入开展全民阅读活动，推动全民阅读进家庭、进社区、进校园、进农村、进企业、进机关。积极开展全民艺术普及、全民健身、全民科普和群众性法治文化活动。实施基层特色文化品牌建设项目，以富有时代感的内容形式，吸引更多群众参与文化活动。引导广场文化活动健康、规范、有序开展。推进民间文化艺术之乡建设。以“我们的节日”为主题，组织开展群众性节日民俗活动；传承和发展民族民间传统体育，广泛开展形式多样的群众性体育活动。鼓励群众自办文化，支持成立各类群众文化团队。通过组织示范性展演等形式，为民间文化队伍提供展示交流的平台。推进红色文化、社区文化、乡土文化、校园文化、企业文化、军旅文化、家庭文化建设，培育积极健康、多姿多彩的社会文化形态。促进边疆少数民族地区和其他地区群众文化交往交流交融。加强群众性文化活动的国际交流，支持群众文化走出去，形成多层次的对外文化交流格局。

五、推进公共文化服务与科技融合发展

（十六）加大文化科技创新力度。围绕公共文化服务体系建设的重大科技需求，发挥文化和科技相互促进的作用，结合中央财政科技计划（专项、基金等）管理改革要求，将公共文化科技创新纳入科技发展专项规划，深入实施国家文化科技创新工程。研究制定公共文化服务领域科技标准规范。开展文化专用装备、软件、系统的研发应用，推进公共文化服务创新手段、提高效能。加强科技成果转化应用，实施一批公共文化服务科技创新应用示范项目；支持公共文化机构、科研院所、高科技企业合作开展各类关键技术研究。依托国家公共文化服务体系建设示范区（项目）、高新技术园区和可持续发展实验区，开展公共文化服务与科技融合示范工作。

（十七）加快推进公共文化服务数字化建设。结合“宽带中国”“智慧城市”等国家重大信息工程建设，加快推进公共文化机构数字化建设。统筹实施全国文化信息资源共享、数字图书馆博物馆建设、直播卫星广播电视公共服务、农村数字电影放映、数字农家书屋、城乡电子阅报屏建设等项目，构建标准统一、互联互通的公共数字文化服务网络，在基层实现共建共享。提高资源供给能力，科学规划公共数字文化资源建设，建设分布式资源库群，鼓励各地整合中华优秀文化资源，开发特色数字文化产品。支持数字版权公共服务平台建设，实现公共数字文化资源有效保护。加强公共文化大数据采集、存储和分析处理。加快推进数字文化资源在智能社区中的应用，实现“一站式”服务。

（十八）提升公共文化服务现代传播能力。着眼于形成与我国经济社会发展水平相称的传播能力，加快构建现代文化传播体系，保障信息传播的高效快捷和安全有序。灵活运用宽带互联网、移动互联网、广播电视网、卫星网络等手段，拓宽公共文化资源传输渠道。大力推进“三网融合”，促进高清电视、互动电视、交互式网络电视（IPTV）、手机电视等新业务发展，推广数字智能终端、移动终端等新型载体。推进数字出版，构建数字出版物传播平台。加强广播电视台、发射台（站）、监测台（站）建设，继续实施广播电视高山无线发射台站建设工程。积极推进有线电视网络建设和数字化双向化改造，加快推进直播卫星和地面数字电视覆盖建设，努力实现广播电视户户通。实施国家和地方应急广播工程，完善应急广播覆盖网络，打造基层政务信息发布、政策宣讲和灾害预警应急指挥平台。

六、创新公共文化管理体制和运行机制

（十九）建立公共文化服务体系建设协调机制。立足当前公共文化服务体系建设实际，完善党委领导、政府管理、部门协同、权责明确、统筹推进的公共文化服务体系建设管理制度。以国家公共文化服务体系建设协调组为平台，由文化部门牵头，充分发挥各部门职能作用和资源优势，在规划编制、政策衔接、标准制定和实施等方面加强统筹、整体设计、协调推进。各地要根据实际，建立相应的协调机制。推进国家公共文化服务体系示范区（项目）创建。发挥基层党委和政府作用，建立统一的基层公共文化服务平台，加强各类重大文化项目的统筹实施，探索整合基层公共文化服务资源的方式和途径，实现共建共享，提升综合效益。

（二十）加大公益性文化事业单位改革力度。按照关于深化文化体制改革和推进事业单位分类改革的要求，理顺政府和公益性文化事业单位之间的关系，探索管办分离的有效形式。进一步落实公益性文化事业单位法人自主权，强化公共服务功能，增强发展活力，发挥公共文化服务骨干作用。全面推进人事制度、收入分配制度、社会保障、经费保障制度改革。创新运行机制，建立事业单位法人治理结构，推动公共图书馆、博物馆、文化馆、科技馆等组建理事会，吸纳有关方面代表、专业人士、各界群众参与管理，健全决策、执行和监督机制。完善年度报告和信息披露、公众监督等基本制度，加强规范管理。加强和改进公益性文化事业单位党组织建设，充分发挥基层党组织的战斗堡垒作用和共产党员的先锋模范作用。

（二十一）创新基层公共文化管理机制。发挥城乡基层群众性自治组织的作用，推动开展公共文化服务参与式管理，推广居民、村民评议等行之有效的做法，健全民意表达和监督机制，引导城市社区居民和村民参与公共文化服务项目规划、建设、管理和监督，维护群众的文化选择权、参与权和自主权。调动驻村（社区）单位、企业和社会组织等多方面力量，统筹资源，共同参与基层文化的管理和服务，形成多元联动格局。扎实推进社区文化志愿服务。推进将公共文化服务纳入基层社区服务网格进行管理，培育城乡社区互助文化，营造社区和谐环境。

（二十二）完善公共文化服务评价工作机制。以效能为导向，制定政府公共文化服务考核指标，作为考核评价领导班子和领导干部政绩的重要内容，纳入科学发展考核体系。建立公共文化机构绩效考评制度，考评结果作为确定预算、收入分配与负责人奖惩的重要依据。加强对重大文化项目资金使用、实施效果、服务效能等方面的监督和评估。完善服务质量监测体系，研究制定公众满意度指标，建立群众评价和反馈机制。探索建立公共文化服务第三方评价机制，增强公共文化服务评价的客观性和科学性。

七、加大公共文化服务保障力度

（二十三）加强组织领导。各有关部门和单位要进一步认识构建现代公共文化服务体系的重要意义，根据本意见的要求，结合“十三五”规划的编制，尽快制定完善相关配套政策，明确责任，统筹建设，协同推进，狠抓落实。地方各级党委和政府要将构建现代公共文化服务体系纳入本地区国民经济和社会发展总体规划，纳入重要议事日程，切实加强组织领导，并结合实际制订实施方案、规划或专项行动计划，明确责任和时间表、路线图，集中力量推进工作落实。做好宣传和舆论引导工作，形成全社会支持和参与现代公共文化服务体系建设的良好氛围。

（二十四）加大财税支持力度。合理划分各级政府基本公共文化服务支出责任，建立健全公共文化服务财政保障机制，按照基本公共文化服务标准，落实提供基本公共文化服务项目所必需的资金，保障公共文化服务体系建设和运行。进一步完善转移支付体制，加大中央财政和省级财政转移支付力度，重点向革命老区、民族地区、边疆地区、贫困地区倾斜，着力支持农村和城市社区基层公共文化服务设施建设，保障基层城乡居民公平享有基本公共文化服务。进一步拓展资金来源渠道，加大政府性基金与一般公共预算的统筹力度。创新公共文化服务投入方式，采取政府购买、项目补贴、定向资助、贷款贴息等政策措施，支持包括文化企业在内的社会各类文化机构参与提供公共文化服务。落实现行鼓励社会组织、机构和个人捐赠公益性文化事业所得税税前扣除政策规定。加强对公共文化服务资金管理使用情况的监督和审计，开展绩效评价。

（二十五）加强基层文化队伍建设。进一步完善选人用人机制，着力培养一批具有现代意识、创新意识的公共文化管理者和基层公共文化服务人才队伍。按照控制总量、盘活存量、优化结构、有减有增的要求，研究制定公共文化机构人员编制标准，并根据业务发展状况进行动态调整。对实行免费开放后工作量大量增加、现有机构编制难以满足工作需要的公益性文化事业单位，要结合实际和财力，合理增加机构编制。加强对农村文化队伍的管理和使用，在现有编制总量内，落实每个乡镇综合文化站（中心）编制配备不少于1至2名的要求，规模较大的乡镇适当增加。设立城乡基层公共文化服务岗位，配置由公共财政补贴的工作人员。将公共文化服务专业人才培养纳入国民教育体系。稳步推进基层公共文化服务队伍培训，建立培训上岗制度，全面提高从业人员素质。乡镇综合文化站（中心）从业人员应熟悉广播电视技术，具备组织群众文化活动等多方面的服务能力。完善基层公共文化服务人才激励和保障机制。加强基层乡土文化人才建设。发展壮大社会体育指导员队伍。

（二十六）建立健全公共文化服务法律体系。加快建立健全坚持社会主义先进文化前进方向、遵循文化发展规律、有利于激发文化创造力、保障人民基本文化权益的文化法律制度，依法保障公民的文化权利得到有效落实。加快出台公共文化服务保障法等相关法律法规，为现代公共文化服务体系建设提供法律支撑。加强公共文化立法与文化体制改革重大政策的衔接，加快制定地方性公共文化服务法律规范，提高公共文化服务领域法治化水平。

关于加快文化贸易发展的意见

为深入贯彻党的十八大精神，进一步促进全省文化产业发展和外贸转型升级，加快文化强省建设，现就加快文化贸易发展提出以下意见。

一、总体要求和目标任务

1.总体要求。坚持以邓小平理论、“三个代表”重要思想、科学发展观为指导，大力实施文化“走出去”战略，优化对外文化贸易结构，创新对外文化贸易模式，扩大文化产品和文化服务出口，着力提升文化企业国际竞争力，不断提高安徽文化国际知名度和影响力。

2.目标任务。做大做强一批具有国际竞争力的文化龙头企业，发展一批专、精、特、新文化贸易企业，建设一批具有安徽特色、符合国际市场需求的文化贸易项目，打造一批具有国际知名度和美誉度的文化贸易品牌，培育一批对外文化贸易园区和基地，搭建一批国际文化贸易平台，培养一批国际化、复合型的文化贸易人才。力争到“十二五”末，全省文化产品出口额占全省外贸出口总额的比重超过5%；到2020年，我省对外文化贸易进入全国前列，成为全国文化出口强省。

二、工作重点

1.支持培育文化贸易企业。鼓励和支持有实力的文化企业开展对外文化贸易，在境外兴办文化实体，兼并境外文化企业，建设海外文化基地，培育一批竞争力强的外向型骨干文化企业，打造一批具有国际影响力的安徽文化品牌。根据商务部等十部委联合发布的《文化产品和服务出口指导目录》，制订我省文化产品和服务出口指导目录，对入选国家和省文化出口重点企业目录的、出口额居全省前列且增幅超过全省平均水平的文化贸易企业给予支持。加快培育民营文化贸易企业，有针对性地开展文化贸易政策、进出口业务、电子商务、市场开拓等方面培训，指导其拓展营销渠道，增强国际市场营销能力。支持符合条件的文化出口企业开展管理体系认证、产品认证、境外专利申请、国际市场开拓、电子商务、境外广告和商标注册、文化贸易培训、境外收购技术和品牌等工作。

2.扶持建设文化贸易项目。围绕现代文化产业体系建设，对出版发行、影视制作、演艺娱乐、文化旅游、文化创意、广告会展、动漫游戏、工艺美术等方面的文化贸易项目给予支持。重点扶持体现安徽文化内涵、附加值较高的对外文化贸易新兴行业和具有安徽特色的文化艺术、传统技艺项目，推动我省文化产品和服务加速融入国际文化产业体系。鼓励海外资本和民间资本开展文化贸易项目投资。加快建立全省文化贸易重点项目库，对入选国家文化出口重点项目和省文化贸易重点项目的给予支持。深入推进文化与科技融合，鼓励文化贸易企业增加研发投入，引进文化产品和服务创新的先进技术和设备，开发具有自主知识产权的核心技术，创新文化贸易的业态和模式。鼓励支持广播电视节目在境外落地，不断扩大覆盖面。

3.推动建设文化贸易园区。依托品牌文化园区、品牌文化基地、文化和科技融合示范基地、动漫服务外包基地和龙头文化企业等，建设和认定一批具有一定出口规模、出口潜力较大、出口配套条件较好的省文化贸易示范园区，享受省文化产业园区和基地相关政策。鼓励省文化贸易示范园区引入一批牵动性强、带动力大的外向型文化企业和机构，推动各类文化贸易企业向园区集聚，不断提高规模化、集约化、专业化发展水平。依托具有产品和服务出口潜力的特色文化企业，建设一批省传统文化、动漫影视、演艺娱乐、文化创意等特色文化贸易培育基地。

4.打造文化贸易平台。积极打造文化贸易海外基地和国际高端文化贸易合作平台，逐步形成覆盖广泛、重点突出、层次分明的文化出口格局。鼓励并扶持有实力的文化企业建设海外文化基地，扩大文化产品和服务出口。支持文化贸易企业参加图书展、影视展、艺术博览会、演艺交易会、音像展、艺术节、动漫游戏节等国际大型节庆展会等文化活动，充分发挥中国国际徽商大会、中国(合肥)国际文化博览会等重大平台对我省文化贸易的促进作用。对入选国家或省文化出口重点企业目录的我省企业，给予参加深圳文博会、北京文博会等大型综合型展会展位支持。建设安徽文化贸易商务网，推动建立集知识产权贸易、信息咨询、翻译制作、人才培训、市场推广、融资服务等功能为一体的文化贸易公共服务平台。

三、政策保障

1.加大财政支持力度。认真落实、用足用好国家鼓励文化“走出去”的各项优惠政策,积极争取国家各类扶持政策。完善省级文化贸易发展促进政策,文化强省资金、省外贸促进资金等省级财政资金向文化贸易领域倾斜。其中,文化强省资金侧重支持符合条件的省文化贸易项目、省文化贸易示范园区和国家、省文化出口重点企业和项目,省外贸促进资金侧重支持绩效突出的省文化出口重点企业、有出口潜力的文化企业开拓国际市场、特色文化贸易培育基地建设、海外基地建设和文化贸易公共服务平台打造等。

2.扎实推进金融保障。鼓励和引导银行业金融机构加大对文化企业和项目“走出去”的融资支持力度,积极创新金融服务产品,在授信额度、贷款条件、审批流程、抵押质押和对外担保、财务顾问等方面给予优惠和支持,推进符合条件的我省文化企业上市融资。充分发挥出口信用保险政策性保险作用,完善支持文化贸易企业“走出去”保障机制,扩大承保规模,增强文化贸易企业抗风险能力。积极推动社会投资机构与文化贸易企业合作发展。

3.落实税收优惠政策。认真落实财政部、海关总署、国家税务总局《关于支持文化企业发展若干税收政策问题的通知》(财税〔2009〕31号)精神,为生产重点文化产品而进口国内不能生产的自用设备及配套件、备件等,按现行税收政策有关规定,免征进口关税。对合肥市所辖区域内经有关主管部门认证的技术先进型文化类服务外包企业进口设备,按照有关规定给予保税政策。

4.加强项目土地供给。国家和省文化贸易重点项目用地纳入地方各级土地利用总体规划和土地利用年度计划,优先安排。国家和省文化贸易重点项目可采取招标、拍卖、挂牌等方式供地,出让底价按地块所在地的城镇基准地价执行;对国有企事业单位将划拨土地用于文化贸易项目的,经依法批准可以作价出资或者授权经营方式处置其划拨土地使用权。

5.提高出口便利化水平。对符合因公出访条件从事文化出口的销售和演出人员,给予审批“绿色通道”,实行急事急办、特事特办。依法规范审批程序,简化境外投资项目和企业核准手续,实行境外投资设立企业核准网上申报和证书发放。提升通关效率,在有效监管的前提下为文化产品进出口提供通关便利,降低企业成本。完善文化出口收汇管理,提高企业出口收汇资金结算速度。

四、组织实施

1.加强组织领导。建立由省委宣传部、省商务厅牵头,省发改委、省经信委、省财政厅、省国土资源厅、省文化厅、省外办、省广电局、省统计局、省新闻出版局(省版权局)、省政府金融办、安徽出入境检验检疫局、合肥海关、省外汇管理局等单位参加的省文化贸易促进工作联席会议制度。联席会议办公室设在省商务厅,负责具体日常工作。

2.建立考核激励机制。将文化贸易指标作为文化强省建设综合评价指标体系的重要组成部分。建立全省文化贸易统计体系,不断提高文化贸易统计数据的科学性、准确性和权威性。建立促进文化产品和服务出口发展督促检查制度,定期组织督查并予通报。

3.加强专业人才培养。逐步建立文化贸易人才库,积极引进复合型、外向型高端文化贸易人才,推荐高层次文化贸易人才入选省政府“百人计划”、外专“百人计划”。选择一批重点高校作为文化产品和服务出口专门人才的培养基地,不断提高文化贸易人才的综合素质和业务水平。

各地、各有关部门要按照本意见,结合实际制定工作举措、创新工作方式,努力推动全省文化贸易又好又快发展。

中共安徽省委办公厅
安徽省人民政府办公厅
2013年5月10日

安徽省非物质文化遗产条例

（2014年8月21日安徽省第十二届人民代表大会常务委员会第13次会议通过）

第一章 总 则

第一条　为了保护非物质文化遗产，继承和弘扬优秀传统文化，推进文化强省建设，根据《中华人民共和国非物质文化遗产法》和有关法律、行政法规，结合本省实际，制定本条例。

第二条　本条例适用于本省行政区域内非物质文化遗产的保护、传承等活动。

第三条　本条例所称非物质文化遗产，是指各族人民世代相传并视为其文化遗产组成部分的各种传统文化表现形式，以及与传统文化表现形式相关的实物和场所。包括：

（一）传统口头文学以及作为其载体的语言；

（二）传统美术、书法、音乐、舞蹈、戏剧、曲艺和杂技；

（三）传统技艺、医药和历法；

（四）传统礼仪、节庆等民俗；

（五）传统体育和游艺；

（六）其他非物质文化遗产。

第四条　非物质文化遗产工作贯彻保护为主、抢救第一、合理利用、传承发展的方针；坚持政府主导、部门负责、社会参与的原则。

第五条　县级以上人民政府应当将非物质文化遗产工作纳入本级国民经济和社会发展规划，将非物质文化遗产保护、发展等经费列入本级财政预算。

第六条　县级以上人民政府文化主管部门负责本行政区域内非物质文化遗产工作。县级以上人民政府有关部门，在各自职责范围内做好非物质文化遗产工作。

非物质文化遗产工作涉及两个以上行政区域的，由共同的上一级人民政府及其文化主管部门予以统筹协调。

乡（镇）人民政府应当在其职责范围内做好非物质文化遗产工作。

第七条　鼓励和支持公民、法人和其他组织依法开展非物质文化遗产保护的交流与合作活动，以多种方式参与非物质文化遗产保护和传承。

第二章 代表性项目

第八条　县级以上人民政府应当依法认定本级非物质文化遗产代表性项目（以下简称代表性项目），并建立本级代表性项目名录。

县级以上人民政府可以将本级代表性项目向上一级人民政府文化主管部门推荐列入上一级代表性项目名录。

第九条　公民、法人、其他组织可以向县级以上人民政府文化主管部门提出列入代表性项目名录的申请或者建议。

第十条　代表性项目的认定，实行专家评审制度。

省和设区的市人民政府文化主管部门应当建立由较高学术水平专家组成的代表性项目评审专家库。专家库资源由各级文化主管部门共享。

第十一条　县级以上人民政府文化主管部门应当组织专家评审小组和专家评审委员会，专家评审小组负责对申请、建议或者推荐列入代表性项目名录的项目进行初评，专家评审委员会负责对初评意见进行审议。

第十二条　县级以上人民政府文化主管部门应当将经专家评审委员会评审通过、拟列入本级代表性项目名录的项目予以公示。公示时间不得少于二十日。

公示期间，公民、法人或者其他组织可以提出异议。有关人民政府文化主管部门经过调查，认为异议成立的，应当组织专家进行复审；认为异议不成立的，应当自收到异议之日起二十日内书面告知异议人并说明理由。

县级以上人民政府文化主管部门根据专家评审委员会的审议意见和公示情况，拟定本级代表性项目名录，报本级人民政府批准、公布。代表性项目名录公布后，报上一级人民政府文化主管部门备案。

第十三条　县级以上人民政府文化主管部门应当在认定代表性项目的同时，明确代表性项目的保护单位（以下简称保护单位）。

保护单位应当具备实施该项目保护的能力，有开展传承、展示活动的人员、场所和相对完整的资料。

第十四条　保护单位应当履行下列职责：

（一）制定并实施该项目保护计划，向本级人民政府文化主管部门定期报告代表性项目保护情况；

(二)培养该项目传承人;

(三)收集、保管该项目的实物、资料,并登记、整理、建档;

(四)保护相关的文化场所;

(五)开展该项目的展示、展演活动;

(六)依法履行的其他职责。

第十五条　县级以上人民政府及其文化主管部门应当采取有效措施,对代表性项目实施分类保护:

(一)对濒危的、活态传承较为困难的项目,将其内容、表演形式、技艺流程等予以记录、整理,编印图书,制作影音资料,建立档案等,进行抢救性保护;

(二)对受众较为广泛、活态传承基础较好的项目,通过培育、扶持传习基地等方式,进行传承性保护;

(三)对具有市场需求和开发潜力的项目,通过合理开发利用,进行生产性保护。

第十六条　符合下列条件的特定区域,所在地人民政府文化主管部门可以制定专项保护规划,报本级人民政府批准,设立文化生态保护区,实施区域性整体保护:

(一)传统文化积淀丰厚、存续状态良好,并为社会广泛认同;

(二)非物质文化遗产资源丰富,分布较为集中,且具有较高的历史、文化、科学价值和鲜明的区域特色;

(三)非物质文化遗产所依存的自然生态环境和人文生态环境良好;

(四)当地居民的文化认同感和参与保护的自觉性较高。

在整体保护区域内修建建筑物,应当尊重该区域的传统文化和历史风貌。建筑物的风格、高度、体量、色调等应当与该区域的传统文化相协调。

第三章 传承与传播

第十七条　县级以上人民政府文化主管部门对本级人民政府批准公布的代表性项目,可以认定代表性传承人(以下简称传承人)。

公民、法人或者其他组织可以向县级以上人民政府文化主管部门推荐传承人人选。推荐传承人的,应当征得被推荐人的书面同意。

公民可以自荐作为传承人人选。

第十八条　传承人应当符合法律规定的条件,在特定领域内具有代表性,在一定区域内具有较大影响,熟练掌握其传承的非物质文化遗产。不直接从事代表性项目传承活动的人员不得被认定为传承人。

第十九条　传承人的认定程序,参照本条例关于代表性项目评审程序的规定执行。县级以上人民政府文化主管部门负责将其认定的传承人名单向社会公布。

第二十条　传承人享有下列权利:

(一)传授、展示技艺;

(二)开展讲学、文艺创作和学术研究等活动;

(三)提出非物质文化遗产保护的意见、建议;

(四)申请县级以上人民政府有关部门对传承活动给予支持;

(五)获得县级以上人民政府给予的补助和奖励;

(六)其他与非物质文化遗产保护相关的权利。

第二十一条　传承人应当履行下列义务:

(一)开展传承活动,培养后继人才;

(二)收集、整理和保存相关的实物、资料;

(三)配合进行非物质文化遗产调查;

(四)参与非物质文化遗产公益性宣传;

(五)对政府给予的补助按照规定使用。

第二十二条　县级以上人民政府文化主管部门应当采取下列措施,鼓励、支持传承人开展传承与传播活动:

(一)提供必要的传承、传播场所;

(二)提供必要的经费资助传承人开展授徒、传艺、交流、展示、表演和整理、出版有关技艺资料等活动;

(三)采取助学、奖学等方式,资助传承人的学徒学习技艺;

(四)支持传承人参与非物质文化遗产展示、传播等社会公益性活动;

(五)支持传承人开展传承与传播活动的其他措施。

第二十三条　县级以上人民政府设立非物质文化遗产展示场所,向公众展示代表性项目。

县级以上人民政府可以结合节庆、当地民间习俗等文化活动,组织开展代表性项目的展示、表演等活动。

第二十四条　文化馆、图书馆、博物馆、美术馆、纪念馆、科技馆等公共文化机构,非物质文化遗产学术研究机构和保护工作机构,以及利用财政性资金举办的文艺表演团体等,应当根据各自业务范围,开展非物质文化遗产的传播活动。

第二十五条　报刊、广播电视、互联网等媒体应当加强非物质文化遗产保护的宣传,普及非物质文化遗产及其保护知识。

第二十六条　教育主管部门应当引导中小学校将具有本地特色的非物质文化遗产知识纳入素质教育内容,开展相关教育活动。

鼓励和支持高等院校、中等职业学校、科研机构设置非物质文化遗产相关专业和课程,或者建立教学、研究基地,开展非物质文化遗产科学研究,培养专业人才。

第二十七条 鼓励和支持公民、法人和其他组织通过下列方式,参与非物质文化遗产的传承与传播:

(一)设立非物质文化遗产展示和传承场所,展示和传承代表性项目;

(二)将其持有的非物质文化遗产实物和资料捐赠或者委托给政府设立的公共文化机构收藏、保管、展出;

(三)捐赠或者设立基金会,资助非物质文化遗产的传承与传播。

第二十八条 县级以上人民政府文化主管部门应当建立本级传承人档案。

县级以上人民政府文化主管部门应当每年将本行政区域内上级文化主管部门认定的传承人的传承情况,书面报告上一级人民政府文化主管部门。

第四章 利用与发展

第二十九条 县级以上人民政府应当采取有效措施,对与非物质文化遗产直接关联的建筑物、场所、遗迹及其附属物,予以维护、修缮并划定保护范围,作出标志说明,建立专门档案,具备条件的应当向社会开放。

标志说明包括代表性项目的名称、级别、简介和立标机关、立标日期等内容。

第三十条 县级以上人民政府应当合理规划布局,引导扶持代表性项目生产性保护示范中心、示范基地或者示范园区建设,支持和推进非物质文化遗产生产性保护。

第三十一条 鼓励和支持公民、法人和其他组织通过下列方式,参与非物质文化遗产的利用与发展:

(一)采取与经贸、旅游相结合的方式,开发具有地方特色和市场潜力的文化产品和文化服务,发展非物质文化遗产项目产品的文化贸易;

(二)开展代表性项目的交流与合作;

(三)开展以弘扬非物质文化遗产为主题的文学艺术创作;

(四)开展非物质文化遗产原始文献、典籍、资料的整理、翻译、出版和研究工作。

利用非物质文化遗产资源,应当处理好保护、传承和开发、利用的关系,尊重其文化内涵,保持原有风貌,不得歪曲、滥用。

第三十二条 县级以上人民政府应当采取措施,保护与非物质文化遗产代表性项目密切相关的珍稀矿产和植物、动物等原材料。

鼓励种植、养殖与非物质文化遗产代表性项目密切相关的植物、动物等原材料。

第三十三条 公民、法人或者其他组织不得实施下列行为:

(一)侵占、破坏与非物质文化遗产直接关联的建筑物、场所、遗迹及其附属物;

(二)乱采、滥挖、盗猎或者盗卖与代表性项目密切相关的珍稀矿产、植物、动物等原材料。

第三十四条 非物质文化遗产项目涉及国家秘密的,应当依法予以保护;涉及商业秘密的,按照有关法律、法规执行。

第五章 保障与监督

第三十五条 县级以上人民政府应当在项目、资金、场地和基础设施建设等方面为非物质文化遗产保护提供保障。

第三十六条 县级以上人民政府非物质文化遗产保护经费应当用于下列事项:

(一)非物质文化遗产的普查;

(二)濒危非物质文化遗产项目的抢救;

(三)非物质文化遗产的传承与传播;

(四)传承人的补助和奖励;

(五)非物质文化遗产重大项目的研究;

(六)非物质文化遗产珍贵资料、实物的征集与收购;

(七)非物质文化遗产区域性整体保护;

(八)非物质文化遗产保护的其他重大事项。

第三十七条 公民、法人或者其他组织合理利用代表性项目的,依法享受国家和省规定的税收、信贷、行政事业性收费等方面的优惠待遇。

第三十八条 县级以上人民政府应当加强非物质文化遗产保护队伍建设,以多种方式培养非物质文化遗产传承、研究等各类专门人才。

第三十九条 县级以上人民政府及其文化主管部门应当定期对非物质文化遗产代表性项目保护情况进行监督检查;发现保护措施未能有效实施的,应当及时处理。

第四十条 县级以上人民政府文化主管部门应当对本行政区域内的保护单位履行保护职责情况进行监督。保护单位不按照本条例规定履行保护职责的,责令改正;拒不改正的,取消其保护单位资格,并重新认定该项目的保护单位。

第四十一条 县级以上人民政府文化主管部门应当对本行政区域内的传承人传承情况进行监督。

第四十二条 县级以上人民政府文化、财政、审计等部门应当加强对非物质文化遗产保护资金的管理和监督,保证资金专款专用。

第六章 法律责任

第四十三条 县级以上人民政府文化主管部门、其他有关部门及其工作人员违反本条例规定，有下列情形之一的，对直接负责的主管人员和其他直接责任人员依法给予处分；构成犯罪的，依法追究刑事责任：

（一）不履行保护管理职责的；

（二）在代表性项目和传承人的评审认定过程中徇私舞弊的；

（三）未对濒危的非物质文化遗产及时采取抢救性保护措施的；

（四）截留、挪用、挤占非物质文化遗产保护经费的。

第四十四条　违反本条例第三十三条第一项规定，侵占、破坏与非物质文化遗产直接关联的建筑物、场所、遗迹及其附属物的，由县级以上人民政府文化主管部门责令改正，处一万元以上五万元以下罚款；情节严重的，处五万元以上十万元以下罚款；有违法所得的，没收违法所得；构成犯罪的，依法追究刑事责任。

违反本条例第三十三条第二项规定，乱采、滥挖、盗猎或者盗卖与代表性项目密切相关的珍稀矿产、植物、动物等原材料的，由有关机关依法予以处理。

第四十五条　违反本条例规定，在申报代表性项目的过程中弄虚作假的，由认定机关撤销已认定的代表性项目，并责令退还该项目保护经费。

第四十六条　违反本条例规定，在申报传承人的过程中弄虚作假，或者滥用和过度开发代表性项目的，由认定机关撤销对传承人的认定，并责令退还传承人补助经费。

第七章 附 则

第四十七条　本条例自2014年10月1日施行。

2013 年文化艺术和文物事业机构、人员情况

种 类	城市演出(场)	到农村演出(场)	国内演出观众人数(万人次)
总 计	12980	6950	1235.7
国有剧团	9230	4750	859.6
集体经营剧团	3750	2200	376.1
按剧种分			
话剧、儿童剧、滑稽剧团	270	10	26.5
歌舞、音乐类	2110	780	265.4
京剧、昆曲类	320	20	23.5
#京 剧	320	20	23.5
地方戏曲类	7270	5130	615.6
杂技、魔术、马戏类	920	10	21.7
曲艺类	380	310	76.0
综合性艺术表演团体	1710	690	207.0

注:2013 年演出场数包括了公有制企业数据

2013 年群众艺术馆、文化馆(站)业务活动及经费情况

项 目		总 计	群众艺术馆、文化馆	文化站
单位数	(个)	1557	120	1437
举办展览	(个)	4730	873	3857
组织文艺活动	(次)	27422	5420	22002
举办训练班				
班次	(次)	15174	3760	11414
培训人次	(万人次)	126	34	92
群众艺术馆、文化馆				
负责指导单位				
馆办文艺团体	(个)	290	290	
群众业余演出团、队	(个)	8079	1798	6281
总支出	(万元)	44696	18667	26028

2013年公共图书馆业务活动及经费情况

项　目	总　计	省级公共图书馆	地级市公共图书馆	县级公共图书馆
公共图书馆　（个）	107	1	17	89
总藏量　（万册）	1776.5	287.9	654.6	834.0
图　书	1464.0	221.2	537.8	705.0
#古　籍	59.6	35.3	16.9	7.4
报　刊	150.8	30.1	51.3	69.4
开架书刊　（万册）	601.2	52.7	178.9	369.6
有效借书证数　（个）	650698	175845	248825	226028
图书流通情况				
总流通人次　（万人次）	1346.8	118.9	423.4	804.5
书刊文献外借册次　（万册次）	1258.1	179.5	382.7	695.9
为读者服务举办各种活动				
次　数　（次）	2687	103	715	1869
参加人数　（万人次）	103.4	2.8	35.9	64.7
总支出　（万元）	24087	5017	7436	11634
#基本支出	13053	2719	4307	6027
#新增藏量购置费	2667	572	1063	1032
本年新增藏量　（为册）	340.6	13.8	196.4	130.4
公用房屋建筑面积　（万平方米）	35.4	3.7	11.6	20.1
#书　库	7.4	0.8	2.4	4.2
阅览室	11.1	0.9	3.7	6.5
阅览室坐席数　（个）	27298	1659	8695	16944

注:2013年总藏量不包括电子图书

2013年博物馆、文物机构业务活动及经费情况

项　目	文物保护管理机构	文物科研机构	其他文物机构	博物馆
藏　品　（件）	43180	3529		670420
#一级品	259	29		1873
业务活动				
陈列展览　（个）	58			731
参观人次　（万人次）	161.1			2037.2
总支出　（万元）	7217	2770	2155	32368
#基本支出	3114	618	755	14790
修缮费	1830			603
增加值　（万元）	2649	1186	524	15494

2013年档案事业基本情况

项 目		总 计	省 属	市 属	区县属
档案馆个数	(个)	155	14	34	107
建筑面积	(平方米)	281238	35247	92777	153214
馆藏档案情况					
全 宗	(个)	11725	445	2135	9145
案 卷	(万卷件)	2193.4	197.6	475.4	1520.4
建国前档案	(万卷件)	15.0	7.7	4.3	3.1
建国后档案	(万卷件)	2178.4	189.9	471.1	1517.4
录音、录像、影片档案	(盘)	18351	8859	2432	7060
照片档案	(万张)	7769.8	2870.8	3529.9	1369.2
缩微胶片					
平片、开窗卡	(张)	4			4
卷 片	(万幅)	264	264		
档案利用情况					
本年利用档案人次	(人次)	251827	13081	35641	203105
本年利用资料人次	(人次)	6235	661	1000	4574
本年利用档案数量	(万卷件次)	56	6	7	43
本年利用资料数量	(册次)	21601	6669	2225	12707
本年编研档案、资料	(万字)	3434	591	298	2545

资料来源：安徽省档案局

广播、电视事业发展情况

指 标		2005年	2010年	2012年	2013年
职工人数	(人)	16026	20041	22714	22517
广播电台	(座)	17	15	15	15
中波发射台及转播台	(座)	22	23	23	23
中波发射机功率	(千瓦)	633	903	1112	1416
县广播电视台	(座)	62	62	61	61
广播人口覆盖率	(%)	95.58	97.31	97.85	98.34
电视台	(座)	17	15	15	15
电视发射台及转播台	(座)	218	163	142	142
电视发射机功率	(千瓦)	429.30	849.91	859.77	945.46
电视人口覆盖率	(%)	95.00	97.50	98.10	98.57

广播、电视覆盖情况

指　标	覆盖人口(万人)		覆盖率(%)	
	2012年	2013年	2012年	2013年
广　播	6727.77	6787.67	97.85	98.34
中央台节目	6630.21	6712.59	96.43	97.26
省级台节目	6598.73	6680.41	95.97	96.79
地市级台节目	6072.26	6171.75	88.31	89.42
县级台节目	4597.52	4642.27	66.86	67.26
电　视	6744.89	6802.99	98.10	98.57
中央台节目	6701.81	6761.78	97.47	97.97
省级台节目	6686.09	6747.81	97.24	97.77
地市级台节目	6238.15	6327.56	90.73	91.68
县级台节目	4775.66	4825.13	69.46	69.91

广播、电视节目制作时间

单位：小时

指　标	2012年	2013年
广播节目制作	183679	172742
新　闻	38236	34928
专　题	45225	43894
综　艺	42881	41836
广播剧	3439	3317
广　告	22701	17464
其　他	31197	31303
电视节目制作	86881	76886
新　闻	25704	24560
专　题	24108	22111
综　艺	8060	8459
影视剧	5667	1910
广　告	14940	11662
其　他	8402	8184

2013年广播、电视宣传基本情况

单位：小时

项　目	节目套数(套)	全年公共节目播出时间	制作节目时间	新闻节目	专题节目	综艺节目
无线广播合计	105	508540	172742	34928	43894	41836
省　级	9	68820	37360	4399	11247	7588
市县级	96	439720	135382	30529	32647	34248
电视播映合计	112	602604	76886	24560	22111	8459
省　级	6	44029	19711	5413	5074	4005
市县级	106	558575	57175	19147	17037	4454

图书、杂志和报纸出版数量

年份	图书				杂志				报纸			
	种类(种)	新出版(种)	总印数(万册)	总印张数(万印张)	种类(种)	每期平均印数(万册)	总印数(万册)	总印张数(万印张)	种类(种)	每期平均印数(万册)	总印数(万份)	总印张数(万印张)
2000	2125	1002	30992	156767	150	621	7736	19538	84	416	76083	114736
2005	3970	1847	25220	118056	177	433	5804	17418	97	393	98134	302498
2006	3751	1689	21528	121327	174	451	5634	17020	97	401	99753	295248
2007	3378	1492	23800	133893	176	457	6342	24403	99	495	106760	327679
2008	5139	1964	27900	194730	176	444	5908	19513	98	465	101600	383952
2009	5560	1331	27204	172802	176	432	5977	23776	97	472	105905	357801
2010	5646	2669	23891	163954	178	404	5842	23115	98	519	116988	470953
2011	7804	4087	25185	186306	180	397	5948	24675	98	505	120769	528120
2012	9094	5210	24440	173709	180	405	6172	25657	98	514	125807	526148
2013	9440	5469	25800	200400	180	397	6227	26000	98	517	124700	509100

主要年份少年儿童读物和课本出版情况

年份	种数(种)		总印数(万册)		总印张(千印张)	
	儿童读物	课本	儿童读物	课本	儿童读物	课本
2005	399	310	873	15293	20428	671142
2010	1094	449	1489	10563	90700	789666
2011	1155	633	1452	10536	92877	797456
2012	1256	602	1076	10705	82108	804688
2013	1893	797	1613	11815	115187	859605

主要年份出版印刷生产情况

年份	企业数(个)	工业销售产值(万元)	印刷产量		装订产量(万令)	用纸量(万令)
			黑白(万令)	彩色(万对开色令)		
2005	238	160224	849.00	2773.00	530.00	1030.00
2010	258	302870	1094.23	2715.25	809.97	1040.70
2011	261	391576	1228.30	2293.39	1015.33	928.90
2012	267	476557	562.67	3695.05	848.77	1725.95
2013	256	512995	787.67	3802.04	1339.72	1550.91

主要年份出版物发行机构数和网点数

年份	发行机构							新华书店系统出版社自办发行从业人数(人)	
	合计(处)	国有书店及国有发行点	出版社	网上书店	文化教育广电邮政系统	新华书店系统外批发网点	集体个体零售	全部职工	#国有书店及发行点
2005	5950	498	10		1436	248	3758	5253	5155
2010	7723	579	11	1	3576	330	3226	5029	4878
2011	8858	607	11	2	3580	329	4329	5157	5002
2012	8588	649	11	12	3560	306	4050	4906	4756
2013	8568	651	11	3	3582	301	4020	4948	4796

各市主要年份总人口文盲率

单位:%

地区	1995年	2000年	2005年	2010年	2012年	2013年
总计	14.09	10.06	11.74	8.14	6.80	6.12
合肥市	12.97	7.69	8.67	5.28	5.60	5.52
淮北市	12.20	8.42	7.59	6.54	6.80	5.55
亳州市	13.78	10.70	14.59	10.76	8.70	6.81
宿州市	16.34	10.28	11.32	8.64	8.72	6.65
蚌埠市	16.11	10.60	12.17	6.90	5.75	5.75
阜阳市	13.28	11.25	13.18	9.25	8.68	6.87
淮南市	9.31	8.32	10.47	6.67	4.54	4.42
滁州市	13.66	10.77	13.14	9.07	6.29	6.29
六安市	15.95	9.75	12.67	7.92	6.40	6.21
马鞍山市	8.76	8.87	7.94	5.24	5.00	5.00
芜湖市	12.27	10.81	10.45	5.87	5.60	5.60
宣城市	13.29	8.88	14.47	9.46	7.18	5.79
铜陵市	14.74	10.76	7.20	6.88	4.15	4.15
池州市	14.56	11.29	11.21	8.53	7.10	5.75
安庆市	15.10	11.84	11.80	8.80	6.67	6.67
黄山市	10.69	8.35	8.26	6.25	4.80	3.86

各市人均受教育程度

单位:年

地 区	2012年人均受教育程度			2013年人均受教育程度		
	合 计	男	女	合 计	男	女
总 计	8.42	9.09	7.77	8.54	9.14	7.93
合肥市	9.49	10.21	8.80	9.49	10.21	8.80
淮北市	8.75	9.30	8.32	9.11	9.69	8.55
亳州市	7.80	8.48	7.16	7.98	8.58	7.35
宿州市	8.03	8.70	7.37	8.58	9.17	7.96
蚌埠市	8.74	9.14	8.34	8.74	9.14	8.34
阜阳市	7.83	8.56	7.26	8.25	8.82	7.67
淮南市	9.04	9.47	8.63	9.28	9.72	8.83
滁州市	8.41	9.12	7.80	8.41	9.12	7.80
六安市	8.27	8.78	7.79	8.32	8.79	7.81
马鞍山市	8.89	9.50	8.28	8.91	9.54	8.25
芜湖市	9.09	9.63	8.54	9.09	9.63	8.54
宣城市	8.12	8.67	7.59	8.39	8.87	7.89
铜陵市	9.60	10.19	9.00	9.60	10.19	9.00
池州市	8.21	9.11	7.32	8.48	8.99	7.96
安庆市	8.15	9.01	7.50	8.52	9.26	7.76
黄山市	8.68	9.29	8.09	8.68	9.26	8.07

2013年各市每十万人口拥有受教育程度人口

单位:人

地 区	高中和中专	初 中	小 学	
总 计	6623	11133	38439	28348
合肥市	13275	15144	36567	21848
淮北市	8475	13228	46032	17698
亳州市	2483	6784	46053	25958
宿州市	5452	10475	42372	23840
蚌埠市	5800	10899	40741	24940
阜阳市	3868	8004	35463	32561
淮南市	9246	15340	41769	20846
滁州市	5448	11443	40580	28148
六安市	4583	9554	35849	34173
马鞍山市	10097	12533	35697	29323
芜湖市	7698	11830	35229	32040
宣城市	6060	9912	39122	31356
铜陵市	12602	18993	35093	23145
池州市	8987	10495	32494	34817
安庆市	5890	12888	30802	34489
黄山市	7219	10342	38136	32990

各市2013—2014学年小学、初中入学率状况

单位:%

地区	初中净入学率		小学净入学率		初中辍学率	小学辍学率
	小计	女	小计	女		
总计	99.19	99.25	99.70	99.71	0.33	0.05
合肥市	100.00	100.00	100.00	100.00	-0.04	-0.02
淮北市	99.09	99.23	100.00	100.00	0.94	-0.01
亳州市	99.80	99.75	99.98	99.98	0.93	0.22
宿州市	99.87	99.98	99.97	99.96	0.40	-0.25
蚌埠市	99.95	99.95	99.99	100.00	0.21	0.01
阜阳市	99.95	99.96	99.96	99.97	0.84	0.23
淮南市	99.94	99.95	99.92	99.89	-0.03	0.04
滁州市	99.39	99.61	99.96	99.95	0.09	0.00
六安市	99.58	99.54	99.97	99.96	0.09	0.03
马鞍山市	99.86	99.88	100.00	100.00	0.43	0.01
芜湖市	100.00	100.00	100.00	100.00	-0.15	-0.16
宣城市	99.87	99.89	100.00	100.00	0.12	0.01
铜陵市	100.00	100.00	100.00	100.00	0.00	0.01
池州市	99.69	99.65	100.00	100.00	0.14	0.01
安庆市	93.14	93.61	96.46	96.63	0.18	0.10
黄山市	99.87	99.88	100.00	100.00	0.04	0.01

人民物质文化生活情况

项 目		2000 年	2005 年	2010 年	2012 年	2013 年
就 业						
每一农村劳动力负担人数	(人)	1.5	1.5	1.4	1.4	1.5
每一城镇就业者负担人数	(人)	1.9	1.9	1.9	1.9	1.9
城镇登记失业率	(%)	3.3	4.4	3.7	3.7	3.4
收 入						
农村居民家庭人均纯收入	(元)	1934.6	2641.0	5285.2	7160.5	8097.9
农村居民家庭人均纯收入指数(1990=100)		358.8	489.8	980.3	1328.1	1501.9
城镇居民家庭人均可支配收入	(元)	5294	8471	15788	21024	23114
城镇居民家庭人均可支配收入指数(1990=100)		390.8	625.3	1165.6	1552.1	1706.4
农村居民家庭恩格尔系数	(%)	52.5	45.5	40.7	39.3	39.6
城镇居民家庭恩格尔系数	(%)	45.7	43.7	38.0	38.7	39.1
职工年平均工资	(元)	6989	15334	33341	44601	47806
储 蓄						
城乡居民年底储蓄存款余额	(亿元)	1447.2	3508.7	7788.5	11178.6	12924.9
平均每人储蓄存款余额	(元)	2319	5408	11435	16227	18690
住房面积	(平方米)	14.8	19.9	31.6	32.4	34.9
城市平均每人居住		22.2	27.0	32.1	35.9	32.2
农村平均每人居住		16.6	21.9	23.0	20.1	20.6
交 通						
城镇每百户拥有摩托车	(辆)	7.6	7.3	8.2	10.4	10.9
城市每万人拥有公共车辆	(标台)	95.8	90.5	96.1	98.0	98.4
城市公用事业						
自来水普及率	(%)	77.0	72.3	90.5	94.6	96.1
燃气普及率	(%)	7.0	7.0	11.0	11.9	12.5
人均公园绿地	(平方米)	111.5	132.4	141.5	145.0	122.2
文 化						
城镇每百户有彩色电视机	(台)	39.3	84.7	112.1	116.2	117.2
农村每百户有彩色电视机	(台)	94.8	95.6	97.3	97.9	98.3
广播人口覆盖率	(%)	93.8	95.0	97.5	98.1	98.6
电视人口覆盖率	(%)	99.7	99.5	99.9	99.9	99.7
教 育						
学龄儿童入学率	(%)	29	90	155	171	174
每万人口中在校大学生数	(人)					
卫 生						
每万人医院病床数	(张)	11.8	12.6	17.9	22.9	24.8
每万人有医生数	(人)	11.2	10.2	11.9	13.4	14.3

人民物质文化生活情况

项　目		2000 年	2012 年	2013 年
城乡居民收入	(元)			
城镇居民人均可支配收入		15788	21024	23114
农民人均纯收入		5285	7160	8098
城镇非私营单位就业人员平均工资		33341	44601	47806
平均每人住房面积	(平方米)			
城镇居民建筑面积		32.1	35.9	32.2
农村居民住房面积		31.6	32.4	34.9
生活、文化、教育、卫生　每百户拥有 (抽样)				
彩色电视机	(台)			
城镇居民		141.5	145.0	122.2
农　民		112.1	116.2	117.2
洗衣机	(台)			
城镇居民		97.4	95.6	89.1
农　民		56.5	60.1	71.1
移动电话	(部)			
城镇居民		168.5	202.6	186.2
农　民		136.9	174.8	181.1
每百人每天拥有报纸	(份)	4.7	5.0	4.9
每人每年拥有期刊	(册)	0.9	0.9	0.9
每万人拥有在校大学生	(人)	155	171	174
每千人拥有医院床位数	(张)	2	2	2
每千人拥有卫生技术人员	(人)	3	3	4
储　蓄				
城乡居民储蓄存款年末余额	(亿元)	7788.5	11178.6	12924.9
平均每人储蓄存款余额	(元)	11435	16227	18690

主题词索引

本索引采取主题分析索引法，按索引词首字汉语拼音字母排序，同声同韵按声调、同音字按笔画顺序排列，若首字相同则按第二字音序排列，以此类推。索引词后的阿拉伯数字表示该词所在页码，数字后的英文字母a、b、c分别表示该页文字的左、中、右栏。

A

B

C

D

E

F

G

H

J

K

L

M

N

T

X

图表索引

图表索引按图表在书中的页码排序，文字后的阿拉伯数字表示图表所在页码

人名索引

人名索引按汉语拼音排序，首字母相同则按第二字音序排列，以此类推。人名后阿拉伯数字表示所在页码，英文字母 a、b、c 分别表示页码的左、中、右栏。

Y

Z

《安徽文化年鉴》编写人员名单

单　位	审稿人	撰稿人
省委宣传部	张家杰	李　宁　强惠玲　史仲红 康福升　张旭东　计雪峰 吴金华　时　玲　陈新颖
省文化厅	葛　光	李一兵
省教育厅	周　元	高　原
省新闻出版广电局	黄红文	杨振桥　张　宏
省旅游局	时林华	夏珍珍
安徽日报报业集团	李友国	高文光
省广电台	孙大庆	张宇阳
省社科院	张东明	王　磊　吴冬梅
省文联	吴　雪	贺永军
省社科联	黄中远	曹　刚
省民委(宗教局)	韩　雷	汪安定
安徽出版集团	林清发	葛永波
安徽发行集团	郭宏斌	韩　琴
安徽演艺集团	陈建国	范　伟
安徽广电传媒产业集团	王　胜	孙明扬
合肥市	王　浩	李平原
蜀山区	罗　昕	程伟民
庐阳区	丁凤云	黄　铮
瑶海区	王富强	张　勇
包河区	王海霞	詹雄才
巢湖市	魏月琴	刘宗勇
长丰县	邓发之	严太高
肥东县	徐高彬	童国强
肥西县	张建春	谢咏东
庐江县	钟国光	吴建华
宿州市	解福来	徐　宁
埇桥区	曹永杰	郭　庆　张祥志
砀山县	杨建勋	舒　畅　魏志玉
萧　县	高　扬	朱雪峰　张前锋
灵璧县	汤道之	许　聪
泗　县	陈迎冬	王永乐　梁智慧
淮北市	范向东	郜　锋

相山区	孔庆明	李翔宇
杜集区	陈　辉	苗　红
烈山区	高宏伟	陈鹏鸟
濉溪县	李　磊	张晓波
阜阳市	司学龙	窦建军　姚　刚
颍州区	陈　涛	高　尚
颍东区	蒋祥虎	刘学峰
颍泉区	韩　杰	成蒙蒙
界首市	李凤忠	聂剑杰
临泉县	马丽华	赵怀勇
太和县	刘成义	蔡士连
阜南县	季传光	潘永力
颍上县	左　琴	徐守锋
亳州市	杜爱玉　张　宏	魏　斌
谯城区	李先禹	王新峰　王金海
涡阳县	雅浩海　付　捷	李　涛　李永进　张群禄　赵晓蕾
蒙城县	蔡洪光	范勤跃
利辛县	童　捷	李西连
蚌埠市	张文虎	孟　波
蚌山区	张志良	张岳嵬
龙子湖区	王寿权	江世华
禹会区	赵晓冬	何蝉均
淮上区	陈立功	李乃亮
怀远县	陈　林	骆奥博
五河县	宋　健	蒋胜农
固镇县	王中华	王　芳
淮南市	汤　洁	陈　杰　周　峰　王克永　胡　星 邵　尉　刘　丹　齐雯雯
凤台县	何　涛	王　刚
大通区	缪　凯	张　胜
田家庵区	汪晓玲	刘家全
谢家集区	邓传国	王　涛
八公山区	陈玉惠	缪亚涛
潘集区	潘　登	平兆芝
毛集实验区	朱家新	陈士根
滁州市	张鸿银	郭俊杰
琅琊区	方国业	崔　宏
南谯区	尹　虹	郑　汉
明光市	杨文萍	李　震
天长市	庆德超	王家银
来安县	张亚滨	张正宇
全椒县	唐　颖	杨　雪
定远县	张子非	曹　力

凤阳县	钱家广	殷兆松
马鞍山市	梁发年	李敬录　潘　娜
雨山区	计承松	宋冰冰
花山区	胡劲松	王　冉
博望区	许培明	费映霞
当涂县	齐　琳	孔德金
含山县	张平虎	程千俊
和　县	章修成	王　成
芜湖市	王东明	何　平
鸠江区	齐向前	甘昌红
弋江区	姚　祥	陈几明
三山区	陆宗文	李凯旋
镜湖区	张云龙	韩步华
芜湖县	陈　伟	梁家伦
繁昌县	季益棠	许必玉
南陵县	罗光成	汪　星
无为县	郑海明	李俊平
铜陵市	张文林	齐文革　朱鹏举　徐达佩　许　颜 杨　健　栾　勇　洪正辉　王　炜
铜官山区	谢峥嵘	崔　涛
狮子山区	胡　青	仇春川
郊　区	杨纲要	陈　磊
铜陵县	陈邦元	赵小平
安庆市	江宏滨	李　慧　姚建平　王　勇　戴文君 胡越忠　陈建球　程　泉　潘法生
大观区	黄　义	施茂生
迎江区	徐绍鹏	马　婧
宜秀区	杨积平	张　伟
桐城市	洪　放	潘子翰
怀宁县	金　林	钱续坤
枞阳县	吴银明	王志毅
潜山县	汪立新	熊炫凯
太湖县	刘春寿	潘典文
望江县	何立杰	查敬兵
岳西县	王国英	储　驾
黄山市	刘才林	余永海　汪　勇
屯溪区	孙春明	方亦萍
黄山区	凌阜生	汪少飞
徽州区	吴之兴	王金满
歙　县	潘世辉	洪兴东
休宁县	胡前进	陈吉祥
祁门县	金志来	顾圣红
黟　县	金忠民	叶晓青

黄山风景区	程亚星	汪治平
六安市	储叶来	黄遵胜
金安区	汪庆发	何云云
裕安区	杨光华	施红东　丁美科　左　清　李丛文
寿　县	李延孟	徐家久
霍邱县	田　强	穆志强
舒城县	万红兵	朱观照
金寨县	陈治国	王洪彦　段宏政
霍山县	陈　林	梁　明　黎克华
叶集试验区	朱定勇	张道红
池州市	刘茂华	胡李美
贵池区	吴葆华	谢海龙
东至县	李永中	唐永琴
石台县	孙小华	田胜平
青阳县	陈　群	熊树民
九华山风景区	邓新建	苗仕润
宣城市	张剑平	袁青垂
宣州区	杨　萍	刘谋瑜
宁国市	叶　蕴	方万林
郎溪县	张　健	徐新和
泾　县	佘　民	董胜利　曹　诚
旌德县	刘四清	方立东　林　剑
绩溪县	汪旭东	章锡辉
宿松县	王学琪	石茂林
广德县	王浩明	胡绍武　郝文静

特约撰稿人　江　浩　董　鑫　何　平　王从效　张　可